utb 6399

Eine Arbeitsgemeinschaft der Verlage

Brill | Schöningh – Fink · Paderborn
Brill | Vandenhoeck & Ruprecht · Göttingen – Böhlau · Wien · Köln
Verlag Barbara Budrich · Opladen · Toronto
facultas · Wien
Haupt Verlag · Bern
Verlag Julius Klinkhardt · Bad Heilbrunn
Mohr Siebeck · Tübingen
Narr Francke Attempto Verlag – expert verlag · Tübingen
Psychiatrie Verlag · Köln
Psychosozial-Verlag · Gießen
Ernst Reinhardt Verlag · München
transcript Verlag · Bielefeld
Verlag Eugen Ulmer · Stuttgart
UVK Verlag · München
Waxmann · Münster · New York
wbv Publikation · Bielefeld
Wochenschau Verlag · Frankfurt am Main

Wege zur Rechtsgeschichte

Ulrike Babusiaux
Hans-Peter Haferkamp
Sibylle Hofer
Peter Oestmann
Johannes Platschek
Tilman Repgen
Adrian Schmidt-Recla
Andreas Thier
Jan Thiessen

Bernd Kannowski

Geschichte der Menschenrechte

BÖHLAU

Bernd Kannowski ist Inhaber des Lehrstuhls für Bürgerliches Recht und Rechtsgeschichte an der Universität Bayreuth.

Bibliografische Information der Deutschen Bibliothek:
Die Deutsche Nationalbibliothek verzeichnet diese Publikation in der Deutschen Nationalbibliografie; detaillierte bibliografische Daten sind im Internet über https://dnb.de abrufbar.

Online-Angebote oder elektronische Ausgaben sind erhältlich unter www.utb.de.

Umschlagabbildung: Werner Tübke, Frühbürgerliche Revolution in Deutschland, Detail.
© VG Bild-Kunst, Bonn 2024. Foto: Falko Behr, Erfurt.
Das Coverbild zeigt einen Ausschnitt aus dem Bauernkriegspanorama in Frankenhausen, das zwischen 1976 und 1987 unter der Leitung von Werner Tübke (1929–2004) entstand. Zu sehen sind Szenen und Motive, die der sozialistische Staat, der das monumentale Gemälde in Auftrag gab, mit dem Bauernkrieg (1524/25) in Verbindung brachte. Bei dieser Vereinnahmung ist ein Fehler unterlaufen. Das Motiv des Bauern, der die Freiheitsfahne schwingt, stammt gerade nicht von einem Flugblatt für die Sache der Bauern. Es ist vielmehr einer Illustration zu einem Spottgedicht von Thomas Murner aus dem Jahr 1522 entnommen. Der Bauer ist dort Teil einer Narrenarmee, die blind Luther und seinen Irrlehren hinterherläuft. Was wir vor uns haben, ist also eine Verkettung von Instrumentalisierungen im Zusammenhang mit Menschenrechten. Die ursprüngliche Bedeutung des Bildes ist dabei völlig verlorengegangen, so dass es nur noch mit dem neuen Symbolwert verstanden werden kann. Das ist ein Beispiel für einen Umgang mit Geschichte, wie er in diesem Buch über die Geschichte der Menschenrechte immer wieder zum Tragen kommt.

Umschlaggestaltung: siegel konzeption | gestaltung, Stuttgart
Korrektorat: Anja Borkam, Langenhagen
Satz: le-tex publishing services, Leipzig
Druck und Bindung: Elanders Waiblingen GmbH
Printed in the EU

Vandenhoeck & Ruprecht Verlage | www.vandenhoeck-ruprecht-verlage.com
E-Mail: info@boehlau-verlag.com

UTB-Band-Nr. 6399 | ISBN 978-3-8252-6399-7 | eISBN 978-3-8385-6399-2

Inhalt

Vorwort

Dieses Buch ist aus meiner Vorlesung „Geschichte der Menschenrechte" entstanden, die ich seit dem Wintersemester 2016/2017 im Rahmen des Schwerpunktes „Menschenrechte. Geschichte, Theorie, Internationalisierung" an der Universität Bayreuth halte. Anspruch auf Vollständigkeit stellt die Darstellung zu diesem weiten Feld (selbstverständlich) nicht. Die jeweils betrachteten Themenfenster entstammen meiner Auswahl, die allerdings auf längere Erfahrung im Umgang mit dem Thema zurückgeht und somit nicht völlig willkürlich sein kann.

Bei der Zusammenstellung des Materials hat mich im Laufe der Jahre mein Lehrstuhlteam tatkräftig unterstützt. Stellvertretend für die vielen Namen möchte ich in Dankbarkeit Herrn Oskar Walther nennen, der mir zuerst als studentische Hilfskraft und später dann als wissenschaftlicher Mitarbeiter wie viele andere Damen und Herren helfend und immer wieder auch mit kritischer Stimme zur Seite stand.

Ebenso danke ich den Herausgebern der Reihe „Wege zur Rechtsgeschichte" dafür, dass sie mein Manuskript aufgenommen haben. Es hat von den Ratschlägen, die ich in diesem Zusammenhang erhalten habe, profitieren können.

Für die geduldige und professionelle Betreuung von Seiten des Verlages danke ich Frau Dorothee Wunsch, Herrn Jonas Hiese und Frau Julia Beenken.

Ich widme dieses Buch meiner lieben Claire und unseren Kindern Anna, Eva, Sarah und Johannes.

Abkürzungsverzeichnis

ABGB	Allgemeines bürgerliches Gesetzbuch. Österreichische Zivilrechtskodifikation
AEMR	Allgemeine Erklärung der Menschenrechte vom 10. Dezember 1948
ALR	Allgemeines Landrecht für die Preußischen Staaten von 1794
ANC	Afrikanischer Nationalkongress (African National Congress)
ASEAN	Verband Südostasiatischer Nationen (Association of Southeast Asian Nations).
BGB	Bürgerliches Gesetzbuch
DDR	Deutsche Demokratische Republik
ECOWAS	Westafrikanische Wirtschaftsgemeinschaft (Economic Community of West African States)
EGKS	Europäische Gemeinschaft für Kohle und Stahl (auch: Montanunion)
EGMR	Europäischer Gerichtshof für Menschenrechte
EMRK	Europäische Menschenrechtskonvention
EuGH	Gerichtshof der Europäischen Union
EWG	Europäische Wirtschaftsgemeinschaft
FRV	Frankfurter Reichsverfassung vom 28. März 1849
GG	Grundgesetz vom 23. Mai 1949
HRG	Handwörterbuch zur deutschen Rechtsgeschichte
ILO	Internationale Arbeitsorganisation (International Labour Organisation)
KSZE	Konferenz über Sicherheit und Zusammenarbeit in Europa
MEGA	Internationale Marx-Engels-Stiftung (Hg.), Karl Marx und Friedrich Engels, Gesamtausgabe („Marx-Engels-Gesamtausgabe"), Berlin 1975 ff., von 1975 bis 1990 hg. v. Institut für Marxismus-Leninismus beim Zentralkomitee der SED.
MEW	Institut für Marxismus-Leninismus beim Zentralkomitee der SED u. a. (Hg.), Karl Marx u. Friedrich Engels, Werke („Marx-Engels-Werke"), 44 Bände, Berlin 1956 ff.
NGO	Nichtregierungsorganisation (Non-Governmental Organisation)
OAU	Organisation für Afrikanische Einheit (Organisation of African Unity)
OSZE	Organisation für Sicherheit und Zusammenarbeit in Europa
s. Lit.	Siehe Literaturverzeichnis; wenn ohne weitere Angaben, ist das allgemeine, wenn mit Angabe, das des bezeichneten Kapitels gemeint.
SED	Sozialistische Einheitspartei Deutschlands

StGB	Strafgesetzbuch
UN	Vereinte Nationen (United Nations)
UNESCO	Organisation der Vereinten Nationen für Bildung, Wissenschaft, Kultur und Kommunikation (United Nations Educational, Scientifical and Cultural Organisation)
WRV	Weimarer Reichsverfassung vom 11. August 1919
ZRG GA	Zeitschrift für Rechtsgeschichte. Germanistische Abteilung
ZRG KA	Zeitschrift für Rechtsgeschichte. Kanonistische Abteilung

1. Einführung und Grundlagen, Perspektiven und Probleme der Forschung

1.1 Gibt es eine Geschichte der Menschenrechte?

Der französische Völkerrechtsprofessor Jacques Mourgeon (1938–2005) schrieb in seinem Werk über die Menschenrechte, dass diese keine Geschichte hätten.[1] Falls da doch irgendetwas an Geschichte sei, so erscheine es chaotisch, angefüllt von Wiederholungen, Wechselspielen, Gegensätzen und Brüchen zwischen den Fortschritten und Rückschritten.

Diese Aussagen sind für die Einführung in eine Geschichte der Menschenrechte – die es demnach ja gar nicht geben sollte – gut geeignet. Hinter ihnen verbirgt sich ein grundlegendes Fehlverständnis von Geschichte, das zugleich die besondere Problematik im Zusammenhang mit dem Gegenstand Menschenrechte recht schön auf den Punkt bringt. Es gibt heute kaum einen allgemein, weltweit und kulturübergreifend so positiv belegten Begriff wie den der Menschenrechte.[2] Die Verletzung von Menschenrechten ist ein schwerer Vorwurf und ein Totschlagargument in jeder Debatte. Wenn es also in den letzten 200 Jahren abgesehen von der Abschaffung der Sklaverei (die ja auch mit der Menschenrechtsidee in Verbindung steht) irgendeinen humanitären Fortschritt gab, dann muss das wohl die universelle Geltung der Menschenrechte sein (was auch immer das genau bedeutet). Und wenn das ein Fortschritt war, dann muss die Geschichte vom Rohen zum Hohen kontinuierlich immer weiter zum Besseren vorangeschritten sein. Was sonst ist Fortschritt? Wir beurteilen die Geschichte aus unserem heutigen Blickwinkel, den wir als überlegen im Vergleich zu anderen Zeiten empfinden.

---

1 „Les droits de l'homme n'ont pas d'histoire", Mourgeon, Les droits de l'homme, S. 19.

2 Als Beispiel mag eine wohl als Jugendbuch gemeinte Sammlung von Kurzbiographien aus der Endphase des Kalten Krieges dienen. Darin sind als „Große der Menschenrechte" 47 Personen vertreten, die nach Auffassung des Herausgebers irgendetwas Gutes für die Menschheit unternahmen. Darunter finden sich Persönlichkeiten wie Lech Wałesa, Raoul Follereau, Tecumseh, Gotthold Ephraim Lessing, Gregor von Tours, Jesus von Nazareth und Moses (Mutter Teresa, Mohammed und Buddha übrigens nicht): Georg Popp (Hg.), Die Großen der Menschenrechte, Würzburg 1988.

Dieser Ansatz ist verfehlt,[3] und die entsprechende Erwartung wird natürlich enttäuscht. Der Faden der Ariadne in dem von Mourgeon beklagten, zu Anfang in Bezug genommenen Labyrinth („Chaos“) ist – wie Ludovic Hennebel und Hélène Tigroudja es trefflich ausdrücken – nichts anderes als die Geschichte der Ideen.[4] Diese, soweit es das vorliegende Thema erfordert, darzustellen, ist eine (wohlgemerkt: nur eine) der Aufgaben dieses Buches. Besonders wichtig für die Rechtswissenschaft ist aber natürlich das geltende Recht. Nachdem „die Geschichte der modernen Freiheitsrechte [positivrechtlich] mit den US-amerikanischen Bills of Rights und der französischen Déclaration [beginnt]“,[5] wird auf die Ereignisse um diese Dokumente ein besonderes Augenmerk zu richten sein.

1.2 Was sind Menschenrechte überhaupt?

Ganz am Anfang einer Geschichte der Menschenrechte muss die Frage stehen, was wir uns aus historischer Sicht hierunter überhaupt vorzustellen haben. Das ist nicht einfach zu sagen, wie ein Blick auf die geradezu erschlagende Literatur zum Thema nahelegt.[6] Und dies wird durch zwei Gesichtspunkte erschwert: Der eine ist im gegenwärtigen Verständnis des Begriffes angelegt, der andere in seinem historischen. Das erste Problem liegt darin, dass heute nicht überall und vor jedem kulturellen Hintergrund ein einheitliches Verständnis von Menschenrechten herrscht. Das zweite und für eine historische Betrachtung vermutlich gravierendere Problem besteht darin, dass sich das Verständnis von Menschenrechten in der Geschichte der letzten Jahrhunderte gewandelt hat. Beiden Veränderungsprozessen hat eine historische Betrachtung Rechnung zu tragen. Anhand zweier Definitionen aus enzyklopädischen Werken unterschiedlicher historischer Ausrichtung möchte ich versuchen, mich diesem anzunähern. Definitionen im wörtlichen Sinne von Abgrenzungen sind hier besonders wertvoll. Es gibt viele Themen und Aspekte, die hier ineinandergreifen. Deshalb ist es wichtig festzustellen, was dazugehört und was nicht:

---

3 Anderer Auffassung Werner Frotscher u. Bodo Pieroth, Verfassungsgeschichte, 17. Aufl., München 2018, S. 2–4; Andreas Kley u. Christian Kissling, Verfassungsgeschichte und Geschichtsphilosophie, Der Staat. Beiheft 18 (2010), S. 109 ff. (insb. 121).

4 Hennebel u. Tigroudja, Traité de droit international, S. 28.

5 Klippel, Politische Freiheit und Freiheitsrechte (s. Lit. Kap. 5), S. 164.

6 Birtsch, Trauth u. Meenken, Grundfreiheiten.

> Grundlegende subjektive Rechte des Individuums, die eine höhere Wertigkeit als einfache subjektive Rechte aufweisen und bestimmte Freiheits-Räume insbesondere gegen den Staat abschirmen. Seit dem Ende des 18. Jahrhunderts sind sie meist in Verfassungsurkunden garantiert. Menschenrechte kommen allen Menschen zu, unabhängig von der Staatsbürgerschaft, allein aufgrund ihres Menschseins.[7]

> Rechte mit vor- und überpositiver Geltung [...], die der Rechtsordnung vorausliegen und damit unabhängig von formaljuristischer Anerkennung, faktischer Durchsetzbarkeit und sozialer Wirksamkeit universelle und ubiquitäre Geltung beanspruchen; jeder besitzt sie kraft seines Menschseins unabhängig von der Zugehörigkeit zu einer bestimmten politischen Gemeinschaft und unabhängig von dem Innehaben bestimmter Merkmale oder der Erbringung bestimmter Leistungen. M.[enschenrechte] stehen dann als Chiffre für die traditionell vor allem naturrechtl.[ich] begründete Idee fundamentaler Rechte aller Menschen bzw. für M.[enschenrechte] im moralischen Sinne.[8]

Die beiden Definitionen von Diethelm Klippel und Horst Dreier haben gemeinsam, dass Menschenrechte auf naturrechtlicher Grundlage zentrale, für alle Menschen geltende Individualrechte sind. Auf der gegenüberliegenden Seite der Welt definiert die australische Völkerrechtlerin Hilary Charlesworth Menschenrechte als „die notwendigen Bedingungen, um ein lebenswertes Leben in Würde führen zu können".[9] Hierbei kommt ein zentraler Begriff zum Tragen, der durch das Naturrecht geprägt und für das Verständnis von Menschenrechten von herausragender Bedeutung ist.[10] Das ist der Begriff der **Menschenwürde**.

---

7 Diethelm Klippel, Art. Menschenrechte, in: Friedrich Jaeger (Hg.), Enzyklopädie der Neuzeit, Bd. 8, Stuttgart 2008, Sp. 347 ff. (347).

8 Horst Dreier, Art. Menschenrechte, in: HRG III, 2. Aufl., Berlin 2016, Sp. 1452 ff. (1453).

9 Hilary Charlesworth, Writing in Human Rights. Australia and the Protection of Human Rights, Sydney 2002, S. 41 („I take the term ‚human rights' to mean the conditions necessary for people to live lives of dignity and value").

10 Bielefeldt, Menschenwürde, S. 20: „[D]er Rekurs auf die Menschenwürde [ist] für ein volles Verständnis der Menschenrechte unverzichtbar"; Bernd Ladwig, Menschenwürde als Grund der Menschenrechte? Eine Kritik an Kant und über Kant hinaus, Zeitschrift für Politische Theorie 2010, S. 51 ff. (52): „Die konzeptionelle Nähe zu den Menschrechten liegt auf der Hand."

1.3 Menschenrechte und Menschenwürde

Für unser modernes Verständnis von Menschenrechten ist die Menschenwürde geradezu ein Schlüsselbegriff,[11] wobei im Bewusstsein zu behalten ist, dass die Menschenwürde jedenfalls in ihren historischen Ursprüngen eine ausschließlich vom europäisch-westlichen Kulturraum geprägte Wertvorstellung ist.[12] Bereits die Suche nach den historischen Ursprüngen der Menschenwürde als Weg der Forschung macht klar, dass Menschenrechte in auf ihr basierender Form nicht in allen Regionen dieser Welt gleichermaßen beheimatet sein können. Hinzu kommt, und das wird immer wieder übersehen, dass **Menschenrechte und Menschenwürde in der Historie** lange Zeit **getrennte Wege** gegangen sind.[13]

Der französische Jurist René Cassin (1887–1976) hat als Vertreter Frankreichs bei den Vereinten Nationen seinerzeit einen großen Teil der Allgemeinen Erklärung der Menschenrechte von 1948 selbst verfasst und war einer ihrer maßgeblichen Initiatoren. Dabei identifizierte er die vier Säulen der internationalen Menschenrechteerklärung in Erweiterung des Mottos aus der Französischen Revolution wie folgt: „Würde, Freiheit, Gleichheit, Brüderlichkeit". Diesen vier Säulen ließen sich die ersten 27 Artikel zuordnen, auf denen die Art. 28–30 als eine Art Dach ruhten. Bemerkenswert ist dabei, um welchen Begriff Cassin die bekannte Trias der Französischen Republik erweiterte: die Menschenwürde, welche in Form der ersten beiden Artikel die erste Säule der Menschenrechteerklärung von 1948 ausmache.

In der Tat ist die Menschenwürde mit dem heutigen Begriff der Menschenrechte untrennbar verbunden. Das oben angeführte Zitat von Hilary Charlesworth legt die Vermutung nahe, dass das jedenfalls in modernen, westlichen Gesellschaften weltweit Konsens sein dürfte. Definiert man Menschenrechte aber als „die notwendigen Bedingungen, um ein lebenswertes Leben in Würde führen zu können", erzielt das keinen Gewinn an Klarheit, weil es das Problem nur verlagert. Die nächste Frage ist dann nämlich, was unter „Würde" zu verstehen ist.

Aus heutiger Sicht steht die Menschenwürde mit den Menschenrechten (selbstverständlich) in einer engen Verbindung. In internationalen wie auch in nationalen Grund- und Menschenrechtskatalogen nimmt die Würde des Menschen einen bedeutenden Platz ein. Der mit unveräußerlicher Würde ausgestattete Mensch ist Träger unveräußerlicher Menschenrechte.[14] Das aber war keineswegs schon immer so. In einer Geschichte der Menschenrechte ist das zu betonen, neigen doch

11 Dazu Habbo Knoch, Im Namen der Würde. Eine deutsche Geschichte, München 2023.

12 Hilgendorf, Menschenrechte, S. 371.

13 V. der Pfordten, Menschenwürde (s. Lit.), S. 9.

14 Präambel und Art. 1 AEMR, Art. 1 Charta der Grundrechte der EU, Art. 1 Abs. 1 Satz 1 GG.

historische Darstellungen zuweilen dazu, Menschenrechte und Menschenwürde in fragwürdiger Weise zu vermischen.[15] So wird in keiner der beiden wegbereitenden Rechteerklärungen des 18. Jahrhunderts – weder in der Virginia Declaration of Rights von 1776 noch in der Déclaration des Droits de l'Homme et du Citoyen von 1789 – die Würde des Menschen auch nur in einem Wort erwähnt. Der erste deutsche Grundrechtekatalog, in dem sich die Menschenwürde findet, ist derjenige der Weimarer Reichsverfassung von 1919, wobei die Menschenwürde allerdings nur in Form eines Adjektivs und mit einer rein tatsächlich-wirtschaftlichen Bedeutung („ökonomische Menschenwürde")[16] vorkommt.[17] An prominenter Stelle, nämlich in der Präambel zu einer Verfassung mit Grundrechtekatalog, erscheint die Menschenwürde erstmalig in der irischen Verfassung von 1937.[18]

Wortgeschichtlich lässt sich diese Unterscheidung mit Blick auf die deutsche Sprache gut greifen. So ist das Lexem „Würde" erheblich älter als das der Menschenrechte, welches, wie noch auszuführen sein wird, frühestens seit dem 17. Jahrhundert existiert. Dabei hängt das seit dem 8. Jahrhundert nachgewiesene deutsche Wort „Würde" in seiner Bedeutungsgeschichte mit „Wert" eng zusammen.[19] Ein Wert hat nun bekanntlich die Eigenschaft, dass er gerade nicht immer gleich ausfällt und sich vielmehr von Fall zu Fall unterscheiden kann. Ebenso verhielt es sich in vergangenen Jahrhunderten mit der Würde. Erahnen lässt das die heute veraltete Anrede „Hochwürden" für Geistliche oder unser Wort „Würdenträger". All dem nämlich liegt die Vorstellung zugrunde, dass manche Personen eine höhere Würde besäßen als andere, demnach also gerade nicht alle Menschen an Würde gleich seien. Richten wir unseren Blick auf ein bedeutendes Dokument der etwas ferneren Vergangenheit, wird dies auch erkennbar im Ewigen Landfrieden aus dem Jahr

---

15 Haratsch, Geschichte der Menschenrechte (s. Lit.), S. 23 ff., 36 f., 58 f.; Schröder, Natur- und Vernunftrecht, S. 180; Hilgendorf, Menschenrechte, S. 367 und v. der Pfordten, Menschenwürde (s. Lit.), S. 25–29, wobei dieser das Vermischungsproblem wie gesagt (s. Fn. 13) klar artikuliert.

16 V. der Pfordten, Menschenwürde (s. Lit.), S. 10.

17 Art. 151 Satz 1 WRV: „Die Ordnung des Wirtschaftslebens muss den Grundsätzen der Gerechtigkeit mit dem Ziele der Gewährleistung eines menschenwürdigen Daseins für alle entsprechen." – Stolleis sieht hierin einen Fingerzeig auf den Schutz der Menschenwürde an der Spitze des Grundgesetzes von 1949: Michael Stolleis, Die soziale Programmatik der Weimarer Reichsverfassung, in: Horst Dreier u. Christian Waldhoff (Hg.), Das Wagnis der Demokratie, München 2018, S. 195 ff. (206).

18 „In the Name of the Most Holy Trinit [...] We, the people of Éire [...] seeking to promote the common good, with due observance of Prudence, Justice and Charity, so that the dignity and freedom of the individual may be assured [...]. Do hereby adopt, enact, and give to ourselves this Constitution."

19 Eintrag „Würde", in: DWDS – Digitales Wörterbuch der deutschen Sprache. Das Wortauskunftssystem zur deutschen Sprache in Geschichte und Gegenwart, hg. v. d. Berlin-Brandenburgischen Akademie der Wissenschaften, https://www.dwds.de/wb/W%C3%BCrde (Zugriff: 14.08.2024).

1495. Danach ist es niemandem erlaubt, einen anderen zu bekriegen, gleichviel „von was Wirden, Stats oder Wesens der sey". Hierin liegt allerdings auch ein Zugeständnis an Gleichheit im Hinblick auf den Rechtsschutz vor Gericht trotz der unterschiedlichen Würde, sollen doch die Menschen die gleichen Rechte haben, obwohl sie gerade nicht an Würde gleich sind. Unsere heutige Begründungsart für (Menschen-)Rechte ist genau umgekehrt.

Dietmar von der Pfordten differenziert zwischen einer „kleinen" und einer „großen" Menschenwürde. Diese Trennung erscheint gut geeignet als analytisches Instrumentarium für das richtige historische Verständnis. Unter einer „kleinen Menschenwürde" versteht von der Pfordten „die nichtkörperliche, äußere, veränderliche Eigenschaft der wesentlichen sozialen Stellung eines Menschen", unter „großer Menschenwürde" hingegen „die nichtkörperliche, innere, im Kern unveränderliche, notwendige und allgemeine Eigenschaft des Menschen".[20]

Vorstellungen von Gleichheit sind entscheidend für die heutige Begründung von Menschenrechten, insbesondere im Zusammenhang mit dem Begriff der „Würde" – in der Terminologie von der Pfordtens die „große Menschenwürde".[21] Wenn alle Menschen gleich viel wert sind, haben sie auch alle ein und dieselbe Würde („Menschenwürde"). Diese Verbindung von allgemeinem und gleichem Wert des Menschen und den Menschenrechten wird nirgendwo so deutlich wie im ersten Artikel des Bonner Grundgesetzes von 1949:

> Die Würde des Menschen ist unantastbar. Sie zu achten und zu schützen ist Verpflichtung aller staatlichen Gewalt. – Das deutsche Volk bekennt sich darum zu unverletzlichen und unveräußerlichen Menschenrechten als Grundlage jeder menschlichen Gesellschaft, des Friedens und der Gerechtigkeit in der Welt.

Hier sowie in der fast wortgleichen Formulierung der Europäischen Grundrechtecharta[22] meint „Würde" den einheitlichen, absoluten und unveräußerlichen Wert eines jeden Menschen, der allein durch sein Menschsein begründet ist. Diese Bedeutung entstand allerdings erst Mitte des 18. Jahrhunderts unter dem Einfluss der idealistischen Philosophie und Ethik, nun häufig in Verbindungen wie „Würde

---

20 V. der Pfordten, Menschenwürde (s. Lit.), S. 9 f.

21 Art. 1 AEMR: „Alle Menschen sind frei und gleich an Würde und Rechten geboren."

22 Art. 1 Charta der Grundrechte der EU: „Die Würde des Menschen ist unantastbar. Sie ist zu achten und zu schützen."

der Menschheit", „Würde des Menschen".[23] Die „Menschenwürde" ist damit ungefähr so alt wie die Bezeichnung „Menschenrechte" in einem modernen Sinne,[24] das heißt im Sinne einer ersten Generation der Menschenrechte, wie sie etwa in der Virginia Declaration of Rights ihren Ausdruck fanden. Es ist bemerkenswert, wie unverkennbar der Bedeutungswandel der beiden Begriffe „Menschenwürde" einerseits und „Menschenrecht(e)" andererseits[25] in der deutschen Sprache zeitlich zusammenhängt.[26] Hans Joas macht die Herausbildung einer Art – nicht unbedingt religiös zu verstehenden – Heiligkeit des Individuums zum Dreh- und Angelpunkt einer Geschichte der Menschenrechte („Sakralisierung der Person").[27]

Ich bin mir darüber bewusst, dass ich mit dieser Aussage dem berühmten Schweizer Kulturhistoriker Jacob Burckhardt (1818–1897) widerspreche. In seinem im Jahr 1859 erschienenen epochalen Werk „Die Cultur der Renaissance in Italien" glaubte er, bereits Ende des 15. Jahrhunderts bei Pico della Mirandola einen Begriff von Menschenwürde zu erkennen, womit Burckhardt eindeutig die große Menschenwürde als unveränderlichen und jedem Menschen gleichermaßen ob seines Menschseins innewohnenden Wert meint, geht es ihm doch – er sagt es ganz deutlich – darum, „daß [...] damals die Geburtsunterschiede zwischen den

---

23 Eintrag „Würde", in: DWDS. Alle Nachweise im Grimm'schen „Wörterbuch" für Menschenwürde in dem besagten Sinne („sittliche und geistige würde des menschen", Bd. 12, 1885, Sp. 2075) entstammen frühestens der zweiten Hälfte des 18. Jahrhunderts.

24 Alle Nachweise im Grimm'schen „Wörterbuch" für „Menschenrecht, Menschenrechtler" („dem menschen als solchem zustehendes recht; als gesamtbegriff, nur im sing.", Bd. 12, 1885, Sp. 2064 f.) entstammen ebenfalls (s. vorherige Fußnote) frühestens der zweiten Hälfte des 18. Jahrhunderts.

25 „Menschenrecht [...] zunächst ‚von Menschen eingesetztes Recht' (Ende 17. Jh.); Menschheitsrechte Plur. ‚dem Menschen von Geburt an zukommende Rechte und Würde' (nach 1750). Danach (meist im Plur.) Menschenrechte ‚Reihe von Rechten, die die Stellung des Menschen in der Gesellschaft und sein Verhältnis zum Staat regeln' (seit 1777). Durch die amerikanische Unabhängigkeitserklärung (1776) und die französische Déclaration des Droits de l'Homme et du Citoyen (1789) wird der Begriff zum politischen Schlagwort und mit seinem damaligen bürgerlichen Inhalt (Freiheit, Gleichheit, Brüderlichkeit, Recht auf Eigentum und Sicherheit sowie Widerstand gegen Unterdrückung) auch im Dt. geläufig; wahrscheinlich geht auch die vorherrschende Verwendung im Plural auf das frz. Vorbild zurück." Eintrag „Menschenrecht", in: DWDS – Digitales Wörterbuch der deutschen Sprache. Das Wortauskunftssystem zur deutschen Sprache in Geschichte und Gegenwart, hg. v. d. Berlin-Brandenburgischen Akademie der Wissenschaften, https://www.dwds.de/wb/Menschenrecht (Zugriff: 14.08.2024). Vor 1792 ist „Menschenrecht" nur in der – heutigen gegenteiligen – Bedeutung „vom Menschen gemachtes, positives Recht" belegt, Art. Menschenrecht, in: Heidelberger Akademie der Wissenschaften (Hg.), Deutsches Rechtswörterbuch (DRW), Bd. IX, Weimar 1996, Sp. 534.

26 Kannowski, Pico (s. Lit. Kap. 4), S. 421.

27 Joas, Sakralität; zusammenfassende Darstellung ders., Einführung: Sind die Menschenrechte westlich?, S. 13–21.

Menschenklassen ihre Geltung verloren".[28] Ich glaube nicht, dass Burckhardts Standpunkt in Bezug auf Pico zu halten ist.[29]

1.4 Wortgeschichte der Menschenrechte

Eine grundsätzliche Möglichkeit, sich einem Gegenstand historisch zu nähern, ist die wortgeschichtliche Methode:[30] Ich frage einfach nach der Geschichte des Wortes „Menschenrecht(e)". Wann und in welcher Bedeutung kommt es erstmalig vor, und ist diese Bedeutung im Laufe der Geschichte Änderungen unterworfen? Diese Methode hat mehrere Nachteile. Einer besteht darin, dass eine solche Untersuchung stets an einer bestimmten Sprache festgemacht sein muss. Zwar ist es denkbar, die Untersuchung auf theoretisch beliebig viele Sprachen auszuweiten, doch ist dies natürlich mit einem großen Aufwand verbunden. Das grundsätzlichere und damit gravierendere Problem liegt aber darin, dass ein negativer Befund in der Wortgeschichte nicht ausschließt, dass das gesuchte historische Phänomen bereits (unter einem anderen Namen) existiert haben könnte. Die wortgeschichtliche Methode kann deshalb immer nur ergänzend zur Anwendung gelangen. Als alleiniger Weg zur Erkenntnis ist sie untauglich.

Wie also steht es um den wortgeschichtlichen Befund der Menschenrechte? Um die Mitte des 17. Jahrhunderts lässt sich in mehreren europäischen Sprachen eine Verschmelzung von „Mensch" und „Recht" zu einem einheitlichen charakteristischen Lexem „Menschenrecht" beobachten. Eine der frühesten Verwendungen findet sich im Englischen an einem so überraschenden Ort wie dem „Leviathan" des Thomas Hobbes (1588–1679) aus dem Jahr 1651. Darin beschreibt Hobbes nicht allein den Fürsten mit seinem Staat als ein übermächtiges Monster, das dem Menschen Angst einjagen soll, um ihn auf diese Art zur Räson zu bringen. Hobbes schildert auch den „Naturzustand". In diesem sind für Hobbes sicherlich nicht alle Menschen gut, doch sind jedenfalls alle Menschen gleich. Sie sind sogar – wie Hobbes wörtlich sagt – von der Natur mit einem Recht auf alle Dinge ausgestattet. Wörtlich ist von einem Recht **eines jeden** Menschen („Right of every men") die Rede:

---

28 Burckhardt, Die Cultur der Renaissance in Italien (s. Lit. Kap. 4), S. 242.

29 Dazu Kap. 4.2; Kannowski, Pico (s. Lit. Kap. 4), S. 417–434.

30 Dazu die grundlegende Enzyklopädie „Geschichtliche Grundbegriffe".

> It followeth, that in such condition [gemeint ist der Naturzustand], every man has a Right to every thing [...] And therefore, as long as this naturall Right of every man to every thing endureth, there can be no security to any man [...].[31]

Auf den besagten Naturzustand geht Hobbes bereits in seinem früheren Werk „The Elements of Law, Natural and Politic“ von 1640 ein, wo ebenfalls von einem „right of all men to all things“[32] auf naturrechtlicher Grundlage die Rede ist, freilich mit dem Zusatz, ein solches Recht sei praktisch wertlos. Dass ein solches Recht einem jeden zustehe, sei nämlich im Endeffekt nicht besser, als wenn ein solches Recht niemandem zustehe. Solange der Starke an Rechten gleich mit dem Schwachen sei, werde der Starke sich durchsetzen. Klar erkennen wir Hobbes' aus dem „Leviathan“ geläufige Denk- und Argumentationsweise. Letztlich verspottet er die Idee eines „right of all men to all things“, wenn er sagt, diese Situation sei im Endeffekt nicht besser, als wenn kein Mensch ein Recht zu irgendetwas habe. Immer werde der Starke sich nehmen, was er bekommen könne, und somit liege „little use and benefit“ in dem Recht, das ein Mensch habe. Das aber ist jetzt nicht das Thema.[33] Es geht allein um die Verwendung einer Formulierung.

Im Deutschen steht „Menschenrecht“ (im Singular) gegen Ende des 17. Jahrhunderts zunächst für das vom Menschen gesetzte Recht.[34] Es ist also das positive Recht gemeint und mithin etwas völlig anderes, wenn nicht gar Gegenteiliges zu Menschenrechten im heutigen Sinne. Nach 1750 erscheint die Bezeichnung „Menschheitsrechte“ (im Plural) im Sinne von dem Recht und der Würde, wie sie einem jeden Menschen von Geburt an zukämen. Der heute geläufige Plural „Menschenrechte“ tritt nach 1776 in Erscheinung für die Rechte, welche die Stellung

31 Leviathan, Teil 1, Kapitel 14, zitiert nach der aufgrund der Erstausgabe London 1651 erstellten zweisprachigen Ausgabe: Thomas Hobbes, Leviathan, übers. v. Holger Hanowell, hg. v. Jürgen Klein, Stuttgart 2013, S. 264.

32 1. Teil. Kapitel 14, Nr. 10, zitiert nach der Ausgabe Oxford 1888, hg. v. Ferdinand Tönnies, S. 72: „Every man by nature hath right to all things, that is to say, to do whatsoever he listeth to whom he listeth, to possess, use, and enjoy all things he will and can [...]. And for this cause it is rightly said [...], that Nature hath given all things to all men [...]. But that right of all men to all things, is in effect no better than if no man had right to any thing. For there is little use and benefit of the right a man hath, when another as strong, or stronger than himself, hath right to the same.“

33 Dazu noch einmal unten, Kap. 5.2, S. 151.

34 Der älteste im Deutschen Rechtswörterbuch aufgeführte Beleg stammt vom Ende des 17. Jahrhunderts: „das menschen-recht verspotten sie / [...] verwerffen auch so gar, was die natur / uns selber lehret: / weil weder gott, noch sein gebott / von diser heyl vergessnen rott / pflichtmässig wird geehret“. L. v. Schnüffis, Mirantische Maul-Trummel [...] (Konstanz 1698) 57, Art. Menschenrecht, in: DRW IX, Sp. 534.

des Menschen in der Gesellschaft und sein Verhältnis zum Staat betreffen. Dabei handelt es sich allerdings in dieser Zeit – was im Hinblick auf die US-amerikanische Unabhängigkeitserklärung und die Virginia Declaration of Rights kaum zu verwundern vermag – um einen politisch aufgeladenen Kampfbegriff, der in damals gängigen Lexika wie etwa dem Universallexikon von Heinrich Zedler (64 Bände, 1732 bis 1750) oder der ökonomischen Enzyklopädie von Johann Georg Krünitz (242 Bände, 1773 bis 1858) nicht zu finden ist.

Im deutschen Sprachraum ist die Bezeichnung „Grundrechte" in Gesetzestexten älter als „Menschenrechte". So ist in der Paulskirchenverfassung von 1848 ein zentraler Abschnitt mit „Grundrechte des deutschen Volkes" überschrieben. Allerdings war dieses Wort „Grundrechte" damals keineswegs zwingend im Sinne von „subjektivem Recht" zu verstehen. Jedenfalls in dem der Verfassung von 1848/1849 vorausgehenden Siebzehnerentwurf ist in Art. IV (§ 25) gerade nicht von subjektiven Rechten die Rede, wenn es in der Überschrift „Grundrechte des deutschen Volkes" heißt. Aufgezählt sind dort Punkte wie eine Volksvertretung, die Öffentlichkeit der Ständeversammlung, die Unabhängigkeit der Gerichte oder eine allgemeine Bürgerwehr. Es geht mithin um so etwas wie Verfassungsgrundsätze, wesentliche Regelungen beziehungsweise Rechtsinstitute, die überall vorhanden sein sollen. In dem gleichen Sinne findet das Wort „Grundrechte" auch noch in § 184 der Paulskirchenverfassung Verwendung, wenn es dort um die Grundrechte einer Gemeindeverfassung geht. Auch wenn also in der besagten Verfassung von 1848/1849 mit „Grundrechte" subjektive Rechte gemeint sein können,[35] ist dies eben nicht notwendigerweise so und die Bedeutung keineswegs – anders als im heutigen juristischen Sprachgebrauch – dahingehend festgelegt. Gar nicht ist die Rede von irgendeinem bestimmten (subjektiven) Grundrecht im Singular. Die Einzahl der diffusen Gemengelage „Grundrechte" – also „Grundrecht" – kommt in der Paulskirchenverfassung nicht ein einziges Mal vor. Sofern überhaupt eindeutig ein subjektives Recht gemeint ist, wird es einfach „Recht" genannt.[36]

Ein ähnliches Verständnis beobachten wir, wenn wir unseren Blick auf eine Bezeichnung lenken, die im Deutschen noch älter ist als „Grundrechte", nämlich „Grundgesetz" oder „Reichsgrundgesetz" (zunächst lateinisch „leges fundamentales", „lex fundamentalis", ab Mitte des 17. Jahrhunderts auch deutsch): Die Bedeutungskomponente „subjektives Recht" tritt völlig in den Hintergrund, wenn sie nicht

35 § 59; Überschrift von Abschnitt VI („Die Grundrechte des deutschen Volkes"); § 130; unklar in § 197.

36 § 59: „Der Reichsgewalt steht es zu, unbeschadet des durch die Grundrechte gewährleisteten Rechts der freien Vereinigung und Versammlung, Reichsgesetze über das Associationswesen zu erlassen."

gar gänzlich fehlt. Ein entsprechendes Stichwort („Reichs=Gesetze, Reichs=fundamental= oder Reichs=Grund=Gesetze") findet sich bei Heinrich Zedler in dem im Jahr 1742 gedruckten Band seines „Universal-Lexicon". Darin sagt Zedler über Reichsgrundgesetze – wobei er in erster Linie den Plural, daneben aber auch den Singular verwendet: In einem allgemeinen Sinn („in einem jedweden Reiche oder Staate") seien das all jene Gesetze, die vom gesamten Volk oder zumindest von dessen wichtigsten Ständen zur Förderung des Allgemeinwohls mit dem Staatsoberhaupt („mit dessen Fürsten oder Regenten") ausgehandelt und festgesetzt würden. In einem speziellen Sinn für das Heilige Römische Reich Deutscher Nation stehe der Begriff Reichsgesetze oder Reichsgrundgesetze für zwischen dem Kaiser und den Ständen abgeschlossene Verträge („Conventionen und Vergleiche"), durch welche „der Staat des Römischen Reichs gantz oder zum Theil formiret und erhalten wird". An diese Reichsgrundgesetze, zu welchen Zedler auch aus alter Zeit herrührende Gewohnheiten zählt („des Reichs Herkommen"), seien sowohl die Stände wie auch der Kaiser gebunden. Man nenne das auch „hergebrachtes Recht und wohlhergebrachten Styl".[37]

Die für eine Geschichte der Menschenrechte wesentliche Information ist hierbei, dass die vertragliche Einschränkung der Macht eines Herrschers gegenüber seinen Untertanen für Zedler eine gängige Rechtsvorstellung ist, von der er glaubt, sie sei hergebracht aus alter Zeit. Er scheint davon auszugehen, solches die Herrschermacht einschränkende Herkommen habe immer schon bestanden. Für seine Rechtsgeltung mache es keinen Unterschied, ob es geschrieben oder gar nicht schriftlich fixiert sei. Für das Nichtgeschriebene nennt Zedler weder einen Zeitpunkt, an dem all das begonnen haben soll, noch ist überhaupt von irgendwelchen zeitlich fixierten Ereignissen als konkrete Anhaltspunkte für das Herkommen die Rede. Insgesamt bleiben die rechtlichen Vorgänge, die zur Entstehung dieses Herkommens geführt haben sollen, bemerkenswert vage, wenn es heißt, das Herkommen sei „als ein stillschweigender Vergleich" anzusehen. Es ist für Zedler selbstverständlich, dass die Macht eines Herrschers von jeher auf einem Vertrag beruht, der diese zugleich auch begrenzt, indem er die Untertanten an der Machtausübung beteiligt. Auf solche Herrschaftsverträge wird in folgenden Kapiteln noch näher einzugehen sein.

37 Art. Reichs-Gesetze, Reichs-Fundamental- oder Reichs-Grund-Gesetze, in: Johann Heinrich Zedler, Universal-Lexicon (Grosses vollstândiges Universal Lexicon Aller Wissenschafften und Künste, Welche bißhero durch menschlichen Verstand und Witz erfunden und verbessert worden), Bd. 31, Leipzig/Halle 1742, Sp. 83 f.

1.5 Inhalte von Menschenrechten

1.5.1 Gibt es einen gemeinsamen Anfangspunkt?

Georg Jellinek (1851–1911) veröffentlichte im Jahr 1895 einen Aufsatz, der berühmt werden sollte. Roman Schnur hielt diesen für eine „bahnbrechende Untersuchung", welche „die einschlägige Forschung" zur Geschichte der Menschenrechteerklärung von 1789 erst „eingeleitet" habe.[38] In seinem Aufsatz vertritt Jellinek die Auffassung, die Mutter aller Grundrechte seien die Gewissens- und Religionsfreiheit, wie sie in einigen nordamerikanischen Kolonien im 17. Jahrhundert anerkannt waren.[39] Diese seien letztlich eine Errungenschaft der Reformation und hätten die Erklärung der Menschen- und Bürgerrechte der Französischen Revolution maßgeblich beeinflusst. Für diese Auffassungen erfuhr Jellinek scharfe Kritik durch den französischen Schriftsteller und Politologen Émile Boutmy (1835–1906), weil Jellinek damit nach Auffassung Boutmys die Menschenrechtsidee habe germanisieren und die französischen Verdienste kleinreden wollen.[40] Hieran ist zu erkennen, wie politisch brisant das Thema Menschenrechte bereits damals war. Jellineks These vom monokausalen Ursprung aller Menschenrechte hat heute keine Anhänger mehr. Der Standpunkt des Sozialismus, das Mutterrecht liege in dem Recht auf Mitgestaltung des Gemeinwesens, woraus sich dann andere Tochterrechte ergäben,[41] ist Konsequenz einer in sich höchst stringenten, dabei aber hermetisch abgeschotteten Weltsicht.

Auch die Auffassung von Peter Blickle (1938–2017), nach der die Menschenrechte aus dem Kampf gegen persönliche Unfreiheit entstanden seien,[42] vermag als alleiniger Erklärungsansatz nicht zu überzeugen. Das gilt auch für Martin Krieles Ansicht, der Schutz vor willkürlicher Verhaftung (Habeas Corpus) sei als Urgrundrecht anzusehen und in der englischen Rechtsgeschichte bis zur Magna Charta von 1215 zurückzuverfolgen. All diese Thesen um ein Urgrundrecht mögen – wie Kriele es ausdrückt – „einen berechtigten Kern" haben.[43] Das Problem an solchen Thesen

---

38 Schnur (Hg.), Geschichte der Erklärung der Menschenrechte (s. Lit.), S. X, VII.

39 Jellinek, Erklärung der Menschen- und Bürgerrechte, S. 37–42.

40 Émile Boutmy, La Déclaration des droits de l'homme et du citoyen et M. Jellinek, Paris 1902.

41 Mampel, Verfassung der DDR (s. Lit. Kap. 11), S. 560 f., 605, 647, 655, 663, 674 u. ö. Siehe auch die Nachweise zu den Stichwörtern „Mutterrecht" und „Tochterrecht" im Sachverzeichnis, S. 1160, 1169. Tochterrechte sind demnach etwa das Recht auf freie Meinungsäußerung oder die Versammlungsfreiheit.

42 Blickle, Von der Leibeigenschaft zu den Menschenrechten (s. Lit.), S. 11, 173.

43 Kriele, Habeas Corpus, S. 88.

ist jedoch, dass sie den Blick auf einen Abschnitt verengen und damit anderes außen vor bleibt. So schön es wäre, eine einfache Erklärung zu finden, die den Ursprung auf ein bestimmtes Recht zurückführt – eine solche wird es nicht geben. Ein Einwand gegen Kriele liegt bereits darin, dass der in der Magna Charta gewährte Schutz vor willkürlichen Verhaftungen in dieser Zeit keineswegs ein Einzelfall ist und vielmehr noch in zahlreichen anderen Dokumenten vorkommt,[44] wenn auch keines von ihnen in punkto Berühmtheit der Magna Charta auch nur annähernd das Wasser zu reichen vermag. Der Ausgangspunkt eines Urmenschenrechts birgt die Gefahr, solche Fakten und die damit verbundene europäische oder auch globale Perspektive aus dem Blick zu verlieren. Menschenrechte entwickelten sich örtlich und zeitlich unterschiedlich.

1.5.2 Inwiefern gibt es (überzeitliche) Gemeinsamkeiten?

Menschenrechte inhaltlich auch nur annähernd zu umreißen, ist ein großes Problem. Das ist bis heute oder vielleicht sogar gerade heute so. Zwar wird nicht bestritten, dass Menschenrechte an sich anzuerkennen und zu schützen sind. Unklar ist allerdings, was genau ihre Inhalte sein sollen. Einen anerkannten, harten Kern von Menschenrechten gibt es nicht, noch nicht einmal „among civilized nations.[45] In some developing countries a higher premium is put on economic growth than on protection of individual rights, and in some Islamic countries little or no protection is given to some rights which are cherished elsewhere.“[46] Das mag der Grund dafür sein, warum kein Gremium der Vereinten Nationen mit der Ausarbeitung eines solchen Kataloges beauftragt ist.[47] Das Problem ist offensichtlich unlösbar.

Als Anhaltspunkt kann das Völkergewohnheitsrecht herangezogen werden. Danach kommen vier Bereiche[48] für einen solchen harten Kern in Frage:

- Recht auf Leben
- Freiheit von Sklaverei
- Freiheit von Folter
- Freiheit von rassistischer Diskriminierung

---

44 Sutter, Entwicklung der Grundrechte (s. Lit. Kap. 3), S. 115. Ein früheres Beispiel ist eine Urkunde Philipps II. von Frankreich von 1208, dazu Kap. 3.

45 Ein problematischer Begriff, B. K.

46 Bingham, Rule of Law (s. Lit.), S. 68.

47 In Bezug auf den wichtigen Punkt der Rechte am Arbeitsplatz findet sich eine Regelung in der „Erklärung der Internationalen Arbeitsorganisation (International Labour Organisation, ILO) über grundlegende Prinzipien und Rechte bei der Arbeit und ihre Folgemaßnahmen“ vom 18. Juni 1998.

48 In eine ähnliche Richtung geht der gemeinsame Art. 3 aller vier Genfer Konventionen.

Allerdings ist wiederum bereits unklar, was das genau bedeuten soll. So ließe sich bei einem auf Menschenwürde und Unteilbarkeit der Menschenrechte gestützten Verständnis vertreten, das Recht auf Leben gewähre zugleich einen Anspruch auf Nahrung, Gesundheit und Bildung. Aber das ist gewiss nicht weltweit und in allen Kulturen gleichermaßen anerkannt. Es mag durchaus sein, dass sich innerhalb einer bestimmten Gesellschaft ein breiter Konsens darüber finden lässt, wo die Grenzen zu ziehen sind. Darüber hinaus mögen sich Aussagen über gemeinsame Wertvorstellungen (und damit über „rights and freedoms which [...] are seen as fundamental", also Menschenrechte) für „Western or Westernized countries" treffen lassen;[49] mehr aber eben auch nicht. Im Hinblick auf Diskriminierung ist allenfalls die Ablehnung von Rassismus als international konsentiert anzusehen. Im Hinblick auf das Geschlecht und die Religion gilt das nicht und im Hinblick auf die sexuelle Orientierung erst recht nicht. Einer solchen restriktiven Anerkennung steht die Tendenz gegenüber, den Begriff Menschenrechte inflationär zu verwenden,[50] so dass er auf diese Weise mehr und mehr zu einer Worthülse verkommt („Kakophonie des heutigen Menschenrechts- und Menschenwürdediskurses").[51]

Wenn sich, wie weiter oben dargelegt, der Begriff der Menschenrechte im Laufe der Geschichte gewandelt hat und seine Definition ja schon deshalb „ein ‚bewegliches' Phänomen" ist, so liegt es nahe, dass der Bestand an hierunter fallenden konkreten Rechtspositionen auch keine historische Konstante sein kann. Menschenrechte tragen – wie Wolfgang Schmale es ausdrückt – „den Wandel als Wesenselement in sich".[52] Besonders deutlich wird das, wenn wir einen Blick auf die so genannten drei Generationen werfen: Nach den bürgerlichen und politischen Freiheitsrechten der Aufklärungszeit als Erste Generation folgte eine Zweite in Form der „WSK"-Rechte (wirtschaftlichen, sozialen und kulturellen Rechte). Ihr universaler Anspruch beruht auf Weltkultur und Weltöffentlichkeit – beides Phänomene, die aus langfristiger historischer Sicht noch sehr neu sind. Erst recht gilt dies für die vor allen Dingen durch Länder des Globalen Südens geforderten Menschenrechte der Dritten Generation (Recht auf Entwicklung, Kontrolle über natürliche Ressourcen,

49 Bingham, Rule of Law (s. Lit.), S. 68.

50 Fagan, Human rights; Eric Hilgendorf, Die mißbrauchte Menschenwürde. Probleme des Menschenwürdetopos am Beispiel der bioethischen Diskussion, in: B. Sharon Byrd et al. (Hg.), Jahrbuch für Recht und Ethik 7, Berlin 1999, S. 137 ff.

51 Hilgendorf, Menschenrechte, S. 366.

52 Schmale, Archäologie der Grund- und Menschenrechte, S. 93; Brigitte Hamm, Menschenrechte. Ein Grundlagenbuch, Opladen 2003, S. 22; Riedel, Menschenrechte der dritten Dimension, S. 9–21.

lebenswerte Umwelt, Frieden, Solidarität, Recht auf Zugang zu sauberem Wasser[53]; Rechte von Kollektiven, nicht von Individuen; „Group Rights"). Auf solche vor allen Dingen in Afrika schriftlich fixierten Rechte wird später zurückzukommen sein.

Eine solche Diversität ist allerdings nicht nur feststellbar, wenn wir die drei Generationen einander gegenüberstellen. Bereits innerhalb der Ersten Generation ist die geschichtliche Entwicklung örtlich und zeitlich unterschiedlich. Anfänglich sah es dabei für einen inhaltlichen Konsens möglicherweise etwas besser aus als heute. So geht Eric Hilgendorf davon aus, dass sich mit den Menschenrechten

> zu Beginn ihrer Karriere als Rechtsbegriffe überaus reale politische Forderungen verbanden, deren Kernbedeutung allen gebildeten Zeitgenossen klar war: Der Ruf nach Einhaltung der Menschenrechte war der Schlachtruf der Aufklärer, die gegen Aristokratie und hohen Klerus Meinungs- und Religionsfreiheit, Chancengleichheit und ein Ende der sozialen und wirtschaftlichen Unterdrückung einforderten. Nicht umsonst hat man die politischen Forderungen der Französischen Revolution auf den Dreiklang von ‚Freiheit, Gleichheit, und Brüderlichkeit!' gebracht.[54]

Die Französische Revolution ist eine Revolution des Dritten Standes, keine der Armen. Der Vorschlag Robespierres, die Worte „liberté, égalité, fraternité" auf Fahnen und Uniformen zu schreiben, wurde damals nicht angenommen. Erst seit Mitte des 19. Jahrhunderts ist die geläufige Trias das Credo und Logo der Französischen Republik und als solches bis heute allgegenwärtig. Ich glaube dennoch, dass Hilgendorf Recht hat, würde aber bei einer anderen Trias ansetzen. Ich meine die berühmte Formulierung aus der US-amerikanischen Unabhängigkeitserklärung: „Life, Liberty and the pursuit of Happiness".[55]

Drei Kernpunkte für bürgerliche und politische Rechte lassen sich früh ausmachen: Das sind die Rechte auf Leben, Freiheit und Eigentum. Diese Grundbefugnisse hängen wiederum zusammen und bedingen einander. Ein enger Zusammenhang besteht zunächst zwischen Leben und Freiheit, was wiederum mit der Qualität des Menschen als Rechtssubjekt in Verbindung steht. Wenn nämlich nur einige – nicht alle – Menschen Rechtssubjekte sind, so müssen die anderen Rechtsobjekte sein. Sie gehören dann anderen und sind mithin Sklaven in irgendeiner Form oder

---

53 Anerkannt als Menschenrecht nach einer Resolution der UN-Vollversammlung vom 28. Juli 2010 (Resolution 64/292).

54 Hilgendorf, Menschenrechte, S. 366.

55 „We hold these truths to be self-evident, that all men are created equal, that they are endowed by their Creator with certain unalienable Rights, that among these are Life, Liberty and the pursuit of Happiness."

jedenfalls unfrei, was ihnen Menschenrechte verwehrt. Je nach Ausgestaltung dieser gesellschaftlichen Stellung als Unfreie oder Sklaven kann das bedeuten, dass der Herr den Unfreien ohne weiteres, ohne irgendeine rechtliche Sanktion fürchten zu müssen, töten darf. Das ist zwar keineswegs für jeden Ort und jede Zeit der Fall, aber durchaus möglich. Ein Recht auf Freiheit schließt mithin ein Recht auf den Schutz des Lebens mit ein. So richtet sich die zentrale Forderung der ersten Stunde in der Menschenrechtsgeschichte auf die Abschaffung von Sklaverei und jeder Art von Unfreiheit.

Als nächster Schritt ist damit die wegweisende Forderung nach Gleichheit vor dem Gesetz verbunden. Die Abschaffung der gesellschaftlichen Unterscheidung aller Menschen in Freie und Unfreie bedeutet nicht zwingend Gleichheit. Trennung von schwarzen und weißen Menschen, wie sie etwa in den Vereinigten Staaten von Amerika und vor allen Dingen in Südafrika bis in die jüngere Vergangenheit existierten, machen das durchaus anschaulich. Gleichheit ist vielmehr ein weiterer Schritt und damit eine konsequente Fortführung der Abschaffung von Unfreiheit.

Nimmt eine Gesellschaft nun die Freiheits- und Gleichheitsrechte all ihrer Mitglieder ernst, so kann sie in einem nächsten Schritt die reale Möglichkeit für die Ausübung dieser Rechte durch alle schaffen. Das bedeutet, dass ein solches Gemeinwesen die Verpflichtung hat, sich auch um seine in Not geratenen und schwächeren Mitglieder zu kümmern. Das resultiert in dem Gedanken, dass ein Gemeinwesen soziale Verantwortung hat, was als subjektives Recht (soziales Grundrecht, Menschenrecht) ausgestaltet sein kann. Eine frühe Erscheinung davon findet sich in Art. 21 der französischen Verfassung von 1793: „Die öffentliche Unterstützung ist eine heilige Pflicht. Die Gesellschaft schuldet ihren unglücklichen Mitbürgern den Unterhalt, indem sie ihnen entweder Arbeit verschafft oder denen, die außerstande sind, zu arbeiten, die Mittel für ihr Dasein zu sichern."[56] All das erinnert dann – auch wenn das reiner Zufall sein mag – an die Trias der Französischen Republik, wie sie auf Errungenschaften der Französischen Revolution basiert: Freiheit, Gleichheit, Brüderlichkeit.[57] Zuerst kommt Freiheit für alle. Daraus resultiert Gleichheit. Wenn es die Aufgabe eines Gemeinwesens ist, Menschen in Not zu unterstützen

---

56 „Les secours publics sont une dette sacrée. La société doit la subsistance aux citoyens malheureux, soit en leur procurant du travail, soit en assurant les moyens d'exister à ceux qui sont hors d'état de travailler".

57 Zu den Grundsätzen der Revolution zählten zunächst nur die ersten beiden Punkte („liberté", „égalité"), während der dritte Punkt („fraternité") erst um die Mitte des 19. Jahrhunderts hinzutrat, so dass die geläufige Trias bis heute das Credo und Logo der Französischen Republik und als solches allgegenwärtig ist.

und ein lebenswertes Leben zu ermöglichen, kommt eine soziale Komponente von Menschenrechten hinzu.

Nach ihrer historisch frühesten Funktion sind Menschenrechte naturrechtlich fundierte Individualabwehrrechte gegenüber dem Staat. In dieser klassischen Ausprägung erscheinen sie in den berühmten Erklärungen des 18. Jahrhunderts („Erste Generation der Menschenrechte"). Das Spektrum der inhaltlichen Diversität wird erheblich größer, wenn wir einen genaueren Blick auf die beiden weiteren Generationen von Menschenrechten werfen.

Ich spreche dabei von „Generationen" und nicht von „Dimensionen" von Menschenrechten. Der zum Teil vertretenen Auffassung, diese Bezeichnung sei gegenüber derjenigen als „Generationen" vorzugswürdig,[58] pflichte ich nicht bei. Das Bild der Generation verdeutlicht vielmehr, dass es sich bei „Menschenrechten" gerade nicht um einen überzeitlichen Begriff handelt, sondern ihre Generationen aufeinanderfolgen. Um Missverständnisse zu vermeiden, ist dabei allerdings im Blick zu behalten, dass vorangegangene Generationen keineswegs aussterben, sondern vielmehr bestehen bleiben, um die neuen zu ergänzen.[59] So existieren Menschenrechte der Ersten und Zweiten Generation selbstverständlich auch heute noch. Sie haben durch das Erstehen einer Dritten Generation keineswegs an Bedeutung eingebüßt. Die Bezeichnung „Dimensionen" lässt sich im Zusammenhang mit Menschenrechten treffender auf die Art und den Umfang ihrer Geltung beziehen, was ebenfalls einer zeitlich-historischen Abfolge unterliegt. Menschenrechte können lediglich eine philosophische Idee sein, weiterhin eine politische Forderung, ferner ein nur für Staatsbürger anerkanntes Recht in einer nationalen Verfassung und schließlich eine unter internationalem Recht allen Menschen gleichermaßen zukommende Position.

Was also hat es mit diesen Generationen auf sich? Die auf die Erste Generation folgende Zweite steht mit Massenverelendung, Sozialismus und der Arbeiterbewegung des 19. Jahrhunderts in Verbindung.[60] Abwehrrechte sind nur interessant für denjenigen, der etwas zu verteidigen hat. Eigentumsfreiheit ohne Eigentum ist wie das freie Huhn bei einem freien Fuchs in einem freien Hühnerstall. Für jemanden, der nichts hat, können Menschenrechte allein als Leistungsrechte gegen das Gemeinwesen von Nutzen sein. In Termini der Menschenwürde gesprochen, geht es um ein Recht auf ein menschenwürdiges Dasein. Konkrete Ausformungen

---

58 Riedel, Menschenrechte der dritten Dimension, S. 9 ff.; ders.: Menschenrechtsschutz, S. 11–36; Michael Haspel, Menschenrechte – Eine Einführung, http://www.buergerimstaat.de/1_2_05/ein.htm (Zugriff: 27.09.2024).

59 Fremuth, Menschenrechte (s. Lit.), S. 68.

60 Ishay, History of Human Rights (s. Lit.), S. 9 f., 117–172.

davon sind ein Recht auf das Existenzminimum, ein Recht auf Bildung, auf einen Arbeitsplatz, auf Erholung oder ein Recht auf soziale Absicherung. So etwas ist in den Verfassungen sozialistischer Staaten des 20. Jahrhunderts verwirklicht, allen voran in der Sowjetunion, wohingegen dort Menschenrechte der Ersten Generation völlig in den Hintergrund treten. So ist Meinungsfreiheit beim Kampf mit dem kapitalistischen Klassenfeind gewiss kein Recht, das vorbehaltlos jeder Seite eingeräumt wird. Keineswegs aber treten Menschenrechte der Zweiten Generation nur im Rahmen solch extremer Verhältnisse auf, noch nicht einmal zuerst dort. Ich werde darauf zurückkommen.

Auf diese Zweite Generation von Menschenrechten folgt eine Dritte, die mit einer Opposition gegen den westlichen Entstehungshintergrund der Menschenrechte einhergeht. Auch spielen die Gefahren, die für wirtschaftliche und kulturelle Gemeinschaften und deren Werte in weniger privilegierten Regionen dieser Welt durch reichere Länder ausgehen, hierbei eine gewichtige Rolle. All das steht in Verbindung mit der Abkehr von Individualschutz, wie er sich auch bei der Zweiten Generation der Menschenrechte zeigt, geht aber noch einen Schritt weiter oder jedenfalls in eine andere Richtung. Nicht mehr der Schutz des Einzelnen, sondern der von Kollektiven ist hier das Ziel. Auch dieser Aspekt ist uns aus der heutigen Grundrechtsdogmatik bekannt. Allerdings stellt uns der Kollektivschutz im Bereich der Menschenrechte vor völlig andere rechtliche Probleme. Manche sind der Auffassung, die „sogenannten Drittgenerationsrechte“ seien gar kein Recht, sondern vielmehr „im ‚vorrechtlichen Raum‘ [anzusiedeln]“,[61] was immer das genau bedeuten mag.

Ein wichtiger Ursprung der Forderungen nach Menschenrechten für Kollektive ist die Epoche des Kolonialismus und die daraus resultierende Reserviertheit gegenüber westlichem Kultur- und Wirtschaftsimperialismus in Ländern des Globalen Südens. Wenn Pursuit of Happiness eine Wirtschaftsform bedeutet oder gar voraussetzt, die traditionelle Gesellschaften und ihre Werte zerstört, wenn Freihandel letztlich dazu führt, dass ein Land mit allem, was von Wert ist, dem wohlhabenden Ausland mit seinen großen Konzernen gehört, dann ist das für die weniger privilegierten Regionen dieser Erde keine gute Idee. Die Situation erinnert wiederum an die Konstellation des freien Fuchses im freien Hühnerstall. Solche Gruppenrechte sind auf keinem Kontinent so ausgeprägt wie in Afrika, wo sie in der Banjul-Charta von 1981 in durchaus nennenswertem Umfang als vielleicht „herausragendste

61 Stern, Idee der Menschen- und Grundrechte, S. 39–41, Zitat auf S. 41.

Besonderheit“[62] eben dieser Rechteerklärung niedergelegt sind. Ein Protagonist von Menschenrechten der Dritten Generation war der senegalesische Jurist Kéba Mbaye (1924–2007), Präsident des Obersten Gerichtshofs seines Landes und später Richter am Internationalen Gerichtshof in Den Haag. Er räumte dem Recht auf Entwicklung eine zentrale Bedeutung ein und meinte, alle anderen Menschenrechte hingen damit zusammen.[63] Auch Kolonialismus und Antikolonialismus spielen in der Geschichte der Menschenrechte eine Rolle und sind sogar untrennbar damit verbunden. Darauf wird an späterer Stelle einzugehen sein. Wie zu Anfang gesagt: Die Vielfalt von Themen und Aspekten ist groß. Summa summarum: Von überzeitlichen Inhalten von Menschenrechten kann keine Rede sein.

1.6 Annäherung an einen Arbeitsbegriff von Menschenrechten

Wenn inhaltliche Übereinstimmungen über einen größeren zeitlichen und geographisch-kulturellen Raum kaum gegeben sind, stellt sich für eine historische Darstellung die Frage nach dem Gegenstand – nach einem Arbeitsbegriff – umso mehr. Ich frage also noch einmal: Was sind Menschenrechte?

Von den Bedeutungselementen, die den beiden zu Anfang dieses Kapitels angeführten Definitionen von Klippel und Dreier gemeinsam sind, erscheinen drei tauglich für eine auf einen langen Zeitraum angelegte historische Untersuchung: Menschenrechte sind **(1) zentrale, (2) allen Menschen allein aufgrund ihres Menschseins zustehende Rechte**, die weder verdient werden müssen noch verloren gehen können. Die Überzeugung, dass das so ist, beruht **(3) auf einer bestimmten Auffassung vom Stellenwert des Menschen, die zu einem zwingenden Schluss in Bezug auf die Rechts- und Gesellschaftsordnung führt**.[64] Das nenne ich Naturrecht (in einem weiten Sinne); kurz:

- nur besonders wichtige Rechte (bezogen auf den Inhalt);
- für alle Menschen (bezogen auf die Begünstigten);
- naturrechtliche Grundlage (bezogen auf die Begründung).

62 Christine Meyer, Menschenrechte in Afrika. Regionaler Menschenrechtsschutz als Herausforderung an menschenrechtliches Universalitätsdenken, Baden-Baden 2013, S. 102.

63 Mbaye, Le droit au développement (s. Lit. Kap. 12), S. 505–534.

64 Ähnlich Gschwend u. Good, Conquista (s. Lit. Kap. 4), S. 217 f.; Gerhard Oestreich, Die Idee der Menschenrechte in ihrer geschichtlichen Entwicklung, 5. Aufl., Berlin 1974, S. 9; Karl Peter Fritzsche, Menschenrechte, Paderborn 2004, S. 15 ff.; ders., Menschenrechte. Eine Einführung mit Dokumenten, 2. Aufl., Paderborn et al. 2009, S. 15; Kriele, Habeas Corpus, S. 72.

Diese drei Kriterien finden wir natürlich nicht in jeder Epoche der Geschichte vollständig erfüllt. So ist ihr steiler Aufstieg – worauf zurückzukommen sein wird – insbesondere mit der Entstehung des Individualismus (naissance de l'individualisme) verbunden.[65] Ist eine Wertschätzung oder gar eine Empfindung des Menschen als Individuum gar nicht vorhanden, schließt das seinen Schutz durch das Recht von vorneherein aus. Auch wenn diese Überlegung für die neueste Erscheinung „Menschenrechte der Dritten Generation" keine oder gar eine konträre Rolle spielt, hat ein auf diesen drei Kriterien beruhender Arbeitsbegriff dennoch ordnende Funktion. Es lässt sich nämlich feststellen, in welchem Umfang jeweils das eine oder das andere gegeben war und wie es als Ziel in die Auffassung der jeweiligen Zeit bzw. der in ihr vertretenen Denkrichtungen passt. Untauglich als historisches Kriterium für eine viele Jahrhunderte zurückgehende Betrachtung ist der Umstand, dass es sich um niedergeschriebene Rechte handelt. Das ist etwas allein Äußerliches, nämlich – wie Klippel richtig feststellt – die typische Erscheinungsform der Menschenrechte seit dem Ende des 18. Jahrhunderts.

Tauglich als Kriterium ist wiederum, inwiefern es sich um **subjektive oder gar als einklagbar konzipierte Rechte** handelte. Zwar ist das in historischer Sicht verhältnismäßig neu, doch erweist sich genau dieses als letztendlich absolut entscheidend. Wenn wir heute von Menschenrechten sprechen, meinen wir subjektive Rechte. Es geht nicht darum, dass Sklaverei verboten ist, sondern vielmehr darum, dass jeder einzelne Sklave seine Freiheit einfordern kann. Außerdem ist die Vorstellung von subjektiven Rechten doch etwas weniger neu, als es auf den ersten Blick scheinen könnte. Ich meine, in den Artikeln der Bauern von 1525 sei so etwas zu erkennen, aber dazu später.[66] Für jetzt nur so viel: Auch wenn die Zuordnung eines Rechts zu einer Person (Subjektivität) und die damit eng verbundene Frage der Klagbarkeit und Durchsetzbarkeit (Justitiabilität) eines Rechts der in der Praxis durchschlagende Punkt ist, liegt hierin für die vorliegende historische Betrachtung kein Ausschlusskriterium. Der Gedanke an Menschenrechte kann (selbstverständlich) auch unabhängig von deren Klagbarkeit in Erscheinung treten. Dann sind Menschenrechte ein (rechts-)philosophisches oder ideengeschichtliches Thema und jedenfalls keines des geltenden Rechts. In einer rechtshistorischen Betrachtung müssen diese Aspekte allerdings dennoch – wie sich von selbst verstehen dürfte – mit Gegenstand der Darstellung sein. Es ist ähnlich wie bei der Suche nach dem Abwehrrecht in der älteren Geschichte in der Arbeit von Ralf Poscher. Die Suche nach einem Rechtsbegriff in seiner heutigen Form – die ja erst Ergebnis dieser historischen Entwicklung

---

65 Hennebel u. Tigroudja, Traité de droit international, S. 29.

66 S. o. Kap. 4.3, S. 117 f.

ist – muss entweder die Geschichte verbiegen oder ergebnislos verlaufen. Deshalb soll auch hier der Durchgang durch die Geschichte nicht als „Fahndung nach" Menschenrechten, „sondern eher als Spurensuche betrieben werden".[67]

Um es der Klarheit halber – auch wenn es sich von selbst versteht – deutlich auszusprechen: Die Beschäftigung mit Vorstellungen von Menschenrechten bei Denkern aus der Vergangenheit hat nichts anderes zum Ziel als eine historisch-hermeneutische Klärung. Diese Untersuchung ist in erster Linie von rechtshistorischem, darüber hinaus vielleicht auch von politischem Interesse, etwa wenn auf diese Weise die Grundlagen für eine Instrumentalisierung des oft so inflationär gebrauchten Begriffs der Menschenrechte auf dem Prüfstand stehen. Dabei bin ich keineswegs auf der Suche nach einem wahren und seit Anbeginn der Zeit für alle Zeiten feststehenden Begriff von Menschenrechten. Dass mein historischer Begriff für die Gegenwart oder gar die Zukunft nicht zwingend sein kann, ist klar.

Die Geschichte der Menschenrechte steht, wie oben bereits gesagt, in Verbindung mit **Einschränkungen der Macht eines Herrschers gegenüber dem Beherrschten.**[68] Seit ihrer Erscheinung in den berühmten Rechteerklärungen des späten 18. Jahrhunderts – die Francis Fukuyama für einen Wendepunkt der Menschheitsgeschichte hält[69] – ist das gewiss ihre Zielrichtung: Es geht um das Verhältnis zwischen Einzelnem und Staatsmacht („rapport entre l'individu et le Pouvoir").[70]

Die Einschränkung von Herrschermacht war aber keineswegs erst Ende des 18. Jahrhunderts ein Thema. Schon Jahrhunderte zuvor war eine solche immer wieder in Form so genannter **Herrschaftsverträge** erfolgt. In solchen Verträgen verpflichtet sich der Fürst, seinen Untertanen bestimmte Rechte zuzugestehen und sich zukünftig an diese Zusagen zu halten. Es geht um die Einräumung subjektiver Rechte, die in letzter Konsequenz sogar vor Gericht einklagbar sein können. Zwar sind das keine Menschenrechte, weil die Freiheiten gerade nicht allen Menschen unabhängig von ihrem Stand eingeräumt werden. Die Obrigkeit gewährt sie nicht Individuen (Menschen), sondern Gruppen (Ständen), die keineswegs alle Mitglieder der Gemeinschaft, sondern nur eine geringe Anzahl von Privilegierten wie etwa die Reichsstände oder Adelige umfassen (ständische Privilegien). Die Vorstellung aller Menschen als Rechtsträger liegt diesen oftmals mittelalterlichen Vorgängen fern. Solche tradierten Einräumungen von Rechten durch einen Herrscher weiten

---

67 Formulierung angelehnt an Poscher, Abwehrrechte, S. 19.

68 Hilgendorf, Menschenrechte, S. 369: „Will man an der Stoßrichtung der Menschenrechte seit ihrer ersten rechtlichen Fassung im Zeitalter der Aufklärung festhalten, so wird man sie auch heute noch in erster Linie als Abwehrechte gegen staatliche Eingriffe zu konzipieren haben."

69 Fukuyama, Das Ende der Geschichte, S. 20.

70 Hennebel u. Tigroudja, Traité de droit international, S. 28, 31–33.

sich allerdings dann auf die Gesamtbevölkerung aus, wenn die Staatsform sich zu einer Demokratie wandelt, in der alle Bürger als gleichermaßen mit Menschenwürde ausgestattete Träger von Rechten gelten.

Weiterhin werden die besagten Konzessionen der Herrscher an rebellierende Adelige – die prominenteste von allen ist die Magna Charta von 1215 – auch als **Schritte auf einem Weg zur Demokratie** verstanden, wohlgemerkt aus der Sicht einer viel späteren Zeit. Auch wenn hier manches durcheinandergeht und den strengen Maßstäben einer historischen Analyse nicht standzuhalten vermag, ist doch keineswegs von der Hand zu weisen, dass die Erinnerung an solche alten, von wem auch immer gegen ungeliebte Despoten erkämpften Rechte und Freiheiten bei späteren Kämpfen um Freiheiten ob ihres symbolischen Gehalts eine wichtige Rolle spielen können.[71] Aus diesem Grund kommt eine Geschichte der Menschenrechte nicht umhin, sich mit solchen ständischen Privilegien zu beschäftigen.[72] Auch wird an dieser Stelle deutlich, wie eng die Geschichte von Menschenrechten mit der von Rechtsstaat (respektive Rule of Law)[73] und Demokratie verbunden ist.[74]

1.7 Stolperfallen auf dem Weg zur Erforschung der Menschenrechtsgeschichte

Ich möchte im Folgenden einige Aspekte ansprechen,[75] die es bei einer kritischen historischen Auseinandersetzung mit dem Thema Menschenrechte im Blick zu behalten gilt.

1.7.1 Menschenrechte als Politikum

Überall auf dieser Welt ist es heute, soweit ich sehe, Konsens, dass Verletzungen von Menschenrechten unter keinen Umständen hinzunehmen sind. Es bedarf keiner

71 Kap. 3.3.5, S. 97 ff.

72 Kleinheyer, Grundrechte, S. 9, räumt ein, Herrschaftsverträge seien „aus der Entwicklung des Grundrechtsbegriffs nicht wegzudenken", obwohl er diese im Übrigen aus seiner Betrachtung ausschließt.

73 Zu der nicht immer klaren Unterscheidung von Rule of Law und Rechtsstaatsprinzip Kriele, Einführung in die Staatslehre (s. Lit. Kap. 7), S. 328 f.

74 Bingham, Rule of Law (s. Lit.), S. 33, 66 f.; Kriele, Habeas Corpus, S. 79; anderer Auffassung Joseph Raz, The Rule of Law and its Virtue, in: ders., The Authority of Law. Essays on Law and Morality, Oxford 1979, S. 210 ff. (211, 221).

75 Andere Punkte (Six Historical Controversies) nennt Ishay, History of Human Rights (s. Lit.), S. 5 f.

langen Suche, um in der Tagespresse Beispiele dafür zu finden. Politisch aktuelle und ideologisch brisante Themen aber sind empfindlich für Vereinnahmungen politischer Lager jedweder Couleur und mithin häufig Gegenstand von Geschichtsverbiegungen. Nachdem ein politischeres Thema als Menschenrechte heute kaum denkbar ist, trifft all das auf dieses Sujet in besonderer Weise zu. Ein besonders drastisches Beispiel gebe ich im nächsten Kapitel im Zusammenhang mit dem Kyroszylinder. Viele andere lassen sich finden, etwa der Ost-West-Konflikt als Hintergrund der AEMR von 1948 oder der Banjul-Charta von 1981,[76] ferner der sich im Welt- und Gesellschaftsbild des Sozialismus wandelnde Stellenwert von Menschenrechten.[77] Ein etwas länger zurückliegendes Exempel ist Jellineks These über die Religionsfreiheit als Muttergrundrecht und die Reaktion darauf, die die Debatte fort von einer wissenschaftlichen zu einer mit nationalistischem Anstrich führte.[78] Durch die besagte Kontroverse zwischen Jellinek und seinem französischen Kollegen Boutmy tritt zu Tage, dass Menschenrechte mit humanitär-kulturellen Errungenschaften oder gar mit dem Selbstverständnis und Selbstwertgefühl von Staaten bzw. Nationen in Verbindung stehen können, und das nicht erst seit gestern.

1.7.2 Menschenrechte und der Westen

Für den US-amerikanischen Politikwissenschaftler Francis Fukuyama liegt in der Anerkennung von Menschenrechten gar der entscheidende Wendepunkt der Weltgeschichte, der zugleich ihr Endpunkt sei. Fukuyama sieht das Streben nach Anerkennung durch den Menschen als treibende Kraft der Geschichte. Nicht materieller Wohlstand sei es, was den Menschen wirklich befriedige, sondern vielmehr die Anerkennung seines Status und seiner Würde. Daher seien, so Fukuyama, für Hegel Rechte nicht – wie etwa typischerweise für die US-amerikanischen Gründerväter – Mittel zum Zweck des Erhalts einer vom Staat ungestörten Privatsphäre, innerhalb derer der Mensch sich ungehindert bereichern könne. Um materiellen Wohlstand gehe es nicht. Rechte seien deshalb nicht Mittel zum Zweck, sondern Selbstzweck und damit so etwas wie Ausdruck des größten Strebens und der tiefsten inneren Bestimmung des Menschen an sich. Dieses Ziel sei mit der Französischen und der Amerikanischen Revolution und ihren Menschen- und Bürgerrechten erreicht. Das menschliche Streben komme damit zu seinem Ende, mithin erlösche die treibende Kraft der Geschichte und damit diese selbst. „Keine andere Organisation der

---

76 S. u. Kap. 12.

77 S. u. Kap. 11.

78 S. u. S. 119, 200.

sozialen Institutionen der Menschheit [gemeint ist wohl die freiheitliche Demokratie nach westlichem Muster] ist besser geeignet, diese Sehnsucht zu befriedigen, und daher wird es keine weiteren gravierenden historischen Veränderungen mehr geben."[79]

Eine extremere Zuspitzung bzw. Lobpreisung westlicher Lebenswelten in ihrer Verbindung mit Menschenrechten lässt sich schwerlich formulieren. Fukuyamas Thesen haben Kritik erfahren und bei einem Blick auf die Ereignisse der letzten 30 Jahre scheint in der Tat vieles dagegen zu sprechen. Klar ist aber, dass die Entstehung der Menschenrechte ein europäisches Thema ist. Das klang oben bei den Ausführungen zur Menschenwürde bereits an. Es ließe sich auch sagen, es handelt sich um ein westliches Thema oder ein solches der abendländischen – vom Christentum geprägten – Kultur. Damit ist keinerlei Aussage über die heutige Zielsetzung der Menschenrechte oder gar ihr Potential verbunden. Im Gegenteil dürfte es verfehlt sein, aus der europäischen Genese von Menschenrechten und Menschenwürde auf eine nur partikulare Geltung zu schließen.[80] Die Aussage, dass Menschenrechte als multikulturell neu konzipiert werden müssen, wenn sie zu einer wahren gemeinsamen Sprache der Menschheit werden sollen,[81] mag uneingeschränkte Zustimmung verdienen. Dabei geht es aber unmissverständlich um den Wunsch nach Neuorientierung und eben nicht – wie in meiner Darstellung hier – um die Geschichte.

Wie auch immer man es also ausdrücken will, der geographische Ausgangspunkt liegt in Europa, und revolutionäre Vorstellungen in der Neuen Welt des 18. Jahrhunderts haben dort ihren Ursprung.[82] Europa ist also – und das erscheint doch bemerkenswert – gleichermaßen Geburtsort des Kolonialismus wie auch der Ideen zu seiner Überwindung. Ich werde darauf zurückkommen. Die Menschenrechte der Ersten Generation beruhen jedenfalls – und das ist der wichtige Punkt – auf dem individualistischen Menschenbild des Westens. Zwar existierten Toleranzüberlegungen schon vor Jahrtausenden auch anderswo. In asiatischen Kulturen lässt sich so etwas seit dem 6. Jahrhundert vor Christus nachweisen, insbesondere im Hinblick auf den friedlichen Umgang mit allen Geschöpfen als buddhistischer Wert, ferner im Hinblick auf die Rücksicht auf Schwächere wie schwangere Frauen

79 Fukuyama, Das Ende der Geschichte, S. 20.

80 Hilgendorf, Menschenrechte, S. 371.

81 „Human rights must be reconceptualised as multicultural if they are to become a genuine common language of humanity." Felipe Gómez Isa, Human Rights, cultural diversity and legal pluralism from an indigenous perspective. The Awas Tingni Case, in: Giselle Corradi et al. (Hg.), Human Rights Encounter Legal Pluralism, Oxford/Portland (Oregon) 2017, S. 55 ff. (56).

82 Hilgendorf, Menschenrechte, S. 371.

und kleine Kinder. Hervorzuheben ist religiöse Toleranz, die im Westen eine historisch verhältnismäßig neue Vorstellung ist und die dem christlichen Europa bis in die Neuzeit hinein fremd war. Was allerdings im antiken Asien wie auch anderswo fehlte, ist der Gedanke, der Mensch habe allein wegen seiner Menschlichkeit und seines Wertes als Mensch unveräußerliche Rechte, die zu schützen seien. Der Mensch erhält dort seinen Wert als Teil eines Kollektivs, nicht Abwehrrechte gegen das Kollektiv als Individuum.[83] Es scheint naheliegend, dass in Gemeinschaften, die in ihrer ganzen Struktur von einer Religion oder dem Stellenwert einer solchen einnehmenden Lebensphilosophie geprägt sind, wie das etwa für den Hinduismus oder Taoismus der Fall ist, Individualschutzrechte auf Grundlage rationalistischer Säkularisierung keinen Platz haben.

Besser im Einklang mit solchen kollektivistischen Vorstellungen ist die Zweite Generation der Menschenrechte, die ihre Wurzeln allerdings ebenfalls in Europa hat. Die Arbeiterbewegung und ihre ideologischen Grundlagen wie etwa der Kommunismus sind gleichermaßen in ihrem Ursprung europäische Phänomene, wenn diese auch von Russland ausgehend eine weltumspannende Dimension einnehmen sollten. So stand dem individualistischen Menschenbild des Westens jedenfalls bis vor Kurzem (in historischen Begriffen) ein kollektivistisches Menschenbild im sozialistischen Lager gegenüber, für das sich eine unterschiedliche Sicht der Menschenrechte ergab. Danach hat der Einzelne in erster Linie zum Wohl des Kollektivs beizutragen und liberale Abwehrrechte gegen das Kollektiv (den Staat) gab es – wenn überhaupt – nicht unter allen Voraussetzungen und auch nicht für jeden.[84] Nach dem weltweiten Zusammenbruch des Kommunismus als Ideologie und vor allen Dingen als Machtblock ist das – so sah es jedenfalls bis vor Kurzem aus – allerdings passé, so dass die Vorstellung von Menschenrechten der überlebenden Supermacht und ihrer Anhängerschaft triumphieren dürfte.

Kollektivistische Vorstellungen haben jedoch in Gestalt der Dritten Generation der Menschenrechte eine neue Dimension erhalten. Nach dem Menschenbild in Ländern des Globalen Südens spielen Rechte von sozioökonomischen und politischen Kollektiven, in welche die Einzelnen eingebunden sind, eine wichtige Rolle.[85] Menschenrechte der Dritten Generation sind keine europäische Erscheinung, stehen jedoch in Verbindung mit dem Kolonialismus als einer solchen.

All das sind hochbrisante und politisch aufgeladene Themen. Das macht eine nüchterne historische Betrachtung schwierig, vielleicht unmöglich. Geschichte

---

83 Donnelly, Universal Human Rights, S. 75 ff.

84 S. u. Kap. 11.

85 S. u. Kap. 12.

beschäftigt sich jedenfalls im Wesentlichen mit abgeschlossenen Phänomenen der Vergangenheit. Um so etwas handelt es sich bei den Menschenrechten gewiss nicht.

1.7.3 Gefahr einer evolutionistischen Rechtsgeschichte unter freiheitsrechtlichen Gesichtspunkten

Die Betrachtung der Rechtsgeschichte aus einer so moralisch-ideologisch aufgeladenen Perspektive wie der der Menschenrechte birgt in besonderer Weise die Gefahr in sich, die Geschichte als eine von dem Fortschritt des menschlichen Geistes und seiner moralischen Qualität geprägt zu begreifen. Das aber ist trügerisch und wohl auch vermessen. Der Zweck der Geschichtswissenschaft liegt nicht darin, die Höhen unserer Zivilisation zu loben und sie über frühere, rohere, primitivere Gemeinschaften zu erheben. Es geht darum, die Vergangenheit zu verstehen und aus sich heraus verständlich zu machen.

Im Zusammenhang mit diesem Punkt stehen die Überlegungen von Samuel Moyn, dessen Werk über die Geschichte der Menschenrechte als „letzte Utopie“[86] in jüngerer Zeit große Beachtung gefunden hat.[87] Mein Ansatz zu einer Geschichte der Menschenrechte sowie mein historischer Begriff von Menschenrechten unterscheiden sich von dem Moyns. Dieser geht davon aus, dass in den 1960er und 1970er Jahren große, ideologiegestützte Kollektivutopien ihr Ende gefunden hätten, so dass eine neue an ihre Stelle treten konnte oder sogar musste („moral alternative to bankrupt political utopias“)[88]. Als solche (vormals) heilbringenden Massenträume nennt Moyn den Kommunismus für die politische Linke im Westen sowie die Sowjetunion und ihren damaligen Orbit, ein patriotisches Selbstverständnis für die USA sowie Dekolonialisierung und Unabhängigkeit für die neuen Staaten des Globalen Südens. Das Scheitern der zuerst genannten Utopie habe insbesondere der Prager Frühling besiegelt, das der zweiten der desaströse Ausgang des Vietnamkriegs, das der dritten die fehlgegangenen und in Militärdiktaturen oder

---

86 Moyn, Last Utopia.

87 Philip Alston, Does the Past Matter? On the Origins of Human Rights, Harvard Law Review 126 (2013), S. 2043 ff.; Stefan-Ludwig Hoffmann, Human Rights and History, Past & Present 232 (2016), S. 279 ff.; Dan Edelstein, On the Spirit of Rights, Chicago/London 2019, S. 7 f., 15; Philipp Kandler, Neue Trends in der „neuen Menschenrechtsgeschichte“, Geschichte und Gesellschaft 45 (2019), S. 297 ff.; Benjamin Möckel, Endtimes of Human Rights? Neue Forschungen zur Geschichte der Menschenrechte, Neue Politische Literatur 65 (2020), S. 473 ff.; Heiner Bielefeldt, Human Rights as a ‚Substitute Utopia‘? Questionable Assumptions in Samuel Moyn's Work, Nordic Journal of Human Rights 38, (2020), S. 1 ff.

88 Moyn, Last Utopia, S. 5.

Schlimmerem mündenden Gründungen neuer Staaten („failed states").[89] In diese sich auftuende Lücke seien nun die Menschenrechte als überlebende Utopie („survivors")[90] getreten, womit sie eine völlig neue Rolle übernommen und damit ein ganz anderes, eigenes Gesicht erhalten hätten. Diese Metamorphose lasse sich auch durch einen massenhaften Anstieg in der Verwendung des Wortes Menschenrechte („human rights") in dieser Zeit empirisch belegen.

Das Forschungsinteresse Moyns gilt nun den Menschenrechten in dieser neuen Funktion, das heißt den Menschenrechten als (letzte) Utopie. Er geht dabei davon aus, dass Menschenrechte ohne diese Funktion nicht existierten beziehungsweise jedenfalls etwas kategorial anderes seien, so dass eine begriffliche Vermischung mit den („echten")[91] Menschenrechten im Moyn'schen (utopischen) Sinne methodisch fehlerhaft und mithin abzulehnen sei. Wer dies akzeptiert, kann keine Geschichte der Menschenrechte betreiben, die weit vor die Mitte des vergangenen Jahrhunderts zurückgeht. Weiter Zurückgreifendes bezeichnet Moyn nicht ohne eine gewisse Polemik als „uplifting backstories".[92]

Mir geht es hier nicht darum, zu bestreiten oder überhaupt nur Stellung dazu zu nehmen, dass beziehungsweise inwiefern Moyn mit seiner These Recht hat und Menschenrechte unter den von ihm geschilderten Voraussetzungen eine grundlegend andere Form angenommen haben. Allerdings sprechen überzeugende Argumente dagegen, den Forschungsgegenstand Menschenrechte durch eine moderne Betrachtungsweise auf das zu verengen, was im angelsächsischen Sprachraum „international human rights" heißt. Das würde in der Tat bedeuten, „den Eindruck [zu erwecken], als hätten jene Vorläufer nichts mit der heutigen Thematik gemein", was wahrlich „groteske Züge" hat.[93] Fragwürdig erscheint ferner bereits, ob Moyns Ausgangspunkt, Rechteerklärungen seien vor den 1940er Jahren stets an eine staatliche Gemeinschaft und deren Gesetzgebung gebunden,[94] überhaupt zutrifft. Wenn

89 Moyn, Last Utopia, S. 8 u. ö.

90 Moyn, Last Utopia, S. 5.

91 „Als Leser gewinnt man den Eindruck, dass es nur eine Version ‚echter' Menschenrechte gebe." Lasse Heerten Rezension zu Moyn, The Last Utopia, in: H-Soz-u-Kult, 21.03.2011, www.hsozkult.de/publicationreview/id/reb-14700 (Zugriff: 15.08.2024).

92 Moyn, Last Utopia, S. 5.

93 Kritisch zu Moyns Ansatz mit in meinen Augen überzeugendem Hinweis auf seinen allzu engen, um nicht zu sagen seinerseits konstruiert-gekünstelten Begriff von Menschenrechten Sibylle van der Walt, Besprechung von The Last Utopia. Human Rights in History, ARSP 101 (2015), S. 141 ff. (insb. 144 f., Zitate 144); ähnlich Heerten, Rezension zu Moyn, The Last Utopia.

94 „True, rights have long existed, but they were from the beginning part of the authority of the state, not invoked to transcend it." Moyn, Last Utopia, S. 7.

das stimmt, wie erklärt sich dann das Widerstandsrecht, das eine so prominente Vertreterin dieses Genres wie die Virginia Bill of Rights[95] aufweist?

Mir geht es hier nicht oder allenfalls am Rande um die Geschichte einer Wortverwendung, sondern vielmehr um die von mir beschriebene Idee und die damit in Verbindung stehenden Veränderungen im Recht. Ich will damit keine Erfolgsgeschichte schreiben, die vom Gipfel eines endlich erreichten Ideals (Menschenrechte) auf den schlechteren, sich aber verbessernden Zustand vergangener Zeiten hinabblickt. Ich betrachte mich heute interessierende thematische Ausschnitte vergangener Epochen und versuche, diese im jeweiligen Kontext ihrer Zeit zu begreifen.

Ob ich damit eine das Ansehen fördernde Hintergrundgeschichte für eine mir oder sogar meiner Zeit sympathische Idee schreibe, vermag ich selbst nicht zu beurteilen. Das werden – so wie immer, wenn überhaupt – die nach mir tun. Gewiss ist es bei Lichte betrachtet alles andere als unwahrscheinlich, und ich verwehre mich auch gar nicht dagegen. Es ist trivial, dass jede Zeit ihre eigenen Bedürfnisse, Wünsche, Träume, Interessen, oder wie auch immer man es bezeichnen mag, hat und sich Interessen der Historikerinnen und Historiker, die alle Kinder ihrer Zeit sind, genau danach ausrichten. Das gilt für Moyn selbst übrigens auch. Und was ist schon dabei?

1.8 Zum Zuschnitt dieser Darstellung

1.8.1 Rule of Law, Rechtsstaat, Demokratie und Menschenrechte – Ein Verhältnis der Kausalität oder Korrelation?

In der westlichen Welt ist das Streben nach Menschenrechten verbunden mit dem Kampf um politische Freiheit und Freiheit von der Herrschaft absoluter Monarchen.

---

95 Art. 3 Virginia Bill of Rights v. 12. Juni 1776: „That government is, or ought to be, instituted for the common benefit, protection, and security of the people, nation or community; of all the various modes and forms of government that is best, which is capable of producing the greatest degree of happiness and safety and is most effectually secured against the danger of maladministration; **and that, whenever any government shall be found inadequate or contrary to these purposes, a majority of the community hath an indubitable, unalienable, and indefeasible right to reform, alter or abolish it, in such manner as shall be judged most conducive to the public weal.**“ Ebenso, wenn auch weniger deutlich, in der französischen Erklärung der Menschen- und Bürgerrechte v. 26. August 1789 (Art. 2): „Le but de toute association politique est la conservation des droits naturels et imprescriptibles de l'homme. Ces droits sont la liberté, la propriété, la sûreté et **la résistance à l'oppression.**“

Das geht einher mit dem Verlangen nach Rechtsstaat und Demokratie. Jedenfalls der Rechtsstaat (Rule of Law; King in Parliament) ist Voraussetzung dafür, dass Menschenrechte in praktisch effizienter, das heißt rechtlich durchsetzbarer, klagbarer Form überhaupt existieren können. Auch wenn das von der Geschichte der Menschenrechte zu unterscheiden ist, wird die Geschichte von Demokratie und Rechtsstaat wegen der besagten engen Verbindung in meiner Darstellung immer wieder vorkommen. Das ist schon deshalb unvermeidlich, weil zentrale Dokumente der Menschenrechtsgeschichte für die Geschichte der Demokratie ebenso eine wichtige Rolle spielen. Zwei in meiner Darstellung eine bedeutende Position einnehmende Dokumente sind als herausragende Beispiele hierfür anzuführen. Das ist die Déclaration des Droits de l'Homme et du Citoyen vom 26. August 1789[96] und in ganz besonders herausstechender und augenfälliger Weise die Virginia Bill of Rights vom 12. Juni 1776[97].

Dabei gehe ich allerdings davon aus, dass Demokratie – anders als rechtsstaatliche Prinzipien wie Gewaltenteilung und Machtkontrolle – keine notwendige Bedingung für die Geltung von Menschenrechten ist.[98] Ich bin mir durchaus bewusst, dass das streitig ist,[99] meine aber, dass diese Kontroverse innerhalb meiner historischen Darstellung dahinstehen kann.

1.8.2 Humanitäres Völkerrecht und Menschenrechte

Ein weiterer Punkt berührt ebenfalls die Frage, inwiefern ein nach heutiger Auffassung vom Thema Menschenrechte zu trennender Aspekt bei der Darstellung ihrer Geschichte außen vor bleiben sollte. Das Verhältnis von humanitärem Völkerrecht (das ausschließlich in Kriegssituationen beziehungsweise bewaffneten Konflikten gilt)[100] und den Menschenrechten ist im heutigen Völkerrecht nicht

---

96 Art. 3: Volkssouveränität; Art. 6: Prinzip der Mitwirkung aller Bürger an der Gesetzgebung; Art. 12: Verpflichtung der öffentlichen Gewalt auf den gemeinen Nutzen; Art. 13: Prinzip der Steuergerechtigkeit; Art. 14: Beteiligung der Bürger am öffentlichen Haushalt; Art. 15: Rechenschaftspflicht der Staatsbeamten.

97 Art. 2: Volkssouveränität; Art. 3: Verpflichtung der öffentlichen Regierung auf das gemeine Wohl, verbunden mit einem Widerstandsrecht; Art. 4: Verbot von Privilegien gegenüber dem Staat sowie der Erblichkeit öffentlicher Ämter; Art. 5: Gewaltenteilung; Art. 6: Wahlgrundsätze; Art. 7: Bindung der Exekutive an die Volksvertreter; Art. 13: Grundsätze für das Militärwesen; Art. 14: Grundsatz von der Einheit der Regierung; Art. 15: Regierungsgrundsätze.

98 Böckenförde, Demokratie, S. 233 ff.

99 Nachweise zu den Gegenstimmen bei Böckenförde, Demokratie, S. 233 ff.

100 Udo Fink, in: ders. u. Ines Gillich, Humanitäres Völkerrecht, Baden-Baden 2023, Kap. 4, Rn. 15 ff.

abschließend geklärt.[101] Historisch ein Bestandteil des Völkerrechts, ist das humanitäre Völkerrecht („Kriegsrecht") in geschriebenen Rechtsquellen erheblich älter als die Menschenrechte. Kriegsrecht findet sich bereits im Mittelalter,[102] während die Geburtsstunde der Menschenrechte in Verfassungstexten in das Zeitalter der Aufklärung zu verorten ist.

Die Frage, ob wir bei einer Person, auch wenn wir mit ihr nach eigener Überzeugung zu Recht verfeindet sind, von bestimmten Misshandlungen Abstand nehmen oder ihr gar ein Mindestmaß an menschlicher Behandlung zukommen lassen, hat ihre Ursprünge im Kriegsrecht (das heißt im humanitären Völkerrecht). Und dies ist eine im Kern menschenrechtliche Frage. Menschenrechte dienen dem Schutz der Schwachen und Hilflosen.[103] Das sind nicht zuletzt im Krieg Verwundete und Gefangene oder Flüchtlinge. Für die Starken und die Sieger ist es auf Grundlage ihrer Situation nicht angezeigt, sich für Menschenrechte zu interessieren. Sie brauchen so etwas nicht. Das gilt übrigens nicht nur für die Menschenrechte, sondern für alles Recht an sich.

Eng verbunden mit dem Schutz von Schwachen, Gefangenen oder Hungernden sind christliche Überzeugungen von Nächstenliebe und Barmherzigkeit („misericordia"), die nach kanonischem Recht insbesondere hilflosen Personen, den Ärmsten der Armen („personae miserabiles") entgegenzubringen sind.[104] Solche Gedanken existieren vermutlich in allen Religionen. Einfluss auf die Idee von Menschenrechten als Phänomen der Kultur- und Rechtsgeschichte in der westlichen Welt hatte allerdings, soweit ich sehe, allein das Christentum. Damit ist keinerlei Aussage über die Universalisierbarkeit von Menschenrechten für die heutige weltpolitische Lage verbunden.

Die in historischer Perspektive enge Verbindung der beiden Themenfelder humanitäres Völkerrecht und Menschenrechte spricht dagegen, das humanitäre Völkerrecht bei einer historischen Darstellung vollständig unberücksichtigt zu lassen.[105]

---

101 S. dazu Kap. 10.

102 Decretum Gratiani, Distinctio Prima, C. X: „Quid sit ius militare. Ius militare est belli inferendi solempnitates, federis faciendi nexus, signo dato egressio in hostem uel commissio;item signo dato receptio; item flagitii militaris disciplina, si locus deseratur; item stipendiorum modus, dignitatum gradus, premiorum honor, ueluti cum corona uel torques donantur; item predae decisio, et pro personarum qualitatibus et laboribus iusta diuisio, ac principis porcio."

103 Diesen Aspekt hebt Hannah Arendt, Elemente und Ursprünge totalitärer Herrschaft. Antisemistismus, Imperialismus, totale Herrschaft, München 1986, S. 602, hervor (amerikanische Originalausgabe „The Origins of Totalitarism", zuerst New York 1951).

104 Dazu Duve, Sonderrecht.

105 Hamm, Menschenrechte, S. 60; Bingham, Rule of Law (s. Lit.), S. 30–32, für das eng mit den Menschenrechten verbundene Thema Rule of Law.

1.8.3 Machen Theorien Geschichte?

Die Geschichte von Menschenrechten verläuft auf zwei Ebenen: Da ist einerseits eine geistesgeschichtlich-philosophische, andererseits eine politische Geschichte, die von Auseinandersetzungen und Kämpfen um Rechte und deren Erfolgen oder auch Misserfolgen erzählt. Peter Blickle hat es in seiner Abhandlung über die Geschichte der Freiheit auf den Punkt gebracht:

> „Theorien machen keine Geschichte, es sei denn, sie seien ihrerseits eine gelungene Verarbeitung von Realität und böten Auswege aus einer blockierten gesellschaftlichen Entwicklung. Steckt in der französischen Menschen- und Bürgerrechtserklärung mehr Rousseau oder mehr Freiheitsvorstellung französischer Bauern, in der Virginia Bill of Rights mehr Locke oder mehr Siedlerstolz gegenüber dem Mutterland England?“[106]

Blickle warnt hier davor, dass einschneidende gesellschaftliche Veränderungen (insbesondere zu Beginn der Frühen Neuzeit) wegen einer Überbetonung von Theoriegeschichte aus dem Blickfeld geraten. Zugespitzt gesagt ist hier ein ähnliches Problem betroffen wie das entscheidende Verhältnis von Überbau und Basis im Dialektischen Materialismus (im Gegensatz zum hegelianischen Idealismus).

Ich werde beide Ebenen behandeln und bin mir dabei bewusst, dass manche Kapitel stärker die eine, manche stärker die andere Ebene beschreiben. Bei alledem ist aber klar, dass es zwei Ebenen sind, die einander allerdings selbstredend beeinflussen und bedingen. Wenn wir den Blick auf die Geschichte nach dem Zweiten Weltkrieg und den kategorialen Umbruch in der Geschichte der Menschenrechte – der für manche dazu führt, jetzt erst von Menschenrechten in einem modernen Sinne zu sprechen – lenken, so lassen sich sogar drei Ebenen unterscheiden: (1) eine „Ebene einer religiösen oder philosophischen Ethik, die individuelle Frömmigkeit und Akte der Menschenliebe inspiriert“, (2) eine „Institutionalisierung und Kodifizierung normativer Standards, die in einer solchen Ethik begründet sein mag, aber eben auch auf einer neuen – rechtlichen – Ebene liegt“, und schließlich (3) eine Ebene, auf der die rechtliche Institutionalisierung nicht mehr allein im innerstaatlichen Recht zu Tage tritt, sondern sich vielmehr darüber hinaus „in Gestalt transnationaler Konventionen und Pakte“ manifestiert (Internationalisierung der Menschenrechte).[107]

---

106 Blickle, Von der Leibeigenschaft zu den Menschenrechten (s. Lit.), S. 15.

107 Joas, Einführung, S. 16 f.

Das Naturrecht spielt für die Begründung der Menschenrechte seit ihren Anfängen jedenfalls nach meinem Arbeitsbegriff eine zentrale Rolle. Nach den Naturrechtslehren eines Pufendorf oder Wolff ist der Mensch im Naturzustand frei, was allerdings keinerlei Forderungen gegen den Staat begründe, dem es freistehe, eben diese Freiheit aufzuheben. Eine philosophische Gesellschaftsbetrachtung wird menschenrechtlich in einem juristischen Sinne erst dann interessant, wenn sie in eben diesem zentralen Punkt für das Gegenteil streitet, das heißt, sich auf den Standpunkt stellt, dass sich aus der Natur des Menschen und seiner Gemeinschaft eben doch unveräußerliche und klagbare Ansprüche gegen den Staat ergeben. Das hat John Locke formuliert,[108] dessen Auffassung für die Geschichte der Menschenrechte wegbereitend werden sollte. Ich werde darauf zurückkommen.

Bei alldem ist jedoch im Blick zu behalten, dass die Verbindung Naturrecht-Menschenrechte nicht zwingend ist. Die Position, Menschenrechte seien durch das Naturrecht begründet, ist zwar herrschend, nicht aber ganz einhellig. So meinte der bekennende Atheist Jeremy Bentham (1748–1832), Menschenrechte seien weder natürliche Rechte, noch hätten sie mit dem Naturzustand irgendetwas zu tun. Für ihn waren sie „rhetorischer Unsinn", „nonsense upon stilts".[109] Wirkliche Rechte hingegen seien allein im positiven Recht verkörpert. Eine solche Haltung gehört keineswegs allein der länger zurückliegenden Vergangenheit an. Einen ähnlichen Standpunkt vertritt der Philosoph Alasdair MacIntyre (geboren 1929). Für ihn steht der Glaube an Menschenrechte auf einer Stufe mit dem Glauben an märchenhafte Gestalten wie Hexen oder Einhörner.[110] In eine ähnliche Richtung geht der Gedankengang – wenn auch weniger scharf beziehungsweise polemisch geäußert – bei Hannah Arendt, wenn sie die Allgemeine Erklärung der Menschenrechte der Vereinten Nationen mit „auffälligen Mängeln an Wirklichkeitssinn" in Verbindung bringt.[111]

---

108 So die herrschende Interpretation von Lockes Werk: Euchner, Naturrecht und Politik bei John Locke (s. Lit. Kap. 5), S. 204, 209 u. ö. Anderer Auffassung Willmoore Kendall, John Locke and the Doctrine of Majority-Rule, Urbana 1959, S. 53, 66 ff., 71 f., 76, 104, 113, der insbesondere geltend macht, der Begriff der „unveräußerlichen Rechte" komme bei Locke nicht vor.

109 Jeremy Bentham, Rights, Representation, and Reform. Nonsense upon Stilts and Other Writings on the French Revolution, in: Philip Schofield et al. (Hg.), The Collected Works of Jeremy Bentham, Oxford 2002, S. 317 ff. (Art. 2, S. 330). Dazu Philip Schofield, Jeremy Bentham's ‚Nonsense upon Stilts', Utilitas 15 (2003), S. 1 ff.

110 Alasdair MacIntyre, Der Verlust der Tugend. Zur moralischen Krise der Gegenwart, Frankfurt a. M. 1987, S. 98 (Original „After Virtue. A Study in Moral Theory", zuerst Notre Dame 1981).

111 Arendt, Es gibt nur ein einziges Menschenrecht, S. 769.

1.9 Literatur

Hannah Arendt, Es gibt nur ein einziges Menschenrecht, Die Wandlung 4 (1949), S. 754 ff.

Heiner Bielefeldt, Die Menschenwürde, Berlin 2008

Günter Birtsch, Michael Trauth u. Immo Meenken, Grundfreiheiten, Menschenrechte 1500–1850. Eine internationale Bibliographie, 5 Bde., Stuttgart 1992

Ernst-Wolfgang Böckenförde, Ist Demokratie eine notwendige Forderung der Menschenrechte?, in: Stefan Gosepath u. Georg Lohmann (Hg.), Philosophie der Menschenrechte, Frankfurt am Main 1998, S. 233 ff.

Jack Donnelly, Universal Human Rights in Theory and Practice, 3. Aufl., Ithaca/London 2013

Thomas Duve, Sonderrecht in der Frühen Neuzeit. Das frühneuzeitliche ius singulare, untersucht anhand der privilegia miserabilium personarum, senum und indorum in Alter und Neuer Welt, Frankfurt am Main 2008

Andrew Fagan, Human rights. Confronting Myths and Misunderstandings, Cheltenham 2009

Francis Fukuyama, Das Ende der Geschichte. Wo stehen wir?, München 1992 (Original: The End of History, New York 1992)

Ludovic Hennebel u. Hélène Tigroudja, Traité de droit international des droits de l'homme. Protection universelle, protections régionales, théories, fondements, interprétation, mise en oeuvre, responsabilité, réparation, Paris 2016

Eric Hilgendorf, Menschenrechte, Menschenwürde, Menschenbild, in: ders. u. Jan C. Joerden (Hg.), Handbuch Rechtsphilosophie, Stuttgart 2017, S. 366 ff.

Hasso Hofmann, Zur Herkunft der Menschenrechtserklärungen, JuS 1988, S. 841

Georg Jellinek, Die Erklärung der Menschen- und Bürgerrechte, Leipzig 1895

Hans Joas, Die Sakralität der Person. Eine neue Genealogie der Menschenrechte, Frankfurt am Main 2011

Ders., Sind die Menschenrechte westlich?, in: Michael Kühnlein u. Jean-Pierre Wils (Hg.), Der Westen und die Menschenrechte. Im interdisziplinären Gespräch mit Hans Joas, Baden-Baden 2019, S. 13 ff.

Gerd Kleinheyer, Grundrechte. Zur Geschichte eines Begriffs, Graz 1977

Martin Kriele, Habeas Corpus als Urgrundrecht, in: ders. (Hg.), Recht, Vernunft, Wirklichkeit, Berlin 1990, S. 71 ff. (zuerst 1973)

Aniceto Masferrer, The Making of Dignity and Human Rights in the Western Tradition, Heidelberg 2024

Annabelle Meier, Die „Jellinek-These" vom religiösen Ursprung der Grundrechte, Tübingen 2023

Jacques Mourgeon, Les droits de l'homme, 8. Aufl., Paris 2003

Samuel Moyn, The Last Utopia. Human Rights in History, Cambridge (Massachusetts)/ London 2010

Ralf Poscher, Grundrechte als Abwehrrechte. Reflexive Regelung rechtlich geordneter Freiheit, Tübingen 2003

Eibe Riedel, Menschenrechte der dritten Dimension, EuGRZ 1989, S. 9 ff.

Ders., Der internationale Menschenrechtsschutz. Eine Einführung, in: Bundeszentrale für politische Bildung (Hg.), Menschenrechte. Dokumente und Deklarationen, 4. Aufl., Bonn 2004

Wolfgang Schmale, Archäologie der Grund- und Menschenrechte in der Frühen Neuzeit. Ein deutsch-französisches Paradigma, München 1997

Wolfgang M. Schröder, Natur- und Vernunftrecht, in: Menschenrechte. Ein interdisziplinäres Handbuch, Arnd Pollmann u. Georg Lohmann (Hg.), Stuttgart/Weimar 2012, S. 179 ff.

Klaus Stern, Die Idee der Menschen- und Grundrechte, in: Detlef Merten u. Hans-Jürgen Papier (Hg.), Handbuch der Grundrechte in Deutschland und Europa. I: Entwicklung und Grundlagen, Heidelberg 2004, S. 3 ff.

2. Spurenelemente in Antike und Mittelalter

2.1 Der Kyroszylinder

2.1.1 Propaganda und Legendenbildung

Unter einem Spurenelement verstehen wir in der Chemie ein Element, das nur in geringen Konzentrationen oder Spuren vorkommt. Der Begriff wird auch in der Ernährungswissenschaft verwendet, wo er für in kleinsten Mengen aufzunehmende Stoffe steht, die für den Organismus lebensnotwendig sein können. So geht es auch bei mir im Folgenden um essentielle Grundlagen in der frühen Geschichte, die allerdings wegen ihrer winzigen Konzentration schwer nachweisbar sind.[1] Wegen der dünnen quellenmäßigen bzw. faktischen Basis ist hier viel Raum für Interpretation beziehungsweise Spekulation. Nachdem es sich zudem um ein, wie zuvor ausgeführt, politisch hochbrisantes Thema handelt, verwundert es nicht, dass in diesem Bereich die Versuchung der Verbiegung oder gar Fälschung von Geschichte besonders groß ist. In der Tat findet sich ein besonders sprechendes Beispiel hierfür in dem vermeintlich ersten Menschenrechtstext der Geschichte, der im 6. Jahrhundert vor Christus im alten Orient entstanden sein soll. Die Rede ist vom Zylinder Kyros' II. (um 590/580–530 vor Christus) und dem Märchen, das über ihn erzählt wird. Märchen sind schön, aber sie beruhen auf erfundenen Tatsachen. Je nachdem, wie die Intention des Erfinders zu beurteilen ist, lassen sich solche Erfindungen auch als Lügen bezeichnen.

2.1.1.1 Der Schah und Persepolis

Den Startschuss für den Gedanken, dass dieser 2500 Jahre alte Tonzylinder etwas mit Menschenrechten zu tun haben soll, feuerte kein anderer ab als der letzte persische Schah Mohammad Reza Pahlavi.[2] Das war im Oktober 1971 in Persepolis, der jetzt in Ruinen liegenden ehemaligen Residenzstadt des Perserreiches. Sie liegt im heutigen Iran etwa 650 Kilometer südlich von Teheran, nicht weit entfernt von der Großstadt Shiras. Dort beging der Schah damals die „2500-Jahr-Feier der

---

1 Die Idee zur Verwendung dieses Begriffes in diesem Zusammenhang geht zurück auf Wolgast, Geschichte der Menschen- und Bürgerrechte (s. Lit.), S. 11.

2 Wiesehöfer, Kyros, S. 62.

Abb. 1 Kyroszylinder, der – so die Beschreibung des Britischen Museums – „von der Eroberung Babylons durch Kyros, König von Persien [559–530 v. Chr.], und der Gefangennahme Nabonids im Jahre 539 v. Chr. berichtet." – von menschenrechtlichen Inhalten findet sich darin kein Wort.

Iranischen Monarchie".[3] Dafür hatte er wahrlich groß aufgefahren[4] und illustre Gäste aus aller Welt eingeladen. 50 Prunkzelte standen in der Ruinenstadt, und zahlreiche Staatsgäste aus aller Welt waren eingeladen. Der Schah wollte sein Land und damit sein Regime von der allerbesten Seite zeigen. In Persepolis befindet sich neben vielen anderen Königsgräbern das Kyros' II., auch bekannt als Kyros der Große. Bei der Bezeichnung als „der Große" steht das im Vordergrund, was wohl bei allen Herrschern, die mit diesem Attribut versehen sind, im Vordergrund steht. Kyros war ein großer Feldherr und Eroberer. Im 6. Jahrhundert vor Christus nahm er über 5 Millionen Quadratkilometer Land – eine Fläche etwa halb so groß wie Europa – kriegerisch ein. Damit kam Kyros dem, was ungefähr 250 Jahre später Alexander der Große vollbringen sollte, schon recht nahe. Kyros aber sei – so der Schah – nicht irgendein Eroberer, sondern ein ganz besonderer Herrscher gewesen. So habe Kyros als Erster das Recht auf Religionsfreiheit begründet.

Die Behauptungen, die der Schah 1971 den Staatschefs der Welt verkündete, waren damals nicht neu. Bereits in seinem Buch über die so genannte Weiße Revolution[5] hatte der Schah solche Dinge über den sagenumwobenen Kyros behauptet.

---

3 https://de.wikipedia.org/wiki/2500-Jahr-Feier_der_Iranischen_Monarchie (Zugriff: 26.06.2024).

4 Die Kosten der Feierlichkeiten wurden auf ca. 100 Millionen US-Dollar geschätzt, Wiesehöfer, Kyros, S. 55 Fn. 3.

5 Gemeint ist eine Reihe von ihm herbeigeführter Veränderungen in seinem Reich wie etwa Landreformen, die ohne jedes Blutvergießen („weiß") vonstattengingen.

In diesem zunächst nur auf Persisch erschienenen und 1967 ins Englische übersetzten Werk sagt Mohammad Reza Pahlavi zunächst über sich und seine Aufgabe beziehungsweise Position Folgendes:

> Christensen, the Danish orientalist, has rightly said that a real king in Iran is not so much the political head of the nation as a teacher and a leader. He is not only a person who builds roads, bridges, dams and canals, but one who leads them in spirit, thought and heart.[6]

Später geht es dann um Kyros und dessen wichtige Rolle für die Geschichte des Iran und damit für die persische Monarchie:

> I do not wish to enumerate all the inconsistencies and conflicting factors in our society. I only wish to say that in studying the causes and effects of Iran´s fluctuations between decline and greatness, I have come to the conclusion that Iran´s astonishing historical splendour has resulted from two basic factors: on the one hand her ancient and unique civilization and culture, and on the other her military successes. The history of our empire began with the famous declaration of Cyrus, which, for its advocacy of humane principles, justice and liberty, must be considered one of the most remarkable documents in the history of mankind. For the first time in human history, freedom of opinion and other basic rights were given to all the citizens of the empire. He even abolished looting, the usual practice of victorious armies, and forced labour. Since then, Iran has almost always been a refuge for oppressed minorities of every race, colour and religion.[7]

Neu war 1971 also nur die Verkündung solcher Behauptungen vor einer so breiten internationalen Öffentlichkeit. Zeitgleich mit der Veranstaltung in den Ruinen von Persepolis, genau gesagt am 14. Oktober 1971, überreichte die Zwillingsschwester des Schahs in New York dem damaligen Generalsekretär der Vereinten Nationen, dem birmanischen Politiker Sithu U Thant (1909–1974), der 1973 den Menschenrechtspreis der Vereinten Nationen erhielt, eine Replik des Kyroszylinders. Bei diesem handelt es sich um einen an einigen Stellen stark beschädigten Tonzylinder mit einer keilschriftlichen Inschrift in akkadischer Sprache aus der Zeit Kyros' des Großen. Das Original dieser Tonrolle liegt bis heute im Britischen Museum in London. Der Text der Tonrolle habe, so die Schwester des Schahs, menschenrechtlichen Inhalt. Der Generalsekretär bedankte sich für das „historische Geschenk"

6 Mohammad Resa Pahlavi Aryamehr, The White Revolution, Teheran 1967, S. 2.
7 Aryamehr, White Revolution, S. 9.

und pries es – ohne Frage nach dem konkreten Inhalt oder historischen Hintergrund – als „antike Deklaration der Menschenrechte". Der Schah verfolgte mit diesen Aktionen das Ziel, sich dem Westen auch wirtschaftlich anzunähern, wofür er sich eine moralisch und politisch lupenreine weiße Weste anziehen wollte. Die Realität sah bei dem in der Islamischen Revolution von 1979 gestürzten Schah völlig anders aus. Das Verschwinden von politischen Gegnern und Folterungen waren an der Tagesordnung. Es war ein Propagandaschachzug, der die Mär um den Kyroszylinder als „antike Deklaration der Menschenrechte" das Licht der Welt erblicken ließ. Und dieser war erfolgreich. Ein Sprichwort aus dem Alten Orient besagt: „Wenn ein Narr einen Stein in den Brunnen wirft, können ihn zehn Weise nicht mehr herausholen."[8] Wie zutreffend das ist, zeigt sich nicht nur an der erfundenen Geschichte des Kyroszylinders, sondern vor allem auch in der heutigen Verbreitung von Informationen im Internet.

Über den Kyroszylinder sagte der Generalsekretär damals jedenfalls, Kyros habe Frieden gewollt und „die Weisheit gezeigt, andere Zivilisationen zu achten". Die Religionsfreiheit hatte der Schah bei seiner Rede deshalb besonders hervorgehoben, weil eine Säkularisierung des Iran für ihn bei der Annäherung an den Westen eine besonders große Rolle spielte. Generalsekretär Thant ließ die Tonrolle in einer Schauvitrine im Hauptgebäude der Vereinten Nationen aufstellen, wo sie bis heute liegt. Die Geschichte vom Zylinder als Menschenrechtsdeklaration nahm im Folgenden eine beachtliche Eigendynamik an.

2.1.1.2 Öffentliche Identifikationen als Nachwirkung

Als die iranische Friedensnobelpreisträgerin Shirin Ebadi anlässlich der Verleihung am 10. Dezember 2003 in Oslo eine Rede hielt, sagte sie Folgendes:

> Meine Damen und Herren, erlauben Sie mir, ein paar Worte über mein Land, meine Region, meine Kultur und meinen Glauben zu sagen. Ich bin eine Iranerin. Eine Nachfahrin von Kyros dem Großen. Das ist genau der Herrscher, der auf dem Höhepunkt seiner Macht vor zweieinhalbtausend Jahren verkündete, er werde nicht über die Menschen herrschen, wenn sie das nicht wünschten. Und er versprach, niemanden zum Wechseln seiner Religion und seines Glaubens zu zwingen, und garantierte Freiheit für alle. Die

8 Zitiert von Matthias Schulz: Legenden. Der falsche Friedensfürst, Spiegel Online, 07.07.2008, https://www.spiegel.de/spiegel/a-564395.html (Zugriff: 26.06.2024).

Charta von Kyros dem Großen ist eines der wichtigsten Dokumente und sollte im Rahmen der Geschichte der Menschenrechte sorgfältig untersucht werden.[9]

Dieser Auffassung der „Charta von Kyros dem Großen" folgend, überreichte die iranische Menschenrechtlerin Narges Mohammadi dem Oberhaupt der Sunniten im Iran, Moulawi Abdulhamid, am 23. Dezember 2014 als Anerkennung für seinen Kampf um Menschenrechte ein Imitat des Kyroszylinders. Ein solches Verständnis des Zylinders steht in Zusammenhang mit einer angeblichen Übersetzung des alten Textes in heutiges Persisch, wie sie sich in einem Onlinewörterbuch findet. Die vermeintliche Übertragung aus dem Artikel „Kyros-Charta" (persisch: „Manshure kurush")[10] lautet in deutscher Übertragung in Auszügen wie folgt:

> Ich verkünde, dass, solange ich lebe und Masda mir die Zustimmung zur Herrschaft erteilt, die Religion und Tradition der Völker, deren Schah ich bin, geachtet werden. Und ich werde nicht zulassen, dass meine Amtsträger und Untergebenen die Religion und die Tradition der Völker, deren Schah ich bin, oder die anderen Völker erniedrigen oder sie beleidigen. Ich werde von heute an, da ich mir die Krone des Schahs aufs Haupt gesetzt habe, bis zu dem Tag, an dem ich lebe und Masda mir die Zustimmung zur Herrschaft erteilt, niemals meine Herrschaft einem Volk aufzwingen. Jedes Volk ist frei, mich als sein Herrscher zu akzeptieren oder nicht zu akzeptieren. Und wann immer es mich nicht als Herrscher akzeptieren will, werde ich keinen Krieg um die Herrschaft über dieses Volk führen. Solange ich lebe, werde ich nicht zulassen, dass jemand einen anderen zur Fronarbeit heranzieht und ihn zur Arbeit zwingt, ohne ihm Lohn zu bezahlen.[11]

Ungefähr eine solche Übersetzungsvariante muss der damalige Rechtsberater der iranischen Botschaft in den Niederlanden Ali Fahimdanesch vor Augen gehabt haben, als er die Enthüllung eines Replikats des Kyroszylinders im Justizpalast von Den Haag, dem Sitz des Internationalen Gerichtshofes, kommentierte. An der feierlichen Einweihung der Zylinderkopie, die am 1. Dezember 2014 stattfand, nahmen der Botschafter der Islamischen Republik Iran Alireza Jahangiry ebenso wie

9 https://www.nobelprize.org/prizes/peace/2003/ebadi/lecture/ (Zugriff: 26.06.2024), übers. v. Bernd Kannowski.

10 https://www.parsi.wiki/fa/wiki/464606/- (Zugriff: 12.08.2021). Für Hinweise zu den persischen Webseiten danke ich Herrn Georg Warning, Konstanz.

11 http://alischirasi.blogsport.de/2015/01/02/ein-gespenst-geht-um-im-iran-die-menschenrechtserklaerung/ (Zugriff: 11.02.2022). Für die Überprüfung dieser deutschen Übersetzung aus dem Persischen danke ich Herrn Faraz Maneshkarimy, Bayreuth.

der Generalsekretär der Haager Akademie für Internationales Recht Yves Daudet teil. Zu eben diesem großen Ereignis führte der besagte Rechtsberater Folgendes aus:

> Der Zylinder ist aus folgenden Gründen ein wichtiges Dokument. Erstens hält er fest, dass Kyros Babylon friedlich besetzt und dabei Blutvergießen und Plünderung verhindert hat. Zweitens besagt er, dass Kyros die Bewohner der Stadt von Zwangsarbeit befreit hat, die ihnen von den babylonischen Königen auferlegt worden war. Drittens sagt Kyros, dass er Götterstatuen in die Heiligtümer zurückgebracht hat, von wo sie entfernt worden waren. Viertens schickte er deportierte Völker in ihr Heimatland zurück. Die erste Charta der Menschenrechte wurde 1971 in alle offiziellen Sprachen der Vereinten Nationen übersetzt, ihre Bestimmungen entsprechen den ersten vier Artikeln der Allgemeinen Erklärung der Menschenrechte.[12]

An dieser Stelle möchte ich daran erinnern, was die in Bezug genommenen ersten vier Artikel der Allgemeinen Erklärung der Menschenrechte von 1948 besagen: Art. 1 enthält die Grundsätze von Freiheit, Gleichheit, Brüderlichkeit, Art. 2 das Verbot der Diskriminierung, Art. 3 schreibt das Recht auf Leben und Freiheit fest, Art. 4 schließlich das Verbot der Sklaverei und des Sklavenhandels.

2.1.1.3 Das Internet

Solche Aussagen über den Tonzylinder kommen nicht allein aus dem Iran. Ähnliche Aussagen finden sich auf den Webseiten von NGOs. Ein Beispiel ist Pro Asyl mit seinem Förderverein[13], ein weiteres war Amnesty International Österreich. Auf deren Seite konnten[14] wir Folgendes lesen:

---

12 https://www.vredespaleis.nl/cyrus-cylinder/?lang=en (Zugriff 17.11.2020); http://www.diplomatmagazine.eu/2014/12/11/unveiling-cyrus-cylinder-replica-peace-palace/; http://www.diplomatmagazine.eu/2014/12/07/first-declaration-human-right-peace-palace/ (Zugriff jeweils: 09.12.2024).

13 „Rechte, die allen Menschen zueigen sind, wurden schon lange vor der Proklamation der Menschenrechte formuliert. So zum ersten Mal auf dem so genannten Kyros-Zylinder. Kyros der Große, dessen Regentschaft in vielerlei Hinsicht extrem brutal war, soll nach der Eroberung Babylons 539 v. Chr. die Sklaven befreit haben. Der danach gefertigte Kyros-Zylinder […] enthält verschiedene Erlasse – unter anderem über die Gleichheit der Menschen und die Freiheit der Religionswahl. Der Kyros-Zylinder wurde von den Vereinten Nationen offiziell als historisch erste Menschenrechtserklärung anerkannt." https://menschenrechte.proasyl.de/index.php/das-streben-nach-freiheit/ (Zugriff: 26.06.2024).

14 Die Webseite wurde zwischenzeitlich geändert, so dass die besagten Inhalte dort nicht mehr zu finden sind.

> Die Geschichte der Menschenrechte: Kyros der Große, der erste König von Altpersien, befreite nach der Eroberung von Babylon die Sklaven. Er erklärte, dass alle Menschen das Recht haben ihre eigene Religion zu wählen [...]. Heute ist diese antike Aufzeichnung als Kyros-Zylinder bekannt und als weltweit erste Charta der Menschenrechte anerkannt. Sie ist in alle sechs offiziellen Sprachen der Vereinten Nationen übersetzt worden und ihre Bestimmungen entsprechen den ersten vier Artikeln der Allgemeinen Erklärung der Menschenrechte (UDHR).
>
> Die Meilensteine der Menschenrechte
>
> 539 v. Chr. Der Kyros-Zylinder
> 1215 Die Magna Charta
> 1628 Die Petition of Right
> 1776 Die Unabhängigkeitserklärung der USA
> 1787/1791 Die Verfassung der Vereinigten Staaten von Amerika/Bill of Rights
> 1789 Die französische Erklärung der Menschen- und Bürgerrechte
> 1864 Die erste Genfer Konvention
> 1945 Die Gründung der Vereinten Nationen
> 1948 Die Allgemeine Erklärung der Menschenrechte
> 1951 Genfer Flüchtlingskonvention (GRC)[15]

Ein noch schillernderes Beispiel aber, das hier absolut den Vogel abschießt, findet sich in dem Internetauftritt der NGO United for Human Rights. Dabei handelt es sich um eine internationale Organisation, die Wissen über Menschenrechte und ihren Schutz zum Ziel hat. Erst durch einen etwas genaueren Blick wird die Verbindung zu Scientology erkennbar.[16] Auf der deutschen Internetseite dieser Vereinigung lesen wir Folgendes:

> 539 v. Chr. eroberten die Armeen von Kyros dem Großen, dem ersten König von Altpersien, die Stadt Babylon. Aber es waren seine darauf folgenden Maßnahmen, die einen großen Fortschritt für die Menschheit darstellten. Er befreite die Sklaven, erklärte, dass alle Menschen das Recht haben, ihre eigene Religion zu wählen, und stellte Rassengleichheit her. Diese und andere Erlasse wurden auf einem gebrannten Tonzylinder in akkadischer Sprache mit Keilschrift aufgezeichnet.

---

15 https://www.amnesty.at/de/menschenrechte/ (Zugriff: 30.04.2018).

16 https://www.humanrights.com/about-us/what-is-united-for-human-rights.html, ganz unten rechts auf der Seite unter (nochmals) „About Us“ (Zugriff: 16.08.2024).

> Heute ist diese antike Aufzeichnung als Kyros-Zylinder bekannt. Jetzt ist sie als weltweit erste Charta der Menschenrechte anerkannt. Sie ist in alle sechs offiziellen Sprachen der Vereinten Nationen übersetzt worden und ihre Bestimmungen entsprechen den ersten vier Artikeln der Allgemeinen Erklärung der Menschenrechte.
>
> Die Ausbreitung der Menschenrechte
> Von Babylon aus verbreitete sich der Gedanke der Menschenrechte schnell nach Indien, Griechenland und schließlich auch nach Rom. Dort kam die Vorstellung des „Naturgesetzes" auf, und zwar durch die Beobachtung der Tatsache, dass die Menschen dazu neigten, im Laufe des Lebens bestimmte ungeschriebene Gesetze zu befolgen.[17]

Bei den beiden zuletzt genannten NGOs habe ich angefragt, ob sie mir die Übersetzungen in die sechs offiziellen Sprachen der Vereinten Nationen zur Verfügung stellen, von denen auf ihren Webseiten die Rede ist, oder mir zumindest einen Hinweis geben könnten, wie ich dieser habhaft werden könnte. Amnesty International Österreich antwortete, sie verfügten nicht über diese Übersetzungen und könnten mir auch keine Bezugsquellen nennen. Auch sei nicht bekannt, woher die Information, dass solche Übersetzungen überhaupt existierten, stamme.[18] United for Human Rights konnte mir zu den Übersetzungen auch keine Auskunft erteilen. Sie verwiesen auf zwei andere Webseiten, auf denen von diesen sechs Übersetzungen ohne jede Angabe einer Quelle die Rede war.[19] Ich fragte bei den Vereinten Nationen in New York nach. Von dort wurde mir die gesamte damals 1971 über diese Angelegenheit geführte Korrespondenz übersandt. Von Übersetzungen in alle offiziellen Sprachen ist dort nicht die Rede. Auf der Vitrine des Zylinders befinde sich eine Beschriftung, die den Text auszugsweise wiedergebe, in Englisch und Französisch. Von anderen Übersetzungen war nichts bekannt. Die Vitrine sei damals nebst Beschriftung im Metropolitan Museum of Art in New York angefertigt worden, möglicherweise lägen die Übersetzungen in die anderen vier Sprachen

---

17 http://www.deinemenschenrechte.de/what-are-human-rights/brief-history/. Der gleiche Inhalt findet sich hier: https://www.youthforhumanrights.org/course/lesson/background-of-human-rights/the-background-of-human-rights.html (Zugriff jeweils: 17.08.2024).

18 E-Mail von Frau Karin Thüringer, Amnesty International Österreich, Wien – der ich für die Auskunft auf meine Anfrage herzlich danke – v. 11.05.2017.

19 E-Mail von Frau Marie-Claire (Nachname aus der Korrespondenz nicht ersichtlich) – der ich für die Auskunft auf meine Anfrage herzlich danke – auf meine Anfrage über das Kontaktformular der NGO United for Human Rights (https://www.humanrights.com/contact-info.html, Zugriff: 24.09.2024) v. 28.05.2017.

dort vor.[20] Auf meine Anfrage hin teilte mir eine Kuratorin des besagten Museums mit, dass sie von den UN-Übersetzungen nichts wisse.[21]

Vielleicht ist die Frage dieser Übersetzungen nur ein Detail. Sie zeigt aber gut, wie hartnäckig sich eine einmal in die Welt gesetzte falsche Information hält und wie schwer es ist, festzustellen und zu beweisen, dass sie eindeutig falsch ist.[22] Jedenfalls wird sich auch für weniger an Geschichte Interessierte bis hierher aufgedrängt haben, dass da wohl etwas nicht stimmen kann. Ein Herrscher, der vor 2500 Jahren als Feldherr militärische Erfolge in einer ähnlichen Dimension wie Alexander der Große vorzuweisen hatte, soll zu seinen Untertanen gesagt haben: „Ab heute herrscht Religionsfreiheit, jeder von euch darf glauben, was er will. Außerdem gibt es ab heute keine Sklaven mehr, sondern nur noch freie Menschen. Im Übrigen werde ich nur über euch herrschen, wenn ihr das wünscht. Solltet ihr dies nicht wünschen, dann gehe ich eben wieder."

2.1.2 Der historische Kyros und sein Tonzylinder

Wer war dieser Kyros wirklich? Kyros war – ähnlich wie Alexander der Große – vergleichsweise unbedeutend in Bezug auf seine Herkunft, dafür als Eroberer aber umso erfolgreicher. Das beeindruckte seine Zeitgenossen. Um solche Herrscher ranken sich oft Legenden, nicht nur im Alten Orient, und Kyros war schon im Altertum sagenumwoben. Aischylos galt er als gnädig.[23] Im Alten Testament steht, Kyros habe den verschleppten Juden erlaubt, mit ihren geraubten Schätzen nach Israel zurückzukehren.[24] Herodot hingegen hat eine gespaltene Meinung von ihm.[25] Der heutige Iranologe und Historiker Elton L. Daniel charakterisiert Kyros wie folgt:

---

20 E-Mail von Frau Elizabeth N. Mwarage, Dag Hammarskjöld Library, Department of Public Information, United Nations, New York – der ich für die Auskunft auf meine Anfrage herzlich danke – v. 11.05.2017.

21 E-Mail von Frau Yelena Radik, Associate Corator Ancient Near Eastern Art im Metropolitan Museum of Art, New York – der ich für die Auskunft auf meine Anfrage herzlich danke – v. 27.07.2018.

22 So stand bis vor kurzem in dem Wikipedia-Artikel über ein so prominentes Thema wie die Allgemeine Erklärung der Menschenrechte: „Teilweise wird der Inhalt des altpersischen Kyros-Zylinders aus dem 6. Jahrhundert v. Chr. als erste Menschenrechtserklärung bezeichnet" (https://de.wikipedia.org/wiki/Allgemeine_Erkl%C3%A4rung_der_Menschenrechte, Zugriff: 13.02.2022, zwischenzeitlich geändert). Erheblich kritischer hingegen ist der Artikel zum Kyroszylinder (https://de.wikipedia.org/wiki/Kyros-Zylinder, Zugriff: 13.02.2022).

23 Aischylos, Die Perser, griechisch u. deutsch, hg. u. übers. v. Georg Lange, 3. Aufl., München 1944, V. 769–773 (S. 33).

24 Esra 5,14–17.

25 Dazu Wiesehöfer, Kyros, S. 64 f.

> In sum, Cyrus was primarily a conqueror who dazzled his contemporaries and stirred their imagination with his rise from relative obscurity to mastery of an empire of unprecedented dimensions – but one with an enviable ability to do so without making unnecessary enemies and to come away with a remarkably unscathed historical reputation.[26]

Diese Sichtweise ist plausibel. Bei seinen herausragend erfolgreichen Feldzügen, die ihn bis nach Indien und an die Grenze Ägyptens brachten, hat Kyros seine Feinde selbstverständlich auch versklavt. Ich sage selbstverständlich, weil Sklaverei im Altertum in der Tat eine Selbstverständlichkeit war. Ein prominenter Ort, an dem das zu Lesen steht, ist der Anfang der „Institutionen", jenes Einführungslehrbuches zum römischen Recht, das der große Justinian im 6. Jahrhundert nach Christus an den Anfang seiner berühmten Gesetzessammlung stellen sollte. Danach ist die Sklaverei durch das allen Völkern gemeinsame Recht („ius gentium") überall auf der Welt eingeführt im Zusammenhang mit dem Krieg, den die Menschen notwendigerweise führen.[27] Beide Seiten profitierten davon, wenn der unterlegene Feind nicht zwingend getötet, sondern ihm das Leben geschenkt werde, wenn auch als Sklave. So versklavte auch Kyros Tausende, ganz so wie ein jeder Sieger es im Alten Orient üblicherweise tat. Und nicht nur das: Kyros ließ nach der gewonnenen Schlacht gegen den Herrscher von Babylon sämtliche Gefangenen töten.[28] Er bediente sich der im vorderasiatischen Raum üblichen Vorgehensweisen so wie andere Herrscher seiner Zeit eben auch.[29] Wie ausgewiesene juristische Expertinnen und Experten in heutigen Darstellungen darauf kommen, Kyros habe verwundete gegnerische Soldaten genauso wie eigene versorgen lassen,[30] ist ein Rätsel und unterstreicht nur weiter, wie unangreifbar die Fama vom antiken Humanisten geworden ist.

---

26 Elton L. Daniel, The History of Iran, Westport (Connecticut)/London 2000, S. 39.

27 Inst. 1.2.2.

28 Überliefert in den vermutlich in Babylon auf eine Tontafel geschriebenen Nabonid-Chroniken. Eine Übersetzung der Stelle, an der von der Hinrichtung Gefangener durch Kyros die Rede ist, findet sich bei Albert Kirk Grayson, Assyrian and Babylonian Chronicles, Locust Valley (New York) 1975, II Nr. 7, S. 109: „In the month Tishri when Cyrus did battle at Opis on the [bank of] the Tigris against the army of Akkad, the people of Akkad retreated (iii 12–14). He carried off the plunder (and) slaughtered the people. On the fourteenth day Sippar was captured without a battle (iii 14). Nabonidus fled (iii 15)." Razmjou, The Cyrus Cylinder, S. 116 f. verschweigt die Tötung der Gefangenen, obwohl er ansonsten seine Informationen aus den Nabonid-Chroniken bezieht.

29 Wiesehöfer, Kyros, S. 67.

30 Pictet, Development and Principles of International Humanitarian Law (s. Lit. Kap. 10), S. 8; Mary Ellen O'Connell, Historical Development and Legal Basis, in: Dieter Fleck (Hg.), The Handbook of International Humanitarian Law, 3. Aufl., Oxford 2013, S. 1 ff. (16, Rn. 107), beide ohne Beleg bzw. Nennung einer Quelle.

Der Entstehungshintergrund des Kyroszylinders ist durchaus kriegerisch. Als sein Text im Jahr 539 vor Christus entstand, hatte Kyros gerade seinen mächtigen Rivalen um die Vorherrschaft im Orient angegriffen, das Neubabylonische Reich. Dessen Zentrum, das glanzvolle Babylon, war nicht nur ein Hort von Wissen und Kultur. Es war auch militärisch insbesondere als Verteidigungsanlage hervorragend ausgestattet. Die 18 Kilometer langen Stadtmauern suchten in der damaligen Welt ihresgleichen. Diese Mauern waren dicht besetzt mit Feinden, diese bis an die Zähne bewaffnet. König Nabonid, der Gegner Kyros', durfte sich hinter diesen starken Verteidigungsanlagen in Sicherheit wiegen. Babylon zu belagern oder gar zu berennen wäre Kyros teuer zu stehen gekommen. Es hätte Monate gedauert beziehungsweise das Leben tausender Soldaten gekostet und wäre immer noch eine Mission von höchst zweifelhaften Erfolgsaussichten geblieben. Jede schnellere und günstigere Lösung musste Kyros in dieser Situation mehr als recht sein.

In dieser Situation bot Kyros sich den mit Nabonid unzufriedenen Babylonien als Alternativherrscher an. Dazu gehörte insbesondere die einstmals mächtige Priesterschaft des Stadtgottes Marduk, dessen Kult Nabonid zu Gunsten anderer Götter zurückgedrängt hatte.[31] Das hatte natürlich einen Machtverlust seiner Priester mit sich gebracht. Jedenfalls schaffte es Kyros, dass die Babylonier seinen Soldaten ohne Kampf die Tore öffneten und die Stadt übergaben.[32] Die Priester des Marduk erhielten ihre alte Machtposition zurück und zudem für ihre Unterstützung eine Belohnung. Es vermag kaum zu verwundern, dass sie Kyros nun als groß und gerecht priesen. In den Verhandlungen mit den Priestern über eine kampflose Übergabe der Stadt hatte Kyros ferner die Freiheit seiner eigenen Leute gefordert, die in früheren Kriegen in die Hände der Neubabylonier gefallen und ihrerseits versklavt worden waren. Außerdem wollte er, dass weggebrachte Götterstatuen zurückzuführen seien.

Es ist reine Spekulation, woher der Schah und die anderen persischen Stimmen die Behauptung ableiten, im Kyroszylinder sei von Religionsfreiheit und der kompletten Abschaffung der Sklaverei die Rede. In Bezug auf „Religionsfreiheit" mag eine Rolle spielen, dass Kyros oder die Perser überhaupt ein eher anwendungsbezogenes Verhältnis zur Religion ihrer Untertanen pflegten. So war es den Persern, solange ihre Untertanen nur für das Wohl des Großkönigs und seines Reiches beteten, ganz gleich, zu welchem Gott oder zu welchen Göttern sie das taten.[33] In-

31 Hanspeter Schaudig, Die Inschriften Nabonids von Babylon und Kyros' des Großen samt den in ihrem Umfeld entstandenen Tendenzschriften. Textausgabe und Grammatik, Münster 2001, S. 21.

32 Josef Wiesehöfer, Art. Kyros (II.?), in: Hubert Cancik u. Helmuth Schneider (Hg.), Der Neue Pauly, Bd. 6, Stuttgart 1999, Sp. 1014 ff. (1015).

33 Esra 6, 10.

sofern lässt sich vielleicht sagen, die Perser hätten eine „tolerante Religionspolitik“ betrieben.[34] Von diesem orientalischen Pragmatismus auf ein Menschenrecht auf Religionsfreiheit zu schließen, erscheint indes gewagt.

So sind es – so bizarr das erscheinen mag – vermutlich die Ereignisse um die Inbesitznahme Babylons und die damit in Verbindung stehenden Äußerungen im Zylindertext, die Kyros die Aura eines Menschenfreunds eintrugen. Der Zylindertext diente aber nicht dem Zweck, objektiv über historische Ereignisse zu berichten. Er sagt nichts über Kyros’ Charakter aus, sondern „vielmehr über seine Legitimationsbemühungen und seine Kunst, lokale Traditionen und Vorbilder in seinem Sinne zu nutzen“.[35] Der Zylinder war also schon vor 2500 Jahren das, wofür der Schah ihn ab Ende der 1960er Jahre reüssieren sollte, nämlich politische Propaganda. In diesem und nur in diesem Sinne knüpfte der Schah an ein historisches Vorbild an.

Kyros hielt nach seinem Sieg einen triumphalen Einzug in Babylon. Von irgendwelchen humanen Geboten oder sittlichen Reformen steht im Text der Keilschrift, der am Ende dieses Kapitels in einer deutschen Übersetzung wiedergegeben wird, allerdings nichts. Ein Humanist war Kyros gewiss nicht und „als Vorkämpfer der UN-Menschenrechtspolitik“ ist er „ein Phantom“.[36] Es ist in Anbetracht all dessen schon erstaunlich, dass ein Wissenschaftler sich – wenn es sich auch, wie er sagt, um eine Betrachtung „aus persischer Perspektive“ handelt – zu der Behauptung versteigt, im Kyroszylinder sei (vor 2500 Jahren) das Bewusstsein zu erkennen, in einer humanen Behandlung von Menschen liege im Hinblick auf deren „natürliche Rechte“ der korrekte Weg, wenn auch dieses Konzept nie ausgesprochen werde.[37]

2.1.3 „Wenn ein Narr einen Stein in den Brunnen wirft …“

Wirklich bemerkenswert ist allerdings, mit welch nachhaltiger Wirkung der damalige Schah, anknüpfend an Kyros’ wahrhaft beachtlichen antiken Ruhm,[38] dieses

---

34 Stuttgarter Erklärungsbibel. Die Heilige Schrift nach der Übersetzung Martin Luthers mit Einführungen und Erklärungen, Stuttgart 1992, S. 584.

35 Wiesehöfer, Kyros, S. 66.

36 Wiesehöfer, Kyros, S. 67.

37 Razmjou, The Cyrus Cylinder, S. 122.

38 Sie erstreckt sich bis hin zu einer Geschichtszeichentrickserie für Kinder, die Ende der 1970er Jahre im deutschen Fernsehen lief. Ich sah sie damals und erinnere mich bis heute an die Passage über Kyros, die ich damals offenbar sehr eindrucksvoll fand: „Die Juden sind frei und dürfen nach Jerusalem zurückkehren. Kyros überreicht Ihnen feierlich den Rest ihres Schatzes, den Nebukadnezar geraubt hatte. Zum ersten Mal in der Geschichte werden eingenommene Städte nicht geplündert und wird die Bevölkerung nicht massakriert. Ein Sieger zeigt sich barmherzig. Zum ersten Mal

Phantom, das trotz seiner schwer zu überbietenden Absurdität nicht mehr totzukriegen zu sein scheint, damals in die Welt setzte. Es mag mit daran liegen, dass das Ganze nach wie vor ein politisch überaus heißes Eisen ist, das ohne Not niemand anfassen will. Die Auffassung, bei diesem Tonzylinder handle es sich um die weltweit erste Menschenrechteerklärung, ist im Iran weit verbreitet.[39] Die staatliche Nachrichtenagentur IRNA berichtete in einem Artikel vom 26. Oktober 2019 unter der Überschrift „Über die Erklärung von Kurusch – ein weltweite Charta für Freiheit und Menschenrechte" vom Kyroszylinder.[40] Diese Situation mag Politikerinnen und Politiker bei den Vereinten Nationen und anderswo dazu bringen zu denken: „Warum sollen wir uns wegen der richtigen Lesart eines 2500 Jahre alten mit Keilschrift beschriebenen Tonzylinders mit dem Iran streiten? Da gibt es wohl wichtigere Themen." Das Bedauerliche ist, dass dies ein absolut rationaler Standpunkt ist. Auch mögen viele geneigt sein zu denken, es sei gut, einem Volk, das stolz auf seine menschenrechtliche Tradition ist, diesen Glauben zu lassen. Das alles macht aber eine Lüge nicht zur Wahrheit, und eben der Wahrheit ist die Wissenschaft verpflichtet.

2.2 Der antike griechische Kulturkreis

2.2.1 Göttliche Gesetze in Sophokles' „Antigone"

Wenn ich Naturrecht zu einem Element meines historischen Menschenrechtsbegriffs mache, so muss ich – was letztlich banal ist – sagen, dass es so etwas vermutlich gab, seit es Menschen gibt. Ein irgendwie organisiertes Gemeinwesen braucht Regeln. Für diese ist darüber nachzudenken, was richtig und was falsch ist, nach welchen Kriterien sich dies richtet und woher diese Kriterien kommen. Das ist natürlich ein uferloses Unterfangen, aber in diesem weiten Sinn gab es Naturrecht

---

ist ein universelles Imperium geschaffen worden." – Es war einmal … der Mensch, Episode 5: Die Ersten Weltreiche, Regie: Albert Barillé, deutsche Erstausstrahlung 1980.

39 Die persische Wikipedia-Seite zum Kyroszylinder (https://fa.wikipedia.org/wiki/%D8%A7%D8%B3%D8%AA%D9%88%D8%A7%D9%86%D9%87_%DA%A9%D9%88%D8%B1%D9%88%D8%B4, Zugriff: 13.01.2022) hat einen eigenen Abschnitt „Die erste Menschenrechtserklärung" (نخستین بیانیه حقوق بشر) und führt darunter Befürworter und Gegner auf, Anm. 48–56. Für die Überprüfung danke ich Herrn Faraz Maneshkarimy, Bayreuth.

40 https://www.irna.ir/news/83533006/درباره-اعلامیه-کوروش-منشوری-جهانی-برای-آزادی-و-حقوق-بشر، (Zugriff: 13.01.2022). Für die Überprüfung danke ich Herrn Faraz Maneshkarimy, Bayreuth.

gewiss lange vor dem Beginn der historischen Zeit. Jedenfalls finden wir Gedanken zum Naturrecht in zahlreichen antiken Texten. Ein bekanntes frühes Beispiel stammt aus der „Antigone“ Sophokles’ (442 vor Christus). Darin fragt König Kreon Antigone, wie sie es wagen könne, seine Anordnung zu ignorieren, den getöteten Bruder Polineikes nicht ehrenhaft zu begraben. Darauf gibt ihm Antigone folgende Antwort:

> Nicht Zeus hat mir dies verkünden lassen noch die Mitbewohnerin bei den unteren Göttern, Dike, die beide dieses Gesetz unter den Menschen bestimmt haben, und ich glaubte auch nicht, dass so stark seien Deine Erlasse, dass die ungeschriebenen und gültigen Gesetze der Götter ein sterblicher übertreten könnte.“[41]

Antigone begründet ihre Tat demnach mit einem Verstoß Kreons gegen göttliche Gesetze. Sie argumentiert hier also naturrechtlich.

2.2.2 Platon und Aristoteles

Naturrechtliches Gedankengut findet sich im alten Griechenland nicht nur bei Dichtern, sondern auch bei seinen berühmten Philosophen. Allerdings sind Rechte hier auf das Gemeinwesen, nicht auf den Einzelnen hin orientiert. Für Platon und auch für Aristoteles ist der Mensch ein Gemeinschaftswesen („ζῷον πολιτικόν“). Er hat als Individuum allein keinen Wert und damit auch keine um jeden Preis schützenswerten Rechte gegenüber der Gemeinschaft. Der einzelne Mensch als Träger von Werten war Platon suspekt. So finden sich bei ihm Äußerungen, welche die Demokratie in schlechtem Licht erscheinen lassen. Die Begierden eines Individuums spielen in dieser Staatsform – wie Platon in seiner „Politeia“ wiederholt zum Ausdruck bringt – eine allzu wichtige Rolle.[42] In den „Nomoi“ wird seine ablehnende Haltung sogar noch deutlicher.[43]

In einer abgestuften Form existierten Freiheit und Gleichheit auch im antiken Griechenland, allerdings waren nur die Mitglieder einer in sich geschlossenen Gemeinschaft frei, nämlich die Bürger der Polis. Gleich wiederum waren diese nur jeweils innerhalb ihrer gesellschaftlichen Gruppen (Herrscher, Krieger, Arbeiter).

---

41 Sophokles, Antigone (442 v. Chr.), 2. Akt, Z. 449–455.

42 Platon, Der Staat (Politeia), hg. v. Gunther Eigler, bearb. v. Dietrich Kurz, griechischer Text v. Emile Chambry, deutsche Übers. v. Friedrich Schleiermacher, Darmstadt 1990, 557b (S. 680 f.), 557e (S. 682 f.), 558a (S. 682 f.), 558c (S. 682 f.).

43 Platon, Nomoi, aus dem Griechischen übers. v. Klaus Schöpsdau, mit Anm., Literaturhinweisen und Nachwort versehen v. Michael Eder, Ditzingen 2019, 714a, S. 158.

Auch gibt es in der altgriechischen Sprache kein Pendant zu dem lateinischen Wort „dignitas“ (Würde), das im Sinne einer „großen Menschenwürde“ Grundlage für Menschenrechte hätte werden können. Zwar existierte der umfassendere Begriff der Seele („ψυχή“), der bei Sokrates und insbesondere Platon durchaus eine wichtige Rolle spielte. Denker nach Platon – nicht zuletzt Aristoteles – schränkten den substantiellen Begriff der Seele allerdings immer stärker ein.[44]

In der antiken Welt war Sklaverei wie gesagt eine Selbstverständlichkeit, und kein Geringerer als Aristoteles hielt die Sklaverei nicht nur für nützlich, sondern auch für gerecht. Die Menschen seien von ihrer Natur her eben gerade nicht gleich, und weil ihre Fähigkeiten und Begabungen höchst unterschiedlich seien, erscheine es richtig, dass die einen herrschten und die anderen dienten.[45] Wir haben bei Aristoteles also zwar Naturrecht, keines aber, auf dessen Grundlage angenommen würde, alle Menschen hätten einen Wert als Individuen. Wann und vor welchem Hintergrund also kam der Gedanke auf, der Mensch sei vorranging als ein Individuum zu betrachten, dem als solches ein Wert zukomme?

2.2.3 Aufkeimen des Individuums im Hellenismus

Das Individuum wurde – nachdem es bereits bei den Sokratikern aufgekeimt war – zur Zeit des Hellenismus (323–30 vor Christus) in den antiken Philosophenschulen zu einem wichtigen Thema. Das Individuum ist „das zentrale Interesse der hellenistischen Philosophie“,[46] also nicht nur für die Stoiker, sondern auch für alle anderen Philosophenschulen dieser Zeit, wie etwa die Epikureer. In Abgrenzung zu Aristoteles, der den Menschen als „ζῷον πολιτικόν“ beschreibt, ist dies eine bemerkenswerte Entwicklung, die innerhalb kurzer Zeit vonstattenging. Während

44 V. der Pfordten, Menschenwürde (s. Lit.), S. 11 f., 14.

45 Im Ersten Buch der „Politik“ legt Aristoteles dar, dass Regieren und Regiertwerden notwendig seien. Wenn etwas aus mehreren Teilen bestehe, so gebe es immer einen Teil, der regiere, und einen anderen, der regiert werde. So regiere die Seele den Körper, der vernünftige Seelenteil den affektiven und der Mann die Frau, Aristoteles, Politik, hg. v. Ursula Wolf, Reinbek bei Hamburg 1994, 1254a, 1254b, S. 51–53. Aristoteles zieht den Schluss, dass es bei den Menschen genauso sei: „Ganz nach diesen nämlichen Gesichtspunkten muss sich […] das Verhältnis der Menschen zueinander regeln: alle diejenigen, […] welche ihre Aufgabe im Gebrauch ihrer Körperkräfte finden und bei denen dies ihre höchste Leistung ist […], sind Sklaven von Natur, für die es besser ist, wenn sie auch tatsächlich als solche regiert werden“, 1254b, S. 53. Abschließend hält Aristoteles fest: „Daß also ein Teil der Menschen durch die Natur selbst zu freien Leuten und ein anderer zu Sklaven bestimmt ist und daß es für die letzteren gerecht und zuträglich ist, auch wirklich Sklaven zu sein, ist hiermit bewiesen“, 1255a, S. 54.

46 Hossenfelder, Philosophie der Antike III, S. 36.

zuvor der Mensch als gesellschaftliches, politisches Wesen im Vordergrund gestanden hatte, nahm der Hellenismus das Individuum in den Blick (hellenistischer Individualismus). Nicht mehr das Glück der Polis beziehungsweise der Gesellschaft, sondern das Erreichen eigenen Glücks war nun für den Menschen entscheidend:

> So erwuchs die Vorstellung einer Kosmopolis aus Göttern und Menschen, eines Weltstaates, dem wir alle kraft unserer Vernünftigkeit angehören und in dem es infolgedessen keinen Unterschied zwischen Griechen und Barbaren, Rassen und Nationen, Männern und Frauen, Freien und Sklaven gibt.[47]

Trotz dieser Gleichstellung aller Menschen hinsichtlich der Erreichung von Glück sieht die Stoa den Menschen als solchen als von der Natur determiniert an. Der Mensch kann demnach nicht selbstbestimmt leben, vielmehr lasse er sich vom äußeren Geschehen leiten. „[I]m Grunde wollten sie über ihr Verhalten gar nicht selbst bestimmen, sondern die Verantwortung möglichst abschieben, um sich als unbeteiligte Zuschauer sogar des eigenen Tuns auffassen zu können."[48] Damit tritt hervor, wie weit die stoischen Gedanken von heutigen Vorstellungen von Menschenwürde oder dem individualistisch denkenden Menschen entfernt sind. Ein gemeinsamer Punkt liegt aber darin, dass der Mensch nicht nur als Teil einer Gemeinschaft, sondern als eigenständige Person gilt. Eine denkbare Erklärung für dieses Erwachen des Individuums in der Philosophie ist die veränderte politische Situation in der damaligen Zeit. Durch die Makedonenherrschaft büßten die Poleis in Griechenland ihren Stellenwert als eigenständige Stadtstaaten vollständig ein. Sie waren nunmehr nur noch unselbstständige Teile der großen Diadochenreiche. Damit ging die Möglichkeit einer Identifikation mit einer vertrauten und überschaubaren politisch-sozialen Einheit für die Menschen verloren. Der Mensch „vermochte daher sein Heil nicht mehr mit dem des Staates zu identifizieren, sondern mußte sich als ein Individuum begreifen, das auf sich selbst gestellt ist und sein persönliches Glück zu verfolgen hat".[49]

Vertauscht diese Erklärung Ursache und Wirkung? Hat nicht der Zusammenbruch der Poleis eine gewandelte Einstellung der Menschen verursacht, sondern umgekehrt die gewandelte Einstellung der Menschen den Zusammenbruch der Poleis? Die Griechen sind doch, so ließe sich argumentieren, in früherer Zeit mit den Persern als erheblich stärkeren Gegnern fertiggeworden. Wenn den Griechen

47 Ibid., S. 66.
48 Ibid., S. 92.
49 Ibid., S. 26.

das nunmehr mit Alexander und seinem Heer nicht mehr gelang, kann das – so die Schlussfolgerung – nur an einem geminderten Kampfgeist gelegen haben.[50]

Dies lässt sich keineswegs von der Hand weisen. Es spiegelt vielmehr sogar einen Grundkonflikt, wie er in der Geschichte der Menschenrechte beziehungsweise gesellschaftlich-politischer Umbrüche immer wieder auftritt: Bewirkt eine Revolution eine Veränderung von Mentalität, oder bewirkt eine Veränderung von Mentalität eine Revolution? Dazu lässt sich zum einen sagen, dass diese Frage so unlösbar und zugleich auch so unergiebig ist wie die klassische Frage danach, ob die Henne oder das Ei zuerst da gewesen ist. Das ist nicht zuletzt deshalb der Fall, weil sich – auch wenn ich hier einen Gemeinplatz bemühe – eine monokausale Erklärung nicht wird finden lassen und vielmehr mit Verstärkungswirkungen in beide Richtungen zu rechnen ist. Ich kann und will das hier weder klären noch weiter vertiefen. Es genügt mir zu sagen, dass zwischen der Entstehung von Großreichen und dem Erwachen des Individualismus ein Zusammenhang zu bestehen scheint.

2.2.4 Stimmen zu Gleichheit aller Menschen und Freiheit seit Alkidamas

Mit dem Thema Menschenrechtsgeschichte verbinden lässt sich die Lehre von Zenon von Kition (Begründer der Stoa, 333/323–262/261 vor Christus). Danach besteht eine auf Vernunft gestützte Einheit der gesamten Menschheit:

> Wir sollten nicht in Staaten und Bevölkerungen getrennt leben, die je ihr besonderes Recht haben, sondern glauben, dass alle Menschen unsere Volksgenossen und Mitbürger seien; es sollte nur Eine Lebensform und nur Eine Staatsordnung geben, gleich wie eine zusammenweidende Herde nach gemeinsamem Gesetz aufgezogen wird.[51]

Von Alkidamas (gestorben um 375 vor Christus) ist der Ausspruch überliefert, Gott habe alle Menschen frei geschaffen und niemanden zum Sklaven gemacht.[52]

---

50 Ibid., S. 26 f.

51 Wilhelm Nestle, Die Nachsokratiker, in Auswahl übers. u. hg. v. Wilhelm Nestle, Teil 2, Aalen 1968 (zuerst Jena 1923), S. 2 f.

52 Ein Beleg für das, was Alkidamas gesagt haben soll, findet sich in Aristoteles, Rhetorik, übers. u. erläutert v. Christof Rapp, zweiter Halbbd., Darmstadt 2002, S. 494. Demnach schrieb Alkidamas: „Gott hat alle Menschen als freie entlassen; keinen hat die Natur zu einem Sklaven gemacht". Die altgriechische Originalfassung dieses Zitats ist zu finden in Hermann Sauppe u. Johann Georg Baiter, Oratores Attici II, scholia, fragmenta, indices, Zürich 1850, S. 154. Auch wenn das Zitat an sich plausibel erscheint, ist seine Überlieferung problematisch.

Danach gibt es rechtlich keine Legitimation für die Haltung von Sklaven. Überhaupt ging die ältere stoische Philosophie davon aus, dass ein Mensch seiner Natur nach nie ein Sklave sei, wobei insbesondere Chrysippos von Soloi (etwa 281–208 vor Christus) zu nennen ist.[53] Das war und blieb allerdings reine Theorie. Zwar existierte in der römischen Antike die Vorstellung, richtigerweise seien allen Menschen, unabhängig von ihren jeweiligen durch Schicksal bedingten Lebensverhältnissen – also auch den Sklaven, bestimmte Mindestrechte zuzugestehen. Dabei geht es jedoch um Ideale, nicht um die Realität. Ist von dem römischen Juristen Ulpian als einem „Pionier der Menschenrechte" die Rede, so bezieht sich das nicht auf das damals geltende Recht.[54] Es gab in der Antike (selbstverständlich) keine Rechtsordnung, nach der jedem Menschen unveräußerliche Menschenrechte zustanden. Wohl aber begründeten antike Autoren Vorstellungen, die späteren Generationen Anregungen in diese Richtung liefern konnten. Insofern (nur) lässt sich von einem Konzept von Menschenrechten avant la lettre oder sogar von Menschenrechten in der römischen Antike sprechen.[55] So führte der Jurist Gaius ein Verfahren aus der Zeit des Prinzipats auf ein Prinzip des Naturrechts zurück, das Rechtsmissbrauch verbot. Es dürfte damit also nicht dem Bereich des geltenden und durchsetzbaren Rechts zuzuordnen sein. Eigentum an Sklaven sollte nicht jeden völlig beliebigen Umgang rechtfertigen. Das besagte Verfahren eröffnete Sklaven die Möglichkeit, Schutz vor grundloser Misshandlung zu erhalten. Hatte ein Sklave willkürliche Tötung oder schwere Misshandlung zu befürchten, konnte er sich zu einer Kaiserstatue flüchten. Damit machte er seinen Hilferuf öffentlich und war vorläufig geschützt. Das konnte dazu führen, dass er an einen anderen Herrn zu veräußern war. Möglicherweise wirkte dies Grausamkeiten entgegen, weil sie damit zu einer öffentlichen Angelegenheit wurden.[56]

2.3 Cicero

2.3.1 „De re publica"

Eine im Hinblick auf die Wertschätzung des Individuums bemerkenswerte Stelle findet sich bei Cicero (106–43 vor Christus). Dieser bedeutende römische Rhetor, Politiker und Schriftsteller lässt sich keiner Philosophenschule eindeutig zuordnen.

53 Avenarius, Menschenrechte in der Antike, S. 65 mit Quellennachweisen.

54 Ibid., S. 49–73 mit weiteren Hinweisen.

55 Ibid., S. 53 f. mit zahlreichen Nachweisen der Literatur in Fn. 15–18, S. 71.

56 Ibid., S. 63 f. mit ausführlichen Quellennachweisen.

Vielmehr schöpfte er aus vielen Quellen und war ein „Eklektiker der mannigfaltigen griechischen Gedankenwelt".[57] Immer wieder finden sich Ideen der Stoa, wobei daneben auch Einflüsse von Platon, Aristoteles und anderen zu erkennen sind. Zur Frage eines allgemeinverbindlichen Rechts und dessen Charakters äußert Cicero sich in seiner Abhandlung über den Staat wie folgt:

> Das wahre Gesetz aber ist die „richtige Vernunft", die mit der [menschlichen] Natur übereinstimmt und unter allen Menschen verbreitet, beständig und ewig ist; die mit Nachdruck zur Pflichterfüllung auffordert und durch Verbot von der Schandtat abschreckt und dennoch den Rechtschaffenen nicht vergeblich befiehlt oder verbietet, selbst wenn sie Übeltäter durch Befehl oder Verbot nicht erreicht. Dieses Gesetz darf nicht durch einen Gegenantrag beseitigt werden und kann nicht durch einen Antrag auf Änderung in einzelnen Punkten abgeschwächt oder völlig abgeschafft werden. [...] Noch wird es in Rom ein anderes sein, ein anderes in Athen, ein anderes jetzt, ein anderes später, sondern das eine Gesetz bindet alle Völker zu jeder Zeit ewig und unveränderlich, und einer ist sozusagen der gemeinsame Meister und Herr über alles: Gott, der Erfinder dieses Gesetzes, sein Schiedsrichter, sein Antragsteller. Wer ihm nicht gehorcht, wird vor sich selbst fliehen und die Natur des Menschen verleugnen und darum schwerste Strafen verbüßen, auch wenn er den sonstigen Strafen, die als solche gelten, entgeht.[58]

Cicero geht von einer ubiquitären und universellen guten Ordnung aus, die von Natur aus für alle Menschen gelte und die der eine Gott eingerichtet habe. Wer sich dieser Ordnung widersetze, werde auf jeden Fall schwer bestraft, wobei im Dunkeln bleibt, was Cicero hier meint – ist etwa von einer Strafe im Jenseits die Rede? Wie dem auch sei, es erscheint schwer zu glauben, dass ein Schriftsteller aus dem 1. Jahrhundert vor Christus so etwas schreibt. Da ist die Rede von dem einen Gott. Dieser sei „der gemeinsame Meister und Herr über alles". Die Stoa kannte aber in der Tat – was Außenstehende überraschen mag – die Vorstellung von einem (wohlgemerkt: nur einem einzigen) Schöpfergott. Die Theologie der Stoa ist integraler Bestandteil der Lehre von Natur und Kosmos.[59] Weltordnung („κόσμος") und Gottesbegriff sind dabei eng miteinander verknüpft: Die Welt befindet sich in einem geordneten Zustand, dessen Anfang und Grund das göttliche Wollen ist. Oder anders gesagt: Die Wesensstruktur der Welt ist im Zustand der Perfektion,

57 V. der Pfordten, Menschenwürde (s. Lit.), S. 15.

58 Marcus Tullius Cicero, De re publica. Der Staat, Lateinisch/Deutsch, hg. u. übers. v. Rainer Nickel, Berlin 2012, III 33 (S. 247).

59 Dienstbeck, Theologie der Stoa, S. 273.

weshalb ihr Träger, der Kosmos, ebenfalls vollkommen und vernunftbegabt ist und daher als göttlich bezeichnet werden kann. Gott ist der Eigenimpulsgeber des Kosmos, also eine Art „Weltseele".[60] Er ist somit Schöpfer der Welt, aber keine transzendente Macht, sondern integrativer Bestandteil der Schöpfung, ja mit seiner Schöpfung identisch.[61]

Auch wenn es also theoretisch möglich ist, dass diese Gedanken so oder so ähnlich tatsächlich von Cicero stammen: Die Überlieferung ist hier von erheblichen Unsicherheiten geprägt. Ciceros Schrift „De re publica" ist in weiten Teilen nur in einem von Angelo Mai aufgefundenen Palimpsest überliefert.[62] Das bedeutet, der ursprüngliche Cicero-Text wurde von dem Pergament, auf dem er geschrieben wurde, mit einer Klinge heruntergekratzt und das Pergament im Anschluss erneut beschrieben. Durch diese Art von mittelalterlichem Recycling sind nicht wenige verloren geglaubte Texte auf uns gekommen: Mit Hilfe moderner Technik war es möglich, den weggeschabten und überschriebenen Text wieder lesbar zu machen. Allerdings stammt auch der Text des Palimpsestes bereits aus christlicher Zeit, genau gesagt aus dem 4. oder 5. Jahrhundert. Zudem ist das dritte Buch von „De re publica" nur ausschnittweise enthalten, die hier in Teilen wiedergegebene Rede des Laelius für die Gerechtigkeit fast gänzlich verloren. Alles, was wir davon wissen, wurde allein durch den Kirchenvater Laktanz (um 250–320 nach Christus) überliefert.[63] Ein christlicher Einfluss auf die Überlieferung ist damit alles andere als fernliegend und für den von mir wiedergegebenen Abschnitt liegt er nah.

2.3.2 „De officiis"

Eine für die Geschichte der Menschenrechte bemerkenswerte Stelle findet sich in Ciceros Werk „De officiis"; bemerkenswert deshalb, weil hier – möglicherweise zum ersten Mal überhaupt – von der Menschenwürde im Sinne einer „großen Menschenwürde"[64] die Rede ist: Es geht nicht um den Wert eines gesellschaftlichen

---

60 Ibid., S. 300.

61 Ibid., S. 280, 296.

62 Michael v. Albrecht, Nachwort zu Marcus Tullius Cicero, De re publica. Vom Staat, Lateinisch/Deutsch, hg. u. übers. v. Michael v. Albrecht, Stuttgart 2013, S. 408 f.

63 Laktanz schreibt in seinen „Institutiones Divinae": „Suscipienda igitur Dei lex est quae nos ad hoc iter dirigit, illa sancta, illa caelestis, quam Marcus Tullius in libor de republica tertio paene divina voce depinxit, cuius ego, ne plura dicerem, verba subieci: ‚Est quidem … putantur effugerit'" (Inst. 6.8.6–9), J. G. F. Powell (Hg.), M. Tulli Ciceronis De re publica, De legibus, Cato maior de senectute, Laelius de amicitia, Oxford 2006, S. 107.

64 Dazu oben S. 20 f.

Standes, sondern um den Wert des Menschen an sich. Cicero spricht aus, es sei ein Verstoß gegen die „dignitas", wenn ein Mensch sich so wie ein Tier allein von seinen Begierden lenken lasse.[65] Zur Begründung der Menschenwürde lässt sich aber eine Verbindung mit dem allgegenwärtigen Weltgesetz herstellen, das im vorherigen Zitat anklang und das für Cicero die Natur des Menschen lenkt. Auch nimmt er auf die individuelle Seele des Menschen Bezug, von deren Unsterblichkeit er auszugehen scheint.[66] Auch wenn die Würde bei Cicero kein Schutzrecht ist, sondern allein eine moralische Messlatte für das eigene Verhalten, erscheinen seine Äußerungen aus heutiger Sicht doch bahnbrechend. Cicero selbst wird das kaum so empfunden haben. Seine Aussagen über die „große Menschenwürde" sind beiläufig und finden sich an einem Ort, wo man sie nicht erwarten würde. Es sieht also nicht so aus, als hätte Cicero selbst dem eine herausragende Bedeutung beigemessen. Führen wir uns aber vor Augen, dass sich eine Erwähnung der großen Menschenwürde weder in der Stoa noch anderswo in der antiken Philosophie außer eben bei Cicero an diesem einen Ort belegen lässt, kommt der besagten Cicero-Stelle sehr wohl eine herausragende Bedeutung zu. Ihr Gewicht zeigt sich auch darin, dass sie für die Entstehung unseres Wortes Würde in einer heutigen Bedeutung wegweisend sein sollte. In der ersten deutschen Übersetzung von „De officiis" von 1488 wird „dignitas" mit „wirdigkeit" wiedergegeben, 1531 dann mit „wirde". Noch andere Stellen aus dem besagten Werk „De officiis" Ciceros sind für die Geschichte der Menschenrechte bemerkenswert.[67] So sagt Cicero über Fremde, es sei wirklich unmenschlich („sane inhumanum"), ihnen den Aufenthalt in der Stadt zu verbieten.[68] Ferner meint Cicero, Zuwendungen, die sich ohne eigene Einbuße vergeben ließen wie Wasser, Feuer oder ein guter Rat, seien auch Unbekannten zu gewähren.[69]

2.4 Die Imago Dei-Lehre im frühen Christentum

Die Bemerkungen zu Cicero und seiner Überlieferung leiten über zum frühen Christentum. Nach dem Alten Testament hat Gott den Menschen nach seinem Ebenbild geschaffen.[70] Das verleiht dem Menschen einen besonderen Wert, eine besondere Würde und unterscheidet ihn von allen anderen Geschöpfen (Imago

65 Cicero, De officiis, I 105 f.

66 V. der Pfordten, Menschenwürde (s. Lit.), S. 20 f.

67 Avenarius, Menschenrechte in der Antike, S. 53.

68 De officiis, III 47.

69 Ibid., I 51 f.

70 Gen 1,27.

Dei-Lehre).[71] Diese Vorstellung von der Gottesebenbildlichkeit des Menschen existiert auch im Judentum, nicht in gleicher Weise allerdings im Islam.[72] Zwar hat auch nach dem Koran Gott den Menschen erschaffen,[73] allerdings als seinen Stellvertreter auf Erden, nicht als sein Ebenbild.[74] Die Vorstellung von angeborenen Rechten eines jeden Menschen scheint ihre Ursprünge im griechischen Denken und im frühen Christentum zu haben.[75] Nach christlicher Vorstellung jedenfalls sind insoweit alle Menschen gleich,[76] wobei dies auf den religiös-spirituellen Bereich bezogen ist. Weiterhin ließe sich an den Dekalog als Quelle für Menschenrechte denken, könnten sich doch deren grundlegende Inhalte wie Leben („Du sollst nicht töten") und Eigentum („Du sollst nicht stehlen") daraus ableiten lassen. Dabei ist allerdings zu beachten, dass es hier um göttliche Gebote, nicht um subjektive Rechte geht. Die Rede ist von einem Bund mit Gott und Verpflichtungen gegenüber Gott, nicht gegenüber den Mitmenschen und erst recht nicht von Abwehrrechten gegenüber einem Staat oder irgendeiner menschlichen Gemeinschaft von welcher Art auch immer. Ein Bruch eines Gebotes zieht den göttlichen Zorn nach sich, der die gesamte Gemeinschaft trifft und um jeden Preis wieder zu besänftigen ist. Diese Vorstellung ist wahrlich sehr verschieden von dem, was wir uns heute unter Menschenrechten vorstellen. Auf der Imago Dei-Lehre basiert ein statisches Gesellschaftsbild: Jeder bleibe in dem Stand, zu dem er berufen sei.[77] Ein Sklave ist einerseits ein „geliebter Bruder",[78] andererseits soll der Sklave allerdings gehorsam sein.[79] So blieb die Imago Dei-Lehre ohne Auswirkung auf die weltliche Ordnung. Die verheißene Freiheit ist ebenso wie das Reich Gottes[80] nicht von dieser Welt. So kann jemand innerhalb der christlichen Gemeinde frei sein, so wie jeder andere auch, im zivilen Leben hingegen ein Sklave. Nach der Imago Dei-Lehre ist das kein

71 Zur Bedeutung der Idee des Menschen als Imago Dei im Alten und im Neuen Testament sowie generell in der Antike Heun, Einflüsse der Stoa, S. 235–254, 240 f. mit zahlreichen weiteren Hinweisen.

72 Ulrike Elsdörfer, Menschenbilder – Menschenrechte. Kontroversen in Bahá'i, Christentum und Islam, Sulzbach/Taunus 2009, S. 69.

73 Sure 50, Vers 16: „Wir haben doch den Menschen erschaffen und wissen, was seine Seele ihm einflüstert, und wir sind ihm näher als seine Halsschlagader."

74 Insgesamt gehört die bildliche Darstellung nicht in den Umkreis islamischer Vorstellungen, Elsdörfer, Menschenbilder – Menschenrechte, S. 69.

75 Avenarius, Menschenrechte in der Antike, S. 52.

76 Kolosser 3,11: „nicht mehr Griechen noch Juden".

77 1 Kor 7,20.

78 Philemon 1,16.

79 Epheser 6,5; 6,8.

80 Joh 18,36.

Widerspruch. Damit ist jeder ein Rechtssubjekt vor Gott, nicht aber in dieser Welt. Die Gleichheit vor Gott hat eine Gleichheit im Diesseits nicht zur Folge.

2.5 Jenseitsorientierung bei Augustinus

Auch in der Argumentation des Kirchenvaters Augustinus (354–430) spielt die Vorstellung von der Gottebenbildlichkeit des Menschen eine tragende Rolle. So geht Augustinus davon aus, die göttliche Vernunft wirke in allen Menschen, weil sie Ebenbilder Gottes seien.[81] Ein Gesetz, das nicht mit dem ewigen Gesetz übereinstimme, sei nicht bindend.[82] Auch wenn Augustinus mit diesen Worten über eine reine Jenseitsorientierung hinausgeht, betont er doch, dass weltliche Herrschaft so wie die irdischen Verhältnisse überhaupt unwichtig seien und ihn wenig interessierten:

> Was nun das Leben sterblicher Menschen anlangt, das wenige Tage währt und dann zu Ende ist, was liegt viel daran, unter wessen Herrschaft der dem Tode entgegengehende Mensch lebt, wenn ihn nur die Herrscher nicht zu gottlosen und ungerechten Taten zwingen?[83]

Durch dieses Zitat kommt die Jenseitsorientierung deutlich zum Tragen. Von vielen mittelalterlichen Persönlichkeiten ist uns das Todesdatum überliefert, nicht aber ihr Geburtsdatum. Der Tod ist wichtiger als die Geburt – ein unserer Zeit fremder Gedanke. Mit dem Tode nämlich beginnt das eigentliche, das ewige Leben. Was uns während dieser kurzen Episode im Tränental der Welt widerfährt, ist demgegenüber unbedeutend. Auf Basis dieser Grundeinstellung lässt sich mit christlichem Gedankengut schwerlich ein staatstragendes Prinzip herleiten. In die gleiche Richtung deutet die vielbeachtete Stelle aus Paulus' Römerbrief, die noch Martin Luther für seine Auffassung vom duldenden Gehorsam heranziehen sollte, mit der er sich den rebellierenden Bauern entgegenstellte; aber dazu später mehr.

81 De civitate Dei XI, 2.

82 De libero arbitrio I 5, 11; I 6, 14.

83 De civitate Dei V, 17, zitiert nach: Aurelius Augustinus, Vom Gottesstaat (De civitate dei), Bd. 1: Bücher 1 bis 10, aus dem Lat. übertragen v. Wilhelm Thimme, eingeleitet u. kommentiert v. Carl Andresen, München 1977, S. 256.

2.6 Das Individuum bei Anselm von Canterbury

Eine Grundvoraussetzung für (zentrale) Individualrechte, das heißt für Menschenrechte liegt – so überraschend oder banal das aus heutiger Sicht erscheinen mag – darin, dass überhaupt das Individuum Wertschätzung erfährt. Nach mittelalterlicher Vorstellung war das keineswegs selbstverständlich. Es zeigt sich an einem zentralen Punkt mittelalterlicher Theologie, nämlich der Befreiung des Menschen von Sündenschuld, die allein ihm den Weg zur himmlischen Seligkeit zu ebnen vermöge. Der Fokus lag hierbei jedoch zunächst auf der Menschheit insgesamt, die es aus den Fängen des Teufels zu befreien galt. Eine neue Ausrichtung bewirkte dann das epochale Werk Anselms von Canterbury (um 1033–1109) – des „wahre[n] und eigentliche[n] Vater[s] der Scholastik“:[84] Für Anselm stand der jeweils einzelne Mensch in seinem persönlichen Verhältnis zu Gott im Mittelpunkt. Durch die so begründete Individualisierung der Ethik war der Mensch nicht mehr hoffnungslos dem Schicksal eines Kollektivs ausgeliefert. Vielmehr zählte jede eigene Tat, im Guten wie auch im Bösen. So ersetzten im Laufe des Hochmittelalters zunehmend private Beichten die öffentlichen Bußen. Das Heil lag nun in der Verantwortung eines jeden Einzelnen.[85] Diese theologischen Gedanken Anselms fanden später Widerhall in der durch das kanonische Recht begründeten und durch das klassische Naturrecht weitergeführten Restitutionslehre. So sehr richtig ist, dass Menschenrechte seit der Reformation Säkularisierung erfuhren[86] und Religionsfreiheit seit Jahrhunderten zu einem ihrer Kerninhalte zählt: Der Individualismus als zentrale Grundlage scheint christliche Wurzeln zu haben.[87]

---

84 Martin Grabmann, Die Geschichte der scholastischen Methode. Bd. 1: Die scholastische Methode von ihren ersten Anfängen in der Väterliteratur bis zum Beginn des 12. Jahrhunderts, Darmstadt 1956 (zuerst Freiburg im Breisgau 1909), S. 259.

85 Tilman Repgen, De restitutione. Eine kommentierende Einführung, in: Francisco de Vitoria, De iustitia. Über die Gerechtigkeit Teil 2, hg., eingeleitet u. ins Deutsche übers. v. Joachim Stüben, Stuttgart/Bad Cannstadt 2016, S. XVII ff. (XXIII–XXXII), mit Quellenhinweisen auf das Werk von Anselm (Cur Deus homo).

86 S. u. S. 119, 149 f.

87 Zur Bedeutung des Christentums für die Geschichte der Menschenrechte Stern, Idee (s. Lit. Kap. 1), S. 7 mit weiteren Nachweisen.

2.7 Die Würde des Menschen bei Thomas von Aquin

Individuelle Verantwortung auf dem Weg zu Gott ist auch für Thomas von Aquin (um 1225–1274) die Grundlage, wenn er von unterschiedlichen Werten spricht, die Menschen für ihn haben können. Das steht mit dem, wie gesagt, schillernden Begriff der Würde in Verbindung. Thomas sprach von „dignitas humana", wobei er „dignitas" allerdings häufiger in einem anderen Sinn verwendete. So kann der Begriff bei Thomas für die Wertschätzung („Würde") eines Amtes stehen, ist dann also ein Synonym für „nobilitas hominis". Spricht Thomas von „dignitas", so meint er meistens diese Amtswürde oder die Würde Gottes in Relation zu seiner Schöpfung. Daneben gibt es bei Thomas aber auch die Idee einer besonderen Position des Menschen aus seiner Vernunft heraus, also die hier entscheidende Idee einer („großen") Menschenwürde.[88] Beispiele für Fälle, in denen „dignitas" in der beschriebenen Weise auf eine Würde des Menschen an sich bezogen ist, finden sich, wenn Thomas von der durch Christus verliehenen Würde des Menschen spricht.[89] An anderen Stellen leitet er diese Würde aus der Schöpfung des Menschen in Gottes Bild ab.[90] So heißt es in seiner Schrift „De rationibus fidei", dass der Mensch „nach göttlicher Einschätzung von so großer Würde und Gott so nahe ist, daß Gott Mensch werden wollte".[91]

Thomas legt seinen Texten ein eigenes Verständnis von Würde zugrunde, das er maßgeblich auf die Vernunft und Willensfreiheit des Menschen stützt.[92] Die Vernunft ist dabei gleichzeitig das, was den Menschen in der göttlichen Ordnung über Tiere und Pflanzen stellt. Diese „haben nicht das Leben der Vernunft".[93] An dieser Stelle ist bereits angelegt, dass ein Verlust der Vernunft auch einen Verlust der

---

88 Markus Rothhaar, Die Menschenwürde als Prinzip des Rechts. Eine rechtsphilosophische Rekonstruktion, Tübingen 2015, S. 126. In Bezug auf das Mensch-Sein verwendet Thomas den Begriff „dignitas" – verglichen mit der Häufigkeit der Bedeutungen „Amtswürde" und „Würde Gottes" – jedoch äußerst selten, nämlich nur bei 30 von 2256 „dignitas"-Nennungen.

89 Thomas von Aquin, Summa Theologica II–II, Quaestio 84, Art. 2, ad. 1.

90 Sum II–II, Q. 175, Art. 1, ad. 2.

91 „[...] homo tantae sit dignitatis secundum aestimationem divinam et ita Deo propinquuus ut Deus homo fieri voluerit", Ludwig Hagemann u. Reinhold Glei (Hg.), Thomas von Aquin. De rationibus fidei, Altenberge 1987, S. 86 f.

92 Sum I, Q. 59, Art. 3, s. c. („libertas arbitrii ad dignitatem hominis pertinent").

93 Sum II–II, Q. 64, Art. 1, ad. 2, zitiert nach: Die deutsche Thomas-Ausgabe, vollständige, ungekürzte deutsch-lateinische Ausgabe der Summa theologica, übers. v. Dominikanern u. Benediktinern Deutschlands u. Österreichs, hg. v. der Albertus-Magnus-Akademie Walberberg bei Köln, Schriftleitung Heinrich Maria Christmann, Bd. 18, Heidelberg et al. 1953, S. 64.

Würde bedeuten wird.[94] Diese menschliche Würde nämlich könne – so Thomas – durch Sünde verloren gehen. So stelle sich der Sünder durch seine üble Tat mit dem Tier auf eine Stufe und wende sich dadurch vom Menschsein ab. Von einer unveräußerlichen Menschenwürde kann bei Thomas also keine Rede sein. Im Hinblick auf die Position des Fürsten folgt der Doctor angelicus ganz dem römischen Recht und geht davon aus, dieser sei allenfalls durch moralische und religiöse Gebote gehalten, rechtskonform zu handeln, keineswegs durch das Recht selbst („princeps legibus solutus"): Der Fürst ist die Quelle des menschlichen Rechts. Zwar habe dieses sich nach der Vernunft und dem göttlichen Willen zu richten. Allerdings könne auch ein ungerechtes Gesetz in Einzelfällen nach dem Gewissen des Menschen bindend sein:

> 64. Frage (Über den Mord): [...] Ist es erlaubt, einen Sünder zu töten? [...] Was in sich schlecht ist, kann nicht durch einen guten Zweck als erlaubt gelten, wie das erhellt aus Augustinus und dem Philosophen. Einen Menschen töten ist aber in sich schlecht, denn wir müssen alle Menschen lieben: „Von den Freunden aber wollen wir, dass sie leben und sind" (Aristoteles). [...]
> Antwort: [...] Indem er sündigt, verlässt der Mensch die Ordnung der Vernunft und fällt somit ab von der Würde des Menschen, sofern der Mensch von Natur frei und seiner selbst wegen da ist, und stürzt irgendwie ab in tierische Abhängigkeit, insofern nun über ihn bestimmt wird nach Maßgabe des Nutzens für die anderen; entsprechend dem Psalmwort [Ps 49 (48), 21]: „Der Mensch, der in Ehren ist und es nicht erkennt, gleicht den vernunftlosen Tieren und wird ihnen ähnlich"; und Spr 11, 29 heißt es: „Zum Tor geworden, wird er des Weisen Knecht." Wiewohl es also in sich schlecht ist, einen Menschen, solange er in seiner Würde beharrt, zu töten, so kann es doch gut sein, einen Menschen, der in Sünden lebt, zu töten wie ein Tier; denn der schlechte Mensch ist schlimmer als ein Tier und bringt größeren Schaden, wie der Philosoph sagt.[95]

2.8 Wertschätzung des Individuums bei Johannes Duns Scotus

Für die Geschichte der Menschenrechte neue Gedanken kommen (nicht zum letzten Mal) von den Britischen Inseln. Der Philosoph und Theologe Johannes

---

94 Sum II–II, Q. 64, Art. 2, ad. 3 u. Art. 3, ad. 2: Thomas betrachtet Sünder als von Natur aus den anderen Menschen gleich, doch durch die Sünde sänken sie auf die Stufe eines (Haus-)Tieres, was ihre Tötung erlaube.

95 Sum II, Q. 64 (de homicidio), deutsche Übers. aus: Die deutsche Thomas-Ausgabe, S. 151 ff.

Duns Scotus (1265/1266–1308) sieht das Individuum als das vollkommene und wahre Ziel der göttlichen Schöpfung an.[96] Damit blitzt – was für die Geschichte der Menschenrechte ein zentraler Punkt ist – die Wertschätzung des Menschen als Individuum am Horizont auf. Johannes Duns Scotus allerdings geht davon aus, dass das Recht allein auf dem Willen Gottes beruhe, der wandelbar und dabei der menschlichen Vernunft nicht zugänglich sei.[97]

2.9 Individualrechte bei Wilhelm von Ockham

Einen Schritt weiter geht Wilhelm von Ockham (um 1288–1347). Auf Grundlage der Lehre des Marsilius von Padua (1275/1290–1342/1343)[98] ist Wilhelm überzeugt von der Volkssouveränität. Darüber hinaus aber reicht, dass er von Gott gegebene Rechte zur Beschränkung von Herrschermacht heranzieht.[99] Zwar könne der Mensch auf die Ausübung dieser Rechte verzichten, gänzlich aufgeben aber könne er sie nicht.[100] Mithin nimmt Wilhelm im Grundsatz an, dass diese Rechte unveräußerlich seien. In eine ähnliche Richtung denkt Nikolaus von Kues (1401–1446) in seinem einflussreichen Werk „De concordantia catholica". Für ihn ist Herrschaft sowohl in der Kirche als auch in der Welt nur legitim bei Zustimmung der Unterworfenen und in Übereinstimmung mit dem Naturrecht.[101]

---

96 Johannes Duns Scotus, Opus Oxoniense (Ox.) II d. 3 qu. 5, 6, 7 (verwendete Ausgabe: M. Fernandez Garcìa [Hg.], Commentaria Oxoniensia Ad IV. Libros Magistri Sententiarum, 2 Bde., Florenz 1912/1914). Dazu Ludger Honnefelder, Johannes Duns Scotus, München 2005, S. 105: „Denn erst im Individuum erreicht die ‚Intention der Natur' ihr eigentliches Ziel […]: das unwiederholbare Individuum als das verissime ens […]. Die washeitliche Determination des endlichen Seienden ist nicht ein Prozeß der zunehmenden Verarmung, weil – wie bei Thomas von Aquin – ein zuvor Unbegrenztes begrenzt wird, sondern ein Prozeß wachsender Vervollkommnung, weil er das zuvor Unbestimmte bestimmt."

97 Günter Stratenwerth, Die Naturrechtslehre des Johannes Duns Scotus, Göttingen 1951, S. 88 ff.

98 Marsilius von Padua, Der Verteidiger des Friedens, Stuttgart 1971, I 12 § 5, 54 f.

99 William von Ockham, III Dialogus I ii, cc. 16 f.; William von Ockham, III Dialogus II i, c. 20 u. c. 23; III Dialogus II i, cc. 26 f., 29–31, sowie III Dialogus II ii, c. 24 u. cc. 26 f., verwendete Ausgabe Semih Heinen u. Karl Ubl (Hg.), William of Ockham Dialogus Part 3, Tract 2, Oxford 2019. Für eine englische Übers. s. http://publications.thebritishacademy.ac.uk/pubs/dialogus/RevisedTranslation32D.html (Zugriff: 21.08.2024).

100 Ludger Kühnhardt, Die Universalität der Menschenrechte, München 1987, S. 70.

101 Nikolaus von Kues, De concordantia catholica II, 14; hg. u. ins Englische übers. v. Paul E. Sigmund, Nicholas of Cusa. The Catholic Concordance, Cambridge 1991, S. 98–100.

> Das, wozu sich die menschliche Gesellschaft selber verpflichtet, das zu halten, ist diese Gesellschaft auch verpflichtet. Aber sie verpflichtet sich dazu, ihren Königen im allgemeinen Gehorsam zu leisten und folglich desto mehr dem Kaiser. Denn Augustinus sagt […]: „Es ist eine allgemeine Abmachung der menschlichen Gesellschaft, ihren Königen Gehorsam zu leisten." Demnach muß im Allgemeinen dem Kaiser Gehorsam erwiesen werden, so daß er alles vermag, was nicht gegen das göttliche oder natürliche Recht verstößt. […]
> Schüler: Sage, was diese Auffassung von der letzten Argumentation meint.
> Lehrer: Sie meint, daß es eine allgemeine Vereinbarung der menschlichen Gesellschaft ist, ihren Königen in dem zu gehorchen, was zum gemeinen Wohl dient. Und deshalb ist die menschliche Gesellschaft dazu verpflichtet, dem Kaiser allgemein darin Gehorsam zu leisten, nicht in anderen Dingen, die, wie unzweifelhaft zu sehen ist, dem gemeinen Wohl keineswegs zuträglich sind.[102]

2.10 Die Freiheitsstelle des Sachsenspiegels

Bislang habe ich Schriften von Philosophen beziehungsweise Theologen dargelegt. Wie aber sieht es aus mit Rechtstexten? Gibt es im Mittelalter normative Texte, in denen das Thema Menschenrechte anklingt?

Zum Abschluss dieses Kapitels möchte ich ein berühmtes Beispiel anführen, das sich dem Bereich des Rechts zuordnen lässt, wenn es sich auch nicht um einen Gesetzestext handelt. Die Rede ist vom Sachsenspiegel, den der gerichtserfahrene Eike von Repgow um das Jahr 1230 verfasste. Es handelt sich um die Aufzeichnung von Rechtsgewohnheit. Obrigkeitliche Rechtsetzung (Gesetzgebung) ist es also nicht. Vielmehr nimmt Eike für sich in Anspruch, das gesamte zu seiner Zeit auf Grundlage von Gewohnheit und ständiger Übung geltende Recht erstmalig vollständig schriftlich niederzulegen. Eikes Sammlung ist in dieser Hinsicht kein Einzelfall. Bis zum Beginn der Frühen Neuzeit entstanden solche Rechtsbücher in unterschiedlichen Regionen Europas.

Wenn Eike in der Vorrede seines Rechtsbuches sagt, er habe all dieses Recht nicht selbst erdacht, und es handele sich vielmehr um Überlieferung von den guten Vorfahren,[103] stimmt das nicht ganz. Es gibt ein paar beachtliche Ausnahmen,

---

102 Wilhelm von Ockham, Dialogus, III, zweites Traktat, zweites Buch (III Dialogus II, ii) Auszüge aus Kap. 26 u. 28, deutsche Übers. aus: Wilhelm von Ockham, Dialogus, Auszüge zur politischen Theorie, ausgewählt, übers. u. mit einem Nachwort versehen v. Jürgen Miethke, 2. Aufl., Darmstadt 1994, S. 172, 176.

103 „Diz recht ne han ich selve nicht underdacht; / iz haben von aldere an unsich gebracht / Unse gute vore varen", Reimvorrede des „Sachsenspiegels", V. 151–153, zitiert nach der Ausgabe: Carl Gustav

Stellen nämlich, an denen Eike eigene Rechtsüberzeugungen wiedergibt, die mit dem zu seiner Zeit geltenden Recht nicht im Einklang standen. Die bemerkenswerteste davon ist die so genannte Freiheitsstelle. Es ist die einzige Passage im Sachsenspiegel, an der Eike offen sagt, das zu seiner Zeit geltende Recht sei falsch. Zwar existiere die Leibeigenschaft real, doch sei dies Unrecht.[104] Eike beweist dies mit einem kanonistischen Traktat, was ebenfalls in seinem gesamten Rechtsbuch nur an dieser einen Stelle vorkommt. Es handelt sich um einen wahrlich bemerkenswerten Durchbruch von Naturrecht bei einem zentralen Freiheitsrecht, das wir heute als einen Kernbestand von Menschenrechten ansehen würden. Es geht darum, dass jeder Mensch frei sei, in dem Sinne, dass niemand einem anderen gehöre. Genauso sagt das Eike von Repgow vor ungefähr 800 Jahren in diesem „erste[n] mittelalterliche[n] Versuch eines wissenschaftlichen Freiheitstraktates in deutscher Zunge".[105] Sein Rechtsbuch gewann in den kommenden Jahrhunderten große Bedeutung weit über Eikes Heimat hinaus. Der Sachsenspiegel wurde zu geltendem Recht und erlangte Autorität vor Gericht, nicht aber die Freiheitsstelle. Von Anfang an bekämpften Juristen sie. Der Rechtsgelehrte Johann von Buch, der Eikes Sachsenspiegel um das Jahr 1325 kommentierte, war der Meinung, was Eike hier veranstalte, sei nichts als gelehrte Spiegelfechterei, eine Art Rhetorikunterricht für seine Studenten. So etwas könne er einfach nicht ernst gemeint haben.[106]

Leibeigenschaft und Unfreiheit waren Realität und blieben es für Jahrhunderte. Eine Welt der rechtlichen Gleichheit auch nur im rudimentärsten Sinne lag für einen praktizierenden Juristen des späten Mittelalters außerhalb seiner Vorstellungskraft. Der Traum von der Freiheit aber blieb Bestandteil des sächsischen Rechts. Es gibt weder eine vollständige Handschrift noch eine Druckausgabe des Sachsenspiegels, die die Freiheitsstelle nicht enthalten würde.

2.11 Literatur

Martin Avenarius, Menschenrechte in der Antike. Ansätze zur Anerkennung von Rechten des Sklaven im römischen Recht, in: Angelika Nußberger (Hg.), Menschenrechte als

Homeyer (Hg.), Des Sachsenspiegels Erster Theil oder das Sächsische Landrecht nach der Berliner Handschrift v. J. 1369 hg., 3. Aufl., Berlin 1861.

104 Sachsenspiegel Landrecht III 42 §§ 3, 6.

105 Erler, Überwindung der Sklaverei, S. 26 f.

106 Ausführlich dazu Bernd Kannowski, Die Umgestaltung des Sachsenspiegelrechts durch die Buch'sche Glosse, Hannover 2007, S. 286–331.

Alpha und Omega des Rechts? Zur Auseinandersetzung der Fachdisziplinen mit der aktuellen Rechtsprechung zu den Menschenrechten in Europa, Tübingen 2023, S. 49 ff.
Stefan Dienstbeck, Die Theologie der Stoa, Berlin/Boston 2015
Adalbert Erler, Ältere Ansätze zur Überwindung der Sklaverei, Wiesbaden 1978
Werner Heun, Einflüsse der Stoa auf die Entwicklung von Menschenwürde und Menschenrechten bis zum Ende des 18. Jahrhunderts, in: Gustav A. Lehmann et al. (Hg.), Armut – Arbeit – Menschenwürde. Die Euböische Rede des Dion von Prusa, Tübingen 2012, S. 235 ff.
Malte Hossenfelder, Geschichte der Philosophie III. Die Philosophie der Antike 3: Stoa, Epikureismus und Skepsis, 2. Aufl., München 1995
Shahrokh Razmjou, The Cyrus Cylinder: A Persian perspective, in: Irving Finkel (Hg.), The Cyrus Cylinder, London/New York 2013, S. 104 ff.
Josef Wiesehöfer, Kyros, der Schah und 2500 Jahre Menschenrechte. Historische Mythenbildung zur Zeit der Pahlavi-Dynastie, in: Stephan Conermann (Hg.), Mythen, Geschichte(n), Identitäten. Der Kampf um die Vergangenheit, Hamburg 1999, S. 55 ff.

2.12 Anhang: Der Text des Kyroszylinders in deutscher Übersetzung mit Anmerkungen

Markiert sind die Passagen, die als Ursprung der Fehldeutungen in Betracht kommen.

[...] Eine Nachahmung von Esagil stellte er her [...] nach Ur und den übrigen Kultstädten. Eine Kultordnung, die sich für sie nicht ziemte [...] redete er Tag für Tag, und als Bosheit stellte er die festen Opfer ein [...] legte er in die Kultstädte. Die Verehrung Marduks, des Königs der Götter tilgte er in seinem Gemüt. Er tat immer wieder, was für seine Stadt schlecht war. Tag für Tag [...] seine [Untertanen] richtete er allesamt durch ein Joch ohne Erleichterung zugrunde. Auf ihre Klage hin ergrimmte der Enlil der Götter heftig [...] ihr Gebiet. Die Götter, die in ihnen wohnten, verließen ihren Wohnsitz, er brachte sie trotz seines Zornes nach Babel hinein. Marduk [...]. Zu allen Orten, deren Wohnsitz verfallen war, und den Bewohnern von Sumer und Akkad, die gleich Leichen geworden waren, wandte er sein Gemüt zurück, er fasste Erbarmen. Alle Länder insgesamt musterte er, er prüfte (sie), er suchte einen gerechten Herrscher nach seinem Herzen, er fasste ihn mit seiner Hand: Kyros, den König von Anschan, berief er, zur Herrschaft über das gesamte All sprach er seinen Namen aus. Gutium und die Gesamtheit der Ummanmanda unterwarf er seinen Füßen. **Die schwarzköpfigen Menschen, welche er seine Hände bezwingen ließ, hütete er in Recht und Gerechtigkeit**. Marduk, der große Herr, der seine Leute pflegt, blickte freudig auf seine guten Taten und sein gerechtes Herz. Er befahl ihm, nach seiner Stadt Babel zu gehen, und er ließ ihn den Weg nach Babel einschlagen. Gleich einem Freunde und Genossen ging er an seiner Seite. Seine umfangreichen Truppen, deren Zahl gleich dem Wasser eines Flusses unermeßlich war, marschierten waffengerüstet an seiner Seite. **Ohne Kampf und Schlacht ließ er ihn in seine Stadt Babel einziehen**. Babel rettete er aus der Bedrängnis. Nabonid, den König, der ihn nicht verehrte, überantwortete er ihm. **Die Einwohner von Babel insgesamt, das ganze Land Sumer und Akkad, Fürsten und Statthalter knieten vor ihm nieder, küssten seine Füße, freuten sich über seine Königsherrschaft, es leuchtete ihr Antlitz. „Der Herr, der durch seine Hilfe die Toten lebendig gemacht hat, der in Not und Unheil allen wohlgetan hat" – so huldigten sie ihm freudig, sie verehrten seinen Namen**. Ich, Kyros, der König des Weltreichs, der große König, der mächtige König, der König von Babel, der König von Sumer und Akkad, der König der vier Weltsektoren, Sohn des Kambyses, des großen Königs, des Königs von Anschan, Enkel des Kyros, des großen Königs, des Königs von Anschan, Nachkomme des Teispes, des großen Königs, des Königs von Anschan, ewiger Same des Königtums, dessen Regierung Bel und Nebo liebgewannen und dessen Königsherrschaft sie zur Erfreuung ihres Herzens wünschten – als ich friedlich in Babel eingezogen war, schlug ich unter Jubel und Freude im Palaste des Herrschers den Herrschaftssitz auf. Marduk, der große Herr, hat mich das weite Herz des [...] von Babel [...], Tag für Tag kümmerte ich mich um seine Verehrung. **Meine umfangreichen Truppen marschierten friedlich durch Babel**. Ich ließ dem ganzen Lande Sumer und Akkad keinen Störenfried aufkommen. **Die Stadt Babel und alle ihre Kultstätten hütete ich in Wohlergehen. Die Einwohner von Babel, [welche] wider den Willen [der Götter] ein ihnen nicht ziemendes Joch** [...], **ließ ich in ihrer Erschöpfung zur Ruhe kommen, ihre Fron ließ ich lösen**. Über meine [guten] Taten freute sich Marduk, der große Herr. Mich, Kyros, den König, der ihn verehrt, und Kambyses, meinen leiblichen Sohn, sowie alle meine Truppen segnete er gnädig. In Wohlergehen [wandeln] wir freudig vor ihm. **[Auf seinen] erhabenen [Befehl] brachten mir alle Könige, die auf Thronen sitzen, aus allen Weltsektoren, vom Oberen Meere bis zum Unteren Meere, welche [ferne Distrikte] bewohnen, alle Könige von Amurrua, die in Zehen wohnen, ihren schweren Tribut, und sie küßten in Babel meine Füße**. Von Ninive, Assur und Susaa, Akkad, Eschnunnak, Zamban, Meturnu und Der bis zum Gebiet von Gutium, die Städte jenseits des Tigris, deren Wohnsitz von alters her verfallen war – die dort wohnenden Götter brachte ich an ihren Ort zurück und ließ sie eine ewige Wohnung beziehen. Alle ihre Leute versammelte ich und brachte sie zurück zu ihren Wohnorten. **Und die Götter von Sumer und Akkad, welche Nabonid zum Zorn des Herrn der Götter nach Babel hineingebracht hatte, ließ ich auf Befehl Marduks, des großen Herrn, in Wohlergehen in ihren Heiligtümern einen Wohnsitz der Herzensfreude bezie-**

hen. Alle Götter, die ich in ihre Städte hineingebracht hatte, mögen Tag für Tag vor Bel und Nebo Verlängerung meiner Lebenszeit befürworten, Worte zu meinen Gunsten äußern und zu Marduk, meinem Herrn, sprechen: „Für Kyros, den König, der dich verehrt, und Kambyses, seinen Sohn, [...] die Königsherrschaft." Die Länder insgesamt ließ ich einen Wohnsitz der Ruhe beziehen. [...] Gans, 2 Enten und 10 Wildtauben über die Gans, die Enten und die Wildtauben hinaus [...] lieferte ich reichlich. Die Mauer Imgur-Enlil, die große Mauer von Babel [...] zu stärken, kümmerte ich mich. [...] Die Kaimauer aus Backstein am Ufer des Grabens, die ein früherer König gebaut hatte, ohne die Arbeit daran abzuschließen [...] nach außen hin, was kein früherer König getan hatte, seine Handwerker, das Aufgebot [...] in Babel [... mit] Asphalt und Backsteinen baute ich neu und (schloß die Arbeit daran ab). [...] mit Bronzeverkleidung, Türschwellen und Türzapfen [... in] ihren [Toren]. [... Eine Inschrift] mit dem Namen Assurbanipals, eines mir voraufgehenden Königs [...] erblickte ich [...] Ewigkeit.[107]

---

107 Nach: Rykle Borger et al. (Hg.), Texte aus der Umwelt des Alten Testaments, Bd. 1: Rechts- und Wirtschaftsurkunden. Historisch-chronologische Texte, Gütersloh 1985, S. 407 ff.

3. Herrschaftsverträge

3.1 Was ist ein Herrschaftsvertrag?

Unter einem Herrschaftsbegrenzungsvertrag (kurz: Herrschaftsvertrag)[1] verstehe ich einen Vertrag, den der Monarch mit Personen von Einfluss (in einem deutschen Kontext würde man von Reichsständen, Ständen oder Ständevertretern sprechen) über die Begrenzung seiner Herrschaft schließt. Was hat das mit der Geschichte von Menschenrechten zu tun? Es hat mindestens so viel damit zu tun, wie die Geschichte der Demokratie oder des Rechtsstaats damit zu tun hat. Hier hat die Vorstellung, dass Macht in einer Vereinbarung, die wir einer anderen Sphäre als der der Macht zuordnen, ihre verbindlichen Grenzen finden kann, ihren Ursprung. Wenn wir diese Sphäre „Recht" nennen, so steht hier die Macht unter der Kontrolle des Rechts. Bringen wir das mit der Geschichte der Menschenrechte in Verbindung, so sind zwei Aspekte von Interesse: Inwiefern lässt sich sagen, dass der Rechtsträger das Individuum ist? Und, wenn ja, was ist der Inhalt der eingeräumten Rechte? In Bezug auf die erste Frage lässt sich antworten, dass es – wenn auch Rechte von Ständen als gesellschaftlichen Gruppen im Vordergrund stehen[2] – zum Teil durchaus um den rechtlich verbürgten Schutz von einzelnen Menschen gegenüber Willkür seitens derer geht, die Macht und Herrschaft ausüben. Besonders deutlich wird die Verbindung mit der Geschichte der Menschenrechte, wenn der Herrschaftsvertrag einen Katalog von Rechten (Bill of Rights) enthält.[3] Dabei geht es – und das bezieht sich auf die zweite Frage – in erster Linie wiederum um zweierlei: zum einen um den Schutz vor wirtschaftlichen Belastungen, welche die Betroffenen als unzumutbar empfanden, sei es durch überhöhte Abgaben, sei es durch willkürliche Griffe des Herrschers nach dem Eigentum seiner Untertanen. Zum anderen geht es um rechtlichen Schutz einzelner Personen vor der Willkür der Machthaber, insbesondere, wenn auch nicht ausschließlich, vor Gericht.

Bei alledem ist der Vertragsgedanke ein Charakteristikum mittelalterlicher Freiheitsverbriefungen.[4] Freiheitsrechte ergaben sich aus bilateralen Verpflichtungen,

---

1 Zu Begriff und Bedeutung Näf, Herrschaftsverträge und die Lehre vom Herrschaftsvertrag; ders., Frühformen des „modernen Staates" im Spätmittelalter, HZ 171 (1951), S. 225–243; ders., Herrschaftsverträge des Spätmittelalters, 1. Aufl., Bern 1951, S. 3.

2 Poscher, Grundrechte als Abwehrrechte (s. Lit. Kap. 1), S. 19 f. mit weiteren Nachweisen.

3 Deutlich sieht das bereits Alexander Hamilton (1755/1757–1804) in Nr. 84 der Federalist Papers.

4 V. Keller, Freiheitsgarantien, S. 243.

an welche nicht nur die Untergebenen gebunden waren, sondern auch der Herrscher. Zur Sicherung seiner äußerlichen Dignität erfolgte dies im Wege eines Privilegs, also letztendlich im Wege eines Gnadenakts.[5] Ein frühes Beispiel für einen solchen Herrschaftsvertrag ist ein Dokument, mit dem König Alfons IX. von León im Jahre 1188 der Ständeversammlung von Bischöfen, Magnaten und Bürgern deren eingeforderte Rechte verbrieft (Decreta de León). Darunter sind der Schutz gegen unrechte Fehde sowie Verfahrensrechte des Angeklagten im Strafprozess. Unverzüglich seien den Beschuldigten der Inhalt der Anklage und der Name des Anklägers mitzuteilen. Weiterhin wird die Unverletzlichkeit von Haus und Eigentum garantiert.[6] Dieses Abkommen bezeichnet die Fachliteratur als „spanische Magna Charta".[7]

Diese Bezeichnung geht auf ein Dokument zurück, das sich als die Mutter aller Herrschaftsverträge ansehen lässt. Das ist die Magna Charta Libertatum, das große Dokument der Freiheiten, welches im Jahr 1215 die englischen Barone König John Lackland abtrotzten. Die Magna Charta ist – und vielleicht ist sie gerade deshalb so bedeutend – ihrerseits ein Politikum (oder vielleicht ist sie das gerade deshalb, weil sie so bedeutend ist). Sie ist ein Politikum ebenso wie der Kyroszylinder ein solches ist, wenn auch auf ganz andere Weise; aber dazu später.

Herrschaftsverträge, wie sie mit der Magna Charta in einer Reihe stehen und zum Teil in der heutigen Literatur auch als eine Art Magna Charta bezeichnet werden, folgen in ihrem Zustandekommen stets dem gleichen Muster.[8] Ein Herrscher gerät in eine politische Krise beziehungsweise ist politisch so schwach, dass er Unterstützung braucht. Diese erhält er allerdings nicht umsonst, so dass er zu Zugeständnissen gezwungen ist. Auf dieser Basis schließt er mit seinen Unterstützern eine Vereinbarung (Herrschaftsvertrag). Menschenrechtsgarantien in einem heutigen Sinn enthalten solche mittelalterlichen oder frühneuzeitlichen Übereinkünfte selbstverständlich nicht, zum Teil ist sogar – wie wir anhand des Tübinger Vertrages von 1514 sehen werden – eher das Gegenteil der Fall.

---

5 V. Keller, Freiheitsgarantien, S. 246.

6 Zu dem Dokument Seijas Villadangos, Origin of Parlamentarism, S. 2 ff., mit einer vollständigen Übersetzung der Decreta de León ins Englische, S. 22–25.

7 Sutter, Entwicklung der Grundrechte, S. 119–121.

8 Ibid., S. 116.

3.2 Beispiele für Herrschaftsverträge

3.2.1 Die Joyeuse Entrée (1356)

Bevor ich auf die Magna Charta als Mutter aller Herrschaftsverträge zu sprechen komme, will ich auf einige dem heutigen Betrachter weniger bekannte Erscheinungen zu sprechen kommen, was mich zunächst zur Joyeuse Entrée (Blijde Inkomst) aus dem Herzogtum Brabant des Jahres 1356 führt. Dort befand sich das Monarchenpaar Wenzeslaus und Johanna in einer Krisensituation, weil der Graf von Flandern Ludwig II. ihnen die Herrschaft streitig machte. Er war mit seinen Truppen in Brabant eingefallen und hatte Brüssel erobert. In dieser Situation waren die Herrscher auf die Unterstützung der Bürger angewiesen. Diese vertrieben die Widersacher von Wenzeslaus und Johanna aus der Stadt, so dass die beiden anschließend glücklich nach Brüssel einziehen konnten. Im Gegenzug unterzeichnete das Paar das Dokument, das von diesem glücklichen Einzug seinen Namen trägt. Kirche, Städte und einige Adelige erhalten darin Freiheiten zugesichert. Die Nachwirkungen dieses Dokuments und seine historische Symbolkraft bis heute sind beachtlich. Die Joyeuse Entrée von 1356 wurde in den Niederlanden mit dem Konzept von Rechtsstaat und Rule of Law in Verbindung gebracht. Ebenso wie der Magna Charta in England sei der Joyeuse Entrée für das mittelalterliche Brabant die Rolle einer schriftlichen Basis für die Herrschaftsausübung zugekommen, woran sich ein frühes Beispiel für einen Nationalstaat erkennen lasse. Eine Gemeinsamkeit mit der Magna Charta liegt darin, dass romantische Historiker des 19. Jahrhunderts ihre Bedeutung nationalistisch verklärten und übersteigerten.[9] Bei Entstehung der Belgischen Verfassung im Jahre 1831 galt die Joyeuse Entrée als eine ihrer historischen Grundlagen.

3.2.2 Der Tübinger Vertrag (1514)

Ein weiterer Herrschaftsvertrag entstand im Herzogtum Württemberg zu Beginn des 16. Jahrhunderts. Dort benötigte Herzog Ulrich, der erste protestantische Herrscher dieses Territoriums, Unterstützung zur Niederschlagung einer Rebellion, die sich gegen neue Steuern auf Fleisch, Wein und Grundnahrungsmittel richtete. Mit der Hilfe des Adels gelang es Ulrich, den als den „Armen Konrad“ bekannten

---

9 Raymond van Uytven u. Wim Blockmans, Constitutions and their Application in the Netherlands during the Middle Ages, RBPH 47 (1969), S. 399 ff. (407).

Aufstand niederzuschlagen.[10] Dafür musste er aber durch den Tübinger Vertrag von 1514[11] den Landständen weitgehende Mitbestimmungsrechte einräumen. So ist etwa eine Beteiligung der Landstände an der Ausübung kriegsherrlicher Befugnisse oder der Erhebung von Steuern vorgesehen. Dem gemeinen Mann soll der Herzog „ainen fryen zug gnediglich vergünden und zulassen". Ein Auswanderungsrecht ohne finanzielle Konsequenzen wird anerkannt. Ferner sicherte der Vertrag in Strafsachen zu, niemand solle „anders dann mit urtail und recht gestrafft oder getedt, sunder ainem ieden nach synem verschulden rechts gestattet werden". Demgegenüber machten die Landstände dem Herzog weitreichende finanzielle Zugeständnisse.

Bei einem Blick auf das Recht zur freien Auswanderung sowie die Garantie eines fehlerfreien gerichtlichen Verfahrens mag der Eindruck entstehen, der Tübinger Vertrag könne in einer Geschichte der Menschenrechte durchaus seinen Platz finden. Gewiss ist er ein wichtiges Dokument für die Verfassungsgeschichte Württembergs, was ihm die Bezeichnung als „württembergische Magna Charta"[12] eintrug. Eine erhebliche Menge Wasser allerdings gilt es in den Wein zu schütten, wenn wir unsere Aufmerksamkeit auf folgenden neuen Straftatbestand lenken, den der Herzog im Zusammenhang mit dem Tübinger Vertrag einführte. Danach ist Ungehorsam gegen die Obrigkeit – gleichviel ob fürstliche Räte, Amtleute, Geistliche, Bürgermeister oder Stadtgericht – ein todeswürdiges Verbrechen.[13] Diese Bestimmung zementierte die Unterdrückung des gemeinen Mannes. Die geforderte Mitbestimmung erhielt er nicht. Im Ergebnis sicherte der Tübinger Vertrag die Privilegien des Adels. Wird hier der Begriff „Magna Charta" verwendet, so kann er allein für eine bedeutsame Stärkung der Stände stehen, nicht jedoch für etwas wie Demokratie oder gar Menschenrechte.

---

10 Dazu Schmauder, Der Tübinger Vertrag und die Rolle Tübingens beim Aufstand des Armen Konrad 1514; ders., Württemberg im Aufstand. Der Arme Konrad und der Tübinger Vertrag 1514, Rundbrief des Württembergischen Geschichts- und Altertumsvereins 16 (2013), S. 1 f.; ders. u. Setzler, Vor 500 Jahren: Württemberg im Aufstand. Der Arme Konrad und der Tübinger Vertrag von 1514, Schwäbische Heimat 65 (2014), S. 15 ff.

11 Edition bei Walter Grube (Hg.), Der Tübinger Vertrag vom 8. Juli 1514. Faksimileausgabe aus Anlass der 450-Jahrfeier der Errichtung des Tübinger Vertrags, Stuttgart 1964.

12 Hans-Martin Maurer, Die frühe Neuzeit bis zum Dreissigjährigen Krieg, in: ders. et al. (Hg.), Geschichte Württembergs in Bildern. 1083–1918, Stuttgart/Berlin/Köln 1992, S. 84 ff. (86); Schmauder, Württemberg im Aufstand. Der Arme Konrad und der Tübinger Vertrag 1514, S. 2.

13 Übersetzung ins heutige Hochdeutsch bei Schmauder u. Setzler, Vor 500 Jahren: Württemberg im Aufstand, S. 22.

3.2.3 Friedebriefe spätmittelalterlicher Städte

Im Kontext von Herrschaftsverträgen ist auch ein Blick auf die mittelalterliche Stadt zu werfen, die bereits in ihren Ursprüngen eine auf autonome Rechtsetzung durch den Rat ausgerichtete Gemeinschaft darstellt. Städte sind privilegierte Inseln in der feudalen Welt, in denen die Bürger ihren Rat selbst wählen. Diesem und seinen Gesetzen unterwerfen die Bürger sich einmal im Jahr durch einen kollektiv geleisteten Schwur (Bürgereid). Das Ideal der mittelalterlichen Bürgerfreiheit kommt zum Ausdruck in dem Grundsatz „Stadtluft macht frei", wie er sich in manchen Städten nachweisen lässt. Hielt ein Unfreier sich für eine gewisse Zeit unangefochten auf dem Territorium der Stadt auf, so schied er allein durch diesen Aufenthalt aus seinem Abhängigkeitsverhältnis aus.

Im 13. und 14. Jahrhundert gab es in vielen Städten gewaltsame Auseinandersetzungen zwischen Bürgern und Rat wegen Missständen in der Amtsführung. Die Verbindung zum Thema Herrschaftsverträge liegt darin, dass die Bürger in diesem Rahmen häufig schriftliche Verfassungsvereinbarungen (Friedebriefe) erkämpften. Darin waren Forderungen nach breiterer Partizipation am Stadtregiment, stärkerer Öffentlichkeit der Regierung (wir würden heute vielleicht sagen „Transparenz"), Steuergerechtigkeit, sinnvollem Wirtschaften mit den Stadtfinanzen sowie Reformen in der Gerichtsbarkeit verwirklicht.[14]

Auch wenn sich bei alledem ein freiheitlicher Zungenschlag andeuten könnte, ist für die Berücksichtigung im Rahmen einer Geschichte der Menschenrechte doch Zurückhaltung geboten. Im Hinblick auf Freiheit und Gleichheit verhielt es sich ähnlich wie bei der Polis im antiken Griechenland: Die Freiheiten galten nur für die Bürger, die unter sich alle gleich waren. Keineswegs alle Stadtbewohner waren Bürger. Das Bürgerrecht in Städten war an bestimmte Voraussetzungen gebunden, nicht zuletzt an ein bestimmtes Vermögen beziehungsweise Grundeigentum in der Stadt. Wie zuvor für die Polis lässt sich auch für die mittelalterliche Stadt sagen, dass es Freiheit und Gleichheit nur in abgestufter Form gab. Die städtische Gesellschaft des Mittelalters war – so wie jede damals – eine ständische. Nur Bürgern stand ein Wahlrecht bei den Ratswahlen zu, was sich als Zensuswahlrecht bis weit in die Neuzeit hinein fortsetzte. Somit drängen sich gewisse Parallelen zwischen dem Bürgerrecht und Adelsprivilegien auf. Solche Stadtbürgerrechte existierten in manchen Teilen Deutschlands bis in die 1870er Jahre fort, und die Bürger bildeten

---

14 Dazu Bernd Kannowski, Bürgerkämpfe und Friedebriefe. Rechtliche Streitbeilegung in spätmittelalterlichen Städten, Köln/Weimar/Wien 2001.

regelmäßig weniger als ein Zehntel der Einwohnerschaft. Wie fern das Rechtsdenken der Vormoderne unserem heutigen ist, tritt hervor, wenn wir uns vor Augen führen, dass „Freiheit“ als abstrakter Begriff im Singular im heutigen Sinne im Mittelalter nicht existiert. Damals ist im Plural von „Freiheiten“ die Rede.[15] Das sind bestimmte, konkret benannte Befugnisse, irgendetwas klar Definiertes tun zu dürfen oder nicht tun zu müssen. Freiheit als die Vorstellung von der Möglichkeit, grundsätzlich ohne obrigkeitliche Beschränkung alles tun und lassen zu dürfen, was ein Individuum will (allgemeine Handlungsfreiheit), ist als Ideal oder auch nur als Idee nicht vorhanden.

3.2.4 Der Ewige Landfriede (1495)

Als eine Art Herrschaftsvertrag lassen sich auch die Beschlüsse des Reichstags zu Worms aus dem Jahr 1495 ansehen. Zwar befand König Maximilian I. sich anders als John Lackland nicht in einer kriegerischen Auseinandersetzung mit den Ständen, wohl aber in einer wirklich ernsten politisch-militärischen Krise. Um den Türken militärisch die Stirn bieten zu können, brauchte er dringend Geld für eine Armee, und dafür benötigte er die Zustimmung der Stände. Diese willigten in seinen Wunsch nach einer Steuer, dem Gemeinen Pfennig, schließlich auch ein. Auf dem gleichen Reichstag aber wurde auch der Ewige Landfriede, das heißt ein allgemeines, immerwährendes Fehdeverbot, beschlossen. Ferner wurde ein für Rechtsbrüche zuständiges höchstes Reichsgericht (Reichskammergericht) ins Leben gerufen, an dessen Besetzung die Stände maßgeblich beteiligt waren. In einer Linie mit den Wormser Beschlüssen lagen die Wahlkapitulationen, wie sie im Heiligen Römischen Reich Deutscher Nationen der Verfassungstradition (dem Reichsherkommen) entsprachen. Seit 1519 verlangten die Stände von jedem Herrscher vor seiner Krönung oder Huldigung, dass er hergebrachte Freiheitsrechte in Form einer Wahlkapitulation bestätige.

3.3 Magna Charta Libertatum (1215) – Die Mutter aller Herrschaftsverträge

Aber kommen wir zu dem zweifellos berühmtesten Herrschaftsvertrag. Auf Runnymede, einer Wiese in der Nähe von London, steht ein Schild des britischen National

15 Bernd Kannowski, Art. Freiheit, in: HRG II, 2. Aufl., Berlin 2008, Sp. 1745 ff.

Abb. 2 Magna Charta mit dem Siegel von Cardinal Guala (Abschrift von 1217).

Trust. Dieses Schild weist eben diese Wiese aus als nichts Geringeres als den Geburtsort der modernen Demokratie („The Birthplace of Modern Democracy").

Warum sollte diese Wiese der Geburtsort der modernen Demokratie sein? Das hängt zusammen mit einer Geschichte von einem (vermeintlich) schlechten König und seiner Überwindung durch ein paar mächtige Adelige, die dabei jedenfalls aus Perspektive einer späteren Zeit das gemeine Wohl vor Augen hatten. Es geht um King John (deutsch Johann), der im Jahr 1199 den englischen Thron bestieg. Er hat keine Zahl hinter seinem Namen, denn er sollte der einzige englische König dieses Namens bleiben. Vielleicht hat sich niemand nach ihm als König „John" zu nennen gewagt, weil alle dachten, das bringe Unglück. John jedenfalls trägt statt einer Zahl stets den Beinamen „Lackland" („Ohneland"). Diesen Beinamen trägt er in allen Sprachen, in denen ich das überprüft habe. Er heißt auf Deutsch, Französisch,

Spanisch, Italienisch, Niederländisch und Polnisch,[16] ja sogar auf Chinesisch so.[17] An moralisierenden Bewertungen, die John an den alleruntersten Rand verorten, mangelt es in der älteren historischen Fachliteratur Großbritanniens nicht. Danach war John „von geradezu übermenschlicher Niederträchtigkeit“[18] oder „ein selbstsüchtiger Tyrann der übelsten Sorte“[19]. Aber nicht nur in der Fachliteratur: Zum Jubiläum der Magna Charta im Jahr 2015 erschien eine Neuauflage eines englischen Kinderbuches über King John und die Magna Charta. Darin heiß es über ihn:

> John war wahrscheinlich der schlechteste König, der jemals den englischen Thron bestiegen hat. Er war grausam und heimtückisch, ein prahlerischer Feigling; gemein und betrügerisch als Mensch, überaus unzuverlässig als König. Als er starb, war er jedem, der ihn kannte, verhasst, und niemand vermisste ihn.[20]

Wie kam es zu diesen Superlativen an Schmähkritik, und hat der arme John sie wirklich verdient?

3.3.1 War John Lackland wirklich ein so schlechter König?

Drastisch, aber treffend bringt es der britische Historiker Wilfried Lewis Warren (1929–1994) in seinem Standardwerk über John Lackland auf den Punkt, indem er diesem seinen Bruder Richard Löwenherz gegenüberstellt: Richards Andenken hätten enthusiastische Heldenverehrer glorifiziert, während verleumderische Schwätzer das von John geschändet hätten.[21] Vergleichen wir Johns Darstellung in zeitgenössischen Chroniken mit der seines Vaters Henry und seines Bruders Richard (Löwenherz), so ergibt sich folgendes Bild: Henry war ein starker und wohlwollender Herrscher, Richard ein strahlender Held und John schließlich ein böswilliger Versager. Dabei ist der Eindruck von Henry der Realität am nächsten und der von

---

16 In dieser Reihenfolge: Jean sans Terre; Joan sin Tierra; Giovanni Senzaterra; Jan zonder Land; Jan bez Ziemi.

17 Mandarin: 無地王 – 無: „nicht“, „ohne“; 地: „Land“; 王: „König“ → 無地王: „Ohne-Land-König“.

18 Kate Norgate, John Lackland, London 1902, S. 286 („almost superhuman wickedness“).

19 James Henry Ramsay, The Angevin Empire, London 1903, S. 502 („a selfish cruel tyrant of the worst type“).

20 Lawrence du Garde Peach, King John and Magna Carta, London 1969, S. 4: „John was probably the worst king ever to mount the English throne. He was cruel and treacherous, a boastful coward; mean and deceitful as a man, utterly untrustworthy as a king. He died loathed by everyone who knew him, regretted by none.“

21 „Richard's reputation was glorified by an enthusiastic hero-worshipper, while John's was blighted by scurrilous gossip-mongers“, Warren, King John, S. 5.

John am weitesten davon entfernt. Das liegt zum Teil daran, dass wichtige Chronisten die Regierungszeit Johns nicht erfassten, weil diese nicht in den durch ihre Arbeit abgedeckten Zeitraum fiel. Insofern lässt sich zutreffend sagen, dass John einfach Pech hatte.[22] Hinzu kam, dass die Chronisten Geistliche waren und somit Johns Auseinandersetzungen mit der Kirche, die wichtige Jahre seiner Herrschaft prägten, ihm natürlich nicht zum Vorteil gereichen konnten. Dabei ist zum Teil offensichtlich, dass diese Chronisten mehr an der Wirkung ihrer Predigten als an der Authentizität ihrer Geschichtsschreibung interessiert waren. Besonders schlecht schneidet John bei dem bedeutenden Chronisten Matthäus Paris ab, der die mit hoher Wahrscheinlichkeit frei erfundene Begebenheit berichtet, John habe sich mit dem Emir von Cordoba verbünden wollen, dieser aber habe John, nachdem er von seiner Verdorbenheit in all ihrem Ausmaß erfahren habe, mit Abscheu zurückgewiesen.[23] Berichte wie diese führten dazu, dass John bei neuzeitlichen Historikern einen überaus schlechten Eindruck hinterließ. Ein sprechendes Beispiel ist das zu seiner Zeit extrem einflussreiche Buch „Short History of the English People" (zuerst 1874) des englischen Historikers John Richard Green (1837–1883), der in seinem Hang zum Fabulieren seinen mittelalterlichen Vorläufern bekanntermaßen kaum nachstand:[24]

> In his inner soul John was the worst outcome of the Angevins [...]. His punishments were refinements of cruelty, the starvation of children, the crushing of old man under copes of lead. His court was a brothel where no woman was safe from the royal lust, and where his cynicism loved to publish the news of his victim's shame. He was as craven in his superstitions as he was daring in this impiety. He scoffed at priests and turned his back on the mass, even amidst the solemnities of his coronation, but he never stirred on a journey without hanging relics around his neck [...].[25]

Auch wenn John bei den Chronisten äußerst unbeliebt war, lassen sich allein daraus keinerlei Rückschlüsse darauf ziehen, in welchem Ansehen er bei seinen Untertanen stand. Und auch wenn John während seiner Herrschaftszeit weite Gebiete an Frankreich verlor, war er gewiss kein König ganz ohne Land, wie seine hämische Bezeichnung es unterstellt. Wirklich legendär wurde sein Misserfolg allerdings dadurch, dass es während seiner Herrschaftszeit zu dieser Rebellion der Barone

22 Gillingham, Historians without Hindsight, S. 4; Warren, King John, S. 7.

23 Warren, King John, S. 14 f.

24 William Hunt, Art. Green, John Richard, in: Horace Everett Hooper (Hg.), Encyclopædia Britannica, Bd. 12, 11. Aufl., London 1910, S. 534.

25 John Richard Green, Short History of the English People, Bd. 1, London 1874, S. 114.

kam, die ihn im Jahr 1215 zur Anerkennung der Magna Charta zwang. Und dieses Dokument gewann in den folgenden Jahrhunderten – wiederum Pech für den armen John – eine symbolische Bedeutung, die über die nächsten 800 Jahre hinaus im kollektiven Gedächtnis bleiben sollte. Und einen Unterdrücker, der ein solches Dokument provoziert hat, vergisst man nun einmal nicht. Die Einführung eines 800 Jahre nach Johns Thronbesteigung erschienenen Sammelbandes schlägt vor, bei seiner Beurteilung vor Augen zu haben, dass seine Herrschaft in der Katastrophe eines Bürgerkriegs endete. Keine Gruppe von Untertanen, so zahlreich und mächtig sie auch sei, mache sich das Absetzen eines mittelalterlichen Königs leicht. So müsse der Umstand, dass seine Untertanen eben das unternommen hätten, ein dauerhaftes Urteil gegen König John begründen.[26]

Falls zutrifft, dass die Abneigung der Untertanen gegen John stärker war als im Fall anderer mittelalterlicher Könige, mag das mit seinem Bruder Richard Löwenherz zusammenhängen. Nach dessen Tod hatte John den englischen Thron übernommen. Richard nun gilt gemeinhin geradezu als die Verkörperung des mittelalterlichen Rittertums. Ihn umwehen Kreuzzugsstimmung und der Ruhm des romantischen Ritters. Das führte zu die Jahrhunderte überdauerndem Ruhm. Literarische Verarbeitungen wie der berühmte Roman „Ivanhoe“ von Sir Walter Scott (1771–1832) sowie die Legende von Robin Hood legen davon Zeugnis ab.[27]

Ob Richard Löwenherz allerdings ein guter König war, ist eine ganz andere Frage. Dagegen spricht so einiges. Während seiner gesamten Regierungszeit von zehn Jahren verbrachte er kaum zehn Monate in England. Es ist nicht klar, ob er überhaupt Englisch sprach. Durch Leichtsinn geriet er schließlich im Ausland in Gefangenschaft und es war die unangenehme Aufgabe seines Bruders John, das Lösegeld zu beschaffen. Durch solche Aktionen wirtschaftete Richard Löwenherz England in den Ruin, und sein Bruder übernahm ein durch lange Kriege geschwächtes Reich. Seine Startvoraussetzungen waren damit denkbar schlecht. Anders als sein hochgeschätzter großer Bruder besaß John allerdings durchaus Organisationstalent und war auch bereit, sich in Details der Verwaltung einzuarbeiten. Das war – anders als heute – für mittelalterliche Herrscher gewiss keine Selbstverständlichkeit. So waren die meisten mittelalterlichen Könige Analphabeten, was für John mit hoher Wahrscheinlichkeit nicht galt.[28] Vieles spricht dafür, dass eine systematische Archivierung die Regierungsgeschäfte betreffenden Urkundenmaterials unter Johns Herrschaft ihren Anfang nahm, weil es vorher so etwas einfach nicht gab.

---

26 Church, Introduction, S. XXVI.

27 Jim Bradbury, Philip Augustus and King John. Personality and History, in: Stephen Church (Hg.), King John. New Interpretations, Woodbridge 1999, S. 347 ff. (353).

28 Nicholas Vincent, Magna Carta. The Foundation of Freedom. 1215–2015, London 2014, S. 163.

Zudem durchlief eine auf Schriftlichkeit basierende Verwaltung in Johns Regierungszeit eine sprunghafte Entwicklung nach vorn und so etwas wie Ministerien mit speziellen Aufgaben wie Verwaltung, Finanzen oder Gerichtsbarkeit entstanden unter ihm. Dabei gelang es John, die entsprechenden Ämter zum Teil hervorragend qualifiziert zu besetzen. Um noch einmal Wilfried Lewis Warren – der es wiederum treffend auf den Punkt bringt – zu Wort kommen zu lassen: „He was as fascinated with the daily business of government as his brother Richard was with war.“[29] Die Teilnahme an Kreuzzügen zur Befreiung des Heiligen Landes aber, das Sich-in-Gefahr-Begeben für eine Aventüre im Dienste eines höheren Ziels, für Geschichten „von helden lobebæren, von grôzer arebeit“[30] mögen damals mehr gegolten haben als die ordentliche Erledigung des Tagesgeschäfts bei der Regierung eines Landes. Auch wenn Richard Löwenherz gemessen an heutigen Maßstäben gewiss kein herausragender König war, blieb er in der kollektiven Erinnerung der gute und sein Bruder John der schlechte König.[31]

3.3.2 Entstehung und Beteiligte

Wie kam es zur Magna Charta, die mit der Konstruktion „Bad King John“ in einer so engen Verbindung steht? Johns Situation war prekär. Wegen eines Konfliktes mit dem Papst hatte John das Land in den Kirchenbann gebracht. Er musste schließlich klein beigeben und England zu einem päpstlichen Lehen machen. Zudem verlief ein Kriegszug nach Frankreich desaströs, was die Stimmung gegen John bei den Baronen deutlich verschärfte. So kam die Forderung auf, dass das gute alte Recht wiederherzustellen sei. Der König sollte schriftlich erklären, dass er nie wieder außerhalb des Rechts handeln werde. Genau dafür aber war es notwendig festzuhalten, was genau das Recht überhaupt war. Das ist typisch für Krisensituationen. Zur schriftlichen Fixierung von Recht kommt es genau dann, wenn dieses im Zweifel steht.[32] Ausgangspunkt für die geplante Rechtsaufzeichnung war die Krönungscharta Heinrichs I. von 1100. Darauf jedenfalls beruhten die anfänglichen Forderungen der Barone vom Ende des Jahres 1214. Es folgten einige Monate der Verhandlung, in deren Rahmen verschiedene Entwürfe entstanden. Dabei spielte

---

29 Warren, King John, S. 133.

30 Nibelungenlied, 1. Strophe.

31 Wie tief sich das auch in die Hirne von Wissenschaftlern eingegraben hat, wird deutlich bei Bruno Frey u. Heinz Buhofer, Prisoners and Property Rights, Journal of Law and Economics 31 (1988), S. 19–46: Als einzigen Beleg für „Richard's performance as an able ruler“ geben sie an: „A fact vividly illustrated in Sir Walter Scott's Ivanhoe“ (Fußnote 35 auf S. 27).

32 Bernd Kannowski, Art. Aufzeichnung des Rechts, in: HRG II, 2. Aufl., Berlin 2008, Sp. 347 ff. (351).

der einstmals umstrittene Bewerber um das Amt des Erzbischofs von Canterbury Stephen Langton zumindest als Vermittler zwischen den Parteien eine wichtige Rolle.

Die rebellierenden Barone kamen häufig aus dem Norden Englands, wo die Auswirkungen der Krise, die unter der Regierung Johns herrschte, besonders stark spürbar waren. Viele von ihnen waren gut miteinander vertraut, weil sie miteinander verwandt oder verschwägert waren. Somit erwiesen sie sich als verschworene und einander vertrauende Gemeinschaft als besonders schlagkräftig und damit gefährlich für den König. Die Quellen bezeichnen sie als „The Northerners", womit sie vielleicht die erste namentlich benannte politische Gruppierung in der englischen Geschichte sind. Im Juni 1215 belagerten sie Johns Festung, um ihren Forderungen Nachdruck zu verleihen. Daraufhin erklärte dieser sich einverstanden, die Rebellen am 15. Juni am Ufer der Themse in Runnymede zu treffen. Dieser Ort hatte eine lange Tradition für Versammlungen in wichtigen Angelegenheiten, die möglicherweise bis in angelsächsische Zeit zurückreichte.

Während der Entstehung der Magna Charta haben die Teilnehmer der Verhandlungen keine Aufzeichnung über die genauen Ereignisse hinterlassen. Es gibt zeitgenössische Überlieferungen, jedoch ist fraglich, inwieweit diese der Wahrheit entsprechen oder von der persönlichen politischen Sicht des jeweiligen Verfassers beeinflusst sind. Auch halten sich diese Schilderungen knapp, was Interpretationsspielraum offenlässt. Umstritten ist insbesondere die Datierung der Magna Charta. Klar ist, dass sie über einen längeren Zeitraum entstand. John war zunächst in Verhandlungen mit Vertretern der Barone eingetreten (von Ende Mai bis 10. Juni, hierbei wurde ein Grundlagendokument für die weiteren Verhandlungen geschaffen, die „Artikel der Barone"), danach erst mit den Baronen selbst (15.–19. Juni). Das Ergebnis dieser Verhandlungen war die Magna Charta. Auch wenn John ohne die erstarkende Waffengewalt der Barone ihren Forderungen gewiss nicht nachgegeben hätte, waren es doch friedliche Verhandlungen. Zwang durch Bedrohung mit Waffen gab es jedenfalls nicht. Es war vielmehr der durch die Gefahr des Bürgerkriegs herrschende politische Druck, der John zum Einlenken bewegte.[33] Die Magna Charta ist nicht mit einem Siegel versehen und schon gar nicht – wie spätere bildliche Darstellungen nahelegen – unterschrieben. Fraglich ist bereits, ob es überhaupt eine Urfassung gab. Die vier heute noch existierenden besiegelten Dokumente wurden wahrscheinlich erst im Anschluss verfasst. Sollte es doch so etwas wie eine Urfassung gegeben haben, scheint es unwahrscheinlich,

33 Holt, Magna Carta, S. 30 f., 213–226; Daniel Baumann, Stephen Langton. Erzbischof Von Canterbury im England der Magna Carta (1207–1228), Leiden/Boston 2009, S. 159–173.

dass diese besiegelt wurde.[34] Stattdessen leisteten John und die Barone Eide. Das war das Wesentliche, nicht die schriftliche Ausfertigung.

3.3.3 Charakter und Inhalte

Die Magna Charta war eine Art Friedensvertrag mit kurzfristigen Zielen, obwohl sie den König und seine Erben auf ewig binden sollte. Das Bemerkenswerteste an diesem Vertrag ist die Detailgenauigkeit seiner 63 Klauseln, deren Erfolgsgeschichte vielleicht auch darin begründet liegt, dass ihre knappen Formulierungen im Laufe der Jahrhunderte Raum gab für kreative Neuinterpretationen. Die einzige zeitgenössische Parallele für ein derart detailliertes Dokument waren die Statuten oder Bräuche (Consuetudines) von Pamiers (1212) von Simon de Montfort, deren 46 Klauseln zum Teil ähnliche Fragen behandelten, jedoch mit anderen Formulierungen und unter anderen Blickwinkeln.[35] Das Wenigste von den Inhalten des über 800 Jahre alten Dokuments erschließt sich dem heutigen Leser ohne Weiteres. Die Magna Charta ist für den nicht mit den historischen Details Vertrauten in der Tat keine einfache Lektüre.[36] Sie strotzt von technischen Einzelheiten des Lehnrechts. So geht es um die Höhe feudaler Abgaben und die Verpflichtung zur Heeresfolge, um die Instandhaltung von Brücken und die Verwaltung der Grafschaften. Manche Bestimmungen erscheinen dabei recht banal und alltäglich zu sein. Einheitliche Maße und Gewichte sowie die Gebühren für Urkunden und Gerichtsverfahren werden festgesetzt. Die königliche Forsthoheit wird festgeschrieben, ausländische Söldner entlassen. Es geht nicht um übergreifende Prinzipien oder politische Theorie. In der Tat handelt es sich – wie der Name des Dokuments ja auch wörtlich sagt – um eine Charta der Freiheiten (Magna Carta Libertatum), nicht um eine solche der Freiheit.[37] Dieser Begriff mit seinem heutigen Sinn existierte wie gesagt nicht.

3.3.3.1 Freiheiten vor Gericht (Art. 39)

Der berühmteste und im kollektiven Gedächtnis bis in die Gegenwart verweilende Artikel der Magna Charta ist nach heutiger Wahrnehmung auffällig stark versteckt zwischen Bestimmungen zu unterschiedlichen Themen in der zweiten Hälfte der

34 Holt, Magna Carta, S. 223 f.

35 Baker, Magna Carta (2023), S. 200.

36 Warren, King John, S. 236: „unrewarding document for the general reader“.

37 Ibid., S. 236.

Magna Charta (Art. 39, nach einer späterer Revision Art. 29). Es handelt sich um eine aufrüttelnde Freiheitsgarantie, die über die Jahrhunderte nachhallen sollte:

> Kein freier Mann (liber homo) soll gefangen genommen oder eingekerkert oder enteignet oder geächtet oder verbannt oder in irgendeiner Weise vernichtet werden, noch sollen wir gegen ihn vorgehen oder ihn bedrängen, es sei denn auf Grundlage eines rechtmäßigen Urteils seiner Standesgenossen oder durch das Gesetz des Landes.[38]

Bemerkenswert an diesem die Zeiten überdauernden Passus ist, dass er auf einen Vorschlag von John Lackland und gerade nicht auf einen der Barone zurückgeht. Nach der ursprünglichen Formulierung nämlich sollte nur den Baronen dieses Recht zukommen: „Know that we have granted to our barons who are against us that we shall not take them or their men, nor disseise them, nor go upon them by force or by arms, except by the law of our realm or by the judgement of their peers in our court."[39] Erst im Rahmen einer Überarbeitung wurde der Text zu „free man" („liber homo") geändert. Das mag zur damaligen Zeit nur ein unwichtiger oder gar zufälliger Punkt der Formulierung gewesen sein. Von größter Bedeutung allerdings war er in der Tat für den zukünftigen Stellenwert und vor allem die Ausweitung der Magna Charta.

Manches in Bezug auf diesen Artikel ist rätselhaft. So ist unklar, warum dieser Satz in der im Juni 1215 beschlossenen Magna Charta dort an einer so unauffälligen Stelle steht, obwohl er in einem der Entwürfe an erster Stelle prangte. Auch ist nicht klar, was genau diese Worte eigentlich bedeuten sollten. Gewiss ist ein Urteil durch Standesgenossen („judgment by Peers") nicht – wie später landläufig angenommen – gleichbedeutend mit einem Prozess durch Geschworene, den es damals noch nicht gab. Die Betonung lag auf der Notwendigkeit eines Urteils durch eine andere Person als den König, und vielleicht ist das alles, was „Peers" („by lawful judgment of his Peers" – „per legale judicium parium suorum") hier bedeutete. Unklar ist auch, inwiefern „Urteil durch Standesgenossen" eine Alternative zum Gesetz des Landes beziehungsweise Landrecht („per legem terre") sein konnte, falls das überhaupt als Gegensatz gemeint war und „oder" („vel") hier nicht im Sinne von „und" zu lesen ist. So weist John Baker[40] auf eine ähnlich lautende Stelle aus der Constitutio de Feodis des deutschen Königs Konrad II. aus dem Jahr 1037 hin:

---

38 „Nullus liber homo capiatur, vel imprisonetur, aut disseisiatur, aut utlagetur, aut exuletur, aut aliquo modo destruatur, nec super eum ibimus, nec super eum mittemus, nisi per legale judicium parium suorum vel per legem terre."

39 Warren, King John, S. 234.

40 Baker, Magna Charta (2023), S. 203 Fn. 15.

> [...] ut nullus miles episcoporum, abbatum, abbatissarum aut marchionum vel comitum vel omnium, qui benefitium de nostris publicis bonis aut de ecclesiarum prediis tenet nunc aut tenuerit vel hactenus iniuste perdidit, tam de nostris maioribus valvasoribus quam et eorum militibus, sine certa et convicta culpa suum beneficium perdat, nisi secundum constitucionem antecessorum nostrorum et iudicium parium suorum.[41]

Die Ähnlichkeit der Passagen deutet nicht nur daraufhin, dass die Quelle in England bekannt war, sondern auch darauf, dass sie Vorlage war. Mithin spricht viel dafür, die beiden Elemente kumulativ und nicht alternativ zu lesen. Diese Unklarheit aber war der Popularität der Stelle vielleicht mehr zuträglich als abträglich, lenkt sie doch die Aufmerksamkeit auf die eindeutigen und in dieser Allgemeinheit die Jahrhunderte überstrahlenden Aussagen der berühmten Passage: Leben, Freiheit und Eigentum dürfen nicht der Willkür des Königs unterworfen, sondern nur von einem Gericht in Anwendung des geltenden Rechts entzogen werden.[42] Vielleicht erklärt sich die versteckte Position der Bestimmung einfach dadurch, dass die Schöpfer der Magna Charta sie für vergleichsweise unwichtig hielten. Im frühen 13. Jahrhundert gab es nämlich kaum „freie Männer“ im damaligen Sinne von „homines liberi“. Vielmehr bestand – was die zeitgenössische Bedeutung des Artikels erheblich einschränkt – ein großer Teil der Bevölkerung aus Leibeigenen, die das Dokument nur ein einziges Mal erwähnt.[43] Auch ist die Magna Charta für die Geschichte des Rechts auf Schutz vor willkürlichen Verhaftungen weder der Anfang noch auch nur eine einzigartige Erscheinung in ihrer Zeit.[44] Hinzuweisen ist auf eine Urkunde vom 3. Juni 1208, in der Philipp II. von Frankreich gegenüber Bischof Albert von Lüttich die Privilegien der Stadt erneuert. Art. 14 lautet dort wie folgt: „Nullus civis debet capi vel teneri sine judicio scabinorum“ („Kein Bürger darf ohne Urteilsspruch der Schöffen verhaftet oder festgehalten werden“).[45]

3.3.3.2 Die Vollstreckungsbestimmung (Art. 61)

Wirklich bemerkenswert – nicht nur, wenn auch vor allem für eine rechtshistorische Betrachtung – ist die Vollstreckungsbestimmung in Art. 61 der Magna Charta.

---

41 Ludwig Weiland (Hg.), MGH Const., Bd. 1, S. 90, Z. 13–18.

42 Baker, Magna Charta (2023), S. 203.

43 Im Zusammenhang mit der Begrenzung von Strafzahlungen in Art. 20.

44 Sutter, Entwicklung der Grundrechte, S. 115; Vincent, Magna Carta, S. 50 f.

45 Co van de Kieft u. Jan Frederik Niermeyer (Hg.), Elenchus Fontium Historiae Urbanae, Bd. 1, Leiden 1967, Nr. 46, S. 358 ff. (360).

Diese unterstreicht, dass es sich keineswegs allein um eine monarchische Absichtserklärung handeln sollte, die der König ignorieren konnte, sondern um hartes Recht, das sich – und das war neu – wenn nötig auch gegen den Willen des Herrschers durchsetzen ließ. Die Barone nämlich sollten nach der besagten Bestimmung 25 aus ihrer Mitte wählen, um die vom König gewährten Freiheiten aufrechtzuerhalten. Diese sollten befugt sein, den König zu zwingen, indem sie seine Schlösser, Ländereien und Besitztümer beschlagnahmen oder jedes andere mögliche Mittel anwenden, außer gegen die Person des Königs oder die Königin und Kinder. Diese für die damalige Zeit unerhörte, im Sinne von nie zuvor dagewesene Bestimmung bildete zugleich die Grundlage für die Annullierung der Magna Charta durch Papst Innozenz III., dessen Herrschaft sich John Lackland zuvor unterworfen hatte. Der Papst befand, dass die Einräumung einer solchen Befugnis für die Untertanen schändlich und erniedrigend für einen König sei. Mit der Bulle Etsi karissimus vom 24. August 1215 verbot der Papst dem König unter Androhung des Kirchenbanns, sich an sein mit der Magna Charta gegebenes Versprechen zu halten. Das Land drohte aufgrund der dadurch ausgelösten unsicheren Lage in Chaos und Bürgerkrieg zu versinken. Der baldige Tod Johns im Alter von nur 49 Jahren im Oktober 1216 – manche vermuten, er sei vergiftet worden – verhinderte allerdings weitere Eskalationen.

3.3.4 Zeitgenössischer Stellenwert der Magna Charta

Folgen wir dem englischen Historiker John Gillingham, so war die zeitgenössische juristische Bedeutung der Magna Charta gleich null. Der eigentliche Grund für ihre Entstehung habe in der extremen Abneigung der Barone gegen John gelegen. Auch wenn es keinen Rivalen um den Thron gab, wollten sie – weil sie John mit größter Vehemenz ablehnten – trotzdem gegen ihn kämpfen. Nur hätten sie dafür einen Grund gebraucht. Deshalb hätten sie einen neuen Bezugspunkt für eine Revolte in Gestalt eines Reformprogramms erfunden. Und eben dieses sei nichts anderes gewesen als die Magna Charta.[46] Selbst wenn das zutrifft und der in der Magna Charta verkörperte Rechtsakt juristisch kaum mehr als eine kurzlebige Kuriosität darstellt – schließlich führten die extremen Positionen beider Seiten innerhalb weniger Monate zum Scheitern der Bestimmungen und die Annullierung durch den Papst besiegelte ihr Ende –, blieb seine historische Ausstrahlung groß. Im Verlauf des 13. Jahrhunderts wurde die Magna Charta immer wieder neu bestätigt, was dazu führte, dass sie zur Regierungszeit von Johns Enkel Edward I. (1272–1307)

46 Gillingham, Historians without Hindsight, S. 25.

den Status eines Symbols für gute Regierungspraxis erlangt hatte. Selbst wenn die Beteiligten wenig vom Inhalt der Magna Charta wussten und sich vielleicht noch nicht einmal darum kümmerten, brachten sie immer wieder – wie im Folgenden auszuführen sein wird – zu allen Zeiten in brisanten Situationen das Dokument beziehungsweise seinen Namen ins Spiel, und das auch mit guten Gründen, bedeutet(e) die Magna Charta doch mehr, als sie inhaltlich sagt. Es handelte sich um die längste Gesetzessammlung seit der normannischen Eroberung, und sie war mithin allein aufgrund ihres Umfangs beziehungsweise Formats eine äußerlich imposante Erscheinung. Eben diese Gesetzessammlung hatte der König auf Betreiben seiner Untertanen eingeführt, wenn auch nur auf das weniger. Somit eröffnete das Dokument den Weg zu wiederkehrenden Überarbeitungen von Gewohnheit und Recht. Dabei implizierte es, dass Regierung nicht zum Schaden der Regierten zu führen sei. Weiterhin war die Magna Charta durch ihre bloße Existenz eine Verurteilung willkürlicher Herrschaft. Sogar in der abgeschwächten Form, in der das Dokument schließlich in die Statutensammlung gelangte, war eine Berufung darauf eine Chiffre für die Anführung einer Kontrolle von Herrschaft durch Recht (Rule of Law).[47]

3.3.5 Wirkungen der Magna Charta

3.3.5.1 Umfeld des Englischen Bürgerkriegs

Nachdem die Magna Charta für einige Zeit weitgehend in Vergessenheit geraten war, trat ihre Wirkung etwa 400 Jahre später wieder deutlich hervor. Im Vorfeld des Englischen Bürgerkrieges kamen Juristen auf den Gedanken, die Magna Charta dahingehend zu interpretieren, sie stehe für ein Schöffengericht („jury trial") und den Grundsatz, ohne eine angemessene Vertretung der Zahlungspflichtigen sei Steuererhebung nicht zulässig („No taxation without representation"). Wenn auch die Buchstaben des großen Dokuments so etwas nicht hergeben, erscheint dieses Verständnis in Anbetracht des Hintergrundes, aus dem heraus die Magna Charta im 13. Jahrhundert entstand, nachvollziehbar. Jedenfalls unterstreicht es, dass die Vorstellung von einer durch das Recht beschränkten und an Konsens gebundenen Herrschaft des Königs bereits in den 1620er Jahren mit der Magna Charta Libertatum eng verbunden war. Sie galt als mächtiges Bollwerk zur Verteidigung der Rule of Law gegen sich einschleichende Missbräuche der königlichen Macht.

47 Warren, King John, S. 240.

Abb. 3 Hinweisschild auf Runnymede.

Vielleicht würde sich tatsächlich heute kaum noch jemand an die Magna Charta erinnern, hätte nicht insbesondere ihr berühmter Art. 39 zwischen 1580 und den 1620er Jahren Wiederbelebung und Neuinterpretation erfahren.[48] Als es zu revolutionären Auseinandersetzungen zwischen Krone und Parlament kam, führte der Parlamentsjurist Sir Edward Coke (1552–1634) ins Feld, der König habe in der Magna Charta verbriefte Rechte zu achten. Damit rechtfertigte er die Linie der Gegner des Königs unter Berufung auf von ihm behauptete uralte Traditionen des englischen Rechts. In dem 1642 posthum veröffentlichten zweiten Band seiner „Institutes of the Lawes of England", den er jedoch bereits um die 1620er Jahre verfasst hatte, kommentierte er eine Urkunde, durch welche Henry III. 1225 die Magna Charta seines Vaters John bestätigte.[49] Dabei findet Coke lobpreisende Worte:

48 Baker, Reinvention, S. 249 ff.

49 Coke, The Second Part of the Institutes, Proeme u. S. 1 ff.

> It is called Magna Charta, not that it is great in quantity, for there be many voluminous Chartes commonly passed, [...] but in respect of the great importance, and weightinesse of the matter, as hereafter shall appeare.[50]

Coke zitierte Stellen aus dem alten Dokument, aus denen sich für den aktuellen Streit mit der Stuart-Monarchie Forderungen ableiten ließen. Dazu zählt, dass er die Magna Charta der Arbeit eines Parlaments zuschrieb,[51] das es 1215 nicht gab.[52] Kraft dieser besonderen Legitimität stehe diese über der Rechtsetzungsbefugnis des Königs und es handele sich um den Kern der Rechtsordnung schlechthin.[53] Dabei setzte Coke die politische Größe der Urkunde mit derjenigen des sprichwörtlich ebenfalls großen Königs Alexander gleich.[54] Weiterhin vertrat er offenbar den Standpunkt, nach der Magna Charta dürfe der König ohne Zustimmung des Parlaments keine Steuern erheben.[55] Als Coke betonte, mehr als dreißigmal sei die Magna Charta bestätigt worden,[56] wollte er zum Ausdruck bringen, dass der König unabhängig von einer erneuten Bestätigung dauerhaft durch das Dokument in

---

50 Ibid., Proeme.

51 Coke, The Second Part of the Institutes, S. 2 spricht von „this great Parliamentary Charter".

52 Baker, Reinvention, S. 3.

53 Coke, The Second Part of the Institutes, Proeme: „[A]lbeit judgements in the Kings Courts are of high regard in Law, and Iudicia are accounted as Iuris dicta, yet it is provided by Act of Parliament, that if any judgement be given contrary to any of the points of the great Charter, or Charta de Foresta, by the Iustices, or by any other of the Kings Ministers, &c. it shall be undone, and holden for nought. [...] The highest and most binding Laws are the Statutes which are established by Parliament; and by Authority of that highest Court it is enacted (only to shew their tender care of Magna Charta, and Charta de Foresta) That if any Statute be made contrary to the great Charter, or the Charter of the Forest, that shall be holden for none".

54 Coke, The Second Part of the Institutes, Proeme.

55 Das Parlament diskutierte und verabschiedete unter Berufung auf die Magna Charta eine Resolution, die vorsah, dass Steuern nur mit seiner Zustimmung zu erheben seien. Bei diesen Debatten war Coke anwesend und der Beschluss wurde ohne Gegenstimmen gefasst am 3. April 1628, Robert C. Johnson u. Maija Jansson Cole (Hg.), Commons Debates 1628, Bd. 2, New Haven/London 1977, S. 276 („that no tax, tallage, loan, benevolence, or other like charge ought to be commanded or levied by the King, or any of his minister, without common assent by act of parliament"), Anführung der Magna Charta auf S. 284, 289.

56 Edward Coke, Bericht zu Clark v. Gape, in: John Farquhar Fraser (Hg.), The Reports of Sir Edward Coke, Knt. In thirteen Parts, Bd. 3, London 1826, S. 129 (5 Co. Rep. 64a); ders., Reden im Unterhaus v. 22. März 1628 und 7. April 1628, in: John Rushworth (Hg.), Historical Collections, Bd. 1, London 1659, S. 501 f. (502), S. 532 ff. (536).

seiner Machtausübung beschränkt sei. Eben dies musste Charles I. in der Petition of Right, deren Basis die Magna Charta war, im Jahr 1628 anerkennen.[57]

Der bedeutende Jurist brachte das Dokument mit einem bunten Strauß verschiedener, teilweise kleinteilig formulierter Freiheitsrechte in Verbindung.[58] Coke und seine Parteigänger zitierten die Magna Charta nicht als Ansatz zu einer Reform der Herrschaft von König Charles I., sondern als Verkörperung einer – vollständig in das Reich der Mythen zu verortenden – uralten Verfassung. Coke führte Art. 39 der Magna Charta auf Wilhelm den Eroberer zurück. „This triall by Peeres was very auncient", habe er doch gelesen, dass „William the Conqueror, in the beginnings of his raigne" einen William Fitzosberne zum Earl of Hereford gemacht habe. Diesem sei sein Sohn Roger als Earl von Hereford nachgefolgt, der sich dann mit „many of the Nobility" verschworen habe, die Dänen nach England zu holen, um Wilhelm vom Thron zu stoßen. Als der Verrat aufflog, wurde Roger verhaftet, „and after was tried by his Peeres, and found guilty of the treason per judicium Parium suorum."[59]

Es ging um eine im Nebel der Vorzeit versunkene, idealisierte, märchenhafte und nicht konkret greifbare Vergangenheit. Freiheit sei – das war mit eben dieser Vorstellung verbunden – etwas den Britischen Inseln Innewohnendes.[60] Es handele sich um etwas, das aus einer weit zurückliegenden Epoche vererbt und folglich – so wie in der Magna Charta – von den englischen Königen anerkannt, keineswegs aber gemacht war.[61] Die Rolle des Königs lag demnach darin, das Recht zu verteidigen und zu erhalten, nicht aber als Gesetzgeber zu fungieren, wie es einer absolutistischen Vorstellung entsprochen hätte. Die mystische Kraft der Magna Charta als Symbol englischer Freiheitsrechte war nun unauslöschlich.[62]

---

57 Dazu unten Kap. 6.2.1.

58 Coke, The Second Part of the Institutes, S. 47: „For example, the Company of the Merchant Tailors of England, having power by their Charter to make Ordinances, made an Ordinance, that every brother of the same Society should put the one half of his clothes to be dressed by some Clothworker free of the same Company, upon pain to forfeit [...] &c. and it was adjudged that this Ordinance was against Law, because it was against the Liberty of the Subject, for every Subject hath freedome to put his clothes to be dressed by whom he will".

59 Coke, The Second Part of the Institutes, S. 50.

60 Vincent, Magna Carta, S. 93.

61 Dazu Coke, The Second Part of the Institutes, S. 3: „[T]his Charter is declaratory of the ancient Law and Liberty of England, and therefore no new freedom is hereby granted, [...] but a restitution of such as lawfully they had before, and to free them of that which had been usurped and incroached upon them by any power whatsoever".

62 Baker, Magna Carta (2023), S. 206.

3.3.5.2 Amerikanische Revolution

Nachdem die Bedeutung der Magna Charta in England nach dem Ende der Glorreichen Revolution geschwunden war, erwachte sie in Nordamerika zu neuem Leben. Bestimmungen der Magna Charta fanden Aufnahme in den Massachusetts Body of Liberties (1641) sowie in die Charter of Liberties and Privileges der Siedler von New York (1683), und in der Folge zitierten die rebellierenden Kolonisten in den 1770er Jahren die Magna Charta gegen das Parlament in London ebenso, wie dieses das Dokument etwa 150 Jahre zuvor gegen den König ins Feld geführt hatte.[63] Dabei interpretierten die Siedler die Magna Charta nicht als ein Parlamentsgesetz, sondern als einen schriftlichen Vertrag zwischen dem englischen Volk und seinem König. Sie brachten die Magna Charta für ihre Standpunkte an, wenn es um willkürliche Verhaftungen, die Einquartierung von Truppen und Durchsuchungen von Privatwohnungen ging, vor allem aber in punkto Besteuerung. Es ging eben nicht zuletzt um Geld, wie so oft. Die Siedler nahmen für sich in Anspruch, ihnen vom Mutterland neu auferlegte Steuern stellten einen Verstoß gegen das uralte Recht der Magna Charta dar. Ihren Grundsatz „No taxation without representation“ , den sie dem Stamp Act von 1765 sowie anderen Besteuerungsmaßnahmen entgegenschmetterten,[64] sahen sie als darin verwurzelt an. Das erscheint aus Perspektive der damaligen Zeit alles andere als weit hergeholt, war das alte Verfassungsdokument doch schon zuvor mit dem Prinzip verbunden worden, neue Steuern könnten nur mit Zustimmung erhoben werden, das sich mit etwas Kreativität auch auf seinen Text stützen lässt.[65] Dass jedenfalls die Siedler so dachten, kommt deutlich zum Ausdruck, wenn wir einen Blick auf das Siegel von Massachusetts aus dem Jahr 1775 werfen. Es zeigt einen Siedler mit einem Säbel in der Rechten und der Magna Charta in der Linken.

Dieses Anführen der Magna Charta durch die US-amerikanischen Siedler entbehrt dabei nicht einer gewissen Ironie. Die Magna Charta bewahrt die Rechte des Adels, die Unantastbarkeit des Eigentums und von freien Männern („homines

---

63 Vincent, Magna Carta, S. 106; Otto Vossler, Studien zur Erklärung der Menschenrechte, in: Schnur (Hg.), Geschichte (s. Lit.), S. 166 ff. (176); Kriele, Einführung in die Staatslehre (s. Lit. Kap. 7), S. 138.

64 Dazu unten Kap. 7.2.1, S. 204.

65 „12. Nullum scutagium vel auxilium ponatur in regno nostro, nisi per commune consilium regni nostri, nisi ad corpus nostrum redimendum, et primogenitum filium nostrum militem faciendum, et ad filiam nostram primogenitam semel maritandam, et ad hec non fiat nisi racionabile auxilium; simili modo fiat de auxiliis de civitate London. – 14. Et ad habendum commune consilium regni de auxilio assidendo aliter quam in tribus casibus predictis“.

Abb. 4 Siegel von Massachusetts aus dem Jahr 1775. Abgebildet ist ein kriegsfreiwilliger Siedler (minuteman) mit einem Schwert in der Rechten und der Magna Charta in der Linken. Das Motto „Ense petit placidam sub libertate quietem“ („Sie [diese Hand] erstrebt mit dem Schwert friedliche Ruhe in Freiheit“) ist bis heute das Siegel des Commonwealth of Massachusetts. Es geht auf den englischen Politiker und republikanischen Theoretiker Algernon Sidney (1623–1683) zurück.

liberi“) als Gruppe, die sich von der großen Mehrheit der von ihnen abhängigen Untertanen abhebt. Ungleichheit zwischen Abhängigen und Unabhängigen war auf diese Weise tief in die britische Verfassungstradition eingebrannt. In Großbritannien und vielen seiner Kolonien war Eigentum an Land eine notwendige Voraussetzung für das Wahlrecht. Selbst in den Kolonien, die einem vergleichsweise hohen Anteil ihrer Siedler das Wahlrecht einräumten, gab es eine deutliche Tendenz, die eingeborene Bevölkerung von den Rechten auszuschließen, die den Kolonisten gewährt wurden. Ausgeprägt war dies vor allen Dingen in den Kolonien, deren Siedler die Indigenen nicht nur vertrieben, sondern auch noch afrikanische Sklaven einführten, um die Landarbeit für sie erledigen zu lassen. Für die Befürworter der Sklaverei diente die Magna Charta mit ihrer stillschweigenden Aufteilung der Gesellschaft in freie Männer und Leibeigene zur Rechtfertigung des Ausschlusses schwarzer Sklaven von den Freiheiten, die ansonsten all jenen gewährt waren, die unter britischem Recht lebten.[66]

3.3.6 Heutiger Stellenwert der Magna Charta

3.3.6.1 Geltendes Recht in Großbritannien und US-Bundesstaaten

Die Magna Charta ist – so überraschend das aus kontinentaleuropäischer Sicht erscheinen mag – in einigen Teilen bis heute geltendes Recht in Großbritannien.[67]

66 Vincent, Magna Carta, 109.

67 Wörtliche lateinische Zitate aus der Magna Charta in R (on the application of UNISON) v. Lord Chancellor [2017] UKSC 51 [74] mit weiteren Bezugnahmen auf die Stelle in der Magna Charta

Dabei geht es um die Freiheit der Kirche von England, die der Stadt London und vor allem um den bereits mehrfach erwähnten berühmten Artikel, der besagt, kein freier Mann dürfe eingesperrt werden ohne rechtmäßiges Urteil von seinesgleichen.[68] Diese Bestimmungen finden sich in der offiziellen aktuellen Datenbank der britischen Gesetzgebung genauso wie alle anderen geltenden britischen Gesetze auch,[69] und zwar mit dem Vermerk, ausstehende Auswirkungen für die Magna Charta durch Änderungen der Gesetzgebung seien derzeit nicht bekannt. In der britischen Gesetzesdatenbank ist die Magna Charta wiedergegeben in einer im Jahr 1297 durch König Eduard I („Edward Longshanks") bestätigten Fassung, weil diese die erste war, die Aufnahme in die königliche Gesetzessammlung fand. Eduard I. befand sich damals in einer ähnlichen Situation wie einst John. Der Adel war so sehr gegen ihn aufgebracht, dass dieser sich bewaffnet hatte. In Anbetracht der überlegenen Militärmacht war Edward Longshanks gezwungen, die Magna Charta und ebenso die Charter of the Forest (Carta Foresta) von 1217 zu bestätigen, was den Plural im Namen des Bestätigungsaktes (Confirmatio Cartarum) erklärt. Die Charter of the Forest räumte freien Männern Nutzungsrechte an Wald und Land ein und ist somit in ihrer Wahrnehmung als Garantie von Freiheitsrechten eng mit der Magna Charta verbunden. Sie blieb in Kraft, bis sie 1971 durch den Wild Creatures and Forest Laws Act ersetzt wurde.

Noch überraschender für kontinentaleuropäische Juristinnen und Juristen mag sein, dass 17 US-amerikanische Bundesstaaten – beginnend mit South Carolina im Jahr 1836 – beschlossen, die Magna Charta vollständig in ihre Gesetzessammlungen aufzunehmen. Der letzte Bundesstaat, der dies tat, war North Dakota im Jahr 1943. Das führt dazu, dass im US-amerikanischen Recht viel mehr von der Magna Charta die Zeiten überdauert hat als im heutigen britischen Recht.

3.3.6.2 Zeitgenössische US-amerikanische Rechtsprechung

Es mag sein, dass die Magna Charta heute für die Vereinigten Staaten von Amerika sogar wichtiger ist als für Großbritannien.[70] Auch in neueren US-amerikanischen Entscheidungen finden sich Bezüge darauf. Als es um die unzulässige Verzögerung der Klage einer Frau gegen den damaligen US-Präsidenten Bill Clinton wegen

---

durch Coke und Blackstone unter [75]. S. auch Joshua Rozenberg, Magna Carta in the Modern Age, in: Claire Breay u. Julian Harrison (Hg.), Magna Carta. Law, Liberty, Legacy, London 2015, S. 209 ff.

68 Nach der Zählung von 1297 Art. 29, https://www.legislation.gov.uk/aep/Edw1cc1929/25/9/section/XXIX (Zugriff: 26.06.2024).

69 https://www.legislation.gov.uk/aep/Edw1cc1929/25/9/contents (Zugriff: 26.06.2024).

70 So Vincent, Magna Carta, S. 109.

sexueller Belästigung ging, sprach das Gericht Folgendes aus: „Unsere Form der Regierung bringt, so wie die englische durch die Magna Charta und die Petition of Right, mit sich, dass auch der Herrscher Gott und dem Recht unterworfen ist."[71] Das ist vielleicht überhaupt die wichtigste überzeitliche Aussage des alten Dokuments nach heutigem Verständnis: Der Herrscher steht nicht über dem Recht. Vielmehr ist auch er ihm unterworfen (Rule of Law). Anschaulich auf den Punkt bringt es Tom Bingham: „There, clearly recognizable, was the rule of law in embryo."[72]

Das ist nur ein einziges Beispiel von vielen. Allein in der Rechtsprechung des US-amerikanischen Supreme Court wird die Magna Charta 160 Mal zitiert.[73] Die neueste mir zugängliche Entscheidung ist Jennings v. Rodriguez vom 27. Februar 2018.[74] Dort ging es im Rahmen einer Sammelklage („class action") um die Frage, ob wegen illegaler Einreise in die USA inhaftierten Ausländern überhaupt die Chance einzuräumen sei, gegen Kaution auf freien Fuß zu kommen, was die Durchführung eines bestimmten Anhörungsverfahrens („periodic bond hearings") voraussetzt. Der Supreme Court entschied mehrheitlich, dass ein solches Recht nicht bestehe, wobei es allerdings eine abweichende Meinung von Justice Breyer gab, der auf die Magna Charta als Kern und Urbestand eines fairen Gerichtsverfahrens rekurrierte: Im vorliegenden Fall werde gar kein „Verfahren" (von welcher Art auch immer) gewährt. „Die Due Process Clause – die selbst die Sprache der Magna Charta widerspiegelt – verhindert eine willkürliche Inhaftierung." Tatsächlich sei das Recht auf körperliche Unversehrtheit schon immer der Kern der Freiheit gewesen, die die Due Process Clause vor willkürlichen staatlichen Maßnahmen schütze.[75]

Auffällig bei diesen 160 Fällen mit Zitationen der Magna Charta ist, dass ein hoher Anteil davon von nur vier Richtern stammt, welche die Magna Charta als fruchtbare Grundlage für ihre abweichenden Meinungen befanden. Bemerkenswert ist weiterhin, dass diese Zitationen im Laufe der Zeit immer häufiger wurden. So

---

71 Jones v. Clinton, 869 F. Supp. 690, 698 (E.D. Ark. 1994): „our form of government [...] asserts as did the English in Magna Charta and the Petition of Right, that even the sovereign is subject to God and the law" (Bezirksrichterin Susan Webber Wright).

72 Bingham, Rule of law (s. Lit.), S. 12.

73 Webb, Reeds at Runnymede.

74 Jennings v. Rodriguez, 138 S. Ct. 830 (2018).

75 Jennings v. Rodriguez, 138 S. Ct. 830 (2018) (Breyer, S.G., dissenting): „And, where there is no bail proceeding, there has been no bail-related ‚process' at all. The Due Process Clause – itself reflecting the language of the Magna Carta prevents arbitrary detention. Indeed, ‚[f]reedom from bodily restraint has always been at the core of the liberty protected by the Due Process Clause from arbitrary governmental action.' Foucha v. Louisiana, 504 U.S. 71, 80 (1992); siehe auch Demore v. Kim, 538 U.S. 510, 532 (2003) (Kennedy, J., concurring); Zadvydas, 533 U.S., at 718 (Kennedy, J., dissenting)."

wurde das Dokument in den ersten 24 Jahren des Gerichts nicht ein einziges Mal angeführt, wohingegen das Gericht die Magna Charta seit 1960 so häufig zitierte wie in den 164 Jahren seiner vorherigen Existenz zusammengenommen. Beobachten lässt sich weiterhin, dass die Magna Charta in politisch brisanteren Zeiten der US-amerikanischen Geschichte eine größere Rolle in der Rechtsprechung des höchsten Gerichts spielte. Das alte Dokument fungierte als ein Mittel für eine Renaissance der Verfassung. Es ermöglichte den Richtern, das Vorgehen der Regierung oder eben auch ihr eigenes zu kritisieren anhand eines Dokuments, das trotz seines hohen Alters eben doch noch Bedeutung für die Gegenwart hat. Thematisch lassen sich die 160 Fälle unterteilen in die drei Bereiche Schutz des Eigentums, Straf- und Zivilverfahren und allgemeine Aussagen zu Grundrechten und Rechtsstaatlichkeit („General Statements of Fundamental Rights and Rule of Law“).[76]

Hand in Hand mit der Bedeutung der Magna Charta im US-amerikanischen Recht geht, dass der US-amerikanische Anwaltsverein am Ort ihrer Besiegelung eine Gedenkstätte für die Magna Charta errichtet hat. Das Stück Land, auf dem der kleine Tempel steht, schenkte Königin Elisabeth II. anlässlich des 750. Jahrestags der Besiegelung des hochgeschätzten Dokuments im Jahr 1965 auf ewig dem US-amerikanischen Volk. Eine Tafel an der großen Bronzetür des obersten US-amerikanischen Gerichtshofes stellt eben diese Besiegelung dar. Insbesondere in viktorianischer Zeit waren Darstellungen dieser Szene – der Besiegelung beziehungsweise Unterzeichnung der Magna Charta, wobei es wie gesagt nichts davon jemals gegeben hat – überaus beliebt.[77] Was sich aus heutiger Sicht als eine Schlüsselszene der Rechtsgeschichte darstellen mag, war allerdings in seiner zeitgenössischen Bedeutung gering. Die Verbindung mit einem Parlament beruht, wie zuvor beschrieben, auf einer Wahrnehmung beziehungsweise Interpretation, die im Kern dem frühen 17. Jahrhundert zuzuordnen ist. Mit moderner Demokratie hatten die vor gut 800 Jahren rebellierenden Barone nichts am Hut, und John Lackland erst recht nicht.[78]

Dennoch zeigt sich an den US-amerikanischen Ereignissen etwa für die Bedeutung ständischer Herrschaftsverträge – allen voran der Magna Charta – für die Geschichte der Menschenrechte Entscheidendes. Spätestens bei den Siedlern in der Neuen Welt ging es mit Sicherheit nicht mehr um hochadelige Privilegien. Das Gleichheitsprinzip weitete diese Schritt für Schritt aus, und so wurden sie „von

76 Webb, Reeds at Runnymede, S. 230–235.

77 Vincent, Magna Carta, S. 116.

78 So auch Vincent, Magna Carta, S. 69, wobei er andererseits davon ausgeht, Merkmale moderner Staatlichkeit seien in der Magna Charta in einem embryonalen Zustand („in embryo“) bereits vorhanden, S. 53.

ständischen Vorrechten zu Rechten aller freien Bürger, dann zu den Rechten aller Staatsangehörigen, schließlich zu allgemeinen Menschenrechten".[79]

3.3.6.3 Der Mythos Magna Charta bis heute

Der Ruhm der Magna Charta zeigt sich ferner darin, dass die Allgemeine Erklärung der Menschenrechte der Vereinten Nationen von 1948 in Anlehnung an das mittelalterliche Dokument auch als „Magna Charta für die ganze Menschheit" bezeichnet wird. Ferner wird das mittelalterliche englische Verfassungsdokument als Quelle des in Art. 6 EMRK festgeschriebenen Rechts auf ein faires Gerichtsverfahren angesehen. Im Haus der Bayerischen Geschichte in Regensburg ist eine bronzene Lade zur Aufbewahrung der Bayerischen Verfassung aus dem Jahr 1831 ausgestellt. Darauf findet sich die Aufschrift „Magna Charta Bavariae". Die Reihe der Beispiele ließe sich noch lang fortsetzen.

Darüber hinaus zeigt sich die globale Bedeutung, die der Magna Charta bis heute zukommt, darin, dass sie als entscheidender Meilenstein in der Entwicklung moderner Vorstellungen von Freiheit und Demokratie gilt. Im Jahr 2007 ersteigerte der US-amerikanische Rechtsanwalt David Rubenstein, ein Berater des ehemaligen US-Präsidenten Jimmy Carter, ein Exemplar der Magna Charta aus dem 14. Jahrhundert für 21,3 Millionen Dollar. Er äußerte bei dieser Gelegenheit, die drei wichtigsten Dokumente der westlichen Zivilisation seien in seinen Augen die Magna Charta, die US-amerikanische Unabhängigkeitserklärung von 1776 und die Verfassung der Vereinigten Staaten von Amerika.[80] Mit der Unabhängigkeitserklärung werde ich mich später noch näher beschäftigen.[81] In Bezug auf die oben im Zusammenhang mit dem Schild auf der Wiese bei London bereits angesprochene Behauptung, diese sei der Geburtsort der modernen Demokratie, will ich es noch einmal mit Tom Bingham auf den Punkt bringen: „It has been said that ‚Getting its history wrong is part of being a nation'. So it was with Magna Carta." In der Tat, manchmal ist der Mythos wichtiger – oder jedenfalls wirkungsmächtiger – als die Wirklichkeit.[82]

---

79 Martin Kriele, Recht. Vernunft. Wirklichkeit, Berlin 1990, S. 89.

80 Tagesspiegel, 19.12.2007, https://www.tagesspiegel.de/kultur/magna-charta-fur-21-millionen-dollar-verkauft-6847231.html (Zugriff: 04.02.2025).

81 S. u. Kap. 7.4.

82 Bingham, Rule of Law (s. Lit.), S. 12; Kyriazis-Gouvelis, Magna Carta.

3.4 Literatur

John Baker, The Reinvention of Magna Carta 1216–1616, Cambridge 2017

Ders., Magna Charta, in: Elemér Balogh (Hg.), Golden Bulls and Chartas. European Medieval Documents of Liberties, Budapest 2023, S. 195 ff.

Stephen Church, Introduction, in: ders. (Hg.), King John. New Interpretations, Woodbridge 1999, S. XIX ff.

Edward Coke, The Second Part of the Institutes of the Laws of England. Containing the Exposition of Many Ancient and Other Statutes, London 1642

John Bennett Gillingham, Historians without hindsight. Coggeshall, Diceto and Howden on the early years of John's reign, in: Stephen Church (Hg.), King John. New Interpretations, Woodbridge 1999, S. 1 ff.

James Clarke Holt, Magna Carta, 3. Aufl., Cambridge 2015

Edward Jenks, The Myth of Magna Carta, The Independent Review 4 (1904), S. 260 ff.

Robert von Keller, Freiheitsgarantien für Person und Eigentum im Mittelalter, Heidelberg 1933

Demetrios Kyriazis-Gouvelis, Magna Carta. Palladium der Freiheiten oder Feudales Stabilimentum, Berlin 1984

Werner Näf, Herrschaftsverträge und die Lehre vom Herrschaftsvertrag, Schweizer Beiträge zur Allgemeinen Geschichte 7 (1949), S. 26 ff.

Edmond Poullet, Histoire de la Joyeuse-Entrée de Brabant et de ses Origines, Brüssel 1863

Andreas Schmauder, Der Tübinger Vertrag und die Rolle Tübingens beim Aufstand des Armen Konrad 1514, in: Sönke Lorenz u. Volker Schäfer (Hg.), Tubingensia. Impulse zur Stadt- und Universitätsgeschichte, Ostfildern 2008, S. 187 ff.

María Esther Seijas Villadangos, Origin of parliamentarism. An historical review from its crisis. León (Spain) as cradle of parliamentarsim, Revista Acadêmica da Faculdade de Direito do Recife 88/2 (2016), S. 2 ff.

Bertholt Sutter, Die Entwicklung der Grundrechte. Ein Forschungsbeitrag zum Schutz der Persönlichkeit im Mittelalter als Baustein zu einer Geschichte der Grundrechte in Österreich, in: R. Novak et al. (Hg.), Der Föderalismus und die Zukunft der Grundrechte, Wien/Köln/Graz 1982, S. 103 ff.

Faith Thompson, Magna Carta. Its Role In The Making Of The English Constitution 1300–1629, Minneapolis 1948

Valerie Vrancken, De Blijde Inkomsten van de Brabantse hertogen. Macht, opstand en privileges in de vijftiende eeuw, Brüssel 2018

Wilfried Lewis Warren, King John, London 1961

Derek Webb, What Say the Reeds at Runnymede? Magna Carta in Supreme Court History, Journal of Supreme Court History, 43 (2018), S. 210 ff.

4. Die Reformation

4.1 Was ist die Reformation?

Das klassische Naturrecht und die Konsequenzen aus seinen Lehren für das Verhältnis zwischen dem Einzelnen und dem Staat sind bei der Begründung von Menschenrechten in historischer Perspektive von zentraler Bedeutung. Hier liegt eine Wurzel des Gedankens von den allen Menschen im gleichen Maße angeborenen Rechten im Sinne eines säkularen Elements. Das wiederum ist anzusehen als ein Ergebnis der Reformation und der durch sie hervorgerufenen Religionskriege, genau gesagt deren Beilegung. Es war kein für die Zukunft gangbarer Weg mehr, dass das Existenzrecht eines Mitmenschen von seiner religiösen Überzeugung abhängen sollte.

Sprechen wir heute von der Reformation, so haben wir in der Regel etwas ausschließlich Kirchengeschichtliches vor Augen. Das steht nicht in Einklang mit der historischen Realität. Das kann schon deshalb nicht sein, weil es in der Zeit der Reformation eine **Trennung von Staat und Kirche im heutigen Sinne nicht gab**, damit auch keine Kirchengeschichte. Wohl existierte seit der Zeit des Investiturstreits eine Trennung von weltlichen und geistlichen Angelegenheiten (Temporialia und Spiritualia). Niemand aber hätte geglaubt, dass man die Geschichte des einen ohne die des anderen denken oder erzählen könne. Der Kaiser war Verteidiger der Christenheit und hatte somit auch geistliche Aufgaben, der Papst entschied über Krieg und Frieden und so lag es ihm fern, sich aus politischen Entscheidungen herauszuhalten. So steht der Begriff Reformation im 15. und 16. Jahrhundert für eine tiefgreifende Erneuerung von Kirche und Reich. Dabei ist das lateinische Wort „reformatio" wörtlich zu nehmen: Es geht um eine Erneuerung im Sinne einer **„Zurückformung"**. Die Vorstellung besteht also darin, dass es in ferner Vergangenheit einmal einen wohlgeordneten, reinen, guten Zustand gegeben habe, der jedoch in Dekadenz und Verfall geraten und abhandengekommen sei. Nun gelte es, zu diesem Zustand zurückzukehren. Kirche und Reich sind in einer Krise, und beide – wobei bereits dieses „beide" eine moderne Vorstellung ist – müssen sich ändern.

4.2 Pico della Mirandola und die Würde des Menschen

Für eine Geschichte der Menschenrechte möchte ich auf einen Denker der Renaissance eingehen, dem der berühmte Schweizer Kulturhistoriker Jacob Burckhardt (1818–1897) einen bedeutenden Rang zuerkennt. Zur Zeit der Renaissance hätten in Italien, so Burckhardt, „die Geburtsunterschiede zwischen den Menschenklassen ihre Geltung verloren", wozu gewiss viel beigetragen habe, „dass man hier zuerst die Menschen und die Menschheit in ihrem tiefern Wesen vollständig erkannt hatte. [...] Den logischen Begriff der Menschheit hatte man von jeher gehabt, aber sie kannte die Sache."[1] Es geht Burckhardt um die Geschichte des Individuums und damit die des Individualismus, die einen engen Zusammenhang zur Geschichte der Menschenrechte aufweisen.[2] Von zentraler Bedeutung sei dabei Würde des Menschen, die aus heutiger Sicht wiederum mit Menschenrechten auf das Engste verbunden ist. In diesem Zusammenhang misst Burckhardt Giovanni Pico della Mirandola (1463–1494) eine herausragende Bedeutung bei:

> Die höchsten Ahnungen auf diesem Gebiete spricht Pico della Mirandola aus in seiner Rede von der Würde des Menschen, welche wohl eines der edelsten Vermächtnisse jener Kulturepoche heissen darf. Gott hat am Ende der Schöpfungstage den Menschen geschaffen, damit derselbe die Gesetze des Weltalls erkenne, dessen Schönheit liebe, dessen Grösse bewundre. Er band denselben an keinen festen Sitz, an kein bestimmtes Tun, an keine Notwendigkeiten, sondern er gab ihm Beweglichkeit und freien Willen. „Mitten in die Welt", spricht der Schöpfer zu Adam, „habe ich dich gestellt, damit du um so leichter um dich schauest und sehest alles was darinnen ist. Ich schuf dich als ein Wesen weder himmlisch noch irdisch, weder sterblich noch unsterblich allein, damit du dein eigener freier Bildner und Ueberwinder seiest; du kannst zum Tier entarten und zum gottähnlichen Wesen dich wiedergebären. Die Tiere bringen aus dem Mutterleibe mit was sie haben sollen, die höhern Geister sind von Anfang an oder doch bald hernach was sie in Ewigkeit bleiben werden. Du allein hast eine Entwicklung, ein Wachsen nach freiem Willen, du hast Keime eines allartigen Lebens in dir."[3]

Wer war dieser Pico, den Burckhardt hier so über alles lobt? Geboren im Jahr 1463 als Sohn des Grafen von Mirandola, war er ein Wunderkind der italienischen

---

1 Burckhardt, Cultur der Renaissance, S. 242.

2 Alain Laurent, Histoire de l'individualisme, Paris 1993, S. 39–44 u. ö.; Hennebel u. Tigroudja, Traité de droit international (s. Lit. Kap. 1), S. 29.

3 Burckhardt, Cultur der Renaissance, S. 242.

Renaissance. Bedeutende intellektuelle Zeitgenossen lobten ihn in den höchsten Tönen als den Größten unter allen Gelehrten, und auch über die Jahrhunderte geriet Pico nicht in Vergessenheit. Dem Lateinischen und Griechischen widmete er sich bereits, als er 14 Jahre alt war, ebenso der Philosophie. Später lernte er noch Hebräisch, Aramäisch und Arabisch und befasste sich – ohne selbst jüdisch zu sein – eingehend mit dem Studium der Kabbala. Offenheit und Toleranz gegenüber anderen Religionen sind etwas, das Picos Werk wie kaum ein anderes in dieser Zeit ausmachte, was zu Problemen mit dem Heiligen Stuhl führen sollte. Bei alledem mangelte es dem jungen Mann auch nicht an Selbstbewusstsein. Im Jahr 1486 wollte er 900 seiner philosophischen und theologischen Thesen öffentlich in Rom verteidigen, wozu er ein breites Publikum an europäischen Gelehrten einlud. Aus der Versammlung wurde dann allerdings nichts, weil eine päpstliche Untersuchungskommission einen Teil dieser Thesen als häretisch verwarf. Pico musste fliehen, konnte aber später nach Florenz zurückkehren, wo er am 17. November 1494 mit nur 31 Jahren durch einen Giftmord starb.

Für den unter dem Titel „Über die Würde des Menschen" bekannten Text Picos[4] stellt sich nun allerdings die Frage, ob und wie viel er – anders als sein Titel glauben machen würde – tatsächlich mit der Würde des Menschen zu tun hat. Zum einen hat erst ein späterer Drucker des Traktats dieses „Rede über die Würde des Menschen" genannt, die Bezeichnung stammt also gar nicht von Pico selbst. Zum anderen kommt – was erheblich stärker ins Gewicht fällt – das Wort „Würde" (lateinisch „dignitas") in Picos gesamter Abhandlung nur zweimal vor, wobei es an keiner der beiden Stellen um die Würde des Menschen geht. Der Begriff „dignitas" spielt in Picos Abhandlung eine völlig untergeordnete Rolle. Von einer „dignitas humana" ist darin nicht ein einziges Mal die Rede. Das verwundert umso mehr, weil diese zu Picos Zeit durchaus ein Thema war. Es waren Traktate darüber entstanden, die Pico mit hoher Wahrscheinlichkeit kannte, jedoch nicht ein einziges Mal erwähnte.

Pico spricht über den Wert oder Stellenwert des Menschen. Am Ende der Schöpfung stehend komme diesem ein besonderer Stellenwert zu, „im Rang nur wenig unterhalb der Engel."[5] Besonders hebt Pico hervor, dass der Mensch ein „Geschöpf von unbestimmter Gestalt" sei.[6] Anders als alle anderen Lebewesen habe

---

4 Folgende Ausgabe des Traktats findet grundsätzlich Verwendung: (Giovanni) Pico della Mirandola, De hominis dignitate, hg. v. Gerd von der Gönna, Oratio de hominis dignitate. Rede über die Würde des Menschen, Lateinisch/Deutsch, Stuttgart 2009. Andere Übersetzungen werden gesondert ausgewiesen.

5 Pico della Mirandola, De hominis dignitate, S. 5/6.

6 August Buck (Hg.), Giovanni Pico della Mirandola, De hominis dignitate. Über die Würde des Menschen, lateinisch-deutsch, Übersetzt von Norbert Baumgarten, Hamburg 1990, S. 5.

Abb. 5 Cristofano dell'Altissimo, Porträt des Giovanni Pico della Mirandola (1463–1494), datiert 1552–1568.

der Mensch eine Wahl. Ihm seien „Samen jedweder Art und Keime zu jeder Form von Leben mitgegeben." Je nachdem, welche er pflege, könne er zum Pflanzlichen oder Tierischen verkommen. Genauso gut könne er jedoch „zum himmlischen Lebewesen" emporsteigen.[7] Die Entscheidung liege allein bei ihm. Entscheide der Mensch sich für den Aufstieg zum Himmlischen, so erfolge dies in mehreren, von Pico im Einzelnen beschriebenen Schritten mit Hilfe der Philosophie. Eine zentrale Rolle nehme dabei die Theologie ein, wobei Pico bemerkenswerterweise für deren Inhalte nicht nur bei christlichen Philosophen, sondern auch bei antiken

7 Pico della Mirandola, De hominis dignitate, S. 8/9.

und islamischen Denkern wie Platon, Aristoteles, Avicenna und Averroes Anleihen nimmt,[8] was den damals gegen ihn erhobenen Häresievorwurf erklären dürfte.

Der von Pico vollzogene Paradigmenwechsel wird augenscheinlich an einer revolutionär anderen Verwendung des Chamäleons als Tiersymbol. Dieses gilt nicht länger, wie üblicherweise und bis heute, als Zeichen von Wankelmut. „Unser wunderbares Chamäleon"[9] sei der Mensch, und das kleine Tier wird zum Ausdruck einer phantastischen Chance.

Wenn es Pico überhaupt um so etwas wie Menschenrechte geht, dann geht es ihm – ähnlich wie Spinoza[10] – um eine Freiheit des Philosophierens, eine „libertas philosophandi", der allenfalls für diejenigen, die sich das leisten können, eine Bedeutung zukommt. Mit der Vorstellung, alle Menschen seien gleich, oder gar mit sozialrevolutionären Forderungen hat all das nicht das Geringste zu tun.[11] Es hat noch nicht einmal etwas mit Menschenwürde in einem heutigen Sinne („große Menschenwürde") zu tun. Es geht Pico allein um den Wert eines jeden Menschen, der aber von Mensch zu Mensch überaus unterschiedlich sein könne. Für ihn hat keineswegs jeder Mensch den gleichen Wert. Der eine vegetiert als Pflanze dahin, der andere rückt als Engel in die Nähe Gottes auf. Unterschiedlicher kann der Wert von Menschen wohl kaum sein.

Was Pico über alles lobt und als eine einzigartige menschliche Eigenschaft preist, ist die Freiheit des Menschen. Sein kleines Büchlein ist eine Ode an den Individualismus. Wenn es die Entdeckung des Ich ist, welche die Überwindung des Mittelalters und den Beginn der Renaissance – um den es Burckhardt ja geht – im Kern ausmacht, so liegt der große Schweizer völlig richtig damit, Pico und seinem Werk hierbei eine herausragende Stelle beizumessen. Nur wäre „Über die Freiheit des Menschen" ein treffenderer Titel als „Über die Würde des Menschen" für das Werk gewesen.[12] Der Gedanke, es sei mit der Würde des Menschen oder gar mit Menschenrechten in Verbindung zu bringen, geht in die Irre. Evident ist das bereits deshalb, weil Pico in keiner Weise normative Forderungen aufstellt. Nicht im Entferntesten kommt er auf die Idee, aus seinen Erkenntnissen Schlüsse für eine Ver-

8 Pico della Mirandola, De hominis dignitate, S. 6/7, 26/27, 50/51, 56/57; dazu Reschika, Von der Würde des Chamäleons, S. 19.

9 „Wer sollte dies unser Chamäleon nicht bewundern? Oder wer sollte gar irgendetwas anderes mehr bewundern?" („Quis hunc nostrum chamaeleonta non admiretur? Aut omnino quis aliud quicquamc admiretur magis?"), Pico della Mirandola, De hominis dignitate, S. 10/11.

10 S. u. Kap. 5.3.

11 Kannowski, Pico, S. 430 f.

12 Ibid., S. 433.

änderung der Rechtsordnung zu ziehen. Das ist auch für Picos zentrale These von der Freiheit des Menschen nicht der Fall. Pico interessiert sich nicht für das Recht.

4.3 Der Bauernkrieg und die Zwölf Artikel der Bauern

Revolutionäre Ideen, wie Pico sie ja durchaus hatte, blieben im Reformationszeitalter keineswegs auf den Bereich der Philosophie und Theologie beschränkt. Vielmehr zeitigten Ideen von Freiheit und Gleichheit auch tatsächliche politische Wirkung. Das für Deutschland wichtigste Beispiel ist der Bauernkrieg der Jahre 1524 und 1525 mit den in diesem Zusammenhang formulierten Zwölf Artikeln der Bauern von 1525.[13] Auch wenn diese bei Weitem nicht so bekannt sind wie die Magna Charta, lässt sich auch für diese feststellen, dass sie sich über Jahrhunderte ihre Symbolkraft als Meilenstein der Freiheit bewahrt haben. Insbesondere werden sie mit der Geschichte der Menschenrechte in Verbindung gebracht, was für die Bauernartikel – betrachtet man ihren Inhalt und den Kontext ihrer Entstehung – in der Tat näherliegt als für die Magna Charta. So formulierte der damalige Bundespräsident Johannes Rau (1931–2006) in einer Rede aus dem Jahr 2000:

> Die zwölf Artikel enthalten im Kern die Überzeugung von der Universalität der Menschenrechte. Mit dieser Überzeugung weisen sie weit über ihre Zeit hinaus. […] Gewiss: Das Wort Menschenrechte kommt in den 12 Artikeln nicht vor. Aber es ist der Sache nach gemeint, wenn im Namen Gottes ungerechte Enteignung, Leibeigenschaft, Ausbeutung und Entrechtung angeklagt werden. Wir haben nicht nur in Deutschland erst nach dem Ende des Zweiten Weltkrieges angefangen, die universalen Menschenrechte zum festen Bestandteil unserer Politik zu machen. Als die Mütter und Väter den Artikel 1 des Grundgesetzesformuliert haben – „Die Würde des Menschen ist unantastbar" –, war das auch ein fernes Echo der Bauernartikel.[14]

Was war damals tatsächlich geschehen? Vielfältige Ursachen wie wirtschaftliche Not, soziales Elend sowie Missstände in Adel und Klerus hatten zu einer Reihe von sich über weite Gebiete des deutschsprachigen Raums erstreckenden Aufständen

---

13 Im Original abgedruckt bei von Mayenburg, Gemeiner Mann und Gemeines Recht, S. 365–371. Auf Hochdeutsch sind die Artikel abgedruckt bei Hermann Klenner, Marxismus und Menschenrechte, Berlin 1982, S. 243–247; Ruszat-Ewig, Die 12 Bauernartikel, S. 67 ff.

14 http://www.bundespraesident.de/SharedDocs/Reden/DE/Johannes-Rau/Reden/2000/03/20000310_Rede.html (Zugriff: 09.02.2025).

geführt. In Memmingen trafen am 6. März 1525 etwa 50 Vertreter der oberschwäbischen Bauerngruppe zusammen. Sie wollten einen gemeinsamen Standpunkt für ihr Auftreten gegenüber ihrem Gegner, dem Schwäbischen Bund, erarbeiten. Ergebnis der Beratungen war, dass die Delegierten die Oberschwäbische Eidgenossenschaft, eine christliche Vereinigung der Bauern, verkündeten. Ebenso verabschiedeten sie dessen Bundesordnung sowie die Zwölf Artikel der Bauern. Diese Zusammenkunft ist bemerkenswert als die einzige ihrer Art, so dass Peter Blickle sie als „verfassungsgebende Bauernversammlung" bezeichnet hat.[15] Aus eben dieser einzigartigen Zusammenkunft resultiert das einzige jemals gedruckte Programm des Bauernkrieges. Innerhalb der nächsten zwei Monate wurden 25.000 Exemplare der Zwölf Artikel gedruckt und im deutschsprachigen Raum verbreitet.[16] Die Ereignisse um den Bauernkrieg hatten, wie durch die Zusammenstellung der zwei Abbildungen 6a und 6b zum Ausdruck kommt, nicht nur eine kämpferisch-gewaltsame, sondern auch eine – zuweilen unterschätzte – diskursiv-friedliche Seite.

Im dritten Artikel der Bauern ist von der Gleichheit und Freiheit aller Christenmenschen die Rede, ausgestaltet als unveräußerliche Rechte. Martin Luther, auf den ich im Folgenden noch genauer zu sprechen kommen werde, verurteilte die Forderungen der Bauern scharf in seiner Gegenschrift „Wider die mörderischen und räuberischen Rotten der Bauern" aus dem gleichen Jahr 1525. Luther schlug sich auf die Seite der Fürsten, indem er der Lehre vom duldenden Gehorsam folgte, wie wir sie bereits aus der Zeit des frühen Christentums kennengelernt haben. Obwohl Luther aber grundsätzlich für die Fürsten Partei ergriff, schrieb er an sie doch Folgendes:

> Sie [die Bauern] haben zwölf Artikel aufgestellt, unter denen einige so gerecht sind, dass sie euch vor Gott und der Welt zur Schande gereichen. […] Nun ist's ja auf die Dauer unerträglich, die Leute so zu besteuern und zu schinden.[17]

---

15 Peter Blickle, Memmingen – ein Zentrum der Reformation, in: Joachim Jahn et al. (Hg.), Die Geschichte der Stadt Memmingen. Von den Anfängen bis zur Reichsstadt, Stuttgart 1997, S. 349 ff. (393).

16 Blickle, Die Revolution von 1525, S. 24.

17 Im Original: „Sie haben zwölf artickel gestellet, unter wilchen etliche, so billich und recht sind, das sie euch fur Gott und der wellt den glimpff [Ehre/Ansehen] nemen […]. Nu ists ja nicht die lenge treglich, so zu schatzen und schinden", Martin Luther, Ermahnung zum Frieden auf die zwölf Artikel der Bauernschaft in Schwaben 1525, in: D. Martin Luthers Werke. Kritische Gesamtausgabe (WA), Bd. 18, Weimar 1908, S. 291 ff. (298 Z. 21 f. u. 299 Z. 25). Übers. ins heutige Hochdeutsch nach Ulrich Heckel et al. (Hg.), Luther heute: Ausstrahlungen der Wittenberger Reformation, Tübingen 2017, S. 299 f.

Abb. 6a Titelblatt der Flugschrift „Handlung Artickel vnnd Jnstruction so fürgeno[m]men worden sein vonn allen Rottenn vnnd hauffen der Pauren so sich zesamen verpflicht haben: M:D:XXV (Augsburg [Steiner] 1525)“, die nicht die berühmten zwölf Memminger Artikel enthält, sondern die so genannte Bundesordnung der Bauern in einer Kurzfassung.

Abb. 6b Deckblatt einer Druckausgabe der Zwölf Artikel der Bauern (1525), Dye Grundtlichen Vnd rechten haupt Artickl aller Baurschafft vnd Hyndersessen der Gaistlichen vnd Weltlichen oberkayte[n], von wölchen sy sich beschwert vermainen, s.l. [1525].

Obwohl Luther also die Forderungen der Bauern als gerecht einstuft, wendet er sich doch gegen sie. Christliche Freiheit gebe es nur vor Gott, und die Obrigkeit sei ein notwendiges Organ für die christliche Lebensführung in dieser Welt. Bei Unrecht durch sie sei Widerstand nur durch Bitten und Gebete zulässig. Im äußersten Fall könne der duldende Gehorsam die Aufopferung des eigenen Lebens erfordern. Als extreme Gegenposition zur Zwei Reiche-Lehre Luthers werden wir in einem späteren Kapitel die viele Jahrhunderte später entwickelte, auf Gustavo Gutiérrez zurückgehende Befreiungstheologie kennenlernen, die in Bezug auf gesellschaftliche Veränderungen und Menschenrechte zu völlig anderen Schlüssen gelangt.[18]

Die Fürsten vermochten die Bauernaufstände flächendeckend, zum Teil äußerst blutig niederzuschlagen; so in der Schlacht von Frankenhausen, wo die aufständischen Bauern Thüringens unter Führung Thomas Münzers am 15. Mai 1525 eine verheerende Niederlage erlitten. Ihre Zwölf Artikel aber, die Bundespräsident Johannes Rau in der zuvor zitierten Passage mit der Geschichte der Menschenrechte in Verbindung bringt, enthalten eine für diese wichtige Passage:[19]

> Zům dritten ist der brauch byßher gewesen, das man vns für jr aigen leüt gehalten haben, woͤlchs zů erbarmen ist, angesehen, das vns Christus all mitt seynem kostparlichen pluͤtverguͤssen erloͤßt vnnd erkaufft hat, Den hyrtten gleych alls wol alls den hoͤchsten, kain außgenommen. Darumb erfindt sich mit der geschryfft, das wir frey seyen vnd woͤllen sein [...].
> (Drittens ist es bisher Brauch gewesen, dass man uns für ihre Leibeigenen gehalten hat, was abzulehnen ist in Anbetracht der Tatsache, dass Christus uns alle mit seinem kostbaren Blutvergießen erlöst und freigekauft hat, den Hirten genauso wie den Höchsten, niemanden ausgenommen. Somit ergibt sich aus der heiligen Schrift, dass wir frei sind und frei sein wollen [...]).[20]

Bemerkenswert hieran ist nicht nur, dass dieser 3. Artikel der Bauern nicht allein – im Sinne der Imago Dei-Lehre[21] – eine Gleichheit vor Gott fordert, sondern darüber hinaus aus der Erlösung durch Jesus Christus Gleichheit und Freiheit in dieser Welt ableitet und einen abweichenden Standpunkt als erbärmlich bezeichnet. Zwar findet sich dieser Rechtsstandpunkt verbunden mit einer kanonistischen Abhandlung bereits etwa 300 Jahre früher in der zuvor behandelten Freiheitsstelle des Sachsenspiegels (um 1230).[22] Das allein ist es aber nicht. Herausragend am 3. Artikel der Bauern ist, dass diese Formulierung sich als ein **subjektives Recht** verstehen lässt.[23] Aus der Heiligen Schrift ergäbe sich, dass die Menschen frei sind. Das ist Naturrecht. Ebenso folge aus der Bibel, dass die Menschen frei sein werden (sofern

---

18 Kap. 12.10.3.

19 Abgedruckt im Originalwortlaut bei Blickle, Von der Leibeigenschaft zu den Menschenrechten (s. Lit.), S. 90 f. und bei von Mayenburg, Gemeiner Mann und Gemeines Recht, S. 367 f.

20 Übers. bei Klenner, Marxismus und Menschenrechte, S. 245.

21 S. dazu oben Kap. 2.4.

22 S. dazu oben Kap. 2.10.

23 Blickle, Von der Leibeigenschaft zu den Menschenrechten (s. Lit.), S. 91; unklar v. Mayenburg, Gemeiner Mann und Gemeines Recht, S. 6.

sie es noch nicht sind). Das ist keine naturrechtliche Aussage, sondern eine solche über die zukünftige Realität. Diese Forderung wollten die Bauern verwirklichen, wenn nötig auch mit Waffengewalt.

Die Bauern mögen aus Luthers Schrift „Von der Freiheit eines Christenmenschen“ abgeleitet haben, dass Rechtspositionen biblisch zu begründen seien. Dabei war „frei sein“ (selbstverständlich) nicht gemeint im Sinne kompletter Selbstbestimmung. Es bedeutete vielmehr allein – aber das ist ein zentraler Punkt – die Befreiung von Leibeigenschaft aufgrund usurpierter Herrschaft als Fundament für jede Art von Menschenrecht.

4.4 Martin Luther und die Gewissensfreiheit

Als Martin Luther im Alter von 38 Jahren im April 1521 dem damals 21-jährigen deutschen Kaiser Karl V. gegenübertrat, soll er seine Ausführungen mit folgenden berühmt gewordenen drei kurzen Sätzen beendet haben: „Hier stehe ich. Ich kann nicht anders. Gott helfe mir.“ Dass Luther dies tatsächlich sagte, ist nicht belegt. Diese Worte gehen wahrscheinlich auf eine schriftliche Fassung der Rede zurück, die Luther etwas später anfertigte. Überliefert ist aber Folgendes:

> Wenn ich nicht durch Zeugnisse der Schrift und klare Vernunftgründe überzeugt werde; denn weder dem Papst noch den Konsilien allein glaube ich, da es am Tage ist, dass sie öfter geirrt und sich selbst widersprochen haben, so bin ich durch die Stellen der Heiligen Schrift, die ich angeführt habe, überwunden in meinem Gewissen und gefangen in dem Wort Gottes. Daher kann und will ich nichts widerrufen, weil wider das Gewissen etwas zu tun weder sicher noch heilsam ist. Gott helfe mir, Amen![24]

Der Standpunkt des jungen Kaisers – der den Ausführungen Luthers nur mit Dolmetschern folgen konnte –, ein einzelner Mönch müsse doch gezwungenermaßen

24 Im Original: „Es sei dann das ich durch gezeugnuss der schrift oder aber durch scheinlich ursachen – dann ich glaub wider den babst noch den concilien allein, weil es am tag ist, das dieselben zu mermaln geirrt und wider sich selbs geredet haben- uberwunden werd, ich bin uberwunden durch die schriften, so von mir gefurt, und gefangen im gewissen an dem wort gottes, derhalben ich nichts mag noch will widerruffen, weil wider das gewissen zu handeln beschwerlich, unheilsam und ferlich ist. Gott helf mir! Amen.“ In: Adolf Wrede, Deutsche Reichstagsakten. Jüngere Reihe. Deutsche Reichstagsakten unter Kaiser Karl V., Bd. 2, Berlin/München 1896, S. 581 f. Übers. ins heutige Hochdeutsch nach Karl-Heinz zur Mühlen, Reformatorische Prägungen. Studien zur Theologie Martin Luthers und zur Reformationszeit, Göttingen 2011, S. 73.

irren, wenn er die seit über 1000 Jahren gelehrte Meinung der gesamten Christenheit gegen sich habe, vermochte Luther nicht zu beeindrucken. Bemerkenswert an seiner Aussage ist, dass er seinem Gewissen als individuelle innere Instanz höchste Autorität einräumt. Die tiefe Überzeugung eines einzelnen Menschen steht höher als die Auffassung von Kaiser, Papst, Konsilien und sogar höher als die der gesamten Christenheit.[25] Im Rahmen einer Geschichte der Menschenrechte ist dies natürlich interessant, lässt sich hierin möglicherweise auch ein Ursprung aller Menschenrechte erkennen, wie Georg Jellinek das in seinem berühmten Aufsatz „Die Erklärung der Menschen und Bürgerrechte" von 1895 getan hat? Jellinek sieht darin die Religionsfreiheit, wie sie seit der Reformation gefordert und gewährt wurde, als Ursprung aller Menschenrechte, als ein Urgrundrecht an.[26]

Hier gilt es, einiges an Wasser in den Wein zu schütten. Luther ging es nicht um die Freiheit des Menschen, es ging ihm um göttliche Wahrheit. Bei seiner zuvor beschriebenen Position im Bauernkrieg zeigt sich dies besonders deutlich. Im Übrigen war Martin Luther genauso wenig wie andere Reformatoren und ihre Anhänger sowie die altkirchliche Gegenseite der Meinung, mehrere religiöse Wahrheiten dürften gleichberechtigt nebeneinander existieren. Die überaus blutig geführten und Hunderttausende von Menschenleben fordernden Kriege der Folgezeit sprechen insofern eine deutliche Sprache. Nachdem diese sich über mehr als ein Jahrhundert erstreckenden und weite Teile Europas erfassenden gewaltsamen Auseinandersetzungen jedoch zumindest im Heiligen Römischen Reich Deutscher Nation keine Seite langfristig und eindeutig für sich entscheiden konnte, führte dies zu verfassungsrechtlichen Kompromissen einer Koexistenz. Dem lag die Einsicht zugrunde, dass das Reich als Gesamtverbund nur weiterexistieren konnte, wenn jedenfalls diejenigen abweichenden Bekenntnisse, die sich nicht unterdrücken ließen, gleichermaßen zulässig sein sollten.[27]

---

25 Zur Einordnung von Luthers Positionen in die Geschichte des Grundrechts auf Gewissensfreiheit s. Udo di Fabio, in: Dürig/Herzog/Scholz, Grundgesetz. Kommentar, Bd. 1, 104. Lieferung, München 2024, Art. 4 GG, Rn. 8; sowie zur Religionsfreiheit s. Axel Freiherr von Campausen, § 136: Religionsfreiheit, in: Josef Isensee u. Paul Kirchhof (Hg.), Handbuch des Staatsrechts der Bundesrepublik Deutschland, Bd. 6: Freiheitsrechte, 2. Aufl. Heidelberg 1989, Rn. 7 f.

26 Jellinek, Erklärung der Menschen- und Bürgerrechte (s. Lit. Kap. 1), S. 37 f., 40–42.

27 So auch Dickmann, Problem der Gleichberechtigung der Konfessionen im Reich, S. 235 f., 246 f.; ähnlich von Camphausen, § 136 Religionsfreiheit, Rn. 14.

4.5 Der Augsburger Religionsfriede (1555) und das „ius emigrandi“

Eine militärische Lösung unternahm Kaiser Karl V., indem er die Vereinigung der protestantischen Fürsten – den Schmalkaldischen Bund – durch Kriegsführung in die Knie zu zwingen versuchte. Aus der entscheidenden Schlacht bei Mühlberg im Jahre 1547 ging Karl zwar als Sieger hervor. Entgegen seiner Erwartung löste das allerdings nicht sein Problem. Der neue Glaube – die damals so genannte Augsburgische Konfession – war bereits so etabliert, dass die protestantischen Fürsten trotz der Niederlage daran festhielten. Als Karl V. sah, dass ihm eine Zurückführung des Reiches in den alten Glauben nicht gelingen würde, zog er sich von den Regierungsgeschäften zurück. Er ging in ein spanisches Kloster, wo er im Jahr 1558 starb. Das Reichsgesetz, welches festschrieb, dass das Reich nicht mehr ausschließlich altgläubig („katholisch“) war, kam unter Karls Bruder und Stellvertreter Ferdinand (dem späteren Kaiser Ferdinand I.) zustande.

Dieser Augsburger Religionsfriede aus dem Jahr 1555 trägt die alte Form des Landfriedens, das heißt, es handelte sich um eine Art Vertrag zwischen dem Kaiser beziehungsweise seinem Stellvertreter und den Reichsständen, den beide Seiten besiegelten. Von den 144 Artikeln des die damaligen politischen Verhältnisse umfassend regelnden Dokumentes möchte ich nur zwei näher betrachten, die für eine Geschichte der Menschenrechte von besonderem Interesse sind:

> § 15 […] [D]ie Kayserl. Maj., Wir, auch Churfürsten, Fürsten und Stände des H. Reichs [sollen] **keinen Stand des Reichs** von wegen der Augspurgischen Confession […] halb mit der That gewaltiger Weiß überziehen, beschädigen, vergewaltigen oder in andere Wege wider sein Conscientz, Gewissen und Willen von dieser Augspurgischen Confessions-Religion […], so sie aufgericht oder nochmals aufrichten möchten, in ihren Fürstenthumen, Landen und Herrschafften tringen oder durch Mandat oder in einiger anderer Gestalt beschweren oder verachten, sondern bey solcher Religion, Glauben, Kirchengebräuchen, Ordnungen und Ceremonien, auch ihren Haab, Gütern, liegend und fahrend, Land, Leuthen, Herrschafften, Obrigkeiten, Herrlichkeiten und Gerechtigkeiten ruhiglich und friedlich bleiben lassen […].
>
> § 24. Wo aber Unsere, auch der Churfürsten, Fürsten und Stände **Unterthanen** der alten Religion oder Augspurgischen Confession anhängig, von solcher ihrer Religion wegen aus Unsern, auch der Churfürsten, Fürsten und Ständen des H. Reichs Landen, Fürstenthumen, Städten oder Flecken mit ihren Weib und Kindern an andere Orte ziehen und sich nieder thun wolten, denen soll solcher Ab- und Zuzug, auch Verkauffung ihrer Haab und Güter gegen zimlichen, billigen Abtrag der Leibeigenschafft und Nachsteuer, wie es

jedes Orts von Alters anhero üblichen, herbracht und gehalten worden ist, unverhindert männiglichs zugelassen und bewilligt, auch an ihren Ehren und Pflichten allerding unentgolten seyn. Doch soll den Oberkeiten an ihren Gerechtigkeiten und Herkommen der Leibeigenen halben, dieselbigen ledig zu zehlen oder nicht, hiedurch nichts abgebrochen oder benommen seyn.

Wir haben hier in erster Linie ständische Rechte vor uns, was insbesondere für das Recht gilt, den Glauben zu wählen oder, genau gesagt, sich der Reformation anzuschließen oder eben nicht („ius reformandi"). Dem damit begründeten Prinzip „cuius regio, eius religio" steht allerdings auch ein Auswanderungsrecht („ius emigrandi") als Individualrecht gegenüber. Das Recht, sich dem Konfessionswechsel des Fürsten durch den Auszug aus dem Territorium zu entziehen, richtet sich an die Untertanen, also an einzelne Menschen, deren individuelle Glaubensentscheidung hier anerkannt, geschützt und mit einer besonderen Rechtsbefugnis ausgestattet wird.[28] Diese geschieht mit Abstrichen, und insbesondere durch die hier formulierten finanziellen Hürden wird deutlich, dass von Gleichheit keine Rede sein kann. Dabei kam es allerdings im Rahmen eines Regelungskorpus, das zu den Reichsgrundgesetzen („leges fundamentales") zählen sollte – insoweit auf höchster Ebene –, zur Anerkennung eines Individualrechts.

4.6 Der Westfälische Friede (1648) und die Religionsfreiheit

Ein weiteres in diesem Kontext zu nennendes Reichsgrundgesetz ist der Westfälische Friede von 1648. Er beendete die Reformation in reichsverfassungsrechtlicher Hinsicht, indem er dem „ius reformandi" der Landesherren ein Ende setzte. Diese sollten nicht mehr wie zuvor nach dem Augsburger Religionsfrieden die Wahl haben, ob sie sich der Reformation anschlossen. Der Westfälische Friede als das Ende des Dreißigjährigen Krieges besiegelnder Friedensvertrag legte vielmehr fest, dass die Territorien diejenige Konfession, die dort jeweils am 1. Januar 1624 (Normaljahr) herrschte, auch in Zukunft behalten sollten. Als Konfessionen anerkannt waren Katholiken, Lutheraner und Calvinisten, womit alle anderen religiösen Gruppen keinerlei Existenzrecht hatten und mithin die Verfolgung als Häretiker fürchten mussten. Eine Sonderregelung gab es für die habsburgischen Erblande, wo ausschließlich der katholische Glaube anerkannt war, sowie für einige Reichsstädte, in denen konfessionelle Parität herrschen sollte. Die Reichsstände behielten ihre

28 Asche, Auswanderungsrecht und Migration aus Glaubensgründen, S. 78 ff.

Kirchenhoheit, wobei andersgläubige Untertanen ihren Glauben allerdings privat ausüben durften. Ferner wurde die Reichsverfassung zu einer Parität der Konfessionen hin geändert. Keine sollte die andere dominieren können. So sollten die Stellen am Reichskammergericht sowie die Ämter in bikonfessionellen Reichsstädten fortan paritätisch besetzt sein. Waren im Reichstag mit der Religionsausübung in Verbindung stehende Fragen zu entscheiden, so sollte zunächst eine Abstimmung in getrennten Lagern (Corpus catholicorum und Corpus evangelicorum) stattfinden. Diese beiden Gruppen hatten jeweils eine Kollektivstimme, so dass keine Konfession die andere dominieren und überstimmen konnte. Kamen die Gruppen zu unterschiedlichen Ergebnissen, so hatte eine gütliche Einigung („amicabilis compositio") zu erfolgen.[29] Für die Geschichte der Menschenrechte ist der Westfälische Friede interessant, weil hier für das Nebeneinander verschiedener Glaubensrichtungen innerhalb eines verfassungsrechtlichen Gesamtgefüges nach langem kriegerischen Ringen ein Kompromiss für eine Koexistenz gefunden wurde, der sich bis zum Ende des Alten Reiches im Jahre 1806 als ein gangbarer Weg erweisen sollte. Die große Bedeutung des Westfälischen Friedens zeigte sich auch später noch zu Zeiten des Deutschen Bundes. So meinte der bedeutende Jurist und Politiker Heinrich Albert Zachariä (1806–1875) in seinem Standardwerk über „Deutsches Staats- und Bundesrecht" im Jahr 1841, wenn es um Glaubens- und Gewissensfreiheit gehe, komme

> zunächst von den deutschen Grundgesetzen der Westphäl[ische] Friede [in Betracht], welcher (aber nur) den Katholiken […], Lutheranern und Reformierten Gewissensfreiheit, Hausandacht, auch gewisse bürgerliche Rechte garantirt, ihnen rechtlichen Schutz, Freiheit der Religionsänderung […] zusichert und sie von besondern Belästigungen befreit.[30]

Das ist der Anfang von etwas, das sich als verfassungsrechtlich festgeschriebene religiöse Toleranz und als subjektives Recht auf Religionsfreiheit ansehen lässt.[31]

---

29 Sämtliche Materialien und der Text der Westfälischen Friedensverträge findet sich in Max Braubach u. Konrad Repgen (Hg.), Acta Pacis Westphalicae, Serie III, Abteilung B, Bde. 1–3, Münster 1998/2007.

30 Heinrich Albert Zachariä, Deutsches Staats- und Bundesrecht. Erste Abteilung. Allgemeine Lehren und Verfassungsrechte der Bundesstaaten, Göttingen 1841, S. 228; Zachariä zitiert in diesem Zusammenhang wörtlich Art. V §§ 34, 35 IPO (S. 229).

31 Zur Einordnung in die Geschichte des Grundrechts auf Religionsfreiheit s. Di Fabio, in: Dürig/Herzog/Scholz, Art. 4 GG Rn. 8; von Camphausen, § 136 Religionsfreiheit, Rn. 14 f.

4.7 Das Edikt von Nantes (1598) und die religiöse Toleranz

Die Lösung als Verband mit einer Gleichberechtigung der Konfessionen – wobei der Kaiser bis zum Ende des Alten Reiches allerdings nie einer anderen Konfession als der katholischen angehörte – ist auf europäischer Ebene einzigartig. Toleranzedikte, die sich mit Religionsfreiheit in Verbindung bringen lassen, gab es zwar anderswo auch: so in Frankreich das Edikt von Nantes, das König Heinrich IV. nach Verhandlungen mit den Hugenotten am 13. April 1598 unterzeichnete. Es steht in einer längeren Reihe von Friedensverträgen, wie sie während der vielen blutigen Auseinandersetzungen mit den Hugenotten während der acht Bürgerkriege seit 1562 geschlossen worden waren.[32] Anders als im Heiligen Römischen Reich Deutscher Nation blieb jedoch in Frankreich der Katholizismus Staatsreligion, wobei die Hugenotten mit den Katholiken insofern gleichgestellt waren, als sie gleichermaßen Zugang zu allen staatlichen Ämtern bekamen. Zudem wurden an den Gerichtshöfen spezielle Kammern für die Angelegenheiten von Hugenotten eingerichtet. Für die Ausübung ihres Gottesdienstes erhielten sie festgelegte Orte, an denen ihnen in über 80 Städten und Festungen Sicherheitsplätze („Places de sûreté", etwa Rochelle, Montauban und Grenoble) mit durch die Krone finanzierten Garnisonen zur Verfügung standen. Die Hugenotten erwarben damit einen eigenständigen Militär- und Verwaltungsapparat innerhalb des französischen Staates, womit aber gleichzeitig die Möglichkeit zu einer weiteren Ausbreitung des Protestantismus in Frankreich (ähnlich wie mit dem Westfälischen Frieden für das Reich) zu einem Ende kam. Das Edikt von Nantes war in Geltung, bis Ludwig XIV. es 1685 durch das Edikt von Fontainebleau widerrief. Das hatte zur Folge, dass Hugenotten Frankreich massenhaft verließen, um sich nicht zuletzt in deutschen Territorien anzusiedeln.

4.8 Der Völkermord an den Indios und Bartolomé de Las Casas – Eine Frage der Menschenrechte?

4.8.1 Der Mythos Las Casas

Vor allem in Lateinamerika wird Bartolomé de Las Casas (1484/1485–1566) wie kein Zweiter mit der Geschichte der Menschenrechte in Verbindung gebracht. Ein deutliches Zeichen dafür ist, dass ein Zentrum für Menschenrechte in der ebenfalls

32 Alexander Schunka, Die Hugenotten: Geschichte, Religion, Kultur, München 2019, S. 29, 42.

nach ihm benannten Stadt San Cristóbal de Las Casas im mexikanischen Bundesstaat Chiapas seinen Namen trägt (Centro de Derechos Humanos Fray Bartolomé de Las Casas).[33] Für die beiden Schweizer Rechtswissenschaftler Lukas Gschwend und Christoph Good ist der frühneuzeitliche Dominikaner eine Art verkanntes Genie in Sachen Menschenrechte. Als menschenrechtlicher Spiritus Rector der Schule von Salamanca gebührten ihm und seinem Werk ein bedeutender Platz in der Geschichte der Menschenrechte neben John Locke, Montesquieu und Rousseau sowie der Virginia Bill of Rights und der Déclaration des Droits de l'Homme et du Citoyen.[34] Las Casas stehe für eine „der freiheitlichen Idee des rationalen Naturrechts vorangehende Entwicklungslinie der Menschenrechtsidee, die von der deutschsprachigen Staatslehre und Verfassungsgeschichte noch immer kaum beachtet wird".[35] Diese Verortung des spanischen Geistlichen sowie seine vermeintliche Verkennung in der Fachwelt lassen aufhorchen. Ich will mich genauer mit Las Casas beschäftigen und im Folgenden auf ihn konzentrieren, damit aber keineswegs sagen, dass nicht andere in seiner Zeit – ein bekanntes Beispiel ist Francisco de Vitoria (um 1483–1546) – ähnliche Gedanken verfolgten.[36] Das ist ein weites Feld. Allerdings wurde, soweit ich sehe, kein anderer so sehr in menschenrechtlicher Hinsicht in unterschiedliche Richtungen rezipiert beziehungsweise instrumentalisiert wie Las Casas. Zu nennen sind – worauf in einem späteren Kapitel noch einzugehen sein wird[37] – die Theologie der Befreiung und der Sozialismus. Deshalb ist Las Casas und seinem Werk in Bezug auf Menschenrechte hier besondere Beachtung zu schenken.

Auch wenn die komplette Auslöschung der Urbevölkerung nicht das Ziel der spanischen Conquistadores war, die sich etwa zeitgleich mit der Reformation in Europa die Neue Welt Untertan machten: In Anbetracht des Umfangs gezielter Tötungen und der dabei an den Tag gelegten unvorstellbaren Grausamkeiten können die Geschehnisse angemessen als Völkermord bezeichnet werden.[38] Bald nach der Entdeckung durch Christoph Kolumbus im Jahre 1492 begann die kriegerische Eroberung jener Gebiete, die dieser zu Anfang irrtümlich für Teile Indiens hielt, worin der Grund dafür liegt, dass er seine Ureinwohner als Indios bezeichnete, wie sie bis heute genannt werden. An einem dieser frühen Eroberungsfeldzüge nahm der im Jahr 1484 oder 1485 in Sevilla geborene Bartolomé de Las Casas teil, der damals

33 https://frayba.org.mx (Zugriff: 30.06.2024).

34 Gschwend u. Good, Menschenrechte im Werk Las Casas, S. 218 f.

35 Ibid., S. 220.

36 Repgen, Menschennatur, S. 38–62.

37 Kap. 12.10.3.3.

38 Hans Magnus Enzensberger, in: Las Casas, Kurzgefaßter Bericht, S. 167.

noch ein Teenager war. Der Feldzug in Hispaniola (heute Haiti/Dominikanische Republik) war durchaus erfolgreich, gelang es doch, die letzten freien Ureinwohner der Insel zu unterwerfen. Danach erhielt Las Casas auf Hispaniola ein Landgut mit Indios als Sklaven, eine so genannte Encomienda. Im Jahr 1506 reiste er zurück in die Alte Welt, um in Rom die Priesterweihe zu empfangen. 1511 begab sich Las Casas wiederum auf den amerikanischen Kontinent, um an der Eroberung Kubas teilzunehmen. Als die Spanier auf Widerstand stießen, nahmen sie das Oberhaupt der Provinz mit Namen Hatuey gefangen, um ihn bei lebendigem Leibe zu verbrennen. Vor der Hinrichtung versuchte ein Franziskaner, den Mann zum christlichen Glauben zu bekehren, damit er nach seinem Tod in den Himmel komme. Las Casas überliefert seine Antwort:

> Der Kazike dachte hierüber ein wenig nach und fragte den Ordensbruder, ob Christen in den Himmel kämen. Dieser bejahte das; doch es kämen die dorthin, die gut seien. Da sagte der Kazike, ohne weiter nachzudenken, dorthin wolle er nicht gehen, sondern in die Hölle, damit er sich nicht an einem Ort befinde, wo sie seien, und damit er nicht solch grausame Leute sehen müsse.

Als Bilanz fügt Las Casas hinzu: „Das sind der Ruhm und die Ehre, die Gott und unser Glauben durch die Christen gewonnen haben, die nach Westindien gefahren sind.“[39] Es kam bei ihm zu einem Sinneswandel und danach sollte er ein bedeutender und einflussreicher Mann werden: sowohl am spanischen Hof als auch auf Ebene höchster Kirchenpolitik. So schickte er 1537 gemeinsam mit dem ersten Bischof von Mexiko eine Petition an Papst Paul III., woraufhin dieser am 2. Juni 1537 die Bulle Sublimis Deus verkündete. Darin stellte der Papst nicht nur fest, dass die Ureinwohner vernunftbegabt seien und aus freien Stücken den Glauben annehmen könnten. Er erkannte ihnen auch ein Recht auf Freiheit und Eigentum zu und verurteilte darüber hinaus die Sklavenhalter auf das Schärfste als habsüchtige Helfershelfer des Teufels. Die Lebenswirklichkeit der Indios allerdings veränderte sich durch das päpstliche Machtwort kaum.

Leben und Werk von Bartolomé de Las Casas – 1543 wurde er erster Bischof von Chiapas (heute Mexiko) – wurden oft und umfassend behandelt,[40] auch überaus kontrovers[41]. Die einen haben ihn heroisiert, die anderen als Ketzer verflucht oder

---

39 Las Casas, Kurzgefaßter Bericht, S. 38.

40 Die Literatur zu Las Casas ist überaus umfangreich und kaum zu überblicken. Zur chronologischen Übersicht über Weg und Leben von Bartolomé de Las Casas s. Delgado, Chronologische Übersicht.

41 S. u. S. 127 f.

als geisteskrank abgetan. Wie in einem Brennglas zeigt sich die hohe politische Brisanz des Themas Menschenrechte in der Geschichtswissenschaft bei einem Blick auf die Würdigungen und Wahrnehmungen des berühmten Dominikaners aus der Zeit der Conquista.

4.8.2 Die Rolle Las Casas' in der Geschichte der Menschenrechte

4.8.2.1 Verwendet Las Casas das Wort „Menschenrechte"?

Gewiss war Las Casas ein glühender Kämpfer für die Rechtlosen und Unterdrückten. Wohl kaum jemand wird das bestreiten. Das allein aber macht ihn freilich nicht zu einem Protagonisten für die Menschenrechte. Mein erster Zugang soll ein wortgeschichtlicher sein: Verwendet Las Casas das Wort „Menschenrechte"? Auf den ersten Blick mag es so scheinen. In einem seiner vielen Texte ist tatsächlich von „den Regeln der Menschenrechte"[42] die Rede:[43]

> Nach den Regeln der Menschenrechte, die durch die Vernunft, das natürliche Sittengesetz und viel mehr noch durch das christliche Liebesgesetz bekräftigt sind, werden manchmal Entschlüsse und Dinge aus gewissen Rücksichten und Gründen rechtmäßig zugelassen oder getan, die, wenn diese wegfielen, nicht mehr rechtmäßig geduldet werden könnten.[44]

Mariano Delgado, der Herausgeber der deutschen Werkauswahl von Las Casas, findet im Hinblick auf diese Stelle, es sei eine „erstaunliche Behauptung", wenn der bedeutende französische Rechtsphilosoph und Rechtshistoriker Michel Villey erkläre, die Formulierung „Menschenrechte" komme bei Las Casas nicht vor.[45] Diese Behauptung ist allerdings alles andere als erstaunlich, und Villey hat Recht. Zwar findet sich die Formulierung „derechos humanos", was wir – wäre das heutiges Spanisch – mit „Menschenrechte" übersetzen würden. Es handelt sich aber nicht um heutiges Spanisch, und Las Casas bezeichnet mit dieser Formulierung etwas völlig anderes. Er meint eher das Gegenteil von dem, was wir heute unter

---

42 Im spanischen Original (s. Fn. 44) „las reglas de los derechos humanos".

43 Las Casas, Traktat über die Indiosklaverei, S. 82.

44 „Lo sexto, se suponga que, según las reglas de los derechos humanos, confirmados por la razón y ley natural, y mucho más por la ley de caridad e cristiana, algunas veces se admiten o hacen justamente algunas determinaciones y cosas por ciertos respectos y razones que se ofrecen, las guales, si cesasen, aquéllas con justicia no podrian tolerarse."

45 Genau gesagt heißt es bei Villey, seiner Kenntnis nach finde sich die Vokabel „Menschenrechte" („Droits de l'Homme") bei Las Casas nicht, Villey, Problematique des Droits de l'Homme, S. 367.

„Menschenrechte" verstehen. Richtig übersetzt wäre die Stelle mit „nach den Regeln der menschlichen Rechte". Das ergibt sich aus dem Kontext. Es ist von veränderlichem Recht die Rede, das Las Casas Unveränderlichem (Vernunft, natürliches Sittengesetz, christliches Liebesgesetz) gegenüberstellt. Gemeint sind die vom Menschen gemachten Rechte. Wir würden heute dazu sagen: das positive Recht. Mit unangreifbar garantierten und der Disposition eines Gesetzgebers entzogenen, grundlegenden Individualrechten hat dies nicht das Geringste zu tun.

4.8.2.2 Kennt Las Casas die Idee der Menschenrechte?

4.8.2.2.1 Die Brevísima relación – Bestialitäten in der Neuen Welt und ihre Vereinnahmungen

Nachdem das Wort „Menschenrechte" in einem heutigen Sinn bei Las Casas also nicht vorkommt, will ich untersuchen, ob sich die Idee von Menschenrechten inhaltlich findet. Dabei fällt der Blick zunächst auf die wohl immer schon am meisten beachtete Abhandlung Las Casas'. Ich meine seinen kurzgefassten Bericht über die Zerstörung der westindischen Länder („Brevísima relación de la destrucción de las Indias occidentales") aus dem Jahr 1552. Immer wieder zeigt sich, wie bereits gesagt, wie politisch brisant und ideologisch aufgeladen Themen sind, die mit der Geschichte der Menschenrechte in Verbindung stehen. Auch über Bartolomé de Las Casas und sein Werk lässt sich das mit einiger Berechtigung sagen.

Las Casas' „Brevísima relación" ist eines der am meisten gedruckten Werke der Frühen Neuzeit. Ferner entstanden zahlreiche Übersetzungen in andere Sprachen, auch solche ins Deutsche. Die früheste erschien im Jahre 1597.[46] Abgesehen von ihrem drastischen und schockierenden Inhalt mag ein Grund für ihren großen Erfolg darin gelegen haben, dass sie in das Horn einer prominenten politisch-religiösen Strömung der damaligen Zeit hineinblies, wobei aber unwahrscheinlich ist, dass das in der Absicht ihres Verfassers lag. Die lateinische Ausgabe lässt sich als eine propagandistische Reaktion auf die Anprangerung von Katholikenverfolgung durch Protestanten in England und Irland mit all ihren Gräueltaten verstehen. Überhaupt lässt sich über Las Casas' „Brevísima relación" sagen, dass das Ausmaß ihrer vielfältigen und bizarren ideologischen Vereinnahmung durch die Zeiten hinweg wahrlich bemerkenswert ist. Das Werk wurde zu einer Quelle für eine von den Gegnern Spaniens seit dem 16. Jahrhundert zum politischen Mythos stilisierten Haltung, für

46 „Newe Welt. Warhaffiige Anzeigung Der Hispanier grewlichen, abschewlichen vnd vnmenschlichen Tyranney, von ihnen inn den Indianischen Ländern, so gegen Nidergang der Sonnen gelegen und die Newe Welt genennet wird, begangen […]".

die der spanische Historiker und Soziologe Julián Juderías (1877–1918) den Begriff „Leyenda negra" („schwarze Legende") geprägt hat.[47] Am Ende der Kolonialzeit diente Las Casas' Werk zur Rechtfertigung der amerikanischen Emanzipation. Auch wenn es hier natürlich schon lange nicht mehr um die Rechte der Indios ging, für die Las Casas gestritten hatte, galt er als „Schutzgeist der beiden Amerikas".[48] In einer während der Zeit des Nationalsozialismus erschienenen Ausgabe lesen wir, die Verbrechen in der Neuen Welt seien Ausdruck einer „sittlichen Hemmungslosigkeit der romanischen Völker". Diese hätten „Rassenvermischung" in Amerika zugelassen, was sich nunmehr räche.[49] In einer Ausgabe von 1966 vereinnahmt der Autor dann Las Casas' Werk in eine ganz andere Richtung, wenn er bei seiner Positionierung gegen den Vietnamkrieg die Vernichtung der westindischen Länder Anfang des 16. Jahrhunderts durch die Spanier als Vorboten der ostindischen durch die Amerikaner im Vietnamkrieg einordnet.[50] Spanische Historiker haben Las Casas zum Teil bis in die 1960er Jahre negativ beurteilt, was damit in Verbindung stehen dürfte, dass die Berichte des großen Missionars und Beschützers der Indios auf die spanische Eroberung alles andere als ein gutes Licht warfen. Ein wichtiges Beispiel ist der hochdekorierte spanische Philologe und Historiker Ramón Menéndez Pidal (1869–1968), der in einem Werk von 1963 davon ausgeht, Las Casas sei geisteskrank gewesen und habe unter einer gespaltenen Persönlichkeit gelitten.[51]

In seiner „Brevísima relación" berichtet Las Casas von Grausamkeiten und Bestialitäten, die in ihrer Art sowie ihrer Zusammenballung schier unglaublich erscheinen. Es geht um sinnlose Morde an Tausenden und Abertausenden, um abscheuliche Folter mit dem Ziel, die Opfer zur Preisgabe von Goldverstecken zu zwingen, oder wegen der Freude daran, anderen Menschen unsägliche Qualen zuzufügen. Las Casas erwähnt – um es auf die Spitze zu treiben und die Dimension begreiflich zu machen – die Ernährung von Gefangenen mit Menschenfleisch und die hierfür nötigen Schlachtbänke.[52] Auch berichtet er, dass sich die Spanier gegenseitig Leichenteile „liehen," um ihre Hunde zu füttern; die Rückgabe erfolge, wenn der Hundebesitzer selbst wieder einen seiner Gefangenen „schlachtete".[53] Nach heuti-

47 Näheres zu diesem komplexen Thema bei Sievernich, in: Las Casas, Kurzgefaßter Bericht, S. 227 ff., mit weiteren Nachweisen; ferner Martínez, La leyenda negra; Cárcel, La leyenda negra.

48 Sievernich, in: Las Casas, Kurzgefaßter Bericht, S. 229; Enzensberger, ibid., S. 171.

49 Miller, Im Zeichen des Kreuzes, S. 21, 155.

50 Enzensberger, in: Las Casas, Kurzgefaßter Bericht, S. 172, 196 f.

51 Pidal, El Padre Las Casas, Fundstellen dort zusammengestellt auf S. 395 (Stichwort „enfermedad mental").

52 Las Casas, Kurzgefaßter Bericht, S. 76.

53 Ibid., S. 150.

gen Maßstäben würden die Schilderungen des spanischen Paters die forensische Psychiatrie auf den Plan rufen. Aber genau das ist vermutlich ein Teil der Wahrheit. Der rechtlose und gänzlich unkontrollierte Zustand in der Neuen Welt in den ersten Jahrzehnten nach ihrer Entdeckung war ein Anziehungsort für Perverse und Schwerverbrecher, ganz so wie in rechtsfreien Folterkellern irgendwo auf der Welt in späteren Jahrhunderten. Und die Eingeborenen waren den Abartigen und Massenmördern mit ihren Pferden, Schwertern und Schusswaffen völlig hilflos ausgeliefert. Las Casas machte es sich zur Aufgabe, die Indios zu beschützen.

Auf die Frage, wie genau das von Las Casas Geschilderte in Ausmaß und Umfang der Wahrheit entspricht, kann und werde ich nicht näher eingehen. Es ist für meine Frage, inwiefern sich menschenrechtliche Positionen bei Las Casas finden, nicht relevant. Nach den Ergebnissen moderner Forschungen spricht jedenfalls vieles dafür, dass er sich nah bei der Wahrheit befindet. Nach heutigen Schätzungen sank zwischen 1492 und 1650 die Bevölkerung auf dem Gebiet des heutigen Mexiko von rund 12 Millionen Menschen auf unter 1 Million.

Die „Brevísima relación" durchzieht ein Leitmotiv: Die Indios seien freundlich, hilfsbereit und den Spaniern wohlgesonnen, ja sogar bereit, diesen zu dienen beziehungsweise die Ihren als Knechte zu überlassen. Die Indios seien unverdorben oder sogar etwas naiv, ein wenig wie Kinder. Ganz ähnlich stellt sie Christoph Kolumbus in seinem Bordbuch dar.[54] Die Spanier hingegen seien durchweg durchtrieben, grausam, bösartig und gierig nach nichts als Gold. Dieses Motiv wird treffend als eines von „Schafen und Wölfen" beschrieben.[55]

Las Casas verurteilt also die Misshandlung der Indios, denen er einen friedlichen und aufrichtigen Charakter bescheinigt, durch die Spanier, die er als gierig und bestialisch darstellt, auf das Allerschärfste. Darin allein ist allerdings noch keine Aussage zu Las Casas' Position in Bezug auf Menschenrechte enthalten.

4.8.2.2.2 Positionierungen Las Casas' zu Menschenrechten

Ich möchte im Folgenden einen Überblick über menschenrechtlich relevante Positionen Las Casas' liefern, wie sie sich aus seinem Werk ergeben. Dabei stütze ich mich auf drei hierzu aussagekräftige Schriften. Es handelt sich um die „Disputation von Valladolid", die „Kurze apologetische Geschichte" und die „Geschichte Westindiens". Das umfangreiche und schwer zu überblickende Œuvre des Dominikaners ist nicht ohne Wiederholungen. Immer wieder greift er Themen noch einmal auf

---

54 Friedemann Berger, Christoph Columbus. Dokumente seines Lebens und seiner Reisen, Bd. 1: 1451–1493, Leipzig 1991, S. 106 ff.

55 Dazu Sievernich, in: Las Casas, Kurzgefaßter Bericht, S. 220 ff.

und bespricht sie aus anderer Perspektive und eventuell ausführlicher. Es ist für die Orientierung am besten, mit der Disputation von Valladolid zu beginnen. In dieser Auseinandersetzung mit Juan Ginés de Sepúlveda (1490–1573) – einem bedeutenden Gelehrten am Hof Karls V., den dieser zu einem der Erzieher seines Sohnes Philipp bestimmte – über die Indiofrage werden die unterschiedlichen Positionen deutlich: Sepúlveda formuliert seine Argumente, dann folgt die Gegenposition Las Casas'. Der Verständlichkeit zuträglich ist dabei auch, dass die Kommission, die in Valladolid über die in Rede stehende Streitfrage zu entscheiden hat, die Ausführungen von Las Casas offenbar zu weitschweifig findet und daraufhin ihr Mitglied Domingo de Soto (1494–1560) eine Zusammenfassung erstellt. In seiner „Kurzen apologetischen Geschichte" behandelt Las Casas die in Valladolid aufgeworfenen Punkte „Sind die Indios Barbaren?" und „Wie sind die Menschenopfer der Indios zu beurteilen?" vertiefend. In seiner Geschichte Westindiens beschäftigt er sich mit der Versklavung von Afrikanern.

4.8.2.2.2.1 Die Disputation von Valladolid

4.8.2.2.2.1.1 Argumentation Sepúlvedas

Die Kernthese von Las Casas' Gegner Sepúlveda lautet, dass die Indios ohne die vorherige Verkündung des christlichen Glaubens gewaltvoll unterworfen werden dürften. Grundlage dafür seien ihr Götzendienst, die von ihnen praktizierten Menschenopfer, der teilweise auftretende Kannibalismus sowie „die Ungebildetheit ihres Geistes, da sie als von Natur sklavische und barbarische Menschen schließlich den Menschen vornehmerer Geisteshaltung, wie es die Spanier sind, zum Dienst verpflichtet" seien.[56] Zudem erleichtere die gewaltvolle Unterwerfung der Indios die Verbreitung des christlichen Glaubens.

Weiterhin sei ein Krieg gerechtfertigt, wenn er sich gegen die Bekämpfung „widernatürlicher" Sünden richte. Hierbei verweist Sepúlveda insbesondere auf das „Unrecht, das die Indios den Unschuldigen antun, indem sie diese töten, um sie zu opfern oder zu verspeisen".[57] Er rechnet vor, dass während der 30 Jahre, die zwischen dem Beginn der Conquista und der Disputation lägen, bereits 600.000 Menschen auf diese Weise zu Tode gekommen seien. Nachdem die Conquista nicht annähernd so viele Opfer mit sich bringe, sei sie angemessen, um zu verhindern, dass die ungetauften Opfer in die Hölle kämen. Diese Menschenopfer seien auch keinesfalls entschuldbar, hätten doch bereits die antiken Völker schon vor der Ausbreitung des Christentums derartige Praktiken geächtet.

---

56 De Soto, Summarium, S. 351.

57 Ibid., S. 369.

Darüber hinaus argumentiert Sepúlveda, dass die Indios „Barbaren" seien:

> Unter Barbaren versteht man [...] diejenigen, welche nicht in Übereinstimmung mit der natürlichen Vernunft leben und verderbte Sitten haben, die unter ihnen öffentlich gebilligt werden [...]. Daß diese Menschen nämlich von geringerer Auffassungsgabe und verderbten Sitten sind, ist durch das Wort nahezu aller, die von dort kommen, belegt.

Die Folge davon, dass es sich bei den Indios um Barbaren handele, sei, dass sie „zum Gehorsam gegenüber den Klugen und Humanen gezwungen werden dürften".[58] Die Definition, die Sepúlveda seinen Ausführungen zugrunde legt, stimmt mit der antiken Bedeutung des Begriffes überein, wie sie zur Zeit des Humanismus gängig war.[59] Anders als Las Casas subsumiert Sepúlveda jedoch nur auf der Basis von Berichten anderer. In der Neuen Welt war er nie.

4.8.2.2.2.1.2 Gegenargumentation Las Casas'

Im Unterschied zu Sepúlveda hält Las Casas einen Krieg gegen die Indios für unchristlich und verboten. Zwar befürwortet auch er ihre Christianisierung. Doch habe diese mit friedlichen Mitteln zu erfolgen.

> Mit ungerechten Kriegen [...], mit Bergen und Feldern, getränkt mit dem Blut unschuldiger Menschen, mit der Ruchlosigkeit und Blasphemie gegenüber Christus und seinem Glauben kann kein Christ in erlaubter und ehrenhafter Weise die apostolische Autorität oder die Herrschaft eines christlichen Königs bekräftigen und verteidigen. Vielmehr wird der apostolische Stuhl verleumdet und um seine Autorität gebracht, [...] der wahre Gott entehrt und [...] der echte Rechtstitel und die Herrschaft des Königs durch das, was der Doktor Sepúlveda ersinnt, zerstört und verloren.[60]

Las Casas stimmt mit Sepúlveda grundsätzlich darin überein, dass die Zahl der Opfer eines Krieges immer in einem akzeptablen Verhältnis zu der Zahl der Geretteten stehen müsse. Doch meint er, Sepúlvedas Berechnungen seien falsch. Zudem verbiete das christliche Verbot „Du sollst nicht töten" die Ermordung Unschuldiger

---

58 De Sepúlveda, Antworten, S. 381 f.

59 Dazu Hans Grüneberger u. Gerrit Walther, Art. Barbar, in: Friedrich Jäger (Hg.), Enzyklopädie der Neuzeit, Bd. 1, Heidelberg 2005, Sp. 967 f. Letztlich gleicht das auch dem Begriff des Barbaren, den Las Casas seiner „Kurzen apologetischen Geschichte" zugrunde legt. Diesen führt er auch zurück auf Thomas v. Aquin, aber auch auf Aristoteles, den er zeitgemäß nur als „den Philosophen" bezeichnet, Las Casas, Kurze apologetische Geschichte, S. 347 ff.

60 Las Casas, Entgegnungen, S. 391.

in einem solchen Krieg. Die gewaltvolle Unterwerfung erschwere außerdem die Missionierung der Indios erheblich, da sie dann „nicht nur keine Zuneigung zu den Christen entwickeln werden, sondern […] vielmehr auf sie speien und einen derartigen Gott verabscheuen werden, der solche Menschen duldet. Und sie werden das Gesetz, das solches billigt, verfluchen und den Glauben für falsch halten, den sie predigen".[61]

Las Casas geht – anders als sein Gegenspieler Sepúlveda – nicht davon aus, dass die Indios Barbaren seien, die versklavt werden dürften. Ihr derzeitiger Zustand unterscheide sich nicht von dem anderer Völker vor der Christianisierung. Vielmehr zeige ihr Gemeinwesen sogar starke Spuren von Zivilisation.

Bloßer Götzendienst ist für Las Casas kein hinreichender Anlass, um Krieg gegen Heiden zu führen, auch weil es sich dabei um einen entschuldbaren Irrtum der Indios handele. Nachdem diese nämlich den wahren Glauben noch nicht empfangen hätten und sich zudem den Gräueltaten der Spanier ausgesetzt fänden, sei es sogar über die Menschenopfer hinaus entschuldbar, Missionare und „alle Dominikaner und den hl. Paulus mit ihnen" zu töten.[62] Menschenopfer seien außerdem eine bis in die Antike zurückreichende verfehlte Form der Gottesverehrung, welche selbst die Römer praktiziert hätten. Las Casas geht sogar so weit zu sagen, Gott habe durch die Weisung an Abraham, seinen Sohn zu opfern, selbst ein Menschenopfer in Kauf genommen.[63] Weiterhin führt er die Geschichte von Jephta an, der im Gegenzug für einen Sieg auf dem Schlachtfeld Gott versprach: „[S]o soll, was mir aus meiner Haustür entgegengeht, […] dem Herrn gehören, und ich will's als Brandopfer darbringen." Entgegen kam ihm nach seinem Sieg „seine Tochter […] mit Pauken im Reigen. Sie war sein einziges Kind, und er hatte sonst keinen Sohn und keine Tochter."[64] Jephta hielt sich an sein Gelübde. Er brachte seine einzige Tochter dem Herrn als Menschenopfer dar. „Aus alldem geht hervor, daß Gott ein solches Gelübde angenommen und folglich das Menschenopfer sein Gefallen gefunden hat."[65] Aus der unaufgeklärten Perspektive der Heidenvölker handele

61 De Soto, Summarium, S. 364.

62 Las Casas, Entgegnungen, S. 433. Alle Dominikaner oder gar den Heiligen Paulus haben die Indios natürlich nicht getötet. Es kam jedoch, wie Las Casas an dieser Stelle selbst schildert, zur Tötung einiger Dominikaner.

63 Tzvetan Todorov, Die Eroberung Amerikas. Das Problem des Anderen, Frankfurt am Main 1985, S. 224, stellt darüber hinaus die Behauptung auf, Las Casas erinnere daran, dass „Jesus schließlich auch von Gottvater geopfert wurde". Er liefert hierfür allerdings keinen Beleg.

64 Richter 11, 31–34.

65 Las Casas, Entgegnungen, S. 420.

es sich um die größtmögliche Form der Gottesverehrung, wodurch die besondere Frömmigkeit der Indios belegt werde.

4.8.2.2.2.2 „Kurze apologetische Geschichte"

In seinem Werk „Kurze apologetische Geschichte" behandelt Las Casas zwei in der Disputation angesprochene Punkte vertiefend: erstens die Frage, ob die Indios als Barbaren anzusehen seien, und zweitens die Frage des „Götzendienstes", zugespitzt: die der Menschenopfer.

4.8.2.2.2.2.1 Das Barbarenargument

An Aristoteles anknüpfend unterscheidet Las Casas vier Arten von Barbaren: Die Angehörigen der ersten Gruppe seien „von der Leidenschaft verblendete Menschen – nachdem sie die Regeln und die Ordnung der Vernunft sowie die Milde und Sanftmut aufgegeben und vergessen hatten, die sie auf Grund ihrer menschlichen Natur besitzen müssen". Las Casas setzt sie mit den „grimmigen und reißenden Tiere[n] des Waldes" gleich. „Barbarisch" in diesem Sinne bedeute „etwas Fremdes, Maßloses oder Neues, das von der menschlichen Natur und dem gesunden Menschenverstand abweicht".[66] Als zweite Gruppe fiele die Bezeichnung „Barbaren" auf diejenigen, die die Sprache des Betrachters nicht oder nicht gut beherrschten und auf all diejenigen, „die keine Schriftsprache kennen".[67]

Bei der dritten Gruppe von Barbaren handele es sich um jene, denen fremd sei, „was es in Wahrheit bedeutet, Mensch zu sein", und ebenso fremd „die menschliche Vernunft und das […], was der größte Teil aller Menschen befolgt und gebraucht und was bei ihnen allgemein üblich und naturgegeben ist".[68] Im Unterschied zur ersten Gruppe sei hier der Mangel unumkehrbar. Die vierte Gruppe, die Aristoteles noch nicht kannte, erfasse schließlich die Ungläubigen, wobei Las Casas auch hier die Unterscheidung von bloßen Heiden und Häretikern vornimmt.

Die Barbaren der ersten, zweiten und vierten Gruppe seien nur „Barbaren **secundum quid**, also bedingt und nur in bezug auf einen gewissen [heilbaren] Mangel".[69] Las Casas erkennt zwar an, dass Krieg gegen die Häretiker, also einen Teil der vierten Gruppe, geführt werden dürfe. „Sklaven von Natur" im aristotelischen Sinne seien aber nur Angehörige der dritten Gruppe. Diese dürften „die vernünftigen und guten Herrschenden, die klüger als sie sind, […] beherrschen, und […] weil

66 Las Casas, Kurze apologetische Geschichte, S. 496.
67 Ibid., S. 497.
68 Ibid., S. 500.
69 Ibid., S. 510.

sie solche Fehler haben und anderen schaden, sogar jagen und einfangen, um sie zurückzuhalten, damit sie anderen kein Unrecht und nichts Böses antun können".[70]

Las Casas ordnet die Indios als bloße Heiden der zweiten und vierten Gruppe zu. Sie würden nicht zur ersten Gruppe gehören, da der dafür charakteristische Mangel nur auf Fehlentscheidungen Einzelner beruhe und nicht für ein ganzes Volk gelten könne. Hinsichtlich der dritten Gruppe führt er aus:

> Diese Völker gehören auch nicht zur dritten Art, wie sich eindeutig zeigt, weil sie ihre Königreiche und Könige, ihre Staatsordnungen, ihre gut regierten und wohlgeordneten Gemeinwesen, ihre Heimatorte, Besitzungen und Haushalte haben; sie leben mit Gesetzen, besonderen Rechten und Verordnungen; sie üben eine eigenen Gerichtsbarkeit aus, und damit schaden sie niemandem; so etwas läßt sich von jenen anderen nicht behaupten, denn bei ihnen ist das genaue Gegenteil üblich.[71]

Daraus folge, „daß all diese Völkerschaften nur im weiteren Sinn Barbaren sind, und zwar wegen einer bestimmten Eigenschaft, nämlich der ersten, weil sie Ungläubige sind, was sich allein darauf zurückführen läßt, daß ihnen unser heiliger Glaube fehlt". Dementsprechend gelte: „Die Indios sind nicht ‚barbarischer' als wir, wenn man vom Christentum absieht".[72]

4.8.2.2.2.2.2 Der Götzendienst der Indios

Las Casas will zeigen, dass die Indios die drei Formen aristotelischer Klugheit besäßen: die ökonomische, die monastische und die politische. Im Rahmen der politischen Klugheit befasst sich Las Casas mit ihrer Religion. Dabei verfolgt er das Ziel zu beweisen, dass der bloße Götzendienst kein hinreichender Anlass für eine gewaltvolle Unterwerfung im Wege der Conquista sei. Grundannahme Las Casas' ist, dass alle Menschen ein natürliches Bedürfnis hätten, nach Gott zu streben. Dieses ermögliche es allerdings nicht ohne Weiteres, den wahren Gott zu erkennen:

> Daher legte Gottes Güte in jede Menschenseele während des Augenblicks, da sie geschaffen wurde, ein natürliches Licht der Vernunft und ein von diesem bewirktes, wenn auch verworrenes Erkenntnisvermögen und zusammen damit einen Drang [...] zu erkennen,

70 Ibid., S. 502.

71 Ibid., S. 511.

72 Ibid., S. 510–512.

> daß es einen Gott und Schöpfer gibt und daß man danach trachten muß, ihm als Gott und Herrn zu dienen und ihn anzubeten.[73]

Dieses natürliche Streben nach Gott sei zugleich die Ursache des Götzendienstes. Solange die Menschen nicht die Existenz des wahren Gottes gezeigt bekämen, sei Götzendienst natürlich. Darauf beruht auch die von Las Casas vorgenommene Unterscheidung von Heiden und Häretikern. Niemandem, der den wahren Gott nicht kenne, sei „natürlicher Götzendienst" zum Vorwurf zu machen. Diese Menschen seien (lediglich) Heiden, gegen die nicht schon wegen des Götzendienstes Kriegsführung erlaubt sei. Nur „die Häretiker können mit Gewalt zum Glauben zurückgeführt werden, den sie in der Taufe versprochen haben, insofern sie bereits der Kirche [...] unterworfen sind; das gilt nicht für die Indios, denn sie sind keine Untergebenen, insofern sie die Taufe nicht empfangen haben."[74]

Auf dieser Grundlage erklärt Las Casas auch die Menschenopfer. Im Grundsatz lehnt er diese strikt ab, führt er sie doch auf den Einfluss von Dämonen und des Teufels zurück. Allerdings seien Menschenopfer ein uralter, einst bei nahezu allen Völkern üblicher Brauch gewesen. Ferner sei auch diese Form des Götzendienstes durch das natürliche Streben nach Gott zu begründen. Dabei geht Las Casas so weit zu behaupten, die Menschenopfer entsprächen einer besonders gewissenhaften Erfüllung dieses Bedürfnisses, was Zeugnis von einer starken Frömmigkeit der Indios ablege.[75]

Dennoch: Auch für Las Casas sind die Indios vor Annahme des christlichen Glaubens unvollkommen. Vor ihrer Taufe kämen sie – wie alle anderen Heiden auch – unweigerlich in die Hölle[76] (wobei im Übrigen nach Las Casas' Meinung auch den Conquistadores kein anderes Ende beschieden sei).[77] Sollten die Indios aber den christlichen Glauben annehmen, so bestehe zwischen ihnen und den Spaniern kein Unterschied mehr. Las Casas sieht mithin die in seinen Augen ohne

---

73 Ibid., S. 382 f.

74 Las Casas, Entgegnungen, S. 408.

75 Las Casas, Kurze apologetische Geschichte, S. 458. Las Casas bezieht sich an dieser Stelle nicht mehr nur auf die Menschenopfer. Insbesondere nimmt er auch die angebliche Selbstkasteiung der Indios in den Blick. So würden sich die Indios etwa die Zunge aufschneiden und tausende Stäbe in diese stecken oder ihren Penis aufschneiden und ein Seil hindurchziehen, um die Götter zu ehren, Las Casas, Kurze apologetische Geschichte, S. 453, 457.

76 Las Casas, Entgegnungen, S. 414.

77 Las Casas, Geschichte Westindiens, S. 323: „Der [...] Zustand [den die Conquistadores durchlaufen], an dem ich nicht zweifle, ist, daß sie, sobald sie sterben, zur Hölle fahren, um dafür zu büßen, was sie um den Preis so vielen Blutes ihrer Nächsten gegessen und getrunken haben".

Weiteres mögliche friedliche Bekehrung der Indios als Notwendigkeit, von der er den Herrschaftsanspruch der Spanier abhängig macht. Zum Zweck ihrer Christianisierung sei es zwar zulässig, die Indios zu bevormunden, nicht aber, Gewalt gegen sie auszuüben oder gar Krieg zu führen.

Bei all dem setzt Las Casas nachdrücklich auf Freiwilligkeit. Diese ist ihm der zentrale Punkt.[78] Dafür startete er ein eigenes Missionierungsprojekt. Er handelte mit Karl V. einen Vertrag aus, der ihn dazu berechtigte, sich mit 50 spanischen Siedlern „auf ein[em] Gebiet von 300 Meilen an der Küste des Nordmeeres“ niederzulassen und dieses zu bewirtschaften.[79] Er verfolgte das Ziel, die Indios von der Gutmütigkeit der Spanier zu überzeugen, sie friedlich zu missionieren und der Krone zu unterwerfen. Auch wenn all das scheiterte und ein Großteil der Siedler von Indios getötet wurde: An Las Casas' Überzeugung von der Richtigkeit seiner Position änderte das nichts. Er ging davon aus, die gewaltsamen Übergriffe der Indios seien vor allem auf das auch während des Projektes fortdauernde brutale Vorgehen anderer Spanier zurückführen.

Eine Zwangsbekehrung ist in Las Casas' Augen völlig wertlos. Und ein vor Gott zählendes Bekenntnis zum christlichen Glauben besitzt bei ihm auch ein intellektuelles Element. Nur wer verstehe, was er glaube, was Christsein bedeute, könne dem Höllenfeuer entrinnen und zum ewigen Leben gelangen:

> Zu verstehen, was die Kirche ist, und als Mensch verpflichtet zu sein, sich ihr zu unterwerfen – setzte das nicht voraus, die Lehre unseres christlichen Glaubens zu kennen und sie zu glauben?[80]

Noch weiter geht Las Casas, wenn er sagt, nicht nur der Herrschaftsanspruch Spaniens, sondern auch der des Heiligen Stuhls über die Neue Welt hänge von einer wissenden und freiwilligen Bekehrung ihrer Bewohner zum christlichen Glauben ab:

> Wenn er jedoch durch kein Recht und keinen Grund dazu verpflichtet ist, an Kirche und Papst zu glauben, und dies ohne irgendeine Schuld, schwere oder läßliche Sünde: wie oder aus welchem Grunde sollte der zum Glauben daran verpflichtet sein, daß der Papst

78 Gillner, Las Casas und die Menschenrechte, 154 f.; García, Bartolomé de las Casas, S. 18 f.

79 Las Casas, Geschichte Westindiens, S. 283, 286.

80 Ibid., S. 250.

> die Macht habe, die Länder und Besitztümer zu verschenken, die Völker [zu] besitzen, welche [...] schon so lange souveräne Besitzer und Eigentümer gewesen sind?[81]

Eine Unterscheidung im jenseitigen Schicksal zwischen denen, die durch persönliche Schuld ungläubig seien, und denen, die hieran ohne Schuld seien, trifft Las Casas nicht. Eine Vorhölle wie in Dantes „Göttlicher Komödie", in der sich etwa Kinder befinden, die vor ihrer Taufe verstorben sind,[82] existiert für ihn nicht. „Aut Caesar, aut nihil": Alle Ungläubigen schmoren einfach gleichermaßen in derselben Hölle.

4.8.2.2.2.3 Geschichte Westindiens

4.8.2.2.2.3.1 Entstehungsgeschichte, Herangehensweise und Wirkung

Die „Geschichte Westindiens" erzählt vor allem die Geschichte der Conquista. Dabei arbeitet Las Casas – um mit den Worten des Herausgebers zu sprechen – „geschichtstheologisch", das heißt, er beschränkt sich nicht auf die bloße historische Darstellung, sondern ordnet diese in einen göttlichen Gesamtplan ein.[83] Mit all seinen Vorwürfen gegen die Conquistadores weist der Text zum Teil starke Ähnlichkeiten zum „Kurzgefassten Bericht über die Zerstörung Westindiens" auf. In seiner Geschichte Westindiens legt Las Casas auch dar, wie er selbst zum Verteidiger der Indios wurde und wie sich seine Position zum Einsatz afrikanischer Sklaven verändert hat.

4.8.2.2.2.3.2 Ursachen für das Umdenken Las Casas' in der Indiofrage

Las Casas war, wie oben bereits gesagt, keinesfalls von Anfang an der Verteidiger der Indios, als den wir ihn heute kennen. Vielmehr war er ursprünglich noch ein Teil der Conquista und hatte sogar eine eigene Encomienda, das heißt, er besaß einige Indiosklaven, die er „in die Minen, auf Goldsuche und in die Aussaat schickte, um sie so weit wie möglich auszunutzen". Zwar behauptet er, die Indios sanfter als andere behandelt und sich auch gegen ihre sinnlose Abschlachtung eingesetzt zu haben. Dabei war er jedoch wohl weniger auf deren Seelenheil, sondern vielmehr auf die effizienteste Verwendung ihrer Arbeitskraft bedacht. Dementsprechend machte sich bei Las Casas zu diesem Zeitpunkt auch nicht mehr als ein diffuses Gefühl der Unruhe breit.[84]

---

81 Ibid., S. 251.

82 Dante, Göttliche Komödie, Hölle, Vierter Gesang, 1. Abteilung, 1. Kreis: Ungetaufte, Erzväter, Dichter, Helden, Philosophen der Heidenzeit.

83 Delgado, Einleitung. Las Casas als „Historiker" und „Geschichtstheologe", S. 144 f.

84 Las Casas, Geschichte Westindiens, S. 262.

Sein Umdenken führt Las Casas selbst vor allem auf die Beschäftigung mit einer Stelle aus dem Alten Testament[85] zurück. Auch das Handeln der Dominikaner soll auf sein Umdenken eingewirkt haben. Las Casas war keinesfalls der Erste, der die Verbrechen an den Indios anklagte.[86] So verweigerten die Dominikaner allen, die Indiosklaven hielten, Beichte und Absolution, was auch Las Casas persönlich traf. Der Sinneswandel bei ihm bewirkte, dass er seine Indios freiließ und begann, gegen die Praktiken der Conquistadores zu predigen.

4.8.2.2.2.3.3 Las Casas' Haltung zu afrikanischen Sklaven

Zwar sprach Las Casas sich in späteren Jahren ausdrücklich gegen den Einsatz schwarzer Sklaven in Westindien aus. Davor aber können wir ihn als „einseitige[n] ‚christlichen' Humanist[en] [beschreiben], der die Menschenwürde der Indios entdeckt und leidenschaftlich verteidigt, aber auf Kosten der Menschenwürde der Neger, deren Verletzung er Tür und Tor öffnet".[87]

Las Casas setzte sich nicht nur auf einer abstrakten akademischen Ebene für den Einsatz (nicht: die Einführung)[88] schwarzer Sklaven in Westindien ein. Er trug auch als wesentlicher politischer Akteur aktiv dazu bei. Nachdem die Dominikaner nach wie vor allen, die Indiosklaven hielten, die Beichte verweigert hatten, suchten die spanischen Siedler nach Alternativen. Als die Idee aufkam, anstelle der Indios Afrikaner zu versklaven, zeigte sich Las Casas sofort davon überzeugt und unterbreitete den Vorschlag, schwarze Sklaven nach Westindien zu bringen. Nachdem Karl V. persönlich von dieser Idee erfahren hatte, vergab er entsprechende Lizenzen.

Die Umsetzung schlug jedoch in mehrfacher Hinsicht fehl. So kauften Mittelsmänner die Lizenzen auf, die gleichzeitig verlangten, dass keine neuen zu erteilen seien. Diese Monopolstellung ermöglichte es ihnen, afrikanische Sklaven zu Wucherpreisen an die spanischen Siedler zu verkaufen. Zudem wurden die Indios –

---

85 Jesus Sirach 34, 21–27: „Wer ein Opfer von unrechtem Gut darbringt, dessen Gabe ist mit Makel behaftet, denn Gaben der Gesetzlosen finden keinen Gefallen. An Gaben der Gottlosen hat der Höchste kein Gefallen, auch vergibt er nicht Sünden aufgrund einer Fülle an Opfern. Man opfert den Sohn vor den Augen des Vaters, wenn man ein Opfer darbringt vom Gut der Armen. Kärgliches Brot ist das Leben der Armen, wer es ihnen raubt, ist ein Blutsauger. Den Nächsten mordet, wer ihm den Unterhalt wegnimmt, und Blut vergießt, wer einem Lohnarbeiter den Lohn raubt."

86 Besondere Bedeutung misst er Fray Antón de Montesinos zu, welcher als einer der ersten Europäer öffentlich die „Verbrechen" an den Indios anklagte, Las Casas, Geschichte Westindiens, S. 222 ff.

87 Delgado, Anm. bei Las Casas, Geschichte Westindiens, S. 277.

88 Afrikanische Sklaven kamen in der Neuen Welt bereits vor dem Vorschlag Las Casas' zum Einsatz (statt vieler Neumann, Las Casas, S. 91 ff.). Zu der wiederum durch den Gang der Geschichte über Jahrhunderte politisch hoch aufgeladenen Debatte über Las Casas als vermeintlichen Einführer schwarzer Sklaven in den Amerikas: von Stackelberg, Primero el clerigo Casas, S. 30–46.

obwohl die afrikanischen Sklaven zum Einsatz kamen – trotzdem nicht freigelassen. Weiterhin entkamen etliche der 100.000 schwarzen Sklaven der Knechtschaft und „schl[ossen] sich Banden an, empör[t]en sich, töte[ten] und mißhandel[ten] grausam die Spanier, sooft sich ihnen hierzu eine Möglichkeit b[ot]; und darum [waren] die kleinen Ortschaften auf dieser Insel nicht allzu sicher, und das [war] eine weitere Plage".[89]

Bei Las Casas trat in Bezug auf die Versklavung von Afrikanern ein Sinneswandel ein, so dass er sich schließlich dagegen aussprach und seine Schuld eingestand:[90]

> Diesen Rat, den der Kleriker [gemeint ist Las Casas selbst] gegeben hatte, bereute er später nicht wenig, weil er meinte, er sei aus Unachtsamkeit schuldig geworden; denn da er alsbald sah und entdeckte, wie es sich zeigen wird, daß die Knechtschaft der Neger ebenso ungerecht wie die der Indios ist, war es ja kein kluges Rettungsmittel, was er empfohlen hatte: daß man Neger einführen solle, damit man Indios freilassen könne; mochte er damals angenommen haben, daß jene zu Recht in Gefangenschaft geraten wären. Dennoch war er nicht sicher, ob ihn seine damalige Unkenntnis und sein guter Wille vor dem göttlichen Gericht entschuldigen könnten.[91]

Woher dieser Sinneswandel kam, wissen wir nicht. Die Ursache dafür hat Las Casas nie dargelegt.[92] Wir wissen auch nicht, warum er ursprünglich meinte, dass „jene zu Recht in Gefangenschaft geraten wären". Was genau für Las Casas irgendwann ein legitimer Grund für die Versklavung von Tausenden war und wieso plötzlich nicht mehr, bleibt im Dunkeln.

4.8.3 Fazit und Würdigung

4.8.3.1 War Las Casas „mehr Mensch als Priester"?

Wenn die französische Historikerin und Las-Casas-Spezialistin Marianne Mahn-Lot (1913–2005) im Fazit ihres Buches über Las Casas und das Recht der Indios die Frage aufwirft, ob wir ihn als einen Vorreiter oder Verteidiger der Menschenrechte ansehen könnten, zählt sie zunächst ihre Auffassung stützende Argumente auf. Mit Leidenschaft habe der Dominikaner Gerechtigkeit und Freiheit verteidigt, deren

89 Las Casas, Geschichte Westindiens, S. 282.

90 Ibid., S. 278, 281.

91 Ibid., S. 281.

92 Delgado, Anm. 35 bei Las Casas, Geschichte Westindiens, S. 281. Möglicherweise wollte er das in einem späteren Band der Geschichte Westindiens nachholen, der dann aber nie erschienen ist.

Anwendung allein es ermöglicht habe, die Würde der menschlichen Existenz („la dignité de l'existence humaine") zu wahren. Zwar habe er Sklaverei nicht grundsätzlich abgelehnt, dennoch aber immer wieder gesagt, dass der Mensch frei geboren und die Freiheit das höchste Gut für ihn sei. Niemand habe mehr bekräftigt, dass grundsätzlich alle Menschen, alle Völker ohne Unterschied frei sein sollten, um einen Zustand der Zivilisation zu erreichen, unabhängig von der Rückständigkeit ihres Ausgangspunktes („quelle que soit l'arriération de leur point de départ").[93]

Dennoch habe der Begriff „Menschenrechte" hier etwas Anachronistisches, entstamme er doch erst der Erklärung der Bürger- und Menschenrechte von 1789 (die Mahn-Lot als einzige Quelle nennt).[94] Diese sei ein Werk der Französischen Revolution, genährt von der Philosophie der Aufklärung und entschieden antiklerikal. So gingen zeitgenössische Würdigungen des frühneuzeitlichen spanischen Dominikaners auch in genau diese Richtung, heiße es doch dort, er sei „mehr Mensch als Priester" gewesen oder ein „Freund der Menschheit".[95] Stets müssten wir vor Augen behalten, dass wir das Naturrecht der scholastischen Theologie nicht mit dem modernen verwechseln dürften. Ersteres erfasse den Menschen allein in seinem sozialen Umfeld und seiner Beziehung zu Gott. Mitnichten gewähre es dem Einzelnen einen Katalog abstrakter Rechte. Dennoch sei eine tiefe Verbundenheit zu erkennen zwischen dem Kampf von Las Casas und der Bewegung, die sich in der Französischen Revolution ausgedrückt habe.

Marianne Mahn-Lot ist also bei aller von ihrer Seite angemahnten Vorsicht durchaus geneigt, Las Casas im Einklang mit den zu Beginn dieses Kapitels zitierten Stimmen mit den Kämpfern für Menschenrechte späterer Jahrhunderte in eine Linie zu stellen. Überzeugender wird ihre Argumentation, wenn sie deutlich sagt, was unter „Menschenrechte" zu verstehen sei. Mahn-Lot nennt Gerechtigkeit (nebulös) und Freiheit im Sinne von Kampf gegen Sklaverei (nicht nebulös). Dann spricht sie noch von einer Art Säkularisierung, insbesondere während der Französischen Revolution, was für den tiefreligiösen Las Casas gewiss ein Anachronismus ist. An genau diesem Punkt aber würde ich ansetzen. Wenn ein Wesensmerkmal von Menschenrechten darin liegt, dass für alle Menschen – so sehr sie sich auch voneinander unterscheiden – allein mit dem Menschsein Rechte verbunden sind,

---

93 Mahn-Lot, Bartolomé de las Casas, S. 257.

94 Dieser möglicherweise frankophil geprägte Standpunkt ließe sich etwa mit einem Blick auf die Virginia Declaration of Rights ohne Weiteres bestreiten.

95 Guillaume Thomas François Raynal, Histoire philosophique et politique des établissements et du commerce des Européens dans les deux Indes, Bd. 4, Neuchâtel/Genua 1783, Kap. XV „plus homme que pretre"; „ami de genre humain", zitiert nach Mahn-Lot, Bartolomé de las Casas, S. 258.

dann muss die Gretchenfrage für einen tiefreligiösen Menschen und eine ebensolche Gesellschaft doch dahin gehen, wie sie mit Angehörigen einer völlig konträren Glaubenswelt umgeht. Können Götzendiener, die abstrusen und blutrünstigen Ritualen nachgehen, überhaupt mit uns auf einer Stufe stehen? Anders ausgedrückt: Sind das überhaupt Menschen? Oder juristisch ausgedrückt: Sind das Menschen im Rechtssinn? Wenn nicht, dann gilt nichts für sie, das für Menschen gilt, weder naturrechtliche Erwägungen welcher Art auch immer noch christliche Gebote über Barmherzigkeit oder was das kanonische Recht über „personae miserabiles" sagt.[96] Von diesem Ausgangspunkt her gewinnt Las Casas' Position im Disput über die indianischen Menschenopfer besonderes Gewicht.

Las Casas' Gedankengänge zeigen, wie radikal er in seiner Bereitschaft ist, sich auf eine völlig andere Kultur und deren Werte einzulassen, diese als solche zu erfassen und einen Minimalkonsens zu suchen. Das bedeutet aber nicht, dass diese fremde Kultur mit ihren Angehörigen ein Existenzrecht genauso wie die eigene habe. Las Casas war gewiss nicht religiös tolerant, genauso wenig, wie etwa Martin Luther das war.[97] Für Las Casas zählt der Katholizismus und sonst nichts. Wer diesen nicht aus freien Stücken und mit klarem Verstand angenommen habe, komme unweigerlich und ohne jede Differenzierung in die Hölle. Das ist für Las Casas das Einzige, was zählt. Das wird deutlich in der Disputation von Valladolid, wenn er seinem Gegner Sepúlveda entgegenhält, was es wirklich sein sollte, das „seine Seele erbarmt, ihm die Eingeweide zerreißt und das Herz bricht". Das nämlich seien die

> etwa zwanzig Millionen Seelen, die in der jüngsten Zeit ohne Glauben und Sakramente verlorengingen, die aber aufgrund ihrer großen Bereitwilligkeit zum Empfang des Glaubens, mit der Gott sie ausstattete, hätten gerettet werden können. Sie wurden verdammt, weil die Spanier ihnen Zeit und Raum zur Bekehrung und Buße raubten, indem sie sie gegen alle Vernunft und Gerechtigkeit in Stücke rissen, nur um sie auszurauben und gefangenzunehmen.[98]

Ich sage es noch einmal: Die Indios kommen für Las Casas selbst dann in die Hölle, wenn sie unrechtmäßig von Spaniern getötet werden. Das ist es, was ihm große Sorge bereitet. Es geht ihm um Seelen, nicht um Menschenleben.

---

96 Thomas Duve, Sonderrecht in der Frühen Neuzeit. Studien zum ius singulare und den privilegia miserabilium personarum, senum und indorum in Alter und Neuer Welt, Frankfurt am Main 2008, insb. S. 6–11, 167–193.

97 S. o. Kap. 4.4., S. 119.

98 Las Casas, Entgegnungen, S. 414.

Auch wenn Las Casas viel Argumentationsaufwand aufbringt, um darzulegen, dass die auf Menschenopfern basierende Indioreligion von einer tiefen Frömmigkeit zeugt, nimmt er diese Religion doch nicht ernst. Die Indios sind für ihn wie Kinder, die es einfach nicht besser wissen, und dringlich sowie im eigenen Interesse eines Besseren zu belehren seien. Insoweit ist bis hierher nicht nachvollziehbar, was Gilberto da Silva meint, wenn er Las Casas eine „faktische religiöse Toleranz“ den Indios gegenüber attestiert.[99] Las Casas war wie gesagt nicht religiös tolerant, auch nicht „faktisch“, was auch immer das heißen soll.

Deutlich wird das, wenn wir einen Blick darauf werfen, wie bösartig Las Casas über Juden spricht. In viel abscheulicherer Art als die Indios würden diese Menschenopfer darbringen. So würden die Priester der Juden Eltern einreden, ihnen ihre kleinen Kinder als Opfer für den Gott Moloch zu überlassen. Das Kind würden besagte Priester dann in die Arme eines glühenden metallenen Standbildes legen, wo es „briet und verkohlte [...], bis es zu Staub zerfiel, und weil die Kleinen bei dieser ganz entsetzlichen und unmenschlich harten Folter laut stöhnten und schrien, während sie brieten und noch am Leben waren, machten die Priester, damit die Eltern dies nicht hörten [...,] großen Lärm“.[100] Bräuche der Indios, wie bei der Geburt von Zwillingen einen der beiden zu töten oder auch Kannibalismus, entschuldigt Las Casas demgegenüber großzügig. Sein Herausgeber Mariano Delgado spricht gar von einer „advokatorischen Idealisierung“[101] der Indios durch Las Casas.

Moslems sieht Las Casas im Übrigen (selbstverständlich) auch nicht als zu duldende Religionsgemeinschaft an. Er nimmt auf sie Bezug, wenn er die Praxis der Spanier kritisiert, den Indios ein Schriftstück (Requerimiento) in (für sie unverständlicher) spanischer Sprache zu verlesen und es dann als Kriegsgrund herzunehmen, wenn die Indios diesem nicht Folge leisteten. Las Casas sagt: Wenn die „Mauren oder Türken kämen und ihnen [den Indios] eben dieses **requerimiento** bescherten, daß Mohammed nämlich Herr und Schöpfer der Welt und der Menschen sei, wären sie dann verpflichtet, ihnen das zu glauben?“.[102] Las Casas nimmt den Islam hier als Chiffre für etwas gänzlich Abwegiges, so dass die Idee, jemandem diesen Glauben unterzuschieben, als völlig aberwitzig erscheint. Ferner lehnt Las Casas die gewaltsame Unterwerfung der Indios ab mit der Begründung, diese ebne die Unterschiede zwischen den Christen und „Mohammed [...], der den Befehl gab, seine Sekte mit Waffengewalt zu verbreiten“, ein.[103]

---

99 Da Silva, Mission und Gewalt im Reich Gottes, S. 177.

100 Las Casas, Kurze apologetische Geschichte, S. 432 f.

101 Delgado, Einleitung: Las Casas als „Anthropologe des Glaubens“, S. 337.

102 Las Casas, Geschichte Westindiens, S. 249.

103 De Soto, Summarium, S. 365 f.

4.8.3.2 Menschenrechtliche Nebenprodukte

Las Casas steht mit seinem Weltbild im christlichen Mittelalter. Es entspricht dem des Augustinus, wenn er den Lauf aller Dinge theologisch deutet und in einen göttlichen Gesamtplan einordnet. Dabei interessiert Las Casas sich für das, wofür sich ein Dominikanerpater des 16. Jahrhunderts eben interessiert: für Seelsorge, am Ende des Tages für die Rettung von Seelen.[104] Menschenrechte spielen in seinem Weltbild konzeptionell keine Rolle. Zu keinem Zeitpunkt war Las Casas – anders als das oben wiedergegebene Zitat glauben machen will – „mehr Mensch als Priester". Falls er sich in irgendeiner Form zum Thema Menschenrechte äußert, so ist es ein Zufalls- beziehungsweise Nebenprodukt von Gedanken zu einem ganz anderen Gegenstand. Auch ist die Deutung von Las Casas als frühem Verfechter von Rechten des Menschen nicht damit in Einklang zu bringen, dass er sich für die Versklavung von Afrikanern einsetzte. Überzeugender ist es, ihn als einen Verfechter von Rechten der Indios anzusehen.[105] Diese – nicht die Afrikaner – hatte er durch eigene Anschauung kennen- und lieben gelernt. Sie verteidigt und entschuldigt er, letztlich mit dem Ziel, sie auf die einzige für ihn wirksame Art zum alleinseligmachenden, wahren Glauben zu führen. Das sei Freiwilligkeit auf der Grundlage einer kompetenten Unterweisung, nicht Gewalt, weil diese unter keinen Umständen zur Rettung der Seele führen könne. Entweder der Indio sterbe durch die Gewalt, oder seine erzwungene Bekehrung sei für ihn ohne Nutzen. In die Hölle komme er in beiden Fällen, und genau das – und nur das – will Las Casas verhindern. Wie zentral Seelenrettung in diesem Sinne für Las Casas ist, zeigt sich, wenn er sich zur Legitimität weltlicher und geistlicher Herrschaft äußert. Diese sind ihm nicht mehr als ein Vehikel zur Missionierung der ganzen Welt und haben ihre Existenzberechtigung allein darin.

Was aber sind die soeben erwähnten Nebenprodukte von Las Casas' Gedankengebäude für die Menschenrechte? Geht er in seiner Argumentation von der Gleichheit aller Menschen aus? Eine Gleichwertigkeit ihrer Religionen nimmt er wie gesagt bestimmt nicht an. Wer es bis zu seinem Tod nicht geschafft habe, den wahren Glauben zu finden – gleichviel, ob verschuldet oder nicht –, sei für immer verloren. Meint Las Casas aber, alle Menschen hätten gleichermaßen die Anlagen, zum wahren Glauben zu gelangen? Sollte er – und so will es zunächst scheinen – der von Aristoteles geprägten Denkweise anhängen, so wäre das nicht der Fall. Aber tut Las Casas das wirklich?

---

104 Repgen, Menschennatur, S. 43, 46.

105 Ganz im Sinne des Buchtitels von Mahn-Lot: „Bartolomé de las Casas et le droit des Indiens".

Wenn Las Casas basierend auf Aristoteles eine Klassifikation von Barbaren – die er zumindest alle gleichermaßen als „Menschen“ anzusehen scheint[106] – vornimmt, geht er davon aus, einige von ihnen (die Angehörigen der von ihm so genannten dritten Gruppe der Barbaren) seien wegen unumkehrbarer Mängel anderen Menschen gegenüber minderwertig, so dass sie die Herrschenden wegen der von ihnen ausgehenden Gefahr „sogar jagen und einfangen“ dürften.[107] Hierbei stellt sich die Frage, ob Las Casas die aristotelischen Thesen selbst vertritt oder sich auf deren bloße Wiedergabe beschränkt, um auf die Argumentation seiner Gegner einzugehen und diese zu entkräften, ohne jedoch selbst vom aristotelischen Menschenbild überzeugt zu sein. Was Aristoteles sagt, war für Las Casas nämlich keineswegs in Stein gehauen. Selbst wenn die Indios nach Aristoteles „Sklaven von Natur“ wären, war doch „der Philosoph ein Heide und brennt nun im Höllenfeuer“.[108]

Hören wir, was Las Casas in einem mit „Von der Einheit des Menschengeschlechts“ überschriebenen Kapitel hierzu zu sagen hat:

> [Es] zeigt sich klar, daß es keine Völker in der Welt gibt, so roh und ungebildet, wild und barbarisch, grob ungestüm und ungeschliffen und beinahe tierisch sie auch sein mögen, die man nicht zu jeder guten Ordnung und Regierungsform bewegen, führen und bringen kann […]. So gibt es denn ein einziges Menschengeschlecht, und alle Menschen sind, was ihre Schöpfung und die natürlichen Bedingungen betrifft, einander ähnlich, und niemand wird bereits unterrichtet geboren […]. Alle Völker der Welt haben Verstand und Willen und das, was sich beim Menschen aus diesen beiden Vermögen ergibt, nämlich die Entscheidungsfreiheit, und demzufolge haben alle die innere Kraft und Befähigung oder Eignung und den natürlichen Hang zum Guten, um in Ordnung, Vernunft, Gesetzen, Tugend und allem Guten unterwiesen, für sie gewonnen und zu ihnen geführt zu werden […]. [D]ie vernunftbegabten Geschöpfe[109] [sind] nach dem Ebenbild Gottes geschaffen […,] und ihre Würde und ihr Vorrang vor den anderen Geschöpfen [lassen] es deshalb anscheinend nicht zu […], daß die Natur diesem Geschlecht gegenüber weniger sorgfältig als bei den anderen, niedrigeren Erscheinungen oder auch nur ebenso sorgfältig ist […]. Hieraus ergibt sich zwangsläufig, daß es ganz und gar unmöglich ist, daß ein gesamtes Volk untüchtig ist oder derartig wenig und äußerst barbarische Urteilskraft und eine so geringe und beschränkte Vernunft hat, daß es sich nicht selbst zu regieren vermag und

---

106 Las Casas, Kurze apologetische Geschichte, S. 500: „Derartige **Menschen** [also solche der dritten Gruppe] heißen und sind schlechthin Barbaren im engeren und eigentlichen Sinn“.

107 Las Casas, Kurze apologetische Geschichte, S. 502. – S. o. Kap. 4.8.2.2.2.2.1, S. 133 f.

108 Las Casas, Geschichte Westindiens, S. 312. In Dantes „Göttlicher Komödie“ hingegen befindet Aristoteles sich (mit vielen anderen) in der Vorhölle (Hölle, Vierter Gesang, V. 131).

109 Gemeint ist das Menschengeschlecht.

> daß es sich nicht zu jeder guten sittlichen Lehre bewegen [...] läßt, und vor allem kann es in Glaubensdingen unterrichtet und für die christliche Religion eingenommen werden.[110]

Las Casas erteilt Aristoteles' Theorien eine klare Absage. Dabei beruft er sich allerdings nicht auf einen dem Menschen originär durch das Menschsein zukommenden Wert. Vielmehr leitet er den besonderen Wert der Menschen aus seiner Gottesebenbildlichkeit ab. Unveräußerliche Rechte führt er auf Gott zurück. Sollte Gott – was für Las Casas und die Menschen seiner Zeit natürlich undenkbar war – also nicht existieren, so existierten auch keine Menschenrechte.

Die Gleichwertigkeit von Spaniern und Indios (nach ihrer Missionierung) kommt bei Las Casas auch zum Ausdruck, wenn er zumindest langfristig-perspektivisch Ehen zwischen Spaniern und Indios befürwortet. Auch betont er immer wieder ihre Gottesebenbildlichkeit, nicht zuletzt wenn er sie mit Christus in seinem Leiden gleichsetzt, indem er vorbringt, in der Neuen Welt lasse er die Indios wie „Jesus Christus, unseren Gott, zurück, während man ihn nicht einmal, sondern tausendfach geißelt, quält, ohrfeigt und kreuzigt".[111]

Ein weiteres menschenrechtliches Nebenprodukt des für Las Casas zentralen Gedankengebäudes ist eine eigenartige Form von Bekenntnisfreiheit. Vielleicht meint Gilberto da Silva das, wenn er von „faktischer religiöser Toleranz" bei Las Casas spricht: Der Absolutheitsanspruch des Christentums sei für Las Casas „keine innerweltliche, sondern allein eine eschatologische Größe".[112] Wie gesagt: Ohne den einzig wahren Glauben komme man in die Hölle. Daran führe kein Weg vorbei. Daraus ergebe sich aber nicht, dass ein Herrscher in dieser Welt jemanden zu irgendetwas zwingen dürfe (mit Ausnahme vielleicht der ominösen dritten Gruppe von Barbaren). Missionieren und Überzeugungsarbeit leisten seien nicht nur erlaubt, sondern göttlicher Auftrag. Aber jede Art von Gewalt sei verboten. Gehen wir davon aus, dass Menschenrechte etwas Säkulares sind und lassen wir den Blick auf das Jenseits für einen Augenblick außen vor (was Las Casas natürlich sehr fern gelegen hätte), so ergibt sich in der Tat, dass Las Casas' Ideen von Freiwilligkeit und Gewalttabu in die Richtung eines Verständnisses von Menschenrechten weisen, wie es uns heute vertraut ist.

Es sei aber noch einmal gesagt, wie wenig Las Casas das interessiert. Er interessiert sich überhaupt nicht für weltliche Herrschaft. Seine Argumentation mutet hier auf eine seltsame Art anarchistisch an. Wenn es um die Fragen eines gerechten

110 Las Casas, Kurze apologetische Geschichte, S. 376–379.

111 Las Casas, Geschichte Westindiens, S. 291.

112 Da Silva, Mission und Gewalt im Reich Gottes, S. 177.

Krieges geht, bringt er vor: Selbst wenn die Indios „alle Dominikaner und den hl. Paulus mit ihnen" getötet hätten, ließe sich daraus kein spanisches Recht zu Gegenwehr ableiten. Ohne wahren Glauben dürfe es gar keine Herrschaft geben, weder geistliche noch weltliche. Der Papst könne den Spaniern dann nicht das Recht übertragen, neu gefundenes Land in Besitz zu nehmen. Nicht einmal die Könige der Indios könnten sich den Königen Kastiliens unterwerfen „ohne Zustimmung ihrer Völker". Täten die indianischen Könige dies, so dürften ihre Untergebenen „mit Fug und Recht und im Sinne des Naturgesetzes ihnen den Gehorsam verweigern, sie absetzen und sogar töten".[113]

Abschließend und im Ergebnis: Menschenrechte im Sinne von Individualrechten gibt es bei Las Casas nicht.[114] Aber auch wenn ein einzelnes Menschenleben bei ihm kaum etwas zählen mag: Nebenprodukte seiner Argumentation sind eine naturgegebene Gleichheit aller Menschen, aus der er rechtliche Schlüsse zieht: Freiwilligkeit des religiösen Bekenntnisses und ein Verbot von Gewalt. Und das ist für das 16. Jahrhundert schon eine ganze Menge.

4.9 Literatur

Ph.[ilippe]-I.[gnace] André-Vincent, Bartolomé de las Casas prophète du Nouveau Monde, Paris 1980

Matthias Asche, Auswanderungsrecht und Migration aus Glaubensgründen – Kenntnisstand und Forschungsperspektiven zur „ius emigrandi" – Regelung des Augsburger Religionsfriedens, in: Heinz Schilling u. Heribert Smolinsky (Hg.), Der Augsburger Religionsfrieden. Wissenschaftliches Symposion aus Anlaß des 450. Jahrestages des Friedensschlusses, Augsburg 21. bis 25. September 2005, Gütersloh 2007, S. 75 ff.

Peter Blickle, Die Revolution von 1525, 4. Aufl., München 2004

Jacob Burckhardt, Die Cultur der Renaissance in Italien. Ein Versuch, in: Mikkel Mangold et al. (Hg.), Jacob Burckhardt Werke. Kritische Gesamtausgabe 4, München/Basel 2018 (zuerst Basel 1859)

Mariano Delgado, Chronologische Übersicht über Weg und Werk des Bartolomé de Las Casas, in: ders. (Hg.), Bartolomé de Las Casas. Werkauswahl, Bd. 1: Missionstheologische Schriften, Paderborn et al. 1994, S. 27 ff.

113 Las Casas, Geschichte Westindiens, S. 251.

114 Da Silva, Mission und Gewalt im Reich Gottes, S. 180.

Ders., Einleitung. Las Casas als „Historiker“ und „Geschichtstheologe“, in: ders. (Hg.), Bartolomé de Las Casas. Werkauswahl, Bd. 2: Historische und ethnographische Schriften, Paderborn et al. 1994, S. 140 ff.

Ders., Einleitung: Las Casas als „Anthropologe des Glaubens“, in: ders. (Hg.), Bartolomé de Las Casas. Werkauswahl, Bd. 2: Historische und ethnographische Schriften, Paderborn et al. 1994, S. 327 ff.

Fritz Dickmann, Das Problem der Gleichberechtigung der Konfessionen im Reich im 16. und 17. Jahrhundert, in: Heinrich Lutz (Hg.), Zur Geschichte der Toleranz und Religionsfreiheit, Darmstadt 1977, S. 203 ff.

Fritz Dickmann, Der Westfälische Frieden, 7. Aufl., Münster 1998

Ricardo Garcia Cárcel, La leyenda negra. Historia y opinión, Madrid 1992

Emilio García García, Bartolomé de las Casas y los derechos humanos, in: Manuel Maceiras Fafián u. Luis Méndez Francisco (Hg.), Los Derechos Humanos en su origen. La Repu'blica Dominicana y fray Anto'n Montesinos, Salamanca 2011, S. 81 ff.

Matthias Gillner, Bartolomé de Las Casas und die Menschenrechte, Jahrbuch für Christliche Sozialwissenschaften 39 (1998), S. 143 ff.

Axel Gotthard, Der Augsburger Religionsfrieden, Münster 2004

Lukas Gschwend u. Christoph Good, Die spanische Conquista und die Idee der Menschenrechte im Werk des Bartolomé de Las Casas (1484–1566), ZRG KA 126 (2009), S. 217 ff.

Bernd Kannowski, Über Pico della Mirandola (1463–1494), das Chamäleon und die Würde des Menschen, ARSP 107 (2021), S. 417 ff.

Bartolomé de Las Casas, Obras Completas (OC), Bde. 5 (Historia de las Indias III, Madrid 1994), 7 (Apologética Historia II, Madrid 1992), 8 (Apologética Historia III, Madrid 1992) und 10 (Tratados de 1552), Madrid 1992

Ders., Werkauswahl, hg. v. Mariano Delgado, 4 Bde., Paderborn et al. 1994–1997

Ders., Kurze apologetische Geschichte, in: Delgado (Hg.), Werkauswahl II, S. 343 ff.

Ders., Geschichte Westindiens, in: Delgado (Hg.), Werkauswahl II, S. 161 ff.

Ders., Traktat über die Indiosklaverei, Delgado (Hg.), Werkauswahl III/1, S. 67 ff.

Ders., Entgegnungen = Bartolomé de Las Casas, Die Disputation von Valladolid. Entgegnungen, in: Delgado (Hg.), Werkauswahl I, S. 390 ff.

[Ders.,] De Sepúlveda, Antworten = Juan Ginés de Sepúlveda, Die Disputation von Valladolid. Antworten in: Delgado (Hg.), Werkauswahl I, S. 373 ff.

[Ders.,] De Soto, Summarium = Domingo de Soto, Summarium, in: Delgado (Hg.), Werkauswahl I, S. 350 ff.

Ders., Kurzgefaßter Bericht von der Verwüstung der Westindischen Länder, hg. v. Michael Sievernich, Frankfurt am Main/Leipzig 2006

Marianne Mahn-Lot, Bartolomé de las Casas et le droit des Indiens, Paris 1982

David von Mayenburg, Gemeiner Mann und Gemeines Recht. Die zwölf Artikel und das Recht des ländlichen Raums im Zeitalter des Bauernkrieges, Frankfurt am Main 2018

Ramón Menéndez Pidal, El Padre Las Casas. Su Doble Personalidad, Madrid 1963

Alfred Miller, Im Zeichen des Kreuzes. Die „Verwüstung Westindiens“, d. h. die Massenausrottung der süd- und mittelamerikanischen Indianer nach der Denkschrift des Bartholomäus de Las Casas, Bischof von Chiapa, von 1542, Leipzig 1936

Miguel Molina Martínez, La leyenda negra, Madrid 1991

Martin Neumann, Las Casas. Die unglaubliche Geschichte von der Entdeckung der neuen Welt, 2. Aufl., Freiburg im Breisgau/Basel/Wien 1992

(Giovanni) Pico della Mirandola, De hominis dignitate, hg. v. Gerd von der Gönna, Oratio de hominis dignitate. Rede über die Würde des Menschen, Lateinisch/Deutsch, Stuttgart 2009

Johann Prüß, Opera Joannis Pici Mirandule Comitis Concordie […], Straßburg 1504

Tilman Repgen, Die gleiche Menschennatur. Einige Annäherungen an die Gleichheit im Recht, in: Stefan Grundmann u. Jan Thiessen (Hg.), Von formaler zu materialer Gleichheit. Vergleichende Perspektiven aus Geschichte, Kranz der Disziplinen und Theorie, Tübingen 2021, S. 31 ff.

Richard Reschika, Von der Würde des Chamäleons. Giovanni Pico della Mirandolas Freiheitslehre, in: ders. (Hg.), Philosophische Abenteurer. Elf Profile von der Renaissance bis zur Gegenwart, Tübingen 2001, S. 13 ff.

Heide Ruszat-Ewig, Die 12 Bauernartikel. Flugschrift aus dem Jahr 1525, Memmingen 2018.

Michael Sievernich, Die Brevisima als „Fürstenspiegel“, in: Delgado (Hg.), Werkauswahl II, S. 27 ff.

Gilberto da Silva, Mission und Gewalt im Reich Gottes. Das Beispiel von Bartolomé de Las Casas (1484–1566), in: Hans-Helmuth Schneider u. Claudia Jahnel (Hg.), Dein Reich komme in aller Welt. Interkulturelle Perspektiven auf das Reich Gottes, Neuendettelsau 2011, S. 169 ff.

Jürgen von Stackelberg, „Primero el clerigo Casas …“ Zur Legende vom Apostel der Indios als Initiator des Negersklavenhandels, Iberoromania 13 (1981), S. 30 ff.

Michel Villey, Problematique des Droits de l’Homme, in: Las Casas et la Politique des Droits de l’Homme, Paris 1976, S. 367 ff.

Franco Volpi, Art. Giovanni Pico della Mirandola. De hominis dignitate, in: Walter Jens (Hg.), Kindlers Neues Literaturlexikon 13, München 1991, 252 ff.

5. Naturrecht

5.1 Hugo Grotius

Werfen wir einen Blick auf zwei bedeutende Begründer des auch als Vernunftrecht bezeichneten klassischen Naturrechts, so erhalten wir einen aus heutiger Sicht überraschenden Befund. Da ist zunächst kein Geringerer als Hugo Grotius (1583–1645), der mit seinem bedeutenden Naturrechtskompendium – der Mutter aller Naturrechtskompendien – die Jahrhunderte überstrahlt und zu berühmt ist, um hier eigens vorgestellt werden zu müssen. Ich äußere mich hier nicht zu der Frage, inwiefern ihm das Verdienst, das säkulare Naturrechtsdenken begründet zu haben, tatsächlich gebührt; auch wenn dagegen sprechen mag, dass Gelehrte wie etwa Gregor von Rimini (um 1300–1358) schon im Mittelalter darüber nachdachten, wie sich Naturrecht allein aus der Vernunft begründen lassen kann.[1] Das spielt hier keine Rolle, denn wie immer dem auch sei: Ob es an der spezifischen Darstellungsform Grotius' lag oder ob er einfach nur zur richtigen Zeit am richtigen Ort war: Für mich genügt es zu sagen, dass das Naturrechtkompendium des großen Niederländers das erfolgreichste aller Zeiten war. Viele bedeutende Gelehrte nach ihm bauten darauf auf und kommentierten sein Werk. Grotius gilt als „Vater des Völkerrechts", wichtiger für meine Darstellung ist aber, dass er zumindest, was seinen tatsächlichen Erfolg angeht, als Begründer des klassischen Naturrechts beziehungsweise Vernunftrechts gelten muss.

Der überraschende Befund ist nun dieser: Wie sehr auch immer Grotius als bedeutender Humanist und Vater des modernen Völkerrechts gefeiert werden mag: Menschenrechte spielen in seinem großen Werk über das Recht des Krieges und des Friedens keine Rolle. Die Äußerung Gerhard Oestreichs, Grotius' Gedanke eines universell geltenden und unabänderlichen Rechts habe „das sittliche Bewußtsein von Freiheitsrechten" begründet,[2] beruht auf bloßer Spekulation. Nachdem sie sich weder beweisen noch widerlegen lässt, ist sie wissenschaftlich ohne Wert. Vermutlich geht es um nichts anderes, als dem großen Grotius zu huldigen, und

---

1 Dazu Isabelle Mandrella, Die Autarkie des mittelalterlichen Naturrechtes als Vernunftrecht. Gregor von Rimini und das etiamsi Deus non daretur-Argument, in: Jan A. Aertsen u. Martin Pickavé (Hg.), Herbst des Mittelalters? Fragen zur Bewertung des 14. und 15. Jahrhunderts, Berlin 2004, S. 265 ff.

2 Oestreich, Geschichte der Menschenrechte (s. Lit.), S. 38.

darum, dass nicht sein kann, was nicht sein darf.[3] Ein so bedeutender Vorreiter der juristischen Moderne wie der berühmte Niederländer muss anscheinend einfach mit dem letzten Schrei der (vermeintlichen?) globalen Gemeinschaftsidee in Verbindung stehen.[4] Es kann gar nicht anders sein. Ist es aber doch.

Zwar schreibt Grotius, das Naturrecht kenne keinen Unterschied der Religion.[5] Doch ist dies allein eine Aussage über den Naturzustand, wie er vor der Entstehung von Einflusssphären politischer Macht und Staaten existiert habe.[6] Dieser Naturzustand ist – wenn er auch in der Argumentation eine wichtige Rolle spielen kann – etwas rein Konstruiert-Spekulatives, mit Empirie hat dieser nichts zu tun. Grotius und die, die ihm folgten, waren keine Prähistoriker. Für Grotius' weitere Argumentation hat seine Aussage über den Naturzustand auch keinerlei Konsequenzen. Um ein subjektives Recht jedenfalls geht es ihm hier gewiss nicht. Wie wenig Grotius als ein früher Befürworter von dem, was wir heute Menschenrechte nennen, gelten kann, zeigt sich ferner, wenn wir den Blick auf die nach unserem Verständnis hierfür wohl wichtigste Forderung richten. Das ist die nach Rechtssubjektivität im Sinne eines Verbots der Sklaverei, somit nach Freiheit in einer fundamentalen Bedeutung. Hören wir Grotius selbst:

> [W]enn es heißt, dass die Freiheit den Menschen oder Völkern von Natur zusteht, so gilt dies nach dem Naturrecht, das den menschlichen Einrichtungen vorangegangen ist, und von der Freiheit im negativen Sinn, nicht von der im konträren Sinn, d. h. es gibt von Natur keine Sklaven; aber daraus folgt nicht, dass die Sklaverei niemals sein dürfe; denn in diesem Sinne ist niemand frei. [...] Wer also in gerechter Weise in die persönliche oder bürgerliche Abhängigkeit geraten ist, muss sich damit abfinden. Der Apostel lehrt: ‚Du bist zum Sklaven bestimmt, aber sei deshalb ohne Sorgen.'[7]

I rest my case.

---

3 Ähnlich hilflos wirken an diesem Punkt die Ausführungen des großen Hersch Lauterpacht (An International Bill of the Rights of Man, New York 1945, S. 43–45).

4 Haltlos und ohne Grundlage die Behauptungen von Stern, Die Idee der Menschen- und Grundrechte (s. Lit. Kap. 1), S. 8.

5 De iure belli ac pacis II 15, VIII.

6 Dazu Hofmann, Lehre vom Naturzustand; Klippel, Persönlichkeit und Freiheit, S. 274–276; zur Wandlung des Begriffs „Naturzustand" im jüngeren Naturrecht ders., Politische Freiheit, S. 116 f.

7 De iure belli ac pacis II 22, IX.

5.2 Thomas Hobbes

Als Zweites fällt mein Blick auf Thomas Hobbes (1588–1679), dessen aus der Natur des Menschen abgeleitete Schlüsse ihn zu – in Bezug auf die ideale Beschaffenheit einer menschlichen Gemeinschaft – radikalen Schlüssen führen. Für Hobbes ist der Naturzustand, wie er in naturrechtlicher Argumentation üblicherweise erscheint, ein keineswegs wünschenswerter Zustand. Der Mensch sei „des Menschen Wolf" („homo homini lupus"), und das führe zu einem „Krieg eines jeden gegen jeden" („bellum omnium contra omnes"). Ein deutscher Jurist des 16. Jahrhunderts brachte diese Vision trefflich auf den Punkt, als er von dem Zustand schrieb, der seiner Meinung nach einkehren werde, wenn keine (vom römischen Recht bestimmte) obrigkeitliche Gewalt herrschen werde. Dann nämlich werde wieder hervorbrechen

> die erst vyhisch wildhait, darinn die menschen ainsam inn den wälden sich mit aichel speysten, ein yeder sterkher den schwechern bezwang.[8]

Dieses Chaos haben die Menschen für Hobbes – zu Recht – mit all ihren in diesem vorhandenen (Menschen-)Rechten aufgegeben, um sich einer angsteinflößenden Obrigkeit zu unterwerfen, die durch ihre Schreckensherrschaft wie ein biblisches Monster („Leviathan", danach der Titel seines berühmten Werkes von 1651)[9] die fatalen und mörderischen Gelüste der Menschen im Zaum hält. Allerdings beschreibt Hobbes – anders als man es vielleicht erwarten würde –, welche Rechte die Menschen in eben diesem nicht wünschenswerten Naturzustand hätten.[10] Damit wird er zu dem ersten über die Jahrhunderte berühmten Staatsdenker, der Überlegungen über Menschenrechte anstellt und dabei vor allem entsprechende Begriffe verwendet.[11] Ich weiß nicht, wie Hobbes es im Hinblick auf die Intention seines Werkes gefunden hätte, Jahrhunderte später als eine Art Erfinder der Menschenrechte zitiert zu werden.

---

8 Ortholf Fuchsperger, Justinianischer Instituten warhaffte Dolmetschung, darin der großmechtigst Kayser Iustinian den ersten Grond geschribner Recht hat fürgebildet, Augsburg (getruckt durch Alexander Weyssenhorn) 1536, Vorrede. Eine solche scharfe Ablehnung gegenüber den Vorfahren und ihrem Recht lässt sich bei gelehrten Juristen immer wieder beobachten, Otto Stobbe, Geschichte der deutschen Rechtsquellen, Bd. 2, Aalen 1965 (zuerst Braunschweig 1864), S. 112 f.

9 Hiob 40,25–41,26.

10 Ein für das ältere Naturrecht gängiges Einfallstor für die Beschränkung von Freiheit und Menschenrechten war – wie bei Hobbes – der Staatsvertrag, Klippel, Politische Freiheit, S. 124.

11 Fundstellen oben Kap. 1.4, S. 23.

5.3 Baruch de Spinoza

In einem nächsten Schritt will ich zu Baruch de Spinoza (1632–1677) kommen. Spinoza lebte in den Niederlanden, sprach jedoch Portugiesisch als Muttersprache.

Seine Eltern zählten zu den vielen Juden, die nach der im Jahr 1536 errichteten portugiesischen Inquisition die Iberische Halbinsel verlassen hatten. Spinoza vertrat Ansichten, die für seine Zeit radikal waren. Mit 23 Jahren bannten ihn die Rabbiner aus seiner jüdischen Gemeinde in Amsterdam, weil er vom Glauben abgefallen sei. Seine Bewertung ist umstritten, auch in der jüdischen Welt. Manche dort halten ihn für den Begründer eines jüdischen Humanismus. Orthodoxe Juden sehen seine Auffassungen hingegen nach wie vor als ketzerisch an. Der religiöse Bann, der um die Mitte des 17. Jahrhunderts gegen Spinoza erging, ist jedenfalls bis heute nicht aufgehoben. In der Geschichte der Philosophie ist Spinoza ein Wanderer zwischen den Welten, der weder einer etablierten Schule angehörte noch eine neue begründete.

Spinoza lässt sich als radikaler Vertreter der Aufklärung ansehen, der aus tiefster Überzeugung an die analytische und befreiende Kraft des menschlichen Verstandes glaubte und dabei davon ausging, dieser könne mit scharfer Sicherheit in jeder Hinsicht die letzten Probleme dieser Welt entschlüsseln.[12] Ob er noch an irgendetwas anderes als den Verstand glaubte, lässt sich mit Gewissheit nicht sagen. Diese Position brachte ihm Schwierigkeiten mit der Geistlichkeit ein, sprach er sich doch gegen jede Vorherrschaft einer Kirche im Geistesleben aus.[13]

Nach Spinoza ist der Staat so zu organisieren, dass nicht irgendwelche philosophischen Ideale, sondern pragmatische Vorgaben ihn stabilisieren. Dabei unterscheidet er nicht zwischen Philosophie und Vernunft, sondern sucht vielmehr einen Ausgleich zwischen Politik und Philosophie (beziehungsweise Vernunft) zu

---

12 Spinoza, Politischer Traktat, Kap. III, § 7: Es sei zu beachten, „daß, wie im Naturzustand [...] derjenige Mensch am mächtigsten ist und am meisten unter eigenem Recht steht, der von der Vernunft sich leiten läßt, auch dasjenige Gemeinwesen am mächtigsten ist und am meisten unter eigenem Recht steht, das auf der Vernunft sich gründet und dadurch sich regiert."

13 Spinoza, Theologisch-politischer Traktat, S. 141–143: „Wir haben sowohl im Rückgriff auf die Vernunft als auch anhand von Beispielen gezeigt, daß der Sinn der Schrift sich allein aus der Schrift selbst ergibt und nur ihr zu entnehmen ist [...]. Die Autorität der römischen Päpste hätte ein gewichtigeres Zeugnis nötig, und allein aus diesem Grund verwerfe ich sie. Denn könnten sie ihre Autorität mit gleicher Gewißheit aus der Schrift selbst erweisen, wie es ehedem die Hohepriester der Juden konnten, machte es mir nichts aus, daß unter den römischen Päpsten Ketzer und gottlose Gesellen anzutreffen waren [...]. Weil sie uns aber kein Zeugnis dieser Art zeigten, bleibt ihre Autorität äußerst suspekt." S. auch ders., Politischer Traktat, Kap. III, § 7.

erzielen.[14] Davon ausgehend, schuf er eine Ethik auf Grundlage einer mathematisch-naturwissenschaftlichen Methode.[15] Diese legte er in einem Werk dar, das einem Geometrielehrbuch ähnelt. Untergliedert ist es in „Grundbegriffe“, „Axiome“, „Theoreme“, usw. Dadurch entsteht der Eindruck unumstößlicher Regeln, die Naturgesetzen gleich feststehen und der Ordnung der Dinge zwingend zugrunde liegen müssen. Zentraler Punkt dabei ist eine natürliche Freiheit des Menschen, ohne jeden Zwang über alles urteilen und eigene Schlüsse ziehen zu dürfen.[16] Dieses Recht könne niemand wirksam auf einen Staat übertragen und somit auch nicht dazu gezwungen werden.[17] Es sei von Natur aus dem Menschsein inhärent.[18] Auch wenn es aus heutiger Sicht nicht gerade naheliegen mag, die Mutter aller Menschenrechte ausgerechnet hierin zu sehen, leuchtet dies aus einer Perspektive von Humanismus und Aufklärung doch durchaus ein. Eben diese von ihm so hoch geschätzte Freiheit des Denkens und Glaubens („Libertas philosophandi“) ist für Spinoza das unveräußerliche Urgrundrecht („Haec enim uniuscuiusque iuris sunt, quo nemo, etsi velit, cedere potest“). Kein Staat dürfe in diese eingreifen, so dass sie eine notwendige Beschränkung für staatliches Handeln darstelle.[19]

---

14 Spinoza, Politischer Traktat, Kap. I, §§ 1, S. 4–6.

15 Baruch de Spinoza, Ethica ordine geometrico demonstrata, 1677. In deutscher Übersetzung ders., Ethik, in geometrischer Ordnung dargestellt, hg. u. übers. v. Wolfgang Bartuschat, 4. Aufl., Hamburg 2015.

16 Spinoza, Theologisch-politischer Traktat, S. 306: „Doch ist es […] unmöglich, daß das Gemüt eines Menschen dem Recht eines anderen völlig unterliegt. Niemand kann nämlich sein natürliches Recht, d. h. seine Fähigkeit, die Vernunft frei zu betätigen und über alles zu urteilen, einem anderen übertragen; und niemand kann dazu gezwungen werden.“

17 Ders., Theologisch-politischer Traktat, S. 306; A. Cremer, Art. Spinoza, Benedictus (Baruch) de, in: HRG IV, 1. Aufl., Berlin 1990, Sp. 1772 ff. (1775).

18 Spinoza, Politischer Traktat, Kap. III, § 8: „[Handlungen,] zu denen niemand durch Belohnungen oder Drohungen gebracht werden kann, [können] nicht Gegenstand der Rechtsgesetze eines Gemeinwesens s[ein]. Beispielsweise kann niemand seine Urteilsfähigkeit aufgeben; denn welche Belohnungen oder Drohungen können einen Menschen zu dem Glauben bringen, daß das Ganze nicht größer ist als einer seiner Teile, […] allgemein gesprochen, dazu bringen, daß er das Gegenteil von dem, was er fühlt oder denkt, glaubte?“

19 Spinoza, Theologisch-politischer Traktat, Kap. 20: „Es wird gezeigt, dass in einem freien Staat jedem erlaubt ist, zu denken, was er will, und zu sagen, was er denkt: Ließe sich über die Gedanken ebenso leicht herrschen wie über die Zunge, so würde jeder Herrscher sicher regieren, und gewaltsame Herrschaft gäbe es nicht. Jeder Untertan würde nach dem Willen der Gebieter leben und nur nach ihren Geboten bestimmen, was wahr oder falsch, gut oder schlecht, gerecht oder ungerecht sei. Allein es ist […] unmöglich, dass die Seele sich ganz in der Herrschaft eines Anderen befinde, da Niemand sein natürliches Recht oder sein Vermögen, frei zu denken und über alles zu urteilen, auf einen anderen übertragen kann, noch dazu gezwungen werden kann. Deshalb gilt diejenige Herrschaft, die sich gegen die Gedanken richtet, als gewalttätig, und die Staatsgewalt scheint den

5.4 Menschenrechte im deutschen Naturrecht

Im Folgenden möchte ich mich der Frage zuwenden, inwiefern in den Werken aus dem deutschsprachigen Raum stammender bedeutender Naturrechtler Menschenrechte eine konzeptionelle Rolle spielen beziehungsweise überhaupt vorkommen. Für die Frage, wer als bedeutend zu gelten hat, lege ich die in der Rechtshistorie gängige Meinung zugrunde, die ich an dieser Stelle nicht überprüfen werde. Besonders plakativ und knapp – und somit für mich hier zweckdienlich – kommt das in dem von Michael Stolleis besorgten „Juristenquartett" zum Ausdruck.[20] In dem besagten Kartenspiel existiert ein Quartett zum Thema „Natur- und Völkerrecht" (H). Gereiht sind die Karten in historischer Folge. Zuerst wird Grotius genannt (H1), von dem zuvor bereits die Rede war. Dann folgt Samuel Pufendorf (H2), daraufhin Christian Thomasius (H3) und zu guter Letzt Christian Wolff (H4).

Andreas Haratsch meint, nach ihrer Negation im Absolutismus hätten die Menschenrechte einen „Gegenschlag" geführt.[21] Als Ausfechter dieses Gegenschlags nennt Haratsch zunächst die drei großen deutschen Naturrechtler, die auch Stolleis für sein Kartenspiel ausgewählt hat, nämlich Pufendorf, Thomasius und Wolff. Das ist nicht richtig. Keiner von ihnen führt einen Gegenschlag gegen den Absolutismus. Sie rechtfertigen ihn vielmehr. Sie sind Theoretiker des Absolutismus und Kinder ihrer Zeit. Menschenrechte im Sinne von einer höheren Kategorie von Normen angehörenden Individualrechten, die den Staat einschränken und binden, kennen sie nicht.[22]

5.4.1 Samuel Pufendorf

Ich beginne mit Samuel Pufendorf (1632–1694), im selben Jahr geboren wie Spinoza. Pufendorfs Lehre war im Heiligen Römischen Reich Deutscher Nation jedenfalls an den protestantischen Fakultäten führend und wurde vielfach auch an ausländischen Universitäten gelehrt. Seine lateinischen Werke erfuhren Übersetzungen nicht nur in die deutsche, sondern auch in andere Sprachen.

Untertanen Unrecht zu tun und in ihr Recht einzugreifen, wenn sie jedem vorschreiben will, was er als wahr annehmen, als falsch verwerfen, und durch welche Ansichten jeder sich zur Gottesfurcht bestimmen lassen soll. Dies sind Rechte des Einzelnen, die niemand, selbst wenn er wollte, abtreten kann." S. auch Oestreich, Geschichte der Menschenrechte (s. Lit.), S. 47f.

20 Michael Stolleis, Juristen-Quartett (Kartenspiel). Die bedeutendsten Gelehrten der Rechtsgeschichte, illustriert von Claas Janssen, Frankfurt am Main 2010.

21 Haratsch, Geschichte der Menschenrechte (s. Lit.), S. 44.

22 Ausführlich dazu Klippel, Politische Freiheit, S. 46, 92 ff. und passim.

Als Universitätsprofessor und bedeutender Historiograph hatte er das gleiche Problem wie andere große Gelehrte seiner Zeit auch: Seine Brotgeber waren Monarchen und so stand er mit absolutistischer Fürstenmacht in untrennbarer Verbindung. Klar politisch Opposition zu beziehen und in diesem Sinne das Wort zu ergreifen hätte ihm – so ihm das überhaupt jemals in den Sinn gekommen wäre – seine Stellung an einer Universität beziehungsweise am Hof verboten. So verteidigte er die Lehre von natürlichen Rechten des Menschen literarisch, wandte sich jedoch nicht gegen den von ihm selbst gerechtfertigten aufgeklärten Absolutismus.[23] In seinem Hauptwerk „De jure naturae et gentium" (1672) sieht er den Menschen als ein sittlich frei bestimmtes Wesen und Träger einer menschlichen Würde an, die allen Menschen gleichermaßen zukomme.[24] Ein Charakteristikum seiner Sozialanthropologie ist dabei, dass der Mensch im Naturzustand vom Selbsterhaltungstrieb und von der Hilflosigkeit („imbecillitas") gekennzeichnet sei. Für Pufendorf ist der Mensch also im vorstaatlichen Zustand bereits auf andere angewiesen. In diesem Zustand hätten alle Menschen die gleiche Freiheit, die ihnen ohne ihre Einwilligung oder ihr Verschulden nicht geschmälert werden dürfe. In eben dieser natürlichen Freiheit („Libertas naturalis") sieht Pufendorf die Würde des Menschen begründet, die seinen Vorrang vor allen anderen Lebewesen ausmache.[25]

„Gibt es Menschenrechte bei Samuel Pufendorf?"[26] In ihrer Arbeit zu dieser hier von mir verfolgten Frage unterstreicht die Autorin, dass Pufendorfs Naturrecht kollektiv-gesellschaftsorientiert und nicht individualistisch geprägt sei. Zwar messe Pufendorf der Menschenwürde besondere Bedeutung zu, was im Rahmen einer Geschichte der Menschenrechte natürlich ein wichtiger Punkt sein kann. Allerdings sehe er diese Menschenwürde gerade nicht als unantastbar an. Vielmehr

---

23 Oestreich, Geschichte der Menschenrechte (s. Lit.), S. 48.

24 Pufendorf, De iure naturae et gentium libri octo, III, 2: „Ut omnes homines pro aequalibus naturaliter habeantur". In der Übersetzung von 1711 (ders., Acht Bücher vom Natur- und Völkerrecht, S. 567 ff.) wiedergegeben mit: „Daß alle Menschen von Natur für gleichwürdig zu halten sind". Ders., Natur- und Völkerrecht, III, 2, § 8 (S. 586 f.): „Die natürliche Geschicklichkeit zu regieren gibt keinem gleich so fort das Regiment über andere / die von Natur einen knechtischen Sinn haben / man kan auch nicht gleich so fort einem andern mit Gewalt aufdringen / was ihm nach keinem Zustande / nützlich ist. Denn alle Menschen haben von Natur gleiche Freyheit / die ihnen / ohne ihre ausdrückliche oder stillschweigends zu verstehen gegebene Einwilligung / oder Verschuldung / nicht geschmälert werden mag."

25 Pufendorf, Natur- und Völkerrecht, III, 2, § 8 (S. 587): Alle Menschen seien „von Natur / ohne vorhergehende menschliche Anstalt / deshalb [als] frey zu seyn" zu achten, „dieweil die Natur alle Menschen in gleicher Würde hervorgebracht hat". S. auch Oestreich, Geschichte der Menschenrechte (s. Lit.), S. 48f.

26 Müller, Menschenrechte bei Pufendorf.

seien Einschränkungen durch den Herrscher zulässig, wenn das Gemeinwohl dies gebiete. Pufendorf leite aus der Menschenwürde ein Gebot der Menschlichkeit ab. Daraus folge aber kein subjektives Recht auf menschliche Behandlung. So habe der König Rechte und Pflichten gegenüber den Untertanen. Mit diesen korrespondierten allerdings keine Rechte auf Seiten der Untertanen auf Erfüllung eben dieser Pflichten. Ganz im Sinne des aufgeklärten Absolutismus gehe Pufendorf von einer Erzieherfunktion des Staates aus. Aus Gründen der Staatsräson sei der Untertan dabei gehalten, auch ungerechte Befehle auszuführen. Das positive Recht nehme dann einen Platz über dem Naturrecht ein. Im Vordergrund stehe für Pufendorf, eine Gefährdung des Staates zu vermeiden, nicht eine solche durch den Staat. Offenkundig wolle er einen starken Staat, was mit der grauenvollen Erfahrung des Dreißigjährigen Krieges zusammenhängen möge.

Menschenrechte seien für Pufendorf allein ein theoretisches Konstrukt im Rahmen des fiktiven vorstaatlichen Zustandes. Diese Rechte aber seien veräußerlich und von den Menschen auch bei Eintritt in den staatlichen Zustand veräußert worden. Der Abschluss des Staatsvertrages nämlich habe für Pufendorf Unfreiheit und den Verlust der natürlichen Rechte mit sich gebracht. Den Staatszweck bestimme dabei der Herrscher und ein Widerstandsrecht gebe es nicht. Anhand zweier Zitate wird das deutlich:

> Es zeigt auch die Erfahrung / mit was für Unglück derer Unterthanen / und mit was für großer Zerrüttung deß gemeinen Wesens / die allerschlimste Obrigkeiten vom Throne geworffen worden.

> Wenn also solcher Gestalt die Obrigkeit zu einem Feinde wird / hat man davor zuhalten / daß sie auch den Unterthan der ihm sonst obliegenden Pflicht erlassen haben wolle: Auff solchen Fall ist / so viel möglich / die Flucht zuergreiffen / und einer andern Obrigkeit Schutz und Schirm zu suchen. Wenn aber zu fliehen unmöglich ist / soll ein Unterthaner lieber selbst sterben / als die Obrigkeit tödten wollen / nicht so wohl Obrigkeitlicher Person / als vielmehr des gemeinen Wesens zu schonen / als welches sonsten in greuliche Verwirrung gesetzt werden würde.[27]

Wenn der Rechtstheoretiker Hans Welzel in einer Abhandlung aus dem Jahr 1952 behauptet, Pufendorfs Aussagen seien in der Neuen Welt „zu einer Fanfare der

27 Pufendorf, Acht Bücher vom Natur- und Völkerrecht, S. 676 f.

Freiheit"[28] geworden, so verdient das keine Zustimmung. Es lässt sich auch durch nichts erweisen, dass Gedankengut Pufendorfs Einfluss auf die Gründerväter der Vereinigten Staaten von Amerika und deren Konzeption von unveräußerlichen Menschenrechten genommen hätte.[29] Die Aussage Welzels kann schon deshalb nicht richtig sein, weil der amerikanische Pfarrer John Wise (1652–1725), der Pufendorfs Werk in der Tat zitiert hatte, in den letzten Jahrzehnten des 18. Jahrhunderts weitgehend in Vergessenheit geraten war. Jedenfalls berief sich keiner der führenden Köpfe der amerikanischen Unabhängigkeitsbewegung auf ihn.[30]

Weiterhin ist zu bemerken, dass Wise zwar Pufendorf als seinen Gewährsmann („my Chief Guide and Spokes-man") nannte,[31] in Wahrheit aber in seiner Argumentation von der Linie Pufendorfs in entscheidenden Punkten abwich. So nahm Wise fortschrittliche und liberale Standpunkte ein, als er sich unter Berufung auf althergebrachte Rechte als Engländer gegen ohne Zustimmung der Siedler erhobene Steuern aussprach. Ferner trat er bei den berüchtigten Hexenprozessen von Salem im Jahre 1692 für die Angeklagten auf, wobei die Menschenwürde als Grundlage unveräußerlicher Rechte ein wichtiges Fundament seines Denkens war.[32] Mit einem korrekten Verständnis Pufendorfs hat all das jedoch nichts zu tun. So zog Wise auf Grundlage des Pufendorf'schen Naturrechts die Konsequenz, die vorzugswürdigste Staatsform sei die Demokratie, entspreche diese doch der natürlichen Gleichheit der Menschen am meisten.[33] Eben diesen Schluss aber hätte Pufendorf nicht mitgetragen. Zwar galt ihm die Demokratie als die älteste Staatsform, doch gehörte sie für ihn einer lang zurückliegenden Vergangenheit, eben der Anfangszeit des Staates, an.[34] In der zeitgenössischen Situation großer und bevölkerungsreicher Staaten

---

28 Hans Welzel, Ein Kapitel aus der Geschichte der amerikanischen Erklärung der Menschenrechte (John Wise und Samuel Pufendorf), in: Rechtsprobleme in Staat und Kirche. Festschrift für Rudolf Smend zum 70. Geburtstag, dargebracht von Freunden, Schülern und Kollegen, Göttingen 1952, S. 389 ff. (392).

29 Augat, Pufendorf, S. 335.

30 Ibid., S. 56.

31 Wise, A Vindication, S. 32: „[I]n this Essay I shall peculiarly confine the discourse to two heads, viz 1. Of the Natural [...] and then, 2. Of the Civil Being of Man. And I shall Principally take Baron Puffendorff for my Chief Guide and Spokes-man."

32 John Langdon Sibley, Biographical Sketches of graduates of Harvard university, Bd. 2, Cambridge (Massachusetts) 1873, S. 433; Welzel, Erklärung der Menschenrechte, S. 390–392.

33 Wise, A Vindication, S. 42, 60: „A Democracy. This is a form of Government, which the Light of Nature does highly value, & often directs to as most agreeable to the Just and Natural Prerogatives of Humane Beings."

34 Pufendorf, Natur- und Völkerrecht, VII, 5, § 22 (S. 594 f.): „Ein guter und geschickter Unterthan muß des Marcelli feinen Außspruch fleissig bedenken / welcher sagte: Er erinnerte sich der Zeit / darinnen er gebohren worden / und bedächte was für eine Regiments=Form seine Vätter und

hingegen hielt Pufendorf die Monarchie für die richtige Staatsform.[35] Fernerhin ist zu berücksichtigen, dass es Wise um eine Neuordnung der Kirchen in Neuengland ging und nicht um eine solche des Staates. Auch wenn eine vollständige Trennung von Kirche und Staat in einem heutigen Sinne im 18. Jahrhundert nicht existierte, war die Situation doch eine andere als 200 Jahre zuvor und früher. Die Stoßrichtung der Schriften von John Wise ist mithin kategorial unterschiedlich zu der Pufendorfs.

Es bleibt noch die Frage, ob ein direkter Einfluss der Schriften Pufendorfs auf die Gründerväter der Vereinigten Staaten von Amerika und ihre Menschenrechtsideen zu verzeichnen ist. Zwar wurden die Schriften Pufendorfs in völkerrechtlichen Fragen – insbesondere im Hinblick auf das Verhältnis von Kolonien zum Mutterland – zitiert, wobei auch Instrumentalisierungen bis hin zu absichtlichen Fehldeutungen vorkamen.[36] Ein Einfluss auf die Menschenrechteerklärungen selbst lässt sich hingegen nicht feststellen, will man nicht die falsche Behauptung von John Adams (1735–1826), Pufendorf gewähre ein Widerstandsrecht gegen ungerechte Herrschaft,[37] als Anzeichen eines solchen gelten lassen. Das allerdings würde sich schon deshalb als problematisch erweisen, weil das Widerstandsrecht eher auf das Staatsvolk an sich und weniger auf den einzelnen Menschen bezogen ist. Bei dem mit kollektiven Vorstellungen verbundenen Widerstandsrecht handelt es sich jedenfalls nicht eindeutig um ein klassisches liberales Individualgrundrecht wie bei dem auf Leben, Eigentum oder Freiheit. Eher handelt es sich um eine Idee der allgemeinen Staatslehre, wie sie sich auch bei dem spätmittelalterlichen Autor Marsilius von Padua findet, der mit Menschenrechten nichts zu tun hatte. Abgesehen davon, dass es sich bei der Behauptung John Adams ohnehin um eine Fehldeutung handelte, ist die Intention von Pufendorfs Werk in Bezug auf die Freiheit alles andere als eindeutig. Dies zeigt sich darin, dass sowohl die Befürworter als auch die Gegner der Sklaverei die Schriften Pufendorfs als Autoritäten zitierten.[38] Pufendorfs Gedanken

---

die Vorfahren eingeführet : Das Alte müsste er freylich bewundern / aber sich darbey nach dem Gegenwärtigen halten [...] Nemlich die meisten Republiquen der Griechen bestunden fast nur auß einer einzigen Stadt / zu solcher aber schickt sich eine mässiglich und bescheiden eingerichtete Democratie oder Aristocratie am besten [...] Es schickt sich eben so wenig in einer einstädtigen Republic eine Monarchie / als unter einem grossen / weit u. breit wohnenden Volk / eine Democratie anrichten."

35 Augat, Pufendorf, S. 53; Müller, Menschenrechte bei Pufendorf, S. 152; Pufendorf, Natur- und Völkerrecht, VII, V, 22.

36 Augat, Pufendorf, S. 96, 127.

37 Robert J. Taylor (Hg.), The Papers of John Adams, Bd. 2, Cambridge (Massachusetts) 1977, S. 291.

38 Augat, Pufendorf, S. 261–270. Unter den Pufendorf zitierenden leidenschaftlichen Befürwortern der Sklaverei ist der am 13. Dezember 1862 in der Schlacht von Fredericksburg getötete Brigadegeneral der Südstaaten Thomas Reade Rootes Cobb (*1823) in seinem Buch: Inquiry into the Law of Negro

mögen an den Rahmenbedingungen für Menschenrechte mitgewirkt haben,[39] aber nicht mehr. „Pufendorf hat beim Abstoßen von alten Ufern geholfen, die neuen Ufer wurden jedoch von anderen erreicht."[40] Als ein solcher anderer ist in erster Linie der englische Staatstheoretiker John Locke zu nennen, auf den ich später noch eingehen werde.

5.4.2 Christian Thomasius

Als Nächstes möchte ich ein paar Worte zu Christian Thomasius (1655–1728) sagen. Dieser wird heute, wie möglicherweise kein anderer berühmter Naturrechtler, als eigenständiger Querkopf empfunden und mit prägnanten aufklärerischen Forderungen in Verbindung gebracht, als welche die Abschaffung von Folter und Hexenverfolgung zu nennen sind. Bei alledem war jedoch auch der große Thomasius – wie könnte es anders sein – ein Kind seiner Zeit. Wie alle Theoretiker des Absolutismus musste er den Spagat zwischen der Rechtfertigung großer fürstlicher Macht („summa potestas") einerseits und deren Einschränkungen zugunsten von Freiheiten des Einzelnen andererseits bewerkstelligen.[41]

Nach Thomasius gibt es zwei Arten von Recht. Die eine sei vom menschlichen Willen abhängig. Das könnte man als eine Art Vertragsrecht bezeichnen. Die andere Art von Recht existiere (auch), „so ferne ich von allen menschlichen Willen abstrahire". Letzteres nennt Thomasius „das angebohrne Recht".[42] Das ist die Art von Recht, die für das vorliegende Thema von Interesse ist. Dieses bezeichnet Thomasius auch als das natürliche Recht (in heutiger Terminologie: Naturrecht). Alles für ein

---

Slavery in the United States, Philadelphia 1858. Cobb vereinnahmt Pufendorf allerdings zu Unrecht für seine rassistische Position. Ähnlich wie Aristoteles erkennt Pufendorf an, dass es für einen starken Einfältigen von Vorteil sein könne, einem schwachen Klugen zu dienen. Pufendorf sagt allerdings nicht, dass menschliche Eigenschaften mit Völkern oder gar Rassen verbunden seien. Im Gegenteil: „Aus gesagtem siehet man auch / daß die Meynung derer alten Griechen zu verwerfen sey / durch welche manche Menschen vor leibeigene Knechte von Natur ausgesprochen werden wollen. Wenn dieses so schlecht hin genommen und verstanden wird / streitet es ja schnur stracks mit festgestelter Gleichheit derer Menschen." Im Folgenden zitiert Pufendorf zur Untermauerung den antiken Geschichtsschreiber Strabon: „Denn es gibt auch unter denen Griechen viel Schelmen / und unter andern Vǒlckern viel redliche Leute". Pufendorf, Natur- und Völkerrecht, III, 2, § 8 (S. 586, Stelle zitiert bei Cobb).

39 In diese Richtung gehen die spekulativen Äußerungen von Augat, Pufendorf, S. 335 f.

40 Müller, Menschenrechte bei Pufendorf, S. 161.

41 Oestreich, Geschichte der Menschenrechte (s. Lit.), S. 50.

42 Thomasius, Grundlehren, I, 5, § 11 (S. 96).

Gesetz gehaltene Recht sei „entweder natürlich oder geoffenbaret (positivum)".[43] Nur das natürliche Recht werde „aus dem Vernunfft=Schlusse oder ratiocination eines ruhigen Gemüths erkannt, hierin also liegt seine Quelle. Das offenbarte oder gegebene Recht" hingegen erfordere „eine Offenbarung und Verkündigung."[44] Ein Beispiel für das angeborene Recht (Naturrecht) sei „die erste Freyheit und Gemeinschafft".[45]

Die Auffassung, alles Recht (also auch das natürliche) rühre ursprünglich aus vertraglicher Vereinbarung („Pact") her, lehnt Thomasius ausdrücklich ab. Er argumentiert, der Grundsatz, dass Verträge einzuhalten seien, könne nicht der „Brunquel alles Rechtes" sein. Dabei kommt Thomasius – en passant und nicht an einer zentralen Stelle – auf das zu sprechen, was wir heute „Menschenrechte" nennen würden:

> Überdieses gibt es Rechte, die vor allen menschlichen Pacten gewesen seyn, z. B. das Recht der Freyheit, das Leben und Gliedmassen zu vertheidigen u. s. f. welche wir oben angeborene Rechte genennet haben.[46]

Diese Rechte aber erfahren eine entscheidende Einschränkung. Das natürliche Recht mit den daraus folgenden angeborenen Rechten ist für Thomasius eine Art Ratschlag ohne Verbindlichkeit für den Herrscher. Er wird an diesem Punkt – der ihm wichtig zu sein scheint – überaus deutlich. Hier gelte es, jede Art von Missverständnis oder Verwechslung von vornherein auszuschließen:[47]

> Sieh Dich vor, dass Du nicht annimmst, das natürliche und das positive, das göttliche wie das menschliche Recht seien von der gleichen Art: Das natürliche und das göttliche Gesetz gehören eher in den Bereich der (unverbindlichen) Ratschläge als in den der Befehlsgewalten; als menschliches Gesetz im eigentlichen Sinn kann es [das natürliche

43 „Jus pro lege acceptum est vel naturale, vel positivum." Thomasius, Fundamenta juris, I, 5, § 29 (S. 108).

44 Thomasius, Grundlehren, I, 5, § 29 (S. 99).

45 Ibid., I, 5, § 12 (S. 96).

46 Ibid., I, 6, § 17 (S. 113).

47 „Cave tamen, putes, legem naturalem & positivam, divinam & humana esse species ejusdem naturae: Lex naturalis & divina magis ad consilia pertinet, quam ad imperia, lex humana proprie dicta non nisi de norma imperii dicitur." Thomasius, Fundamenta juris, I, 5, § 34 (S. 109).

und das göttliche Gesetz] nicht bezeichnet werden, es sei denn, es würde aufgrund der Norm der Befehlsgewalt so bezeichnet.[48]

Thomasius meint also, ein (menschliches) Gesetz im eigentlichen Sinne („lex humana proprie dicta") sei nur gegeben, wenn Zwangsgewalt dahinterstehe, wörtlich: Nur eine „Norm der Herrschaft" oder „Norm mit Befehlsgewalt" („norma imperii") verdiene diese Bezeichnung. Möglicherweise meint er das, was wir heute als staatlichen Zwang (Zwangsvollstreckung) bezeichnen würden. Aber was er mit dieser Zwangstheorie des positiven menschlichen Gesetzes auch immer meinen mag: Klar ist jedenfalls, dass das Naturrecht aus seiner Sicht nur Ratschläge gibt und mehr eben nicht. Es ist für ihn also per definitionem unverbindlich, und was vielleicht in Anbetracht seiner Betonung noch wichtiger ist: Man möge sich davor hüten, das anders zu sehen.

Bei Thomasius ist von „angeborenen Rechten" („Iura connata"),[49] nicht aber von Menschenrechten die Rede. Menschenrechte im heutigen Sinne sind bei Thomasius – was letzten Endes wohl auch niemanden überraschen kann – kein von ihm bewusst verfolgtes Thema. Zwar finden sich Äußerungen, die damit in Verbindung stehen. Dass der Gedanke nach Menschenrechten in Thomasius' Werk eine prominente Rolle spielen würde, lässt sich aber gewiss nicht sagen. Sie sind letztlich nicht mehr als Zierrat im Gedankengebäude vom Recht als theoretisches Konstrukt; ein Beispiel für etwas, das in der Realität nicht (mehr) existiert. Ähnlich wie bei Pufendorf sind die „Rechte, die vor allen menschlichen Pacten gewesen seyn", im Absolutismus letztlich praktisch bedeutungslos, weil sie keinerlei Schutz gegen die Willkür des Fürsten bieten und auch gar nicht dazu da sind, das zu tun.

5.4.3 Christian Wolff

In einem nächsten Schritt komme ich zu Christian Wolff (1679–1754), der Karte H4 bei Stolleis. Wolff war ein bedeutender Universalgelehrter, der sich mit Philosophie und mit Mathematik auseinanderzusetzen wusste. Er war fasziniert von Konfuzius' Lehren, die er in lateinischer Übersetzung las. Im Rahmen einer an der Universität Halle gehaltenen Rede behauptete er, unabhängig vom christlichen Glauben könne eine Ethik entstehen, die eine Hochkultur für Jahrtausende prägen

48 Eigene Übersetzung des lateinischen Originals, möglichst wörtlich gehalten in Bezug auf die doppelte Verneinung („non nisi").

49 Thomasius, Fundamenta juris, I, 6, § 17 (S. 123).

könne. Das zeige das Beispiel der Chinesen.[50] Das brachte ihm den Vorwurf des Atheismus ein, weshalb der damalige König von Preußen Friedrich Wilhelm I. (auch Soldatenkönig genannt) ihn des Landes verwies. Wolff lehrte daraufhin die nächsten 17 Jahre im hessischen Marburg, bis ihn Friedrich der Große nach seiner Thronbesteigung im Jahre 1740 nach Halle zurückholte. Bevor die Werke Immanuel Kants ihren Siegeszug antraten, war die Rechtsphilosophie Wolffs an den deutschen Universitäten tonangebend gewesen. In seinem monumentalen Werk schickte Wolff sich an, ein komplettes und bis ins Detail gehendes System des Naturrechts nach einer Art naturwissenschaftlich-mathematischen Methode („mos geometricus") zu konstruieren.

Ein zentraler Begriff in Wolffs Naturrechtssystem ist der der Pflicht, weshalb hierfür die Bezeichnung Pflichtenlehre Verwendung findet. Wolff hält den Menschen (in Übereinstimmung mit Konfuzius) für ein von Natur aus gutes und das Böse verabscheuendes Wesen, das die Möglichkeit habe, durch Weiterentwicklung zur Perfektion („perfectio hominis") zu gelangen. Die den Menschen angeborenen Pflichten seien dabei für alle gleich, woraus Wolff herleitet, dass alle Menschen ebenso auch die gleichen angeborenen Freiheitsrechte („iura connata") hätten.[51] Diese natürlichen Freiheitsrechte erachtet Wolff für unveräußerlich. Als solche angeborene Rechte nennt er einen großen bunten Strauß an Befugnissen, von welchen die einen mehr, die anderen weniger zentral erscheinen. So nennt Wolff das Recht auf körperliche Integrität, Achtung von Ruf und Ehre, Erziehung und Bildung sowie Nahrung. Mit einem Blick auf die spätere Unterscheidung von Menschenrechten nach Generationen fällt auf, dass dies zum Teil Abwehrrechte, zum Teil Leistungsrechte sind. Für das Wolff'sche Gedankengebäude scheint das Generationenmodell[52] mithin nicht zu passen.

Wolff führt ein Recht auf Befreiung von der Furcht vor Verletzung und Schaden („ius securitates") an sowie ein Recht, den Schädiger zu strafen („ius puniendi"). Das sind Rechte gegen den Staat im Hinblick auf die Anforderungen an die von ihm einzurichtende Rechtspflege, also wiederum so etwas wie Leistungsrechte. Wolff spricht weiter von einem Recht auf Selbstverteidigung („ius defensionis"). Das ist etwas, was wir heute (wie die Lehre vor Wolff auch) in den Bereich des Strafrechts verorten würden. Darüber hinaus erwähnt Wolff noch angeborene Rechte auf Glückseligkeit, Bequemlichkeit und schließlich künstliche Verschönerung des

50 Christian Wolff, Oratio de Sinarum Philosophia Practica, hg. v. Michael Albrecht, Hamburg 1985 (zuerst Frankfurt am Main [apud Ioh. B. Andreae & Henr. Hort] 1726).

51 Wolff, Grundsätze des Natur- und Völkerrechts, §§ 69, 74.

52 S. u. Kap. 1.5.2, S. 28 f.

Körpers.[53] Dadurch wird deutlich, wie blass und allgemein gehalten der Wolff'sche Begriff der „iura connata“ ist. Mit unserer heutigen Vorstellung davon, was unter Menschenrechten zu verstehen ist, hat er jedenfalls wenig zu tun. Zentral für Wolff sind die Pflichten des Menschen, nicht seine Rechte. Wolff leitet die Rechte des Menschen ab aus seinen Pflichten gegenüber sich selbst[54] und gegenüber anderen[55] auf Erhaltung und Vervollkommnung des Lebens. Die „iura connata“ sind mehr moralische Appelle als ein juristisches Programm. Wie und mit welchen Mitteln das gemeinsame Beste zu erstreben sei, obliege der politischen Gemeinschaft zu bestimmen. Auch in Bezug auf Wolff müssen wir im Blick behalten, dass seine Ideen mit dem aufgeklärten Absolutismus verbunden sind. Immerhin war es doch der vermutlich berühmteste Vertreter des aufgeklärten Absolutismus, der Wolff zurück nach Halle holte. Für Wolff ist der Herrscher als erster Diener des Staates dem Wohle seiner Untertanen verpflichtet. Eingeschränkt ist er dabei nur durch seine eigene ethische Bindung und durch nichts weiter.

5.5 Menschenrechte im englischen Naturrecht und in der Neuen Welt

Ob sie sich nun nach einem langen Krieg nach Sicherheit und Frieden sehnten, für den Broterwerb oder gar aus Überzeugung heraus dem Absolutismus das Wort redeten, wie dem auch sei: Ein Widerstandsrecht gegen den Herrscher bei Verletzung fundamentaler Rechte kam im juristischen Weltbild der zuvor dargestellten deutschen Naturrechtler nicht vor. Auf der anderen Seite des Ärmelkanals sah es jedoch anders aus. Es ist nicht unwahrscheinlich, dass die unterschiedlichen politischen Ausgangsbedingungen eine entscheidende Rolle hierbei spielten. In England herrschte eine Zeit des revolutionären Umbruchs, der für freie Spekulationen in Bezug auf eine künftige Staatsform und die Rolle des Menschen darin einen großen Raum, ja vielleicht nie zuvor dagewesene Ausgangsbedingungen lieferte. Auf diesem Nährboden jedenfalls entspross John Lockes bedeutendes Werk „Zwei Abhandlungen über die Regierung“.

53 Wolff, Grundsätze des Natur- und Völkerrechts, §§ 117–119.

54 Ibid., §§ 103–132.

55 Ibid., §§ 133–159.

5.5.1 John Milton

Bevor ich zu John Locke komme, dessen Schriften zentrale Rechtsdokumente der Menschenrechtsgeschichte prägen sollten, will ich ein paar Worte zu John Milton (1608–1674) sagen, einem frühen wichtigen Vertreter des englischen Naturrechts. Auf das Engste verbunden mit seiner Biografie ist der Englische Bürgerkrieg, war Milton doch seit 1649 für etwa zehn Jahre Secretary for Foreign Tongues unter der Herrschaft Oliver Cromwells. Seine Aufgabe bestand hierbei in erster Linie darin, Korrespondenzen und Flugschriften ins Lateinische zu übersetzen, was ihm als Verantwortlichen für die Auslandskommunikation eine Aufgabe von eminenter politischer Bedeutung verlieh.[56] Milton forderte Freiheit der Presse ohne jede Art von Zensur sowie Religionsfreiheit für die aus der Reformation hervorgegangenen Glaubensrichtungen in all ihren Spielarten. Er hielt es für falsch, dass die Obrigkeiten – wie im Heiligen Römischen Reich Deutscher Nation – befugt sein sollten, über die Religion ihrer Untertanen zu bestimmen. Als einzige Autorität in Religionsfragen akzeptierte Milton – ganz im Sinne des Protestantismus – die Heilige Schrift.[57] Hieraus folgte für ihn allerdings auch, dass der Katholizismus gar keine Religion sei und sich seine Anhänger mithin auch nicht auf Religionsfreiheit berufen könnten.[58] Durch ihre Heiligenverehrung betrieben sie Götzendienst gegen die Heilige Schrift und strebten außerdem unter dem Deckmantel der Religion ein aufs Höchste zu missbilligende politisches Ziel an, nämlich die Weltherrschaft eines ausländischen Machthabers, womit der Papst gemeint ist.[59] Milton kennt angeborene Rechte als ein Geschenk Gottes, das allen Mensch zuteilgeworden sei und nicht aufgegeben werden könne, mithin unveräußerlich sei.[60] Bei alledem geht Milton von „einem wechselseitigen Bund der Freundschaft und Bruderschaft zwischen Mensch und Mensch über die ganze Welt“[61] aus. Eine wichtige Konsequenz daraus sei, dass dem Menschen seine angeborene Freiheit auch nach Gründung des Staates verbleibe. Er meint also gerade nicht, dass der Staatsvertrag diese Freiheit ganz oder teilweise aufgehoben habe, so dass sie zur Disposition des Machthabers stehe.

---

56 Neil Forsyth, John Milton. A Biography, Oxford 2008, S. 109, 126–134.

57 Milton, Of True Religion, S. 807.

58 Ibid., S. 808.

59 Ibid., S. 809 f.

60 Milton, The Tenure, S. 531.

61 Wolgast, Geschichte der Menschen- und Bürgerrechte (s. Lit.), S. 33.

5.5.2 John Locke

Wichtiger im Rahmen meines Themas aber ist der im gleichen Jahr wie Spinoza und Pufendorf geborene englische Philosoph John Locke (1632–1704). Er war von herausragender Bedeutung für die amerikanische Unabhängigkeitsbewegung, die in Kapitel 7 näher zu behandeln sein wird. Hervorzuheben unter all seinen Büchern ist sein Werk „Zwei Abhandlungen über die Regierung", das Locke im Jahre 1689 anonym veröffentlichte. Auch wenn Lockes Bedeutung für die Geschichte der Menschenrechte groß ist, war er gewiss kein Humanist in einem heutigen Sinne. So hatte er gegen Sklaverei nichts einzuwenden und war sogar selbst am Sklavenhandel beteiligt. Auch forderte er, dass Kinder von Armengeldempfängern ab einem Alter von drei Jahren zur Arbeit zu zwingen seien.[62]

In „Zwei Abhandlungen über die Regierung" spricht Locke – so wie andere in seiner Zeit auch – von einem Naturzustand, aus welchem er Schlüsse für die Rechtssituation nach Gründung des Staates (die den Naturzustand beendet) zieht. So argumentiert Locke, wenn im Naturzustand niemand willkürliche Gewalt über Leben, Freiheit und Besitz des anderen innegehabt habe, so könne dies auch im staatlichen Zustand nicht gelten. Locke geht also – ähnlich wie Milton, aber anders als Hobbes – davon aus, dass die Menschen ihre Rechte durch den Abschluss des Staatsvertrages gerade nicht verlören.[63] Ferner meint Locke (wiederum anders als Hobbes), dass die vertragliche Gründung des Staates nicht einer naturgegebenen Notwendigkeit entspringe, sondern vielmehr der Einsicht, dass es so besser für alle sei („Kommodität statt Nezessität").[64] Der Staat ist für Locke dazu da, die angeborenen Rechte seiner Mitglieder so sicher wie möglich zu stellen. Das natürliche Recht des Einzelnen aber habe dabei als Bezugspunkt nicht nur das Handeln für die Erhaltung seiner selbst, sondern – erneut anders als bei Hobbes – auch das der anderen.[65] Um diese für das Endergebnis nicht unwichtige soziale Komponente ist das Verständnis Lockes von den angeborenen Rechten erweitert. Für die Sicherung der besagten Rechte, die in erster Linie seien Leben, Freiheit und Eigentum („life, liberty, estate/property"), gründe das Volk eine politische Körperschaft („body politic"), in welcher die Mehrheit entscheide. Locke hat einen weiten Begriff vom

---

62 John Locke, An Essay on the Poor Law, in: Mark Goldie (Hg.), John Locke, Political Essays, Cambridge 1997 (zuerst 1697), S. 182 ff. (190).

63 Locke, Two Treatises of Government, II, § 135 (S. 355 f.). Dazu Walter Euchner, Naturrecht und Politik bei John Locke, S. 198.

64 So die Formulierung bei Wolgast, Geschichte der Menschen- und Bürgerrechte (s. Lit.), S. 33 (Locke, Two Treatises of Government, II, § 95, S. 316).

65 Locke, Two Treatises of Government, II, § 128 (S. 348).

Abb. 7 Godfrey Kneller, Porträt von John Locke (1632–1704), 1697.

Eigentum, der sich von unserem heutigen unterscheidet. Eigentum umfasst für ihn alles, was zur Verfügung eines Menschen stehen könne, also etwa auch seine Arbeitskraft und seine Religionsfreiheit.[66] Letztere spricht Locke allerdings den Atheisten in aller Deutlichkeit ab. Auch für Katholiken deuten sich Vorbehalte an.[67] Ferner ist Locke – im diametralen Gegensatz zu Hobbes – darauf bedacht, die Gewalt des Staates gegenüber dem Einzelnen einzuschränken. Er fordert Gewaltenteilung und nennt vier Punkte, die der Gesetzgeber zu beachten habe: eine

66 Ibid., II, § 173: „By property I must be understood here, as in other places, to mean that property which men have in their persons as well as goods."

67 John Locke, Ein Brief über Toleranz, hg. v. Julius Ebbinghaus, 2. Aufl., Hamburg 1966 (zuerst 1689), S. 93–95.

Regierung nach allgemeinen Gesetzen, das Wohl des Volkes als Richtschnur, keine Steuern ohne Zustimmung des Volkes und schließlich keine Delegation von Gesetzgebungskompetenzen an andere Körperschaften.[68] Die angeborenen Rechte, von denen Locke ausgeht, markieren für ihn die Grenzen staatlicher Gewalt. Beachte der Staat diese nicht, so verliere er die Legitimation seiner Herrschaft. Die Menschen dürften sich dann gegen den Staat erheben, um sich ihre ursprüngliche Freiheit zurückzuholen.[69] Die Menschenrechte haben für Locke folglich weit mehr als eine theoretische und damit eine völlig andere Bedeutung als für die deutschen Vertreter des klassischen Naturrechts. Wie einschneidend Lockes Einfluss auf die amerikanische Unabhängigkeitserklärung von 1776 war, wird durch einen Blick auf die im Folgenden zitierte Passage anschaulich. Sie wirkt wie aus der Präambel zur US-amerikanischen Unabhängigkeitserklärung abgeschrieben, floss allerdings 87 Jahre früher John Locke aus der Feder:

> Man being born [...] with a title to perfect freedom, and an uncontrouled enjoyment of all the Rights and Priviledges of the Law of Nature, equally with any other Man, or number of Men in the World, hath by nature a power, [...] to preserve his Property, that is, his Life, Liberty and Estate, against the injuries and attempts of other men [...].[70]

5.6 Menschenrechte bei Immanuel Kant

Als zeitlich letzten, keineswegs aber geringsten Philosophen will ich einen kurzen Blick auf die Menschenrechte in der Konzeption Immanuel Kants (1724–1804)

---

68 Locke, Two Treatises of Government, II, § 142 (S. 364 f.).

69 Ibid., § 222 (S. 441 f.): „The Reasons why Men enter into Society, is the preservation of their Property; and the end why they chuse, and authorize a Legislative, is, that there may be Laws made, and Rules set [...] to limit the Power [...]. For since it can never be supposed to be the Will of the Society, that the Legislative should have a Power to destroy which every one designs to secure, by entering into Society [...] whenever the Legislators endeavour to take away, and destroy the P[r]operty of the People, or to reduce them to Slavery, under Arbitrary Power, they put themselves into a state of War with the People, who are thereupon absolved from any farther Obedience, and are left to common Refuge, which God hath provided for all Men, against Force and Violence. Whensoever therefore the Legislative shall transgress this fundamental Rule of Society; and either by Ambition, Fear, Folly or Corruption, endeavour to grasp themselves, or put into the hands of any other, an Absolute Power, over the Lives, Liberties, and Estates of the People: by this breach of Trust they forfeit the Power, the People had put into their hands, for quite contrary ends, and it devolves to the People; who have a Right to resume their original Liberty".

70 Ibid., § 87 (S. 305).

werfen. Jedenfalls aus Sicht des deutschen Rechts hat wohl niemand unserem Verständnis von Menschenrechten eine so entscheidende Prägung gegeben wie der große Philosoph und Überwinder der Aufklärung. Für Kant ist Freiheit, „sofern sie mit jedes Anderen Freiheit nach einem allgemeinen Gesetz zusammen bestehen kann, […] [das] einzige, ursprüngliche, jedem Menschen kraft seiner Menschheit zustehende Recht“[71] – ein „angeborne[s], zur Menschheit nothwendig gehörende[s] und unveräußerliche[s] Recht“.[72] Der Mensch existiere „als Zweck an sich selbst, nicht bloß als Mittel zum beliebigen Gebrauche für diesen oder jenen Willen“.[73] Eben dieser „Zweck an sich selbst“ habe „nicht bloß einen relativen Werth, […] sondern einen innern Werth, d. i. Würde“.[74] Freiheit in einem umfassenden Sinn ist für Kant das zentrale Recht, das jedem Menschen kraft seines Menschseins zustehe. Worin Menschsein (bei Kant „Menschheit“) bestehe und was es bedeute, besage die Menschenwürde. Die Auffassung Kants hat Niederschlag im deutschen Verfassungsrecht gefunden, bis heute. Nach der Objektformel widerspricht es der menschlichen Würde, wenn der Mensch zu einem bloßen Mittel und austauschbaren Objekt einer staatlichen Maßnahme degradiert wird. Das spiegelt sich wider in der Rechtsprechung des Bundesverfassungsgerichts, wenn es dort heißt: „[D]ie unverlierbare Würde des Menschen als Person besteht gerade darin, daß er als selbstverantwortliche Persönlichkeit anerkannt bleibt.“[75]

Ab etwa 1790 findet die Theorie der Menschenrechte, wie sie vorwiegend auf der Philosophie Kants beruht, Eingang in Naturrechtssysteme.[76] In den von mir etwas näher betrachteten klassischen vorkantianischen Naturrechtsystemen kommt Menschenrechten keine nennenswerte Bedeutung zu. Die Philosophie Kants mit ihrer Orientierung zu Menschenrechten beschreibt insofern in der Rechtswissenschaft einen Umbruch. Dieser liegt auch darin, dass für diese jüngere Naturrechtswissenschaft der vorstaatliche Zustand („status naturalis“, Naturzustand) keine Rolle mehr spielt.[77] Es geht nunmehr darum, Menschenrechte gerade für den Menschen im Staat zu konstruieren. Freiheit und Gleichheit werden nicht mehr anthropologisch durch ein menschliches Freiheitsbedürfnis begründet, sondern vielmehr auf ein universelles Prinzip zurückgeführt. Kant sagt es so:

---

71 Immanuel Kant, Metaphysik der Sitten (1797), AA VI, S. 237.

72 Immanuel Kant, Zum ewigen Frieden (1795), AA VIII, S. 350.

73 Immanuel Kant, Grundlegung zur Metaphysik der Sitten (1785), AA IV, S. 428.

74 Ibid., S. 435.

75 BVerfGE 45, S. 187 (228).

76 Klippel, Theorie der Freiheitsrechte, S. 366 f.

77 Ibid., S. 368.

> […] so muß eine Gesellschaft, in welcher Freiheit unter äußeren Gesetzen im größtmöglichen Grade mit unwiderstehlicher Gewalt verbunden angetroffen wird, d. i. eine vollkommen gerechte bürgerliche Verfassung, die höchste Aufgabe der Natur für die Menschengattung sein […].[78]

Bei aller Fortschrittlichkeit und Vorbildfunktion Kants für heutiges Grundrechtsdenken sollten wir vor Augen behalten, dass Kant – wie sollte es anders sein – ein Kind seiner Zeit war. Gleichheitsvorstellungen in einem heutigen Sinne waren ihm fern. Das Recht zur politischen Mitbestimmung (Kant nennt das „Staatsbürger sein“) billigt er keineswegs allen, sondern nur den (wirtschaftlich) Selbstständigen zu:[79]

> Der Geselle bei einem Kaufmann oder bei einem Handwerker; der Dienstbote (nicht der im Dienste des Staates steht); der Unmündige (naturaliter vel civiliter); alles Frauenzimmer und überhaupt jedermann, der nicht nach eigenem Betrieb, sondern nach der Verfügung Anderer (außer der des Staats) genöthigt ist, seine Existenz (Nahrung und Schutz) zu erhalten, entbehrt der bürgerlichen Persönlichkeit, und seine Existenz ist gleichsam nur Inhärenz.[80]

Ferner hatte Kant bei seinen Überlegungen zur Menschenwürde keineswegs alle im Sinn, die wir heute als Menschen ansehen:

> Der Neger kann disciplinirt und cultivirt, niemals aber ächt civilisirt werden. Er verfällt von selbst in die Wildheit. Alle racen werden ausgerottet werden (Amerikaner und Neger können sich nicht selbst regiren. Dienen also nur zu Sclaven), nur nicht die der Weissen.[81]

> Die Negers von Afrika haben von der Natur kein Gefühl, welches über das Läppische stiege. Herr Hume fordert jedermann auf, ein einziges Beispiel anzuführen, da ein Neger Talente gewiesen habe, und behauptet: daß unter den hunderttausenden von Schwarzen, die aus ihren Ländern anderwärts verführt werden, obgleich deren sehr viele auch in Freiheit gesetzt werden, dennoch nicht ein einziger jemals gefunden worden, der entweder in

---

78 Immanuel Kant, Idee zu einer allgemeinen Geschichte in weltbürgerlicher Absicht (1784), AA VIII, S. 22.

79 Würtenberger, Von der Aufklärung zum Vormärz (s. Lit. Kap. 9), S. 72; Klippel, Theorie der Freiheitsrechte, S. 375.

80 Kant, Metaphysik der Sitten, S. 314.

81 Immanuel Kant, Entwürfe zu dem Colleg über Anthropologie (1780er Jahre), AA XV, S. 878.

> Kunst oder Wissenschaft, oder irgend einer andern rühmlichen Eigenschaft etwas Großes vorgestellt habe, obgleich unter den Weißen sich beständig welche aus dem niedrigsten Pöbel empor schwingen und durch vorzügliche Gaben in der Welt ein Ansehen erwerben. So wesentlich ist der Unterschied zwischen diesen zwei Menschengeschlechtern, und er scheint eben so groß in Ansehung der Gemüthsfähigkeiten, als der Farbe nach zu sein. Die unter ihnen weit ausgebreitete Religion der Fetische ist vielleicht eine Art von Götzendienst, welcher so tief ins Läppische sinkt, als es nur immer von der menschlichen Natur möglich zu sein scheint. Eine Vogelfeder, ein Kuhhorn, eine Muschel, oder jede andere gemeine Sache, so bald sie durch einige Worte eingeweiht worden, ist ein Gegenstand der Verehrung und der Anrufung in Eidschwüren. Die Schwarzen sind sehr eitel, aber auf Negerart und so plauderhaft, daß sie mit Prügeln müssen aus einander gejagt werden.[82]

Mit solchen Auffassungen stand Kant keineswegs allein da. Diese entsprachen vielmehr einer unter Gelehrten des ausgehenden 18. Jahrhunderts gängigen Sichtweise.[83] Kant ragt dadurch heraus, dass seine fundamental neuen Gedanken den Grundstein legten, um Rassismus und Kolonialismus zu überwinden.

5.7 Literatur

Armin Augat, Die Aufnahme der Lehren Samuel von Pufendorfs (1632–1694) in das Recht der Vereinigten Staaten von Amerika, Kiel 1985

Dirk Effertz, Menschenrechte und Staatstheorie. Wolffs zweiter Aufenthalt in Halle (1740–1754), Halle an der Saale 2014

Daniel Eggers, Die Naturzustandstheorie des Thomas Hobbes. Eine vergleichende Analyse von The Elements of Law, De Cive und den englischen und lateinischen Fassungen des Leviathan, Berlin/New York 2008

Walter Euchner, Naturrecht und Politik bei John Locke, Frankfurt am Main 1979

Hugo Grotius, Drei Bücher vom Recht des Krieges und des Friedens, hg. u. übers. v. Walter Schätzel, Tübingen 1950 (zuerst Paris [apud Nicolaum Boun] 1625)

Hasso Hofmann, Zur Lehre vom Naturzustand, Berlin et al. 1982

Diethelm Klippel, Persönlichkeit und Freiheit. Das „Recht der Persönlichkeit" in der Entwicklung der Freiheitsrechte im 18. und 19. Jahrhundert, in: Günter Birtsch (Hg.), Grund-

---

82 Immanuel Kant, Beobachtungen über das Gefühl des Schönen und Erhabenen (1764), AA II, S. 205 ff. (253).

83 Völkel, Kants „stinkende ‚N'"; Barbara Stollberg-Rilinger, Die Aufklärung. Europa im 18. Jahrhundert, Stuttgart 2017, S. 256–284; Wulf D. Hund, Wie die Deutschen weiß wurden. Eine kleine (Heimat)Geschichte des Rassismus, Stuttgart 2017, S. 87–90.

und Freiheitsrechte von der ständischen zur spätbürgerlichen Gesellschaft, 1987 (s. Lit.), S. 269 ff.

Ders., Politische Freiheit und Freiheitsrechte im deutschen Naturrecht des 18. Jahrhunderts, Paderborn 1976

Ders., Theorie der Freiheitsrechte am Ende des 18. Jahrhunderts, in: Heinz Mohnhaupt (Hg.), Rechtsgeschichte in den beiden deutschen Staaten (1988–1990). Beispiele, Parallelen, Positionen, Frankfurt am Main 1991, S. 348 ff.

Wigälius Xaver Aloys von Kreittmayr, Freiherrn von Kreittmayr, Grundriß des Allgemeinen Deutsch- und Bayrischen Staatsrechtes, Erster Theil: Von dem allgemeinen Staatsrechte, München 1770

John Locke, Two Treatises of Government, London 1690 (licensed 1689, deutsche Übersetzung ders., Zwei Abhandlungen über die Regierung, hg. v. Walter Euchner, übers. v. Hans Jörn Hoffmann, 4. Aufl., Frankfurt am Main 1989)

Gerhard Luf, Kant und die Menschenrechte. Überlegungen zur aktuellen Diskussion über die Begründung von Menschenrechten, in: Herbert Haller et al. (Hg.), Staat und Recht. Festschrift für Günther Winkler, Wien/New York 1997, S. 597 ff.

John Milton, The Tenure of Kings and Magistrates, in: A Complete Collection of the Historical, Political, and Miscellaneous Works of John Milton, Both English and Latin. With som Papers never before Publish'd, In Three Volumes, Bd. 2, Amsterdam 1698, S. 529 ff.

Ders., Of True Religion, Heresie, Schism, Toleration, And what best Means may be us'd against the Growth of Popery, in: A Complete Collection, Bd. 2 (zuerst 1673), S. 807 ff.

Sibylle Müller, Gibt es Menschenrechte bei Samuel Pufendorf?, Frankfurt am Main et al. 2000

Samuel von Pufendorf, Acht Bücher vom Natur- und Völkerrecht, Frankfurt am Main (In Verlag von Friedrich Knochen Buchhändlern) 1711 (zuerst Lund [Sumtibus Adami Junghans imprimebat Vitus Haberegger] 1672)

Baruch de Spinoza, Theologisch-politischer Traktat, übers. u. hg. v. Wolfgang Bartuschat, 2. Aufl., Hamburg 2018 (zuerst Hamburg [Apud Henricum Künraht] 1670)

Ders., Politischer Traktat, übers. u. hg. v. Wolfgang Bartuschat, 2. Aufl., Hamburg 2010 (zuerst 1677)

Christian Thomasius, Fundamenta juris naturae et gentium, Halle/Leipzig (Typis & sumtibus Viduae Christophori Salfeldi) 1713 (zuerst 1705)

Ders., Grundlehren des Natur- und Völkerrechts, Halle an der Saale (Rengerische Buchhandlung) 1709 (Nachdruck Hildesheim/Zürich/New York 2003)

Bärbel Völkel, Kants „stinkende ‚N'" und Anton Wilhelm Amo, Privatdozent für Philosophie in Halle. Kritische Blicke auf den Rassismus der deutschen Aufklärung, in: Stefan Knauß et al. (Hg.), Auf den Spuren von Anton Wilhelm Amo, Bielefeld 2021, S. 23 ff.

John Wise, A Vindication of the Government of New-England Churches, Boston (Printed by J. Allen) 1717

Christian Wolff, Grundsaͤtze des Natur- und Voͤlkerrechts, worinn alle Verbindlichkeiten und alle Rechte aus der Natur des Menschen in einem bestaͤndigen Zusammenhange hergeleitet werden, Halle an der Saale (Rengerische Buchhandlung) 1754 (Nachdruck Königstein im Taunus 1980), Übers. v. Institutiones juris naturae et gentium [...], Halle an der Saale (Rengerische Buchhandlung) 1750

6. Levellers und New Model Army

6.1 Einführung: Menschenrechte als soziale Utopien

Ich erzähle die Geschichte von sozialen Utopien, die für ihre Zeit so ungeheuerlich erscheinen, dass zunächst der Gedanke aufkommt, es liege ein Irrtum über das Jahrhundert vor. Es geht aber tatsächlich nicht nur um Vorstellungen, sondern um konkrete politische Forderungen aus der Mitte des 17. Jahrhunderts. Diese waren so einzigartig wie die historische Situation, aus der heraus sie geboren wurden. Als politische Forderung waren sie ebenso fragil und verschwanden mit der militärischen Niederlage derjenigen, die für sie gekämpft hatten. Für die dahinterstehenden Ideen von der Natur der menschlichen Gesellschaft und der sich daraus ergebenden Rechtsposition des Einzelnen gilt dies jedoch nicht. Keineswegs starben diese Ideen mit den geschlagenen Levellers. Sie erwiesen sich vielmehr im Laufe der kommenden Jahrhunderte als wirkungsvoll.

6.2 Spannungen und Eskalation zwischen Parlament und Krone

Worum geht es bei alledem und von welcher einzigartigen historischen Situation ist die Rede? Es geht um die Zeit des Englischen Bürgerkrieges und eine Armee neuen Typs, die New Model Army.

Elisabeth I. ist – um das Geringste zu sagen – gewiss eine der größeren Monarchenpersönlichkeiten in der englischen Geschichte. Sie hat nie geheiratet, und als sie 1603 kinderlos verstarb, folgte ihr Jakob I. auf den englischen Thron. Seine Regierungszeit ist gekennzeichnet durch die Emanzipation des englischen Parlaments von der Krone und eine Ausweitung seiner Macht. Zwar waren Parlamentssitzungen damals davon abhängig, dass der König sie einberief, und er bestimmte im Wesentlichen auch, worüber dort gesprochen wurde. Das Parlament konnte seine Machtposition mit der Hilfe am Hof einflussreicher Personen dennoch immer weiter ausbauen. Als nach dem Tod Jakobs im Jahre 1625 ihm sein Sohn als Karl I.auf den englischen Thron folgte, verschärften sich die Gegensätze zwischen Parlament und Monarch. England war bereits hochverschuldet und befand sich zudem im Krieg mit Spanien, was die Schuldenlast noch weiter erhöhte. Überhaupt war Fortuna, was sich später auf denkbar verheerende Weise bewahrheiten sollte, Karl I. als Feldherrn auf dem Schlachtfeld alles andere als hold. Sein Versuch einer

Beteiligung am Dreißigjährigen Krieg scheiterte mit einer desaströsen und teuren Niederlage in der Pfalz kläglich. Sein Angriff auf die spanische Silberflotte bei Cádiz stand ebenfalls unter keinem guten Stern und wurde zu einem Fiasko. Das Parlament weigerte sich, dem König Geld zur Finanzierung seiner fatalen Misserfolge zu bewilligen. Dieser versuchte daraufhin, ohne das Parlament zu regieren. Er löste es auf und trachtete danach, sich durch Zwangsanleihen Geld zu beschaffen, was sich jedoch nicht als probates Mittel erwies.

Drückende Geldnot zwang den zerknirschten König drei Jahre später, das Parlament wieder einzuberufen. Dieses war sich dann seiner Machtposition bewusst und verlangte für die Bewilligung neuer Steuern im Gegenzug im Jahre 1628 die Unterzeichnung der Petition of Right.[1] Hiermit ergriff das Parlament erstmals eigenständig die Gesetzesinitiative. Streitig ist, ob die Petition of Right im formellen Sinne Gesetzeskraft erhielt, erfolgte ihre Publikation doch ohne die Zustimmung der Krone.[2]

6.2.1 Petition of Right (1628)

Es geht in der Petition of Right vorranging um Befugnisse des Parlaments, Individualrechte erscheinen – soweit sie überhaupt vorhanden sind – als eine Reflexion hiervon. Der König musste die Anschuldigung akzeptieren, seine Befugnisse überschritten zu haben, indem er das hergebrachte Recht verletzte, und zusagen, dies in Zukunft zu unterlassen. So sollte der Monarch das Parlament bei Einführung neuer Abgaben nicht mehr übergehen und das im Land geltende Recht – wie die in diesem Zusammenhang explizit in Bezug genommene und in den Kontroversen zuvor häufig durch das Parlament angeführte Magna Charta,[3] deren symbolische Leuchtkraft bei Konflikten mit dem Machthaber hier deutlich hervortritt – einhalten. Es sollte ihm untersagt sein, Soldaten in Privathäuser einzuquartieren und unkontrolliert marodieren zu lassen. Ebenso sollte ihm verboten sein, unter dem Vorwand des Kriegsrechts Missliebige aus dem Weg zu räumen, indem sie gar zum Tode verurteilt wurden. Im Ergebnis mag das für den Einzelnen zum Schutz

1 „Right“ im Singular, für „Recht, Gerechtigkeit“, nicht im Plural für subjektive Rechte (immer wieder falsch zitiert als „Petition of Rights“).

2 Michael Maurer, Geschichte Englands, Ditzingen 2020, S. 181; Heiner Haan u. Gottfried Niedhart, Geschichte Englands vom 16. bis zum 18. Jahrhundert, 2. Aufl., München 2002, S. 164.

3 Art. 3: „And whereas also by the statute called ‚The Great Charter of the Liberties of England,‘ it is declared and enacted, that no freeman may be taken or imprisoned or be disseized of his freehold or liberties, or his free customs, or be outlawed or exiled, or in any manner destroyed, but by the lawful judgment of his peers, or by the law of the land.“ Dazu oben Kap. 3.3.3.1.

des Eigentums und vor willkürlicher Verhaftung sowie auch des Lebens führen. Fassen wir das Prinzip der Rule of Law ganz allgemein, so steht die Forderung nach Einhaltung des geltenden Rechts gegenüber dem Monarchen hiermit ohne Weiteres in Verbindung. Die Sicherung einer individuellen Abwehrsphäre gegenüber einem übergriffigen Staat war aber gewiss nicht die Zielrichtung, die die Parlamentarier bei ihrer Petition of Right im Jahre 1628 vor Augen hatten.

Die Petition of Right vermochte die angespannte Lage nicht für lange Zeit zu beruhigen. Nach Auseinandersetzungen um die Interpretation der Urkunde löste Karl I. im Jahre 1629 das Parlament für nicht weniger als elf Jahre auf. Dieser in der englischen Geschichtsschreibung als negativ beurteilte Zeitabschnitt königlicher Alleinherrschaft (Eleven Years' Tyranny) änderte allerdings kurioserweise nichts daran, dass das faktisch nicht existierende, jedoch vom König anerkannte Parlament weiterhin an Einfluss gewann.

6.2.2 Long Parliament und Bürgerkrieg

Als Karl I. das Parlament schließlich im Jahre 1640 wieder einberief, sollte es so bald nicht wieder auseinandergehen (Long Parliament). Scharf waren seine Forderungen. Berater des Königs wurden abgesetzt, teilweise hingerichtet. Mehrere königliche Privilegien wurden abgeschafft. Ebenso setzte das Parlament durch, dass der Monarch es nicht mehr ohne seine Zustimmung auflösen durfte. Das Parlament radikalisierte sich weiter und spaltete sich in verschiedene Gruppen, so dass es zu Auseinandersetzungen kam. Diese veranlassten Karl I. im Januar 1642 dazu, seine Residenz in London zu verlassen. Später in eben diesem Jahr eskalierte das Ganze zu militärischen Auseinandersetzungen zwischen Soldaten des Königs und einer Armee des Parlaments. Damit begann der Englische Bürgerkrieg, bei welchem die royalistische Partei zunächst die Oberhand hatte, bis das Blatt sich schließlich wendete. So wurden Karls Truppen im Jahre 1645 vernichtend geschlagen und er selbst geriet in Gefangenschaft.

6.3 Oliver Cromwell und Commonwealth of England

Die Parlamentsarmee wurde zu einem eigenständigen Machtfaktor und emanzipierte sich von ihrer Funktion als ausführendes Organ des Parlaments. Die Soldaten wählten Sprecher und widersetzten sich dem Parlament auf der Grundlage von Vorstellungen, die auf der religiösen Strömung des Puritanismus basierten. Wie wichtig die Armee für das Schicksal des Landes war, zeigte sich nochmals im November 1647, als Karl I. entkommen konnte. Er scharte seine Anhänger um sich und so kam es erneut zu Gefechten. Die Parlamentsarmee konnte unter ihrem Anführer Oliver Cromwell (1599–1658) die Armee des Königs erneut besiegen, so dass die Parlamentsarmee Ende 1648 endgültig die Macht übernehmen konnte. Ein auf eine geringe Zahl von Mitgliedern reduziertes Rumpfparlament leitete einen Prozess gegen den gefangenen König ein, der am 30. Januar 1649 öffentlich enthauptet wurde.

Wirft man einen Blick auf den Anführer der Parlamentsarmee, so erscheint es nicht gerade naheliegend, Vorstellungen von Freiheit oder gar von Menschenrechten mit dieser Zeit in Verbindung zu bringen. Oliver Cromwell hatte Thomas Fairfax im Jahre 1650 als Oberbefehlshaber der Parlamentsarmee abgelöst und regierte gestützt auf sie von 1653 bis zu seinem Tod 1658 England, Schottland und Irland als eine Art Diktator (Lordprotektor). Die Regierungszeit Cromwells war geprägt von Gewalt und religiöser Intoleranz. Dabei war sie die einzige Epoche in der Geschichte Englands, in der das Land nicht die Monarchie, sondern zumindest theoretisch so etwas wie eine Republik zur Staatsform hatte. Commonwealth of England hieß dieser Staat von 1649 bis 1660. Dieser Commonwealth of England allerdings hatte kaum Bestand über den Tod Cromwells hinaus. Sein Sohn konnte sich nicht lange an der Macht halten, und so kam es bereits 1660 zur Restauration der Monarchie mit der Thronfolge Karls II.

6.4 Die New Model Army

6.4.1 Schlagkraft einer „praying army"

Wie lässt sich die als New Model Army[4] bezeichnete Parlamentsarmee charakterisieren? Welche Art von Modell verfolgte sie und was war so neu daran? Die New Model Army war eine besondere Truppe aus mehreren Gründen. So vergaben ihre Anführer militärische Ränge und damit Kommandogewalt ohne Rücksicht auf den sozialen Status. Allein Leistung zählte. Das war ein Bruch mit der Tradition aller bisher dagewesenen europäischen Armeen, bei welchen stets immer nur Adelige hohe Führungspositionen bekleidet hatten. Das ging konform mit dem Glauben der Puritaner, die irdische Auszeichnungen von Leistung als einen Beweis der Gunst Gottes ansahen.

Ein weiterer Grund für die Schlagkraft der New Model Army lag in ihrer Religiosität:

---

4 Zu Einführung und Verwendung der Bezeichnung Roberts, Cromwell's War Machine, S. VIII.

> One of the trademarks of Parliament's New Model Army was its Encouragement of the habit of praying aloud extemporaneously. This habit won for it the reputation of the ‚praying army'.[5]

Daraus aber ging zugleich ein erhöhter Kampfgeist hervor („inspirational power"). Die religiösen Ideale verwandelten die Soldaten „into men of iron, endowed them with holy ruthlessness, and furnished them with the conviction that in turning the society upside down […] they were carrying out the will of god".[6] Dabei schwingt zuweilen die Vorstellung mit, die Soldaten der New Model Army hätten überaus radikalen religiösen Ansichten wie dem Skeptizismus oder Agnostizismus angehangen, wobei allerdings fraglich ist, inwiefern das tatsächlich zutrifft. Die Überlieferung stammt hauptsächlich von royalistischen Chronisten, die ihre Gegner in das üble Licht des Ketzertums stellen wollten.

Die Religiosität war offenbar bei den höheren Offizieren stärker ausgeprägt als bei den niederrangigen Soldaten. So sollen insbesondere Thomas Fairfax und Oliver Cromwell tiefgläubig gewesen sein. Zu ihren Anführern verspürten die Soldaten große Loyalität („strong primary group loyalty").[7] Sie waren gute Führungspersonen und konnten ihren Truppen Sicherheit und Vertrauen vermitteln, was der New Model Army gegenüber den Royalisten Pluspunkte einbrachte. Cromwell wählte für hochrangige, verantwortungsvolle Positionen vor allem Männer aus, um deren Glauben er wusste und denen er deshalb vertraute. Die Religiosität der Offiziere wirkte sich dann stärkend auch auf die Soldaten aus.

Die Beschäftigung mit „scripture study" wurde gefördert und vor anstehenden Schlachten gebetet und gefastet, außerdem scheint das Laienpredigen ausgeprägt gewesen zu sein. Ferner waren auf den Bannern, die die Soldaten auf das Schlachtfeld trugen, neben politischen auch religiöse Botschaften und Zeichnungen zu sehen. Auf diese Weise hatte die Religiosität mehrere militärische Konsequenzen:

- Gleichberechtigung: jedes Regiment darf einmal an vorderster Linie marschieren, obwohl dieser Platz aufgrund der militärischen Rangfolge dem Regiment von Thomas Fairfax vorbehalten gewesen wäre;
- Solidarität: höherrangige Soldaten helfen anderen aus, hochrangige Offiziere wie Fairfax und Cromwell finanzieren die Armee aus eigenen Mitteln mit beziehungsweise verzichten auf die ihnen zustehende Besoldung

---

5 Gentles, Why men fought in the British Civil Wars, S. 416.

6 Gentles, New Model Army. Agent of Revolution, S. 62.

7 Gentles, Why men fought in the British Civil Wars, S. 415.

- Soldaten sehen sich als „Army of the Saints“[8] oder als „Auserwählte“ an, Siege erscheinen als Zeichen für „their favour with God“ und Ausdruck der göttlichen Vorsehung;[9]
- Soldaten überwinden Unsicherheiten, die mit ihrer sozialen Herkunft oder der Angst vor dem Kampf gegen den König einhergehen.

Auch wenn bei Weitem nicht alle Soldaten der New Model Army eine so hohe Motivation hatten, waren doch viele von ihnen zwangsrekrutiert („pressed men“)[10] und desertierten zu Tausenden. Auch wenn die religiös Überzeugten eine Minderheit darstellten, war dies doch eine Besonderheit, welche die New Model Army von anderen Armeen der Zeit abhob und bei einem Teil der Kämpfenden eine Moral hervorbrachte, die einer reinen Söldnerarmee vollständig abging. Die religiöse Überzeugung war somit trotz allem gewiss ein wichtiger Faktor, wobei für die Motivation auch eine Rolle gespielt haben mochte, dass die Soldaten der New Model Army – was in der damaligen Zeit keineswegs selbstverständlich war – im Allgemeinen ihren Sold einigermaßen pünktlich erhielten.

Religiöse Aktivitäten sind meistens gemeinsame Aktivitäten. Insofern kommt es vielleicht gar nicht entscheidend auf ihren religiösen Charakter an. Wenn sich Soldaten in Gruppen zusammenfanden, um die Bibel zu lesen und zu beten, so stärkte das das Gemeinschaftsgefühl („a primary vehicle of human sociability“)[11] und damit – auch nach Ergebnissen moderner Forschungen – die Kampfmoral. Die religiöse Beschäftigung in Gruppen hatte auf diese Weise – auch wenn das damals natürlich niemand so gesehen oder gar genannt hätte – (unbewusst?) die Funktion von Teambuilding, das den Zusammenhalt festigen konnte und folglich die Chancen auf Sieg auch gegen eine überlegene Streitmacht erheblich steigerte.

Die New Model Army war beim Kämpfen vom Glauben beseelt und sah sich als ausführender Arm der göttlichen Vorsehung, keineswegs aber als Streiterin für so etwas wie Menschenrechte. Dass Religiosität die Kampfmoral stärkte, bedeutet keineswegs, irgendjemand unter den Soldaten hätte im Sinn gehabt, im Falle eines Sieges Menschenrechte wie Eigentumsfreiheit oder Religionsfreiheit zu etablieren. Solche Themen kamen erst im Jahr 1647 auf, als sich die Armee – auch unter Einfluss der Levellers – politisierte.

---

8 Roberts, Cromwell's War Machine, S. 174.

9 Gentles, New Model Army in England, Ireland and Scotland, S. 104–106; ders., Why men fought in the British Civil Wars, S. 410.

10 Gentles, Why men fought in the British Civil Wars, S. 407 f.

11 Gentles, Why men fought in the British Civil Wars, S. 416.

6.4.2 Der Puritanismus als religiöser Hintergrund

Der Puritanismus war als religiöse Bewegung im England des 16. Jahrhunderts entstanden. Er orientierte sich an kontinentaleuropäischen Protestanten wie Calvinisten und Hugenotten und forderte eine moralische und liturgische Erneuerung der Kirche. Im Puritanismus liegt der Ursprung vieler heute noch präsenter Bekenntnisrichtungen im angloamerikanischen Raum wie etwa der Methodisten. Einen wesentlichen Unterschied des Puritanismus zum Luthertum macht aus, dass die Puritaner die christliche Forderung nach Freiheit keineswegs als eine solche verstanden, die nur im Reich Gottes ihre Wirkungen zeitige. Der Puritanismus begründete vielmehr diesseitige politische Forderungen.

Ferner wurden religiöse Wahrheiten nicht allein von oben herab gepredigt. Vielmehr hielten Armeegeistliche die Soldaten selbst zum Studium der Bibel und zu Gesprächen über religiöse Fragen an. Das ist eine Art von eigenständiger kritischer Auseinandersetzung mit den Quellen des Glaubens, wobei die Wahrheit im Austausch mit anderen gesucht wird. Das fördert zum einen die Wertschätzung des Individuums, zum anderen – was in einer weitgehend illiteraten Welt alles andere als selbstverständlich ist – die geistige Fähigkeit, überhaupt Diskussionen führen zu können. Die Militärreformen jedenfalls wurden zur Grundlage für politisches Engagement. Religiöse Toleranz und der Bruch mit den Standestraditionen wurden zum Nährboden für eine neue politische Bewegung, die ein weiteres Vorantreiben der Reformen innerhalb wie auch außerhalb des Heeres forderte. So führten die Neuerungen zu einem armeeinternen Pluralismus, der die Entstehung auch radikaler Bewegungen wie der Levellers begünstigte. Die religiösen Diskussionen innerhalb der Truppe hatten die Kommunikationsfähigkeiten in einem Umfang gefördert, der das Mitreden bei sozialen und politischen Angelegenheiten des gesamten Königreichs ermöglichte, wie sich bei den Putney Debates zeigen sollte.

6.5 Die Levellers

6.5.1 Stellenwert und sozialer Hintergrund der Levellers

Wer waren die Levellers? Es handelt sich um eine frühdemokratische politische Bewegung, die vor allen Dingen die einfachen Soldaten der New Model Army ansprach. Auch wenn die Levellers als Bewegung in der Armee ihren Ursprung hatte, bestanden sie doch nicht ausschließlich aus Soldaten. Außerhalb der Armee war die Bewegung getragen von weniger wohlhabenden Leuten, wie Handwerkern, kleinen Händlern und Pächtern. Ihre Anhänger waren überwiegend im Großraum

London zu verorten und dort zahlenmäßig auch nicht ganz unbedeutend, wenn über 9800 Personen ihre Petitionen unterzeichneten. Dabei waren die Levellers eine lose organisierte und schwer fassbare Gruppe. Ein engerer Kreis an Sprechern scheint sich in unregelmäßigen Abständen getroffen zu haben, um Positionen zu verhandeln. Zu diesen Treffen kamen im Januar 1648 an die 60 Personen, wobei häufig keine Einigungen erzielt werden konnten, so dass die Fraktionen sich im Streit voneinander trennten und ihre Forderungen an die Öffentlichkeit trugen. Ansichten der Levellers sind insgesamt schwierig zu charakterisieren, weil unterschiedliche Personen unterschiedliche Meinungen vertraten[12] und diese sich im Laufe der Zeit (das heißt zwischen 1645 und 1649) dabei auch noch ändern konnten. Hierin liegt ein erheblicher praktischer Nachteil eines herrschaftsfreien Diskurses, wie die Levellers ihn offensichtlich pflegten. Dieser Meinungspluralismus, der zum Teil so weit ging, dass zweifelhaft erscheint, ob sich überhaupt von „den" Levellers als einheitliche Bewegung sprechen lässt, hat die Schlagkraft gegen ihre Feinde gewiss nicht gestärkt.

Im Hinblick auf den historischen Kontext – das Ganze liegt fast vier Jahrhunderte zurück – sind ihre Ideen und Ansätze bemerkenswert. Sie forderten Gleichheit vor dem Gesetz, die Republik als Staatsform und zumindest in einem gewissen Rahmen Religionsfreiheit. Diese Postulate wurden anderswo in Europa zum Teil erst im 20. Jahrhundert durchgesetzt. Die Levellers engagierten sich für eine freie Gesellschaft unter Abschaffung aller Stände und Gleichheit vor dem Gesetz. Wegen der zuletzt genannten Forderung nannten politische Gegner – ursprünglicher Erfinder des Namens war vermutlich kein Geringerer als Oliver Cromwell selbst während der Putney Debates – die oppositionelle Gruppe abfällig „Levellers", was so etwas wie „Einebner" oder „Gleichmacher" bedeuten sollte. Ursprünglich ging die Bezeichnung auf eine Bewegung des frühen 17. Jahrhunderts zurück, die sich gegen eine mit Privatisierung verbundene Einzäunung vormals gemeinsam genutzten Landes durch Großgrundbesitzer richtete. Sie war von Kleinbauern und Pächtern getragen, welche die Zäune und Hecken niederrissen und somit gewaltsam einebneten („to level").

Die Levellers aber empfanden diese Bezeichnung offenbar gar nicht als Spott. Vielmehr befanden sie sich und ihre Ziele in dieser darin exakt wiedergegeben. Möglicherweise war auch eine Spur Trotz dabei oder sie wollten den Spott des Gegners ihrerseits verspotten. Wir wissen es nicht. Wir wissen nur, dass sie die ursprünglich schimpflich gemeinte Bezeichnung der Gegenseite als ihre eigene auswählten und sich künftig selbst so nannten.

---

12 Ein extremes Beispiel sind die Diggers („True Levellers"), dazu später unten Kap. 6.6.

Die politischen Standpunkte der Levellers waren in ihrer Zeit unerhört im Sinne von „nie zuvor gehört". Ihre radikalen Ansichten stießen auf scharfen Widerstand, selbst bei liberalen Abgeordneten im House of Commons. Diese waren Presbyterianer und Independents, die Levellers hingegen im Parlament nicht vertreten. Richard Overton, einer ihrer Wortführer, charakterisierte im Jahre 1646 die Grundsätze der Levellers wie folgt:

> To every individual in nature is given an individual property by nature not to be invaded or usurped by any. For every one, as he is himself, so he has a self-propriety, else could he not be himself; and of this no second may presume to deprive any of without manifest violation and affront to the very principles of nature and of the rules of equity and justice between man and man. Mine and thine cannot be, except this be. No man has power over my rights and liberties, and I over no man's. I may be but an individual, enjoy my self and my self-propriety and may right myself no more than my self, or presume any further; if I do, I am an encroacher and an invader upon another man's right – to which I have no right. For by natural birth all men are equally and alike born to like propriety, liberty and freedom; and as we are delivered of God by the hand of nature into this world, every one with a natural, innate freedom and propriety – as it were writ in the table of every man's heart, never to be obliterated – even so are we to live, everyone equally and alike to enjoy his birthright and privilege; even all whereof God by nature has made him free.[13]

Der Zusammenhang zu dem hier verfolgten historischen Begriff von Menschenrechten liegt auf der Hand: Es ist die Rede von zentralen Individualrechten, die allen Menschen gestützt auf naturrechtlicher Grundlage allein aufgrund ihres Menschseins („birthright") zustehen sollen.

6.5.2 Die Forderungen der Levellers

Die Levellers waren eine Bewegung vornehmlich junger Männer in einer einzigartigen historisch-politischen Situation. Der König war besiegt, und es war nicht klar, welche Staats- und Gesellschaftsform an die Stelle der althergebrachten Monarchie treten würden. Das verschaffte der Möglichkeit Raum, auch radikale Vorstellungen in die Reformdebatten einzubringen, in denen jeder Soldat eine Stimme hatte. Das

---

13 Richard Overton, An arrow against all tyrants and tyranny, shot from the prison of Newgate into the prerogative bowels of the arbitrary House of Lords and all other usurpers and tyrants whatsoever […], Printed at the backside of the Cyclopian Mountains, by Martin Claw-Clergy 1646 [12. Oktober 1646], https://oll.libertyfund.org/titles/overton-an-arrow-against-all-tyrants (Zugriff: 22.08.2024).

mag erklären, weshalb die Levellers Gesellschaftskonzepte formulierten, die in ihrer Zeit so bemerkenswert waren.

Die Levellers gingen von der Gleichheit aller vor dem Gesetz aus und forderten auf dieser Grundlage für alle Männer ein allgemeines Wahlrecht, wie es zuvor nur Großgrundbesitzern und wohlhabenden Stadtbewohnern vorbehalten gewesen war. Die Levellers wollten einen herrschaftsfreien Raum für alle Bürger, in dem diese vor staatlichen Eingriffen geschützt waren. Zu diesem Zweck verlangten sie eine geschriebene Verfassung, die die Kompetenzen von Regierung und Parlament eingrenzen sollte, mit Religions- und Gewissensfreiheit, einem allgemeinen Versammlungsrecht und der Aufhebung der Pressezensur. Jeder freie Mann sollte ein Petitionsrecht haben, ferner war ein Widerstandsrecht gegen die Staatsgewalt anerkannt, falls diese ihre Machtbefugnisse überschritt. Der Staat sollte zwar christlich sein, jedoch von der Kirche getrennt. Innerhalb des Protestantismus sollte Bekenntnisfreiheit herrschen, wovon allerdings Katholiken und Anglikaner ausgenommen sein sollten.

Bürgerliche und religiöse Rechte (wie Schutz vor willkürlicher Verhaftung, Freiheit des religiösen Bekenntnisses sowie Verbot des Zwangs zum Militärdienst) sollten für alle Menschen gelten, auch für die wegen ihres Geschlechts oder Berufs Abhängigen. Politische Rechte aber sollten diesen Gruppen nicht zustehen, gründeten die Levellers doch alle bürgerlichen, religiösen, politischen und wirtschaftlichen Rechte auf die Konzeption der menschlichen Freiheit als aktiver Besitz an den eigenen Fähigkeiten. Auf dieser Grundlage differenzierten sie zwischen politischen und sonstigen Rechten. Erstere – und damit Stimmen bei Wahlen – erkannten die Levellers dabei nur denen zu, die nicht vom Willen anderer abhingen. Frauen, Lohnarbeiter und Empfänger von Almosen waren hiervon folglich ausgenommen.

Der Freiheit als Eigentum an sich selbst kommt mithin nach der Weltsicht der Levellers eine tragende Bedeutung zu. Die Freiheit ist das, was einen Menschen zum vollberechtigten Menschen macht. Die Regierung hat demnach alle männlichen Bürger als von Anfang an ebenbürtig zu betrachten, solange und soweit sie im Vollbesitz ihrer Freiheit sind. Diese nämlich wird gerade nicht als ein unveräußerliches Recht verstanden. Freiheit wird – so wie später bei John Locke – verstanden als Eigentum an sich selbst und den eigenen Fähigkeiten. Dazu zählt die eigene Arbeitskraft, die wie jede Ware veräußerlich ist. Damit ist Freiheit eine Konsequenz aus dem Eigentum an der eigenen Person, das von Geburt an besteht, aber weggegeben werden kann. Allgemeine politische Rechte im Staat hatten mithin nur diejenigen freien Männer, die ihr Geburtsrecht nicht verloren hatten. Nach dem Verständnis der Levellers trifft das neben Straftätern und Royalisten auf jeden zu, der gegen Lohn für einen anderen arbeitet, hat er sich doch der Verfügung über seine Fähigkeiten beziehungsweise Arbeitskraft durch einen Dienstvertrag zumindest zeitweise entäußert. Dementsprechend soll er, was seine Berechtigung auf eine Stimme bei der Wahl anbelangt, in die Stimme seines Herrn mit eingeschlossen sein.

Die Reformforderungen der Levellers erstreckten sich auch auf das Gerichtsverfahren. So erstrebten sie für den Strafprozess ein Geschworenengericht, das durch das Volk zu wählen sei. Im Prozess sollten die Grundsätze „nulla poena sine lege" und „ne bis in idem" gelten. Es sei ein Zeugnisverweigerungsrecht anzuerkennen und die Folter abzuschaffen. Die Judikative sollte von der Exekutive unabhängig sein.

Im Programm der Levellers, das sie in der von ihnen gegründeten Zeitschrift „The Moderate" verkündeten, waren auch Forderungen nach wirtschaftlichen und sozialen Reformen enthalten, die inhaltliche Parallelen aufweisen zu dem, was später als „soziale Grundrechte" oder „Menschenrechte der Zweiten Generation" bezeichnet werden sollte. Eine Erklärung mag darin liegen, dass die Levellers die Situation ihrer Anhänger, die wie gesagt eher weniger wohlhabend waren, zu verbessern suchten. So findet sich die Forderung nach einem sozialverträglichen Abgabensystem. Wer nicht über ein Vermögen von mindestens 30 Pfund verfügte, sollte nach dem Second Agreement of the People vom 15. Dezember 1648 von der Steuerpflicht vollständig ausgenommen sein. Weiterhin forderten die Levellers die Abschaffung inländischer Monopole und der Privilegien von Handelsgesellschaften, machten sie doch solche Vorrechte für Arbeitslosigkeit, Armut und Inflation verantwortlich. Ebenso verlangten sie die Gründung von Krankenhäusern und Pflegeeinrichtungen für Kranke, Menschen mit Behinderung, Waisen und Witwen sowie für Alte auf Kosten der öffentlichen Hand, darüber hinaus eine kostenlose Grundschulbildung für alle.

6.5.3 Freeborn John

Ein schillernder Protagonist der Levellers war John Lilburne (1615[?]–1657), genannt Freeborn John. Als Sohn wohlhabender Bediensteter am englischen Hof geboren, führte er puritanische Schriften aus Holland ein. Dafür wurde er 1638 verhaftet, auf Betreiben Cromwells schließlich aber 1640 wieder freigelassen. Im August 1645 befand sich Lilburne erneut in Kerkerhaft wegen seiner Kritik an Parlamentariern, die im englischen Bürgerkrieg in Luxus lebten, während die einfachen Soldaten für die parlamentarische Sache kämpften und starben. Nach Protesten seiner Anhänger wurde er auch diesmal wieder freigelassen, doch sollten seine Tage auf freiem Fuß wiederum gezählt sein. Schon im nächsten Jahr wurde er im Tower of London gefangen gehalten, weil er einem Befehlshaber der New Model Army Sympathisieren mit Royalisten vorgeworfen hatte. Aus der Bewegung, die

Abb. 8 Frontispiz von John Lilburne (um 1614–1657), The Christian Man's Trial, 1641.

sich für seine Befreiung einsetzte, gingen die Levellers hervor, die ab Herbst 1645 als kohärente Gruppe bezeichnet werden können. Freeborn John nahm in der Tat kein Blatt vor den Mund, gab der Gruppe, die sich um ihn herum formiert hatte, inhaltlichen Gehalt, und so wurde er zu ihrem Wortführer. Er verkündete seine Meinung aber nicht nur in Wort, sondern auch in Schrift. Er war der Autor zahlreicher Pamphlete, welche die Auffassung der Levellers verbreiteten. In einem Versuch, ihre Forderungen durchzusetzen, begannen die Levellers zu Beginn des Jahres 1647, Einfluss auf die New Model Army auszuüben.

6.5.4 The Norman Yoke

Ein in der Geschichte der Menschenrechte immer wieder erscheinendes Argumentationsmuster kommt bei Lilburne zum Tragen, wenn er auf das „Norman Yoke", das „normannische Joch" zu sprechen kommt. Vereinfacht ausgedrückt,[14] ist damit die Vorstellung gemeint, dass die Zustände vor der normannischen Eroberung im Jahre 1066 und der damit beginnenden Herrschaft Wilhelms des Eroberers (König von England als Wilhelm I. 1066–1087) besser gewesen seien. Wilhelm habe den besiegten Engländern eine Gewaltherrschaft, ein „Joch" aufgezwängt und

---

14 In der Tat überaus stark vereinfacht, weil die Einzelheiten für meinen Gedankengang hier keine Rolle spielen. Detailliert auf Grundlage der Quellen und mit einer Übersicht der älteren Literatur zum Thema Seaberg, The Norman Conquest and the Common Law.

ihre zuvor bestehenden Freiheiten konterkariert, die mit Eduard the Confessor (König von England 1042–1066) oder seinen Vorgängern in Verbindung gebracht werden. Schon zu Zeiten der Magna Charta habe das Recht aus der Zeit vor der Eroberung „somewhat mythical significance as the legacy of supposedly better times“ erlangt.[15] Auf die besagte Vorstellung vom Norman Yoke nimmt Lilburne in seinem im Jahr 1647 während seiner Gefangenschaft im Tower verfassten Pamphlet „The Just Mans Justification“ mehrfach Bezug. Eine ähnliche Vorstellung findet Ausdruck in Lilburnes Traktat „By law and reason. Being a collection of the marrow and soule Magna Carta“ aus dem Jahr 1648, wenn er davon ausgeht, die englischen Freiheiten hätten ihren Ursprung nicht in königlicher Gesetzgebung. Diese hätten ihre Grundlagen vielmehr im Naturrecht und die Untertanen sie ererbt aus unvordenklicher Zeit.[16] Demzufolge richten sich die Forderungen der Levellers auf so etwas wie eine Reformation im wörtlichen Sinne.[17] Es geht darum, einen idealen Zustand aus einer glorifizierten Vergangenheit – wenn nötig mit Gewalt – wiederherzustellen, nicht darum, etwas vollständig Neues zu beginnen.

Ein wichtiger Ausdruck dieses alten englischen Rechts ist das Verfahren durch ein Geschworenengericht, das auch noch nach heutiger Vorstellung in angelsächsischen Rechtskreisen eine aus kontinentaleuropäischer Sicht schwer nachvollziehbare fundamentale Bedeutung einnimmt. Ich halte es für wichtig, die Vorstellung vom „Norman Yoke“ an dieser Stelle hervorzuheben, weil sie auch in späteren Zeiten – insbesondere bei der amerikanischen Revolution, von der noch im Einzelnen zu sprechen sein wird – in der Argumentation der Oppositionellen erscheint.[18] Wenn die Siedler auf die alten Rechte der Engländer rekurrieren, schwingt die Idee von Freiheitsrechten mit, die aus einer im Nebel liegenden Vergangenheit vor der angeprangerten Gewaltherrschaft stammen. Sie beklagen, dass ihnen etwas genommen wurde, das sie vor dem „normannischen Joch“ hatten und das ihnen aus ihrer Sicht (auch) deshalb legitimerweise zusteht.

---

15 Baker, Magna Carta (2023, s. Lit. Kap. 3), S. 198.

16 „[…] your Subjects have inherited this Freedome. That they should not be compelled to contribute to any tax, tallage, aid, or other like charge, nor set by common consent in Parliament.“ – „[…] the benefit of the Law, which is the inheritance of every free-borne, English-man.“ – „They associated themselves only as a company of free Commons of England, to stand together upon the just principles, and law of nature and nations, to recover their own and all the peoples just rights and liberties“.

17 Dazu oben Kap. 4.1.

18 Dazu unten Kap. 7.2.2.4.

6.6 Die Diggers

Die Levellers waren mit ihren Auffassungen keineswegs die radikalste politische Gruppe ihrer Zeit. Erheblich radikaler waren die Diggers. Der Name leitet sich von ab von „to dig" (graben), was zur Zeit des Englischen Bürgerkriegs auch „pflügen" bedeuten konnte. Diesen Namen gaben den Diggers ihre Gegner, sie selbst nannten sich „True Levellers". In der Tat bestand ihre Haupttätigkeit darin, sich auf Land anzusiedeln, um es zu pflügen und zu bestellen.

Die Bewegung der Diggers trat erstmals in Erscheinung am 1. April 1649, als neun Personen begannen, auf einem Gemeindegrundstück („commons") in St. George's Hill in der Nähe von London Rüben, Karotten und Bohnen anzupflanzen. In zwei Flugschriften aus dem Jahr 1649 sind die Ideen der Diggers niedergelegt. Diese sind dem Sozialismus und der sowjetischen Kolchosenwirtschaft derartig nah, dass man glauben könnte, sich im Jahrhundert geirrt zu haben („frühkommunistische Bewegung";[19] „Britain's first socialists"[20]). So vertraten die Diggers eine Arbeitswerttheorie, nach der Lohnarbeit einzustellen und stattdessen Gemeindeland durch die Armen gemeinsam zu bewirtschaften sei. Sie wollten das bestehende Gesellschaftssystem mit seiner Eigentumsordnung nicht abschaffen, sondern ein zweites, alternatives aufbauen. In ihrer Welt sollten die kollektive Nutzung des Landes und das Verbot von Handel die Menschen vor Ausbeutung und Unterdrückung schützen, der gemeinsam erwirtschaftete Überschuss gerecht an alle verteilt werden. Dabei postulierten die Diggers eine klassenlose Gesellschaft, in der alle Menschen ohne Rangunterschiede leben sollten. Die Gleichheit aller Menschen war für sie wesentlich. Sie gingen davon aus, dass ihre Gesellschaft, in der es Privateigentum an Land nicht geben sollte, dem alten System überlegen sei, so dass dieses sich nach einer Übergangsphase von allein verlieren werde, was an die Verwelkungsthese der marxistischen Gedankenwelt erinnert.[21] Ein Positionspapier, das ähnlich wie das Agreement of the People der Levellers auf grundlegende Rechte gerichtet wäre, gibt es von den Diggers nicht.

Die Ideen der Diggers breiteten sich von St. George's Hill weiter aus, so dass in England bis zu neun weitere Kolonien entstanden. Die Gesamtstärke der Bewegung betrug dabei jedoch maximal eintausend Menschen, eher vermutlich sogar nur einige hundert. Der Traum der Diggers vom automatischen Verschwinden der alten Welt bewahrheitete sich nicht. Nicht die Führungsriege der New Model Army,

19 So der Untertitel von Lennert, Diggers.

20 Brockway, Britain's first socialists.

21 S. u. S. 377.

wohl aber die Grundbesitzer und die Bevölkerung der Nachbarorte traten ihnen feindselig gegenüber. Es kam wiederholt zu gewalttätigen Ausschreitungen. Nach nur etwa einem Jahr mussten die Diggers ihre Gemeinschaften aufgeben.

6.7 Putney Debates und Agreement of the People

Den Höhepunkt des gewaltfreien Diskurses innerhalb der New Model Army bildeten die Putney Debates, die im Oktober und November 1647 stattfanden. Auf Seiten der Soldaten der New Model Army nahmen die so genannten New Agents (die Ansichten der Levellers vertraten), auf der Gegenseite alteingesessene hochrangige Offiziere („Grandees") wie Oliver Cromwell teil. Die Levellers nannten ihr Positionspapier für die Verhandlungen Agreement of the People. Verbrieft sind darin Forderungen nach einem fairen Wahlrecht für das Parlament, Religionsfreiheit sowie die Gleichheit aller vor dem Gesetz. Die Gesetze müssten – so die Idealvorstellung – gleichermaßen für alle „gut sein" und dürften „der Sicherheit und dem Wohl des Volkes nicht offensichtlich schaden".[22] Das Dokument, an dessen Ausgestaltung der zuvor erwähnte John Lilburne maßgeblich beteiligt war, hat in der Geschichte der Menschenrechte eine gewisse Berühmtheit erlangt. Gerhard Oestreich spricht von der „Formulierung einer ersten Grundrechteerklärung überhaupt".[23] Bemerkenswert ist diese auch deshalb, weil sich hier erstmalig in einem politischen beziehungsweise verfassungsgeschichtlichen (nicht: philosophischen) Text nicht nur die generelle Behauptung angeborener Rechte findet, sondern auch die Forderung nach konkreten subjektiven Rechten hieraus abgeleitet wird:

> Diese Punkte erklären wir zu unseren angeborenen Rechten; und deshalb haben wir beschlossen und sind übereingekommen, sie aufrecht zu erhalten mit unseren äußersten Mitteln gegen jede denkbare Art von Gegenwehr; dazu sind wir angetrieben nicht nur durch das Vorbild unserer Vorfahren – deren Blut oftmals sinnlos vergossen wurde für die Wiedererlangung ihrer Freiheiten und die darunter litten, dass ihnen die Früchte ihrer Siege durch betrügerische Zugeständnisse vorenthalten wurden – sondern auch durch unsere eigene bejammernswerte Erfahrung, die wir die Aufrichtung dieser genannten Regeln für eine Regierung lang erwartet und wohl verdient haben und doch gezwungen werden, das Abkommen über unseren Frieden und unsere Freiheit von demjenigen

---

22 „That as the laws ought to be equal, so they must be good and not evidently destructive to the safety and well-being of the people."

23 Oestreich, Geschichte der Menschenrechte (s. Lit.), S. 43.

> abhängig zu machen, der unsere Knechtschaft wollte und einen grausamen Krieg über uns brachte.[24]

Die Putney Debates verliefen ergebnislos. Zu groß waren die Meinungsverschiedenheiten. In der Folgezeit konnte von einem gewaltfreien Diskurs nicht mehr die Rede sein. Die Levellers wurden unterdrückt, mehrere von ihnen ermordet. Schließlich kam es zu offenen Kämpfen innerhalb der Parlamentsarmee. In der Schlacht bei Burford (Oxfordshire) besiegte Cromwell die Levellers im Jahre 1649 endgültig und ließ die Anführer des Aufstands hinrichten. Damit war die Bewegung innerhalb der New Model Army zerschlagen. Nach 1649 verloren die Levellers an Bedeutung, John Lilburne wurde 1652 verbannt.

Die Putney Debates und das Agreement of the People sind wiederum vom Puritanismus als geistesgeschichtlichem Hintergrund der Levellers entscheidend geprägt, wenn nicht auf dieser Basis erst möglich geworden. Das steht zwar (natürlich) nicht in dem Dokument. Doch es wird deutlich, dass dem Abkommen das Vertrauen auf einen freien und gleichberechtigten Austausch von Meinungen zugrunde liegt, der – von den liberalen Formen des Puritanismus genährt – Arbeitsgrundlage im General Council der New Model Army war.

Beachtenswert ist dabei, dass nicht nur die Levellers, sondern auch ihre Gegner bei den Putney Debates Puritaner waren. So gehörten drei puritanische Gruppen zu den Siegern des ersten Bürgerkriegs:

- The Party of the Right: Presbyterianer, (unsichere) Mehrheit des Parlaments;
- The Party of the Centre: Independents, einige Mitglieder des Parlaments, die manchmal die Mehrheit erlangen konnten, auch viele hochrangige Offiziere der New Model Army waren Independents;
- The Party of the Left: äußerst heterogen, bestand im Wesentlichen aus zwei Gruppen:
  - Levellers, zu ihnen gehörten zum Teil einfache Soldaten der New Model Army;

---

24 „These things we declare to be our native rights; and therefore are agreed and resolved to maintain them with our utmost possibilities against all opposition whatsoever: being compelled thereunto, not only by the examples of our ancestors – whose blood was often spent in vain for the recovery of their freedoms, suffering themselves through fraudulent accommodations to be still deluded of the fruit of their victories – but also by our own woeful experience, who having long expected and dearly earned the establishment of these certain rules of government, are yet made to depend for the settlement of our peace and freedom upon him that intended our bondage and brought a cruel war upon us".

- Fifth Monarchy Men, hierzu gehörten auch einige höherrangige Offiziere der New Model Army.

Alle Beteiligten waren mithin Teil derselben religiösen Gruppe, wobei allerdings jede Untergruppe ihre eigenen spezifischen Ansichten hatte. Somit ist plausibel und naheliegend, die aus dem religiösen Bereich stammenden Freiheiten – insbesondere das Recht auf freie Äußerung in der Debatte – auch auf andere Lebensbereiche zu übertragen (Meinungsfreiheit im politischen Sinn, Pressefreiheit, Freiheit für Handel).

6.8 Glorious Revolution und Bill of Rights

Nach der Herrschaft Oliver Cromwells kam es 1660 zu einer Wiederherstellung der Monarchie.[25] Karl II. regierte profranzösisch und prokatholisch. Überhaupt eiferte er seinem kontinentalen Vorbild Ludwig XIV. nach und war wie dieser absolutistisch orientiert. Immer wieder kam es zu willkürlichen Verhaftungen im Namen des Königs. Das Parlament verabschiedete daraufhin im Jahre 1679 den Habeas Corpus Act. Dieses Gesetz ist benannt nach den ersten beiden lateinischen Worten, mit denen es beginnt. Es handelt sich um ein Parlamentsgesetz zum Schutz gegen willkürliche Verhaftungen, das bis heute berühmt ist. Ein Verhafteter kann danach von einem obersten Gericht – zum Beispiel dem Court of King's Bench – verlangen, über die Gründe für seine Haft in Kenntnis gesetzt und dem Gericht zu deren Nachprüfung vorgeführt zu werden. Danach ist der Verhaftete bis zum Beginn seines Prozesses, gegebenenfalls gegen Kaution, freizulassen, wenn nicht der Richter ausnahmsweise Haft gesondert anordnet. Für all das waren kurze Fristen gesetzt. Im Habeas Corpus Act liegt der Ursprung des rechtsstaatlichen Grundsatzes, dass ein Festgenommener innerhalb kurzer Zeit dem gesetzlichen Richter vorzuführen ist. Nach dem alten Gesetz geschah dies allerdings – im Gegensatz zur Situation im modernen Rechtsstaat – nur auf Initiative des Festgenommenen.

Der Neubeginn der englischen Monarchie mit Wilhelm von Oranien im Jahre 1689 wird als Glorious Revolution bezeichnet. Glorreich sei diese Revolution gewesen, weil sie im Gegensatz zu dem durch Cromwell eingeleiteten Umbruch vollkommen unblutig verlief. Das Parlament proklamierte Wilhelm von Orani-

25 Ein lebendiges Bild dieser Zeit in England und der Neuen Welt zeichnet der ausgezeichnete Roman „Act of Oblivion" von Robert Harris (London 2022, deutsche Übersetzung: Königsmörder, München 2022).

en und seine Frau Maria zum Königspaar, nachdem sie im Jahre 1689 die Bill of Rights anerkannt hatten. Dies steht am Anfang eines modernen parlamentarischen Regierungssystems in England. Der König regiert nicht mehr von Gottes Gnaden, sondern wird von Vertretern des Volkes – wenn auch selbstverständlich nicht des gesamten Volkes in einem heutigen Sinn – eingesetzt. Die Stuarts waren in ihren absolutistischen Bestrebungen gegen das Parlament endgültig gescheitert. Der König musste nun regelmäßig das Parlament einberufen und benötigte dessen Zustimmung für Steuern, die Unterhaltung eines stehenden Heeres sowie die Anwendung der Folter. Die Parlamentsabgeordneten genossen Immunität und im Unterhaus Redefreiheit.

Auch wenn die Bill of Rights mit alledem einen Meilenstein auf dem Weg zum parlamentarischen Rechtsstaat war, spielte sie in Bezug auf ihre Inhalte in der Geschichte der Menschenrechte keine bedeutende Rolle. Menschenrechte enthält sie gar nicht, sondern nur drei Rechte für englische Untertanen („Bürgerrechte"), wobei eines davon nur für die Protestanten unter ihnen galt. Das ist das berühmt-berüchtigte Recht zum Waffenbesitz („Right to bear Arms"), wie wir es als fortwährenden Gegenstand von Diskussionen aus den Vereinigten Staaten von Amerika unserer Tage kennen. Weiterhin gewährt die Bill of Rights den Untertanen Schutz vor überhöhten Kautionen und Geldstrafen sowie grausamen und ungewöhnlichen Bestrafungen. Daneben gibt es im Jahr 1689 noch das allen englischen Bürgern gewährte Recht, sich mit Petitionen an den König zu wenden. Und das ist alles.

In der englischen Bill of Rights geht es um das Aufteilen beziehungsweise Begrenzen von Macht. Das ist ihr Herzstück. Zum Prinzip der Rule of Law steht es in enger Verbindung. Die menschenrechtsgeschichtliche Bedeutung der Bill of Rights liegt über ihren Inhalt hinaus in einem anderen bedeutenden Punkt. Sie wurde zum Modell einer Rechteerklärung, wie sie 87 Jahre später in der Neuen Welt mit prominent menschenrechtlichem Inhalt vielfach Nachahmung finden sollte. Die Bill of Rights von 1689 lieferte die Vorlage, die in mutierter Form enorme Sprengkraft entfalten sollte; aber dazu später.[26]

6.9 Fazit und Ausblick

Im Hinblick darauf, dass das Geschehen fast vier Jahrhunderte zurückliegt, waren die Ideen und Ansätze der Levellers wahrlich bemerkenswert. Bei einem Blick auf den historischen Kontext waren sie das weniger. Eine stärker von fundamentalen

---

26 Kap. 7.3, S. 217 ff.

politischen Umbrüchen und Unsicherheiten geprägte Zeit ist kaum denkbar. Die jahrhundertealte Monarchie war jedenfalls in ihrer bisherigen Form zu einem Ende gekommen,[27] der König in Gefangenschaft, er sollte gar alsbald hingerichtet werden. Welche Regierungs- und Gesellschaftsform an die Stelle der alten treten sollte, war offen. Tatsächlich sollte eine – wenn auch kurze – Zeit folgen, in der England das einzige Mal in seiner Geschichte die Staatsform einer Art Republik (Commonwealth of England) innehaben sollte, wenn diese auch bei Weitem nicht so freiheitlich war, wie manche sich das vielleicht erträumt hätten. Aber wie dem auch sei: Diese Phase höchster Unsicherheit lud ein zu freien Überlegungen, um nicht zu sagen zu Phantastereien in jede erdenkliche Richtung und abgehoben von allem, was vorher gewesen sein mochte. Das mag erklären, weshalb die Levellers solch unerhörte Forderungen erhoben. Ähnlich sollte es sich etwa 130 Jahre später in der Kolonie Virginia verhalten, wo die Einwohner in einer gleichartigen Situation ein höchst bemerkenswertes Dokument produzierten. Die Levellers waren bei alledem noch nicht einmal die Gruppierung mit den extremsten Forderungen.

Hell brannte der Stern der Levellers nur für kurze Zeit, wenn er auch nicht gänzlich verlosch. So haben die bis heute bestehenden (erheblich weniger radikalen) Quäker Ideen der Levellers übernommen. Einzigartig war die Bürgerkriegssituation im Hinblick auf die Argumentation mit Naturrecht und einem darauf gegründeten Widerstandsrecht, das nicht nur theoretisch formuliert, sondern für die tatsächlichen Verhältnisse maßgeblich sein sollte. Auch wenn die Zielgruppe in der oben zitierten Stelle bei Richard Overton nur englische Bürger sind, ist ohne Unterschied von „allen Individuen“ und den „angeborenen Rechten aller Menschen (Männer?)“[28] die Rede. Formuliert ist somit eine Forderung nach Menschenrechten. Aber auch wenn sie auf die weitere politische Entwicklung in England keinen nachweisbaren Einfluss hatten, waren die Flugschriften Lilburnes offenbar den amerikanischen Kolonisten bekannt. Sie wurden Bausteine für die Werke Lockes und den politischen Liberalismus des 18. und beginnenden 19. Jahrhunderts.

---

27 Maurer, Geschichte Englands, S. 204: „Nun bestanden noch zwei Kraftzentren in England: das Parlament und die Armee.“

28 „To every individual in nature is given an individual property by nature not to be invaded or usurped by any. [...]. For by natural birth all men are equally and alike born to like propriety, liberty and freedom“.

6.10 Literatur

H. N. Brailsford, The Levellers and the English Revolution, Nottingham 1976

Manfred Brocker, Die Grundlegung des liberalen Verfassungsstaates. Von den Levellern zu John Locke, Freiburg im Breisgau/München 1995

Fenner Brockway, Britain's first socialists. The levellers, agitators and diggers of the English revolution, London 1980

Jürgen Diethe, The Moderate. Politics and Allegiances of a Revolutionary Newspaper, History of Political Thought 4 (1983), S. 247 ff.

F. D. Dow, Radicalism in the English Revolution 1640–1660, Oxford et al. 1985

Michael Freund, Die Idee der Toleranz im England der großen Revolution, Halle an der Saale 1927

Ian Gentles, Why men fought in the British Civil Wars, 1639–1652, The History Teacher 26 (1993), S. 407 ff.

Ian Gentles, The New Model Army in England, Ireland and Scotland, 1645–1653, Oxford/Cambridge 1994

Ders., The New Model Army. Agent of Revolution, New Haven/London 2022

Pauline Gregg, Free-Born John. The Biography of John Lilburne, London 2000

William Haller, The Word of God in the New Model Army, Church History 19 (1950), S. 15 ff.

Christopher Hill, The world turned upside down, London 1991

Gernot Lennert, Die Diggers. Eine frühkommunistische Bewegung in der englischen Revolution, Grafenau-Döffingen 1986

C. B. Macpherson, Die politische Theorie des Besitzindividualismus, 2. Aufl., Frankfurt am Main 1980

James Otteson, The Levellers and the Birth of Liberal Political Economy, Social Philosophy & Policy 37 (2020), S. 170 ff.

John Rees, The Leveller Revolution. Radical Political Organisation in England, 1640–1650, London/New York 2016

Keith Roberts, Cromwell's War Machine, The New Model Army, 1645–1660, Barnsley 2005

Conrad Russell, The Crisis of Parliaments, English History 1509–1660, Oxford 1971

R. B. Seaberg, The Norman Conquest and the Common Law. The Levellers and the Argument from Continuity, The Historical Journal 24 (1981), S. 791 ff.

A. S. P. Woodhouse (Hg.), Puritanism and liberty: being the army debates (1647–49) from the Clarke manuscripts, 3. Aufl., London et al. 1986

Austin Woolrych, The debates from the perspective of the army, in: Michael Mendle (Hg.), The Putney Debates of 1647, The Army, the Levellers and the English State, Cambridge 2001, S. 53 ff.

7. Amerikanische Revolution und Virginia Bill of Rights (1776)

Kontinentaleuropäische Verfassungen der letzten rund 200 Jahre sind üblicherweise mit einem Grundrechtekatalog ausgestattet. Das erscheint kontinentaleuropäischen Juristen heute so selbstverständlich und naheliegend, dass nicht nur im universitären Unterricht das Verfassungsrecht in die zwei großen Blöcke Grundrechte und Staatsorganisationsrecht unterteilt ist.[1] Nach angelsächsischem Verständnis hingegen ist ein Katalog von Grundrechten keineswegs begrifflich mit der Verfassung verbunden. Es sei zu trennen zwischen Constitution und Bill of Rights.[2] Dafür gibt es prominente Beispiele. In den Vereinigten Staaten von Amerika gab es zuerst eine Verfassung ohne Grundrechtekatalog. Erst später wurde diese durch eine Bill of Rights in Form von zehn Zusatzartikeln (Amendments) ergänzt. In England haben wir die berühmte Bill of Rights von 1689, eine geschriebene Verfassung hingegen existiert bekanntlich bis heute nicht. In Australien ist es umgekehrt. Dort gibt es keine Bill of Rights, wohl aber eine geschriebene Verfassung.

Virginia war nun keineswegs die erste abtrünnige Kolonie, die sich eine Verfassung gab. Pionierarbeit leistete der Kongress von Virginia vielmehr, weil keine

---

1 So besteht in der spanischen Verfassung ähnlich wie in der deutschen eine Trennung zwischen Grundrechten und Staatsorganisationsrecht, Vortitel: Staatsstrukturprinzipien (Art. 1–9), Erster Abschnitt: Grundrechte und Bürgerpflichten (Art. 10–55), Zweiter Abschnitt: Staatsorganisationrecht (Art. 56–169 CE), Zusatzbestimmungen. Diese Trennung zwischen Staatsorganisationsrecht und Grundrechten findet sich auch in der juristischen Ausbildung wieder, https://constitucional.ugr.es/pages/docencia/grados/guias_grados (Zugriff: 12.03.2024). Die italienische Verfassung trennt ebenfalls zwischen Grundrechten und -pflichten (Art. 13–54) sowie Staatsorganisationsrecht (Art 55–139). An der Universität werden die Themen in unterschiedlichen Themenblocks behandelt, https://www.unimi.it/it/corsi/insegnamenti-dei-corsi-di-laurea/2024/diritto-costituzionale-of2?__cf_chl_tk=kk3FmXgRxyLkOoJD3D0RE.i1foPN0HcO0Z8Cz8ZBTg8-1710180200-0.0.1.1-1471 (Zugriff: 12.03.2024). In der aktuellen französischen Verfassung ist nur das Staatsorganisationsrecht geregelt. Die Grundrechte ergeben sich daneben aus der Präambel der vorherigen Verfassung von 1946, der Erklärung der Menschen- und Bürgerrechte von 1789 und der Umweltcharta von 2004. In Frankreich gibt es in der Fach- und Ausbildungsliteratur eine klare Trennung zwischen Staatsorganisationsrecht und Grundrechten: Christian Starck, Der Schutz der Grundrechte durch den Verfassungsrat in Frankreich, AöR 113 (1988), S. 632 ff. (632).

2 Deutlich betont das bereits Alexander Hamilton (1755/1757–1804) in Nr. 84 der Federalist Papers, wo er starke Vorbehalte gegen eine Bill of Rights äußert und sie sogar als gefährlich einstuft.

andere Kolonie – und überhaupt kein anderer Staat der Welt – jemals zuvor eine Rechteerklärung (Bill of Rights) verabschiedet hatte. Hier fand sich „the first document that can truly be called an American bill of rights".[3] Das war ein entscheidender Schritt, dessen Bedeutung kaum hoch genug eingeschätzt werden kann. Diesen und den Weg dorthin gilt es im Folgenden zu beschreiben, wobei am Ende auch auf die Unabhängigkeitserklärung der Vereinigten Staaten von Amerika als das vielleicht berühmteste rechtshistorische Dokument überhaupt Licht geworfen wird.

7.1 Frühe Modelle

7.1.1. The Massachusetts Body of Liberties (1641)

Erwähnung in einer Geschichte der Menschenrechte verdient der im Jahr 1641 von dem puritanischen geistlichen Nathaniel Ward (1578–1652) zusammengestellte Massachusetts Body of Liberties. Anders als der Name vermuten lässt, handelt es sich dabei keineswegs allein um eine Sammlung von Freiheitsrechten, sondern vielmehr um das erste Gesetzbuch Neuenglands, das das gesamte Gemeinwesen in der damaligen Kolonie Massachusetts regeln sollte. Dabei gewährte das Dokument in einem bemerkenswerten Umfang Individualrechte. Bei einem Blick in die Präambel wird einerseits seine religiöse Verankerung klar, andererseits erklingt aber auch der menschenrechtliche Ton, den die Verfasser anschlagen:

> Die freie Entfaltung solcher Freiheiten, Sicherheiten und Vorrechte, wie sie Menschlichkeit, gutes Benehmen und die Christlichkeit verlangen, wie sie jedem Menschen an seinem Platz und entsprechend seinen Verhältnissen ohne Anfechtung und Verletzung zustehen, war immer die Grundlage für Ruhe und Stabilität sowohl der Kirchen wie auch des zivilen Gemeinwesens und wird es immer sein. Und die Verweigerung oder der Entzug davon bedeuten eine Störung, wenn nicht gar das Ende von beiden.
> Wir halten es daher für unsere Pflicht und es ist zu unserem Schutz, dass wir all solche Freiheiten, die wir für die Gegenwart absehen können und die sowohl uns wie auch unsere Nachkommen nach uns betreffen könnten, sammeln, zum Ausdruck bringen und mit unserer feierlichen Zustimmung bestätigen.
> Wir verordnen und bestätigen daher heute gewissenhaft und einmütig die folgenden Rechte, Freiheiten und Privilegien, die unsere Kirchen und den zivilen Staat betreffen,

3 Schwartz, Great Rights, S. 72, 67.

> damit sie unparteiisch und unverletzlich in unserem gesamten Rechtskreis genossen und für immer eingehalten werden.

Wichtig für die Lenkung des Gemeinwesens seien so etwas wie basisdemokratische Gemeindeversammlungen, bei denen „[e]very man whether inhabitant or foreigner, free or not free" (Art. 12) zumindest ein Mitspracherecht haben solle. Die Idee der Anknüpfung an alte englische Freiheitsrechte, die für die Unabhängigkeitsbewegung eine so wichtige Rolle spielen sollte, tritt bereits hier deutlich zu Tage, indem der erste Artikel des Dokuments nichts anderes ist als eine Paraphrase des berühmten Art. 39 der Magna Charta.[4] Zum Teil gewährt der Massachusetts Body of Liberties Freiheitsrechte, wie sie sich heute noch in Verfassungen finden. So sind die Rechte auf Leben und Ehre, Eigentum sowie der Schutz vor willkürlichen Verhaftungen und Bestrafungen zu nennen. Weite Passagen beschäftigen sich mit Einzelheiten des gerichtlichen Verfahrens, so geht es etwa um die Schöffenwahl oder das Fehlverhalten von Richtern, ebenso um Instanzen und die Vertretung vor Gericht. Weiterhin werden Themen behandelt, die wir heute dem Zivilrecht zuordnen würden, wie Geschäftsfähigkeit, Erbrecht und Schadensersatzforderungen, ebenso eine Beschränkung von Kreditzinsen auf maximal 8 Prozent. Daneben geht es um Strafrecht, wobei die Vollstreckung der Todesstrafe und die Begrenzung von Körperstrafen auf maximal 40 Schläge[5] zur Sprache kommen. Ebenso gibt es ein grundsätzliches Folterverbot, von dem aber Ausnahmen gemacht werden, solange es sich nicht um barbarische oder inhumane Foltermethoden („tortures as be barbarous and inhumane", Art. 45) handelt. Von einer Gleichheit aller Menschen geht der Massachusetts Body of Liberties bestimmt nicht aus, gibt es doch eine Passage über die Rechte freier Männer, sodann eine über die der Frauen, dann eine über die der Kinder, eine über die der Diener, eine über die der Ausländer und schließlich bemerkenswerterweise auch eine über die der Haustiere, die Grausamkeit diesen gegenüber verbietet. Wie groß die ständischen Unterschiede sind und wie weit entfernt von einer Gleichheit aller Menschen das Gesetzbuch ist, tritt bei seiner Bestimmung über die Strafe der Auspeitschung hervor. Diese solle an

---

4 In Massachusetts 1641: „No mans life shall be taken away, no mans honour or good name shall be stayned, no mans person shall be arested, restrayned, banished, dismembred, nor any wayes punished, no man shall be deprived of his wife or children, no mans goods or estaite shall be taken away from him, nor any way indammaged under colour of law or Countenance of Authoritie, unlesse it be by vertue or equitie of some expresse law of the Country waranting the same, established by a generall Court and sufficiently published, or in case of the defect of a law in any parteculer case by the word of God. And in Capitall cases, or in cases concerning."

5 Offenbar biblischen Ursprungs, 5. Mo 25,3.

einem „wahren Gentleman“ oder jemandem, der einem solchen gleichstehe, nie vollzogen werden, solange sein Verbrechen nicht besonders schändlich oder sein Lebenswandel besonders verwerflich seien.

Dem steht allerdings ein Gleichheitsgedanke gegenüber, und zwar vor allen Dingen, was die Behandlung vor Gericht angeht: „Every person within this jurisdiction, whether inhabitant or foreigner, shall enjoy the same justice and law“ (Art. 2). Der christlich-religiöse Hintergrund der allen Menschen gewährten Rechte wird wiederum deutlich bei einem Blick auf die Rechte, die Ausländern und Fremden („Foreigners and Strangers“) zuerkannt sind. So steht ein Asylrecht nur den Anhängern der „true Christian religion“ zu und Sklaverei ist zulässig mit der Einschränkung, dass die christlichen Bräuche zur Anwendung kämen, wie das Gesetz Gottes sie in Israel bestimmt habe (Art. 89, 91).

7.1.2 Das heilige Experiment von Pennsylvania

Interessant für das vorliegende Thema der Menschenrechte ist im Zusammenhang mit der Neuen Welt in Nordamerika die Kolonie Pennsylvania als einziger Quäkerstaat, der jemals existiert hat. Er beruhte auf den Idealen dieser religiösen Gemeinschaft, zu denen Gewaltlosigkeit, Glaubens- und Religionsfreiheit sowie die vollständige Gleichheit aller Menschen gehörten.

Die zentrale Rolle dabei spielte der englische Jurist und Quäker William Penn (1644–1718, nach ihm und dem lateinischen Wort für Wald „silva“ der Name „Pennsylvania“). Er erhielt vom englischen König Charles II. im Jahre 1681 als Ausgleich für Geldschuld ein großes Stück Land in der nordamerikanischen Wildnis, das die beiden heutigen US-Bundesstaaten Pennsylvania und Delaware umfasste. Auf diesem Territorium wollte Penn ein Asyl für alle religiös Verfolgten der Welt errichten. So segelte er 1682 mit einigen Anhängern in die Neue Welt, um dort seine Kolonie aufzubauen. Es entstand ein multikulturelles Gemeinwesen, das an den Idealen des frühen Christentums ausgerichtet war. Die Quäker lehnten jeden Gebrauch von Gewalt und Waffen ab und predigten die vollständige Gleichheit aller Menschen. Weltliche und klerikale Hierarchien waren für sie bedeutungslos.

Penn strebte mit seinem Vorhaben nach einer Gleichheit von Siedlern und Native Americans sowie nach weitreichender individueller Freiheit. Er nannte dies das „heilige Experiment“.[6] In seiner Kolonie Pennsylvania konnten religiöse Gruppen

6 „[F]or my Country [I see] the lord in the obtaineing of it: & mor[e was] I drawn inward to looke to him, & to o[we it] to his hand & powr then to any ot[her way.] I have so obtained it & des[ire] that I may not be unworthy of his love, but do that w[hich] may answear his Kind providence & serve his truth & people; that an example may be Sett up to the nations. there may be room there, tho not here,

jeder Couleur eine neue Heimat finden, auch wenn – oder gerade wenn – sie von religiöser Diskriminierung oder Verfolgung betroffen waren. Darunter befanden sich nicht nur christliche Glaubensrichtungen wie Katholiken, Lutheraner, Hugenotten und Quäker, sondern auch Juden. Ein liberales Wahlrecht und Religionsfreiheit in einem Ausmaß wie in Pennsylvania gab es sonst zu Penns Zeit nirgendwo.

Zu gewalttätigen Ausschreitungen der Native Americans gegenüber der Kolonie Pennsylvania kam es nicht. Das mag damit in Verbindung stehen, wie Penn sie behandelte. So lernte er die Sprachen der benachbarten Native Americans (wie zum Beispiel die der Irokesen) und pflegte freundschaftliche Beziehungen mit ihnen. Penn nahm sie als Mitmenschen und Partner ernst. Er gab ihnen keinen Alkohol und hielt sie von Sklaverei und Ausbeutung fern. Er schloss – was ungewöhnlich war – Verträge mit ihnen und – was vielleicht noch ungewöhnlicher war – befolgte sie auch. Diese Einstellung sollte die Quäker in große Schwierigkeiten bringen, als es später um die Frage ging, ob Versprechungen gegenüber den Native Americans, was die Verteilung von Land betraf, bindend seien. Penn jedenfalls war der Meinung, alle Menschen gehörten unabhängig von ihrer Religion zu einer gemeinsamen menschlichen Familie. Deshalb würden alle nach dem Gemeinwohl streben und gute Menschen auch gute Gesetze machen. Wie all das konkret in der Praxis funktionieren sollte, darüber machte er sich allerdings weniger Gedanken. Penn war ein Visionär. Ein Realpolitiker war er nicht. Das ist häufig ein Problem von Persönlichkeiten, die leidenschaftlich für Menschenrechte oder jedenfalls die damit verbundenen Werte eintreten.

Das pennsylvanische Ideal eines schlichten, von den Schattenseiten der Zivilisation unverdorbenen Lebens wurde alsbald von der Nachfrage überrollt. Die günstige geographische Lage, die geringe Steuerlast und die gute wirtschaftliche Situation zogen immer mehr Siedler nach Pennsylvania. Bald waren die Quäker in der Minderheit und das Prinzip der Gewaltfreiheit brachte sie immer wieder in Dilemmasituationen. Nach dem Grundsatz der Gewaltfreiheit war es ihnen nicht möglich, in den Krieg zu ziehen, was immer wieder den Zorn ihrer Verbündeten auf sich zog. Auch wenn sie in der Sache mit ihnen einer Meinung waren, konnten sie nicht mit ihnen für diese Ziele kämpfen – was nicht daran lag, dass sie feige gewesen wären. Das war immer wieder ein Problem, auch später im Unabhängigkeitskrieg sowie im Amerikanischen Bürgerkrieg. Manchmal beschlossen die Quäker, sich mit Geld vom Waffendienst freizukaufen und somit andere für Kriegszüge zu be-

---

for such an **holy experiment** [H. d. V.]." William Penn, Brief an James Harrison v. 25. August 1681, in: Richard S. Dunn u. Mary Maples Dunn (Hg.), The Papers of William Penn, Bd. 2: 1680–1684, Philadelphia 1982, S. 108 f. (108).

zahlen. Dies aber sahen viele als einen faulen, nicht akzeptablen Kompromiss an. Penns Kolonie ging nach seinem Tod jedoch ohnehin zunehmend einen anderen Weg. Die Quäker verloren in den 1750er Jahren ihren dominierenden politischen Einfluss in Pennsylvania. In den seit 1754 tobenden Konflikten mit Native Americans befürwortete die Kolonie die Anwendung militärischer Gewalt. Das, was Penn sein „heiliges Experiment" genannt hatte, war gescheitert.

Aber auch wenn dieses Experiment scheiterte, war seine Strahlkraft groß. Jedenfalls entsteht bei einem Blick auf ein Gemälde von Edward Hicks (1780–1849, Quäker so wie Penn) der Eindruck, dass die Wirkung von Penns Utopie die Jahrhunderte überstrahlt. Mit den Mitteln naiver Malerei zeigt der Künstler ein Amerika beziehungsweise eine Welt, wie sie in seinen Augen hätte sein können. Dargestellt ist auf dem Bild von 1834 die Vision eines himmlischen Friedens, wie das Gemeinwesen Penns ihn verkörperte. Das Gemälde „Das Königreich des Friedens" zeigt eine Vision des in der Bibel bei Jesaja[7] beschriebenen Königreichs Gottes auf Erden, wie es nach der Ankunft des Messias bestehen soll. Ins Bild gesetzt ist auf der einen Seite eine märchenhafte Eintracht aller Lebewesen, auf der anderen der Landerwerb von Native Americans für die Gründung Pennsylvanias durch William Penn im Vertrag von Shakamaxon. Die Verhandlungen dazu fanden Ende des Jahres 1682 der Überlieferung nach unter einer alten Ulme statt, wie sie auch auf Hicks' Bild zu sehen ist. Der Künstler stellt den Vertragsschluss mit den Eingeborenen für seine Glaubensgenossen etwa 150 Jahre vor Entstehung seines Werkes als Utopie für eine ideale, friedliche Welt dar. William Penn ist bei seinen Verhandlungen mit den Delaware zu sehen, die im folgenden Jahr 1683 die Gründung von Pennsylvania ermöglichten. In seiner Utopie eines allumfassenden Friedens und Einklangs zwischen allen Geschöpfen zeigt Hicks, wie die Welt hätte sein können – und doch nicht geworden ist. Auch wenn Penn nicht der Messias war, von dem Jesaja spricht, hat er die himmlische Utopie auf die Erde geholt, aber eben nur für kurze Zeit. Die Native Americans wurden grausam bekämpft, von ihrem Land vertrieben und nahezu ausgerottet. Die beiden Szenen in dem Bild stehen in Analogie: So wie die Tiere – wie es Jesaja beschreibt – friedlich miteinander leben können, könnten es auch die Menschen. Aber das ist wie gesagt bekanntlich nur eine Utopie.

---

7 Jesaja 11, 6–9: „Da wird der Wolf beim Lamm wohnen und der Panther beim Böcklein lagern. Kalb und Löwe werden miteinander grasen, und ein kleiner Knabe wird sie leiten. Kuh und Bärin werden zusammen weiden, ihre Jungen beieinanderliegen, und der Löwe wird Stroh fressen wie das Rind. Und ein Säugling wird spielen am Loch der Otter, und ein kleines Kind wird seine Hand ausstrecken zur Höhle der Natter. Man wird weder Bosheit noch Schaden tun auf meinem ganzen heiligen Berge; denn das Land ist voll Erkenntnis des Herrn, wie Wasser das Meer bedeckt."

Abb. 9 Edward Hicks, Peaceable Kingdom, ca. 1834.

Diese Ausführungen stelle ich auch deshalb in den Anfang des Kapitels über die gegen das britische Mutterland aufbegehrenden nordamerikanischen Kolonien, weil wir bei all dem eines nicht vergessen sollten: Wenn die Siedler in den 1770er Jahren aussprachen, dass alle Menschen durch ihren Schöpfer mit unveräußerlichen Rechten ausgestattet seien, dann hatten sie dabei keineswegs – wie wir auch an anderer Stelle noch sehen werden – alle Menschen in einem heutigen Sinne vor Augen. Was konkret in der Geschichte der Vereinigten Staaten mit der indigenen Urbevölkerung geschah, ist hier nicht das Thema. Ich will nur sagen, zu den etwa nach der Virginia Bill of Rights Berechtigten gehörten sie bestimmt nicht. Überhaupt ging es nicht um ein Ideal von Liebe und Frieden für die gesamte Menschheit. Es ging um die Interessen einer de facto einflussreichen, aber de jure unterprivilegierten Gruppe, die ihre Interessen verteidigte. Der Konflikt eskalierte und führte schließlich zu einem Umsturz, der nach einer neuen Ordnung und deren

Legitimation und Verteidigung rief. An dieser Stelle kamen die Menschenrechte ins Spiel. Darauf will ich eingehen und schildern, was im Einzelnen geschah.

7.2 Stellenwert der amerikanischen Ereignisse in der Geschichte der Menschenrechte

Auch wenn Jellineks These[8] im Hinblick darauf, dass er von der Religionsfreiheit als Urgrundrecht ausgeht, nicht überzeugt,[9] behält er doch in einem anderen Aspekt Recht: Menschenrechte in einem heutigen Sinne haben einen wichtigen Ausgangspunkt in den ehemaligen britischen Kolonien in Nordamerika.[10] Die rebellierenden Siedler hatten das rechtliche Band mit dem Mutterland zerschnitten und benötigten so eine neue Legitimation. Diese fanden sie im Vernunftrecht der Aufklärung. Eine solche Legitimation hatten sie auch in ihrer durchaus wackeligen militärischen Situation dem mächtigen ehemaligen Mutterland gegenüber dringend nötig. Es war in ihrem vitalen Interesse, die öffentliche Meinung und die Gunst der Menschen auf ihre Seite zu bringen. Auf diese Weise wurden aus den althergebrachten Rechten der Engländer die vorpositiv begründeten Menschenrechte der Amerikaner, was wiederum für die Alte Welt folgenreich sein sollte.[11] Somit spielen diese Vorgänge für eine Geschichte der Menschenrechte eine wichtige Rolle. Was geschah im Einzelnen?

Kein Geringerer als Leopold von Ranke (1795–1886) ging davon aus, der amerikanische Unabhängigkeitskrieg habe als „eine größere Revolution, als früher je eine in der Welt gewesen war", zu gelten, habe doch „eine völlige Umkehr des Prinzips" stattgefunden, indem durch eben dieses Ereignis das Gottesgnadentum zu Gunsten der Idee von Volkssouveränität zu einem Ende gekommen sei.[12] In der amerikanischen Geschichtsschreibung während der Zeit von Rankes ist die Auffassung greifbar, der hegelsche Weltgeist habe sich in der Amerikanischen Revolution in seiner höchsten Form verwirklicht. Generationen von Amerikanern nach dem Unabhängigkeitskrieg teilten die feste Überzeugung, ihr Staatswesen sei von Gott oder durch eine natürliche Bestimmung zu einer besonderen, weltweit

---

8 Siehe dazu oben Kap. 1.5.1, S. 26.

9 Siehe dazu oben Kap. 1.7.1, S. 37; Kap. 4.4, S. 119.

10 Siehe dazu unten Kap. 8.4.5. Kriele, Einführung in die Staatslehre, S. 134.

11 Siehe dazu unten Kap. 8.4. Kriele, Einführung in die Staatslehre, S. 138.

12 Leopold v. Ranke, Über die Epochen der neueren Geschichte, hg. v. Hans Herzfeld, Schloss Laupheim 1948 (zuerst 1854), S. 181.

wirkenden Freiheitsmission berufen. Die Bedeutung des Gründungsmythos für die Herausbildung eines US-amerikanischen Nationalbewusstseins war groß.

Die Meinung, die amerikanischen Geschehnisse um das Jahr 1776 seien als bedeutsamste Revolution aller Zeiten anzusehen, teilt allerdings gewiss nicht jeder. Für manche hat noch nicht einmal die Bezeichnung als „Revolution" ihre Berechtigung.[13] Insbesondere von marxistischer Seite ist immer wieder Kritik laut geworden. So habe lediglich eine konservative, auf Besitz gegründete Elite die vorherigen Machthaber ersetzt, womit von einem revolutionären Wandel keine Rede sein könne.[14] Ein wichtiger Aspekt dieser kritischen Position berührt auch einen zentralen Punkt meines Menschenrechtsthemas. In der Tat spricht gegen einen revolutionären Umbruch der Gesellschaft in Richtung Menschenrechte, dass die Sklaverei unverändert fortbestand.

Mit dieser so unterschiedlich bewerteten Umbruchszeit will ich mich im Folgenden mit Fokus auf ihre menschenrechtliche Dimension beschäftigen. Um die amerikanische Unabhängigkeitsbewegung mit den aus ihr hervorgehenden Menschenrechtsdokumenten zu verstehen, ist es dabei unerlässlich, einen Blick auf den Siebenjährigen Krieg als historische Grundlage zu werfen. Hier liegen die Wurzeln der Unzufriedenheit und der Beschwerden, die alles in Gang setzen sollten, bis schließlich das Pulverfass explodierte.

7.2.1 Der Siebenjährige Krieg als Hintergrund und Teil der Geschichte

Am Siebenjährigen Krieg waren alle europäischen Großmächte beteiligt. In der Zeit von 1756 bis 1763 kämpften Preußen und Großbritannien auf der einen Seite gegen das Heilige Römische Reich, die kaiserlich-österreichische Habsburgermonarchie sowie Frankreich und Russland auf der anderen. Auslöser waren Territorialstreitigkeiten, in erster Linie um Schlesien, aber auch um Kolonien in Indien und Nordamerika. Der Siebenjährige Krieg lässt sich als eine Art früher Weltkrieg ansehen,[15] lagen seine Schauplätze doch keineswegs allein in Europa. Auch auf den Weltmeeren und in den Kolonien fand der Krieg statt, nicht zuletzt in Nordamerika. Durch den in der Neuen Welt ausgetragenen French and Indian War gelang es den Briten, die Vorherrschaft in Nordamerika zu erlangen. Der Krieg endete im Jahre

---

13 Zur Diskussion um die Verwendung des Revolutionsbegriffs im Wechsel der politischen Lage seit Beginn des 19. Jahrhunderts Horst Dippel, Die Amerikanische Revolution 1763–1787, Frankfurt am Main 1985, S. 9–17.

14 Hochgeschwender, Amerikanische Revolution, S. 11 f.

15 Ewald Frie, Die Geschichte der Welt. Neu erzählt, 4. Aufl., München 2018, S. 18.

1763 durch die Friedensverträge von Paris und Hubertusburg. Preußen stieg damit zur fünften europäischen Großmacht auf, Frankreich verlor seine vorherrschende Stellung sowie große Teile seiner Kolonialgebiete in Nordamerika und Indien an Großbritannien, womit die Briten endgültig ein dominierendes Weltreich begründeten. Die Freude an den neu gewonnenen amerikanischen Kolonien allerdings sollte nicht von langer Dauer sein.

Die Briten hatten nämlich mit den Native Americans schon sehr bald noch größere Probleme, als die Franzosen sie zuvor gehabt hatten. Schon im gleichen Jahr 1763 kam es zu einer Allianz, welche die Briten jedoch niederschlagen konnten. Um das zukünftige friedliche Zusammenleben auf eine sichere Grundlage zu stellen, richtete die britische Krone nach ihrem Sieg auf dem weiträumigen Territorium zwischen den Appalachen und dem Mississippi ein Reservat ein. Diese Maßnahme verstärkte allerdings nur die Ressentiments der amerikanischen Kolonisten gegen ihren König. Sie beachteten das Schutzgebiet nicht und drangen mit ihren Siedlungen immer weiter westlich jenseits der Demarkationslinie vor, welche die Appalachen bildeten. Hinzu kam, dass die britische Regierung von der bisherigen Grundlinie ihrer Politik, die Kolonien weitgehend sich selbst zu überlassen („salutary neglect“), abrückte.

Die finanzielle Lage der britischen Krone war prekär, was nicht allein auf die hohen Ausgaben für den Siebenjährigen Krieg zurückzuführen war. Auch die neu hinzugewonnenen Gebiete erwiesen sich als kostspielig. So erschien notwendig, die Grenzen zum Reservat durch Soldaten zu sichern, damit gewaltsame Konflikte zwischen Siedlern und Native Americans ausblieben. Die dafür erforderlichen Truppen kamen die Briten recht teuer zu stehen, und so gewann in London die Auffassung an Zulauf, dass sich diejenigen, die die Kosten in erster Linie verursachten, an ihnen zu beteiligen hätten. Dies wiederum führte zu verschiedenen Ideen zur Geldbeschaffung in den Kolonien, die den Siedlern gar nicht gefielen und die diese vielmehr als eine unzulässige Einmischung in ihre Angelegenheiten empfanden. Das förderte die Entstehung einer Siedlerbewegung.

Die 13 Kolonien, die am 4. Juli 1776 gemeinsam die Unabhängigkeit erklärten, hatten lange Zeit kaum etwas miteinander zu tun gehabt. Vor dem Ersten und Zweiten Kontinentalkongress, die beide im Rahmen der Unabhängigkeitsbewegung stattfanden, hatte es in der gesamten nordamerikanischen Geschichte jemals überhaupt nur zwei Versammlungen der einzelnen Kolonien miteinander gegeben. So etwas wie ein Gefühl der Zusammengehörigkeit existierte damals nicht. Auch das Wort „Amerikaner“ war allein geographisch gemeint und hatte darüber hinaus keinen weiteren Gehalt. Die Bewohner der Kolonien bezeichneten sich selbst als

„inhabitants of the English colonies in North-America".[16] Nach ihrer Wahrnehmung waren sie beispielsweise Virginier, Neuengländer aus Connecticut oder New Yorker. Daneben verstanden sie sich als Briten oder Angehörige des British Empire.[17] Es ist eine für die Geschichte der amerikanischen Unabhängigkeitsbewegung möglicherweise banale, aber doch wichtige Feststellung, dass die Vorstellung von einem übergeordneten Gemeinwesen der 13 Kolonien überhaupt erst im Rahmen dieser Bewegung entstand und vorher einfach nicht existiert hatte.

Die rechtliche Struktur der Kolonien war höchst unterschiedlich. So waren sieben Kronkolonien, die juristisch direkt dem König von Großbritannien unterstanden. Eine Mischform unter ihnen hatte Massachusetts, das sowohl Merkmale einer Handelsgesellschaft mit königlicher Satzung (Charterkolonie) als auch solche einer Kronkolonie aufwies und mithin mit einem Sonderstatus ausgestattet war. Daneben waren Rhode Island und Connecticut reine Charterkolonien. Bei Pennsylvania, Delaware und Maryland hingegen handelte es sich um Eigentümerkolonien, die wohlhabende Familien beherrschten. Insofern näherten sich diese drei Kolonien in Bezug auf ihren rechtlichen Status einem Lehen nach europäischem Muster an. Die verfassungsrechtliche Stellung der Gouverneure, ihres Rates und der gesetzgebenden Versammlungen (meist Assemblies genannt) unterschied sich von Kolonie zu Kolonie mehr oder weniger stark. So ernannte zum Teil die Krone die Gouverneure, zum Teil wurden sie gewählt, während in den Eigentümerkolonien deren Eigentümer die Gouverneure bestimmten. Trotz dieser Unterschiede bestand eine Gemeinsamkeit der 13 Kolonien allerdings darin, dass die Gouverneure für das Funktionieren ihrer Regentschaft auf den guten Willen der Assemblies angewiesen waren. Diese beanspruchten nach englischer Tradition für sich das Recht, in Haushaltsfragen allein zu entscheiden. Bei allem, was Geld anging – das heißt auch in Bezug auf die eigene Bezahlung –, war der Gouverneur also vollständig von eben diesen Körperschaften abhängig. Finanzielle Mittel aus dem Mutterland gab es für die Gouverneure normalerweise nicht. Vor 1754 verfügten sie auch nicht über reguläre britische Soldaten, mit deren Hilfe sie ihre Macht notfalls hätten durchsetzen können.

So unterschiedlich und in manchen Punkten doch auch ähnlich waren also die verfassungsrechtlichen Situationen vor Ort, als das Britische Weltreich sich ab 1763 in einer monetären Bredouille sah. Die Versuche der britischen Regierung,

---

16 Declaration and Resolves of the First Continental Congress (1774), https://www.digitalhistory.uh.edu/disp_textbook.cfm?smtID=3&psid=4103 (Zugriff: 09.07.2024).

17 Hochgeschwender, Amerikanische Revolution, S. 31.

in den Kolonien Geld zu beschaffen, waren vielfältig, und immer wieder bildeten sie einen Stein des Anstoßes für die Siedler. So versuchte das Parlament in London, den amerikanischen Eigenhandel durch ein hartes Vorgehen gegen den Schmuggel zu unterbinden, der damals in voller Blüte stand. Verhandelt wurden solche Zollvergehen vor Militärgerichten ohne einheimische Geschworene, auch fanden Hausdurchsuchungen und Verhaftungen statt. Die Kolonisten sahen dies als eine Verletzung ihrer alten englischen Rechte an, insbesondere derjenigen, die der Habeas Corpus Act von 1679 zugestand.[18] Laut dem Quartering Act waren die Kolonisten verpflichtet, britischen Soldaten ein Losament zur Verfügung zu stellen und dabei auch zu verköstigen. Ferner wurden den Kolonisten verschiedene neue Steuern auferlegt, wobei der Stamp Act, der im November 1765 in Kraft trat, für besonders großen Ärger sorgte. Dieser bestimmte, dass viele Druckerzeugnisse, die in den Kolonien Verwendung fanden, nur noch auf (selbstverständlich kostenpflichtigem) gestempeltem Papier aus London mit einer eingeprägten Steuermarke erstellt werden durfen. Das betraf juristische Dokumente, Spielkarten, Zeitungen und Zeitschriften, und manches mehr. All das wurde im Mutterland beschlossen, ohne dass die Siedler im Parlament irgendeine Art von politischer Interessenvertretung gehabt hätten. Sie empfanden all dies nicht zuletzt deshalb als ungerecht, weil sie der Meinung waren, der Siebenjährige Krieg und seine finanziellen Auswirkungen seien nicht ihre Probleme. Eine Besteuerung ohne jede Mitsprache jedenfalls hielten sie für unrechtmäßig („No taxation without representation").[19] Noch bevor der Stamp Act am 1. Novembe 1765 Geltungskraft erlangte traten in New York Abgesandte aus neun Kolonien zusammen, die das besagte Steuergesetz ablehnten (Stamp Act Congress). Die Regierung in London hob schließlich den verhassten Stamp Act auf, ließ aber alles andere – insbesondere den Quartering Act – bestehen.

Als die Briten wenig später einen Zoll auf Tee einführten, verschärfte sich der Widerstand der Kolonisten zur offenen Rebellion. Dieser Zoll war etwas, das noch zehn Jahre zuvor „keinen Hund hinter dem Ofen hervorgelockt hätte", sondern erst in dieser durch die Ereignisse der Vorjahre aufgeheizten Stimmung Sprengkraft entfaltete.[20] Wirtschaftliche Gesichtspunkte spielten eine große Rolle, waren doch führende Köpfe der Revolutionäre – die sich selbst „Sons of Liberty" nannten[21] – am Teeschmuggel beteiligt, den das neue Gesetz empfindlich geschädigt hätte. Hinzu kam, dass das Parlament in Westminster wieder einmal entschieden hatte,

18 Oestreich, Geschichte der Menschenrechte (s. Lit.), S. 58.

19 Declaration of Rights and Grievances v. 19. Oktober 1765 des Ersten Kontinentalkongresses, unter 3, https://en.wikisource.org/wiki/Declaration_of_Rights_and_Grievances (Zugriff: 09.07.2024).

20 Hochgeschwender, Amerikanische Revolution, S. 154.

21 Ibid., S. 124 u. ö.

ohne die Siedler nach ihrer Meinung zu fragen. Das vermittelte den Eindruck, „zu Engländern zweiter Klasse degradiert und auf den Status von Iren oder Hindus reduziert [zu] werden".[22]

Ein einschneidendes Ereignis war die Boston Tea Party von 1773. Damals überfielen als Native Americans verkleidete Kolonisten Schiffe der britischen East India Company und warfen deren wertvolle, aus mehreren hundert Kisten Tee bestehende Ladung in das Hafenbecken, wodurch sie sie vollständig zerstörten. Hintergrund dieser Maskerade war einerseits, dass die Protestierer schwerer Bestrafung entgehen wollten, indem sie ihre wahren Identitäten nicht preisgaben. Andererseits wollten sie zum Ausdruck bringen, dass sie sich als Amerikaner mit einer eigenständigen nationalen Identität und eben nicht mehr als Untertanen der britischen Krone betrachteten. Der Umstand, dass das Verhältnis zwischen den Siedlern und den amerikanischen Ureinwohnern alles andere als herzlich war, schien sie dabei nicht zu stören. Die Kostüme sollten nicht etwa Solidarität mit den Native Americans zum Ausdruck bringen. Solches lag den Siedlern fern. Sie gaben sich auch keine Mühe darin, möglichst authentisch auszusehen. Die Verkleideten trugen weder Kopfschmuck noch sonstige indigene Insignien. Niemand, der auch nur etwas genauer hinsah, hätte sie ernsthaft für Native Americans halten können. Sie trugen Decken mit Karomustern und hatten sich die Gesichter und Hände mit Ruß dunkel gefärbt, ferner waren sie jeweils mit einem Beil und Pistolen bewaffnet. Auch bemühten sie sich, irgendein Kauderwelsch zu sprechen, das offensichtlich an eine indigene Sprache erinnern sollte.

Mit diesem Gewaltakt hatten die Siedler jedenfalls aus britischer Sicht „den Rubikon überschritten".[23] Die britische Regierung verlegte nun Truppen nach Boston, schloss den dortigen Hafen und unterband damit jede Art von Handel. Nun kam es zum Schwur. Im September 1774 fand der Erste Kontinentalkongress in Philadelphia statt. Dort erging die Aufforderung an alle Kolonisten, sich den Briten zu widersetzen. Milizen wurden aufgestellt und Waffen gesammelt. Im Mai 1775 gründeten die Kolonisten eine Armee und auch eine Marine. Den Oberbefehl erhielt George Washington (1732–1799), ein Plantagenbesitzer aus Virginia und Veteran des French and Indian War. Die Zeichen standen auf eine beabsichtigte Souveränität. So nahmen die Amerikaner diplomatische Beziehungen zu anderen Staaten auf, unter anderem zu Frankreich, das nach dem Verlust weiträumiger Territorien an die

---

22 Ibid., S. 154.

23 Ibid., S. 158. Eine ähnliche Formulierung findet sich in Thomas Paines Common Sense, S. 44 f.: „Put us, say some, on the footing we were in the year 1763 [...]. Such a request, had it been complied with a year ago, would have won the heart and soul of the continent, but now it is too late. ‚The Rubicon is passed.'"

Briten infolge des Siebenjährigen Krieges alles andere als gut auf diese zu sprechen war. Dann überschlugen sich die Ereignisse. Im März 1776 zwangen amerikanische Truppen die britische Armee, Boston zu verlassen. Am 4. Juli 1776, der bis heute als Unabhängigkeitstag US-amerikanischer Nationalfeiertag ist, beschloss der Zweite Kontinentalkongress die Unabhängigkeitserklärung. In dem nun folgenden Unabhängigkeitskrieg hatten zunächst die Briten die Oberhand, bis sich mit französischer Unterstützung das Blatt wendete, so dass die amerikanisch-französische Allianz schließlich als Sieger hervorgehen konnte. Im September 1783 erfolgte im Frieden von Paris die Anerkennung der Vereinigten Staaten von Amerika durch das Britische Königreich.

7.2.2 Geistesgeschichtliche und faktische Begünstigungen für Rechteerklärungen in der Neuen Welt

Nachdem ich in einem kurzen Abriss den historisch-politischen Rahmen geschildert habe, will ich auf einige für die Idee der Menschenrechte günstige Faktoren eingehen. Auf dieser Grundlage möchte ich im Folgenden die Virginia Bill of Rights als prominentestes und wichtigstes Beispiel einer Rechteerklärung aus der Neuen Welt ausführlicher behandeln.

7.2.2.1 Nähe zum Naturzustand

Seit den Anfängen gab es einen regen geistigen Austausch zwischen europäischen Ländern und der Neuen Welt, besonders ausgeprägt war dies im 18. Jahrhundert. Europäische Ideen nahmen damals entscheidenden Einfluss auf das geistige Klima auf der anderen Seite des Atlantiks. Die Vorstellungen von Menschenrechten und deren ideologischen Hintergründen, wie sie sich aus der aufklärerischen Philosophie ergaben, fanden ihren Ausdruck in den Bills of Rights der neuen Staaten Nordamerikas. In der amerikanischen Unabhängigkeitserklärung von 1776, der Verfassung von Massachusetts von 1780 und vor allem in der Virginia Bill of Rights stehen solche naturrechtliche Formulierungen. Auch wenn es zu einem nicht geringen Anteil spekulativ ist, will ich einige Überlegungen dazu anstellen, welche Faktoren dazu geführt haben könnten, dass die Idee der Menschenrechte im Nordamerika des späten 18. Jahrhunderts so fruchtbaren, offenbar jedenfalls fruchtbareren Boden als in der Alten Welt vorfand.[24]

---

24 In geballter Form finden sich solche Überlegungen bei Oestreich, Geschichte der Menschenrechte (s. Lit.), S. 59.

Als geistesgeschichtlicher Hintergrund der Virginia Bill of Rights ist das klassische Naturrecht des 17. und 18. Jahrhunderts zu nennen, in erster Linie das englische, dessen prominentester Vertreter John Locke war. Die führenden Juristen und Staatsmänner in der Neuen Welt waren „durchweg naturrechtlich geschult".[25] Sie beobachteten die geistigen Strömungen in Europa genau und waren gut mit ihnen vertraut, wobei insbesondere die Vertragstheorien mit den auf ihnen basierenden natürlichen Menschenrechten zu nennen sind. Dabei mochte eine Rolle gespielt haben, dass der Naturzustand, der in der naturrechtlichen Argumentation häufig eine zentrale Stellung einnahm, in der Neuen Welt – anders als in der Alten Welt – keineswegs nur graue Theorie war: „Den Kolonisten, und nur ihnen im ganzen Abendland, ist damals das Naturrecht nicht Theorie und Forderung, sondern positiver Rechtsbesitz."[26] War der Naturzustand vor Abschluss eines so genannten Gesellschaftsvertrages in Europa eine philosophische Fiktion, so traf das auf die Neue Welt keineswegs zu. Die Amerikaner hatten einen vorstaatlichen Zustand an den sich vorschiebenden Grenzen tatsächlich erlebt und erlebten ihn weiterhin jeden Tag. Der Kampf gegen die Wildnis und die Native Americans machte das für jeden Kolonisten unmittelbar und jederzeit erfahrbar.[27] Einen Staat im europäischen Sinne hatte es in den Kolonien der Neuen Welt bislang nie gegeben, geschweige denn den Absolutismus.[28] Naturrecht einerseits und tatsächlich geltendes Recht andererseits lagen auf diese Weise eng beieinander. Das mochte es – in den Worten Tocquevilles aus seinem berühmten Werk – begünstigt haben „die gewagtesten Theorien, die Menschengeist je ersann, in die Tat [umzusetzen]".[29]

7.2.2.2 Große geographische Entfernung

So nah die Alte und die Neue Welt sich in ihren geistigen Grundlagen gewesen sein mochten, so weit waren sie räumlich voneinander entfernt. Der Absolutismus war somit in der Tat fern. Die Dauer der Überfahrt war kaum kalkulierbar. Wenn die eine Seite etwas unternahm, dauerte es Monate, bis mit einer Reaktion zu rechnen war. Wie lang eine Atlantiküberfahrt mit einem Segelschiff sich hinziehen konnte, ließ sich allenfalls schätzen, jedenfalls mehr als einen Monat für eine Strecke. Es

25 Augat, Die Aufnahme der Lehren Samuel von Pufendorfs (s. Lit. Kap. 5), S. 334.

26 Vossler, Studien zur Erklärung der Menschenrechte, S. 536.

27 Oestreich, Geschichte der Menschenrechte (s. Lit.), S. 58 f.

28 Diesen wichtigen Unterschied nennt bereits Alexis de Tocqueville in seinem berühmten Werk „Über die Demokratie in Amerika", Tocqueville, Demokratie in Amerika, S. 75. S. auch Oestreich, Geschichte der Menschenrechte (s. Lit.), S. 58 f.

29 Tocqueville, Demokratie in Amerika, S. 75.

konnte aber auch erheblich länger dauern. So berichtet ein Zeitgenosse, der deutsche Schriftsteller Johann Gottfried Seume (1763–1810), von seiner Überfahrt nach der Zwangsrekrutierung für die hessische Armee im Jahre 1781: „Zwei und zwanzig Wochen waren wir herum geschwommen, ohne das geringste Land gesehen zu haben.“[30] Die Kolonialmacht war also in der Tat fern. Die Kontrolle der Kolonien oder gar die Unterdrückung einer Revolte waren zeitaufwendig und kostspielig. Direkte Reaktionen auf (Kampf-)Handlungen des Gegners waren nicht oder nur mit großer zeitlicher Verzögerung möglich. Die Situation war insofern – das müssen wir bei der Beurteilung der Ereignisse im Blick behalten – eine völlig andere als etwa in Frankreich.

7.2.2.3 Vertragliche Gesellschaftsgründung im Puritanismus

Die Vorstellung von einer Staatsgründung durch einen Gesellschaftsvertrag, wie sie wiederum bei den wichtigen Vertretern des Naturrechts eine zentrale Rolle spielte, war in Amerika nicht realitätsfern. Die Begründung einer Kolonie durch einen Vertrag (Covenant, Compact oder unter welchem Namen auch immer) war eine übliche und gängige Rechtsform. Als frühes und prominentes Beispiel ist der Mayflower Compact[31] zu nennen, mit dem die Pilger im Jahre 1620 die damalige Kolonie Plymouth begründeten. Die Vorstellung von einer Staatsgründung durch Vertrag war in Amerika also alles andere als hypothetisch, vielmehr entsprach dies der historischen Wirklichkeit.[32]

Hinzu kam, dass eine solche Staatsgründung durch Vertrag auch mit der puritanischen Theologie im Einklang stand. Ein Bund (Covenant) zwischen Mensch und Gott ebenso wie zwischen Regent und Volk war hier ein zentraler Gedanke.[33] So schreibt John Wise (1652–1725) in seinem 1717 erschienenen Werk „A Vindication of the Government of New-England“ über die Begründung eines neuen Gemeinwesens (Common-Wealth): Um einen „Politick Body“ zu bilden, sei es

30 Johann Gottfried Seume, Mein Leben, Leipzig 1813, S. 141.

31 „Doe by these presents, solemnly & mutualy in ye presence of God, and one of another, covenant, & combine our selves togeather into a Civill body politick; for our better ordering, & preservation & furtherance of ye ends aforesaid; and by vertue hearof to enacte, constitute, and frame such just & equall lawes, ordinances, Acts, constitutions, & offices, from time to time, as shall be thought most meete & convenient for ye generall good of ye Colonie: unto which we promise all due submission and obedience.“

32 Oestreich, Geschichte der Menschenrechte (s. Lit.), S. 58 f.

33 Ibid., S. 59.

notwendig, „into divers Covenants“ einzutreten.[34] Auch Alice Baldwin betont das in ihrem klassischen Werk zum Thema mehrfach: Amerikanische Siedler des 17. und 18. Jahrhunderts glauben, das „natürliche Licht“ („light of nature“), dem sie sich zuwenden, zeige, „that the only way in which men could be joined into one body was by covenant“.[35]

Eine Kluft zwischen durch den Monarchen gesetztem positiven Recht einerseits und den natürlichen Rechten andererseits, wie das europäische Naturrecht unter dem Absolutismus mit ihr zu kämpfen hatte, existierte in der Neuen Welt nicht.[36] Die Vorstellungen vom guten, alten, ererbten historischen Recht – das in Europa mit monarchischen Herrschaftsrechten in Verbindung gebracht wurde – und die vom vernünftigen, gerechten und natürlichen Recht waren in der Neuen Welt untrennbar miteinander vermischt und verbunden. So war es dann nur ein kleiner Schritt, die naturrechtlichen Freiheitsrechte in die positive Rechtsordnung zu übernehmen, falls es gedanklich überhaupt einer war.[37]

Die tiefe religiöse Prägung der Bevölkerung und ein damit verbundenes eigentümliches Gewicht der Entscheidungsfindung in den Gemeinden, die das ganze Land mit seiner Kultur tief prägte und einen fundamentalen Unterschied zur Alten Welt ausmachte, beobachtete bereits Tocqueville bei seiner Amerikareise als junger Mann im Jahr 1831. So schrieb er in seinem vier Jahre später erschienenen Bericht über die Vereinigten Staaten von Amerika, dort sei die Gemeinde Keimzelle und die Verbindung von Religion und Freiheit Grundlage der Demokratie. In Europa stehe am Beginn staatlicher Strukturen ein Weg von oben nach unten. Zuerst habe sich eine Zentralgewalt etabliert, die Ebenen darunter seien später hinzugekommen. In Amerika aber sei das umgekehrt verlaufen. Hier hätten kleine Verbände in Form (religiöser) Gemeinden am Anfang gestanden, Staaten und ein Staatenbund seien erst allmählich daraus hervorgegangen. Das habe eine Art von Gesetzgebung ermöglicht, die es erleichtert habe, den Bedürfnissen der Gemeinschaft Rechnung zu tragen. In Europa könnten Aufklärung und religiöser Glaube Antipoden sein. Konträr dazu habe in Amerika „gerade die Religion zur Aufklärung [geführt]“ und „die Beobachtung der göttlichen Gesetze […] den Menschen auf den Weg zur Freiheit [gewiesen]“. So habe eine Demokratie entstehen können, bei der „vor einem freien Volk ein Mann aufstehen und unter allgemeinem Beifall jene schöne Begriffsbestimmung der Freiheit geben [konnte], die unter Freiheit nicht das Recht

34 Wise, A Vindication (s. Lit. Kap. 5), S. 44 f.

35 Alice Baldwin, The New England Clergy and the American Revolution, New York 1958 (zuerst 1928), S. 19 (Zitate), S. 13, insb. auch Fn. 2, 14, 24.

36 Tocqueville, Demokratie in Amerika, S. 75.

37 Oestreich, Geschichte der Menschenrechte (s. Lit.), S. 59 f.

versteht zu tun was einem gefällt". Freiheit sei hier nicht mehr etwas Abstraktes, sondern mit klaren positiven Werten verbunden. Gemeint sei eine „gesittete und sittliche Freiheit [...], die ihre Kraft in der Einigkeit findet und die zu schützen die Aufgabe der öffentlichen Gewalt ist – als die Freiheit, ohne Furcht das zu tun, was gut und gerecht ist".[38] Wenn Tocqueville damit Recht hat, mag das erklären, weshalb eine Erklärung von Menschenrechten als Rechtsdokument gerade in einem jungen Staat der Neuen Welt – in Virginia – das Licht der Welt erblickte. Darauf werde ich zurückkommen.

7.2.2.4 Rechte freier Engländer

Einen zentralen Punkt will ich zuletzt nennen. Robert Rutland spitzt ihn zu, indem er feststellt, eine der vielen durch die Amerikanische Revolution erzeugten Ironien liege darin, dass die Kolonisten darauf beharrt hätten, England zu bekämpfen, um genau die Geburtsrechte zu erhalten, die ihnen eben dieses Mutterland gewährt habe.[39]

Wie bereits zuvor gesagt: Die Kolonisten fühlten sich keineswegs als „Amerikaner", sondern als Engländer oder Angehörige des Königreichs von Großbritannien. Lange Zeit hielten sie große Stücke auf den König. Sie wollten nicht den Bruch, sie wollten Akzeptanz ihrer hergebrachten Rechte als Engländer. Sie wollten also nichts Neues, sondern vielmehr die Wiederherstellung von etwas Altem. Im englischen Mutterland gab es aus ihrer Sicht eine lange Tradition der Gewährung von Rechten durch Rechteerklärungen, auf die die Kolonisten sich rückbesannen. So war es in ihren Köpfen, auch schon lange vor Beginn der Amerikanischen Revolution: Es existierten englische Freiheitsrechte, die englische Untertanen, wenn sie sich außerhalb ihres Landes bewegten, mitnahmen. So schrieben die Siedler von New Plymouth es an den Anfang ihrer General Fundamentals aus dem Jahr 1636:

> [...] that no Act Imposition, Law or Ordinance be Made or Imposed upon us at present or to come, but such as shall be Enacted by consent of the body of Freemen or Associates, or their Representatives legally assembled; which is according to the free Liberties of the free born People of England.[40]

---

38 Tocqueville, Demokratie in Amerika, S. 75, 86 f.

39 „Among the many ironies created by the American Revolution was the colonists' insistence that they must fight the mother country in order to preserve the birthrights to English liberty under the law", Rutland, Bills of rights, S. 265.

40 The General Fundamentals of New Plimouth, http://www.histarch.illinois.edu/plymouth/fund.html (Zugriff: 09.07.2024).

Schon zuvor, im Kapitel über die Magna Charta, war davon die Rede.[41] Die Siedler sahen diese als einen Vertrag zwischen dem englischen Volk (demnach also ihnen selbst) und dem König an. Die tonangebenden Köpfe der abtrünnigen Kolonien waren mit dem alten Dokument und auch dem Kommentar dazu von Sir Edward Coke aus dem 17. Jahrhundert[42] bestens vertraut. So erscheinen die hieraus stammenden Begriffe „lex terrae“ („law of the land“) und „legale judicium parium suorum“ („due process of law by his peers“) auch in den meisten damaligen amerikanischen Verfassungen.

Kolonie bzw. Staat	Jahr	Law of the land/judgment of his peers?
Province of New Hampshire	1783	Beides
Provinz Massachusetts Bay	1780	Beides
Rhode Island	1842	Beides
New York	1777	Beides
Pennsylvania	1776	Beides
Province of Maryland	1776	Beides
Colony of Virgina	1776	Beides
Province of Carolina, seit 1712 geteilt in North und South Carolina	1669	„judgment of his peers“
Province of North Carolina	1776	„law of the land“

Einige Kolonisten hatten in England an den Inns of Court studiert.[43] Die Pflanzer von Virginia waren so sehr mit englischem Recht und englischer Kultur durchtränkt, dass die große Anzahl englischer juristischer Bücher, die die Virginier bestellten, im Mutterland auf Erstaunen stieß. Gängige juristische Abhandlungen lasen auch diejenigen, die nicht das Recht studiert hatten. Somit verwundert nicht, dass die Siedler in dem Konflikt mit dem Empire schon einige Zeit vor dem endgültigen Bruch mit den hergebrachten allgemeinen Rechten der Engländer („common law rights of the Englishmen“) argumentierten, wobei sich diese Argumentation – worauf zurückzukommen sein wird – mit dem zeitgenössischen Naturrecht vermischte. Denn was sollten die anerkannten hergebrachten Rechte freier Engländer inhaltlich eigentlich sein?[44] Denken wir an die Bill of Rights von 1689 und führen wir uns die Situation in den Kolonien der 1770er Jahren vor Augen, so erscheint naheliegend das Recht, nicht ohne Zustimmung des Parlaments besteuert zu werden, und noch

41 Kap. 3.3.5.2.

42 Coke, The Second Part of the Institutes (s. Lit. Kap. 3), S. 1 ff.

43 Konrad Zweigert u. Hein Kötz, Einführung in die Rechtsvergleichung auf dem Gebiete des Privatrechts, 3. Aufl., Tübingen 1996, S. 234.

44 Dazu oben Kap. 6.5.4.

nicht einmal dieses war in den Kolonien gegeben. So etwas wie den Schutz von Leben, Freiheit und Eigentum aber – und genau hierum ging es den Siedlern ja in erster Linie – suchen wir in alten englischen Verfassungsdokumenten jedenfalls vergebens:

> That the inhabitants of the English colonies in North-America, by the immutable laws of nature, the principles of the English constitution, and the several charters or compacts, have the following rights: […] That they are entitled to life, liberty and property: and they have never ceded to any foreign power whatever, a right to dispose of either without their consent […] (Declaration and Resolves of the First Continental Congress, 14. Oktober 1774).[45]

Um die Sichtweise der damaligen Zeit noch einmal in den Worten George Masons auf den Punkt zu bringen: „We claim Nothing but the Liberty & Privileges of Englishmen, in the same Degree, as if we had still continued among our Brethren in Great Britain."[46]

7.3 Die Virginia Bill of Rights vom 12. Juni 1776

Die Rechteerklärung von Virginia ist das wichtigste und bekannteste Beispiel für solche Dokumente aus der Neuen Welt, die im Rahmen der Unabhängigkeitsbewegung entstanden. Zunächst von einer privaten Unternehmung (Virginia Company) gegründet, war Virginia seit 1624 die erste britische Kronkolonie. Die Regierung hatte ein als Unterhaus fungierendes, gewähltes House of Burgesses gemeinsam mit einem Gouverneursrat inne, dessen Mitglieder der britische Monarch einsetzte. Dieser Gouverneursrat wiederum bestimmte und beriet den Gouverneur. Zur Zeit der Amerikanischen Revolution war Virginia die größte und zugleich bevölkerungsreichste unter den amerikanischen Kolonien.

Virginia war zwar nicht die erste Kolonie, die sich selbst eine Verfassung gab[47] und damit in ihrer Eigenwahrnehmung zu einem – wenn auch noch nicht unabhängigen – Staat avancierte. Virginia war aber die erste Kolonie, die ihrer Verfassung

45 https://avalon.law.yale.edu/18th_century/resolves.asp (Zugriff: 09.07.2024). Zu diesem Dokument Schwartz, Great Rights, S. 63 f.

46 Rutland (Hg.), The Papers of George Mason, S. 71.

47 Älter sind die Verfassungen von New Hampshire (v. 5. Januar 1776) und South Carolina (v. 26. März 1776). Dazu Terry W. Lipscomb, The South Carolina Constitution of 1776, The South Carolina Historical Magazine 77 (1976), S. 138–141.

eine Rechteerklärung voranstellte.[48] Zum Teil sogar wörtlich stützten sich sieben andere Kolonien bei ihrer Bill of Rights auf das Modell von Virginia, dessen Prinzipien später auch in den Zusätzen zur Bundesverfassung Ausdruck fanden. Deshalb ist die Virginia Bill of Rights für die Geschichte der Menschenrechte besonders wichtig. Sie ist der Urknall aller Menschenrechtskataloge, das absolute Urgestein, die erste Auflistung von Rechten, die erklärtermaßen für alle Menschen (was auch immer das damals genau bedeutete) gelten sollen. Wir finden eine breite Palette verschiedener Rechte, nicht nur Fragmente von Individualrechten. Hier ist der Punkt, an dem die Geschichte von Menschenrechten in einem politischen Dokument, das jahrhundertelang Geltung haben sollte, wirklich und unzweifelhaft begann. Niemand kann bestreiten: Jetzt war das Thema endgültig da. Und diese Rechteerklärung, die im Jahr 2026 ihr 250. Jubiläum begeht, gilt bis in unsere Tage. Die Verfassungen von Virginia kamen und gingen, aber die Virginia Bill of Rights ist nach wie vor geltendes Recht. Der erste Artikel der heutigen Verfassung Virginias ist die Bill of Rights, und dabei handelt es sich um keine andere als die von 1776,[49] mit lediglich zwei Ergänzungen von 1997 und 2007.[50] In der gemeinsamen Unabhängigkeitserklärung der 13 Kolonien hat Jefferson die kardinalen Maximen der Virginia Bill of Rights wiederholt und manche ihrer Formulierungen aufgenommen.[51] Nur wenige Dokumente erwiesen sich als ähnlich einflussreich. Auch wenn die Virginia Bill of Rights sich gewiss leichter als die Magna Charta – die ebenfalls heute noch geltendes Recht ist[52] – auf Sachverhalte aus unseren Tagen anwenden lässt, liegt eine Ähnlichkeit der beiden Dokumente in ihrer großen Symbolkraft. Diese teilen sie mit anderen Dokumenten der Menschenrechtsgeschichte und diese führt dazu, dass sie als unveränderlich gelten und auch nicht oder allenfalls mit größter Zurückhaltung geändert werden.

Bei der Betrachtung der Virginia Bill of Rights fällt noch einmal Licht auf die zu Anfang dieses Kapitels angesprochene Kontroverse über die Frage, ob sich die amerikanischen Ereignisse um 1776 überhaupt als Revolution bezeichnen lassen.

---

48 S. o. S. 193 f., ferner Hermann Wellenreuther, Von Chaos und Krieg zu Ordnung und Frieden. Der Amerikanischen Revolution erster Teil, 1775–1783, Berlin 2006, S. 469; Salander, Vom Werden der Menschenrechte, S. 67. Die beiden früheren Verfassungen enthielten eine Präambel mit Beschwerden gegen die britische Regierung ähnlich der Unabhängigkeitserklärung, aber keinen Grundrechteteil. Andreas Heuer, Globales Geschichtsbewusstsein. Die Entstehung der multipolaren Welt vom 18. Jahrhundert bis in die Gegenwart, Münster 2012, S. 31.

49 https://law.lis.virginia.gov/constitution/article1/ (Zugriff: 09.07.2024).

50 Section 8-A. Rights of victims of crime, in Kraft getreten am 01.01.1997 und Section 15-A. Marriage, in Kraft getreten am 01.01.2007.

51 Dazu unten S. 232 ff.

52 S. o. Kap. 3.3.6.1.

Ein Blick auf Virginia ergibt starke Argumente für diejenigen, die diese Frage – anders als die ganz herrschende Meinung[53] und auch ich – verneinen. Die politischen Änderungen waren getragen von einer aus meist schwerreichen Pflanzern bestehenden Oberschicht,[54] die aus durch Heirat untereinander verbundenen Familien bestand. Robert Leroy Hilldrup bezeichnet diese herrschende soziale Schicht als „Tuckahoes".[55] Dabei nimmt er einen Begriff auf, mit dem im kolonialen Virginia die ersten englischen Siedler bezeichnet wurden. Sie ließen sich im Osten nieder, während spätere deutsche, irische und schottisch-irische als „Cohees" bezeichnete Siedler im Westen der Kolonie ansässig wurden. Die Tuckahoes, die Hilldrup meint, waren wohlhabend, nicht selten extrem wohlhabend. Ihr Reichtum basierte auf ihren Tabakplantagen, die sie durch Sklavenarbeit unterhielten. Praktisch alle an der Ausarbeitung und Verabschiedung der Virginia Bill of Rights Beteiligten waren sogar Sklavenhalter im großen Stil. Ungefähr 90 Prozent der Mitglieder der Versammlung, die schließlich die Virginia Bill of Rights und die Verfassung verabschiedeten (Convention, im Folgenden Konvent), besaßen Sklaven.[56]

Diese Pflanzer waren keineswegs daran interessiert, durch radikale politische Veränderungen ihren Wohlstand zu verlieren, und vielmehr darauf bedacht, den Status quo zu wahren. Waren auch manche von ihnen zunächst progressiver gesinnt, bewog sie doch am Ende die Angst vor Unruhen und damit vor Gefährdung ihres Eigentums dazu, einer Regierungsform zuzustimmen, die sich eng am Modell des Kolonialsystems orientierte. Schließlich befand man sich im Krieg, und das ist nicht die Zeit für unnötige politische Experimente. So ging es darum, altbewährte Prinzipien zu formulieren und bekannte Regierungsinstitutionen zu modifizieren, um den sich aus der Unabhängigkeit ergebenden geänderten Umständen Rechnung zu tragen, was durch einen Brief von John Page an Thomas Jefferson deutlich wird.[57]

---

53 Dippel, Amerikanische Revolution, S. 11.

54 Heinemann et al., Old Dominion, überschreiben ein Kapitel ihrer Geschichte Virginias mit „A Planter's Patriarchy 1690–1775", S. 63–91; Willi Paul Adams, The First American Constitutions. Republican Ideology and the Making of the State Constitutions in the Revolutionary Era, Lanham et al. 2001, S. 70, spricht von „the great planters who made up the political leadership of Virginia"; Salander, Vom Werden der Menschenrechte, S. 77.

55 Hilldrup, Virginia Convention, S. 1 ff.

56 Hilldrup, Virginia Convention, S. 174.

57 Brief v. 26. April 1776: „And to prevent Disorders in each Colony a Constitution should be formed as nearly resembling the old one as Circumstances, and the Merit of that Constitution will admit of. [...] These Things should be done without loseing a Moment", https://founders.archives.gov/?q=%22to%20prevent%20disorders%20in%20each%20colony%22&s=1111311111&r=1&sr= (Zugriff: 09.07.2024).

All das hat durchaus etwas Aristokratisches, was auch im späteren politischen Leben der jungen Vereinigten Staaten von Amerika seinen Ausdruck finden sollte. Vier ihrer ersten sechs Präsidenten, allen voran George Washington, entstammten solchen mächtigen Familien aus Virginia. Ein Unterschied zur Aristokratie im damaligen Europa lag dabei darin, dass es in der Neuen Welt auf den Besitz und nicht auf aus unvordenklicher Zeit stammende Familienbande ankam, was die Grenzen flüssiger und die Gesellschaft durchlässiger machte. Kurz gesagt, es ging um eine reiche, privilegierte Gruppe, die de facto gesellschaftlichen Einfluss hatte, der sich aber in den tatsächlichen politischen Machtverhältnissen nicht widerspiegelte. Und eben das musste und wollte sich eben diese Gruppe nicht länger gefallen lassen.

Die Siedler von Virginia hatten lang gezögert, selbst ein eigenes, neues Regierungssystem einzusetzen. Der Grund dafür, dass es in Virginia so lange dauerte, bis es dafür grünes Licht gab, mochte darin gelegen haben, dass viele reiche Plantagenbesitzer eine neue Verfassung als gleichbedeutend mit der Erklärung der Unabhängigkeit ansahen und einem solchen Vorhaben ablehnend gegenüberstanden. Schon Monate früher hätte es dazu kommen können. Als der britische Gouverneur Lord Dunmore in Virginia mit gewalttätigen Übergriffen begann und das Kriegsrecht ausrief, überschritt er in den Augen des Kontinentalkongresses endgültig und eindeutig die Grenzen einer legitimen Regierung. Für den Kontinentalkongress stand nun die Frage im Raum, ob er eine Art gemeinsame Musterverfassung für alle Kolonien empfehlen sollte, wie manche es von ihm verlangt hatten. Der Kontinentalkongress hatte mehrere heikle und zuvor nie dagewesene Fragen zu klären. Eine davon war, in welchem Verhältnis dieser Kontinentalkongress (also so etwas wie der Bund) zu seinen Gliedstaaten, die ohne Zweifel Staatsqualität haben würden, in Zukunft stehen sollte.

Es war in diesem Moment völlig unklar, wie das aussehen könnte. Klar war nur, dass der Kontinentalkongress bestimmt nicht den König von Großbritannien oder das Parlament in London ersetzen sollte. Somit fasste er das heiße Eisen einer Musterverfassung nicht an und sprach vielmehr eine Empfehlung aus, die er zuvor – wenn auch keineswegs leichten Herzens – bereits zwei anderen Kolonien gegenüber ausgesprochen hatte. Am 4. Dezember 1775 jedenfalls empfahl der Kontinentalkongress Virginia, „eine vollständige und freie Vertretung des Volkes einzuberufen und dass die Vertreter, wenn sie es für notwendig halten, eine Regierungsform einrichten, die ihrer Meinung nach für die Glückseligkeit des Volkes die beste ist".[58] Virginia sollte also Neuwahlen abhalten und sein Regierungssystem neu ordnen.

58 Journals of the Continental Congress 3 (21. September–30. Dezember 1775), S. 403 f.

Trotz der prekären Situation mit Dunmore geschah das zunächst nicht. Zwar tagten seit der Absetzung des House of Burgesses durch Gouverneur Dunmore im Mai 1774 seit dem 1. August des gleichen Jahres mehrere Konvente (Conventions), die sich mit drängenden Angelegenheiten beschäftigten. Doch behielt Virginia zunächst trotz der Unruhen das Regierungssystem aus der Kolonialzeit bei. Erst am 6. Mai 1776 löste sich das House of Burgesses einstimmig auf mit dem Hinweis, es könne das Volk nicht mehr vertreten aufgrund der alten Verfassung, die der König und die britische Regierung untergraben hätten. Jetzt erst war das Ende der Kolonialregierung offiziell besiegelt und der Fünfte Konvent von Virginia (Virginia Convention) trat an die Stelle des House of Burgesses.

Damit kam Virginia dem Kontinentalkongress nur wenige Tage zuvor. Dieser sprach am 15. Mai 1776 definitiv allen Kolonien gegenüber die Empfehlung aus, neue Regierungen zu bilden, die ihre Legitimation vom Volk und nicht mehr von der britischen Krone bezogen. Daraufhin wies der Konvent von Virginia am 15. Mai 1776 seine Abgeordneten im Kontinentalkongress an, dort die Unabhängigkeit zu beantragen. In der gleichen Sitzung bildete der Konvent von Virginia einen Ausschuss mit dem langen Namen „Committee to prepare a Declaration of Rights and such a plan of government as will be most likely to maintain peace and order in this colony and secure substantial and equal liberty to the people". Virginia scheint also in Sachen Neuerungen der Amerikanischen Revolution eher ein Spätzünder gewesen zu sein, wobei zudem eine auf die Sicherung ihrer privilegierten wirtschaftlichen Stellung besonnene Oberschicht das Sagen hatte. Das lässt – anders, als man für die Mutter aller Menschenrechteerklärungen denken könnte – nicht gerade erwarten, dass die Virginia Bill of Rights einen sonderlich radikalen Inhalt hätte. Und bei Licht betrachtet hat sie den auch nicht.

Der Entwurf, der in weiten Teilen auch vom Konvent angenommen und damit zum Gesetz wurde, stammte von George Mason (1725–1792). Dass Mason diesen Text überhaupt zur Diskussion vorlegen konnte, mochte mit persönlichen Eigenschaften zusammengehangen haben. George Bancroft (1800–1891) schildert Wirkung und Charakter Masons in seinem klassischen Werk in heroischen Worten und leuchtenden Farben.[59] Robert Leroy Hilldrup beschreibt George Mason in seiner Dissertation über die Virginia Convention von 1776 als anständig, vernünftig und liebenswürdig.[60] Das erscheint plausibel. Im Kreise von Entscheidungsträgern ohne formale Autoritätsverhältnisse haben diejenigen, die persönlich beliebt sind

59 George Bancroft, History of the United States. From the discovery of the American continent, Bd. 8, 9. Aufl., Boston 1878, S. 379.

60 Hilldrup, Virginia Convention, S. 177.

und Vertrauen genießen, die besten Chancen, mit ihren Ideen Gehör zu finden. Bei alledem war Mason ein glühender Bewunderer der englischen Verfassung, was viele andere Pflanzer – auch das mag für den Erfolg von Masons Entwurf ursächlich gewesen sein – mit ihm teilten. Die Pflanzer zeigten naheliegenderweise ein eifriges Interesse an England, wohin ja ihr Tabak ging. Sie waren der Auffassung, in den Krieg eingetreten zu sein, um für die reine Verfassung zu kämpfen, so wie sie vor 1763 existiert hatte. Somit war es kein Wunder, dass sich Mason so stark auf die Prinzipien des englischen Rechts stützte und auch nicht, dass sein Dokument die herzliche Unterstützung der eher moderaten Pflanzer fand.

Offensichtlich war Mason bei seinen Konventskollegen angesehen. Er konnte bei der ersten Sitzung am 15. Mai wegen eines Gichtanfalls nicht anwesend sein und stieß erst zwei Tage später dazu. Gleich an diesem Tag wurde er in insgesamt vier Ausschüsse berufen, darunter der für die Declaration of Rights und den Plan of Government. Mason erstellte daraufhin wie gesagt den Entwurf, den der Konvent schließlich mit ein paar Änderungen einstimmig annahm. Das war damals unter Masons Zeitgenossen wenig bekannt, offenbar legte er keinen großen Wert darauf, seine Urheberschaft zu betonen.

Mason schöpfte für seinen Entwurf[61] aus mehreren Quellen. Diese waren vor allen Dingen die englische Bill of Rights von 1689 und mehr noch das aus fast dem gleichen Jahr stammende Werk „Two Treatises of Government" von John Locke, wobei die berühmten, zwischen 1765 und 1769 erstmals erschienenen „Commentaries on the Laws of England"[62] von William Blackstone (1723–1780) als Übermittler der Locke'schen Ideen in Betracht kommen. Zu nennen ist auch die Declaration of Rights des Ersten Kontinentalkongresses von 1774, in der sich ebenfalls Anlehnungen an die englische Bill of Rights sowie Locke'sches Gedankengut finden, wenn es dort heißt, den Kolonisten stünden Rechte auf „life, liberty, and property" zu. Wahrscheinlich ist ferner, dass Mason mit einer im Nordamerika seiner Zeit weit verbreiteten und unter dem Namen „Cato's Letters" bekannten Sammlung kritischer politischer Essays vertraut war, in denen „liberty" und „happiness" als

61 Heute in der Library of Virginia, Original und Transkription online verfügbar, https://edu.lva.virginia.gov/dbva/items/show/184 (Zugriff: 12.02.2024).

62 Dort ist von „absolute rights of man" (S. 121) ebenso wie von „absolute rights of all every Englishmen" (S. 123) die Rede. Als solche sind „life, liberty, and property" (S. 137) genannt, ebenso wie Rechte vor Gericht sowie das Recht, Waffen zu tragen (S. 137–139). William Blackstone, Commentaries on the laws of England, Bd. 1, Oxford (Clarendon) 1765, https://archive.org/details/lawsofenglandc01blacuoft/page/138/mode/2up (Zugriff: 24.01.2024).

Staatszwecke Schlüsselbegriffe sind.[63] All das lässt sich natürlich nicht beweisen, sondern nur mit einem Blick auf Ähnlichkeiten plausibilisieren:

Quellen der Virginia Bill of Rights	
Virginia Declaration of Rights[64]	**Locke, „Two Treaties of Government“**
Art 1. That all men are by nature equally free and independent, and have certain inherent rights, of which, when they enter into a state of society, they cannot, by any compact, deprive or divest their posterity, namely, the enjoyment of life and liberty, with the means of acquiring and possessing property, and pursuing and obtaining happiness and safety.	§ 95. Men being, as has been said, by nature, all free, equal, and independent, no one can be put out of this estate, and subjected to the political power of another, without his own consent. The only way whereby any one divests himself of his natural liberty, and puts on the bonds of civil society, is by agreeing with other men to join and unite into a community for their comfortable, safe, and peaceable living one amongst another, in a Secure enjoyment of their properties, and a greater Security against any, that are not of it. S. auch § 130. Locke meint „lives, liberties and estates“ mit dem Begriff „properties“, s. § 123.
Art. 2. That all power is vested in, and consequently derived from, the people; that magistrates are their trustees and servants, and at all times amenable to them.	§ 212 [...] When any one, or more, shall take upon them to make laws, whom the people have not appointed so to do, they make laws without authority, which the people are not therefore bound to obey [...]
Art. 3. That government is, or ought to be, instituted for the common benefit, protection, and Security of the people, nation, or community; of all the various modes and forms of government, that is best which is capable of producing the greatest degree of happiness and safety, and is most effectually Secured against the danger of maladministration; and that, when any government shall be found inadequate or contrary to these purposes, a majority of the community hath an indubitable, inalienable, and indefeasible right to reform, alter, or abolish it, in such manner as shall be judged most conducive to the public weal.	§ 222 [...] Whensoever therefore the legislative shall transgress this fundamental rule of society; and either by ambition, fear, folly or corruption, endeavour to grasp themselves, or put into the hands of any other, an absolute power over the lives, liberties, and estates of the people; by this breach of trust they forfeit the power the people had put into their hands for quite contrary ends, and it devolves to the people, who have a right to resume their original liberty, and, by the establishment of a new legislative, (such as they shall think fit) provide for their own safety and Security, which is the end for which they are in society. [...] S. auch § 135

63 Trenchard, Cato's Letters, S. 43: „I [...] shall [...] endeavor to prove [...] that Liberty is the unalienable Right of all Mankind.“ S. 41: „All Men are born free: Liberty is a Gift: which they receive from God himself; nor can they alienate the same by Consent, tho' possibly they may forfeit it by Crimes.“ S. 128: „Happiness is the chief End of Man“.

64 Diesem Vergleich liegt die finale Version der Virginia Bill of Rights, nicht der Entwurf Masons zugrunde.

Quellen der Virginia Bill of Rights	
Art. 6. That elections of members to serve as representatives of the people, in assembly, ought to be free; and that all men, having sufficient evidence of permanent common interest with, and attachment to, the community, have the right of suffrage, and cannot be taxed or deprived of their property for public uses, without their own consent, or that of their represen-tives so elected, nor bound by any law to which they have not, in like manner, assembled, for the public good.	*Englische Bill of Rights von 1689* Art. 8. That election of members of Parliament ought to be free Art. 4. That levying money for or to the use of the Crown by pretence of prerogative, without grant of Parliament, for longer time, or in other manner than the same is or shall be granted, is illegal.
Art. 7. That all power of suspending laws, or the execution of laws, by any authority, without consent of the representatives of the people, is injurious to their rights, and ought not to be exercised.	Art. 1. That the pretended power of suspending the laws or the execution of laws, or the execution of laws, by regal authority without consent of Parlyament [...] is illegall. S. auch Art. 2: That the pretended power of dispensing with laws or the execution of laws by regal authority, as it hath been assumed and exercised of late, is illegal.
Art. 8. That in all capital or criminal prosecutions a man hath a right to demand the cause and nature of his accusation, to be confronted with the accusers and witnesses, to call for evidence in his favor, and to a speedy trial by an impartial jury of twelve men of his vicinage, without whose unanimous consent he cannot be found guilty; nor can he be compelled to give evidence against himself; that no man be deprived of his liberty, except by the law of the land or the judgment of his peers.	Art. 11. That jurors ought to be duly impanelled and returned, and jurors which pass upon men in trials for high treason ought to be freeholders.
Art. 9. That excessive bail ought not to be required, nor excessive fines imposed, nor cruel and unusual punishments inflicted.	Art. 10. That excessive bail ought not to be required, nor excessive fines imposed, nor cruel and unusual punishments inflicted.
Art. 13. That a well-regulated militia, composed of the body of the people, trained to arms, is the proper, natural, and safe defence of a free State; that standing armies, in time of peace, should be avoided, as dangerous to liberty; and that in all cases the military should be under strict subordination to, and governed by, the civil power.	Art. 6. That the raising or keeping a standing army within the kingdom in time of peace, unless it be with consent of Parliament, is against law. Art. 7. That the subjects which are Protestants may have arms for their defence suitable to their conditions and as allowed by law.

Durch diesen Vergleich wird deutlich, dass John Lockes Lehre keineswegs nur als Ansammlung philosophischer Grundsätze galt, die irgendeinen idealen Staat beschreibe, der nichts mit der Realität zu tun habe. Vielmehr waren Lockes Schriften, die so hoch im Kurs standen wie die keines zweiten politischen Schriftstellers, nach Auffassung der Zeitgenossen durchaus von praktischem Wert.

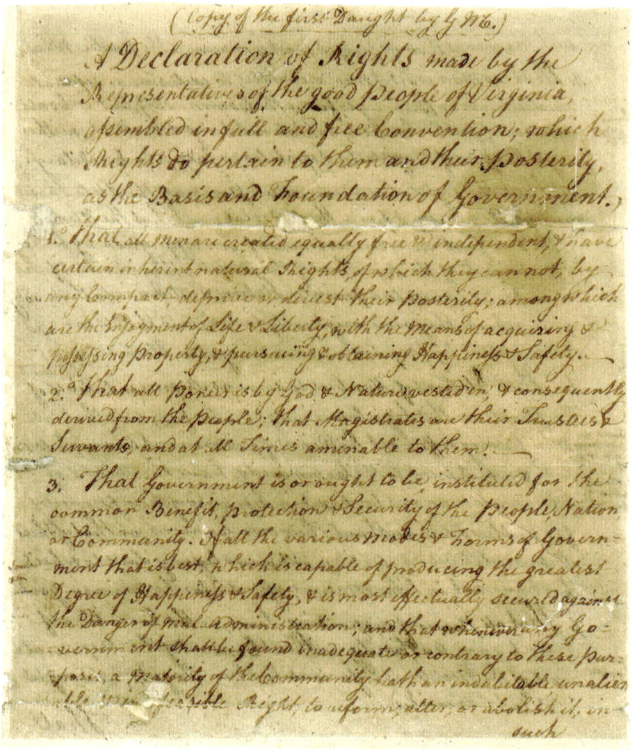
(Copy of the first Draught by G M.)

A Declaration of Rights made by the Representatives of the good People of Virginia, assembled in full and free Convention; which Rights do pertain to them and their Posterity, as the Basis and Foundation of Government.

1. That all men are created equally free & independent, & have certain inherent natural Rights, of which they can not, by any Compact, deprive or divest their Posterity; among which are the Enjoyment of Life & Liberty, with the Means of acquiring & possessing Property, & pursuing & obtaining Happiness & Safety.

2. That all Power is by God & Nature vested in, & consequently derived from the People; that Magistrates are their Trustees & Servants, and at all Times amenable to them.

3. That Government is or ought to be, instituted for the common Benefit, protection & Security of the People, Nation or Community. Of all the various modes & Forms of Government, that is best, which is capable of producing the greatest Degree of Happiness & Safety, & is most effectually secured against the Danger of mal-administration; and that whenever any Government shall be found inadequate or contrary to these Purposes, a Majority of the Community hath an indubitable, unalienable and indefeasible Right, to reform, alter, or abolish it, in such

Abb. 10 Um 1778 fertigte George Mason diese Kopie seines ersten Entwurfs der Virginia Bill of Rights aus dem Gedächtnis an, um zu zeigen, was er ursprünglich vorgeschlagen hatte.

Die Vorstellung von George Mason war also, in Schriftform etwas festzuhalten, das bereits galt. Inwiefern war das so? Oder waren die Inhalte der Virginia Bill of Rights vielmehr innovativ oder gar radikal?

Die Idee von den angeborenen Rechten betrachteten die Tuckahoes gewiss nicht als radikal. Sie ergab sich vielmehr aus dem damals allseits anerkannten Werk von John Locke, so dass diese Rechte keinesfalls als alarmierend und gefährlich erschienen. Ferner war das Prinzip der Freiheit, wie die Virginia Bill of Rights es verankert, uralt und aristokratisch. Damit hatten die Tuckahoes gewiss kein Problem. Neu aber war das Prinzip der Gleichheit. Und dieses stieß in der Tat auf Widerstand.

Art. 1 von Masons Entwurf, der die Gleichheit aller Menschen statuiert, ist zugleich eine emphatische Befürwortung der Unveränderlichkeit von Menschenrechten. Die Gleichheit aller Menschen war allerdings eine für die Mehrheit der Mitglieder des Konvents von 1776 fremdartige Vorstellung. Ein prominenter Kontrahent war der Rechtsanwalt Robert Carter Nicholas (1728/1729–1780). Scharf sprach er sich gegen den Standpunkt aus, dass alle Menschen gleichermaßen frei und unabhängig geboren seien. Das sei der Vorläufer einer zivilen Katastrophe. So wie es im Entwurf stehe, könnten auch Sklaven mit einbezogen sein. Und vielleicht war Nicholas' Angst vor einem Sklavenaufstand tatsächlich nicht ganz unbegründet. Der britische Gouverneur Lord Dunmore, der den Widerstand der Kolonisten mit Brandschatzungen und Plünderungen zu zermürben suchte, hatte beinahe eine solche Revolte provoziert, als er den Großbritannien treu bleibenden und zum Kampf für das Mutterland bereiten Sklaven („Loyalisten") die Freiheit versprach. Diese Loyalisten wurden nach der Niederlage der Briten zunächst nach Nova Scotia (heute Kanada) und später zu Hunderten an die afrikanische Westküste in das Gebiet des heutigen Sierra Leone transportiert, um dort in einer neu gegründeten britischen Kolonie ein neues Leben beginnen zu können.

Sklavenhaltung war für das Wirtschaftssystem Virginias etwas Essentielles. Die Abgeordneten waren wie gesagt fast ausschließlich Sklavenhalter. In Anbetracht dieser Umstände erscheint es kaum vorstellbar, dass tatsächlich damals jemand hätte auf die Idee kommen können, Art. 1 der Virginia Bill of Rights wolle dem Abolitionismus das Wort reden. Auf dieser Grundlage argumentierten auch die Liberaleren unter den Ausschussmitgliedern: „[...] slaves not being constituent members of our society could never pretend to any benefit from such a maxim."[65] Dieser Punkt war so wichtig, dass die Streitigkeiten hierüber die Verhandlungen über mehr als eine Woche zum Stillstand brachten. Letztlich wurde, um jede erdenkliche Missverständlichkeit auszuräumen, Masons Entwurf, was Art. 1 anging, geändert. Die schließlich in Zeitungen veröffentliche Fassung[66] erhielt auf Vorschlag von Edmund Pendleton (1721–1803) einen entscheidenden Zusatz von „a few deft words".[67] Dieser lautete „when they enter into a state of society".[68] Da dies auf Afrikaner – so die Argumentation – nicht zutreffe, könnten sie auch keine „inherent rights" innehaben.[69] Trotz des naturrechtlichen Klangs kann somit von

65 Rutland (Hg.), Papers of George Mason, S. 275, 280.

66 Ibid., S. 275.

67 David John Mays, Edmund Pendleton, 1721–1803, Bd. 2, Cambridge (Massachusetts) 1952, S. 122.

68 Mays, Pendleton, S. 122; Rutland (Hg.), Papers of George Mason, S. 289.

69 Wellenreuther, Chaos und Krieg, S. 469 f., Fn. 111. Mays, Pendleton, S. 122, führt aus, dieser Zusatz habe alle Probleme gelöst („resolved all difficulties").

Innovation kaum die Rede sein. Wie verhält es sich mit dem zweiten Artikel? Dieser erscheint zwar demokratisch, ist dabei aber statisch und wenig konkret. Ähnliches lässt sich über die nächsten drei Artikel sagen. Art. 6 statuiert Volkssouveränität und freie Wahlen, wird aber abgeschwächt durch die Koppelung des Wahlrechts an das Eigentum. Damit erweist sich diese Fassung als offener und konservativer, als es das Wahlrecht des 17. Jahrhunderts für gewöhnlich gewesen war. Art. 8 entsprach dem damaligen englischen Recht. Konservative Abgeordnete kritisierten diesen Artikel und forderten eine verfassungsrechtliche Legitimation des Kriegsrechts für den Notfall, womit sie sich aber nicht durchsetzten. Die Art. 7, 9[70] und 12 gaben etablierte Maximen des englischen Rechts wieder. Auch Religionsfreiheit existierte in Virginia in gewissen Grenzen schon seit längerer Zeit.[71] Die Religionsfreiheit, wie Art. 16 sie einräumte, war allerdings noch einige Jahre nur Theorie, weil auch Personen, die nicht zur Anglikanischen Kirche gehörten, wie etwa die Baptisten, gezwungen wurden, Abgaben an diese zu zahlen. Erst Jahre später erlangten die Dissenters vollständige Anerkennung.

Neu hingegen war die Pressefreiheit. Zwar hatten diese vorher bereits einige andere Kolonien eingeräumt. So war in New York im Jahr 1735 der berühmte Fall Zenger entschieden worden. Damals war der aus der Pfalz stammende und nach New York ausgewanderte Verleger Johann Peter Zenger für kritische Äußerungen in einem Druckwerk wegen Verleumdung des Gouverneurs angeklagt worden, aber ein Geschworenengericht hatte ihn schließlich freigesprochen.[72] In Virginia aber war die Pressefreiheit neu. Das Komitee fügte ferner dem Entwurf Masons drei neue Artikel hinzu: 9, 12 und 16. Ein weiterer von der Kommission vorgeschlagener Punkt (in der Endfassung Art. 14) verbot die Errichtung einer unabhängigen Regierung innerhalb der Grenzen Virginias. Hintergrund war, dass an der Grenze zwischen Virginia und Pennsylvania Chaos drohte, weil es Streit um Landforderungen gab.

Die Überzeugung, bei Verabschiedung der Virginia Bill of Rights an alte englische Traditionen anzuknüpfen, kommt sogar in der Terminologie zum Ausdruck. Ein wichtiger Anknüpfungspunkt war wie gesagt die Glorious Revolution von 1688/1689. Die verfassunggebende Versammlung im Virginia des Jahres 1776 war genauso wie das Parlament, das James II. abgesetzt hatte, eine außerverfassungsmäßige Körperschaft. Sie nannte sich Convention in Anknüpfung an die Bezeichnung

70 Wörtlich abgeschrieben aus Art. 10 der englischen Bill of Rights von 1689, s. o. S. 219.

71 Hilldrup, Virginia Convention, S. 195.

72 S. dazu Kluger, Indelible Ink.

des im 17. Jahrhundert vom Monarchen abgesetzten Parlaments (Convention Parlament). Beide Versammlungen brachten Dokumente zur Geltung, die zentrale Rechte festhielten, 1689 fast ausschließlich solche des Parlaments, 1776 dem Wortlaut nach Menschenrechte. Beide hießen zunächst Declaration of Rights, nach ihrer Ratifizierung dann Bill of Rights, wobei beide mit einem grundlegenden Wechsel der Regierungsform verbunden waren. Zwar unterscheiden sich die beiden Texte im Ton voneinander. Die englische Verfassungsurkunde ist nüchtern und reserviert gehalten, während sich der amerikanischen ein gewisses Pathos nicht absprechen lässt. Das aber erklärt sich dadurch, dass die englische Bill of Rights ohne jede Änderung zum geltenden Recht für das Land werden, die Virginia Bill of Rights hingegen erst in Verbindung mit einer Verfassung klare, konkrete Formen annehmen sollte. Deshalb konnte hier die Formulierung ethischer Prinzipien stärker im Vordergrund stehen.

Bei all diesen im Inhalt wie in der Form zum Ausdruck kommenden Anknüpfungen an Althergebrachtes dürfte die inhaltliche Bedeutung der 1776 in Virginia niedergeschriebenen Rechte damals in den Augen des Konvents um einiges geringer gewesen sein, als uns das heute erscheinen mag. Inhaltlich haben weder die Abgeordneten noch Mason das Rad neu erfunden. Aus ihrer Sicht schrieben sie etwas auf, das ohnehin bereits galt. Es ging ihnen darum, einen Status quo festzuhalten, nicht, etwas Fundamentales zu verändern. Die Geringschätzung des Inhalts kam besonders deutlich zum Tragen in einer Äußerung Edmund Jenings Randolphs (1753–1813), eines Mitglieds des Ausschusses für die Declaration of Rights, später Außenminister im Kabinett Washington und erster Attorney General der Vereinigten Staaten. Er legte dabei die Auffassung offen, die vermutlich die Mehrheit der Abgeordneten zu Sinn und Unsinn einer Rechteerklärung vertrat. Es erscheine notwendig, dass das Dokument eine Ansammlung vager Gemeinplätze sei, ein politisches Glaubensbekenntnis,[73] für das Menschen zu sterben bereit seien. Es solle aber, so wie andere Glaubensbekenntnisse auch, scharfen Restriktionen zugänglich sein, wenn sich praktische Probleme stellten, wie etwa die Erstellung eines Regierungssystems. Mit anderen Worten, die Rechteerklärung sollte in einer Art ausgedrückt sein, die sich gut als Kriegspropaganda brauchen ließ,[74] denn die war damals dringend nötig.

Der Stellenwert der Virginia Bill of Rights in der Geschichte der Menschenrechte bemisst sich aber keineswegs allein nach irgendeiner zeitgenössischen Einschätzung

---

73 Randolph bescheinigt anderen Mitgliedern des Ausschusses „ardor for political notice, rather than a ripeness in political wisdom", Scribner (Hg.), Revolutionary Virginia, S. 276.

74 Rutland, Bills of rights, S. 265.

ihres Inhalts. Viel wichtiger ist, dass hier etwas wirklich Entscheidendes zum ersten Mal geschah. Folgendes beschloss der Konvent von Virginia:

> Resolved, unanimously, That a committee be appointed to prepare a DECLARATION OF RIGHTS, and such a plan of government as will be most likely to maintain peace and order in this Colony, and secure substantial and equal liberty to the people.[75]

Der Konvent von Virginia betraute einen Ausschuss also mit der Aufgabe, eine Erklärung grundlegender Rechte (Declaration of Rights) **und** einen Rahmen für eine neue Regierung (Plan of Government) zu entwerfen. Das ist das Entscheidende.

Virginia war wie gesagt nicht die erste Kolonie, die sich eine eigene Verfassung gab. Dies war vielmehr New Hampshire, das schon am 5. Januar 1776 eine Verfassung verabschiedet hatte, und auch die Verfassung von South Carolina datiert bereits vom 26. März 1776. Diese beiden Verfassungen aber haben keine Grundrechtekataloge. Virginia war der erste Staat der Welt, der seiner Verfassung einen solchen voranstellte und diesen explizit als etwas von der Verfassung Getrenntes begriff. Und das mit durchaus beachtlicher Wirkung: Das Modell Virginia fand begeisterte Nachahmung, ja, es wurde „zu einer revolutionären Mode, Staatsverfassungen eine Präambel [nach Virginiaart] voranzustellen".[76] Ob die damaligen Abgeordneten die Vorstellung hatten, der Grundrechtekatalog stehe über der Verfassung und sei so etwas wie höherrangiges Recht, wissen wir nicht. Wenn auch das offensichtlich hinter alldem stehende Naturrechtsdenken und das wieder und wieder formulierte Argument, die Kolonialmacht habe das Recht gebrochen, und übergeordnete Ideen berechtigten die Siedler zur Gegenwehr, in diese Richtung deuten mögen – damals war niemand der Meinung, hier sei eine Ebene von Recht geboren worden, auf deren Grundlage sich Hoheitsakte jeder Art und ganz gleich von welchem Machthaber erfolgreich vor Gericht würden bekämpfen lassen. Jedes spätere Parlament hätte die Virginia Bill of Rights nach Belieben ändern oder außer Kraft setzen können. Was 1776 in Virginia begann, hat aber zu dieser Art von Rechtsdenken geführt, und das ist wirklich neu und bemerkenswert.

So wird die Vorstellung erkennbar, einige Rechte stünden auf einer höheren verfassungsmäßigen Ebene und könnten deshalb jedenfalls nicht so leicht wie gewöhnliche Gesetze geändert werden.[77] Ein frühes Beispiel findet sich bei John

75 Scribner (Hg.), Revolutionary Virginia, S. 143.

76 Rutland (Hg.), Papers of George Mason, S. 276.

77 „Of rights, some are [...] constitutional or fundamental; these cannot be altered or abolished by the ordinary laws; but the people, by express acts, may alter or abolish them", Fundstelle bei Ulrike Müßig, A New Order of the Ages. Normativity and Precedence, in: dies. (Hg.), Reconsidering Constitutional

Adams im Jahr 1773. Zwar geht es hier nicht um Menschenrechte im Sinne subjektiver Rechte, wohl aber um die Überzeugung, dass die Ausübung von Rechten durch die Verfassung begrenzt sei und diese mithin darüberstehe. So weist Adams die Vorstellung, unter „rechtmäßig" („legal") sei das Gleiche zu verstehen wie unter „verfassungsgemäß" („constitutional"), als falsch zurück, wobei er seine Argumentation auf die britische Verfassung bezieht.[78] Mit der Unterscheidung zwischen übergeordnetem Verfassungsrecht und gewöhnlichem Gesetzesrecht schufen die US-Amerikaner schließlich die Möglichkeit, ein weltliches Gericht zwischen die Gesetzgebung und das Volk zu setzen. Die Kompetenz dieses Gerichts, die gesetzlichen Statuten am höheren Willen der Menschen – in anderen Worten an der Verfassung – zu messen, ersetzte Gott durch die Verfassungsgerichtsbarkeit. Diese Aufgabe übernahm der Supreme Court erstmals im Jahr 1803 in der berühmten Entscheidung Marbury versus Madison, dem Ursprung von „judicial review".

Bernhard Schwartz ist der Meinung, 1776 habe es in den ehemaligen Kolonien im Zeitgeist gelegen, dass der Staat bestimmte fundamentale Rechte zu schützen habe. Indem Mason diese in Schriftform gebracht habe, sei er „more the codifier than the transforming innovator" gewesen.[79] Wie der Konvent von Virginia damals darauf kam, die beiden Aspekte Regierungssystem und Rechtekatalog explizit zu trennen, ist zugegebenermaßen rätselhaft. Die in meinen Augen noch beste Erklärung ist wiederum ein Anknüpfen an alte englische Traditionen. Es stand ein radikaler Systemwechsel bevor, der vom Willen des Konvents getragen war. Somit war dieser in der Position, Bedingungen an die zukünftigen Machthaber zu stellen – so wie damals das englische Parlament gegenüber Wilhelm von Oranien und seiner Frau, allerdings mit dem wichtigen Unterschied, dass es nicht um Rechte des Parlaments, sondern um solche von Individuen ging. Dabei mochte auch die oben beschriebene eigentümliche, für die neuenglischen Kolonien typische Art von Gesetzgebung in Gemeinden eine Rolle gespielt haben. Diese wurzelte in einer unitären Verbindung von Religion und Freiheit und begünstigte es, Belange der Gemeinschaft zu berücksichtigen.[80]

Anzuführen ist ferner, dass sich der Konvent von Virginia für seine Declaration of Rights von 1776 auf ein ähnliches Dokument stützen konnte, das etwa ein Jahrzehnt vorher in der Auseinandersetzung mit der Kolonialmacht entstanden

---

Formation, Bd. 2: Decisive Constitutional Normativity. From Old Liberties to New Precedence, Cham (Schweiz) 2018, S. 1 ff. (42).

78 John Adams, Brief an die Boston Gazette vom 8. Februar 1773, in: Charles Francis Adams (Hg.), The works of John Adams, second president of the United States, Bd. 3, Boston 1851, S. 551 ff. (556).

79 Schwartz, Great Rights, S. 70.

80 Dazu oben Kap. 7.2.2.3, sowie unten S. 237.

war: die Declaration of Rights and Grievances, die der Erste Kontinentalkongress im Jahr 1765 als Antwort auf den Stamp Act und den Tea Act beschlossen hatte. Zwar geht es hier erklärtermaßen um die Rechte englischer Untertanen gegenüber ihrem König, doch klingt der Menschenrechtston bereits an, wenn von „his natural born subjects“ die Rede ist. Insofern knüpfte der Konvent von Virginia mit seiner Rechteerklärung an eine revolutionäre Tradition an.

Gustav Adolf Salander (1900–1996) bringt es auf den Punkt, wenn er sagt, die Frage sei, „wo der geistige Ursprung für die Formulierung eines **Systems**[81] von Menschen- und Bürgerrechten liegt und daran anschließend die etwas konkretere Frage, weshalb dieser Gedanke gerade in Amerika zum ersten Mal auftauchte“. Er spricht von den „Schwierigkeiten, die damit verbunden sind, das objektive Recht in einen kurzen Grundrechtekatalog zu pressen“. Genau hier liegt das Problem: Wenn dies tatsächlich so schwierig war, stellt sich die Frage, warum die Menschen in Virginia dennoch entsprechend handelten. Als Erklärung bietet Salander unter anderem eine verspätete Wirkung der Naturrechtsphilosophie an. Als Locke gegen Ende des 17. Jahrhunderts seine Werke geschrieben habe, sei ein „Einströmen der naturrechtlichen Elemente in die aufgestellten Freiheitsrechte noch nicht“ erfolgt, was aber niemanden verwundere, der sich vor Augen führe „wie schwer und langsam fortgeschrittenes Denken Allgemeingut einer Zeit wird“. Das klingt plausibel. Neue Ideen brauchen Zeit, um von einer bloßen philosophischen Idee in den menschlichen Alltag zu gelangen. Hierin liegt auch ein wesentlicher Unterschied der Virginia Bill of Rights zur englischen Bill of Rights von 1689. Es entspricht „der ethischen Grundrichtung der Aufklärungsphilosophie“, dass jetzt nicht nur Rechte des Bürgers oder gar des Parlaments, sondern Menschenrechte verkündet wurden. Das ist „typisch naturrechtlich“. Ob die Bürger von Virginia dabei wirklich davon ausgingen, die aufgeführten Rechte sollten nicht nur für alle in Virginia, sondern für die gesamte Menschheit gelten, steht auf einem anderen Blatt. Realistischerweise konnten sie das nicht. Ihre Gesetzgebungsmacht endete an den Grenzen Virginias. Vielleicht hofften sie, die Segnung dieser Rechte möge eines Tages die gesamte Menschheit erreichen, wer weiß. Die Auskleidung als Menschenrechte jedenfalls war mit einer „viel größeren Wirkungskraft in agitatorischer Hinsicht“ ausgestattet, und das war wie gesagt in der damaligen Situation nicht ganz unwichtig. Zudem sei „in dem Begriff der Menschenrechte das Auswirken einer allen neuen Gedanken eigentümlichen expansiven Tendenz“ zu erblicken.[82]

---

81 Hervorhebung im Original (Salander, Vom Werden der Menschenrechte, S. 82).

82 Salander, Vom Werden der Menschenrechte, S. 82 f., 56, 90 f.

Wenn es um die Bedeutung der Virginia Bill of Rights geht, ist weiter zu betonen, dass es sich – in den Worten des amerikanischen Historikers Clinton Rossiter – um „einen der einprägsamsten Triumphe angewandter politischer Theorie in der Weltgeschichte" gehandelt habe.[83] Selbst wenn nichts anderes als Punkte aufgezählt werden sollten, die von Locke und anderen bereits vorgedacht waren – Locke schrieb ein philosophisch-theoretisches Werk. Mit der Virginia Bill of Rights betraten diese Rechte die Bühne der politischen Weltgeschichte. Auch wenn große Werke der Philosophie immer in irgendeiner Weise Einfluss auf die politische Geschichte haben, war das doch ein bemerkenswerter Umbruch. In der Bill of Rights von 1689 waren kaum Individualrechte vorhanden gewesen, die überdies lediglich für englische Bürger galten: Schutz vor exzessiven Kautionen und Bestrafungen, das Petitionsrecht und – nur für Protestanten – das Recht, Waffen zu tragen. Die Virginia Bill of Rights ist verglichen damit radikal. Darin steht nun unter Berufung auf das fundamentale Prinzip der Volkssouveränität das Recht, eine schlechte Regierung durch Gewalt absetzen zu können. Auch wenn ein solches Widerstandsrecht bei Locke[84] und in anderen politischen Schriften schon zuvor zu finden gewesen war – es ist eine völlig andere Dimension, wenn dieses Teil einer geltenden Staatsverfassung wird.

An dieser Stelle gilt es allerdings, eine gehörige Menge Wasser in den menschenrechtlichen Wein zu kippen. Zwar wird hier – ebenso wie später in der Unabhängigkeitserklärung der Vereinigten Staaten – nur noch auf Naturrecht Bezug genommen, die hergebrachten Rechte der Engländer spielen in der Begründung keine Rolle mehr. Dem Wortlaut nach haben wir es mit Menschenrechten zu tun („all men […] have certain inherent rights"). Eine Gleichheit aller Menschen stand hier aber nur auf dem Papier. Keiner der Schöpfer der Virginia Bill of Rights beabsichtigte, dass sich daraus etwas entwickeln würde, wie wir es uns heute vorstellen. Das Dokument verlässt an dieser Stelle „überhaupt den naturrechtlichen Boden und übernimmt die bestehenden Verhältnisse so, wie sie sie vorgefunden hat, sie nur mit einem Mantel schöner Redensarten umkleidend".[85] Dass alle schwarzen Menschen, alle mit einem schwarzen Elternteil und Native Americans, gleich, ob

83 Die Virginia Bill of Rights sei „among the world's most memorable triumphs in applied political theory", Rossiter, Political Thought, S. 231.

84 Locke, Two Treatises of Government (s. Lit. Kap. 5), II, § 229 (S. 450): „The end of government is the good of mankind; and which is best for mankind, that the people should be always exposed to the boundless will of tyranny, or that the rulers should be sometimes liable to be opposed, when they grow exorbitant in the use of their power, and employ it for the destruction, and not the preservation of the properties of their people?"

85 Salander, Vom Werden der Menschenrechte, S. 76.

sie Sklaven oder Freie waren, kein aktives und passives Wahlrecht hatten, wurde bereits gesagt beziehungsweise versteht sich für die damalige Zeit von selbst. Seit 1699 waren auch Katholiken vom Wahlrecht ausgeschlossen. Von der noch verbleibenden weißen Bevölkerung waren alle ausgeschlossen, die nicht über ein bestimmtes Vermögen verfügten (Wahlrecht nur für „freeholders and housekeepers“). Damit schloss die Virginia Bill of Rights, die die Freiheit als das höchste Recht des Menschen forderte, den überwiegenden Anteil der Bevölkerung von der Freiheit des Wählens und Gewähltwerdens aus und sah etwa die Hälfte davon (die Sklaven) noch nicht einmal als Menschen im Rechtssinne an. Ein anschauliches Beispiel ist das Recht auf ein Geschworenenverfahren, das bei Anklage wegen eines schweren Verbrechens nach Art. 8 Virginia Bill of Rights jedem Menschen zustehen sollte. Für einen Sklaven galt das nicht. Für ein Todesurteil gegen ihn bedurfte es keiner Jury.[86]

Der Entwurf des Komitees wurde dem Konvent am 27. Mai vorgelegt. In der Folgezeit fanden dort intensive Diskussionen statt. Die Arbeit der Delegierten war so intensiv, dass Willi Paul Adams sie mit folgendem Superlativ bewertet: „In the weeks that followed, the Virginia provincial Congress probably worked harder than any legislative assembly has ever worked.“[87] Konkret bedeutete das, dass die Komitees sich oft von 7 bis 9 Uhr morgens trafen, der Kongress von 9 bis 17 Uhr und die Komitees noch einmal nach dem Abendessen bis 21 oder 22 Uhr. Bemerkenswert ist, dass sich die Gremien zuerst mit einer Rechteerklärung beschäftigten, was darauf hindeutet, dass sie eine solche als der Verfassung vorrangig betrachteten. Am 27. Mai, also nur zwölf Tage nach Einrichtung des Komitees, wurde der auf Masons Ideen basierende Entwurf einer Rechteerklärung dem Konvent verlesen. Diesen diskutierten die Abgeordneten in den folgenden Tagen immer wieder, bis der Konvent den Entwurf wie gesagt mit einigen Änderungen am 12. Juni nach einer dritten Lesung einstimmig annahm. So entsprach es dem regulären Verfahren der Gesetzgebung im Kongress von Virginia. Danach machte sich das Entwurfskomitee sofort daran, eine Verfassung auszuarbeiten. Auch hierfür lieferte Mason den Entwurf. Diesen verabschiedete der Kongress von Virginia in überarbeiteter Form am 29. Juli 1776. Die Virginia Bill of Rights wurde also von der regulären Legislative – sofern sich in diesen Zeiten von so etwas sprechen lässt – verabschiedet. Die Ausarbeitung und Verabschiedung durch eine speziell zu diesem Zweck gewählte Versammlung fanden in Virginia nicht statt. Eine solche Versammlung

86 William Waller Hening (Hg.), The statutes at large. Being a collection of all the laws of Virginia from the first session of the legislature, in the year 1619, Bd. 3, Philadelphia 1823, S. 102 f.

87 W. P. Adams, Constitutions, S. 70.

hätte dem Rechtekatalog den Status einer anderen, höherrangigen Kategorie von Recht verleihen können, wie sie ab Ende 1776 zur Praxis wurde. Gesetzgebungstechnisch war die Virginia Bill of Rights also ein Gesetz wie jedes andere, das der Gesetzgeber durch einen Federstrich jederzeit hätte ändern können.

Die verschiedenen Fassungen der Virginia Bill of Rights erschienen in den wenigen Zeitungen, die es damals bereits in Nordamerika gab. Daran lässt sich einerseits ersehen, dass die Progressiven dafür kämpften, mehr liberale Prinzipien aufzunehmen, andererseits, dass der Konvent anders als die französische Nationalversammlung 13 Jahre später keineswegs bestrebt war, seine Beratungen geheim zu halten.[88] Der Text der Virginia Bill of Rights verbreitete sich innerhalb weniger Wochen in den jungen Staaten der Neuen Welt und fand bald auch seinen Weg über den Atlantik.

Besonderes Gewicht hat die Rechteerklärung von Virginia vor allem wegen ihres großen Einflusses auf spätere, weltgeschichtlich bedeutende Dokumente. Als ein solches ist in erster Linie die amerikanische Unabhängigkeitserklärung zu nennen, die nur etwa drei Wochen später erging. Ihr Verfasser Thomas Jefferson sollte den Autor der Virginia Declaration of Rights George Mason als „den weisesten Mann seiner Generation“ bezeichnen.[89] So verwendete Jefferson den von ihm hochgeschätzten Rechtekatalog für die Präambel seiner Unabhängigkeitserklärung, über die noch zu sprechen sein wird. Die Virginia Bill of Rights fand weiterhin Niederschlag in den ersten zehn Ergänzungen (Amendments) zu der 1787 erlassenen Verfassung der Vereinigten Staaten von Amerika, die zunächst keine Grundrechte enthalten sollte. Mason hatte sich dafür stark gemacht, dass sie dann etwas später im Jahre 1791 um eben solche (im Wege einer Amerikanischen Bill of Rights) ergänzt wurde. In der Alten Welt beeinflusste die Virginia Bill of Rights die französische Erklärung der Menschen- und Bürgerrechte von 1789, über die im folgenden Kapitel noch zu sprechen sein wird.

7.4 Die Unabhängigkeitserklärung vom 4. Juli 1776

Am 4. Juli 1776 sagten sich 13 britische Kolonien in Nordamerika gemeinsam von der britischen Krone los und beanspruchten, einen eigenen, souveränen Staatenbund zu bilden. Diese berühmte Unabhängigkeitserklärung wird gemeinhin

88 Drei Fassungen sind abgedruckt sowie ausführlich und anschaulich kommentiert bei Rutland (Hg.), Papers of George Mason, S. 274–291.

89 Stephen Spignesi, 499 Facts about Hip-Hop Hamilton and the Rest of America's Founding Fathers, New York 2016, Nr. 339.

als Gründungsurkunde der Vereinigten Staaten von Amerika betrachtet. Spätestens jetzt war aus Sicht der Kolonisten jedes rechtliche Band mit dem britischen Mutterland zerschnitten. Damit hatte der Kontinentalkongress einen Prozess angestoßen, von dem es kein Zurück mehr gab. Jedenfalls aus Sicht der westlichen Welt handelt es sich vielleicht um eines der wirkungsmächtigsten und berühmtesten Verfassungsdokumente aller Zeiten.

Obwohl die Unabhängigkeitserklärung also nach heutiger Wahrnehmung ein so wichtiges rechtsgeschichtliches Schriftstück ist, werde ich sie weniger ausführlich behandeln als die Virginia Bill of Rights. Dies hat zwei Gründe: Erstens erscheint die Bedeutung der Unabhängigkeitserklärung bei genauerer Betrachtung der damaligen Ereignisse weniger groß, als es sich nach der heute gängigen Sichtweise darstellen mag.[90] Zweitens ist die Bedeutung der Unabhängigkeitserklärung für das Thema der Menschenrechte geringer als die der Virginia Bill of Rights.

Beginnen wir mit dem ersten Punkt. Der Kontinentalkongress hatte wie schon zuvor erwähnt bereits Anfang Mai 1776, also zwei Monate vor der Unabhängigkeitserklärung, die Kolonien angewiesen, sich eigene, von der kolonialen Struktur losgelöste Verfassungen zu geben. Hiermit war ein entscheidender, wenn nicht gar überhaupt der entscheidende Schritt bereits getan. Mit guten Gründen geht Willi Paul Adams davon aus, dies sei faktisch einer Unabhängigkeitserklärung gleichgekommen.[91] Weiterhin hatten bis Ende Juni 1776 schon 9 der 13 aufrührerischen Kolonien individuell die Unabhängigkeit erklärt. Und nicht nur das: Auch einzelne Städte und sogar lokale Vereine hatten bereits – ohne auf die Gesamtsituation Rücksicht zu nehmen und ohne sich darum zu bekümmern, was ansonsten geschehen möge – der Kolonialmacht gegenüber zum Ausdruck gebracht, in Zukunft eigene Wege gehen zu wollen.[92] Das versetzte den Kontinentalkongress in Zugzwang und ließ ihm wenig Spielraum. Ferner war der militärische Druck groß, rückte doch eine britische Flotte an. Somit erschien es wichtig, durch einen symbolischen Akt der Zusammengehörigkeit ein Zeichen für die Revolution zu setzen.

Zu diesem Zweck berief der Kontinentalkongress am 11. Juni 1776 ein Komitee ein, das er mit der Erstellung eines Entwurfs betraute. John Adams (1735–1826), dem als Ältestem im Kreise des Komitees die Aufgabe beziehungsweise Ehre zugefallen wäre, den Text zu entwerfen, verzichtete zu Gunsten von Thomas Jefferson (1743–1826) , der später der dritte Präsident der Vereinigten Staaten von Amerika werden sollte. Adams war in dieser Zeit sehr beschäftigt. Hinzu kam, dass er die

90 Reid, The Irrelevance, S. 46 ff.

91 W. P. Adams, Constitutions, S. 59.

92 Hochgeschwender, Amerikanische Revolution, S. 198.

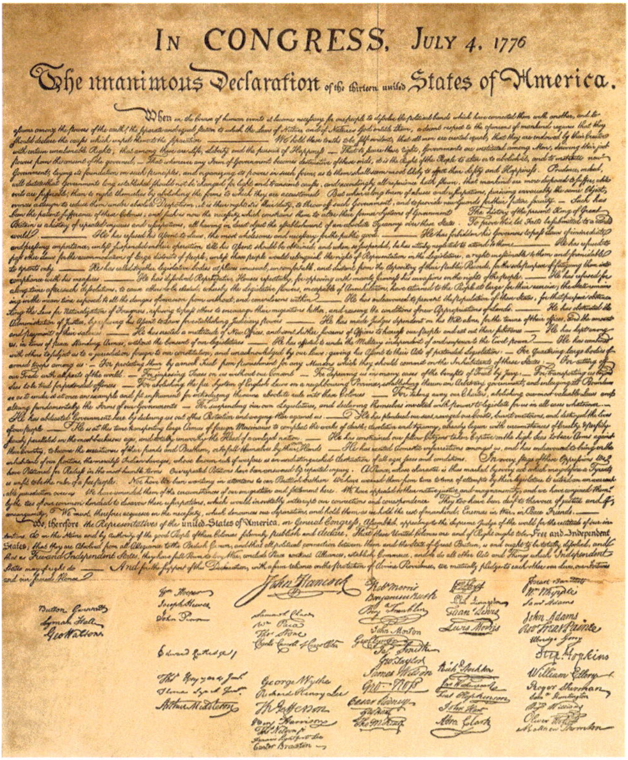

IN CONGRESS, JULY 4. 1776

The unanimous Declaration of the thirteen united States of America.

Abb. 11 Große, offizielle Fassung der Unabhängigkeitserklärung der Vereinigten Staaten von Amerika vom 4. Juli 1776 mit 57 Unterschriften, unterzeichnet am 2. August und bei späteren Gelegenheiten.

Bedeutung einer Unabhängigkeitserklärung nicht als hoch einschätze. Er sah sie eher als eine Art Theatervorstellung oder propagandistische Extravaganz an. Eine gröbere Fehleinschätzung als diese wird es in Adams' Leben wohl kaum ein zweites Mal gegeben haben. Später – zu spät – wurde ihm das auch klar. Allein Jefferson habe schließlich „all the stage effect […] and all the glory of it" davongetragen.[93] Die Unabhängigkeitserklärung entstand wie manche wichtigen Dokumente der Menschenrechtsgeschichte unter zeitlichem Druck und damit in kurzer Zeit. Mehr als ein oder zwei Tage dürften Jefferson dafür nicht zur Verfügung gestanden haben.

93 John Ferling, Setting the World Ablaze. Washington, Adams, Jefferson and the American Revolution, Oxford et al. 2000, S. 133.

Abb. 12 Rembrandt Peale, Thomas Jefferson (1743–1826), 1800.

Das Dokument enthält keinerlei neue Ideen und nimmt vielmehr verschiedene damals bereits kursierende Vorstellungen auf. Auf Originalität kam es Thomas Jefferson aber auch nicht an. Wichtig war ihm, wie er später sagte, vielmehr, der Menschheit vor Augen zu führen, wie einleuchtend sein Ziel sei.

Auch wenn das aus Sicht des monarchischen 18. Jahrhunderts etwas höchst Ungewöhnliches war, kam eine andere Staatsform als die republikanische auf liberaler Grundlage unter den gegebenen Voraussetzungen in den Kolonien gar nicht in Betracht. Der Kontinentalkongress kürzte Jeffersons Entwurf um etwa ein Viertel, bevor er ihn annahm. Die wichtigste Streichung war die des von Jefferson erhobenen Vorwurfs, der König von Großbritannien habe die Sklaverei in die Kolonien gebracht. Dabei ging es darum, Staaten zu beschwichtigen, die mehr oder weniger stark am Sklavenhandel beteiligt waren.

Inwiefern ist die Unabhängigkeitserklärung nun wichtig für die Geschichte der Menschenrechte? Interessant dafür ist natürlich in erster Linie die überaus berühmte Passage über die unveräußerlichen Rechte des Menschen.[94] Diese basiert im Kern – ebenso wie auch vieles bei der Virginia Bill of Rights – auf Locke[95] und steht

94 „We hold these truths to be self-evident, that all men are created equal, that they are endowed by their Creator with certain unalienable Rights, that among these are Life, Liberty and the pursuit of Happiness".

95 Becker, Declaration of Independence, S. 79: „Jefferson copied Locke".

in einer Linie mit damaligen naturrechtlichen Debatten. An die Stelle des Eigentums, wie es in der Virginia Bill of Rights zu finden war, tritt das Streben nach Glück („pursuit of happiness"). Eigentum („property") ist im Sinne Lockes allerdings nicht allein materiell-wirtschaftlich zu verstehen, so dass die Bedeutungsfelder von „pursuit of happiness" und „property" zumindest überaus nah beieinanderliegen, wenn nicht gar deckungsgleich sind. Die Unabhängigkeitserklärung ähnelt in ihrer Struktur der englischen Bill of Rights von 1689 und endet mit einer Vielzahl von Beschwerdepunkten, wobei Jefferson in einen Gesang einstimmte, den zuvor Thomas Paine (1736/1737–1809)[96] mit seinem überaus einflussreichen Pamphlet „Common Sense" angestimmt hatte. Ganz im Sinne dieser Paine'schen Schrift richten sich die Gravamina – wie sie einen überwiegenden Teil der Unabhängigkeitserklärung ausmachen – nicht mehr wie zuvor gegen Parlament und Regierung in London, sondern nunmehr gegen den König.

Paines „Common Sense" verdient hier Erwähnung, weil sich am durchschlagenden Erfolg dieser im Januar 1776 erschienenen Kampfschrift absehen lässt, wie sehr in der amerikanischen Bevölkerung die Zeichen auf Unabhängigkeit standen. Zugleich ging es – ein Aspekt, den ich bereits oben im Zusammenhang mit der Virginia Bill of Rights angesprochen habe – um Meinungsmache, Beeinflussung der Massen, Propaganda oder wie auch immer man es nennen will, in einer Dimension, wie es sie zuvor nicht gegeben hatte. Paines Schrift war „one of the most successful political pamphlets ever written",[97] zugleich „der erste richtiggehende Bestseller der Geschichte",[98] die Verbreitung war für damalige Verhältnisse bombastisch: 25 Auflagen in nur einem Jahr, damit waren 500.000 Exemplare auf die damals 2,7 Millionen Einwohner der Kolonien verteilt. Offenbar dürsteten sie nach solchen Überlegungen, und so nahmen sie Paines radikale Gedanken auf wie Schwämme.

Ein Radikaler, das war Paine wahrlich. Das Neue an ihm war in erster Linie, dass er in einer vorher nicht dagewesenen Kompromisslosigkeit den Gedanken der Unabhängigkeit stark machte. Die Erbaristokratie und vor allem -monarchie griff er als heidnisch und gegen das Naturrecht auf Freiheit scharf an. Der König, der „Pharao von England", sei ein Unmensch und Bösewicht, ein Saturn, der seine eigenen Kinder fresse.[99] Das war in der Tat ein neuer Tonfall. Paines „Common Sense" fiel

96 Eine ausführliche Biografie unter Berücksichtigung der geschichtlichen Hintergründe liefert Keane, Thomas Paine.

97 Jack Fruchtman, Jr., Common Sense, in: Jack P. Greene u. J. R. Pole (Hg.), A Companion to the American Revolution, Malden (Massachusetts) et al., 2004, S. 254 ff. (257).

98 Keane, Thomas Paine, vorderer Klappentext.

99 Paine, Common Sense, S. 10, 19, 29.

auf fruchtbaren Boden und gab der Revolution eine neue, antimonarchische Stoßrichtung. Angeekelt verfassten Loyalisten Gegenpamphlete, was im Ergebnis aber nichts mehr nützte. Der König von Großbritannien sei ein Pharao, der die Amerikaner unterdrücke wie der ägyptische Herrscher die Israeliten in nebelumhüllter Vergangenheit.[100] Hier leuchtet das Bild auf von einem zu Unrecht unterdrückten, aber gleichwohl auserwählten Volk, das es aus der Knechtschaft herauszuführen gelte, was zugleich einem neu erwachsenden amerikanischen Selbstbewusstsein Ausdruck verleiht. Als ideale Staatsform sieht Paine die der Republik an und argumentiert, die europäischen Erfahrungen zeigten, dass es unter dieser Staatsform nicht zu Kriegen komme, wie sie zwischen Monarchien an der Tagesordnung seien.

Nachdem der Gehalt von Paines Werk in Bezug auf Menschenrechte nicht groß ist, werde ich seinen Inhalt nicht ausführlich referieren und mich auf folgenden Aspekt konzentrieren: Paine erwähnt das Recht, sich selbst zu regieren, als ein natürliches Recht.[101] Weiterhin sagt er, die Überlegenheit eines Einzelnen gegenüber allen anderen in einer Monarchie lasse sich im Hinblick auf die naturgegebenen gleichen Rechte aller Menschen nicht rechtfertigen. Vielmehr sei es das natürliche Recht jedes Menschen, in dem ersten, die grundlegende Ordnung begründenden Parlament einen Sitz zu haben.[102] Ferner schließt Paine die dritte Auflage seiner Abhandlung mit den Worten, niemand solle Gehör finden als ein tugendhafter Unterstützer der Rechte der Menschheit und der freien und unabhängigen Staaten von Amerika.[103] In der Zusammenschau wird allerdings klar, dass das Menschenrechtsargument für Paine immer dieselbe Stoßrichtung hat. Sie liegt darin, die (britische) Monarchie als denkbar schlechteste Staatsform gegenüber einer unabhängigen Republik als denkbar wünschenswertesten zu diskreditieren. Dafür instrumentalisiert Paine Menschenrechtsvokabular, wie es in seinen Tagen en vogue war. Eigenständige Bedeutung kommt diesem darüber hinaus nicht zu. In erheblich weiterem Umfang hingegen geht Paine auf die Frage der Menschenrechte in seinem 1791 und 1792 in zwei Teilen erschienenen Buch „The Rights of Man" ein.[104]

---

100 Ibid., S. 10 f., 25.

101 Ibid., S. 29: „A government of our own is our natural right: and when a man seriously reflects on the precariousness of human affairs, he will become convinced, that it is infinitely wiser and safer, to form a Constitution of our own in a cool deliberate manner, while we have it in our power, than to trust such an interesting event to time and chance."

102 Ibid., S. 37 u. insb. 5 f.

103 Ibid., S. 46: „[L]et none other be heard among us, than those of a good citizen; an open and resolute friend; and a virtuous supporter of the **rights of mankind** [H. i. O.], and of the **free and independent states of America** [H. i. O.]."

104 Es handelt sich um eine Streitschrift, die auf Edmund Burkes Werk „Reflections on the Revolution in France" von 1790 reagiert. Wie wirkungsmächtig Paines Schriften auch im deutschsprachigen

Das Argumentationsmuster der Unabhängigkeitserklärung ist dem der Virginia Bill of Rights in vielem ähnlich: Volkssouveränität ist ein zentraler Punkt. Erweist sich eine Regierung als nicht gut für das Volk, so soll dieses berechtigt und sogar verpflichtet sein, sie abzuwerfen und durch eine neue, bessere zu ersetzen. Zwar dürfe das nicht leichtfertig geschehen. Doch seien die Verfehlungen des britischen Monarchen so zahlreich (wie gesagt macht ihre Aufzählung den weitaus größten Teil des Dokuments aus), dass es nun definitiv an der Zeit sei. Bei der Rechtfertigung des Umsturzes fahren die Kolonisten zweigleisig: Sie berufen sich auf „die Gesetze der Natur und ihres Schöpfers", und sie appellieren „an den Obersten Richter der Welt". Sie berufen sich also gleichzeitig auf das zeitgenössische säkulare Naturrecht und die göttliche Weltordnung, auf John Lockes liberale Staatstheorie ebenso wie auf religiöse Überzeugungen.

Vergegenwärtigen wir uns, dass die Kolonisten diese zwei Gedankenstränge ohne Weiteres zur gegenseitigen Stützung nebeneinanderlegten, so kann das nicht ohne Befremdung geschehen. Kompromisslose Durchdringung und schonungslos scharfe Analyse durch den menschlichen Geist einerseits, tiefer Glaube an eine christliche Offenbarung andererseits: Geht das nebeneinander? Sind das nicht Gegensätze?

Nicht in den nordamerikanischen Kolonien des späten 18. Jahrhunderts: Das Naturrecht stieß auf reges Interesse des Klerus, so dass es in Predigten Niederschlag fand. Hinzu kam, dass viele der am Unabhängigkeitskrieg Beteiligten durch ein geistlich-emotionales Band einander verbunden waren, das auf ihre Jugendzeit zurückging. Sie waren Angehörige der großen Erweckungsbewegung (Great Awakening) gewesen, die ab den 1730er Jahren Präsenz zeigte. Diese erstreckte sich über soziale Grenzen hinaus und ließ diese in den Hintergrund treten. Das passte gut zu dem Schöpfer, der eben alle seine Geschöpfe ohne Ansehen von Hautfarbe, Geschlecht und Person mit unveräußerlichen Rechten ausgestattet hat. Daneben trat die Locke'sche Naturrechtslehre, die in grundsätzlichen Punkten zu ähnlichen Ergebnissen führte.

Das mag nicht in sich logisch gewesen sein. Aber darauf kam es nicht an. Es musste für möglichst viele Menschen überzeugend sein, und dafür galt es, ein möglichst breites Spektrum unterschiedlicher Weltanschauungen zu bedienen. Auch noch in anderer, bereits angesprochener, Hinsicht stützen sich die Kolonisten bei der Begründung ihrer Rechtsposition auf verschiedene Säulen. Ihr ursprünglicher

---

Raum waren, zeigt sich an einer frühen Übersetzung von Meta Forkel-Liebeskind, Die Rechte des Menschen, Berlin 1792.

Ausgangspunkt waren ihre altangestammten verfassungsmäßigen Rechte als Engländer. Davon aber ist in der Unabhängigkeitserklärung keine Rede mehr. Was als Recht englischer Untertanen begann, ist nun zu einem Menschenrecht mutiert. Der amerikanische Historiker Michael Zuckert spricht vom „amerikanischem Amalgam". Die Begründungsansätze sind dabei keineswegs kohärent, möglicherweise sogar widersprüchlich. Das aber hat damals offenbar niemanden gestört.[105] Und es ist nichts anderes als das, was kein Geringerer als Alexis de Tocqueville bereits in seiner 1835 erstmals erschienenen Abhandlung über die Demokratie in Amerika festgehalten hat. Die amerikanische Zivilisation, die er erfahren habe, sei durch zwei Elemente bestimmt. Diese seien „der Geist der Religion und der Geist der Freiheit". Grundsätzlich stünden sie in einem Widerspruch, in Amerika jedoch sei es gelungen

> irgendwie gegenseitig eines dem anderen einzuverleiben und wunderbar zu verbinden […]. Weit davon entfernt, einander Abbruch zu tun, gehen diese beiden Strömungen Hand in Hand und scheinen sich gegenseitig sogar zu unterstützen […]. Die Freiheit sieht in der Religion die Gefährten im Kampf und im Sieg, die Wiege ihrer Kindheit und die göttliche Quelle ihrer Rechte. Sie betrachtet die Religion als Wächterin der guten Sitte, die gute Sitte aber als Bürgin der Gesetze und Unterpfand für ihren – der Freiheit – eigenen Bestand […].[106]

Wir dürfen nicht dem Irrglauben verfallen, jede Art von Debatte sei rational bestimmt gewesen, nur weil wir uns mit einem Zeitalter auseinandersetzen, das uns heute als „Aufklärung" bekannt ist. Der soeben erwähnte Tocqueville räumt der Aufklärung in den Vereinigten Staaten einen eigenwilligen, mit religiösem Glauben verbundenen Stellenwert ein.[107] So war „eine wachsende irrational-emotionale, dualistische und beinahe schon apokalyptisch-eschatologisch anmutende Argumentationsweise erkennbar", bei der „Kompromissfähigkeit und argumentative Nuancen […] dabei auf beiden Seiten verloren [gingen]". Bezeichnungen wie „Zeitalter der Vernunft" oder „Aufklärungsepoche" treffen nur einen, wenn auch natürlich wichtigen Teil der Wahrheit. Rationaler Argumentation stand eine ausgeprägte Emotionalität gegenüber, verbunden mit Hass auf einen möglicherweise nur imaginierten Feind, genährt durch Verschwörungserzählungen.[108] So etwas gibt es heute,

---

105 Zuckert, Rights (2004), S. 694.

106 Tocqueville, Demokratie in Amerika, S. 76.

107 Dazu oben Kap. 7.2.2.3.

108 Hochgeschwender, Amerikanische Revolution, S. 127 (Zitate), 164 f.

so etwas gab es wohl immer. Warum sollte das im 18. Jahrhundert anders gewesen sein?

Die Mehrheit der Siedler gehörte Kirchengemeinden an, die nach ihrer Tradition repräsentativ-demokratisch geleitet wurden.

> The evangelical doctrines, when brought to bear upon the great mass of the population, produced a democratic feeling, developed a degree of self-respect, and inculcated ideas of self-government. [...] Social rank counted for naught with the preachers of the great awakening.[109]

Im Hinblick auf diese religiösen Überzeugungen ist es keine große Überraschung, dass die allgemeinen Menschenrechte in der Unabhängigkeitserklärung unter Bezugnahme auf die Schöpfung theologisch begründet werden: All men are created equal – They are endowed by their Creator with certain unalienable Rights. – Among these are Life, Liberty and the pursuit of Happiness. Das inhaltlich unbestimmte Naturrecht erhält somit eine Konkretisierung durch die Bibel, vor allen Dingen durch den Dekalog und das Liebesgebot Jesu.

Diese religiös geprägten Inhalte und Hintergründe, die bei der amerikanischen Unabhängigkeitserklärung ebenso wie bei der Virginia Declaration of Rights eine größere Rolle spielen als bei der französischen Menschen- und Bürgerrechtserklärung, die im nächsten Kapitel zu behandeln sein wird, lassen sich mit der Rechtsphilosophie John Lockes verbinden. Für Locke sind alle Menschen gleich, weil ihr aller Herr und Meister niemanden über einen anderen gesetzt habe.[110] Daraus ergibt sich für ihn auch, dass Herrschaft (die durch die Mehrheit ausgeübt wird) nur legitim sein kann, wenn alle Mitglieder eines „body politic" zugestimmt haben.[111] Das aber ist in den Augen der Siedler nicht gegeben, und aus eben diesem Grund dürfen sie sich vom britischen König, dem „repeated injuries and usurpations, all having in direct object the establishment of an absolute Tyranny over these States" vorzuwerfen seien, lösen, um ihren eigenen Weg zu gehen. In der Begründung der Unabhängigkeitserklärung ist das ein entscheidender Punkt. All das ist wie gesagt von einer tiefen Religiosität durchwirkt, wie sie hier – anders als in der Französischen Revolution – eine prägende Rolle spielte. Viele Kolonisten dieser Zeit verspürten bei dem Streben nach Unabhängigkeit eine Art göttliche Vorsehung

---

109 Wesley M. Gewehr, The Great Awakening in Virginia, 1740–1790, Durham (North Carolina) 1930, S. 187.

110 Locke, Two Treatises of Government (s. Lit. Kap. 5), II, § 4 (S. 220 f.).

111 Ibid., II, § 95 f. (S. 316 f.), s. o. Kap. 5.5.2.

(„Providence"), die nicht nur Amerika, sondern die ganze Welt zum Heil führen werde.

Die Unabhängigkeitserklärung lässt sich im Hinblick auf ihren Aufbau in drei Teile untergliedern. Der bekannteste und immer wieder zitierte ist der erste. Es handelt sich um eine Präambel, die – basierend auf John Locke – erklärt, mit welchen unveräußerlichen Rechten ihr Schöpfer die Menschen ausgestattet und wann ein Volk das Recht habe, eine schlechte Regierung zugunsten einer neuen abzuschaffen. Im zweiten Teil sind Rechtsbrüche der britischen Krone aufgelistet: Die Vertreter der Kolonien hätten den König immer wieder erfolglos um die Abstellung verschiedener Missstände gebeten. Nachdem der Monarch all das in den Wind geschlagen habe, seien die Kolonien nunmehr berechtigt, sich vom Mutterland zu lösen. Im dritten Teil schließlich ziehen die Unterzeichner die Konsequenz, dass eine Loslösung vom britischen Mutterland unter den gegebenen Umständen durch das Naturrecht legitimiert und notwedig sei.

Die Unabhängigkeitserklärung war bereits zu ihrer Zeit ein vielbeachtetes Dokument und verbreitete sich wie ein Lauffeuer. Es erschienen zahlreiche Drucke und Übersetzungen in andere Sprachen, nur wenige Tage nach der Verabschiedung auch eine ins Deutsche. In der deutschsprachigen Zeitung „Pennsylvanischer Staatsbote" aus Philadelphia war am 9. Juli 1776 folgender Text abgedruckt:

> Wir halten diese Wahrheiten für ausgemacht, daß alle Menschen gleich erschaffen worden, daß sie von ihrem Schöpfer mit gewissen unveräusserlichen Rechten begabt worden, worunter sind Leben, Freyheit und das Bestreben nach Glückseligkeit. Daß zur Versicherung dieser Rechte Regierungen unter den Menschen eingeführt worden sind, welche ihre gerechte Gewalt von der Einwilligung derer die regiert werden, herleiten; daß sobald einige Regierungsform diesen Endzwecken verderblich wird, es das Recht des Volks ist sie zu verändern oder abzuschaffen, und eine neue Regierung einzusetzen, die auf solche Grundsätze gegründet, und deren Macht und Gewalt solchergestalt gebildet wird, als ihnen zur Erhaltung ihrer Sicherheit und Glückseligkeit am schicklichsten zu seyn dünket. Zwar gebietet Klugheit, daß von langer Zeit her eingeführte Regierungen nicht um leichter und vergänglicher Ursachen willen verändert werden sollen; und demnach hat die Erfahrung von jeher gezeigt, daß Menschen, so lang das Uebel noch zu ertragen ist, lieber leiden und dulden wollen, als sich durch Umstossung solcher Regierungsformen, zu denen sie gewöhnt sind, selbst Recht und Hülfe verschaffen. Wenn aber eine lange Reihe von Mißhandlungen und gewaltsamen Eingriffen, auf einen und eben den Gegenstand unabläßig gerichtet, einen Anschlag an den Tag legt sie unter unumschränkte Herrschaft

> zu bringen, so ist es ihr Recht, ja ihre Pflicht, solche Regierung abzuwerfen, und sich fuͤr ihre kuͤnftige Sicherheit neue Gewaͤhren zu verschaffen.[112]

Die Unabhängigkeitserklärung ist neben der Virginia Bill of Rights eines der ersten Verfassungsdokumente, das allgemeine Menschenrechte postuliert. Vor dem Hintergrund christlichen Naturrechts geht die Unabhängigkeitserklärung davon aus, dass rechtmäßige Herrschaft nur auf einem Vertrag beruhen kann, woraus zugleich folgt, dass jedenfalls bei dessen nachhaltiger Verletzung ein Widerstandsrecht besteht. Die bis heute maßgebenden Grundannahmen für den politischen Liberalismus finden sich in dem etwa 250 Jahre alten Dokument wieder.

Genau wie bei der Virginia Bill of Rights war natürlich nicht das gemeint, was wir heute unter Menschenrechten verstehen würden. Es ging um frei geborene, weiße Männer. Frauen, Sklaven und auch freien Schwarzen blieben diese Rechte vorenthalten. Von den Native Americans, die schon nach dem Text der Unabhängigkeitserklärung selbst eben nicht als Menschen, sondern als „erbarmungslose Wilde" („merciless […] Savages") galten, ganz zu schweigen.

7.5 Fazit

Was in der Neuen Welt geschah, war im Ergebnis eine Ausweitung der ursprünglich nur für frei geborene Engländer bestehenden Rechte auf einen größeren Kreis, dem Wortlaut nach auf alle Menschen. Aber eben nur dem Wortlaut nach. Deshalb mag es einem späteren oder gar heutigen Leser so erscheinen: Wer die Virginia Bill of Rights oder die Unabhängigkeitserklärung unbefangen und ohne Kenntnis der historischen Hintergründe liest, muss denken, dass danach alle Menschen gleich und mit den gleichen Rechten ausgestattet sein sollen. Das ist ein Trugschluss und war ganz gewiss nicht so gemeint. Aber so steht es eben geschrieben: „We hold these truths to be self-evident, that all men are created equal, that they are endowed by their Creator with certain unalienable Rights, that among these are Life, Liberty and the pursuit of Happiness". Dort steht nicht, dass Frauen, Schwarze und Native Americans nicht gemeint sind oder gar noch nicht einmal zu den Menschen im Rechtssinne zählen sollen.

Zwar mag richtig sein, dass die Gesellschaft der Neuen Welt durchlässiger war, und das in Anbetracht der Tatsache, dass immer wieder Neuankömmlinge zu integrieren waren, auch sein musste. Dennoch: Auch wenn transatlantische britische

---

112 Henrich Millers Pennsylvanischer Staatsbote, 9. Juli 1776, Titelseite.

Kolonien eine Fluchtburg für die Migranten sein konnten, heißt das nicht, dass der amerikanische Verfassungsstaat anders als der englische Freiheiten nicht nur für Freie, sondern für alle gewährt hätte. Es ist eine verklärte Vorstellung, Gleichheit in dieser Zeit als einen typisch amerikanischen, im englischen Recht nicht angelegten Charakterzug anzusehen. Wenn in den amerikanischen Verfassungsdokumenten von der Gleichheit aller Menschen die Rede ist, so ist das aufklärerische Rhetorik und de facto eine Farce. Wenn in der französischen Diskussion über ein Jahrzehnt später die Überlegung erscheint, im Gegensatz zu Frankreich existierten in Amerika nur gleiche Bürger, so ist das mit einer bestimmten Zielrichtung und ohne Kenntnis der amerikanischen Verhältnisse formuliert. Es ging den Franzosen um die Abschaffung einer Aristokratie mit ihren Privilegien („Sterbeurkunde des Ancien Régime"),[113] die in dieser Form in der Neuen Welt in der Tat nicht existierte. Zu vergessen ist auch nicht, dass etwas, was wir heute als einen gravierenden menschenrechtlichen Mangel ansehen, nach damaliger Wahrnehmung keineswegs ein solcher sein musste. So lobte ein spanischer Beobachter des britischen Nordamerikas im Jahr 1772 die dortige „Einheit und Reinheit der Rasse". Dies mache für ihn die einzigartige Stärke Großbritanniens aus. Das erschien ihm richtig und modern, „das spanische System der gestuften Rassenmischung" demgegenüber unterlegen.[114] In den britischen Kolonien sei die Bevölkerung europäisch, ohne die „Indians, mulattos, mestizos and other castas that taint our America".[115] Aber auch wenn Sklaverei und Menschenrechte aus der Sicht des späten 18. Jahrhunderts für viele kein Widerspruch waren – die Uneinigkeit und unterschiedliche Rechtslage in den verschiedenen Staaten in diesem Punkt war von Anfang an eine „Sollbruchstelle im Gefüge der gerade erst gegründeten Union",[116] an der sie weniger als ein Jahrhundert später beinahe zerbrochen wäre.

Der entscheidende Sprung in den hier betrachteten amerikanischen Verfassungsdokumenten des Jahres 1776 scheint darin zu liegen, dass es das, was wir heute auf Deutsch „Abwehrrechte" nennen,[117] als in Dokumenten des geltenden Rechts greifbare Vorstellung vorher nicht gab. Genau das aber ist ein für die Geschichte

113 Dazu oben 8.4.4.1.

114 So sind die Formulierungen wiedergegeben bei Hochgeschwender, Amerikanische Revolution, S. 149.

115 Der 50-seitige Bericht von Colonel Francisco Douché aus dem Jahr 1772 ist nicht gedruckt und nur in einem Madrider Archiv zu finden. Teilweise sinngemäß wiedergegeben ist er bei Anthony McFarlane, The American Revolution and the Spanish Monarchy, in: Simon P. Newman (Hg.), Europe's American Revolution, New York 2006, S. 26 ff. (29).

116 Hochgeschwender, Amerikanische Revolution, S. 206.

117 Näheres zur Begriffsgeschichte sogleich im Anhang.

der Menschenrechte entscheidender Punkt. Diese Idee von Abwehrrechten findet sich nicht explizit, wohl aber implizit bei John Locke. Sie ist eine Konsequenz aus der Volkssouveränität. Danach ist der einzige legitime Zweck einer Regierung der Schutz der natürlichen Rechte. Erfüllt sie diesen Zweck nicht, haben die Untertanen – sofern wir sie überhaupt richtigerweise so nennen können, Bürger ist vielleicht besser – das Recht, sie zu beseitigen. Ein Reflex dieses radikalen Rechts auf komplette Beseitigung ist quasi als kleine Schwester das Recht der Bürger, Angriffe auf die natürlichen Rechte abzuwehren. Vielleicht ist es das, was Michael Zuckert meint, wenn er vom „amerikanischen Amalgam" spricht.[118] Es ist die Verschmelzung von lockeanischen Ideen mit irgendetwas anderem, möglicherweise mit den hergebrachten Rechten der Engländer – was auch immer damit genau gemeint sein mag – zu etwas Neuem. Das sind Abwehrrechte in einem heutigen Sinn. Sind diese nicht nur Bürgern, sondern (jedenfalls dem Wortlaut nach) allen Menschen zuerkannt, so sind das Menschenrechte (in einem heutigen Sinn).

7.6 Exkurs: Das Abwehrrecht als ein (sprachlich) typisch deutsches Phänomen

Die Vorstellung, dass die Rechtsordnung insgesamt (das „Recht") als begriffliches Spiegelbild die Befugnis eines Einzelnen hat, das genau den gleichen Namen trägt (ein „Recht"), findet sich in mehreren Sprachen.[119] Dass ein solches subjektives Recht sich auch gegen die Rechtsordnung insgesamt beziehungsweise deren Repräsentanten – wir nennen ihn heute „Staat" – richten kann, ist eine vergleichsweise junge Vorstellung. Es gibt dafür ein deutsches juristisches Fachwort, das, soweit ich sehe, keine genaue Entsprechung in einer anderen Sprache hat und insofern unübersetzbar ist. Das ist das Wort „Abwehrrecht". Diesem Phänomen hat Ralf Poscher eine große Untersuchung gewidmet,[120] in der er für die Geschichte der Abwehrrechte ideen- und realgeschichtliche Aspekte unterscheidet und den Gedanken von Abwehrrechten bis hin zu Hobbes zurückverfolgt. Dabei geht Poscher davon aus, der Spätkonstitutionalismus habe als „Geburtsstunde" des Gedankens zu gelten, die „klassische Grundrechtsfunktion" sei – wie das Bundesverfassungsgericht es im Lüth-Urteil dann ja auch sagt – eben die als Abwehrrecht.[121] Auf die

118 Zuckert, Natural Rights, S. 47 u. ö.; ders., Rights (2004), S. 694.

119 Jedenfalls in romanischen Sprachen („droit", „diritto", „derecho"), nicht im Englischen.

120 Poscher, Abwehrrechte (s. Lit. Kap. 1).

121 Ibid., (s. Lit. Kap. 1), S. 30.

Etymologie beziehungsweise das erstmalige Erscheinen des Wortes kommt Poscher allerdings nicht zu sprechen.

Die älteste nachgewiesene Verwendung im „Digitalen Wörterbuch der deutschen Sprache“ geht nicht weiter zurück als in das Jahr 1974. Um einige Jahre weiter in der Vergangenheit immerhin liegt die Benutzung des Wortes in einer vielbeachteten Entscheidung des Bundesverfassungsgerichts von 1958, dem soeben erwähnten Lüth-Urteil:[122] Darin heißt es, die Grundrechte seien vorrangig „Abwehrrechte des Bürgers gegen den Staat“, was sich aus ihrer Geschichte ergebe. Im Folgenden führt das Gericht aus, dass Grundrechte ebenso eine objektive Wertordnung ausmachten, um dann last, but not least auf die berühmte Ausstrahlungswirkung (Drittwirkung) zu sprechen zu kommen.

Älter ist die Verwendung des Wortes Abwehrrecht (im Singular) überraschenderweise in einem umgekehrten Sinne, nämlich in dem einer Befugnis des Staates auf Eingriff in eine Freiheit seiner Bürger. So nämlich benutzte Robert von Mohl (1799–1875) das Wort im Jahr 1862, wenn er sagt, „das Abwehrrecht des Staates [beginnt] erst dann [...], wo Rechte oder Interessen Dritter verletzt werden würden“.[123] In Bezug auf die mich hier interessierende heutige Bedeutung von „Abwehrrechten“ (im Plural) sieht es tatsächlich so aus, als fände sich die früheste Nennung bei keinem anderen als Carl Schmitt im Jahre 1928:

> Diese Grundrechte sind also ihrer Substanz nach keine Rechtsgüter, sondern Sphären der Freiheit, aus der sich Rechte, und zwar Abwehrrechte, ergeben. Das zeigt sich am klarsten bei den Freiheitsrechten, welche geschichtlich den Anfang der Grundrechte bedeuten: Religionsfreiheit, persönliche Freiheit, Eigentum, Recht der freien Meinungsäußerung bestehen nach dieser Vorstellung vor dem Staat, erhalten ihren Inhalt nicht aus irgendwelchen Gesetzen, nicht nach Maßgabe von Gesetzen oder innerhalb der Schranken von Gesetzen, sondern bezeichnen den prinzipiell unkontrollierten Spielraum der individuellen Freiheit; der Staat dient ihrem Schutz und findet darin überhaupt erst seine Existenzberechtigung. Das Widerstandsrecht des Einzelnen ist das äußerste Schutzmittel und ein unveräußerliches, aber auch unorganisierbares Recht. Es gehört wesentlich zu den echten Grundrechten.[124]

---

122 Beschluss vom 15.01.1958, BVerfGE 7, S. 198–230.

123 Robert v. Mohl, Staatsrecht, Völkerrecht und Politik, Tübingen 1862, S. 237. Im gleichen Sinne in der „Pfälzer Zeitung“ vom 17.12.1872, wenn es dort von einer Situation die Rede ist, in der „dem Staate das Abwehrrecht vollständig zu Gebote“ stehe, https://www.digitalesammlungen.de/de/view/bsb11032382_00565_u001?q=abwehrrecht&page=2,3 (Zugriff: 05.12.2021).

124 Carl Schmitt, Verfassungslehre, München/Leipzig 1928, im Kapitel „Sachliche Einteilung und Unterscheidung der Grundrechte“, S. 163 f.

7.7 Literatur

An act for granting and applying certain stamp duties, and other duties, in the British colonies and plantations in America […] v. 22.03.1765, in: Danby Pickering (Hg.), The Statutes at Large from Magna Charta To the End of the Eleventh Parliament of Great Britain, Anno 1761. Continued, Bd. 26, Cambridge s. a., S. 179 ff.

An act […] for punishing mutiny and desertion, and for the better payment of the army and their quarters v. 1765, in: Danby Pickering (Hg.), The Statutes at Large from Magna Charta To the End of the Eleventh Parliament of Great Britain, Anno 1761. Continued, Bd. 26, Cambridge s. a., S. 305 ff.

An act for the better providing suitable quarters for officers and soldiers in his Majesty's service in North America v. 1774, in: Danby Pickering (Hg.), The Statutes at Large, from Magna Charta To the End of the Thirteenth Parliament of Great Britain, Anno 1773. Continued, Bd. 30, Cambridge s. a., S. 410 ff.

Carl L. Becker, The Declaration of Indepence. A Study in the History of Political Ideas, 3. Aufl., New York 1970 (zuerst 1922)

Ira Berlin, Generations of Captivity. A History of African-American Slaves, Cambridge (Massachusetts)/London 2003

W. F. Dunaway, Jr., The Virginia Conventions of the Revolution, The Virginia Law Register 10 (1904), S. 567 ff.

Hugh Blair Grigsby, The Virginia Convention of 1776, Richmond 1855

Dieter Grimm, Europäisches Naturrecht und amerikanische Revolution, ius commune 3 (1970), S. 120 ff.

Ronald Hamowy, The Declaration of Independence, in: Jack P. Greene u. J. R. Pole (Hg.), A Companion to the American Revolution, Malden (Massachusetts) et al. 2004, S. 258 ff.

Herbert Hartkopf, Johann Peter Zenger (1697–1746). Vorkämpfer für die nordamerikanische Pressefreiheit, in: ders., Trapper, Scouts & Pioneers aus der Kurpfalz, Ubstadt-Weiher et al. 2009, S. 23 ff.

Ronald L. Heinemann, John G. Kolp, Anthony S Parent Jr. u. William G. Shade, Old Dominion, New Commonwealth. A History of Virginia 1607–2007, Charlottesville/London 2007

Robert Leroy Hilldrup, The Virginia Convention of 1776. A Study in Revolutionary Politics, Ann Arbor (Michigan) 1935 (Dissertation, maschinenschriftlich)

Michael Hochgeschwender, Die Amerikanische Revolution. Geburt einer Nation (1763–1815), 4. Aufl., München 2021

Stanley Katz et al., A brief narrative of the case and trial of John Peter Zenger, Cambridge (Massachusetts) 1963

John Keane, Thomas Paine. Ein Leben für die Menschenrechte, Hildesheim 1995 (englisch: Thomas Paine. A political life, London 1995)

Philip S. Klein u. Ari Hoogenboom, A History of Pennsylvania, 2. Aufl. London 1980

Richard Kluger, Indelible Ink. The trials of John Peter Zenger and the birth of America's free press, New York 2016

Martin Kriele, Einführung in die Staatslehre. Die geschichtlichen Legitimationsgrundlagen des demokratischen Verfassungsstaates, 5. Aufl., Opladen 1994

Jan Lewis, Happiness, in: Jack P. Greene u. J. R. Pole (Hg.), A Companion to the American Revolution, Malden (Massachusetts) et al. 2004, S. 655 ff.

Donald S. Lutz, State constitution-making, through 1781, in: Jack P. Greene u. J. R. Pole (Hg.), A Companion to the American Revolution, Malden (Massachusetts) et al. 2004, S. 269 ff.

Pauline Maier, American Scripture. Making the Declaration of Independence, New York 1997

Christof Mauch et al., Geschichte der USA, 7. Aufl., Tübingen/Basel 2020

Helen Hill Miller, George Mason. Constitutionalist, Gloucester (Massachusetts) 1966 (zuerst 1938)

Edmund S. Morgan u. Helen M. Morgan, The Stamp Act Crisis. Prologue to Revolution, London 1970 (zuerst 1953)

Thomas Paine, Die Rechte des Menschen, Berlin 1792 (Original: Rights of Man. Being an Answer to Mr. Burke's Attack on the French Revolution, London 1791)

Ders., Common Sense, in: Philip S. Foner (Hg.), The complete Writings of Thomas Paine, Bd. 1, New York 1945

William Lowell Putnam, John Peter Zenger and the fundamental freedom, Jefferson (North Carolina) 1997

John Phillip Reid, The Irrelevance of the Declaration, in: Hendrik Hartog (Hg.), Law in the American Revolution and the Revolution in Law. A Collection of Review Essays in American Legal History, New York 1981, S. 46 ff.

Clinton Rossiter, Seedtime of the Republic. The origin of the American tradition of political liberty, New York 1953

Ders., The Political Thought of the American Revolution, New York 1963

Kate Mason Rowland, The life of George Mason, 1725–1792. Including his speeches, public papers, and correspondence, Bd. 1, New York 1964 (zuerst 1892)

Robert A. Rutland (Hg.), The Papers of George Mason, 1725–1792, Bd. 1: 1749–1778, Chapel Hill 1970

Ders., Bills of rights and the first ten amendments to the Constitution, in: Jack P. Greene u. J. R. Pole (Hg.), A Companion to the American Revolution, Malden (Massachusetts) et al. 2004, S. 265 ff.

Gustav Adolf Salander, Vom Werden der Menschenrechte. Ein Beitrag zur modernen Verfassungsgeschichte unter Zugrundelegung der virginischen Erklärung der Rechte vom 12. Juni 1776, Leipzig 1926

Bernhard Schwartz, The Great Rights of Mankind. A History of the American Bill of Rights, New York 1977

Catherine H. C. Seaman, Tuckahoes and Cohees. The settlers and cultures of Amherst and Nelson Counties, 1607–1807, Sweet Briar 1992

Robert L. Scribner (Hg.), Revolutionary Virginia. The road to independence, Bd. 7, 1. Teil: Independence and the Fifth Convention, 1776. A documentary record, Charlottesville 1983

Joshua C. Tate, Magna Carta and the Definition of Fundamental Rights, Tulsa Law Review 59 (2024), S. 39 ff.

Alexis Clerel de Tocqueville, Die Demokratie in Amerika (zuerst 1835/1840). Eine Auswahl, übers., eingel. u. erl. v. Friedrich August Freiherr von der Heydte, Regensburg 1955

John Trenchard, Cato's Letters, London 1723

Otto Vossler, Studien zur Erklärung der Menschenrechte, Historische Zeitschrift 142 (1930), S. 516 ff.

Clinton Alfred Weslager, The Stamp Act Congress, Newark 1976

Michael Zuckert, Rights, in: Jack P. Greene u. J. R. Pole (Hg.), A Companion to the American Revolution, Malden (Massachusetts) et al. 2004, S. 691 ff.

Ders., Natural Rights and Imperial Constitutionalism. The American Revolution and the Development of the American Amalgam, Social Philosophy and Policy 22 (2005), S. 27 ff.

8. Französische Revolution und Déclaration des Droits de l'Homme et du Citoyen (1789)

8.1 Einführung: Schlaglichter auf den Stellenwert einer großen Deklaration

Die Menschenrechteerklärung, mit der ich mich in diesem Kapitel beschäftigen werde, ist ein Produkt der Französischen Revolution der ersten Stunde. Etwa sechs Wochen nach dem Sturm auf die Bastille verkündete sie die Nationalversammlung am 26. August 1789.

Die Bedeutung der Französischen Revolution und ihrer Déclaration des Droits de l'Homme et du Citoyen für eine Geschichte der Menschenrechte lässt sich kaum hoch genug bewerten. Die epochalen Umbrüche im Frankreich des Jahres 1789 haben die Idee der Menschenrechte im öffentlichen Bewusstsein der Alten Welt fest verankert und ein staatsrechtliches Vorbild für die Gestaltung künftiger Verfassungen in ganz Europa geschaffen, wie sich im Folgenden noch zeigen wird. Zwar hatte es in Frankreich in der Zeit zwischen dem Ausbruch der Revolution und der Festigung der napoleonischen Herrschaft mehrere Rechteerklärungen gegeben, doch hat die erste von ihnen – die Erklärung der Menschen- und Bürgerrechte von 1789 – die stärkste Wirkung hinterlassen. Es war diese eine Erklärung, die immer wieder gelesen wurde und sich am stärksten verbreitet hat. Ihr handschriftliches Original wurde im Jahr 2003 zum Weltdokumentenerbe erklärt.

Dabei ist die besagte Erklärung von 1789 keineswegs allein ein historisches Dokument. Die Präambel der heutigen französischen Verfassung nimmt auf sie Bezug.[1] Und das ist keineswegs nur eine unverbindliche Absichtserklärung, sondern vielmehr bis heute in Frankreich geltendes Recht. Das hat das französische Verfassungsgericht (Conseil constitutionnel) in seiner berühmten Entscheidung vom 16. Juli 1971[2] zum Ausdruck gebracht. Damals erklärte das Gericht ein Gesetz für verfassungswidrig mit der Begründung, es verstoße gegen die „wesentlichen Grundsätze, die von den Gesetzen der Republik anerkannt und feierlich von der

1 „Le peuple français proclame solennellement son attachement aux Droits de l'homme et aux principes de la souveraineté nationale tels qu'ils ont été définis par la Déclaration de 1789, confirmée et complétée par le préambule de la Constitution de 1946".

2 https://www.conseil-constitutionnel.fr/decision/1971/7144DC.htm (mit deutscher Übersetzung, Zugriff: 06.09.2024).

Präambel der Verfassung bestätigt werden".[3] Die große Bedeutung des alten Textes im Frankreich unserer Tage zeigt sich ferner bei einer so aktuellen Frage wie dem Schutz von Persönlichkeit und Privatsphäre. Die entsprechende Bestimmung des französischen Zivilgesetzbuches (art. 9 cc) sieht das französische Verfassungsgericht als Ausformung von Art. 2 der Déclaration vom 26. August 1789.[4]

Die Französische Revolution lief in mehreren Phasen ab. In der ersten handelte es sich um eine Revolution für Freiheitsrechte und einen Verfassungsstaat (1789–1791), in der zweiten Phase hielt sich eine Revolutionsregierung mit den Mitteln von Terror und Guillotine an der Macht (1792–1794). Mich interessiert im Rahmen meiner Darstellung zur Geschichte der Menschenrechte nur die erste Phase. In der zweiten schlug die Französische Revolution, die sich 1789 zunächst die Menschenrechtsidee zu eigen gemacht hatte, in ihr Gegenteil um. Der Staat verfügte über die Wahrheit und den Glauben der Menschen. Der Terror Robespierres und seiner Anhänger sowie die Diktatur des Wohlfahrtsausschusses sind hier nicht mein Thema.

Die Menschenrechteerklärung von 1789 ist Ausdruck eines revolutionär-politischen Geistes auf der Grundlage eines aufklärerisch-rationalen Klimas im Europa des 18. Jahrhunderts. In Frankreich, wo dann schließlich die Revolution ausbrach, war die geistesgeschichtliche Strömung der Aufklärung - verbunden mit ihren neuen Soziallehren - besonders stark vertreten. Nur drei wichtige Personen möchte ich nennen und ihre Bedeutung für mein Thema in den Blick nehmen.

8.2 Geistige Wegbereiter der Französischen Revolution

8.2.1 Montesquieu

Der zuerst Geborene unter den drei zu Nennenden ist Charles-Louis de Secondat, Baron de La Brède et de Montesquieu (1689–1755), kurz Montesquieu. Sein Hauptwerk „Vom Geist der Gesetze" (1748) war bereits zu seinen Lebzeiten berühmt und erreichte bis 1789 über zwanzig Ausgaben. Sein Werk ist heute vor allen Dingen deshalb bekannt, weil Montesquieu darin das Prinzip der Gewaltenteilung begründete, wie es auch in der Erklärung von 1789 Ausdruck fand. Zwar argumentierte Montesquieu vom Staat aus und nicht in Bezug auf das Individuum. Dennoch ist er

3 „Considérant qu'au nombre des principes fondamentaux reconnus par les lois de la République et solennellement réaffirmés par le préambule de la Constitution il y a lieu de ranger le principe de la liberté d'association".

4 Conseil constitutionnel, Décision n° 99–416 DC du 23 juillet 1999, Rz. 45.

für eine Geschichte der Menschenrechte interessant, schrieb er doch der menschlichen Würde einen zentralen Wert zu. Auch hat sein Begriff von Freiheit in der Erklärung von 1789 Niederschlag gefunden. Montesquieu wandte sich gegen die absolute Monarchie, weil in diesem System alle Menschen wie Sklaven behandelt würden. Auch schrieb er dem Staat die Aufgabe zu, für die Grundbedürfnisse seiner Bürger (Nahrung, Kleidung, Möglichkeit zu gesundem Leben) zu sorgen, was sich mit einer Vorstellung von sozialen Grundrechten in Verbindung bringen lässt. Das Ideal für die Verwirklichung der Bürgerfreiheiten sah Montesquieu bei alledem in dem englischen Modell. Er sprach sich für Religionsfreiheit aus, Atheismus aber lehnte er ab. Unter allen Umständen sei der Mensch als Mensch zu behandeln. Dies sei wichtiger als das Vaterland oder Pflichten, die ein Mensch als Bürger haben möge.

8.2.2 Voltaire

Der Zweite in der Liste ist Voltaire (1694–1778, bürgerlicher Name François-Marie Arouet), der – jedenfalls aus französischer Sicht – wohl als der wichtigste Intellektuelle des 18. Jahrhunderts überhaupt zu gelten hat, ist doch für das 18. Jahrhundert nicht allein in Frankreich vom „Jahrhundert Voltaires“ die Rede. Voltaire ist bekannt als ein Verfechter der absoluten Redefreiheit. Das Zitat „Ich missbillige, was Du sagst, aber würde bis auf den Tod Dein Recht verteidigen, es zu sagen“ wird ihm zugeschrieben. Voltaire forderte Gleichheit der Menschen vor dem Gesetz, nicht aber in der Gesellschaft. Vielmehr sei es der Menschheit unglückliches Schicksal, dass einer sich dem anderen unterordne. Unterschiede in Reichtum und Macht hielt Voltaire für unvermeidlich, eine klassenlose Gesellschaft für unmöglich.[5] Zentrale Bedeutung für Voltaire hatten allerdings die Menschenrechte. Auf die Frage „Was heißt frei sein?“ könnte er geantwortet haben: „Die Rechte des Menschen kennen. Wenn er sie einmal kennt, wird er sie von selbst verteidigen.“[6]

---

5 „Tous les hommes seraient donc nécessairement égaux, s'ils étaient sans besoins. La misère attachée à notre espèce subordonne un homme à un autre homme; ce n'est pas l'inégalité qui est un malheur réel, c'est la dépendance. [...] Il est impossible, dans notre malheureux globe, que les hommes vivant en societé ne soient pas divisés en deux classes, l'une d'oppresseurs, l'autre d'opprimés“, Voltaire, Dictionnaire philosophique, London 1764, S. 163 (Kap. „Égalité“).

6 „Qu'est-ce en effet que d'être libres? C'est raisonner juste, c'est connaître les droits de l'homme; et quand on les connaît bien, on les défend de même“, Voltaire, Onzième lettre, Œuvres complètes de Voltaire, Paris 1879, tome 25, S. 414; dazu P[aul] Sakmann, Voltaire als Politiker, Zeitschrift für die gesamte Staatswissenschaft 61 (1905), S. 1 ff. (4).

8.2.3 Rousseau

Der Dritte und Letzte in meiner Reihe schließlich ist Jean-Jacques Rousseau (1712–1778). Prominente Formulierungen der Déclaration von 1789 gehen auf ihn zurück: die Freiheit des Menschen von Geburt an, der Zweck der Gesellschaft, die Volkssouveränität, der Gemeinwille. Für Rousseau begründete ein zwischen den Menschen abgeschlossener Gesellschaftsvertrag einen Gemeinwillen, auf welchem die Gesetze basierten. Ein abweichender Individualwille galt ihm dann nicht als ein Ausdruck von Freiheit, sondern als ein solcher von Rebellion gegen Volk und Gesetz. Der das Allgemeinwohl repräsentierende Gemeinwille („volonté générale") war für Rousseau zu unterscheiden von dem „Willen aller", der Summe der privaten Individualinteressen. Im Gegensatz zu Letzterem sei der Gemeinwille unfehlbar. Er bezeichne das, was die Gemeinschaft der Bürger idealerweise tun und entscheiden werde. Ein zentraler Aspekt für Rousseau war dabei die Volkssouveränität. Die Gesetzgebung solle vollständig beim Volk liegen, ein Repräsentativsystem solle es nicht geben. Als Ideal hatte Rousseau frugale Lebensverhältnisse vor Augen, er dachte an eine von Landwirtschaft dominierte Wirtschaftsordnung, an ein bäuerliches Leben, in dem Unterschiede von Stand und Besitz nicht wirklich eine Rolle spielten. So war Rousseau wenig städtisch orientiert. Im Hinblick auf das Privateigentum ging er einen Schritt weiter als Voltaire. Zwar meinte auch er, dass privates Eigentum notwendig sei und somit nicht gänzlich abgeschafft werden könne. Erwünscht war es für ihn aber nicht. Deshalb solle der Staat es reglementieren und in Grenzen halten, das öffentliche Eigentum solle dem privaten gegenüber so groß wie möglich sein.

Die Schriften Rousseaus waren – obwohl er später großen Einfluss erlangen sollte – zu Anfang der Revolution noch wenig verbreitet. Die Vorstellungen der Déclaration von 1789 wichen auch in einigen gewichtigen Punkten von den Ideen Rousseaus ab. Zu nennen ist die entscheidende Bedeutung der Gewaltenteilung nach Art. 16, die Rousseau – der von uneingeschränkter Souveränität des auf Grundlage der „volonté générale" agierenden Gesetzgebers ausging – ausdrücklich ablehnte. „Que la souveraineté est indivisible" lautet eine der Überschriften in seinem „contrat social".[7] Dennoch nahmen prominente Redner bei den Verhandlungen um die Erklärung von 1789 mehrfach Bezug auf sein Werk. Das ist auf den ersten Blick vor allem deshalb verwunderlich, weil Rousseau der Idee von Menschenrechten keineswegs positiv gegenüberstand. Sein an keinerlei Schranken gebundener Souverän ist das genaue Gegenstück zu Menschenrechten. Dieser Souverän allerdings konnte

7 Rousseau, Du contrat social, II/2.

für Rousseau denknotwendigerweise den Menschen nicht schaden. Eben dieser Umstand ist „nach den Anschauungen der damaligen Zeit nahezu gleichbedeutend mit dem Schutz der Menschenrechte".[8] Auf diese Weise haben mehrere Artikel der Erklärung von 1789 ihren Ursprung bei Rousseau.

8.3 Verfassungspolitische Umbrüche im Vorfeld des Sturms auf die Bastille

Für das Verständnis der Erklärung von 1789 müssen wir uns einige Eckdaten zur Französischen Revolution vor Augen zu führen. Es entsprach in Frankreich einst der Verfassungstradition, dass der König für die Entscheidung wichtiger Fragen die Generalstände einberief. Solche Situationen konnten etwa die Durchsetzung neuer Steuern oder der Abschluss eines riskanten außenpolitischen Vertrages sein. Vertreten waren bei den Generalständen der Klerus als der Erste, der Adel als der Zweite und das Volk als der Dritte Stand. Die alte Tradition, die Generalstände einzuberufen, war allerdings am Vorabend der Französischen Revolution schon lang aus der Übung geraten. Ihren größten Machteinfluss hatten die Generalstände im 14. und 15. Jahrhundert, danach verloren sie an Bedeutung. Zum vorletzten Mal berief sie Ludwig XIII. – der Vater Ludwigs XIV. – im Jahr 1614 ein. Danach vertrug es sich mit dem Selbstverständnis des Königs und insbesondere in der Ära des Absolutismus nicht mehr, dass sich jemand in die Politik des Herrschers einmischte.

8.3.1 Von der Ständeversammlung zur Nationalversammlung: Erster revolutionärer Schritt

So dauerte es bis zum 5. Mai 1789, dass Ludwig XVI. die Generalstände zum ersten Mal seit 175 Jahren – und zugleich zum letzten Mal in der französischen Geschichte – einberief. Er sah sich dazu gezwungen aufgrund einer ökonomischen Krise, die keineswegs ihn allein betraf. Die Ernte des Jahres 1788 war außerordentlich schlecht ausgefallen, das Volk litt Hunger, und die Brotpreise stiegen. Obwohl das Nährboden für Unruhen bereitete, war der König keineswegs daran interessiert, an seinem Regierungssystem etwas zu ändern. Auch nahm er die Ständeversammlung nicht wirklich ernst, schon gar nicht den Dritten Stand. Ohne große Zeremonie empfing der Monarch dessen Vertreter in seinem Schlafgemach.

---

8 Schickhardt, Erklärung, S. 138

Weil die Wiederaufnahme des alten Brauchs der Ständeversammlung nach so langer Zeit für die Teilnehmer eine Neuheit war, kam es zu Disputen über die Abstimmungsmodalitäten. Das führte zu Auseinandersetzungen zwischen Adel, König und Drittem Stand. Während der Dritte Stand den weitaus größten Teil der Bevölkerung ausmachte (etwa 98 Prozent), hatte traditionell jeder Stand die gleiche Anzahl an Vertretern. Nun erfolgten Zugeständnisse an den Dritten Stand dergestalt, dass die Anzahl seiner Vertreter von rund 300 auf rund 600 verdoppelt werden sollte. Dies allerdings hätte den Einfluss des Dritten Standes in keiner Weise erhöht, weil sich die Stände nach alter Gewohnheit getrennt versammelten und auch getrennt nach Ständen abstimmten, so dass jeder Stand in seiner Gesamtheit am Ende eine Stimme hatte. Die somit ins Leere gehende angebotene Sitzverdoppelung führte zu weiterem Unmut beim Dritten Stand. Nachdem sich in der Folge Teile von Adel und Klerus dem Dritten Stand angeschlossen hatten, erklärte sich dieser am 17. Juni 1789 zusammen mit den Überläufern zur Nationalversammlung. Diese beanspruchte nun, die gesamte französische Nation zu repräsentieren, ohne den König um Erlaubnis oder auch nur nach seiner Meinung gefragt zu haben. Dies war aus der Sicht des im 17. und 18. Jahrhundert in Europa vorherrschenden Absolutismus etwas Ungeheuerliches und nie zuvor Dagewesenes. Auch wenn hier weder Schüsse fielen noch Menschen starben wie bei dem Sturm auf die Bastille etwa einen Monat später, lassen die Ereignisse vom 17. Juni 1789 sich zu Recht als ein erster revolutionärer Schritt bezeichnen.

Die Sprengkraft dieses revolutionären Schrittes hatte der König offenbar unterschätzt. Er glaubte anscheinend, durch eine Schließung des Sitzungssaales weitere Zusammenkünfte der Nationalversammlung vermeiden zu können. So ließ er mitteilen, der Sitzungssaal im Schloss von Versailles sei vorübergehend nicht zugänglich, weil Handwerker darin beschäftigt seien. So einfach ließen sich die Angehörigen der Nationalversammlung jedoch nicht abspeisen. Am 20. Juni 1789 begaben sie sich zum Salle du Jeu de Paum in Versailles. Das war eine große Halle, in der ein frühneuzeitliches Ballspiel, ähnlich dem heutigen Tennis, gespielt wurde. Man spricht daher vom „Ballhaus", und der dort von den Angehörigen der Nationalversammlung geleistete Eid ist als „Ballhausschwur" in die Geschichte eingegangen. Sie schworen, „sich niemals zu trennen [...], so lange bis die Verfassung des Königreiches geschaffen und auf feste Grundlagen gestellt worden ist".[9]

9 Heyer, Verfassung der Jakobiner, S. 15.

Abb. 13 Jacques-Louis David, Der Ballhausschwur, 1791.

8.3.2 Ballhausschwur: Zweiter revolutionärer Schritt

Drei Tage später kam es zu der entscheidenden Thronsitzung, auf der der König sich weigerte, Beschlüsse der selbsternannten Nationalversammlung zu billigen, und den einzelnen Ständen befahl, auseinanderzugehen und am nächsten Tag in die ihnen jeweils ursprünglich zugewiesenen Räume zurückzukehren. Der Dritte Stand leistete dem allerdings nicht Folge. Seine Abgeordneten verblieben in dem großen Saal, nachdem der König ihn verlassen hatte, und setzten ihre Diskussionen fort. Der König zog in Erwägung, den Saal mit Gewalt räumen zu lassen, nahm aber schließlich davon Abstand. Hier hatte Mirabeau (1749–1791) „seinen großen Auftritt".[10] Heinrich von Kleist schildert die Szene eindrucksvoll in seiner vermutlich 1805/1806 entstandenen Abhandlung „Über die allmähliche Verfertigung der Gedanken beim Reden". Die Gedanken seien Mirabeau beim Reden gekommen, und er habe am Anfang seiner berühmt gewordenen Ausführungen noch gar nicht gewusst, wie diese enden würden:

---

10 Ibid., S. 16.

> Mir fällt jener „Donnerkeil" des Mirabeau ein, mit welchem er den Ceremonienmeister abfertigte, der nach Aufhebung der letzten monarchischen Sitzung des Königs am 23. Juni, in welcher dieser den Ständen auseinander zu gehen anbefohlen hatte, in den Sitzungssaal, in welchem die Stände noch verweilten, zurückkehrte, und sie befragte, ob sie den Befehl des Königs vernommen hätten? „Ja", antwortete Mirabeau, „wir haben des Königs Befehl vernommen" – ich bin gewiß, daß er bei diesem humanen Anfang noch nicht an die Bayonnete dachte, mit welchen er schloß: „ja, mein Herr", wiederholte er, „wir haben ihn vernommen." Man sieht, daß er noch gar nicht recht weiß, was er will. „Doch was berechtigt Sie" – fuhr er fort, und nun plötzlich geht ihm ein Quell ungeheurer Vorstellungen auf – „uns hier Befehle anzudeuten? Wir sind die Repräsentanten der Nation." – Das war es, was er brauchte: „Die Nation gibt Befehle und empfängt keine," – um sich gleich auf den Gipfel der Vermessenheit zu schwingen. „Und damit ich mich Ihnen ganz deutlich erkläre" – und erst jetzo findet er, was den ganzen Widerstand, zu welchem seine Seele gerüstet dasteht, ausdrückt: „So sagen Sie Ihrem Könige, daß wir unsere Plätze anders nicht, als auf die Gewalt der Bayonnete verlassen werden." – Worauf er sich, selbstzufrieden, auf einen Stuhl niedersetzte.[11]

Der französische Historiker Georges Lefèbvre (1874–1959) ließ kein gutes Haar an Mirabeau. Faul und ungebildet, habe er es auf durchtriebene Weise verstanden, sich derartig geschickt der Hilfe anderer zu bedienen, dass er allein deshalb bis heute als fleißig und allwissend berühmt sei. Skrupellos, dabei aber begabt als vor allen Dingen spontaner Redner, habe das beklagenswert schlechte Vorbild seiner Eltern nicht verhindert, dass sein ungestümes Wesen Mirabeau – der auch mehrfach im Gefängnis saß – „früh in eine liederliche Existenz geführt" habe.[12] Wenn Lefèbvre von Mirabeaus Begabung als spontaner Redner sprach, hatte er dabei vermutlich diesen „Donnerkeil" vor Augen. Trotz seiner tiefen Verachtung für Mirabeaus Charakter zweifelte Lefèbvre (selbstverständlich) nicht daran, dass Mirabeau in der frühen Phase der Französischen Revolution (neben Sieyès) eine Schlüsselrolle gespielt hatte.

Der König gab schließlich dem Druck nach und gestand der Versammlung am 27. Juni 1789 zu, als Vertretung der gesamten Nation anstelle der Generalstände zu tagen. So traten die Abgeordneten des Dritten Standes am 9. Juli 1789, ergänzt um einige Überläufer aus den anderen beiden Ständen, als verfassunggebende Nationalversammlung zusammen. Abgestimmt wurde hier nach Köpfen und nicht mehr

11 Heinrich von Kleist, Über die allmähliche Verfertigung der Gedanken beim Reden, zuerst abgedruckt in: Nord und Süd. Eine deutsche Monatsschrift 4 (1878), S. 3 ff. (4 f.).

12 Lefèbvre, 1789, S. 72.

nach Ständen. Die nachträgliche Zustimmung des Königs war allein unter dem Druck der Abgeordneten des Dritten Standes zustande gekommen. Dem Ordnungsrahmen des Ancien Régime entsprach es gewiss nicht, dass der König sich vom Volk zu irgendetwas zwingen ließ. Aus diesem Grund lässt sich der Ballhausschwur, der am 20. Juni und damit nur drei Tage nach Gründung der Nationalversammlung geleistet wurde, als zweiter revolutionärer Schritt ansehen. Der so beschrittene Weg führte bekanntlich alsbald zum Sturz der französischen Monarchie. Dies alles spielte sich ab in einer hochpolitisierten Zeit voller hitziger Debatten. Schon nach Eröffnung der Generalstände war es insbesondere in Paris zur Gründung politischer Clubs gekommen. Nach dem Ballhausschwur wurde die Szene radikaler und es bildeten sich politische Lager unterschiedlicher Auffassungen.

8.4 Die Déclaration des Droits de l'Homme et du Citoyen

8.4.1 Marquis de La Fayette

8.4.1.1 Bedeutung als Freiheitskämpfer

Im Folgenden möchte ich auf eine Person zu sprechen kommen, die als wichtiger Akteur eine Verbindung zwischen den revolutionären Ereignissen in der Neuen und in der Alten Welt herstellte. Die Rede ist vom Marquis de La Fayette (1757–1834), einem französischen Militär und Staatsmann, der von den Idealen der Aufklärung zutiefst überzeugt war. Seine Begeisterung ging so weit, dass La Fayette sich als Neunzehnjähriger mit anderen Freiwilligen – wovon seine adelige Familie alles andere als begeistert war – in die Neue Welt begab, um im Unabhängigkeitskrieg auf Seiten der Amerikaner zu kämpfen. Nachdem er schon in jungen Jahren ein beträchtliches Vermögen geerbt hatte, konnte er für sich und seine Mitstreiter ein Schiff kaufen und ausstatten. In Amerika angekommen, fand La Fayette am 31. Juli 1777 als Generalmajor Aufnahme in die Kontinentalarmee. Während seines Dienstes pflegte er engen Kontakt mit ihrem Oberbefehlshaber George Washington. Nach ihm benannte La Fayette seinen einzigen Sohn („George Washington de La Fayette"), und Washington blieb für La Fayette Zeit seines Lebens ein Vorbild. Die amerikanische Sache idealisierte er als einen Hort von Toleranz, Gleichheit und Freiheit, von dessen Schicksal die Glückseligkeit der gesamten Menschheit abhänge. Anfang 1779 kehrte La Fayette nach Frankreich zurück, wo Ludwig XVI. ihm ein 6000 Mann starkes Heer zur Unterstützung der Kolonisten überließ. Das stellte die Weichen für die Niederlage der Briten bei Yorktown 1781. Dies war ein wichtiger Sieg, führte er doch dazu, dass das britische Empire die Unabhängigkeit

Abb. 14 Charles Willson Peale, Lafayette in amerikanischer Uniform, um 1780.

seiner ehemaligen Kolonien anerkannte. Obwohl er selbst ein Katholik war, stritt La Fayette für Rechte von Protestanten und rezipierte die Menschenrechtsidee der Bills of Rights.

La Fayette war Mitglied verschiedener Freimaurerlogen. Das ist bedeutend für unser Menschenrechtsthema, weil die französische Menschenrechteerklärung offenbar mit freimaurerischem Gedankengut in Verbindung steht. In einem Rundschreiben des Grande Orient de France von 1775 steht der Satz: „Das Gesetz ist der Ausdruck des Willens der Allgemeinheit". Auch ist dort die Rede von den „Bürgern der Freimaurer-Demokratie".[13]

In den Vereinigten Staaten wurde La Fayette als „young French hero of the American Revolution"[14] gefeiert. Nach dem Unabhängigkeitskrieg hielt er Reden in etlichen Bundesstaaten. Maryland verlieh ihm sogar die Staatsbürgerschaft. Mehrere Städte und Bezirke sind nach ihm benannt, ebenso U-Boote, ein Nationalpark, ein Berg, ein See und so weiter. Nicht allein in der Neuen Welt allerdings wurde er hochverehrt. Auch im heimatlichen Frankreich empfingen ihn seine Landsleute bei seiner Rückkehr im Januar 1782 mit Jubel. Bereits im Vorfeld der Französischen Revolution war La Fayette politisch einflussreich. Er setzte sich für die Abschaffung

13 Eugen Lennhoff et al., Internationales Freimaurerlexikon, München 2022, Lemma „Frankreich", S. 296.

14 Saul K. Padover, Jefferson, New York 1942, S. 124.

des Sklavenhandels, eine demokratisch legitimierte Volksvertretung und religiöse Toleranz ein. In diesem Zusammenhang ist das Toleranzedikt Ludwigs XVI. zu nennen, das im November 1787 erging. Dieses verbesserte die Position der Hugenotten – wenn es ihnen auch keineswegs religiöse Gleichstellung einbrachte – ganz erheblich. Während der ersten Jahre der Revolution blieb Lafayette einer der wichtigsten Politiker in Frankreich, wobei er sich immer wieder für eine Orientierung an den amerikanischen Vorbildern stark machte. So bekleidete er unter anderem das Amt des Vizepräsidenten der Nationalversammlung und agierte als Befehlshaber in der Nationalgarde. Als Lafayette in dieser Funktion jedoch am 17. Juli 1791 auf Demonstranten schießen ließ und etwa 50 Personen dabei verletzt wurden oder starben, büßte er entschieden an Popularität ein. Nachdem die Monarchie im August 1792 gestürzt war, musste er eine Anklage wegen Hochverrats fürchten.

Schon sehr bald begann die Revolution, ihre eigenen Kinder zu fressen, und so um ein Haar auch La Fayette. In seinem familiären Umfeld forderte die Revolution so einige Opfer. Mehrere nahe Verwandte seiner Ehefrau wurden hingerichtet, sie selbst entging nur knapp dem Tod während der jakobinischen Terrorherrschaft. La Fayette konnte sich retten, indem er zu den Österreichern überlief, die ihn in Gefangenschaft hielten, bis Napoleon Bonaparte im Jahr 1797 schließlich seine Freilassung veranlassen konnte. Nach der Verbannung Napoleons war La Fayette weiter politisch aktiv und blieb es bis ans Ende seines Lebens. Während der Julirevolution von 1830 war er erneut Kommandant der Nationalgarde.

8.4.1.2 Bedeutung für den Entwurf der Déclaration

La Fayette war nicht die für den Verlauf der Französischen Revolution bedeutendste Persönlichkeit, auch nicht in ihrer Frühphase. Lefèbvre charakterisierte ihn so:

> Seine Aufrichtigkeit, Großzügigkeit und Uneigennützigkeit haben ihm einen Glorienschein verschafft, aber es steckte in ihm mehr romantische Phantasie und jünglinghafte Ruhmbegier als politische Klugheit und realistisches Geschick. Er war eher ein Symbol als eine Führerpersönlichkeit.

Auch wenn La Fayette „so etwas wie eine Inkarnation der bürgerlichen Revolution geblieben"[15] sei, sind es Sieyès und Mirabeau, die bei Lefèbvre als wichtige Protagonisten erscheinen. La Fayette war auch nicht der Urheber der Erklärung

15 Lefèbvre, 1789, S. 71.

der Menschen- und Bürgerrechte von 1789. Behauptungen, die dahin gehen, die besagte Erklärung beruhe „(mittelbar) auf seinem Entwurf",[16] treffen nicht zu.

Warum bin ich dann ausführlicher auf La Fayette eingegangen? Es geht hier nicht um die Französische Revolution, sondern um die Geschichte der Menschenrechte. La Fayette war ein wichtiges, wenn nicht gar überhaupt das wichtigste Bindeglied zwischen den amerikanischen Rechteerklärungen und der französischen. Des Weiteren mag sein Lebensweg als in besonderer Weise symptomatisch für die Begeisterung gelten, die aufklärerische Ideen – insbesondere die der Menschenrechte – vor allen Dingen unter jungen Adeligen Frankreichs auszulösen vermochten. So schlug La Fayette gegen den Widerstand seiner Familie einen sicheren Werdegang in der französischen Heimat in den Wind, um auf der anderen Seite des Atlantiks mit seinen Überzeugungsgenossen für neue Gedanken und Ziele sein Leben zu riskieren. Das Streben nach der Idee der Menschenrechte hatte oft etwas Aufrührerisches. So viel dürfte feststehen. Darüber hinaus war es offenbar besonders attraktiv für junge Menschen, wie eine Art Jugendbewegung. Ähnlich verhielt es sich ja auch für die englischen Levellers.[17]

Was genau trug La Fayette wirklich zu der Erklärung bei? Mitnichten war er derjenige, der die Idee, eine Rechteerklärung auszuarbeiten, aufgebracht hatte. Diese Frage war bereits am 9. Juli 1789 – das heißt, zwei Tage bevor La Fayette seinen Entwurf einreichte – in der Nationalversammlung angesprochen worden. An diesem Tag hatte ein Verfassungskomitee berichtet und eine Erklärung vorgeschlagen, welche die Rechte der Menschen, die Prinzipien der Monarchie, die Rechte der Nation und des Königs sowie der Bürger behandeln sollte. Allerdings hatte die Nationalversammlung diesen Bericht mit Zurückhaltung aufgenommen. La Fayette brach dann allerdings das Eis, als er am 11. Juli einen ersten Entwurf für genau solch eine Erklärung einreichte und damit den entscheidenden Anstoß für die sich nunmehr entspannenden lebhaften Debatten gab.

Wegen der unklaren Überlieferungslage wissen wir nicht, wie viele Entwürfe für Rechteerklärungen („projets") in den kommenden Tagen noch eingereicht wurden. Es waren mindestens 19, von denen uns heute zum Teil mehrere Fassungen vorliegen. Von diesen wirkten sich mehrere auf die Endfassung vom 26. August 1789 aus, wobei der Entwurf La Fayettes zu den einflussreicheren zählt. Ein entscheidender Punkt ist dieser: Der Gedanke, dass es höherrangiges Recht gibt, das über jeder

---

16 Haratsch, Geschichte der Menschenrechte (s. Lit.), S. 44, https://de.wikipedia.org/wiki/Erkl%C3%A4rung_der_ Menschen-_und_B%C3%BCrgerrechte (Zugriff: 20.09.2024).

17 S. o. Kap. 6.5.2, 6.5.3.

Staatsmacht steht, und dass dieses Recht eben die Menschenrechte sind, nahm für seine praktische Umsetzung mit La Fayette ihren Anfang.

8.4.2 Beteiligung Jeffersons am Entwurf La Fayettes

Die in dieser Zeit starke und für die Menschenrechtsgeschichte wichtige Verbindung zu den Vereinigten Staaten von Amerika ist daran zu ersehen, dass La Fayette bei seinem Entwurf die Unterstützung des Verfassers der amerikanischen Unabhängigkeitserklärung Thomas Jefferson hatte, der sich damals als Botschafter der Vereinigten Staaten in Paris aufhielt. In welchem Umfang genau Jefferson allerdings auf La Fayettes Entwurf der Menschenrechteerklärung Einfluss nahm, ist nicht zu ermitteln.[18] Klar ist nur, dass die beiden eng befreundet waren und sich mündlich über La Fayettes Entwurf austauschten. Offensichtlich hatte La Fayette bereits vor Ausbruch der Französischen Revolution über einen solchen Entwurf nachgedacht. Jedenfalls existiert eine von seiner Hand geschriebene Fassung, die vor dem 12. Januar 1789 entstanden sein muss. Diese Fassung findet sich zusammen mit einer zweiten, ebenfalls von La Fayette handgeschriebenen Version unter den Papieren Thomas Jeffersons in der Library of Congress in Washington, D. C. Über eben diese Fassung sprachen die beiden Freunde miteinander, und zwar mit hoher Wahrscheinlichkeit bei einem gemeinsamen Abendessen am 7. Juli 1789 in Paris. Das sagt uns allerdings nur, dass Jefferson die Vorgänge in Frankreich – wo er ja schließlich Botschafter war – mit großem Interesse verfolgte und den Gesetzesvorschlag seines Freundes gern begleitete. Das ist alles.[19]

---

18 Richard B. Bernstein, Thomas Jefferson, Oxford u. a. 2003, S. 78, behauptet, La Fayettes und seine Anhänger hätten Jefferson um Hilfe angefleht und er habe maßgeblich (significantly) zur Abfassung von La Fayettes Entwurf beigetragen. Ein Nachweis für diese Behauptung findet sich allerdings nicht. Seine Fußnote führt ins Leere. Darin ist ein Dokument angeführt, das Jefferson als eine Art Modell („canvas") für eine Rechteerklärung durch König Ludwig XVI. ausgearbeitet hatte und darum bat, dem König dieses vorzulegen (Saul K. Padover [Hg.], The Complete Jefferson. Containing His Major Writings, Published and Unpublished, Except his Letters, New York 1943, S. 125 f.). Was das mit einem Einfluss Jeffersons auf den Entwurf La Fayettes und das Flehen um Hilfe zu tun haben soll, erschließt sich nicht.

19 Otto Vossler, Studien zur Erklärung der Menschenrechte, in: Schnur (Hg.), Geschichte (s. Lit.), S. 166 ff. (193–201.)

8.4.3 Diskussionen in der Nationalversammlung

In der Nationalversammlung war damals zum einen streitig, ob überhaupt vor der Verfassung eine Rechteerklärung auszuarbeiten und zu verabschieden war, und zum anderen, wie eine solche aussehen sollte.

Eine Gruppe von Abgeordneten lehnte jede Art von Rechteerklärung vor der Verfassung ab, da keine Zeit durch metaphysische Diskussionen verloren gehen dürfe. Eine Rechteerklärung sei als Bollwerk gegen Übergriffe einer willkürlichen Gewalt nicht zu gebrauchen. Auch Mirabeau war der Meinung, eine solche Erklärung sei eher für eine Gesellschaft von Philosophen als für eine Nationalversammlung geeignet. Eine gemäßigtere Gruppe war nicht gegen eine Rechteerklärung an sich, betonte allerdings die notwendige Einheit zwischen einer solchen und der Verfassung. Die Anhänger einer weiteren Meinungsrichtung schließlich wollten eine Rechteerklärung mit einer solchen der Pflichten verbinden.

All diese Zweifel setzten sich am Ende allerdings nicht durch. Ganz überwiegend waren die Abgeordneten der Meinung, die Rechte des Menschen seien vor der Verfassung zu erklären, da diese letztlich nur eine Ausführung dieser Erklärung sei. So beschloss die Nationalversammlung mit großer Mehrheit, der Verfassung eine Erklärung der Rechte des Menschen und Bürgers voranzustellen. Die Nationalversammlung entschloss sich dabei bekanntlich auch gegen eine Erklärung mit Pflichtenkatalog. Dabei mochten für viele die amerikanischen Vorbilder eine Rolle gespielt haben, die ja ebenfalls keine Pflichtenerklärung kannten. Ebenso mochte sich ausgewirkt haben, dass manche davon ausgingen, bereits aus der Bezeichnung als „Bürgerrecht" ergebe sich auch eine damit einhergehende Verpflichtung gegenüber dem Staat. Am 12. August wurde ein aus fünf Personen bestehendes Komitee gewählt, das die verschiedenen Projekte prüfen sollte, um einen zur Diskussion zu stellenden Text für eine Rechteerklärung auszuarbeiten. Ihr Berichterstatter war Mirabeau.

8.4.4 Inhalte der Déclaration

8.4.4.1 „Sterbeurkunde des Ancien Régime"

Wie sind Inhalt und Bedeutung der Déclaration, die die Nationalversammlung nach ausführlichen und zum Teil hitzigen Debatten schließlich annahm, zu charakterisieren? Die Erklärung von 1789 ist – was kann sie es auch anderes sein – ein Spiegelbild der damaligen Situation. Dabei ist ein entscheidender Punkt, dass die endgültige Zerstörung einer alten, nicht der Aufbau einer neuen Welt im Vordergrund stand. Die Erklärung ist in erster Linie die „Sterbeurkunde des Ancien

Régime" („notification du décès de l'ancien régime").[20] Das ist der vielleicht wichtigste Grund dafür, dass die Gleichheit einen so großen Stellenwert einnimmt. Es wurde die Auffassung vertreten, in Nordamerika gebe es nur gleiche Bürger, nur Eigentümer, wohingegen in Frankreich die Menschen zunächst durch Gesetze einander anzunähern seien. Die frühere Welt, die es für immer zu vernichten galt, hatte auf einer gesellschaftlichen Rangfolge basiert, die auf höchst unterschiedlichen, von der Willkür der Mächtigen abhängigen Privilegien beruht hatte. Dabei ist allerdings zu betonen, dass Gleichheit stets nur in einem rechtlichen, keineswegs in einem tatsächlichen Sinne gemeint war. Eine Angleichung der Eigentumsverhältnisse war keineswegs im Sinne der wohlhabenden Vertreter des Dritten Standes. Spätere sozialistische Interpretationen der Erklärung von 1789 in diesem Sinne sind insofern anachronistisch.

8.4.4.2 Konkrete Regelungen und Lücken

Auch wenn die Formulierungen in der Präambel darauf hindeuten mögen, hat die Erklärung von 1789 wenig Abstraktes oder Philosophisches, sondern behandelt vielmehr in jedem Artikel konkrete Probleme der damaligen Zeit. Dabei war ein wichtiger Punkt der der willkürlichen Verhaftungen. Es sollte in Zukunft unmöglich sein, dass jemand allein aufgrund eines königlichen Befehls auf Nimmerwiedersehen im Kerker verschwand (Art. 7).

Auch die Lücken der Erklärung ergaben sich aus den damaligen Gegebenheiten. So hat der in Anbetracht der wirtschaftlichen Notlage befremdliche Umstand, dass jede Stellungnahme zur Gewerbefreiheit fehlt, seinen Ursprung darin, dass sich die Vertreter des Dritten Standes in Bezug auf Zünfte uneins waren. Vereinigungsfreiheit findet sich nicht, weil die Mitglieder der Nationalversammlung Vereinigungen mit altständischen Privilegien in Verbindung brachten, nachdem etwa die Geistlichkeit oder die Rechtsberufe als Körperschaften verfasst waren. Bestimmungen zu einem Unterrichts- und Sozialfürsorgesystem fehlen, weil es wie gesagt um die Zerschlagung einer alten, nicht um den Aufbau einer neuen Welt ging. Ansätze dazu finden sich dann erst in der Verfassung von 1791.

Ebenfalls in der Diskussion standen ein Recht auf Bewaffnung, eines auf Arbeit und das Briefgeheimnis. All das schaffte es allerdings – wenn auch aus formalen Gründen oder Zeitmangel – nicht in die Endfassung. Ebenso fehlen dort das

---

20 So Lefèbvre, 1789, S. 166, in Anlehnung an François-Alphonse Aulard, Histoire politique de la révolution française. Origines et développement de la démocratie et de la république (1789–1804), Paris 1901, S. 45.

Recht auf ein Streben nach Glück und die Freizügigkeit. Lebhaft diskutierten die Delegierten Art. 6, der den Zugang zu öffentlichen Ämtern regelt und dabei Einschränkungen nach der Fähigkeit des Bürgers vornimmt. Umstritten war ferner die Einführung der Religionsfreiheit sowie der Pressefreiheit, gegen die der Klerus Einwände erhob. Die Frage der Religionsfreiheit führte dabei zu überaus kontroversen, wenn nicht gar tumultartigen Auseinandersetzungen, da die Geistlichen den Katholizismus als privilegierte Religion festgeschrieben haben wollten und eine Erwähnung der Religion an der Spitze der Erklärung wünschten. Was sie schließlich erreichten, war die Religionsfreiheit in der durch Art. 10 garantierten Form. Diese Bestimmung stieß auf heftige Kritik, unter anderem durch Mirabeau.

In Anbetracht der damaligen Situation verwundert vielleicht am meisten, dass Revolutionäre weder die Versammlungsfreiheit noch ein Petitionsrecht in ihre Rechteerklärung aufnahmen. Das mochte daran liegen, dass die Bourgeoisie das Volk fürchtete. So zeigte sich auch sehr bald eine Diskrepanz von Theorie und Praxis. Obwohl die Erklärung von 1789 plebiszitäre Elemente in sich trägt (Art. 6, 14), wollte die Nationalversammlung ein rein repräsentatives System schaffen. Die Verfassung von 1791 unterbreitete sie dann nicht einmal dem Volk zur Zustimmung.

8.4.4.3 Die Religionsfrage

In der französischen Aufklärung gab es eine Vielfalt von Glaubensanschauungen und Unsicherheiten im Hinblick darauf, ob es die eine Wahrheit überhaupt geben kann. Das machte es nicht einfach, in der Frage der Religionsfreiheit zu einer Einigung zu gelangen. Auch wenn die Mehrheit der Franzosen katholisch war, gelang es den Kirchenvertretern in der Nationalversammlung nicht, den Katholizismus als Staatsreligion durchzusetzen (Art. 10). Vielmehr waren ihre Gegner, die eine Säkularisierung erreichen wollten, erfolgreich darin, die Verwendung des christlichen Gottesbegriffs in der Déclaration zu verhindern. Eine „möglichst abstrakte Kompromissformel“[21] war in dieser Situation der Rückgriff auf das „Allerhöchste Wesen“.[22] Dieses wurde bald Mittelpunkt eines deistischen Kults, der patriotische Traditionen aufgriff und vor allen Dingen auf Veranlassung von Maximilien de Robespierre (1758–1794) eingeführt wurde. Das „Allerhöchste Wesen“ ist mithin Ausdruck des Strebens nach irgendeiner Art von Transzendenz und allenfalls in

---

21 Ernst Schulin, Die Französische Revolution, München 2004, 83.

22 Gordon H., McNeil, Cult of the Supreme Being, in: Samuel Scott u. Barry F. Rothaus (Hg.), Historical Dictionary of the French Revolution, 1789–1799, Bd. 1: A–K, Westport (CT, USA) 1985, S. 278 ff. (278).

diesem weiten Sinne ein Ausdruck von Religiosität. Das Bedürfnis nach dem Übernatürlichen bestand – wenn es um die Rechtfertigung von Grundsätzlichem ging – offenbar nicht nur für traditionelle Christen, sondern auch für liberale Aufklärer.[23]

8.4.4.4 „Was ist der Dritte Stand?"

Insgesamt repräsentierte der Dritte Stand keineswegs die Armen in der Bevölkerung. Nach dem Selbstverständnis seiner Vertreter gehörten diese wohl noch nicht einmal wirklich dazu, jedenfalls nicht zu dem Anteil, der ein politisches Mitspracherecht haben sollte. Werfen wir einen Blick auf Emmanuel Joseph Sieyès (1748–1836) mit seiner berühmt gewordenen Programmschrift „Was ist der Dritte Stand?" von 1789, der auflagenstärksten Flugschrift aller Zeiten. Auch wenn Sieyès darin immer wieder die Einheit des Dritten Standes betont und sich gegen Privilegierte wendet,[24] hat er dabei – war er doch ein Kind seiner Zeit – wie selbstverständlich eben nicht die Armen, sondern die Wohlhabenden vor Augen. So ist bei ihm die Rede von „Steuerzahlern" („contribuables", „tributaires"),[25] womit Mittellose ausgeschlossen sind. Auch sagt Sieyès – ähnlich wie Kant in dem im Rahmen des Naturrechtskapitels wiedergegebenen Zitat[26] –, dass alle abhängig Beschäftigten wie Dienstboten und die Angestellten eines Handwerksmeisters, ebenso Bettler und Landstreicher wie auch Frauen weder ein aktives noch ein passives Wahlrecht haben dürften.[27] Auf Grundlage dieser Sichtweise bejaht Sieyès das Zensuswahlrecht. In diesem Punkt lag allerdings von Anfang an Konfliktstoff unter den Revolutionären. Auch wenn sich das im Text der Déclaration von 1789 nicht offenbart, herrschten doch höchst unterschiedliche Vorstellungen darüber, wer ein vollberechtigter Bürger („citoyen") sein dürfe. Nur die Reichen, wie Sieyès es wollte? Alle, so wie Robespierre es wollte? Oder gar nur die Armen, wie es Jacques Roux (1752–1794) vielleicht vorschwebte?

Die gesellschaftliche Realität sprach jedoch von Anfang an eine recht deutliche Sprache. Von den 578 Mitgliedern des Dritten Standes in der Ständeversammlung war etwa ein Drittel Rechtsanwälte (so auch Robespierre), etwa 100 waren Industrielle oder gehörten dem Großkapital an, etwa 50 sehr reiche Großgrundbesitzer, hinzu kamen noch ein paar Schriftsteller und Gelehrte sowie Adelige und Priester, die bei den beiden anderen Ständen keine Berücksichtigung gefunden hatten. Kein Tagelöhner und kein einziger Bauer waren als Vertreter des Dritten Standes in

23 Dazu oben S. 21, mit Verweis auf Joas, Sakralität (s. Lit. Kap. 1).

24 Sieyès, Was ist der Dritte Stand?, S. 126, 140, 168, 170.

25 Emmanuel Joseph Sieyès, Qu'est-ce que le Tiers-État? Troisième édition, o. O. 1789, S. 52, 123.

26 S. o. S. 169.

27 Sieyès, Qu'est-ce que le Tiers-état?, S. 37 f.

die Generalstände gewählt worden. Auch Mirabeau hielt seine berühmte, oben erwähnte Bajonettrede als Vertreter einer durchaus elitären Aufklärung, die das Volk wegen seiner Ungebildetheit – die durch Aufklärung „von oben“ beseitigt werden sollte – als zu Recht unterdrückt ansah.

8.4.4.5 „Der große ungebildete Haufen“

Ein besonders sprechendes Beispiel für diesen Standpunkt findet sich bei dem Naturrechtler Adam Christian Horn (1753–1798), wenn er sagt, nur die Behörden und alle, die „am Ruder des Staats sitzen“, sollten zur allgemeinen Wohlfahrt Zugang zu jeder Art von Information und Wissen haben. Umso mehr aber sei dafür Sorge zu tragen, dass „der grose unstudirte Haufe“ eben nicht alles in die Hände bekomme. Das überfordere die ungebildeten Massen und sei nicht nur schädlich für diese, sondern auch für die Allgemeinheit. Nur Dinge, die mit ihrer Berufsausübung zu tun hätten oder zur Tugend anhielten, seien ihnen nützlich. Nachdem Horn glaubt, die Zirkulation solcher gefährlichen Schriften lasse sich nicht effektiv verhindern, macht er folgenden bizarren Vorschlag, der immerhin einer gewissen Originalität nicht entbehrt. Der einzige Weg, wenn die „Denkfreiheit nicht unterdrükt und aufgehoben, sondern nur in klugen Schranken gehalten werden soll“, liege darin, solche Schriften nicht „mit den gewönlichen teutschen Lettern“ zu drucken, sondern vielmehr „di minder wichtigen etwa mit lateinischen und di ganz wichtigen etwa mit grichischen Lettern“. Dabei spricht Horn wohlgemerkt nicht von einer Übersetzung ins Lateinische oder Griechische, sondern allein von den Lettern als eine Art Geheimschrift zur Abschirmung der Unwissenden.[28]

8.4.4.6 Wahlrecht nur für die Wohlhabenden

Somit ist wenig verwunderlich, dass am 22. Dezember 1789 ein Wahlgesetz beschlossen wurde, nach welchem Bürger ohne Vermögen von der Wahl ausgeschlossen waren. Damit hatten drei bis vier Millionen Menschen in Frankreich kein Wahlrecht, so dass ein neuer Geldadel den alten Adel von Geburt ablöste. Die Lösung der ökonomischen und sozialen Probleme Frankreichs hingegen nahm die Erklärung von 1789 zu keinem Zeitpunkt in Angriff. Mit der gänzlichen Abschaffung des Feudalsystems[29] trat vielmehr eine neue Art von Eigentum an dessen

28 Christian Adam Horn, Uiber den waren Begrif von Freiheit, Nürnberg/Marktbreit 1794, S. 397–399.

29 Dekret mit Datum v. 4. August 1789, Art. 1: „L'Assemblée nationale détruit entièrement le régime féodal.“

Stelle. Eine Verbesserung der Sozialfürsorge gegenüber der Zeit des Ancien Régime fand jedoch nicht statt. Frankreich wurde im Interesse der Bourgeoisie zu einem Zentralstaat,[30] in welchem ein Widerstandsrecht für das Volk bereits im Rechtekatalog von 1789 keineswegs so deutlich ausgesprochen war wie in der Virginia Declaration of Rights von 1776[31] und in der Verfassung von 1791 – einem Werk der Großbourgeoisie – dann gänzlich fehlte. Das die gesamte Zeit der Revolution prägende Dilemma der Bourgeoisie lag darin, dass sie einerseits den Zorn des Volkes und den Druck der Straße brauchte, um ihre Ziele durchzusetzen, andererseits die Bourgeoisie aber eben diese Macht des Volkes fürchtete. Eine prominente Position hingegen räumt die Erklärung dem Schutz des Eigentums ein. Dieses steht in Art. 2, und damit weit vorn, und dann noch ein zweites Mal an exponierter Stelle, nämlich ganz hinten (Art. 17). Unter dem Vorwand, die Wiedereinführung der abgeschafften Zünfte zu verhindern, verbot die Loi le Chapelier jede Art von Streik und konterkarierte damit die Vereinigungsfreiheit. So legte „[d]er Kapitalismus [...] die ‚Karten auf den Tisch'".[32]

8.4.5 Verhältnis zur Virginia Bill of Rights

Inwiefern war die französische Erklärung von amerikanischen Vorbildern geprägt? Der besonders durch Forschungen zur Französischen Revolution ausgewiesene Historiker François-Alphonse Aulard (1849–1928) ist von einer Verbindung überzeugt und betont sie mit Nachdruck. Die Virginia Bill of Rights sei „fast die spätere französische Erklärung der Rechte" gewesen. In dem Dokument aus Virginia werde festgestellt, dass alle Macht dem Volk gehöre und deshalb von ihm ausgehe, kein Recht erblich sein könne, die drei Gewalten zu trennen, die Pressefreiheit nicht einzuschränken und die militärische Macht der zivilen unterzuordnen sei. All dies sei – so erschien es Aulard – „die Verwirklichung der französischen Theorien selbst" in lebendiger und kämpferischer Form.[33]

---

30 Heyer, Verfassung der Jakobiner, S. 44.

31 Art. 3: „[...] whenever any government shall be found inadequate or contrary to these purposes, a majority of the community hath an indubitable, unalienable, and indefeasible right to reform, alter or abolish it, in such manner as shall be judged most conducive to the public weal."

32 Heyer, Verfassung der Jakobiner, S. 26.

33 „Cette déclaration d'indépendance avait été précédée de la déclaration des droits du peuple de Virginie (1er juin 1776 [sic]), qui est presque la future déclaration des droits français. On y lisait que toute autorité appartient au peuple et, par conséquent, émane de lui, qu'aucun droit ne peut être héréditaire, que les trois pouvoirs doivent être séparés et distincts, que la liberté de la presse ne peut pas être restreinte, que le pouvoir militaire doit être exactement subordonné au pouvoir civil.

Die Frage, inwiefern als groß angesehene zivilisatorische Errungenschaften als Eigenleistung oder Fremdimport einzuordnen sind, ist heikel. Für die Vergangenheit gilt das in erheblich größerem Umfang als heute. Es ging um die Errungenschaften von Nationen und damit um deren Wertschätzung.[34] Im Fall der Virginia Bill of Rights hat die Frage zwei Ebenen. Die erste ist, ob die Idee einer eigenständigen Rechteerklärung neben der Verfassung an sich aus den Vereinigten Staaten von Amerika kam. Die zweite ist, ob sich die Inhalte der französischen Rechte an amerikanischen orientierten.

8.4.5.1 Idee einer eigenständigen Rechteerklärung

Was die erste Ebene angeht, so lässt sich eine andere Antwort als ein klares „Ja" vernünftigerweise wohl nicht vertreten. Die Rechteerklärung mochte in Frankreich – darauf wird zurückzukommen sein – eine völlig andere rechtliche Bedeutung gehabt haben als in Amerika. Eine zeitgenössische französische Sichtweise war, dass der erste, unvollkommene Versuch aus Amerika stammte und in einer in Frankreich perfektionierten Form dann um die Welt gehen sollte. Kämpfer für Menschenrechte hatten viele Probleme. Probleme mit ihrem Selbstbewusstsein hatten sie nicht. Aber wie auch immer dem im Einzelnen sei, dass die Idee einer Rechteerklärung, die neben der Verfassung steht, auf dem Boden der Neuen Welt erwachsen und von dort in die Alte Welt gelangt war, bestritt damals und bestreitet auch heute wohl niemand. Begründungen dafür, weshalb eine solche Rechteerklärung vonnöten sei und woher diese Idee komme, waren in der Nationalversammlung selten. Gab es sie doch, so wurde nahezu ausschließlich auf das amerikanische Modell Bezug genommen. Auch dies ist ein valides Argument für den Ursprung in der Neuen Welt.

8.4.5.2 Ähnlichkeit der Inhalte

Was die zweite Ebene angeht – ob sich die Inhalte der französischen Rechte an den amerikanischen orientierten –, ist die Situation keineswegs so eindeutig und die Frage durchaus schwieriger zu beantworten. Einerseits ist klar, dass sich der zu schaffende französische Verfassungsstaat irgendwie an den Bills of Rights aus der Neuen Welt orientieren wollte. So sind inhaltliche Parallelen etwa zwischen

---

Et il semblait que ce fût la réalisation même des théories françaises, la pensée de Mably, vivante et combattante." Aulard, Histoire Politique de la Révolution Française, S. 21 f.

34 Illustrativ dazu die Kontroverse zwischen Jellinek und Boutmy, s. o. Kap. 1.5.1.

der Virginia Bill of Rights von 1776 und der Déclaration von 1789 evident. La Fayette, dessen Bedeutung als Bindeglied ich unterstrichen habe, war ja auch mit den amerikanischen Erklärungen bestens vertraut. Bereits für La Fayettes Entwurf bedeutet das allerdings keineswegs, dass er inhaltlich als eine Blaupause einer französischen Bill of Rights gelten kann. Das beginnt bereits mit dem ersten Artikel der Déclaration, der auf La Fayette zurückgeht. Durch die Formulierung „gleich an Rechten" wird hier die Gleichheit stärker betont als in Amerika. Nach dem zweiten französischen Artikel sollte das Ziel jeder politischen Vereinigung die Erhaltung der Menschenrechte sein, während die Amerikaner dieses Ziel im Allgemeinwohl, im Schutz und in der Sicherheit des Volkes, der Nation und des Staates sahen. Bei Art. 4 und 5, die ebenfalls auf den Entwurf La Fayettes zurückgehen, fehlt jede Ähnlichkeit mit Amerika. Die Definition, das Gesetz sei – ganz nach Rousseau – Ausdruck der „volonté générale" (Art. 6), gibt es in Amerika nicht. Für Volkssouveränität und Gewaltenteilung war nicht Amerika der Anstoß, vielmehr waren dies Rousseau und Montesquieu. Ferner lag darin, dass der Schutz der Menschenrechte – wie Art. 12 der Déclaration es regelt – eine öffentliche Gewalt erfordere, eine den Amerikanern fremde Vorstellung.

Diese Abweichungen vermögen kaum zu verwundern, wenn wir uns vor Augen führen, dass sich die beiden Länder oder, vielleicht treffender, die beiden Welten auf mannigfaltige Art voneinander unterschieden. Das hat sich auf das Ergebnis – die Déclaration von 1789 – stärker ausgewirkt, als es auf den ersten Blick vielleicht scheinen mag. In Frankreich war zu Anfang der Revolution – also zur Entstehungszeit der Rechteerklärung von 1789 – keineswegs ein radikaler Bruch mit der althergebrachten Herrschaftsform beabsichtigt. Bei Ausbruch der Revolution im Jahr 1789 war weder abzusehen noch gewünscht, dass König Ludwig XVI. kaum dreieinhalb Jahre später, am 21. Januar 1793, auf der Guillotine sterben würde. Zwar stand auch in der Neuen Welt anfänglich, beim Zusammentreten des Ersten Kontinentalkongresses 1774 Unabhängigkeit nicht zur Debatte. Doch hatte sich dies bei Erlass der Virginia Bill of Rights im Juni 1776 geändert. Es ging nun um eine Trennung vom Britischen Empire auf Nimmerwiedersehen und eine neue Staatform, die an seine Stelle treten sollte. In Frankreich hingegen lag die Idee eines Strafgerichts über den König „außerhalb jeder Vorstellungskraft, sogar außerhalb des Erkenntnisrahmens der Phantasie". In einem zeitgenössischen utopischen Roman, der im Jahr 2440 spielt, ist Frankreichs Adel gefallen, Versailles liegt in Trümmern. Der König aber ist immer noch da.[35]

35 Heyer, Verfassung der Jakobiner, S. 17 f., 23.

In Frankreich ging es also nicht darum, sich von einem bestehenden Staat loszusagen und außerhalb seines Staatsgebiets einen neuen zu gründen. Es ging darum, eine bestehende und als ungerecht empfundene staatliche Ordnung radikal zu erneuern. Dabei spielten philosophische Begründungen und das Gedankengut der Aufklärung eine größere Rolle als in der Neuen Welt. Dies ist schon daran zu ersehen, dass die amerikanischen Erklärungen nur selten überhaupt eine Präambel haben, und wenn doch, so geht es darum, die Loslösung von England zu rechtfertigen. Die Präambel der Déclaration ist aus einem ganz anderen Holz geschnitzt und hat auch einen ganz anderen Stellenwert. Bernhard Schickhardt attestiert den Revolutionären in seiner Arbeit „Die Erklärung der Menschen- und Bürgerrechte von 1789–91 in den Debatten der Nationalversammlung" dafür aus heutiger Sicht nicht nachvollziehbaren, realitätsfernen Optimismus wie auch Überheblichkeit. Ohne Rücksicht auf die tatsächlichen Verhältnisse und Möglichkeiten hätten sie einen neuen Staat schaffen wollen. Jeder Sinn dafür, dass zwischen Theorie und Praxis Unterschiede bestehen könnten, sei ihnen dabei abgegangen. Im Gegenteil: Je reiner und vollkommener ihnen eine Theorie erschienen sei, desto leichter und erfolgversprechender habe ihnen deren Umsetzung in die Praxis gegolten (was mir bei Licht betrachtet für die Zeit der Aufklärung nicht untypisch zu sein scheint). Im Ergebnis sei die Erklärung, die die Protagonisten von 1789 für die Verwirklichung eines Idealstaats vorgesehen hätten, eine reine Offenbarung geistiger und politischer Ideale, die – wenn auch ohne Absicht – nicht zur Errichtung eines neuen Staates, sondern zur völligen Auflösung des Staates und letztlich ins Chaos geführt habe. Wenn diese Sichtweise auch zugespitzt und überzeichnet ist, skizziert sie doch zutreffend einen wichtigen Punkt.

8.4.5.3 Unterschiedliche Zielrichtungen

Damit geht einher – und das ist für das Thema der Menschenrechtsgeschichte vielleicht das überhaupt Wichtigste –, dass die französische Rechteerklärung eine völlig andere Zielrichtung hatte als die Virginia Bill of Rights. Die Rechte von 1789 waren keine Abwehrrechte gegen einen Staat.[36] Das kann schon deshalb nicht sein, weil es eine anerkannte staatliche Ordnung nicht gab. Eine solche, die an die Stelle der überkommenen zu setzen war, galt es vielmehr erst zu schaffen. Insofern

---

36 S. o. Kap. 7.6.

handelte es sich in der Tat um „Leitsätze für gesetzgeberische Aktivitäten eher denn Grenzsteine für die Begrenzung des Gesetzgebers".[37]

Aufschlussreich für die Zielrichtung ist, was der Abgeordnete Jérôme Pétion de Villeneuve (1756–1794), der ein Parteigänger der Radikalen war, über die Déclaration sagte:

> Es geht hier nicht darum, eine Erklärung der Rechte nur für Frankreich, sondern für den Menschen im Allgemeinen abzugeben. Diese Rechte gehören nicht zu den Gesetzen, diese Rechte sind vielmehr überzeitlich und stehen über den Gesetzen [„Ces droits ne sont pas des lois, et ces droits sont de tous les temps et avant les lois"; eigene, freie Übersetzung].[38]

Deutlicher lässt sich das Stimmungsbild kaum einfangen. Es ging überhaupt nicht darum, Gesetze im eigentlichen Sinne, also positives Recht zu schaffen. Betroffen war etwas buchstäblich Höheres, etwas jenseits von Raum und Zeit. In Rede stand nicht etwas so Profanes wie das Geschehen vor Gericht. Laut Präambel wandten sich die „Droits de l'Homme et du Citoyen" auch gar nicht an die Gerichte, sondern nur an die Exekutive und den Gesetzgeber.[39] Somit waren die in Frankreich aufgestellten Prinzipien nicht selbst positive Gesetze, sondern verbindliche Richtlinien für die Gesetzgebung,[40] dem Anspruch von 1789 nach für die Ewigkeit. In Verbindung hiermit steht, dass man die Déclaration von 1789 bereits bei Ausarbeitung der Verfassung im Jahr 1791 als etwas Unveränderliches verstand. Jacques Guillaume Thouret – unter anderem Präsident der Nationalversammlung – hielt zu dieser Zeit Änderungsbestrebungen entgegen, die „Erklärung" sei inzwischen im ganzen Volk bekannt, habe in dessen Augen einen „geheiligten und religiösen Charakter" angenommen und sei zum „Symbol des politischen Glaubens" geworden.[41] Dementsprechend wurde die Erklärung in die Verfassung von 1791 unverändert eingegliedert. Eine Zusammenfassung der Déclaration nahm lediglich einige als

---

37 Stourzh, Zur Konstitutionalisierung der Individualrechte S. 173; Luf, Kant und die Menschenrechte (s. Lit. Kap. 5), S. 605.

38 „Il ne s'agit pas ici de faire une déclaration des droits seulement pour la France, mais pour l'homme en general. Ces droits ne sont pas des lois, et ces droits sont de tous les temps et avant les lois." Archives parlementaires de 1787 à 1860; Première Série (1789 à 1799), Bd. 8: Du 5 mai 1789 au 15 septembre 1789, impr. par ordre du Sénat et de la Chambre des députés; sous la dir. de M. J. Mavidal [...] et de M. E. Laurent [...], Paris 1875, S. 475.

39 „[...] afin que les actes du pouvoir législatif, et ceux du pouvoir exécutif, pouvant être à chaque instant comparés avec le but de toute institution politique, en soient plus [...] l'Assemblée Nationale reconnaît et déclare [...] les droits suivants de l'Homme et du Citoyen."

40 Schickhardt, Erklärung, S. 143.

41 Lefèbvre, 1789, S. 163.

notwendig empfundene Ergänzungen vor.[42] In Verbindung hiermit steht auch, dass die Erklärung der Menschen- und Bürgerrechte – entgegen nicht weniger gegenläufiger Stimmen in der damaligen Nationalversammlung und anders als 13 Jahre zuvor in Virginia[43] – **bewusst** vor der Verfassung verabschiedet wurde. Der Einwand Mirabeaus, der Rechtekatalog sei auf einen späteren Zeitpunkt zu verschieben, um ihn mit der Staatsorganisation besser in Einklang bringen zu können, fand kein Gehör.

8.4.5.4 Inwiefern handelt es sich um Menschenrechte?

Anders als in der Virginia Bill of Rights ist in der französischen Erklärung von Rechten des „Menschen" („homme") und des „Bürgers" („citoyen") die Rede. Ob mit „Menschen- und Bürgerrechten" dieselben Rechte gemeint waren oder eine Differenzierung vorzunehmen sein sollte, geht aus den zeitgenössischen Quellen nicht klar hervor.

Vieles spricht allerdings dafür, dass die damaligen Mitglieder der Nationalversammlung von zwei verschiedenen Arten von Rechten ausgingen. La Fayette jedenfalls nahm in seinem ersten Entwurf diese Unterscheidung vor, wenn er die ersten Artikel als Menschen-, die folgenden als Bürgerrechte ausgestaltete. Für einen engen Zusammenhang zwischen Menschen- und Bürgerrechten spricht demgegenüber Art. 11, welcher die jedem Bürger zustehende Freiheit der Meinungsäußerung damit begründet, dass diese eines der kostbarsten Rechte des Menschen sei. Vielleicht sind Menschenrechte für die damaligen Franzosen etwas Ideell-Naturrechtliches, Bürgerrechte hingegen etwas durch den Gesetzgeber konkret formuliert Gewährtes. Die Antwort auf die Frage, welche Unterscheidung genau aus zeitgenössischer Sicht zu treffen sei, lässt sich nicht mit letzter Sicherheit geben. Eines aber ist klar: Selbst wenn die Auffassungen in der Nationalversammlung offenkundig verschieden waren, gingen manche gewiss davon aus, mit der Rechteerklärung nicht nur eine Leitlinie für den französischen Verfassungsgeber, sondern für die gesamte

---

42 Gosewinkel, Dieter u. Masing, Johannes (Hg.), Die Verfassungen in Europa 1789–1949, München 2006, S. 167; Lefèbvre, 1789, S. 163.

43 Dort wurde ein „committee to draft a declaration of rights and a constitution" eingesetzt, welches sich dann in intensiven Arbeitssitzungen zunächst einer Rechteerklärung, sogleich im Anschluss mit einer Verfassung beschäftigte, so dass letztlich eine revidierte Fassung der Rechteerklärung und die Verfassung am gleichen Tag, am 29. Juni 1776, eingeführt wurden: Willi Paul Adams, The First American Constitutions. Republican Ideology and the Making of the State Constitutions in the Revolutionary Era, Lanham et al. 2001, S. 70 f. S. o. Kap. 7.3, S. 224.

Menschheit zu schaffen. Das oben wiedergegebene Zitat von Jérôme Pétion de Villeneuve lässt insofern keinerlei Zweifel zu:

> Il ne s'agit pas ici de faire une déclaration des droits seulement pour la France, **mais pour l'homme en general**.[44]

Es ging eben um nicht weniger als um Rechte für die gesamte Menschheit („Katechismus für die Menschheit").[45] Auch wenn bereits in der Virginia Bill of Rights die Rede davon war, dass alle Menschen bestimmte natürliche Rechte haben, ist dabei nicht aus den Augen zu verlieren, dass sich dies immer nur auf den betreffenden Einzelstaat (in diesem Fall auf Virginia) beschränken musste. Insofern blieben die Amerikaner 1776 auf dem Teppich. Für die Franzosen des Jahres 1789 lässt sich das nicht sagen. Hier zeigen sich – insofern hat Schickhardt Recht – ein unfassbares Sendungsbewusstsein und ein Traum der Omnipotenz, der die Napoleonischen Kriege bereits von Ferne grüßen lässt. „Die Amerikaner haben es erfunden, wir haben es perfektioniert, und der Rest der Welt lernt es dann von uns." So ungefähr erschien das in ihren Augen. Wie gesagt: Ein Problem mit ihrem Selbstbewusstsein hatten die Revolutionäre nicht. Eben dieses Phänomen aber macht die Déclaration so interessant für eine Geschichte der Menschenrechte. Der Geist, in dem die Vereinten Nationen 159 Jahre später Rechte für die gesamte Menschheit verkünden sollte, ist dem, der aus den zitierten Worten von Pétion de Villeneuve spricht, durchaus verwandt. Der Unterschied ist nur, dass sich im Jahr 1948 eine – wenn auch höchst unvollständige und unbefriedigende – Weltgemeinschaft geformt hatte, was 1789 selbstredend nicht der Fall gewesen war.

8.4.6 Zeitgenössische Einschätzungen der Déclaration

Die Wirkung, die sich der Dritte Stand von den Menschenrechten für die Beseitigung der verhassten alten Ordnung versprochen hatte, war groß. Nach der Präambel der Déclaration sind Unkenntnis oder Missachtung der Menschenrechte alleinige Ursachen für den Verderb des Gemeinwesens. Deshalb müsse der Endzweck jeder politischen Vereinigung die Erhaltung der Menschenrechte sein. Davon gebe es keine Ausnahmen, die „droits naturels, inaliénables et sacrés de l'Homme" seien vielmehr unter allen Umständen einzuhalten. Auch ein Kriegszustand rechtfertige

---

44 Nachweis oben in Fn. 38, Hervorhebung B. K.

45 Heyer, Verfassung der Jakobiner, S. 30 f.

ihre Verletzung nicht. Gleichgültig, ob Krieg oder Frieden: Die Menschenrechte seien unveränderlich und immer dieselben.

Die Erklärung der Menschen- und Bürgerrechte ist ein wichtiges Symbol der Revolution. Das kommt nicht zuletzt darin zum Ausdruck, dass der Text dieser Erklärung auch im darauffolgenden Jahrhundert immer wieder aufgegriffen werden sollte. Der Text erhielt eine quasireligiöse Bedeutung[46] durch Bezugnahme auf das **„Allerhöchste Wesen"** („l'Être Suprême") und war eine Art Glaubensbekenntnis einer neuen Zeit, das allerdings ohne Gott auskam.

Die Autorität der Déclaration war höher als die von Kaiser oder Papst, die Philosophie des 18. Jahrhunderts galt als ihr Gesetzgeber. So wie einst Moses die Gesetzestafeln direkt von Gott erhalten und zu den Menschen gebracht hatte, so habe die Vernunft die Tafeln mit der Erklärung der Menschen- und Bürgerrechte in Lichtstrahlen von einem Berg zu den Menschen gebracht. Diese Parallele zum Dekalog wird in einer bekannten Darstellung optisch ins Bild gesetzt.[47]

Die Verfasser der Déclaration griffen nach dem Ideal ihrer Jugend. Sie befreiten die Menschen, wenn auch nur auf dem Papier. Der Club des Cordeliers, eine radikale Vereinigung der Revolutionszeit, der Danton angehörte und die als erste Vereinigung die Republik forderte, war auch bekannt als Société des amis des Droits de l'homme, als Gesellschaft der Freunde der Menschenrechte. Der Ausdruck „Menschenrechte" („Droits de l'homme") hatte also hohe revolutionäre Sprengkraft.

46 Lefèbvre, 1789, S. 163.

47 Jean-Jacques Le Barbier, Repräsentation der Erklärung der Menschen- und Bürgerrechte von 1789, Ölgemälde, um 1789, heute in den Beständen des Musée Carnavalet (Paris).

Abb. 15 Jean-Jacques-François Lebarbier, Darstellung der Déclaration des droits de l'homme et du citoyen, um 1789.

Die französische Menschenrechteerklärung war eine entscheidende Weichenstellung für den modernen Verfassungsstaat des 19. und 20. Jahrhunderts. Zwischen

1795 und 1830 wurden in Europa etwa 70 Verfassungen verkündet. Die meisten davon hatten einen Grundrechtekatalog.[48]

8.4.7 Französische Grundrechtekataloge nach 1789

Der Grundrechtekatalog von 1789 sollte nicht der einzige der Revolutionszeit bleiben. In der Verfassungskommission von 1792 hatten die Girondisten die Mehrheit. Volkssouveränität und allgemeine Gleichheit waren ihre Leitbegriffe. Die in diesem Zusammenhang erstellte Rechterklärung hat 33 Artikel, wobei eine Berufung auf ein höchstes Wesen – anders als 1789 – fehlt. Das Eigentum wird ausführlich definiert, die Gewerbefreiheit eingeführt, ebenso soziale Grundrechte (Elementarbildung, Sozialhilfe). Die neue Verfassung stieß allerdings auf die Kritik von Robespierre. Dieser wollte das Eigentum stärker sozial verstanden wissen. Auf dieser Grundlage forderte er progressive Steuern und ein steuerfreies Existenzminimum.

Nach dem Sturz der Girondisten im Juni 1793 gab es noch einmal eine neue Verfassung. Diese ist stärker auf die Gesellschaft hin und weniger an Individualrechten orientiert. Ihr Verkünder ist das Volk (nicht die Nationalversammlung). An der Spitze der verbrieften Rechte steht die Gleichheit, dann folgt die Freiheit, dann die Sicherheit, zuletzt das Eigentum. Chancengleichheit, freie Meinungsäußerung, Versammlungs-, Presse- und Religionsfreiheit werden gewährleistet. Eine Sozialpflichtigkeit des Eigentums findet sich allerdings auch in dieser jakobinischen Verfassung nicht. Die öffentliche Fürsorge allerdings ist als eine „geheiligte Pflicht" („dette sacrée") genannt. Ebenso wie in der amerikanischen Unabhängigkeitserklärung ist ein Widerstandsrecht gegen Unterdrückung aufgenommen. Ein solches sei eine Konsequenz der (übrigen) Menschenrechte (Art. 33), der Aufstand gegen eine Regierung, die die Rechte des Volkes verletze, sei „heiligstes Recht und unerlässlichste Pflicht".[49] Im August 1795 kam es nach dem Aufstand der Sansculottes wiederum zur Verabschiedung einer neuen Verfassung. Diese ist beeinflusst durch die schockierenden Erinnerungen, welche die Schreckensherrschaft Robespierres hinterließ. So etwas sollte für alle Zukunft und unter allen Umständen verhindert werden.

Die Verfassung von 1795 ist gekennzeichnet durch eine ausgeprägte Gewaltenteilung sowie Gesetzgebung durch ein Zweikammersystem, was als Reaktion auf die jakobinische Gewaltherrschaft gedeutet werden kann. Zugleich handelt es

48 Haratsch, Geschichte der Menschenrechte (s. Lit.), S. 45.

49 „Quand le gouvernement viole les droits du peuple, l'insurrection est, pour le peuple et pour chaque portion du peuple, le plus sacré des droits et le plus indispensable des devoirs."

sich bereits um die dritte Menschenrechteerklärung innerhalb eines Zeitraums von nur sechs Jahren. Der Katalog der Menschenrechte ist dabei gegenüber der ersten Erklärung von 1789 dezimiert, ein allgemeines Wahlrecht und ein Widerstandsrecht sind nicht garantiert, dafür allerdings in 9 der 22 Artikel Pflichten statuiert. Die Schöpfer dieser Verfassung teilten offenbar nicht mehr ein positives und optimistisches Menschenbild, wonach Einsichtige ihre Pflichten von selbst erledigten. Enthusiastische Parolen und naturrechtliche Bekenntnisse fehlen, dafür sind klare Definitionen enthalten. Außerhalb des Grundrechteteils sind noch menschenrechtlich-freiheitliche Prinzipien in die Verfassung aufgenommen, die jedoch nicht als einforderbare Individualrechte ausgestaltet sind. In diesem Zusammenhang sind die Pressefreiheit, die völlige Gewerbefreiheit sowie der Schutz der Wohnung und des Eigentums – auch des geistigen – zu nennen. Von „natürlichen Rechten des Menschen" allerdings ist nirgendwo die Rede.

Nach Napoleons Staatsstreich vom 9. November 1799 trat am 13. Dezember 1799 eine neue Konsulatsverfassung in Kraft. Ein Grundrechtekatalog fehlt in dieser gänzlich, nur Justizgrundrechte sind genannt, wozu auch die Unverletzlichkeit der Wohnung zählt. Die „seit 1789 klassisch gewordenen Freiheitsrechte" sind nicht in der Verfassung enthalten, werden aber zwei Tage später in einer Proklamation der Konsolen als „geheiligte Rechte" genannt.[50] Sie stehen in der Reihenfolge Eigentum, Gleichheit und zuletzt Freiheit. Was hier festgehalten wird, liegt in einer Linie mit dem einschlägigen Diktum Napoleons: „Die Revolution hält an den Grundsätzen fest, mit denen sie begonnen hat. Sie ist beendet." So lässt sich der Wertewandel hin zu einer bürgerlichen Gesellschaft, wie er sich in Frankreich vom Ausbruch der Revolution bis zu ihrem von Napoleon behaupteten Ende vollzogen hat, anhand der Reihenfolge der Rechte in der ersten im Vergleich zur letzten Erklärung in diesem Zeitraum anschaulich machen. 1789 lautete die Reihenfolge noch „Freiheit, Gleichheit, Eigentum". 1799 war es hingegen „Eigentum, Gleichheit, Freiheit", also genau umgekehrt. Zu beachten ist zudem, dass es 1789 eine Nationalversammlung war, die die Menschenrechte proklamierte. 1799 war es demgegenüber eine Obrigkeit, die sie einräumte, und dies außerhalb der Verfassung. Die Geltung der Menschenrechte war nun – wurden diese auch als „geheiligt" bezeichnet – vom Willen der Machthaber abhängig. Der Konstitutionalismus des 19. Jahrhunderts, der im nächsten Kapitel zu behandeln sein wird, warf hier seine Schatten voraus.

---

50 Wolgast, Geschichte der Menschen- und Bürgerrechte (s. Lit.), S. 84.

8.4.8 Wirkungen und Reaktionen auf die Déclaration im Ausland

Die Revolution wurde außerhalb Frankreichs unter Intellektuellen zunächst oftmals positiv, ja zum Teil begeistert aufgenommen. Das galt auch oder sogar vor allem für Deutschland, wo die Presse detailliert über die Erklärung von 1789 berichtete. Auch kam es dort ab dem Jahr 1792 zur Gründung zahlreicher Jakobinerclubs.

8.4.8.1 Johann Wolfgang von Goethe

Als programmatisch für eine positive Aufnahme der französischen Erklärung der Menschen- und Bürgerrechte führt Wolgast[51] ein Zitat Goethes an:

> Denn wer leugnet es wohl, daß hoch sich das Herz ihm erhoben,
> Ihm die freiere Brust mit reineren Pulsen geschlagen,
> Als sich der erste Glanz der neuen Sonne heranhob,
> Als man hörte vom Rechte der Menschen, das allen gemein sei,
> Von der begeisternden Freiheit und von der löblichen Gleichheit![52]

Das Zitat stammt aus Goethes 1797 erschienenem Epos „Hermann und Dorothea", das nach den „Leiden des jungen Werthers" des Dichters größter Erfolg war.[53] Schauplatz ist eine rechtsrheinische Kleinstadt zu einer Zeit, als französische Truppen immer weiter Richtung deutsche Gebiete vorrückten. Wirren der Revolutionskriege werden bei Goethe zum Handlungsrahmen für eine Geschichte um zwei junge Leute, die einander kennenlernen, als Dorothea als Angehörige eines Flüchtlingstrecks auf Hermann trifft, der als Bewohner der besagten Stadt den Notleidenden hilft. Anders als Goethes Werther nimmt diese Liebesgeschichte ein glückliches Ende.

Der zitierte Ausspruch ist der eines Richters, der über das harte Schicksal aufgrund des Krieges berichtet. Für sich genommen scheint sein Ausspruch ein Zeugnis des Lobes für die französische Erklärung der Menschen- und Bürgerrechte zu sein. Im Folgenden ist dann allerdings vom Anfang und weiteren Verlauf der

51 Ibid., S. 88.

52 Johann Wolfgang v. Goethe, Hermann und Dorothea, in: Reiner Wild (Hg.), Johann Wolfgang Goethe. Sämtliche Werke nach Epochen seines Schaffens, Münchner Ausgabe, Band 4.1: Wirkungen der Französischen Revolution 1791–1979, München 1988, S. 593 ff. (V. 6–9, S. 592).

53 Kommentar zu Hermann und Dorothea, in: Reiner Wild (Hg.), Johann Wolfgang Goethe. Sämtliche Werke nach Epochen seines Schaffens, Münchner Ausgabe, Band 4-1: Wirkungen der Französischen Revolution 1791–1979, München 1988, S. 1074 ff. (1074).

Französischen Revolution die Rede. Dabei äußert der Richter sich düster über die Geschehnisse. „Der Himmel trübte sich bald. [...] Sie ermordeten sich und unterdrückten die neuen Nachbarn und Brüder". In Bezug auf die zerstörte Hoffnung heißt es: „Sprech' er doch nie von Freiheit, als könn' er sie selbst regieren!"[54]

Es ist schon aus grundsätzlichen Erwägungen zweifelhaft, die Äußerung einer Dramenfigur als Beleg für die Auffassung ihres Erfinders anzuführen. Wenn so etwas überhaupt fruchtbar und aufschlussreich sein kann, so nur, wenn wir durch einen Blick auf andere Werke und Aussagen ein Gesamtbild erhalten können. Goethe beschäftigte sich allerdings weniger mit innenpolitischen Vorgängen oder den Ideen dahinter und mehr mit den Begleiterscheinungen der Französischen Revolution. Im Folgenden will ich einige Stellen anführen, an denen sich Goethe zur Menschenrechtediskussion um 1800 äußerte.

Im Hinblick auf die Ideen des aufgeklärten Liberalismus schrieb Goethe schon Anfang 1789, „daß Freiheit und Gleichheit nur in dem Taumel des Wahnsinns genossen werden können".[55] Dementsprechend galt er als Kritiker der „französischen Gleichheit".[56] Untragbar war für ihn, dass Gleichheit und Freiheit nach den Ideen der Französischen Revolution gleichzeitig versprochen wurden. „Gesetzgeber oder Revolutionärs, die Gleichsein und Freiheit zugleich versprechen, sind Phantasten oder Charlatans."[57]

Goethe war ein Gegner gewaltsamer staatlicher Umwälzung „von unten". Vielmehr teilte er die Überzeugung, Veränderung von Gesellschaft und Staat müsse langsam, in einem evolutionären Prozess geschehen. In diese Richtung geht die Haltung des adeligen Lothario in „Wilhelm Meisters Lehrjahre" (1795), wenn dieser dafür plädiert, der Staat möge freiwillig die Privilegien des Adels abschaffen; auch damit der Staat „nicht so oft um Köpfe und Hände verlegen ist", sich also selbst vor einer Revolution schütze.[58] Dabei fand die Gleichheit im Denken Goethes ihre Grenzen, indem er sie lediglich innerhalb eines Standes erstrebte. In „Die Aufgeregten" schrieb der Dichter: „Ein Jeder kann nur seinen eigenen Stand beurteilen und

---

54 Goethe, Hermann und Dorothea, V. 40, 42 f. (S. 593), 78 (S. 595).

55 Johann Wolfgang v. Goethe, Das römische Karneval, hg. v. Isabelle Kuhn, Frankfurt am Main/Leipzig 1995, S. 51.

56 Dieter Borchmeyer, Höfische Gesellschaft und Französische Revolution bei Goethe. Adliges und bürgerliches Wertsystem im Urteil der Weimarer Klassik, Kronberg 1977, S. 283 ff.

57 Johann Wolfgang v. Goethe, Maximen und Reflexionen, hg. v. Max Hecker, Weimar 1907, S. 203.

58 Johann Wolfgang v. Goethe, Wilhelm Meisters Lehrjahre, in: Richard Friedenthal (Hg.), Goethes Werke in zwei Bänden, Bd. 2, München/Zürich 1957, S. 95 ff. (450 f.).

tadeln".[59] Regieren solle nur, wer dazu geboren sei. Das politische Mitwirken der Massen lehnte Goethe ab. So äußerte er, dass „das Volk wohl zu drücken aber nicht zu unterdrücken ist und daß die revolutionären Aufstände der unteren Klassen eine Folge der Ungerechtigkeiten der Großen sind".[60] Dabei wehrte Goethe sich allerdings dagegen, als „Freund des Bestehenden" zu gelten.[61] Sein Ideal war ein aufgeklärter Monarch, der die Reformen „von oben" durchführt.

Goethes Denken war somit zwar aufklärerisch, doch hielt er an den ständischen und monarchischen Prinzipien fest, soweit sie den aufkommenden Ideen der Gleichheits- und Freiheitsrechte entgegenstanden. Die Worte des Richters in „Hermann und Dorothea" stellen daher mehr den Zeitgeist kurz nach 1789 als die persönliche Meinung Goethes um das Jahr 1797 dar. Wenn sich aus dem Gesamtbild des Epos „Hermann und Dorothea" überhaupt etwas über die Grundauffassung Goethes ableiten lässt, so kommen enttäuschte Hoffnung und Ablehnung von Gewalteskalation durch die Revolution zum Ausdruck. Und Goethe war wahrlich nicht der einzige Intellektuelle, der nach einer eventuell anfänglich vorhandenen Euphorie so dachte und fühlte. Auch die Vorstellungen von Freiheit und Gleichheit, wie sie in der Déclaration von 1789 zum Ausdruck kommen, teilte Goethe nicht.

8.4.8.2 Edmund Burke und Friedrich v. Gentz

Politiker standen der Idee der Menschenrechte häufig noch viel ablehnender als Goethe gegenüber. Der Brite Edmund Burke (1729–1797) brachte es 1790 klar auf den Punkt: „Die eingebildeten Rechte dieser Theoretiker sind lauter Extreme: und je mehr sie im metaphysischen Sinne wahr sind, desto mehr sind sie im moralischen und politischen falsch".[62] In Anlehnung an Burke formulierte der deutsch-österreichische Politiker und spätere Berater Metternichs Friedrich v. Gentz (1764–1832): „Der Philosoph formt Systeme, der Pöbel schmiedet Mordgewehre daraus. Es kan kein schrecklicher Schwerdt in den Händen eines ungebildeten Menschen geben, als ein allgemeines Princip." Auf kuriose Weise prophetisch sah Gentz etwas voraus, was für die Nationalversammlung von 1789 in dieser Form

---

59 Johann Wolfgang v. Goethe, Die Aufgeregten. Politisches Drama in fünf Akten, in: Erich Tunz (Hg.), Johann Wolfgang von Goethe. Werke, Kommentare und Register. Hamburger Ausgabe in 14 Bänden, Bd. 5: Dramatische Dichtungen III, 14. Aufl., München 2005, S. 168 ff. (195).

60 Johann Wolfgang v. Goethe, Begegnungen und Gespräche, in: Renate Grumach (Hg.), Bd. 14: 1823–1824, Berlin/Boston 2011, S. 319.

61 Ibid., S. 320.

62 Edmund Burke, Betrachtungen über die Französische Revolution, Zürich 1987 (zuerst London 1790), S. 136.

noch Zukunftsmusik war, namentlich das Abwehrrecht. Aber was für uns heute ein Element individualschützender Rechtsstaatlichkeit ist, war für Gentz ein Schreckgespenst oder eine Idiotie oder etwas von beiden: „Ein Staat, der Deklarationen der Rechte, als Regierungswerkzeuge gebraucht, waffnet jeden seine Unterthanen gegen sich selbst."[63]

Die Menschenrechteerklärung war ihm Ausdruck von Misstrauen gegen den Staat, wobei ihr Text völlig unklar sei, „Chaos roher und regelloser Begriffe", „Missgeburt einer seichten Philosophie und einer kindischen Politik", „Werk des Augenblicks, einer schwärmerischen Laune, einer flüchtigen Debatte und – was das schlimmste ist – aufgebrachter Leidenschaften". „Das System der französischen Menschenrechte", so Gentz, „vereinigt alle Fehler in sich, die die Grundlage [...] einer systematischen Staatsverfassung nur immer entstellen können. Es ist unrichtig in sich: es ist unanwendbar: es zerstört seine eigenen Zwecke."[64]

8.4.8.3 Das Allgemeine Landrecht für die Preußischen Staaten

Trotz solcher vernichtenden Urteile blieb die Menschenrechtsidee im nach wie vor monarchisch-absolutistisch geprägten Europa doch nicht ohne Einfluss auf die Gesetzgebung. Zu nennen ist in diesem Zusammenhang das Allgemeine Landrecht für die Preußischen Staaten von 1794. Diese Kodifikation des aufgeklärten Absolutismus atmet keineswegs den Geist der Revolution und zielt gewiss nicht darauf ab, die alte Ordnung zu beseitigen. Das ALR kennt drei Stände mit durchaus unterschiedlichen Rechten: Bauern, Bürger, Adel. Dabei billigt das Gesetz allerdings doch einen Katalog von Rechten aller „Mitglieder des Staats". Jedem Einwohner stehe ein Recht auf Schutz von Person und Eigentum, Ehre und sonstigen Rechten zu (§§ 76, 80, 83 Einleitung ALR). Auch sei das Gesetz für alle gleich verbindlich ohne Unterschied von Stand, Rang und Geschlecht (§ 22 Einleitung ALR). Insoweit geht das ALR von einem Gleichberechtigungsgrundsatz aus. Sklaverei sei in Preußen grundsätzlich verboten, und dauerhaft ins Land gebrachte Sklaven würden frei (§§ 196, 198, 200, 201 II 5 ALR). Die rechtliche Situation war insofern eine andere als in Frankreich,[65] wobei zu berücksichtigen ist, dass Preußen anders als Frankreich keine überseeischen Besitzungen mit Zuckerrohrplantagen besaß, womit sich

---

63 Friedrich Gentz, Betrachtungen über die französische Revolution. Nach dem Englischen des Herrn Burke neu bearbeitet mit einer Einleitung, Anmerkungen, politischen Abhandlungen, und einem critischen Verzeichniß der in England über diese Revolution erschienenen Schriften, Teil 2, Berlin (bei Friedrich Vieweg dem Aelteren) 1793, S. 183.

64 Gentz, Betrachtungen II, S. 209, S. 224 f.

65 Dazu unten Kap. 8.4.9.2.

insofern das praktische Problem nicht stellte. Auch galt nach dem ALR das Prinzip der Handlungsfreiheit. Was „weder durch natürliche, noch durch positive Gesetze" verboten sei, sei erlaubt (§ 87 Einleitung ALR). Ferner spricht das ALR – wenn auch an verstecktem Ort – bemerkenswerterweise von den „allgemeinen Rechte[n] der Menschheit" und ihrer universellen Geltung,[66] wobei das ALR jedoch darüber schweigt, was genau der Inhalt dieser allgemein geltenden Menschenrechte sei. In der Tat handelte es sich bei dem preußischen Gesetzeswerk um eine „janusköpfige Kodifikation".[67]

8.4.9 Gleichheit für alle Menschen?

Heute als Menschenrechte bezeichnete Formulierungen aus amerikanischen Verfassungsdokumenten – wie der Virginia Bill of Rights und der Unabhängigkeitserklärung – galten zu ihrer Zeit gewiss nicht (in einem heutigen Sinne) für alle Menschen.[68] Zumindest ein Anflug von Anachronismus ist mithin bei der Bezeichnung als „Menschenrechte" nicht von der Hand zu weisen. Im Rahmen dieses Kapitels über Frankreich möchte ich nun in die gleiche Richtung etwas zum Verständnis des Begriffs Gleichheit („égalité") sagen. Es mag banal sein zu betonen, dass diese Gleichheit sich auf weiße Männer bezog. Eine Frau fiel weder unter „citoyen" noch unter „homme", ein schwarzer Sklave auch nicht. Ich will mir im Rahmen dieser Darstellung weder anmaßen, eine Geschichte der Frauenrechte noch eine des Abolitionismus auch nur zu versuchen. Nachdem aber die Erklärung von 1789 so berühmt und bedeutend ist und daher vielleicht nicht so fernliegt, die mit ihr in besonderer Weise in Verbindung gebrachte Gleichheit in einem heutigen Sinne zu verstehen, möchte ich an dieser Stelle etwas Raum dafür verwenden aufzuzeigen, welche Dimension diese Gleichheit beziehungsweise Ungleichheit damals hatte.

8.4.9.1 Frauen

Im Vor- wie auch im Umfeld der Französischen Revolution gab es die Forderungen, Menschen- und Bürgerrechte auch Frauen zuzugestehen und Gleichberechtigung

66 § 10 I 1 ALR: „Die allgemeinen Rechte der Menschheit gebühren auch den noch ungebornen Kindern, schon von der Zeit ihrer Empfängniß."

67 Gerhard Dilcher, Die janusköpfige Kodifikation. Das preußische Allgemeine Landrecht (1794) und die europäische Rechtsgeschichte, ZEuP 3 (1994), S. 446 ff.

68 S. o. Kap. 7.5.

dahin zu verstehen, dass auch das weibliche Geschlecht davon erfasst werde. Umgesetzt wurde schließlich nichts davon.

Während der Französischen Revolution waren Frauen an den großen Volksbewegungen beteiligt, sowohl am Sturm auf die Bastille als auch beim Zug nach Versailles. Auch bewunderten Männer damals das politische Engagement von Frauen. Sie bildeten politische Clubs, und es wurden immer wieder Forderungen nach Rechten für Frauen laut. Dennoch zeigte sich bald, „wie außerhalb der Vorstellungswelt vieler eine Wahrnehmung politischer Rechte durch Frauen lag".[69] So fand sich neben dem Marquis de Condorcet kaum jemand, der eine Partizipation von Frauen überhaupt ernsthaft in Betracht gezogen hätte. Im Oktober 1793 erzwang der Nationalkonvent schließlich die Auflösung aller politischen Frauenclubs. In einer Begründung dazu hieß es, nachdem bereits die politische Erziehung der Männer noch in den Anfängen stehe, müsse dies erst recht für Frauen gelten, deren „moralische Erziehung fast völlig bedeutungslos ist".[70] Mit einer Beteiligung von Frauen an der Regierung gebe man Personen Macht, „die in besonders hohem Maße dem Irrtum und der Verführung ausgesetzt sind". Weiterhin neigten Frauen von Natur aus zu übertriebenen Gefühlsausbrüchen, was den Interessen des Staates zuwiderlaufe. So würden öffentliche Debatten sie so sehr in Erregung versetzen, dass sie ihren Kindern nicht mehr die Liebe zum Vaterland vermittelten, wie sich das gehöre, sondern ihnen vielmehr Hass und vorgegebenen Meinungen einpflanzten. Aus diesem Grund sei es für Frauen unmöglich, die politischen Rechte auszuüben. War zu diesem Zeitpunkt Frauen die Teilnahme an politischen Versammlungen in Begleitung ihrer Männer noch erlaubt gewesen, so wurde auch das im Jahre 1795 schließlich gänzlich untersagt.

8.4.9.1.1 Olympe de Gouges und ihre „Déclaration des droits de la Femme et de la Citoyenne" (1791)

Eine entscheidende Rolle in der Geschichte des Kampfes um Frauenrechte spielte die engagierte Schriftstellerin Olympe de Gouges (1748–1793). Sie forderte radikale Gleichberechtigung in jeder Hinsicht, (vermeintliche) Vorteile sollte es in ihren Augen für keines der beiden Geschlechter geben. Das bedeutete für sie auch, dass Frauen genauso wie Männer das Recht und die Pflicht zum Militärdienst haben sollten, mithin die Forderung nach einer weiblichen Nationalgarde. Olympe de Gouges stand den Girondisten nah und wurde unter der Jakobinerherrschaft wegen ihrer politischen Ansichten als angebliche Royalistin angeklagt und am 3. November

69 Zenner, Frauen und Frauenemanzipation in der Französischen Revolution, S. 17.

70 Zitiert nach Zenner, Frauen und Frauenemanzipation in der Französischen Revolution, S. 20.

1793 durch die Guillotine hingerichtet. Auch wenn das Organ des Wohlfahrtsausschusses in Bezug auf die Hinrichtung von drei Frauen (Marie-Antoinette am 16. Oktober, Olympe de Gouges am 3. November und Manon Roland am 8. November 1793) äußerte, den Frauen der Republik werde ein bedeutsames Exempel statuiert, ist der Standpunkt, Olympe de Gouges sei wegen ihres Einsatzes für Frauenrechte gestorben und mithin eine frühe feministische Märtyrerin,[71] nicht zu halten. Zustimmung verdient die differenzierende Sichtweise von Gisela Bock:

> De Gouges wurde zwar nicht unmittelbar wegen ihres Einsatzes für Frauenechte hingerichtet, sondern wegen ihrer öffentlichen Kritik an der zentralistischen und terroristischen Politik von Robespierre. Gleichwohl nannte das Prozess- und Hinrichtungsprotokoll als Begründung, dass sie ein „Staatsmann" sein wollte und „die Tugenden vergessen hatte, die ihrem Geschlecht anstehen".[72]

In den Ausführungen des Wohlfahrtsausschusses kommt deutlich zum Ausdruck, dass seine Mitglieder der Frau eine ganz andere Rolle als dem Mann zuwiesen. Frauen hätten ihr Aufgabenfeld im Haushalt und bei der Erziehung und Unterstützung ihrer Kinder. Das erwarte das Vaterland (auch) nach der Revolution von seinen Bürgerinnen. Aus politischen Entscheidungen hingegen hätten sie sich herauszuhalten:

> Frauen! Wollt Ihr Republikanerinnen sein? Liebt, befolgt und lehrt die Gesetze, die Eure Ehemänner und Kinder an die Ausübung ihrer Rechte erinnern. Seid glorreich über die brillanten Taten, die sie zum Wohl des Vaterlandes aufzählen können, weil diese Zeugnis

---

71 So verstehe ich Hannelore Schröder, Olympe de Gouges, http://www.fembio.org/biographie.php/frau/biographie/olympe-de-gouges/ (Zugriff: 17.07.2024); dies., Olympe de Gouges: Mensch und Bürgerin. Die Rechte der Frau (1791), Aachen 1995, S. 99. In Anlehnung an Schröder und ihre verkürzte Übersetzung einer einschlägigen Äußerung des Wohlfahrtsausschusses Norman Paech, Menschenrechte. Geschichte und Gegenwart – Anspruch und Realität, Köln 2019, S. 57. Zuweilen ist der Standpunkt, Olympe de Gouges sei wegen ihres Engagements für Frauenrechte hingerichtet worden, nicht klar ausgesprochen, allerdings suggestiv angedeutet: „Am 3. November 1793 wurde die mutige Vordenkerin der Rechte der Frau von den jakobinischen Machthabern guillotiniert – sie habe vergessen, was sich für ihr Geschlecht ziemt, hieß es", Ruth Jung, Vor 225 Jahren, Olympe de Gouges tritt für die Rechte der Frauen ein, https://www.deutschlandfunk.de/vor-225-jahren-olympe-de-gouges-tritt-fuer-die-rechte-der.871.de.html?dram:article_id=365657 (Zugriff: 17.07.2024).

72 Gisela Bock, Frauenrechte als Menschenrechte. Olympe de Gouges' „Erklärung der Rechte der Frau und der Bürgerin" Beitrag zum Themenschwerpunkt „Europäische Geschichte – Geschlechtergeschichte", in: Themenportal Europäische Geschichte, 2009, www.europa.clio-online.de/essay/id/fdae-1505, S. 10 (Zugriff: 04.09.2024).

> von Euren Vorteilen ablegen. Zieht Euch bescheiden an, seid fleißig in Eurem Haushalt. Verfolgt niemals Volksversammlungen mit dem Wunsch, dort zu sprechen. Doch möge Eure Anwesenheit das eine oder andere Mal Eure Kinder ermutigen. Dann wird das Vaterland Euch segnen, weil Ihr dann wirklich das für das Vaterland getan habt, was es zu Recht von Euch erwarten kann.[73]

Olympe de Gouges ist heute vor allem bekannt durch ihre Schrift „Déclaration des Droits de la Femme et de la Citoyenne", veröffentlicht im September 1791. Die Autorin imitiert – wie bereits der Titel vermuten lässt – die berühmte Erklärung der Menschen- und Bürgerrechte von 1789, und zwar sowohl im Hinblick auf die Anzahl der Artikel wie auch im Hinblick auf den Wortlaut. Allerdings hat sie die Worte „l'homme" und „citoyen" durch „la femme" beziehungsweise „citoyenne" ersetzt. Am Schluss der Präambel ersetzt sie die Formulierung „Die Nationalversammlung anerkennt" durch „das an Schönheit und an Mut in den Leiden der Mutterschaft überlegene Geschlecht [anerkennt]". Weiterhin legt Olympe de Gouges in ihrer Erklärung dar, dass die Frau frei geboren werde und dem Mann in allen Rechten gleich sei. Gesellschaftliche Unterschiede könnten allein „auf den allgemeinen Nutzen" gegründet sein (Art. 1). Bei der Wahrnehmung ihrer „natürlichen Rechte" stoße die Frau nur an die Grenzen, „die die ständige Tyrannei des Mannes ihr entgegensetzt." Diese seien durch die von Natur und Vernunft vorgegebenen Gesetze neu zu ziehen (Art. 4). Das Gesetz solle „Ausdruck des Gesamtwillens" sein. Deshalb müssten alle Bürger ebenso wie auch alle Bürgerinnen persönlich oder über ihre Vertreter zu seiner Entstehung beitragen (Art. 6), womit die Forderung nach einem Wahlrecht für Frauen verbunden ist. Sie fordert die vollständige Gleichbehandlung von Frauen vor Gericht, das bedeutet auch zu ihrem Nachteil (Art. 7–9). Bei der Vollstreckung von Strafen solle – wie zum Teil vorher üblich – keinerlei Nachsicht gegenüber Frauen geübt werden. Sei eine Frau für schuldig befunden, so müsse vielmehr „die ganze Strenge des Gesetzes" angewendet werden (Art. 9).

---

73 Eigene Übersetzung einer Passage aus Feuille de Salut Public vom 17. November 1793: „Femmes! voulez-vous être républicaines? aimez, suivez et enseignez les lois qui rappellent à vos épuox et vos enfants à l'exercice de leurs droit; soyez glorieuses des actions éclatautes qu'ils pouront compter en faveur de la patrie, parce qu' elles témoignent en votre faveur; soyez simples dans votre mis, laborieuses dans votre ménage; ne suivez jamais les assemblées populaires avec le désir d'y parler; mais que votre présence encourage quelquefois vos enfants; alors la patrie vous bénira, parce que car vous aurez réelement fait pour elle ce qu'elle a droit d'attendre de vous", https://www.retronews.fr/journal/feuille-du-salut-public/17-novembre-1793/1639/2855785/3, S. 3 (Zugriff: 04.09.2024). Die oben in Anm. 71 genannte Übersetzung von Schröder ist gekürzt, was das Gesamtbild verzerrt.

Abb. 16 Alexander Kucharsky, Olympe de Gouge (1748–1793), spätes 18. Jahrhundert.

Wie deutlich Rechte und Pflichten für Olympe de Gouges miteinander verbunden sind und wie sehr sie es für Frauen ablehnt, weiterhin als „schwaches Geschlecht" behandelt zu werden, kommt durch Art. 10 zum Ausdruck. Hier behandelt sie das Recht der freien Meinungsäußerung und formuliert unter Bezugnahme auf das zuvor in Art. 9 Gesagte: „Die Frau hat das Recht, das Schafott zu besteigen; sie muss gleichermaßen das Recht haben, die Tribüne zu besteigen". Diesen Artikel setzt Olympe de Gouges an die Stelle, an welcher in ihrer Vorlage – der Erklärung der Menschen- und Bürgerrechte von 1789 – das Recht auf Religionsfreiheit steht. Dieses scheint für sie keine Bedeutung zu haben, denn sie erwähnt es an keiner Stelle. Wichtiger scheint ihr etwas anderes zu sein, das sie an die frei gewordene Stelle der Religionsfreiheit setzt, nachdem sie Meinungsfreiheit bereits in Art. 10 besprochen hat. Sie versteht „freie Gedanken- und Meinungsäußerung", wie sie diese in Art. 11 ihrer Frauenrechteerklärung behandelt, in einem speziellen Sinn. Sie versteht darunter das Recht der Frauen, frei zu bekennen und anzugeben, wer der Vater ihres (unehelichen) Kindes sei. Nach damaligem Recht und vermutlich auch nach damaliger (von Männern geprägter) Moralvorstellung bestand keinerlei Verpflichtung eines nichtehelichen Vaters, für das Kind finanziell zu sorgen oder sich auch nur in irgendeiner Weise darum zu kümmern. Die moralischen und wirtschaftlichen Konsequenzen hatte allein die Frau zu tragen, die zudem noch durch „ein barbarisches Vorurteil" (so de Gouges in Art. 11) gezwungen war, den Namen des Erzeugers zu verschweigen.

Diese Forderung steht mit dem eigenen Schicksal von Olympe de Gouges in Verbindung. Geboren wurde sie in einer Kleinstadt im Süden Frankreichs. Ihre Mutter war eine Wäscherin, verheiratet mit einem Metzger, der aber nicht Olympes leiblicher Vater war. Dieser war vermutlich ein lokaler Adeliger, der sich allerdings weder um sein Kind noch um dessen Mutter in irgendeiner Weise kümmerte. Die von Olympe de Gouges beklagte höchstmissliche Situation nichtehelicher Mütter und ihrer Kinder sollte sich übrigens weder durch die Gesetzgebung zur Zeit der Französischen Revolution noch durch das vielgepriesene napoleonische Zivilgesetzbuch von 1804 in irgendeiner Weise ändern.

Im Folgenden betont de Gouges in ihrem Werk noch, dass die Frau im Staat zu den gleichen Abgaben heranzuziehen sei wie der Mann. An allen „mühseligen Arbeiten" habe sie gleichermaßen teil, deshalb partizipiere sie ebenso an der Besetzung von Stellen und Ämtern (Art. 13). Das lässt sich als eine Art frühe Forderung nach einer Frauenquote verstehen.

In Art. 16 schreibt die Autorin, eine Verfassung sei nichtig, wenn die Mehrheit der Individuen, welche die Nationen ausmachten, an ihrer Erstellung nicht beteiligt gewesen sei. Sie fügt ihrem Rechteentwurf ein Muster eines Gesellschaftsvertrages von Mann und Frau bei, der eine Beziehung als gleichberechtigte Partner abbildet. Böten die Frauen all ihre Charakterstärke auf, so heißt es kämpferisch, würden sie die Hochmütigen bald zu ihren Füßen sehen. De Gouges zweifelt allerdings wohl selbst an der Wirkung ihres Textes: „Beim Durchlesen dieses wunderlichen Schriftstücks sehe ich schon die Heuchler, die Prüden, die Geistlichkeit und den ganzen höllischen Rattenschwanz sich gegen mich erheben."

8.4.9.1.2 Marquis de Condorcet und Sebastiano d'Ayala

Mit dieser Einschätzung lag sie bekanntlich bedauerlicherweise nicht falsch. Dabei war sie allerdings nicht die Einzige, die in ihrer Zeit für Frauenrechte eintrat. So hatte der bedeutende und hochdekorierte Wissenschaftler Marquis de Condorcet (1743–1794) in seiner Abhandlung „Über die Zulassung der Frauen zum Bürgerrecht" dafür votiert, Frauen das Wahlrecht einzuräumen.[74] Auch wenn der Marquis de Condorcet nicht auf der Guillotine endete wie Olympe de Gouges, fiel auch er den Wirren der Französischen Revolution zum Opfer und starb auf ungeklärte Weise kurz nach seiner Verhaftung. Ein weiterer zeitgenössischer Befürworter von Frauenrechten war der italienische Jesuit Sebastiano d'Ayala (1744–1817), der in seiner Schrift „De la liberté et de l'égalité des hommes et des citoyens avec des con-

74 Marquis de Condorcet, Über die Zulassung der Frauen zum Bürgerrecht.

sidérations sur quelques nouveaux dogmes politiques“ von 1792[75] die Frage aufwarf, warum dem weiblichen Geschlecht kein Wahlrecht zustehen solle, wenn „es uns an Stoffe der Seele, an Standhaftigkeit, an Vorsicht und Weisheit weit übertrifft“.[76]

8.4.9.1.3 Reaktionen im Ausland

8.4.9.1.3.1 Theodor Gottlieb von Hippels „Über die bürgerliche Verbesserung der Weiber“ (1792)

Als sich in Frankreich durch die Revolution nichts an der rechtlichen Situation von Frauen änderte, äußerte der deutsche Jurist und Aufklärer Theodor Gottlieb von Hippel (1741–1796) in seinem Buch „Über die bürgerliche Verbesserung der Weiber“ von 1792, es sei ihm nicht begreiflich, wie gerade die Franzosen „bei der weltgepriesenen allgemeinen Gleichheit“ die Frauen vernachlässigten, indem diese anders als die Männer keine verfassungsmäßigen Menschen- und Bürgerrechte zugebilligt erhielten.[77] Im späten Naturrecht wurde die Benachteiligung der Frau teilweise nicht mit dem Geschlecht, sondern mit äußeren Umständen wie wirtschaftlicher Unselbstständigkeit oder der freiwilligen Unterwerfung unter die Herrschaft des Mannes durch die Eheschließung begründet, was dann eine Kollision mit dem Gleichheitspostulat vermied.

8.4.9.1.3.2 Mary Wollstonecrafts „Verteidigung der Rechte der Frau“ (1792)

Weiterhin ist die englische Schriftstellerin und Frauenrechtlerin Mary Wollstonecraft (1759–1797) mit ihrem so wie Hippels Werk 1792 erschienenen Buch „Verteidigung der Rechte der Frau“ zu nennen, das eine der ersten feministischen Abhandlungen darstellt und noch im gleichen Jahr ins Französische übersetzt wurde. Wollstonecraft bezieht in ihrer Abhandlung Position zu der während der Zeit der Aufklärung gängigen Auffassung, Frauen stehe kein Recht auf Ausbildung beziehungsweise allenfalls ein solches auf eine an Hausarbeiten orientierte Ausbildung zu. Die Autorin argumentiert mit den wichtigen gesellschaftlichen Aufgaben der Frau als Erzieherin der Kinder und Partnerin ihres Ehemannes. Sie fordert unter anderem eine koedukative Schulausbildung mit Sexualkundeunterricht, ebenso wirtschaftliche Unabhängigkeit für Frauen.[78] All diese Bemühungen hatten jedoch im revolutionären Frankreich in der politischen Realität keinen nennenswerten

---

75 Wien (bei Ignaz Alberti) 1792.

76 Deutsche Übers.: Sebastiano Graf von Ayala, Ueber Freyheit und Gleichheit der Menschen und Bürger mit Betrachtungen über einige neue politische Lehrsätze, übers. aus dem Französischen, Wien (bei Johann Thomas Edlen von Trattnern) 1793, S. 169.

77 Hippel, Bürgerliche Verbesserung der Weiber, S. 8.

78 Wollstonecraft, Zur Verteidigung der Frauenrechte, S. 234 f., 238–240, 252.

Erfolg. Im Jahr 1792 beschloss die Nationalversammlung eine „égalité civile", das heißt eine Gleichstellung von Mann und Frau bei Eheschließung und Scheidung.[79] Das war alles.

Um die Geschichte der Geschlechtergleichstellung auch nur annähernd angemessen darstellen zu können, wäre mindestens eine separate umfangreiche Darstellung vonnöten. Nur so viel sei an dieser Stelle gesagt: Bis zu dem Ausspruch von Hedwig Dohm (1831–1919): „Die Menschenrechte haben kein Geschlecht", der aus dem Jahre 1876 stammt,[80] sollte es noch ein weiter Weg sein. Und zwischen dem besagten Ausspruch – dem, auch wenn er heute eine gewisse Bekanntheit erlangt hat, die Zeitgenossen nicht selten mit Hohn und Spott begegneten – und der Verwirklichung auf internationaler Ebene durch die UN-Frauenrechtskonvention von 1979 (Convention on the Elimination of All Forms of Discrimination against Women) sollten noch einmal mehr als 100 Jahre vergehen.

8.4.9.1.3.3 Exkurs: Paul Julius Möbius' „Ueber den physiologischen Schwachsinn des Weibes" (1900)

Um Zeugnis davon zu geben, in wie weiter Ferne die Gleichstellung der Frau in der Auffassung mancher im Jahr 1900 lag, will ich auf den Aufsatz „Ueber den physiologischen Schwachsinn des Weibes" von Paul Julius Möbius (1853–1907) eingehen.[81] Weil das Werk ob seiner Extremität besonders anschaulich macht, was ich meine, möchte ich es etwas ausführlicher behandeln und auch zitieren. Dabei stammen die Zitate keineswegs von einer ungebildeten Person. Vielmehr war Möbius Doktor der Philosophie und der Medizin sowie Praktiker und Privatdozent der Neurologie in Leipzig. Was Möbius hier präsentiert, gibt sich auch keineswegs als eine reine Meinungsäußerung, sondern vielmehr zumindest zu einem guten Teil als Ergebnis einer naturwissenschaftlichen Analyse aus. Im Hinblick auf die geistige Leistungsfähigkeit hält der Autor dabei nicht nur die Frau,[82] sondern auch den „Neger" für minderwertig. Letzteres ist für Möbius so selbstverständlich, dass er es einfach feststellt und überhaupt nicht weiter diskutiert. Darin allerdings war Möbius in seiner Zeit alles andere als ein Einzelfall.

---

79 Wolgast, Geschichte der Menschen- und Bürgerrechte (s. Lit.), S. 69.

80 Dohm, Der Frauen Natur, S. 185.

81 Möbius, Über den physiologischen Schwachsinn des Weibes.

82 Möbius verwendet durchweg die Bezeichnung „Weib", die im heutigen Sprachgebrauch eine pejorative Bedeutung hat. Das allerdings war zu seiner Zeit anders. „Weib" war der Sammelbegriff für verheiratete und unverheiratete Frauen, nach damaligem Sprachgebrauch „Fräulein" (was heute nicht mehr verwendet wird) und „Frau". Die Bezeichnung „Weib" selbst ist also keineswegs abschätzig gemeint und nichts anderes als der historische Vorläufer unseres heutigen Wortes „Frau".

Sein besagter Essay steht in einer Reihe mehrerer Beiträge zum Thema Unterschiede der Geschlechter, die im Rahmen der Diskussion um die Zulassung von Frauen zum Studium, vor allem der Medizin, seit etwa 1865 entstanden. Die Zulassung von Frauen zum Medizinstudium war äußerst umstritten und erfolgte an manchen deutschen Universitäten erst im Jahr 1908, damit im Verhältnis zu anderen Staaten vergleichsweise spät (USA 1850, Schweiz 1865, übriges Europa spätestens 1890). In einer medizinischen Fachzeitschrift, die 100 Jahre nach der Abfassung an die Schrift von Möbius erinnert, findet sich folgende Bewertung:

> Möbius war nicht misogyn, sondern stützt sich ganz auf die ‚naturgegebenen' Geschlechtsunterschiede, um daraus die einzige Bestimmung der Frau festzulegen und alles andere als Entartung abzutun. Sein Buch ist ein Dokument der Sozial- und Mentalitätengeschichte.[83]

Die Bewertung im letzten Satz ist auf jeden Fall richtig. Inwiefern die im ersten Satz zutrifft, erscheint fraglich. Ich selbst will nicht werten und stattdessen nur Möbius selbst sprechen lassen:

> Bei geistig niedrig stehenden Männern (z. B. einem Neger) fand er [Rüdinger, ein Anatom, der 1892 ein einschlägiges Buch veröffentlichte, B. K.] den weiblichen ähnliche Verhältnisse des Scheitellappens, während bei geistig hochstehenden Männern die mächtige Entwicklung des Scheitellappens ein ganz anderes Bild gewährte. Die allereinfachsten Verhältnisse fand Rüdinger bei einer bayerischen Frau, er spricht geradezu von „tierähnlichem Typus". Demnach ist es also nachgewiesen, daß für das geistige Leben außerordentlich wichtige Gehirnteile, die Windungen des Stirn- und des Schläfenlappens, beim Weibe schlechter entwickelt sind als beim Manne, und daß dieser Unterschied schon bei der Geburt besteht. [...]
> Der Instinkt nun macht das Weib tierähnlich, unselbständig, sicher und heiter. In ihm ruht ihre eigentümliche Kraft, er macht sie bewundernswert und anziehend. Mit dieser Tierähnlichkeit hängen sehr viele weibliche Eigentümlichkeiten zusammen. Zunächst der Mangel eignen Urteils. Was für wahr und gut gilt, das ist den Weibern wahr und gut. Sie sind streng konservativ und hassen das Neue, ausgenommen natürlich die Fälle, in denen das Neue persönlichen Vorteil bringt, oder der Geliebte dafür eingenommen ist. Wie die Tiere seit undenklichen Zeiten immer dasselbe tun, so würde auch das menschliche Geschlecht, wenn es nur Weiber gäbe, in seinem Urzustande geblieben sein. Aller Fortschritt geht vom Manne aus. Deshalb hängt das Weib vielfach wie ein Bleigewicht an ihm [...].

---

83 Marcel H. Bickel, „Ueber den physiologischen Schwachsinn des Weibes." Möbius' provokatives Buch von 1900, Schweizerische Ärztezeitung 2001, S. 1922 f.

Es ist durchaus unrichtig, die Weiber unmoralisch zu nennen, aber sie sind moralisch einseitig oder defekt. Soweit wie ihre Liebe reicht, sofern wie angeschautes Leiden ihr Mitleid erweckt, sind sie oft jeder Aufopferung fähig und beschämen nicht selten den kälteren Mann. Aber sie sind von Herzen ungerecht, sie lachen innerlich über das Gesetz und verletzen es, sobald wie die Furcht oder die Dressur das zulassen. Dazu kommt die Heftigkeit der Affekte, die Unfähigkeit zur Selbstbeherrschung. Eifersucht und verletzte oder unbefriedigte Eitelkeit erregen Stürme, denen kein moralisches Bedenken Stand hält. Wäre das Weib nicht körperlich und geistig schwach, wäre es nicht in der Regel durch die Umstände unschädlich gemacht, so wäre es höchst gefährlich. [...]
Die Aufgabe ist, begehrenswert zu erscheinen, deshalb muß das eigene Begehren verschwiegen werden, und muß alles geschickt verdeckt werden, was der Schätzung der Anderen abträglich sein könnte [...]. [N]ichts ist törichter, als dem Weibe das Lügen verbieten zu wollen. Verstellung, d. h. Lügen, ist die natürliche und unentbehrlichste Waffe des Weibes, auf die sie gar nicht verzichten kann. [...]
Jemand hat gesagt, man solle vom Weibe nichts verlangen, als daß es „gesund und dumm" sei. Das ist grob ausgedrückt, aber es liegt in dem Paradoxon eine Wahrheit. Übermäßige Gehirntätigkeit macht das Weib nicht nur verkehrt, sondern auch krank. Wir sehen das leider tagtäglich vor Augen. [...]
[E]s scheint eine Funktion der Zivilisation zu sein. Wie die Stadtbevölkerung mit ihrer vorwiegenden Gehirntätigkeit allmählich unfruchtbar wird und ohne Zufluß vom Lande absterben würde, so scheint die Zivilisation überhaupt die Quellen des Lebens abzugraben und ein Volk wird schließlich so zivilisiert, daß es nicht mehr leben kann und nur durch Barbarenblut wieder aufgefrischt werden kann. Offenbar ist das Urphänomen der Gegensatz zwischen Gehirntätigkeit und Fortpflanzung.[84]

8.4.9.2 Schwarze Sklaven

Blicken wir auf die rechtliche Situation schwarzer Sklaven in den überseeischen französischen Besitzungen, so fällt die Bilanz traurig aus. Ihre Freiheit wurde immer wieder diskutiert und gefordert, unter anderem von La Fayette, Condorcet wie auch von Olympe de Gouges. La Fayette und Condorcet waren Mitglieder der Société des Amis des Noirs, eines politischen Clubs, der sich gegen die Versklavung schwarzer Menschen einsetzte. Olympe de Gouges engagierte sich ebenfalls gegen die Sklaverei und verfasste dazu ein Theaterstück. Bereits die erste republikanische Verfassung

84 Möbius, Über den physiologischen Schwachsinn des Weibes, S. 29, 34, 35, 40, 41, 44.

vom 24. Juni 1793 enthielt ein Verbot der Sklaverei,[85] und am 4. Februar 1794 wurde per Dekret ihre Abschaffung in allen französischen Kolonien beschlossen. Allein die praktischen Konsequenzen dieses Dekrets waren dort gering. Im Jahre 1802 wurde es dann unter Napoleon wieder aufgehoben, 1805 die weitere Anwendung des Code noir ausdrücklich bestätigt. Der Code noir ist eine Zusammenstellung von Sklavengesetzen aus der Zeit Ludwigs XIV., genau gesagt aus dem Jahre 1685, die bis 1848 in Geltung blieb. In späteren Jahren erschienen noch überarbeitete Fassungen für St. Domingo und Louisiana, so dass es genau genommen mehrere Codes noirs gibt. In dem ersten und mit ergänzenden Verordnungen 1788 nochmals im Druck erschienenen Code noir von 1685 jedenfalls findet sich folgende Bestimmung:

> Einem flüchtigen Sklaven, der seit dem Tag, an dem sein Herr es bei Gericht angezeigt hat, einen Monat lang auf der Flucht war, sollen die Ohren abgeschnitten werden und er soll mit einer fleur de Lys auf einer Schulter gebrandmarkt werden, und wenn er – wiederum vom Tag der Anklage an gerechnet – für einen Monat rückfällig wird, soll ihm ein Unterschenkel abgeschnitten werden,[86] und er soll mit einer fleur de Lys auf der anderen Schulter gebrandmarkt werden, und beim dritten Mal soll er mit dem Tod bestraft werden.[87]

Anschaulicher kann wohl kaum werden, dass die Menschen- und Bürgerrechte von 1789 eben nicht für alle galten.

---

85 Art. 18: „Tout homme peut engager ses services, son temps; mais il ne peut se vendre, ni être vendu; sa personne n'est pas une propriété alienable". Ebenso Art. 15 der Verfassung v. 1795.

86 Für meine Übersetzung beziehe ich mich auf Johann Georg Krünitz, Oeconomische Encyclopädie, Bd. 154, Berlin 1831, S. 652, der den Code noir ausschnittweise sinngemäß auf Deutsch wiedergibt: „Wenn ein Sklave zum zweiten Male entläuft, so soll ihm ein Bein abgehauen und er gebrandmarkt werden."

87 Le code noir, ou, Recueil des réglemens rendus jusqu'à présent, concernant le gouvernement, l'administration de la justice, la police, la discipline & le commerce des Negres dans les colonies françoises, et les conseils & compagnies établis à ce sujet, Paris (L. F. Prault) 1788, Art. 38 Code Noir: „L'esclave fugitive qui aura été en fuite pendant un mois à compter du jour que son maître l'aura dénoncé en justice, aura les oreilles coupées et sera marqué d'une fleur de lis sur une épaule; et s'il récidive une autre fois à compter pareillement du jour de la dénonciation, aura le jarret coupé et il sera marqué d'une fleur de lis sur l'autre épaule; et la troisième fois il sera puni de mort."

8.5 Literatur

Steffen Bauer, Verfassungsgerichtlicher Grundrechtsschutz in Frankreich, Baden-Baden 1998

Hans Erich Bödeker, Zur Rezeption der französischen Menschen- und Bürgerrechte von 1789/1791 in der deutschen Aufklärungsgesellschaft, in: Birtsch (Hg.), Grund- und Freiheitsrechte im Wandel (s. Lit.), S. 258 ff.

Daniel Brühlmeier, Verfassungstheorie und Grundrechtsdenken bei Montesquieu, ARSP 67 (1981), S. 233 ff.

Norbert Campagna u. Rüdiger Voigt (Hg.), Das Jahrhundert Voltaires, Vordenker der europäischen Aufklärung, Baden-Baden 2020

Codes noirs. De l'esclavage aux abolitions, introduction de Christiane Taubira, textes présentés par André Castaldo, Paris 2006

Marquis de Condorcet, Über die Zulassung der Frauen zum Bürgerrecht, in: Daniel Schulz (Hg.), Marquis de Condorcet. Freiheit, Revolution, Verfassung. Kleine politische Schriften, Berlin 2010, S. 108 ff. (französisches Original: Sur l'admission des femmes au droit de cité [Erstveröffentlichung: Journal de la société de 1789 v. 3. Juli 1790], in: Jean-Pierre Jackson (Hg.), Condorcet. Œuvres complètes, Bd. 10, Paris 2019, S. 7 ff.)

Die Debatten in der damaligen Nationalversammlung sind nicht vollständig überliefert, die wichtigsten Anträge und Beschlüsse allerdings in einem Protokoll festgehalten: Archives parlementaires de 1787 à 1860; Première Série (1789 à 1799) Tome VIII Du 5 mai 1789 au 15 septembre 1789, impr. par ordre du Sénat et de la Chambre des députés; sous la dir. de M. J. Mavidal, [...] et de M. E. Laurent [...], Paris 1875

Hedwig Dohm, Der Frauen Natur und Recht, Berlin 1876

Marcel Dorigny u. Bernard Gainot, La Société des Amis des Noirs 1788–1799, Paris 1998

Astrid Franzke, Die Vorkämpferinnen für das Frauenwahlrecht in Deutschland im Spiegel unterschiedlicher politischer Bewegungen, in: Nicole Kühnert et al. (Hg.), Menschenrechte sind auch Frauenrechte, Leipzig 2002 , S. 111 ff.

Christian Geulen et al. (Hg.), Rassismus. Die Erfindung von Menschenrassen, Göttingen 2018

Jacques Goedechot, L'expansion de la déclaration des droits de l'homme de 1789 dans le monde, in: Annales Historique de la Révolution Francaise, Société des Etudes Robespierristes 50 (1978), S. 201 ff.

Olympe de Gouges. Die Rechte der Frau, hg. v. Karl Heinz Burmeister, Bern 1999 (zuerst 1791)

Walter Grab, Zur Geschichte der deutschen Jakobiner, in: Forum für Philosophie Bad Homburg (Hg.), Die Ideen von 1789 in der deutschen Rezeption, Frankfurt am Main 1989, S. 68 ff.

Norman Hampson, Vor dem Terror. Das revolutionäre Frankreich 1789–1791, Köln/Wien 1989

Andreas Heyer, Die Verfassung der Jakobiner von 1793 und ihr historischer Kontext, Baden-Baden 2019

Theodor Gottlieb von Hippel, Über die bürgerliche Verbesserung der Weiber, Frankfurt am Main 1977 (zuerst Berlin [Vossischen Buchhandlung] 1792)

Hasso Hofmann, Zur Lehre vom Naturzustand in der Rechtsphilosophie, in: Reinhard Brandt, (Hg.), Rechtsphilosophie der Aufklärung, Berlin/New York 1982, S. 12 ff.

Waldemar Hummer, Menschenrechte und Französische Revolution, in: Helmut Reinalter (Hg.), Die Französische Revolution und das Projekt der Moderne, Wien 2002, S. 199 ff.

Nicole Kühnert et al. (Hg.), Menschenrechte sind auch Frauenrechte, Leipzig 2002

Georges Lefèbvre, 1789. Das Jahr der Revolution, München 1989 (französisches Original: Quatre-vingt-neuf, zuerst Paris 1939)

P[aul] J[ulius] Möbius, Über den physiologischen Schwachsinn des Weibes, 8. Aufl., Halle an der Saale 1905 (zuerst 1900, ND München 1977)

Wilhelm Mommsen, Die politischen Anschauungen Goethes, Stuttgart 1948

Montesquieu, Vom Geist der Gesetze, übers. v. Kurt Weigand, durchgesehene u. bibliographisch ergänzte Ausg., Stuttgart 1994 (zuerst Genf [chez Barrillot & Fils] 1748)

Teresa Pizarro Beleza u. Helena Pereira de Melo, Olympe de Gouges (1748–1793). Impressively Ahead of Her Time. A Visionary, Daring Activist and Martyr, in: Kasy McCall-Smith et al. (Hg.), The Faces of Human Rights, Oxford/Chicago 2019, S. 33 ff.

Jean-Jacques Rousseau, Vom Gesellschaftsvertrag, übers. v. Hans Brockard, durchgesehene u. bibliographisch ergänzte Ausg., Stuttgart 1986 (zuerst Amsterdam [chez Marc Michel Rey.] 1762)

Louis Sala-Molins, Le Code Noir ou le calvaire de Canaan, Paris 2003

Sigmar-Jürgen Samwer, Die französische Erklärung der Menschen- und Bürgerrechte von 1789/91, Hamburg 1979

Bernhard Schickhardt, Die Erklärung der Menschen- und Bürgerrechte von 1789–91 in den Debatten der Nationalversammlung, Berlin 1931

Wolfgang Schmale, Entchristianisierung, Revolution und Verfassung. Zur Mentalitätsgeschichte der Verfassung in Frankreich, 1715–1794, Berlin 1988

Richard Schottky, Das Problem der Gewaltenteilung bei Rousseau und Fichte, Daimon – Revista Internacional de Filosofia 9 (1994), S. 289 ff.

Emmanuel Joseph Sieyès, Was ist der Dritte Stand?, übers. v. Eberhard Schmitt u. Rolf Reichardt, in: Oliver W. Lembcke u. Florian Weber (Hg.), Emmanuel Joseph Sieyès. Was ist der Dritte Stand? Ausgewählte Schriften, Berlin 2010 (zuerst 1789), S. 111 ff.

Lukas Stelten, Gerichtlicher Grundrechtsschutz in Frankreich, Baden-Baden 2018

Gerhard Stourzh, Zur Konstitutionalisierung der Individualrechte in der Amerikanischen und Französischen Revolution, in: ders., Wege der Grundrechtsdemokratie. Studien zu

Begriffs- und Institutionengeschichte des liberalen Verfassungsstaates, Wien/Köln 1989, S. 155 ff.

Otto Vossler, Studien zur Erklärung der Menschenrechte, Historische Zeitschrift 141 (1930), S. 516 ff.

Mary Wollstonecraft, Zur Verteidigung der Frauenrechte, hg. v. Ursula I. Meyer, übers. v. Petra Altschuh-Riederer, Aachen 2008 (frühe Übers. ins Deutsche v. Christian Gotthilf Salzmann (1793/1794), ND: Mary Wollstonecraft, Verteidigung der Rechte der Frauen, hg. v. Berta Rahm, Zürich 1975/1976)

Maria Zenner, Frauen und Frauenemanzipation in der Französischen Revolution, in: Helmut Altner (Hg.), Emanzipiert und doch nicht gleichberechtigt? Lebensräume von Frauen im Blick heutiger Forschung, Regensburg 1991, S. 9 ff.

9. Vormärz

9.1 Der Begriff Vormärz

Als „Vormärz" bezeichnen wir eine bewegte Epoche der deutschen Geschichte im Vorfeld der Märzunruhen von 1848, die als revolutionärer Akt zur Formierung einer deutschen Nationalversammlung führte. Diese sollte schließlich eine bedeutende – wenn auch nie wirklich in Kraft getretene – Verfassung ausarbeiten, die einen weitreichenden und bemerkenswerten Katalog von Grundrechten enthielt. Der Begriff Vormärz wird in der Geschichtswissenschaft im Hinblick auf seine zeitliche Reichweite unterschiedlich gehandhabt. Zum Teil wird nur die Zeit nach der französischen Julirevolution von 1830 betrachtet, wohingegen andere die gesamte Epoche zwischen der Formierung des Deutschen Bundes auf dem Wiener Kongress 1815 und dem Ausbruch der Unruhen im Jahr 1848 als Zeit des Vormärz ansehen. Im Hinblick auf meinen Untersuchungsgegenstand ist es sinnvoll, für diese Darstellung von einem weiteren Begriff von „Vormärz" auszugehen. Der gesamte Zeitraum ist nämlich von einer für das vorliegende Thema wichtigen Neuerung geprägt: In diesem Zeitraum wird gängige Praxis, Grundrechte standardmäßig in Gesetzestexten – genau gesagt in Verfassungen – zu garantieren.

9.2 Die Staats- und Rechtsphilosophie Hegels

Verfassungen des konstitutionellen Zeitalters stehen in Verbindung mit der Staatsphilosophie Georg Wilhelm Friedrich Hegels (1770–1831). Dieser argumentiert naturrechtlich und geht – wie viele vor ihm – davon aus, Freiheit und Menschsein gehörten untrennbar zusammen. Hegel sieht Freiheit als die Möglichkeit des Menschen, eben dieses Menschsein zu verwirklichen. Dabei meint er jedoch keineswegs, dass alle Menschen von Natur aus gleich seien. Das Gegenteil sei der Fall und die Menschen von Natur aus ungleich. Dem Begriff der Freiheit allerdings hätten wir zu verdanken, dass sie als gleich verstanden würden. Die ohne jede Erläuterung in den Raum gestellte Behauptung „alle Menschen sind gleich" könne mithin als eine Verwechslung des Natürlichen mit dem Begriff missverstanden werden.[1] Eine

---

1 Georg Wilhelm Friedrich Hegel, Enzyklopädie der philosophischen Wissenschaft im Grundriss III: Die Philosophie des Geistes, 1830, in: ders., Werke in 20 Bänden, Auf Grundlage d. Werke von

natürliche Freiheit im vorstaatlichen Zustand, wie sie Denkern des klassischen Naturrechts vorschwebt, existiert für Hegel nicht. Für ihn ist der Naturzustand „ein Zustand der Gewalttätigkeit und des Unrechts, von welchem nichts Wahreres gesagt werden kann, als dass aus ihm herauszugehen ist".[2] Hegel geht davon aus, dass die mit dem Menschsein verbundene Freiheit im modernen Staat ihre bestmögliche Verwirklichung finde, für ihn ist der Staat „die Wirklichkeit der konkreten Freiheit".[3]

Für Hegel stellt der Staat keine Einrichtung zur Sicherung vorstaatlicher, natürlicher Rechte dar, sondern vielmehr eine den Rechten der Einzelnen vorgelagerte Institution, die diese erst konstituiere. Daher überrascht, dass Hegel in seiner Rechtsphilosophie keinen Grundrechtekatalog im Verfassungsentwurf fordert, obwohl sich Ausführungen zu Rechten wie das auf Freiheit der Person oder des Eigentums und Glaubensfreiheit bei ihm durchaus finden. Hegel wird eine „aus heutiger Sicht problematische Überhöhung des Staates" vorgeworfen,[4] wenn er den Staat „wie ein Irdisch-göttliches verehren" will.[5] Die Staatsform, die er dabei vorsieht, ist die einer konstitutionellen Monarchie, bei der die unterschiedlichen Gewalten in der fürstlichen Gewalt, welche die „Spitze und der Anfang des Ganzen" sei, zusammengefasst sind.[6] Von Volkssouveränität hält Hegel wenig: „Die Persönlichkeit des Staates ist nur als eine Person, der Monarch, wirklich". Weiter heißt es: „Das Volk ohne seinen Monarchen und die eben damit notwendig und unmittelbar zusammenhängende Gliederung des Ganzen genommen", sei „die formlose Masse, die kein Staat mehr ist".[7] Hegel sieht dabei aber gerade keine Feudalmonarchie vor, von der er die konstitutionelle Monarchie deutlich abgrenzt. Willkürlich dürfe der Monarch nicht handeln, vielmehr habe er „[i]n einer wohl geordneten Monarchie" dem Gesetz „nur das subjektive ‚Ich will' hinzuzusetzen".[8]

1832–1845 neu ed. Ausgabe, hg. v. Eva Moldenhauer u. Karl Markus Michel, Bd. 10, Frankfurt am Main 1986, § 539.

2 Hegel, Enzyklopädie III, § 502.

3 Georg Wilhelm Friedrich Hegel, Grundlinien der Philosophie des Rechts, 1821, in: ders., Werke in 20 Bänden, Auf Grundlage d. Werke von 1832–1845 neu ed. Ausgabe, hg. v. Eva Moldenhauer u. Karl Markus Michel, Bd. 7, Frankfurt am Main 1986, § 260.

4 So Uwe Volkmann, Rechtsphilosophie, 2. Aufl., München, 2023, § 1 Rn. 207.

5 Hegel, Grundlinien, § 272, Zusatz.

6 Ibid., § 273.

7 Ibid., § 279.

8 Ibid., § 280, Zusatz.

9.3 Die französische Charte constitutionnelle (1814)

Solche Gedanken fingen die politische Stimmung der Zeit ein. So beruhte die Charte constitutionnelle von 1814 im Unterschied zu den Verfassungen der Revolutionszeit nicht auf Volkssouveränität. Vielmehr erließ sie der König von Frankreich auf der Grundlage seiner monarchischen Macht, wodurch er dann wiederum seinerseits an diese Verfassung gebunden war. In eben dieser Verfassung sind unter der Überschrift „Droits publics des Français" Grundrechte aufgeführt. Diese enthalten die Gleichheit vor dem Gesetz, gleiche Behandlung bei Besteuerung und Besetzung öffentlicher Ämter, Garantie individueller Freiheit, Religionsfreiheit – allerdings mit dem Katholizismus als Staatsreligion – und grundsätzlich auch Meinungsfreiheit, wobei Einschränkungen durch Gesetze möglich sein sollten. Die Charte constitutionnelle lag mit ihrem Bekenntnis zu einer freien und zugleich monarchischen Verfassung auf der Linie des Zeitgeistes – Restauration einerseits, Errungenschaften der Revolution andererseits – und wurde zum Modell für andere Gesetzgebungsvorhaben in Europa.[9] Bei aller Distanzierung von Prinzipien der Revolution knüpfte die Charte constitutionnelle dennoch an Neuerungen der Jahre seit 1789 an. Sie legte den Grundstein für ein konstitutionelles System mit starker monarchischer Spitze. So war der König frei bei der Ernennung und Entlassung seiner Minister, behielt die Kontrolle über Armee und Marine sowie die Entscheidungsfreiheit über Krieg und Frieden. Ferner war er befugt, diplomatische Verträge abzuschließen. Auf Grundlage der Charte constitutionnelle ergingen in Deutschland zum Teil Verfassungen mit Grundrechtekatalogen auf Ebene der Einzelstaaten, auf Ebene des Deutschen Bundes hingegen war das nicht der Fall.

9.4 Der Wiener Kongress

Nach dem Ende der napoleonischen Ära verhandelten die europäischen Zentralmächte in den Jahren 1814 und 1815 in Wien über die politischen Formen einer zukünftigen europäischen Ordnung. Eine wichtige Frage dabei war, wie in Zukunft das verfasst sein sollte, was ursprünglich das Heilige Römische Reich Deutscher Nation gewesen war. Entscheidender Punkt dabei war, ob die Beteiligten sich überhaupt auf ein geeintes Deutschland würden einigen können. Zu einem solchen Zentralstaat kam es bekanntlich nicht, und so ging der Deutsche Bund als „völ-

9 Oestreich, Geschichte der Menschenrechte (s. Lit.), S. 81 ff.

Abb. 17 Jean Baptiste Isabey (Künstler), Jean Godefroy (Kupferstecher), Wiener Kongress, Sitzung der von den acht Signatarstaaten des Friedens von Paris (1815) entsandten Bevollmächtigten, 1819.

kerrechtlicher Verein“[10] aus den Wiener Verhandlungen hervor. Dieser bestand aus etwa 35 Einzelstaaten (deren Anzahl veränderlich war), die sich im Hinblick auf Größe, Gewicht und Regierungsform mehr oder weniger stark voneinander unterschieden. Zentralorgan war die Bundesversammlung in Frankfurt am Main, deren bundesübergreifende legislative Gewalt überaus begrenzt war.

9.4.1 Die Deklaration gegen den Sklavenhandel vom 8. Februar 1815

Wichtig für die Geschichte der Menschenrechte ist, dass die Delegierten auf dem Wiener Kongress neben der territorialen Neuordnung Europas auch über die Beendigung des internationalen Sklavenhandels diskutierten. So nahmen am 8. Februar

10 So Art. 1 der Wiener Schlussakte v. 15. Mai 1820.

1815 alle acht Signaturstaaten des Friedens von Paris[11] übereinstimmend die Deklaration gegen den Sklavenhandel[12] an, ein Dokument, dessen große Bedeutung zuweilen verkannt wird.[13] Diese liegt nämlich darin, dass das Völkerrecht hier zum ersten Mal Menschenrechte garantierte.[14] So schwer fassbar der Inhalt von Menschenrechten sein mag, Freiheit im Sinne des Verbots von Sklaverei ist mit Sicherheit ein fundamentaler Bestandteil davon. Und bei einer Übereinkunft zwischen mehreren Staaten handelt es sich ohne Zweifel um Völkerrecht in einem heutigen Sinne.

Die Deklaration kam 1815 natürlich nicht aus dem luftleeren Raum. Ein Verbot der Sklaverei fand sich in der französischen Verfassung vom 24. Juni 1793.[15] Leidenschaftlich forderten die Abolitionisten ihre Abschaffung, wobei diese Bewegung in erster Linie von Großbritannien ausging und die Quäker hier eine prominente Rolle spielten. Die einfache und ergreifende Darstellung eines schwarzen Sklaven in Ketten mit den Worten „Am I not a man and a brother?“ erlangte Berühmtheit durch Medaillons, die der englische Industrielle und Sklavereigegner Josiah Wedgwood im 18. Jahrhundert in Massenproduktion herstellte.

Im britischen Mutterland war Sklaverei allerdings nie ein Thema. Die Verschleppung von Menschen aus Afrika zum Zweck der Zwangsarbeit unter Bedingungen, die viele nicht lange überlebten, war immer ein koloniales Phänomen. Die Transporte der Versklavten gingen in die Neue Welt, nicht nach Großbritannien. Nach einer berühmten Entscheidung von 1772 verstößt Sklaverei sogar gegen britisches Recht, so dass ein Sklave, der britischen Boden betritt, freizulassen sei.[16] Dieses Urteil bezog sich jedoch ausschließlich auf das britische Mutterland und blieb ohne jede Auswirkung auf die Rechtslage in den Kolonien. Auf perfide Weise ist es ähnlich wie heute: Menschenunwürdige Arbeitsbedingungen, in unseren westlichen Augen unvorstellbar niedrige Löhne, Umweltzerstörung durch bei uns verbotene Chemikalien und all das damit verbundene menschliche Elend sind auch keine Phänomene reicherer Länder.

---

11 Österreich, Russland, Großbritannien, Preußen, Frankreich, Spanien, Portugal und Schweden.

12 Klüber, Acten des Wiener Congresses VIII, S. 3 ff.

13 Berding, Ächtung des Sklavenhandels, S. 265 f.

14 „Indeed, it was the first time that human rights were guaranteed by international law.“ Heinz Duchhardt, From the Peace of Westphalia to the Congress of Vienna, in: Bardo Fassbender u. Anne Peters (Hg.), The Oxford Handbook of the History of International Law, Oxford 2014, S. 628 ff. (628, 650).

15 S. o. Kap. 8.4.9.2.

16 https://en.wikipedia.org/wiki/Somerset_v_Stewart (Zugriff: 12.09.2024).

Abb. 18 Medaillon der Britischen Anti-Slavery Society (seit 1787).

Als Großbritannien in dem denkwürdigen Jahr 1776 seine nordamerikanischen Kolonien endgültig verlor, verlor damit auch die Sklaverei ihre Bedeutung für das Britische Empire. Anders verhielt es sich – so bizarr es klingen mag – für einen Staat (oder besser gesagt einen Staatenbund), der sich in ganz besonderer Weise für die Menschenrechte eingesetzt hatte. Auf jeden Fall konnten es sich die Briten nun leicht leisten, auf die Sklaverei zu verzichten, und dabei zugleich ihrem Gegner schaden. Als eines der ersten Länder verboten sie 1807 den Handel mit schwarzen Sklaven. War das auch noch kein Verbot der Sklaverei an sich, war es doch ein wichtiger Schritt auf ihr Ende zu, das dieses Verbot letztlich einläutete. Die Briten unterbanden nun neue Verschleppungen von Menschen, und die Briten waren auf den Weltmeeren damals ja nicht gerade unbedeutend.

Allerdings hatte das Verbot des Sklavenhandels für Großbritannien auch eine Schattenseite. Es bedeutete einen Wettbewerbsnachteil gegenüber anderen europäischen Kolonialmächten. Wenn Nationen wie vor allem Portugal und Spanien dieses lukrative Geschäft weiter betrieben, brachte das mit sich, dass die Briten kein Stück vom Kuchen abbekamen. Dies nun ließ sich nur verhindern, wenn der Kuchen selbst ganz verschwand. Im Übrigen ist es ähnlich wie heute bei Maßnahmen gegen den Klimawandel oder einem Verbot von Kernkraftwerken. Ein solches Vorgehen ist viel weniger wirksam, wenn nicht gar sinnlos, wenn nicht alle mitmachen. Außerdem war eine Ächtung des Sklavenhandels für die Briten wichtig, weil sie unter Kriegsrecht leichter Sklavenschiffe aufbringen und so den Handel unterbinden konnten. Da nach dem Ende der Napoleonischen Kriege Frieden herrschte, war dies nach internationalem Recht nicht mehr möglich.

Demnach waren gewiss nicht allein humanitäre, sondern auch oder gar vor allem wirtschaftliche Erwägungen ausschlaggebend dafür, dass die Briten auf dem Wiener Kongress mit dem Vorschlag eines internationalen Verbots des Sklavenhandels an die anderen Staaten herantraten. Aus den eben beschriebenen Gründen waren die Profiteure von dieser Idee nicht gerade begeistert. Mit diplomatischem Geschick gelang es den Briten dennoch schließlich, alle acht Mächte zur Unterzeichnung eines Papiers zu bewegen, das bewusst „Erklärung“ hieß und nicht „Abkommen“ oder gar „Vertrag“. Um einen solchen nämlich konnte es sich gerade nicht handeln, weil dem Dokument keine bindende Wirkung zukommen sollte. Die Unterzeichner setzten sich lediglich zum Ziel, auf ein Ende des Sklavenhandels hinzuwirken. In der Erklärung heißt es ausdrücklich, dass für die Abschaffung der Sklaverei kein Zeithorizont festgelegt sein sollte.[17]

Es wäre aber falsch, die Bedeutung des Dokuments aus diesem Grund in Abrede zu stellen. Auch die Allgemeine Erklärung der Menschenrechte von 1948 ist weder als völkerrechtlicher Vertrag rechtsverbindlich, noch benennt sie eine zeitliche Dimension für die Verwirklichung der Menschenrechte in den nationalen Rechtsordnungen. Dennoch ist die Wirkung eben dieser Erklärung enorm.[18] Deshalb sollte dem 133 Jahre älteren Dokument die Bedeutung beigemessen werden, die es verdient. Erstmalig steht in einer völkerrechtlichen Quelle, ihre Unterzeichner wollten

> alle anderen Regierungen und insbesondere diejenigen, die bei der Abschaffung des Sklavenhandels bereits die gleichen Gefühle zum Ausdruck gebracht haben, dafür begeistern, sie mit ihrer Stimme in einer Sache zu unterstützen, deren endgültiger Triumph eines der schönsten Andenken des Jahrhunderts sein wird, das sie umgibt und glorreich beendet sein wird.[19]

---

17 „[L]es dits plénipotentiaires reconnaissent […] que cette déclaration générale ne saurait préjuger le terme que chaque puissance en par ticulier pourrait envisager comme le plus convenable pour l'abolition définitive du commerce des nègres. Par conséquent la détermination de l'époque , où ce commerce doit universellement cesser, sera un objet de négociation entre les puissances“.

18 S. o. Kap. 12.1.

19 „En portant cette déclaration à la connaissance de l'Europe, et de toutes les nations civilisées de la terre, les dits plénipotentiaires se flattent d'en gager tous les autres gouvernemens , et notamment ceux qui en abolissant la traite des nègres, ont manifesté déjà les mêmes sentimens, à les appuyer de leur suffrage dans une cause dont le triomphe final sera un des plus beaux monumens du siècle qui l'a embrassée et qui l'aura glorieusement terminée.“

9.4.2 Bedeutung für die Grundrechtesituation in Deutschland

Abgesehen von der grundsätzlichen Frage nach Deutschland als Einheit ging es damals in Wien auch darum, ob in einer deutschen Verfassung in spe Grundrechte enthalten sein und wie diese konkret aussehen sollten. Weitgehende Vorschläge machte dabei der preußische Deputierte Wilhelm von Humboldt (1767–1835). So forderte er Freiheit und Sicherheit der Person, Sicherheit des Eigentums, Freizügigkeit, gleiches Recht, in einem jeden beliebigen Bundesstaat in den öffentlichen Dienst einzutreten, richterlichen Schutz für Beeinträchtigungen von Person und Eigentum sowie auch die Freiheit, an jeder Universität im Bundesgebiet zu studieren.[20] Ein wichtiger Punkt ist dabei ferner, dass der Deutsche Bund für Humboldt eine erheblich weitergehende Funktion haben sollte, als ihm am Ende dann zugestanden wurde. Die ursprünglichen Ziele des preußischen Diplomaten waren von einem bloßen Verteidigungsbündnis weit entfernt, heißt es doch in seinem Entwurf:

> Der Zweck des Bundes ist nicht nur die Verteidigung des gemeinsamen Vaterlandes gegen jeden Angriff von außen, sondern die Garantie aller Rechte der verschiedenen Klassen und Individuen der Nation in jedem einzelnen Staat.[21]

Auch wenn die Deputierten von Hannover und Österreich ähnliche Standpunkte vertraten, wurde am Ende kaum etwas davon verwirklicht. Staaten wie Bayern und Württemberg lehnten jede Einschränkung ihrer Souveränität ab. Im Hinblick auf diese Gegebenheiten blieben die in der Deutschen Bundesakte von 1815 sowie in der Wiener Schlussakte von 1820 erzielten Resultate weit hinter den Humboldt'schen Forderungen zurück.[22] Die Deutsche Bundesakte sah allein eine Gleichberechtigung der christlichen Konfessionen, Freizügigkeit und das Recht auf Erwerb von Grundeigentum im gesamten Bundesgebiet und die Freiheit des Eintritts in den zivilen oder militärischen Dienst jedes Bundesstaates vor. Ferner sollte die Bundesversammlung bei ihrer ersten Zusammenkunft Regelungen über das Urheber- und Verlagsrecht, die Pressefreiheit sowie die Verhältnisse der Juden treffen. Die konkrete Umsetzung dieser Rechte allerdings wurde in der Wiener Schlussakte kaum behandelt. Ferner standen die Karlsbader Beschlüsse von 1819 sowie Metternichs

---

20 Oestreich, Geschichte der Menschenrechte (s. Lit.), S. 81.

21 Müller (Hg.), Quellen zur Geschichte des Wiener Kongressen, S. 306 (Teil A, Art. 5).

22 Oestreich, Geschichte der Menschenrechte (s. Lit.), S. 81 f.

Politik gegen liberale Bestrebungen einer Kodifizierung von Grundrechten sowohl auf Bundesebene wie auf Ebene der Einzelstaaten im Wege.[23]

Etwas Hoffnung konnte die liberal-bürgerliche Bewegung aus Art. 13 der Bundesakte schöpfen. Darin hieß es: „In allen Bundesstaaten wird eine landständische Verfassung stattfinden." Was allerdings darunter zu verstehen sein sollte, ließ die Bundesakte offen. Der Begriff erlaubte je nach politischer Ausrichtung Deutungen in zwei verschiedene Richtungen. Manche – insbesondere Metternich, der sich dabei auf Friedrich v. Gentz bezog – verstanden die Formulierung dahingehend, dass damit allein die bereits existierenden historischen Stände wie insbesondere der Adel gemeint waren. Andere hingegen verstanden die Formulierung im Sinne einer Repräsentation des gesamten Volkes in seiner gegenwärtigen Sozialstruktur. Die zuletzt genannte Auffassung basierte auf dem Gedanken der Volkssouveränität, wie er bei den restaurativ Denkenden keineswegs auf Gegenliebe stoßen konnte.

9.5 Die drei süddeutschen Verfassungen in Bayern, Baden und Württemberg

Auf Grundlage des besagten Art. 13 der Bundesakte, dessen Formulierung durch das Wort „wird" anstelle des im Entwurf ursprünglich enthaltenen „soll" die ursprünglich geplante Stoßkraft des Verfassungsartikels abschwächte, entstanden in Süddeutschland drei Verfassungen: eine in Bayern am 26. Mai 1818, eine in Baden am 22. August desselben Jahres und schließlich eine in Württemberg am 25. September 1819. In diesen Verfassungen sind weitgehend übereinstimmende Grundrechtskataloge enthalten, die nicht naturrechtlich begründet werden.

In der Positivierung von Grundrechten in vormärzlichen Verfassungen lagen die Anfänge einer Grundrechtsdogmatik in einem heutigen Sinne, bei welcher ein Text und seine Interpretation Ausgangspunkte für das Recht und gegebenenfalls seine Fortentwicklung sein müssen.[24] Einen Vorrang der Verfassung, wie ihn der Supreme Court der Vereinigten Staaten im Jahr 1803 in der berühmten Entscheidung Marbury gegen Madison formuliert hatte,[25] war den europäischen Verfassungen aus der Zeit des Vormärz hingegen fremd. Die Souveränität des Monarchen duldete im Zeitalter des Konstitutionalismus keine Verfassungsgerichtsbarkeit neben sich. Grundrechte in der Verfassung waren damit in erster Linie politisches Programm

23 Ibid.
24 Dazu Würtenberger, Von der Aufklärung zum Vormärz, S. 49 ff. mit weiteren Nachweisen.
25 S. o. S. 225.

zur Modernisierung der Rechtsordnung und Appell an die Herrschenden. Die Kraft und Bedeutung der Grundrechte ist dabei jedoch keineswegs zu unterschätzen. Entscheidend dafür war der politische Konsens eines Bürgertums, das für die Durchsetzung dieser Grundrechte zu streiten bereit war. Hinzu kommt, dass die Grundrechte nach den süddeutschen Verfassungen keineswegs ohne Weiteres zur Disposition des Monarchen standen. Nach allen dreien bedurften Änderungen der Verfassung nicht nur einer Zustimmung, sondern auch einer Zweidrittelmehrheit, und das in beiden Kammern der Ständeversammlung.[26]

Der Begriff „Grundrechte" wurde dabei allerdings in den Verfassungen vermieden,[27] um Assoziationen mit revolutionär erkämpften Menschenrechten entgegenzuwirken.[28] Noch im Jahr 1884 bezeichnet der Verfassungsrechtler Max von Seydel (1846–1901) die „sog. Grund- oder Freiheitsrechte[...]" als „angebliche[...] Rechte", denen er „überhaupt keinen Platz im Staatsrechte anzuweisen" vermöge. Mit einem Anflug von Spott meint er gar, wer das anders sehen wolle, könne „ebenso gut von einem Grundrechte des Staatsangehörigen reden, zu essen oder zu schlafen". Solche Rechte begründeten „nemlich nicht persönliche Rechte der Staatsangehörigen" und könnten allenfalls für das Gesetzgebungsverfahren eine Rolle spielen, wenn in bestimmten Bereichen Einschränkungen allein durch Verfassungsänderung möglich sein sollen.[29] Das ist auf über 1100 Seiten alles, was er in seiner Abhandlung über „Bayerisches Staatsrecht" zum Thema Grundrechte zu sagen hat.

Es ging um durch den Staat eingeräumte Rechte, in deren vollen Genuss nur Staatsbürger kommen sollten. Dies war zugleich ein geschickter Schachzug der Monarchen, welche die Eigenschaft als Untertanen damit aufwerteten. Paradoxerweise war man nun in gewissem Umfang frei als Untertan, nicht von Natur aus als Mensch.[30] Zudem waren diese Staatsbürgerrechte in der Darstellung mit korrespondierenden Verpflichtungen verknüpft.[31]

---

26 Bayern X § 7; Baden § 64; Württemberg § 176.

27 So ist auch bei Heinrich Zoepfl, Grundsätze des allgemeinen und des constitutionell-monarchischen Staatsrechts: mit besonderer Rücksicht auf das gemeingültige Recht in Deutschland, Heidelberg 1846, S. 214–216, von „Berechtigungen und Vorzüge[n]" oder „Vorrechte[n]" die Rede, nicht von Grundrechten.

28 Hilker, Grundrechte, S. 165.

29 Max Seydel, Bayerisches Staatsrecht, Bd. 1, München 1884, S. 571 f.

30 Hilker, Grundrechte, S. 166.

31 So bei Zoepfl, Grundsätze, S. 214–216.

Als Gesetzgebung sind die besagten drei süddeutschen Verfassungen Ausdruck der aktuellen monarchischen staatsbürgerlichen Verhältnisse. In der Präambel der Badischen Verfassung von 1818 klingt das so:

> Als Wir bereits [...] [zuvor] Unsern Unterthanen wiederholt bekannt machten, dem Großherzogthum eine Landständische Verfassung geben zu wollen, so hegten Wir den Wunsch, und die Hoffnung, daß sämmtliche Bundesglieder über eine unabänderliche, wesentliche Grundlage dieser allen deutschen Völkern zugesicherten Einrichtungen übereinkommen und nur in Entwicklung der aufgestellten Grundsätze ein jeder einzelner Staat seinen besonderen Bedürfnissen, mit Rücksicht auf bestehende Verhältnisse, folgen möchte. Da sich jedoch, nach den letzten, über diesen Gegenstand bey dem Bundestage abgelegten Abstimmungen der Zeitpunkt noch nicht bestimmt voraussehen läßt, in welchem die Gestaltung der Ständischen Verfassung einen Gegenstand gemeinschaftlicher Berathungen bilden dürfte, so sehen Wir Uns nunmehr veranlaßt, die Unsern Unterthanen gegebene Zusicherung auf die Art und Weise in Erfüllung zu setzen, wie sie Unserer innern freyen und festen Ueberzeugung entspricht. Von dem aufrichtigsten Wunsche durchdrungen, die Bande des Vertrauens zwischen Uns und Unserm Volke immer fester zu knüpfen, und auf dem Wege, den Wir hierdurch bahnen, alle Unsre Staats-Einrichtungen zu einer höhern Vollkommenheit zu bringen, haben Wir nachstehende Verfassungsurkunde gegeben, und versprechen feierlich für Uns und Unsre Nachfolger, sie treulich und gewissenhaft zu halten und halten zu lassen [...].

Das monarchische Prinzip ist verankert in den §§ 4 und 5 der besagten Verfassung:

> § 4 Die Regierung des Landes ist erblich in der großherzoglichen Familie nach den Bestimmungen der Declaration vom 4. October 1817, die als Grundlage des Hausgesetzes einen wesentlichen Bestandtheil der Verfassung bilden und als wörtlich in gegenwärtiger Urkunde aufgenommen betrachtet werden soll.

> § 5 Der Großherzog vereinigt in Sich alle Rechte der Staatsgewalt, und übt sie unter den in dieser Verfassungsurkunde festgesetzten Bestimmungen aus [...].

Unter der Überschrift „staatsbürgerliche und politische Rechte der Badener und besondere Zusicherungen" enthält die Verfassung eine Reihe von Grundrechten, welche, wie in der soeben zitierten Überschrift gesagt, allein den Untertanen des Großherzogs zustehen sollen. Hierbei gibt es eine enge Verbindung zwischen staatsbürgerlichen Pflichten und staatsbürgerlichen Rechten. Zunächst ist in den §§ 8 und 9 die Rede davon, dass alle Badener gleichermaßen und ohne Unterschied zur

Zahlung von Steuern verpflichtet und ebenso grundsätzlich alle gleichermaßen zur Ableistung von Militärdienst gehalten seien. Dann folgen Garantien liberaler Grundrechte wie das auf Freizügigkeit, Eigentum und persönliche Freiheit sowie Religions- und Gewissensfreiheit. Auch die Pressefreiheit wird erwähnt, von dieser jedoch nur gesagt, sie werde „nach den künftigen Bestimmungen der Bundesversammlung gehandthabt" (§ 17). Allerdings räumt die badische Verfassung Justizgrundrechte insbesondere in Strafsachen ein und statuiert den Habeas-Corpus-Grundsatz. Ferner richtet die Verfassung unabhängige Gerichte ein und gewährt Rechtsschutz auch gegen den Staat vor den ordentlichen Gerichten (§ 14). Bemerkenswert ist ferner, dass die Verfassung in ihrem Grundrechteteil auch die weltlichen und geistlichen Witwenkassen sowie die Brandversicherung, somit nicht nur Individuen, sondern auch (gemeinnützige) Institutionen unter ihren Schutz stellt. Allerdings ist damit nicht gemeint, dass diese Institutionen selbst Träger von Grundrechten sein können. Das in § 25 der Verfassung über Witwenkassen und Brandversicherung Gesagte dürfte vielmehr als eine „besondere Zusicherung" im Sinne der Überschrift zu verstehen sein, so dass hier etwas gegeben ist, das einer instituionellen Garantie im Sinne der heutigen Verfassungsdogmatik gleichkommt.

Ähnliche Rechtegarantien enthält die bayerische Verfassung, welche der König von Bayern am 26. Mai 1818 „aus freiem Entschlusse" verkündete. Die Grundrechte werden hier als „Grundzüge" der Verfassung und „Grundsätze eines Königs" bezeichnet. Nach der württembergischen Verfassung von 1819 ist es Aufgabe des Staates, die Bürgerrechte seiner Untertanen zu sichern. In einer Reihe mit den gewohnten liberalen Individualgrundrechten (wie Freiheit der Person, Gewissensfreiheit und Freiheit des Eigentums) enthält die württembergische Verfassung in ihrem Abschnitt über die Rechte der „Staats-Bürger" ganz auf der Linie des Liberalismus im frühen 19. Jahrhundert noch Bestimmungen, die wir heute dem Gewerbe- oder Wirtschaftsrecht zuordnen würden. So gewährt die Verfassung in § 29 Gewerbefreiheit und spricht in § 31 aus, dass staatlich genehmigte Monopole nur in Ausnahmefällen zulässig sein sollen. Nicht hierunter sollen Patente für Erfindungen fallen. Für diese stehe es im Ermessen der Regierungen, ein ausschließliches Nutzungsrecht für die Dauer von bis zu zehn Jahren zu gewähren. Die Pressefreiheit stand auch in Württemberg unter Gesetzesvorbehalt (§ 28).

In diesen süddeutschen Verfassungen war die Gleichheit vor dem Gesetz durch die weiter bestehenden Privilegien des Adels durchbrochen. Religionsfreiheit war nur den christlichen Bekenntnissen gewährt, bürgerliche Rechte für Juden gab es nicht. Darüber hinaus waren in allen drei Verfassungen die Grundrechte durch

Vorbehalte oder Bezugnahmen auf noch zu erlassende Gesetze eingeschränkt.[32] Von überragender Bedeutung in diesem Zusammenhang sind die Karlsbader Beschlüsse.

9.6 Die Karlsbader Beschlüsse von 1819

Das Resultat eines geheimen Treffens von Ministern aus Mitgliedsstaaten des Deutschen Bundes im Kurort Karlsbad, der heute Karlovy Vary heißt und in Tschechien liegt, waren Beschlüsse, die zu einem entscheidenden Hindernis für die Ausbreitung der liberalen Bewegung werden sollten. Pressefreiheit – selbst wenn sie in den Grundrechten erwähnt oder sogar gewährt wurde – existierte danach praktisch nicht.

Der für das Treffen gewählte Erholungsort erleichterte es, den Eindruck einer zufälligen, privaten Zusammenkunft zu erwecken. Hintergrund der konspirativen Versammlung war die Angst vor einer Revolution an deutschen Höfen, welche die Ermordung des Schriftstellers August von Kotzebue am 23. März 1819 sowie dem Karlsbader Treffen unmittelbar vorangegangene Unruhen genährt hatten. Auf das in Karlsbad zwischen dem 6. und dem 31. August 1819 Vereinbarte hatte der österreichische Außenminister und spätere Staatskanzler Klemens Wenzel Lothar von Metternich (1773–1859) maßgeblichen Einfluss genommen. Der Frankfurter Bundestag bestätigte es mit Beschluss vom 20. September 1819 einstimmig. Die Folge waren tiefgreifende Einschnitte in die Pressefreiheit. Alle Veröffentlichungen unter 320 Seiten unterlagen der Vorzensur, durften also ohne vorherige Billigung einer Kontrollstelle nicht gedruckt werden. Das betraf insbesondere alle Zeitungen und Zeitschriften. Auch umfangreichere Veröffentlichungen waren von der Zensur nicht frei. Der Unterschied lag hier aber darin, dass sie (nur) einer Nachzensur unterlagen. Weitere Konsequenzen der 1819 vom Frankfurter Bundestag infolge der Karlsbader Beschlüsse erlassenen Gesetze waren die Überwachung der Universitäten und Maßnahmen gegen die Turnerbewegung, welche ein hohes politisches Potential aufwies, sowie ferner Repressionen gegen oppositionelle Professoren.

Die Praxis in den Staaten des Deutschen Bundes im Hinblick auf die Karlsbader Beschlüsse war unterschiedlich. Die aufgrund der Beschlüsse eingeleitete „Demagogenverfolgung" erwies sich in Preußen als besonders intensiv. Betroffen von Verfolgung und Inhaftierung waren prominente Personen wie Karl Marx, Heinrich Hoffmann von Fallersleben, Georg Büchner und der „Turnvater" Friedrich Ludwig

32 Oestreich, Geschichte der Menschenrechte (s. Lit.), S. 83 f.

Jahn. Infolge des Hambacher Festes von 1832 kam es noch einmal zur Erneuerung der politischen Repressionen. Aufgehoben wurden die Karlsbader Beschlüsse erst mit der Märzrevolution von 1848. In manchen Staaten des Deutschen Bundes hingegen spielte all das kaum eine Rolle, weil sie die Karlsbader Beschlüsse nicht veröffentlichten, so dass diese formal nie in Kraft traten.

9.7 Verfassungen im Umfeld der französischen Julirevolution (1830)

Einen neuen Abschnitt in der Verfassungsgebung der Vormärzzeit läutete die französische Julirevolution von 1830 ein. Damals kam es in Frankreich zum Sturz der Bourbonendynastie, und der als „Bürgerkönig" bekannte Herrscher Louis Philippe etablierte in der Folge ein durch das liberale Großbürgertum dominiertes Regiment. Im Hinblick auf die Menschenrechte enthielt die neue französische Verfassung vom 14. August 1830 allerdings nichts Neues. In der kurzen Präambel heißt es, Louis Philippe, der König der Franzosen, habe befohlen, die Charte constitutionnelle aufs Neue in der nachfolgenden Fassung bekanntzugeben. Die Nationalisierung der Menschenrechte setzte sich also fort, eine Erklärung mit naturrechtlichem Pathos wie die von 1789 sollte es nicht mehr geben. Dennoch blieben die französischen Ereignisse für das Gebiet des Deutschen Bundes nicht ohne Einfluss. Vielmehr kam es ausgelöst durch die Julirevolution in mehreren Bundesstaaten zur Verabschiedung neuer Verfassungen, die Zugeständnisse an das Volk machten, insbesondere die Abschaffung der Leibeigenschaft gegen Ausgleichsleistungen in Form von Geld oder Land. Diese Verfassungen waren nicht oktroyiert, sondern in Ständeversammlungen erarbeitet worden. Zu nennen sind die hessische Verfassung vom 5. Januar 1831, die sächsische vom 4. September des gleichen Jahres, die Verfassung von Braunschweig vom 12. Oktober 1832 sowie die von Hannover vom 26. September 1833.

Hervorzuheben im Hinblick auf mein Menschenrechtsthema ist die hessische Verfassung, welche damals unter Liberalen als Musterbild gelungener Verfassungsgebung galt. Kein Geringerer als Karl Marx bezeichnete sie als „das liberalste Grundgesetz [...,] das je in Europa verkündet wurde".[33] In der Tat formulierte die Verfassung des Kurfürstentums Hessen einige Bürgerrechte im Gebiet des

33 „[...] the Hessian Constitution of 1831 may be regarded as the most liberal fundamental law ever proclaimed in Europe." Karl Marx, Trouble in Germany, in: MEGA^2 I/18.1, S. 14 ff. (15); ursprünglich erschienen in der New-York Daily Tribune am 2. Dezember 1859.

Deutschen Bundes zum ersten Mal. So garantierte sie Meinungsfreiheit und Briefgeheimnis und gestattete Hausdurchsuchungen nur unter gesetzlich normierten Voraussetzungen und in einer gesetzlich bestimmten Form (§ 117). Misstrauen gegen das herrschende System kommt zum Ausdruck, wenn die Verfassung alle Staatsbediensteten ebenso wie den Monarchen selbst verpflichtet, die Einhaltung der Verfassung durch Eid zu beschwören.

Die Bundesversammlung in Frankfurt reagierte auf die neuen Verfassungen mit Repressalien. Nach dem Hambacher Fest von 1832 wurden politische Vereine und Versammlungen verboten, ferner kam es zu einer Erneuerung der in den Karlsbader Beschlüssen statuierten Pressezensur. Weiterhin untersagte ein Bundesbeschluss von 1834 die Vereidigung des hessischen Militärs auf die dortige Verfassung.

9.8 „Der Hessische Landbote"

Seit Beginn der 1830er Jahre formierte sich verstärkt Widerspruch gegen die repressive Politik. Zu nennen ist die von Georg Büchner[34] und Friedrich Ludwig Weidig verfasste Flugschrift „Der Hessische Landbote", in welcher die Autoren die sozialen Missstände der Zeit scharf anprangerten. Unter Bezugnahme auf die biblische Schöpfungsgeschichte stellte sie die Frage, ob vielleicht ein Teil der Menschheit nicht erst am sechsten, sondern bereits am fünften Tag erschaffen worden sei. Träfe dies auf Bauern und Handwerker zu, so würde dies erklären, weshalb diese wie Tiere behandelt und von den allein am sechsten Tag geschaffenen Vornehmen und Fürsten schrankenlos beherrscht würden. Dann nämlich würde die göttliche Aufforderung, sich die Erde untertan zu machen, sich nur an jene richten. Büchner und Weidig riefen in ihrer Kampfschrift, die sich an die mittellose Bevölkerung richtete, zu einer Revolution auf. Bekannt ist „Der Hessische Landbote" für seinen berühmten Aufruf: „Friede den Hütten! Krieg den Palästen!".[35] Bei alledem beriefen sich die Autoren auf die französische Erklärung der Menschen- und Bürgerrechte von 1789.[36]

Die Obrigkeit reagierte hart auf diesen Angriff. Büchner wurde steckbrieflich gesucht, konnte sich aber durch Flucht nach Frankreich der Verhaftung entziehen. Weidig hatte nicht so viel Glück. Er wurde ergriffen, unter schweren Haftbedin-

---

34 Weiteres zu Büchner und seiner Bedeutung für die Geschichte der Menschenrechte unten Kap. 11.2.3, S. 373.

35 Büchner, Der Hessische Landbote, S. 53.

36 Ibid., S. 60.

gungen gefangen gesetzt und gefoltert. 1837 kam er unter ungeklärten Umständen in der Haft ums Leben.

9.9 Grundrechtssituationen in Nachbarländern

9.9.1 Die Polnische Verfassung vom 27. November 1815

Anderswo in Europa war es zu Beginn des 19. Jahrhunderts nur selten zu einer Kodifikation von Grundrechten gekommen. Das französische Modell der Charte constitutionnelle fand allein im Königreich Polen Nachahmung, dessen Verfassung vom 27. November 1815 sich auch ihrer Bezeichnung nach an Frankreich orientierte. Die polnische Verfassung hob die besondere Bedeutung des Katholizismus für Polen hervor, wenn sie auch den anderen christlichen Konfessionen Religionsfreiheit einräumte, welche sie den Juden aber nicht gewährte.[37] Gleichheit bestand nur als Gleichheit vor dem Gesetz, de facto war Chancengleichheit nicht gegeben. Bürgerliche und militärische Ämter standen allein Polen offen. Das Grundrecht auf Eigentum, welches das Verfassungsdokument „für heilig und unverletzlich erklärt",[38] erfuhr ausführliche Regelung.

9.9.2 Die Schweizer Kantonsverfassungen um 1814

Grundrechtskataloge finden sich weiterhin in einigen nach 1814 entstandenen Schweizer Kantonsverfassungen.[39] In diesen wird meist die reformierte oder katholische Kirche als herrschende Landesreligion genannt, wobei die Rechte anderer Konfessionen jeweils mehr oder weniger ausgeprägt sind. Gleichberechtigung für Konfessionen gab es nur in wenigen Kantonen. Häufig sind als Grundrechte Gleichheit der politischen Rechte und Chancengleichheit beim Zugang zu öffentlichen

37 Art. 11 Constitution du Royaume de Pologne (1815): „La religion catholique romaine, professée par la plus grande partie des habitants du royaume de Pologne, sera l'objet des soins particuliers du gouvernement, sans qu'elle puisse par là déroger en rien à la liberté des autres cultes, qui tous, sans exception, pourront s'exercer pleinement et publiquement, et jouiront de la protection du gouvernement. La différence des cultes chrétiens n'en établit aucune dans la jouissance des droits civils et politiques."

38 Art. 26: „Toute propriété [...] est déclarée sacré et inviolable".

39 So in Neuchâtel (Charte constitutionnelle pour la Principauté de Neuchâtel v. 18.06.1814), Genf (Constitution pour la Ville et République de Genève v. 24. August 1814) und Bern (Urkundliche Erklärung des Grossen Rats von Bern v. 21. September 1815).

Ämtern genannt. Im Schweizer Bundesvertrag vom 7. August 1815 hingegen sind keinerlei Bürgerrechte aufgeführt.

9.9.3 Die Niederländische Verfassung vom 24. August 1815

Die Verfassung der Vereinigten Niederlande vom 24. August 1815 kommt anders als vorherige niederländische Verfassungen (1795, 1801, 1805, 1806) ganz ohne einen Katalog von Grundrechten aus. Solche finden sich in der Verfassung von 1815 allerdings über mehrere Kapitel verstreut. So räumt die Verfassung Pressefreiheit und die Unverletzlichkeit der Wohnung, ebenso Habeas-Corpus-Rechte ein. Weiterhin werden Chancengleichheit bei der Vergabe öffentlicher Ämter sowie die Unverletzlichkeit des Eigentums garantiert. Auch gewährt die Verfassung vollständige Glaubensfreiheit für alle Konfessionen. Eine Staatskirche gab es nicht, ebenso wenig eine Vorbehaltsklausel für christliche Bekenntnisse. Dabei hatte der König darüber zu wachen, dass die freie Ausübung der Gottesdienste nicht gestört wurde. Einzige Schranke für die freie Ausübung der Religion war eine Störung der öffentlichen Ordnung. Verbunden mit der Geschichte der Niederlande, insbesondere ihrer in einem langen Kampf errungenen Unabhängigkeit ist Art. 203 der Verfassung, welcher von einer ständigen Wehrhaftigkeit der Bürger ausgeht. Eine ihrer ersten Pflichten bestehe darin, zur Erhaltung der Unabhängigkeit und zur Verteidigung des Landes Waffen zu tragen. Die Verfassung nimmt dabei Bezug auf die alte Gewohnheit und zwei Vertragswerke aus dem 16. Jahrhundert.[40]

9.9.4 Die Belgische Verfassung vom 7. Februar 1831

Nicht nur in Deutschland wirkte sich die französische Julirevolution auf das Verfassungsleben aus. Besonders folgenreich war sie in Belgien, das damals als neuer Staat entstand. Belgien hatte sich seit 1814 in einem auf dem Wiener Kongress geschaffenen Zwangsverband mit den Niederlanden befunden, aus dem es sich jetzt löste. Dabei gab sich auch dieser neue Staat eine Verfassung. Die männliche Bevölkerung wählte einen Nationalkongress, der den Auftrag zur Ausarbeitung und Verabschiedung der Verfassung erhielt. Ergebnis war eine auf Volkssouveränität beruhende parlamentarische Monarchie. Die belgische Verfassung von 1831

---

40 „Het dragen der wapenen tot handhaving der onafhankelijkheid van den Staat en de beveiliging van deszelfs grondgebied blijft, overeenkomstig 's Lands oude gewoonte, den geest van de Pacificatie van Gent, en de grondbeginselen bij de Unie van Utrecht aangenomen, een der eerste pligten van alle ingezetenen van het Rijk.“

enthielt einen ausführlichen Rechtekatalog, der sich an traditionellen Grundwerten wie Freiheit, Gleichheit, Eigentum und Sicherheit orientierte. Darin waren Pressefreiheit und die Unverletzlichkeit der Wohnung garantiert, auch fanden sich differenzierte Regelungen zur Versammlungsfreiheit. Ebenso gewährte die Verfassung den Bürgern ein Petitionsrecht, was in den Verfassungen der Restaurationszeit nicht der Fall gewesen war. Eingeräumt war weiterhin gänzliche Meinungsfreiheit („en toute matière") und Kultusfreiheit, bemerkenswerterweise ohne jede Privilegierung des christlichen Bekenntnisses.[41] Die Trennung von Kirche und Staat war konsequent vollzogen. Daraus folgte das Gebot der obligatorischen Zivilehe, bei der die kirchliche Einsegnung stets nur ein zweiter Schritt sein konnte. Ferner war 1831 in Belgien die Freiheit der Lehre erstmals verfassungsrechtlich verankert. Vom Ursprung her handelte es sich um ein Zugeständnis an die katholische Kirche, die viele Privatschulen unterhielt. Die Freiheit der Lehre avancierte aber bald zu einem Recht, das zum Fundamentalbestand vom Liberalismus geprägter Forderungen zu zählen war. Vorbildcharakter und Ausstrahlungswirkung auf ähnliche Konstellationen in späterer Zeit hatte ferner das Grundrecht auf freie Wahl der in Belgien verwendeten Sprachen. Dies war eine Reaktion auf die Bestrebungen, Niederländisch zur Amtssprache zu machen.

9.9.5 Die Schweizer Kantonsverfassungen um 1830

Auch in der Schweiz kam es in den 1830er Jahren zur Modernisierung mehrerer Kantonsverfassungen. Eine Revision der Bundesverfassung fand hingegen nicht statt. Dabei wurden meist Rechtekataloge in bestehende Verfassungen eingefügt, die auch Bestimmungen zur Handels- und Gewebefreiheit enthielten, wobei es ebenso zu einer dauerhaften Abschaffung der Zensur kam. Regelungsthema war weiterhin die Schulbildung, meist war eine staatliche Förderpflicht für das Schulwesen vorgesehen, ein Schulzwang für die Elementarschule fand sich allerdings nur im Kanton Basel-Landschaft.[42] Jedenfalls war durch diese Regelungen ein in der Verfassung verankertes Recht auf Bildung anerkannt. Weiterhin wurde im Rahmen dieser Modernisierungsbestrebungen auch die Sprachenfrage erstmalig in Kantonsverfassungen geregelt.

---

41 Art. 14: „La liberté des cultes, celle de leur exercice public, ainsi que la liberté de manifester ses opinions en toute matière, sont garanties, sauf la répression des délits commis à l'occasion de l'usage de ces libertés."

42 § 11 Verfassung für den Canton Basel-Landschaft vom 27. April 1832.

9.10 Grundrechte außerhalb von Verfassungen

Die Kodifizierung von Bürgerrechten in einer Verfassung bedeutete – wie anhand der Karlsbader Beschlüsse ersichtlich – nicht zwingend, dass Bürgerrechte in der Praxis auch galten. Umgekehrt war ebenso möglich, dass solche Rechte in der Praxis galten, ohne in einer Verfassung garantiert zu sein. So herrschte in Preußen die Freiheit der Person und der Berufswahl, Freizügigkeit und Eigentumsfreiheit, auch wenn dort vor der Revolution von 1848 nie eine Verfassung in Kraft trat. Das sah auch Wilhelm von Humboldt so, als er in seinem Entwurf für eine preußische Verfassung von 1819 vier Grundrechte vorsah: die Sicherheit, nur nach dem Gesetz gerichtet zu werden, den Schutz des Eigentums, die Gewissensfreiheit und schließlich die Pressefreiheit. Humboldt ging hierbei davon aus, die drei zuerst genannten Rechte seien in Preußen bereits verwirklicht. Keine Illusion machte er sich hingegen im Hinblick auf die Pressefreiheit.[43]

Darüber hinaus tut es der Geltung eines Grundrechts keinen Abbruch, wenn es nicht in einer Verfassung, sondern in einem anderen Regelwerk festgeschrieben ist. Nachdem es unsere heutige Trennung von Verfassungsrecht einerseits und so genanntem einfachen Recht andererseits vor 200 Jahren nicht gab, beruht die Erwartung, Menschen- und Bürgerrechte zwingend in einer Verfassung vorzufinden, ohnehin auf einem Anachronismus. So ist im österreichischen ABGB von 1811 in § 16 von Menschenrechten („angeborenen Rechten") die Rede: „Angeborne Rechte: Jeder Mensch hat angeborne, schon durch die Vernunft einleuchtende Rechte, und ist daher als eine Person zu betrachten. Sclaverey oder Leibeigenschaft, und die Ausübung einer darauf sich beziehenden Macht, wird in diesen Ländern nicht gestattet." Diese Bestimmung gilt in Österreich bis heute. Ferner galten in Österreich die Freiheit der Berufswahl, die Freizügigkeit und die Glaubensfreiheit für christliche Kirchen.[44] Ein weiteres Vordringen grundrechtlicher Positionen gab es nach dem Wiener Kongress dort allerdings nicht.

---

43 Wilhelm von Humboldt, Über eine landständische Verfassung in Preußen, in: Herrmann Klenner (Hg.), Wilhelm von Humboldt. Menschenbildung und Staatsverfassung. Texte zur Rechtsphilosophie, Freiburg/Berlin 1994 (zuerst 1819), S. 305 ff.; Franz-Michael Konrad, Wilhelm von Humboldt, Bern et al. 2010, S. 84.

44 Oestreich, Geschichte der Menschenrechte (s. Lit.), S. 85.

9.11 Nationalisierung der Menschenrechte

Die Position der im deutschen Frühkonstitutionalismus ergangenen Verfassungen im Hinblick auf die Grundrechte lassen sich dahingehend zusammenfassen, dass solche Rechte **mit der Staatsangehörigkeit, nicht mit Naturrecht** in Verbindung gebracht werden. Dieses Phänomen lässt sich mit dem Stichwort **„Nationalisierung der Menschenrechte"** charakterisieren. Diese Formulierung trägt dabei einen Widerspruch in sich, dürfen Menschenrechte doch per definitionem von nichts anderem als dem Menschsein, somit gerade nicht von einer Staatsbürgerschaft abhängen, so dass es sich präzise ausgedrückt gar nicht um Menschenrechte handelt.[45] Bereits aus den Überschriften der Grundrechteteile konnte sich ergeben, dass die dort aufgeführten Rechte nur den jeweiligen Untertanen zustehen sollten.[46] Die philosophisch-naturrechtlichen Grundlagen der Menschenrechte, wie sie dem Zeitalter der Aufklärung entstammen und in den revolutionären Erklärungen der Amerikaner und Franzosen ihren Ausdruck finden, sind hiervon zu trennen. Es geht um positives Recht, wie es ein Monarch auf Grundlage seiner freien Entscheidung in seiner Verfassung gewährte. Die Staatsbürgerschaft erlangt damit eine neue Bedeutung. Von ihr hängt es ab, ob ein Mensch sich auf „nationalisierte Menschenrechte" berufen kann. Für die Voraussetzung, dass ein jeder Staat seinen Bürgern – oder, wie man im frühen 19. Jahrhundert gesagt hätte, Untertanen – solche Rechte garantiert, hat Hannah Arendt konstatiert, es existiere dann nur noch ein einziges Menschenrecht: Das sei „das Recht jedes Menschen auf Mitgliedschaft in einem politischen Gemeinwesen [...,] das Recht, niemals seiner Staatsbürgerschaft beraubt zu werden".[47]

Der Inhalt dieser Bürgerrechte war dabei durchaus von den zuvor entstandenen naturrechtlichen Menschenrechten geprägt. Solche Freiheitsrechte waren im weiteren Verlauf des Vormärz Gegenstand lebhafter Diskussionen, die Auffassungen dabei denkbar konträr. So forderten die Liberalen eine Erweiterung dieser Rechtspositionen, während die reaktionär Gesinnten für ihre Abschaffung plädierten. In kultureller Hinsicht gekennzeichnet ist die Zeit des Vormärz durch ein starkes Interesse an Geschichte und sehnsuchtsvolle Blicke in die Vergangenheit, unabhängig von der politischen Gesinnung. Es ist die Zeit der Romantik und des Historismus. Wirkungsmächtig war auch die zuvor erwähnte Philosophie Hegels mit ihrem weltgeschichtlichen Standpunkt, der Mensch sei ständig auf dem Weg zur

45 V. Rimscha, Grundrechte im süddeutschen Konstitutionalismus, S. 83.

46 Baden 1818: „II. Staatsbürgerliche und politische Rechte der Badener und besondere Zusicherungen"; Württemberg 1819: „Kapitel III Von den allgemeinen Rechts-Verhältnisses der Staats-Bürger".

47 Arendt, Es gibt nur ein einziges Menschenrecht (s. Lit. Kap. 1), S. 766, 768.

Optimierung seiner Freiheiten.[48] Auf diese Weise verwirkliche sich der Weltgeist in der Geschichte. Auf einer Linie mit alledem liegt in der Rechtswissenschaft die durch Friedrich Carl von Savigny (1779–1861) begründete Historische Schule als über lange Zeit bestimmende und wegweisende methodische Ausrichtung in der deutschen Rechtswissenschaft. Wir beobachten in dieser Zeit auch ein erwachendes Interesse für die Geschichte der Menschenrechte.

9.12 Naturrechtliche Positionen

Auch wenn die Staatspraxis bei der Verfassungsgesetzgebung keinen Bezug auf naturrechtliche Positionen nimmt, bedeutet dies keineswegs, dass solche gänzlich in Vergessenheit geraten wären. Liberale Programmatiker vertraten vielmehr durchaus weiterhin die Auffassung von einer naturrechtlichen Fundierung der Menschenrechte. Der Staatsrechtler und Politiker Karl von Rotteck (1775–1840) ist ein prominentes Beispiel. Er ging davon aus, der Staat könne dem Menschen gar keine Grundrechte gewähren, weil er diese von Natur aus innehabe. Aufgabe des Staates sei es mithin nicht, solche Rechte zu gewähren, sondern allein, diese zu schützen. In Rottecks damals weit verbreiteten, zusammen mit Karl Theodor Welcker herausgegebenen „Staatslexikon" – einem wichtigen Kompendium des vormärzlichen Liberalismus („Bibel des deutschen Liberalismus im Vormärz")[49] – führt er Freiheitsrechte auf. Als solche nennt er „die Gedanken= und Gewissens=Freiheit, die Rede= und Preß=Freiheit, die Gewerbe= und Handels=Freiheit, die Studien=, überhaupt die Lern= und Lehrfreiheit, die Auswanderungs=Freiheit, u. s. w.". Er fordert ein Wahlrecht und Bildung als dessen Grundlage. Diese sei für das gesamte Volk durch ein „öffentliches Erziehungssystem" zu gewährleisten. Eine Pflicht des Staates liege dabei auch – Rotteck spricht es deutlich aus – in der „Enthaltung von allen künstlichen Verdummungs= und Verschlechterungsbestrebungen".[50]

---

48 „Die Weltgeschichte ist der Fortschritt im Bewusstsein der Freiheit", Georg Wilhelm Friedrich Hegel, Vorlesungen über die Philosophie der Geschichte, in: ders., Werke in 20 Bänden, Auf Grundlage d. Werke von 1832–1845 neu ed. Ausgabe, hg. v. Eva Moldenhauer u. Karl Markus Michel, Bd. 12, Frankfurt am Main 1986, S. 32.

49 Gerd Kleinheyer u. Jan Schröder, Deutsche und Europäische Juristen aus neun Jahrhunderten. Eine biographische Einführung in die Geschichte der Rechtswissenschaft, 6. Aufl., Tübingen 2017, S. 378; Wolfgang Labuhn, Literatur und Öffentlichkeit im Vormärz. Das Beispiel Ludwig Börne, Königstein 1980, S. 26; Thorsten Liesegang, Öffentlichkeit und öffentliche Meinung. Theorien von Kant bis Marx (1780–1850), Würzburg 2004, S. 190 mit weiteren Nachweisen.

50 V. Rotteck, Art. Freiheit, S. 185 ff.

In eben dieser Enzyklopädie begründete Paul Pfizer (1801–1867) eine Theorie der Menschenrechte in seinem Artikel „Die Urrechte oder unveräußerlichen Rechte; vorzüglich in Beziehung auf den Staat".[51] Danach können die besagten „Urrechte" weder durch Vertrag noch durch Verzicht verloren gehen. Zu diesen Menschenrechten werde – wie Pfizer meint – das Recht, als Person und Selbstzweck oder Rechtssubjekt anerkannt zu werden – „ziemlich übereinstimmend gezählt".[52] Aus dem besagten Recht leitet er das Recht auf Ehre, auf Leib und Leben sowie die natürliche Freiheit ab, seine geistigen und körperlichen Kräfte ungehindert zu gebrauchen. Aus letzterer Rechtsposition wiederum folgt für ihn die Denkfreiheit, das Recht auf freie Meinungsäußerung, die Gewissens- und Glaubensfreiheit sowie das Recht der Zueignung und der Verträge. Im Gegensatz zu diesen „Urrechten", die angeboren und unveräußerlich seien, stehen für Pfizer erworbene und veräußerliche Rechte. Ein zentraler Begriff bei Pfizer ist also der des unveräußerlichen Rechts. Solche Rechte habe der Mensch wegen seiner sittlichen Bestimmung und deshalb rechtsfähigen Person. Knapp gesagt seien sie auf die Trias Leben, Ehre und Freiheit gerichtet.

Unveräußerlich seien diese „Urrechte" deshalb, weil darin die Grundbedingungen menschlichen Daseins bestünden. Für jeden Menschen fordert Pfizer eine „eigenthümliche, ursprüngliche und individuelle Sphäre rein persönlicher und angeborener Rechte, die Alles umfasst, was von Natur zu ihm gehört, seinen Geist und Leib, seine Persönlichkeit mit allen ihren Kräften, Thätigkeiten und naturgemäßen Aeußerungen".[53] Im Staatsverband seien die unveräußerlichen Rechte des Einzelnen auf Gleichheit vor dem Gesetz sowie auf Teilnahme an der staatlichen Willensbildung gerichtet. Damit folgt für Pfizer auch ein gleiches Wahlrecht aller aus den „Urrechten". Erst mit dieser vollständigen Gleichstellung ist für ihn all das verwirklicht, was den Menschen zum Menschen macht.

Das allerdings ist nur eine Stimme in der vielschichtigen Diskussion der damaligen Zeit. Die Begriffe (wie Volksrecht, Volksfreiheiten, Urrechte)[54] fanden in der Diskussion des Vormärz höchst unterschiedlich Verwendung und waren mithin unklar. So ging der Staatsrechtler Friedrich Julius Stahl (1802–1861), der bis heute insbesondere wegen seiner Betrachtungen über den Rechtsstaat in der Rechtswissenschaft Beachtung findet, aufgrund seines christlichen Weltbildes davon aus, dass

51 Pfizer, Art. Urrechte, S. 689 ff.

52 Ibid., S. 689.

53 Pfizer, Urrechte, S. 697.

54 Zur Vielfalt der Begriffe in der deutschen naturrechtlichen Diskussion Ende des 18. Jahrhunderts Klippel, Theorie der Freiheitsrechte (s. Lit. Kap. 5), S. 368; Kühne, Von der bürgerlichen Revolution bis zum ersten Weltkrieg, S. 97 ff., Rn. 3, 8 f.

Menschenrechte durch heilige, gottgeordnete Institutionen eingerichtet seien.[55] Andere bedeutende Juristen der damaligen Zeit wie Robert von Mohl und Heinrich Albert Zachariä lieferten für die Freiheitsrechte – von deren Existenz sie ohne Weiteres ausgingen – gar keine Erklärung.[56] Die Skala für die Begründung der unterschiedlich titulierten Rechte reichte in der Diskussion der Zeit also weit: von rein naturrechtlich bis hin zu ausschließlich positivrechtlich.

9.13 Literatur

Acten betreffend die Abschaffung des Neger- oder afrikanischen Sklavenhandels, in: Johann Ludwig Klüber (Hg.), Acten des Wiener Congresses in den Jahren 1814 und 1815, Bd. 8, Erlangen 1818, S. 3 ff.

Helmut Berding, Die Ächtung des Sklavenhandels auf dem Wiener Kongress 1814/1815, HZ 219 (1974), S. 265 ff.

Georg Büchner, Der Hessische Landbote, in: Henri Poschmann (Hg.), Georg Büchner. Sämtliche Werke, Briefe und Dokumente, Bd. 2: Schriften, Briefe, Dokumente, Frankfurt am Main 1999, S. 53 ff.

Stéphane Caporal et al. (Hg.), Constitutional Documents of France, Corsica and Monaco 1789–1848 (Constitutions of the World from the late 18th Century to the Middle of the 19th Century, Europa: Bd. 11), Berlin/New York 2010

Hans Fenske, Der liberale Südwesten. Freiheitliche und demokratische Traditionen in Baden und Württemberg 1790–1933, Stuttgart et al. 1981

Dieter Gosewinkel u. Johannes Masing, Die Verfassungen in Europa 1789–1949, München 2006

Werner Heun (Hg.), Deutsche Verfassungsdokumente 1806–1849, Teil 2: Bayern–Bremen (Constitutions of the World from the late 18th Century to the Middle of the 19th Century, Europa: Bd. 3), München 2007

Judith Hilker, Grundrechte im deutschen Frühkonstitutionalismus, Berlin 2005

Ernst Rudolf Huber (Hg.), Dokumente zur deutschen Verfassungsgeschichte, Bd. 1: Deutsche Verfassungsdokumente 1803–1850, 3. Aufl., Stuttgart et al. 1978

Christian Kennert, Die Gedankenwelt des Paul Achatius Pfizer. Eine Studie zum Denken des deutschen Frühliberalismus, Berlin 1986

55 Friedrich Julius Stahl, Philosophie des Rechts nach geschichtlicher Ansicht, Bd. 2: Christliche Rechts- und Staatslehre, 2. Abt., Heidelberg 1837, S. 66.

56 Robert v. Mohl, Das Staatsrecht des Königreiches Württemberg, 1. Teil: Das Verfassungsrecht, Tübingen 1829, S. 268; Heinrich Albert Zachariä, Deutsches Staats- und Bundesrecht, 1. Abt.: Allgemeine Lehren und Verfassungsrechte der Bundesstaaten, Göttingen 1841, §§ 64–66.

Alfred Kölz, Quellenbuch zur neueren schweizerischen Verfassungsgeschichte, Bern 1992

Jörg-Detlef Kühne, Von der bürgerlichen Revolution bis zum ersten Weltkrieg, in: Merten u. Papier (Hg.), Handbuch der Grundrechte I (s. Lit.), S. 97 ff.

Gertrude Lübbe-Wolff, Über das Fehlen von Grundrechten in Hegels Rechtsphilosophie, in: Hans-Christian Lucas u. Otto Pöggeler (Hg.), Hegels Rechtsphilosophie im Zusammenhang der europäischen Verfassungsgeschichte, Stuttgart-Bad Cannstatt 1986, S. 421 ff.

Klaus Müller (Hg.), Quellen zur Geschichte des Wiener Kongresses 1814/1815, Darmstadt 1986

Paul Pfizer, Art. Urrechte oder unveräußerliche Rechte, in: Karl v. Rotteck u. Karl Welcker (Hg.), Staats-Lexikon, Bd. 12, 2. Aufl., Altona 1848, S. 689 ff. (in der 1. Aufl., Bd. 15, S. 610 ff.)

Wolfgang v. Rimscha, Die Grundrechte im süddeutschen Konstitutionalismus. Zur Entstehung und Bedeutung der Grundrechtsartikel in den ersten Verfassungsurkunden von Bayern, Baden und Württemberg, Köln et al. 1973

Karl v. Rotteck, Art. Freiheit, in: ders. u. Karl Theodor Wecker (Hg.), Staats-Lexikon, Bd. 5, Altona 1847, S. 179 ff.

Benno Schulte, Die Entstehung der Grundrechtsartikel in der badischen Verfassung von 1818, Freiburg im Breisgau 1962

Rainer J. Schweizer u. Ulrich Zelger (Hg.), Verfassungsdokumente der Schweiz 1791–1865, Teil 3: Aargau–Basel-Stadt (Constitutions of the World from the late 18th Century to the Middle of the 19th Century, Europe: Vol. 8), Berlin 2014

Elmar Wadle, Grundrechte in der Deutschen Bundesakte? Notizen zu „Preßfreiheit“ und „Rechte der Schriftsteller und Verleger gegen den Nachdruck“ (Artikel XVIII d), in: Jürgen Bröhmer et al. (Hg.), Internationale Gemeinschaft und Menschenrechte. Festschrift für Georg Ress zum 70. Geburtstag am 21. Januar 2005, Köln/Berlin/Müchen, 2005, S. 1333 ff.

Thomas Würtenberger, Von der Aufklärung zum Vormärz, in: Merten u. Papier (Hg.), Handbuch der Grundrechte I (s. Lit.), S. 49 ff.

10. Paulskirche bis Weimar

10.1 Die Frankfurter Reichsverfassung 1848/1849

10.1.1 Liberale Tradition und nationale Einheit

Die deutsche Märzrevolution von 1848 war das Ergebnis einer liberalen, bürgerlich-demokratischen Bewegung, die eine nationale Einheit anstrebte. Menschen- und Bürgerrechte standen für diese in hoher Wertschätzung. Das schlug sich auf die Verfassungsberatungen in der Paulskirche nieder. Die Grundrechte wurden dort zuerst behandelt, weil die Nationalversammlung sie als vorrangig ansah. So verabschiedete die Nationalversammlung am 27. Dezember 1848 den Grundrechtekatalog als „Gesetz, betreffend die Grundrechte des Deutschen Volkes“. An dieser Stelle erschien das Wort Grundrechte erstmalig in seinem heutigen Sinn in einem deutschen Gesetzestext. Eben dieser Grundrechtekatalog wurde mit wenigen Änderungen als §§ 130–189 in die Reichsverfassung aufgenommen. Infolge des Scheiterns der Revolution erlangte diese Verfassung nie praktische Wirksamkeit.

Trotz des Scheiterns der Revolution ist die rechtshistorische Bedeutung der Frankfurter Reichsverfassung groß, fanden die Grundrechte doch schnell Verbreitung und hatte Vorbildfunktion für spätere Verfassungen. So enthielt etwa – um nur ein Beispiel zu nennen – die oktroyierte preußische Verfassung von 1850 einige Grundrechte aus der Paulskirche unter der Überschrift „Von den Rechten der Preußen“, allerdings mit deutlichen Einschränkungen. So gewährleistete § 143 FRV die Meinungs- und Pressefreiheit unbeschränkt, während nach der preußischen Verfassung von 1850 Beschränkungen durch Gesetzgebung möglich waren (Art. 27). Die in der Verfassung von 1849 in § 158 gewährleistete Berufsfreiheit ist in der preußischen Verfassung nicht aufgeführt. Hinsichtlich der Freiheit der Person macht die Frankfurter Reichsverfassung strenge Vorgaben für die Zulässigkeit von Verhaftungen (§ 138), was in Preußen nicht verfassungsrechtlich geregelt, sondern durch einfaches Gesetz bestimmt werden soll (Art. 5 preußische Verfassung). Zudem fanden einige in der preußischen Verfassung gewährte Grundrechte in der Praxis nur eingeschränkt Anwendung.

Die Anknüpfung der Paulskirchenverfassung an die große liberale Tradition der Bürger- und Menschenrechte wird auch optisch deutlich, wenn wir einen

Abb. 19 Barrikadenszene aus der Breiten Straße, Berlin im März 1848, aus „Erinnerung an den Befreiungskampf in der verhängnisvollen Nacht 18.–19. März 1848.

Blick auf eine zeitgenössische Präsentation der Paulskirchengrundrechte werfen:[1] In einem farbigen Druck wiedergegeben auf zwei steinernen Tafeln, erinnert ihr Erscheinungsbild nicht nur an die zwei steinernen Gesetzestafeln, die Moses von Gott erhielt und vom Berg Sinai herab zu den Israeliten brachte, sondern vor allen Dingen an eine berühmte Darstellung der französischen Menschen- und Bürgerrechte aus dem Jahre 1789.

In den Verfassungsdokumenten des Deutschen Bundes als politischem Vorläufer des 1848 erstrebten Deutschen Reiches fand sich im Hinblick auf Grundrechte kaum etwas. Von Pressefreiheit konnte im Hinblick auf die Karlsbader Beschlüsse in der Praxis keine Rede sein.[2]

1 Kolorierte Lithographie, Adolf Schroedter, Frankfurt, 1848, „Die Grundrechte des deutschen Volkes".

2 S. o. Kap. 9.6.

Abb. 20 Adolf Schroedter, Die Grundrechte des Deutschen Volkes, 1848. Die Darstellung des durch die Frankfurter Nationalversammlung gewährten Grundrechtekatalogs von 1848 auf zwei Steintafeln rückt diesen in einen christlich konnotierten Kontext und erinnert an die zehn Gebote. Das hebt die Grundrechte auf eine höhere, unantastbare Ebene.

10.1.2 Grundrechte als „Märzforderungen"

Die Verfassungsdebatte in der Paulskirche erfolgte im Rahmen einer tiefgehenden Politisierung der breiteren Bevölkerung, die in Beschäftigung mit verfassungsrechtlichen Fragen in Flugblättern und Zeitungen Ausdruck fand. So waren Grundrechte für die revolutionäre Bewegung eine zentrale Forderung der ersten Stunde („Märzforderungen").[3] Zur Terminologie ist zu sagen, dass im Vorparlament, das im März und April 1848 tagte, von einer „Rechteerklärung des Deutschen Volkes" sowie von Grundsätzen und Grundlagen die Rede war. Die Abgeordneten der Nationalversammlung sprachen nicht nur von „Grundrechten", sondern etwa auch von „Urrechten" (mit naturrechtlichem Hintergrund), „Bürgerrechten" oder „Volksrechten".[4] Viele Abgeordnete hatten negative Erfahrungen mit dem Polizeistaat gemacht. Um eine möglichst frühzeitige Eingrenzung der bereits bestehenden Staatsgewalt der Einzelstaaten zu gewährleisten, wollte die Frankfurter Nationalversammlung so die Grundrechte vor der Entscheidung über die Struktur des zu schaffenden deutschen Reichs festlegen. Ferner war nationale Einheit eine Mission, die der in Frankfurt zusammengetretenen Nationalversammlung mindestens genau so wichtig war wie individuelle Freiheit. Dieser Gedanke sollte sich auf die zu schaffenden Grundrechte auswirken. Schließlich sollten überall im Reichsgebiet die Grundrechte gleichermaßen für alle Bürger gelten. Der Umstand, dass die Grundrechte so hoch im Kurs standen, hatte für die nationale Einigungsbewegung mit ihrem Projekt einer neuen Verfassung allerdings auch einen gravierenden Nachteil. Über die Diskussion um die Grundrechte nämlich verstrichen einige wichtige Monate, in denen Einzelstaaten, die der liberalen Bewegung keineswegs wohlgesonnen gegenüberstanden, an Macht gewannen. Dies sollte sich am Ende des Tages fatal für die Befürworter der neuen Verfassung auswirken.

10.1.3 Das Grundrechtegesetz

10.1.3.1 Ausgangslage

Auch wenn die in der Paulskirche präsenten politischen Positionen unterschiedliche Schwerpunkte hatten und zum Teil weit auseinanderlagen, herrschte über die Bedeutung von Grundrechten im Verfassungsausschuss Einigkeit. Im Hin-

---

3 Michael Kotulla, Deutsche Verfassungsgeschichte. Vom Alten Reich bis Weimar (1495–1934), Berlin 2008, Rn. 1714.

4 S. o. S. 316 f.

blick auf deren konkrete Gestalt aber waren die Meinungen unterschiedlich. Als ersten Schritt auf dem Weg zu einer Lösung beschloss der Verfassungsausschuss am 26. Mai 1848, einen Unterausschuss für die Grundrechte einzurichten. Dieser bestand aus den drei Abgeordneten Robert von Mohl, Friedrich Dahlmann, und Eugen von Mühlfeld. Dieser Unterausschuss legte nach wenigen Tagen einen ersten Entwurf vor, der nach Überarbeitung im Verfassungsausschuss der Nationalversammlung zugeleitet wurde. Die Diskussionen über diesen Entwurf dauerten mehr als ein halbes Jahr an. Als besonders streitig stellten sich die Bestimmungen über die Wirtschafts- und Sozialordnung sowie die über Kirchen und Schulfragen heraus. Am 20. Dezember 1848 schließlich verabschiedete die Nationalversammlung den Grundrechtekatalog unter der Bezeichnung „Gesetz, betreffend die Grundrechte des deutschen Volkes". Ausgefertigt wurde dieses Gesetz am 27. Dezember.[5] Seine 60 Paragraphen wurden fast unverändert in die Reichsverfassung übernommen, die mit ihrer Verkündung am 28. März 1849 de jure in Kraft trat.

10.1.3.2 Grundrechtsbegriff und Funktion von Grundrechten

Der Grundrechtsbegriff der Paulskirche war weiter als der typischerweise im Vormärz vertretene. So waren nicht allein klassische Freiheitsrechte im Grundrechtekatalog von 1848 genannt. Georg Beseler, der ein führendes Mitglied im Verfassungsausschuss war, hatte einen genossenschaftlichen Begriff von Grundrechten. Für ihn sind sie sowohl Rechte von Individuen wie auch solche von Verbänden, denen der Gesamtstaat gegenübersteht. Aus diesem Grund werden auch Einzelstaaten (§§ 130 Satz 2, 186 f. FRV) oder Religionsgemeinschaften (§ 147 FRV) bei den Grundrechten behandelt. Die Grundrechte sollen sowohl den Interessen des Individuums als auch den Belangen der Gemeinschaft Rechnung tragen. Sie sind demnach nicht allein Abwehrrechte gegen den Staat in einem liberalistischen Sinne. Vielmehr wirken sie sowohl staatsabwehrend wie auch staatsaufbauend. Dabei sollten die Grundrechte drei Hauptfunktionen erfüllen: Ihnen kam erstens eine Einheitsfunktion zu. Die Rechte aller Deutschen sollten vereinheitlicht werden. Zweitens hatten sie eine Rechtsstaatsfunktion, war doch in Abkehr vom vorherigen Polizeistaat der Rechtsstaat zu begründen. An dritter Stelle schließlich steht ihre Modernisierungsfunktion, da veraltete Privilegien und Organisationsformen abzuschaffen oder umzugestalten waren.[6]

---

5 Kotulla, Deutsche Verfassungsgeschichte, Rn. 1713.

6 Kühne, Reichsverfassung der Paulskirche, S. 168–182.

10.1.3.3 Grundrechte als konkrete Rechtspositionen

Am 11. November 1848 stellte Jacob Grimm (1785–1863) in der Nationalversammlung den Antrag, die folgende Formulierung an den Anfang des Grundrechtskataloges zu stellen:

> Das Deutsche Volk ist ein Volk von Freien und deutscher Boden duldet keine Knechtschaft. Fremde Unfreie, die auf ihm verweilen, macht er frei.[7]

Dieser Antrag wurde nicht angenommen. Es ging nicht um pathetische und von Ideologie getragene Prinzipien oder die Formulierung großer, abstrakter, revolutionärer Grundsätze. Es ging vielmehr um konkrete Rechtspositionen. Dadurch erklärt sich die breite Auffächerung der Grundrechte.[8] Beseler wollte nur „das wirklich Erprobte zur Geltung bringen" und herausfinden, „welches unserer Volkstümlichkeit, unserem gegenwärtigen Bedürfnissen entspricht und unserer nationalen Entwicklung die beste Förderung und Sicherheit verheißt".[9] Es ging keineswegs um eine soziale Revolution mit einer Aufhebung sämtlicher Unterschiede, und die sozialen Forderungen der Arbeiterschaft fanden kaum Gehör. Durchaus ein Ziel war die Gleichheit vor Recht und Gesetz, keineswegs aber in einem darüber hinaus reichenden Sinne.[10] Ein zentrales Thema war die Meinungs- und Pressefreiheit sowie die Bekämpfung des allseits verhassten Polizeistaates. Auf diese Weise kam eine Verfassung auf Reichsebene zustande, die zum Teil den Verfassungen der Einzelstaaten als Vorbild dienen konnte.

Das Grundrechtegesetz statuierte eine Bindung von Verwaltung, Rechtsprechung und Gesetzgebung an die Grundrechte. Eine Begrenzung der Grundrechte durch Reichs- oder Landesgesetze sollte dabei nur möglich sein, wenn ein Gesetzesvorbehalt im Grundrechtsgesetz ausdrücklich vorgesehen war. Dieses räumte Freizügigkeit, Gewerbefreiheit, Wohnungsfreiheit, Briefgeheimnis, Pressefreiheit, Kultusfreiheit und Selbstverwaltung der Religionsgemeinschaften ein. Enteignungen sollten nach der Verfassung möglich sein, wobei die wichtigsten Grundrechte allerdings ohne jeden Gesetzesvorbehalt garantiert wurden.

Auch wenn die Grundrechte durch einfaches Recht zu konkretisieren waren, galten sie laut Einführungsgesetz unmittelbar. Wo dies nicht möglich oder erfor-

---

7 Jacob Grimm, in: Wigard (Hg.), Stenographischer Bericht II, S. 1063.

8 Seybold, Freiheit statt Knechtschaft, S. 228.

9 Oestreich, Geschichte der Menschenrechte (s. Lit.), S. 93 f.

10 Oestreich, Geschichte der Menschenrechte (s. Lit.), S. 95.

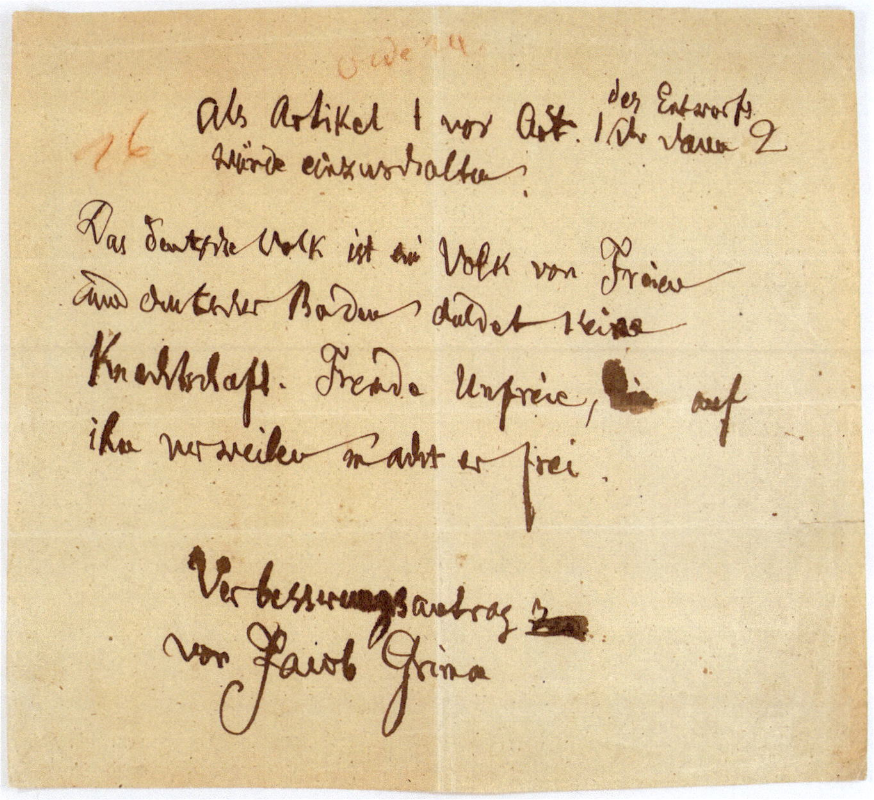

16

Als Artikel 1 vor Art. 1 des Entwurfs der dann 2 würde einzuschalten.

Das deutsche Volk ist ein Volk von Freien und deutscher Boden duldet keine Knechtschaft. Fremde Unfreie, die auf ihm verweilen macht er frei.

Verbesserungsantrag von Jacob Grimm

Abb. 21 „Verbesserungsantrag von Jacob Grimm“ zur Beratung der Grundrechte des deutschen Volkes in der Frankfurter Nationalversammlung am 11. November 1848: „Als Artikel 1 vor Art. 1 des Entwurfs der dann 2 würde einzuschalten. Das deutsche Volk ist ein Volk von Freien und deutscher Boden duldet keine Knechtschaft. Fremde Unfreie, die auf ihm verweilen macht er frei.“. In seinem Verbesserungsantrag benennt Jacob Grimm genau, dass er seine ergänzende Formulierung an oberster Stelle platziert sehen wollte. Ihm kam es also darauf an, dass am Anfang der „Grundrechte des deutschen Volkes“ ein emphatischer Passus und nicht eine nüchtern-formaljuristische Feststellung steht.

derlich war, sollten sie spätestens innerhalb von sechs Monaten umgesetzt werden, was etwa für die Abschaffung von Standesrechten in den Landesverfassungen galt. Eine Verkündung der Grundrechte durch die Einzelstaaten war de jure für ihre rechtliche Wirksamkeit nicht erforderlich, maßgeblich war für Reichsgesetze allein ihre Verkündung im Reichsgesetzblatt.[11]

10.1.3.4 Grundrechte als Reichsbürgerrechte

Am Beginn des Grundrechtekatalogs findet sich die Feststellung, das deutsche Volk bestehe aus den Angehörigen der Staaten, welche das Deutsche Reich bildeten (§ 131). Eine deutsche Staatsbürgerschaft gab es somit nicht, diese sollte weiterhin auf die Einzelstaaten bezogen sein. All deren Angehörige aber sollte das deutsche Reichsbürgerrecht zukommen (§ 132). Viele der im Folgenden genannten Grundrechte sollten – ganz nach der Tradition von Verfassungen aus der Zeit des Konstitutionalismus – nur Deutschen zustehen. Somit handelte es sich dabei um Bürgerrechte, nicht um Menschenrechte. So kam allen Deutschen Freizügigkeit zu, ein Auswanderungsrecht und das Recht, ein beliebiges Gewerbe zu betreiben. Gewerbefreiheit allerdings diskutierte die Nationalversammlung überaus kontrovers und konnte sich auf eine einheitliche Gewerbeordnung für ganz Deutschland schließlich nicht einigen. Die Freiheit der Person, die Unverletzlichkeit der Wohnung und das Briefgeheimnis gewährte die Verfassung ihrem Wortlaut nach hingegen unabhängig davon, ob jemand Reichsbürger war (§§ 138, 140 und 142).

Gleichheit vor dem Gesetz auch in allen Einzelstaaten hingegen gab es nur für Deutsche. Unter diesen allerdings sollten Standesunterschiede und Standesvorrechte gänzlich verschwinden, der Adel als Stand wurde aufgehoben (§ 137). Dass diese Bestimmung auf Seiten des Adels auf Widerstand stieß, überrascht wohl niemanden. Alle Titel wurden, „insoweit sie nicht mit einem Amte verbunden" waren, aufgehoben. In diesem Punkt war die FRV rigoroser als die WRV von 1919 (Art. 109 Abs. 3 Satz 2 WRV). Adelstitel sollten demnach beim Zugang zu öffentlichen Ämtern 1848 keine Rolle mehr spielen. Alle unterlagen gleichermaßen der Wehrpflicht, und es gab nicht mehr wie zum Teil in der Vergangenheit die Möglichkeit, sich durch Entsendung eines Stellvertreters davon freizukaufen. Auch im Hinblick auf die Besteuerung sollte eine Bevorzugung einzelner Stände und Güter in Zukunft nicht mehr stattfinden, was explizit für alle Ebenen, das heißt auch für kommunale Steuern, gelten sollten (§ 173). Justizgrundrechte wie den Schutz vor willkürlichen Verhaftungen gewährte die Verfassung unabhängig davon, ob ein Deutscher betroffen war. Ebenso wurden die Strafen körperlicher Züchtigung, der

---

11 Reichsgesetz betreffend die Verkündung der Reichsgesetze und der Verfügungen der provisorischen Zentralgewalt vom 27. September 1848, Art. 3.

Brandmarkung und des Prangers umfassend abgeschafft, was unter Ausnahme des Kriegsrechts und der Meuterei auf See auch für die Todesstrafe galt (§ 139).

Meinungs-, Gewissens- und Religionsfreiheit gewährte die Verfassung wiederum nur deutschen Reichsbürgern (§§ 143–145). Das Gleiche gilt für das Versammlungs- und Vereinigungsrecht ebenso wie für das Petitionsrecht (§§ 159, 161 und 162). Religionsfreiheit sollte allen Deutschen unbeschränkt zustehen, und die Religion sollte weder auf die Rechte noch die Pflichten als Staatsbürger irgendeinen Einfluss haben. Alle Religionsgemeinschaften durften im Rahmen der „allgemeinen Staatsgesetze" ihre Angelegenheiten umfassend selbstständig regeln, wobei eine Staatskirche nicht bestand. Mehr noch: Keine Kirche sollte vor einer anderen irgendwelche „Vorrechte durch den Staat" genießen. Das war ein bemerkenswerter Unterschied zu vielen damaligen Territorien, und ist auch einer zur heutigen auf der WRV basierenden Rechtslage (Art. 140 GG, 137 V, VI WRV). Katholiken und Protestanten sollten damals nicht besser dastehen als alle anderen auch. Als Konsequenz aus dem zuvor bestehenden Mischehenkonflikt ließ die Verfassung von 1848 eine kirchliche Trauung nur nach vorheriger „Vollziehung des Civilactes" zu (§ 150). Danach folgte die Frankfurter Reichsverfassung dem Prinzip der obligatorischen Zivilehe, wie der französische Code civil sie kannte und wie sie im Jahr 1876 schließlich auch im späteren Deutschen Reich eingeführt werden sollte.

Schulen sollten fortan allein „unter der Oberaufsicht des Staates" stehen. Sie waren – so heißt es deutlich und ausdrücklich – „abgesehen vom Religionsunterricht, der Beaufsichtigung der Geistlichkeit als solcher enthoben" (§ 153). Der Staat musste für „öffentliche Schulen überall genügend" Sorge tragen und dort Lehrer als Beamte einstellen (§§ 155, 156). Die Errichtung privater Schulen sollte allerdings weiterhin zulässig sein (§ 154), was vor allen Dingen den Forderungen der Katholiken entgegenkam. Ein sozialer Aspekt lag darin, dass der Unterricht an den Volksschulen und den niederen Gewerbeschulen für alle kostenfrei sein und Unbemittelte kostenfreien Zugang zu allen öffentlichen Unterrichtsanstalten haben sollten (§ 157). Darüber hinaus gewährte die Verfassung Freiheit bei der Wahl des Berufes sowie des Ausbildungsplatzes dem Wortlaut nach für alle Menschen, gleich ob es sich dabei um Deutsche handelte oder nicht (§ 158).

Das Eigentum war für alle Menschen als unverletzlich anerkannt (§ 164). Enteignungen sollten nur im Dienste des gemeinen Besten, aufgrund eines Gesetzes und gegen eine gerechte Entschädigung vorgenommen sein. Geschützt sollte auch das geistige Eigentum sein, wobei hier für die Einzelheiten auf die Reichsgesetzgebung verwiesen wurde. Grundeigentümer durften ihr Land grundsätzlich frei veräußern und vererben. Feudale Bindungen erhalten eine klare Absage („Jeder Unterthänigkeits- und Hörigkeitsverband hört für immer auf", § 166). Was damit einherging wurde „[o]hne Entschädigung … aufgehoben“, so die Patrimonialgerichtsbarkeit und die grundherrliche Polizei (§ 167).

10.1.3.5 Institutionelle Garantien

Der Grundrechtskatalog von 1848 schützt zum Teil staatliche Institutionen. In diesem Zusammenhang ist die Gerichtsbarkeit zu nennen. Sie sollte unter Abschaffung alle Patrimonialgerichte vollständig vom Staat ausgehen und durch unabhängige Richter ausgeübt werden (§§ 174 ff.). Aus seinem Amt entfernt werden konnte ein Richter nur durch gerichtliches Urteil. Der Öffentlichkeits- und Mündlichkeitsgrundsatz für Gerichtsverhandlungen war gewährleistet, und Rechtsverletzungen durch den Staat waren von den ordentlichen Zivilgerichten zu behandeln, nicht durch die Verwaltung. Gemeinden hatten eigenständig – so heißt es in § 184 FRV wörtlich – „Grundrechte (ihrer Verfassung)“. Als solche sind „Wahl ihrer Vorsteher und Vertreter“ und „die selbstständige Verwaltung ihrer Gemeindeangelegenheiten …“ genannt. Die Bestimmung erinnert an den heutigen Art. 28 GG, der ebenfalls den Gemeinden ein Recht zur Selbstverwaltung gewährt, dieses dabei aber – ähnlich wie § 184 b) FRV – unter die Aufsicht des Bundes stellt. Der Frankfurter Grundrechtekatalog stellte ferner Mindestanforderungen an die Verfassungen der Einzelstaaten, indem er diesen Volksvertretungen mit Ministerverantwortlichkeit vorschrieb. Diese Volksvertretungen mussten über Landesgesetze, Besteuerung und Haushalt mitentscheiden können. Seine Sitzungen sollten grundsätzlich öffentlich stattfinden (§§ 186, 187).

10.1.3.6 Minderheitenschutz

Den Minderheitenschutz, den § 188 gewährte, hatte der Vielvölkerstaat Österreich beantragt. Die dort ansässigen, insbesondere slawischsprachigen Bevölkerungsgruppen sollten ihre kulturelle und insbesondere sprachliche Identität behalten dürfen. Ihren Sprachen wurde innerhalb der entsprechenden Gebiete Gleichberechtigung „in dem Kirchenwesen, dem Unterrichte, der inneren Verwaltung und der Rechtspflege“ zugesichert. Diese Aufzählung war nicht abschließend gemeint, sondern vielmehr beispielhaft dafür, dass in der betreffenden Region die Sprache der „nicht deutsch redenden [Volksstämme Deutschlands]“ überall und in jeder Hinsicht auf einer Stufe mit dem Deutschen stehen sollte. Minderheitenschutz ist für die Geschichte der Menschenrechte von Bedeutung, weil er als Ursprung völkerrechtlichen Menschenrechtsschutzes (International Human Rights) in Betracht kommt (s. u. Kap. 12.2.1).

10.1.3.7 Wirksamkeit des Grundrechtegesetzes

Die meisten Einzelstaaten erkannten den Grundrechtekatalog an und publizierten ihn in ihren entsprechenden Veröffentlichungsorganen. Ein erhebliches Problem aber lag darin, dass größere Staaten wie Österreich, Preußen, Bayern und Hannover dem Grundrechtsgesetz ablehnend gegenüberstanden und es deshalb auch nicht publizierten. Auch wenn es de jure für die Wirksamkeit nicht darauf, sondern nach neu geschaffenem Reichsrecht allein auf die Publikation im Reichsgesetzblatt ankam,[12] machte das de facto natürlich einen gewaltigen Unterschied. Dieses Reich nämlich – das dürfen wir nicht vergessen – hatte noch keine festen Formen angenommen und existierte somit noch nicht. Welche praktische Bedeutung also konnten Grundrechte haben, die gegen den Widerstand mächtiger Staaten (nur) auf dem Papier standen?

Die Revolution scheiterte und der Deutsche Bund wurde wiederhergestellt. Sein Bundestag erklärte die Grundrechte am 23. August 1851 für ungültig. Mitgliedsstaaten, die die Grundrechte umgesetzt und in eigenes Recht überführt hatten, mussten diese Änderungen wieder zurücknehmen.

10.1.3.8 Justitiabilität von Grundrechten

Die FRV sah auch vor, dass ein Reichsgericht einzurichten sei, das alle deutschen Staatsbürger „wegen Verletzung der durch die Reichsverfassung ihnen gewährten Rechte“ anrufen dürften. Damit waren vor allem Verstöße gegen die Grundrechte durch das Reich oder einen Einzelstaat gemeint. Dies hatte genau ein Jahr vor Inkrafttreten der FRV am 28. März 1848 der Staatswissenschaftler Robert von Mohl (1799–1875) in der „Deutschen Zeitung“ gefordert. Als Erstes benannte er die den Bürgern einzuräumenden Grundrechte. Im Anschluss führte er aus,

> zweitens [ist] nicht minder nöthig, daß das Reich eine gesetzliche, wirksame Hilfe gegen Beeinträchtigungen dieser Rechte im einzelnen Staate gewähre; somit ein unabhängiges, zahlreiches, beständiges Bundesgericht, bei welchem Ständeversammlungen die Minister anklagen, die einzelnen Bürger, welche auch in letzter Instanz im engern Vaterlande

12 Reichsgesetz betreffend die Verkündung der Reichsgesetze und der Verfügungen der provisorischen Zentralgewalt vom 27. September 1848, Art. 3: „Die verbindende Kraft eines Gesetzes beginnt - falls es nicht selbst einen anderen Zeitpunct feststellt - für ganz Deutschland mit dem zwanzigsten Tage nach dem Ablaufe desjenigen Tages, an welchem das betreffende Stück des Reichsgesetzblattes in Frankfurt ausgegeben wird. Der Tag der Herausgabe in Frankfurt wird auf dem Blatte angegeben.“

> Unrecht in staatsrechtlichen Befugnissen zu erdulden glauben, Gerechtigkeit verlangen können.[13]

Diese Forderung erfüllte die Frankfurter Reichsverfassung mit einer schmalen Formulierung an unauffälligem Ort (§ 126g[14] im Abschnitt über das Reichsgericht). Das Nähere sollte – wozu es dann nicht mehr kam – ein Reichsgesetz regeln. Ein großer Schritt für die Grundrechte: Hier findet sich nichts Geringeres als ihre Justitiabilität erstmalig in einer deutschen Verfassung.[15] So etwas gab es auf gesamtdeutscher Ebene erst über 100 Jahre später auf Grundlage unseres Bonner Grundgesetzes mit dem Bundesverfassungsgerichtsgesetz von 1951. Grundrechte sind nach Vorstellung der Paulskirche

> unmittelbar geltende subjektive Rechte, die durch Richterspruch zu realisieren sind, und nicht mehr als Leitprinzipien eines freiheitsverbürgenden Staates und einer der Entfaltung des Individuums verpflichteten Gesetzgebung gelten. Dieses Verständnis war der französischen Nationalversammlung von 1789 gewiss noch fremd, die gerade wegen der unmittelbaren Wirkungslosigkeit der Grundreche zur Verfassung und zur Einzelgesetzgebung überging.[16]

Das ist ein wichtiger Unterschied, den man nicht genug betonen kann.

---

13 In der Beilage zur Deutschen Zeitung v. 28. März 1848 („Der deutsche Reichstag III"), https://digipress.digitale-sammlungen.de/view/bsb10505474_00839_u001/1 (Zugriff: 05.09.2024), S. 2, linke Spalte.

14 „[Zur Zuständigkeit des Reichsgerichts gehören:] Klagen deutscher Staatsbürger wegen Verletzung der durch die Reichsverfassung ihnen gewährten Rechte. Die näheren Bestimmungen über den Umfang dieses Klagerechts und die Art und Weise dasselbe geltend zu machen, bleiben der Reichsgesetzgebung vorbehalten."

15 Auf Länderebene ist in diesem Zusammenhang die Verfassungsbeschwerde nach VII § 21 der Verfassung für das Königreich Bayern von 1818 zu nennen. Die Ständeversammlung, die die Staatsbürger wegen Verletzung verfassungsmäßige Rechte danach anzurufen durften, ist allerdings kein unabhängiges Gericht. Ausführlich dazu Müller, Verfassungsbeschwerde nach der Bayerischen Verfassung.

16 Peter Krause, Die Entwicklung der sozialen Grundrechte, in: Birtsch (Hg.), Grund- und Freiheitsrechte von der ständischen zur spätbürgerlichen Gesellschaft (s. Lit.), S. 402 ff. (426).

10.1.4 Menschenrechte der Zweiten Generation in der Frankfurter Reichsverfassung

10.1.4.1 Begriff und Ursprung

Das Aufkommen sozialer Grundrechte war eine für die Geschichte der Menschenrechte epochal neue Erscheinung im 19. Jahrhundert. Es entsteht eine neue Kategorie, die als Zweite Generation der Menschenrechte bezeichnet wird und im Folgenden als Teilhaberechte neben den klassischen bürgerlich-politischen Freiheitsrechten als Abwehrrechten gegen den Staat (Erste Generation der Menschenrechte) zu finden ist. Deshalb möchte ich der Frage, welche Grundlagen diese sozialen Grundrechte haben und in welchem Umfang sie Aufnahme in die Verfassung von 1848/1849 fanden, besondere Aufmerksamkeit widmen.

Das 19. Jahrhundert war geprägt von der Industrialisierung und den damit verbundenen wirtschaftlichen und gesellschaftlichen Umbrüchen. Es entstand eine breite Bevölkerungsschicht von Industriearbeitern, die in Armut und unter prekären hygienischen Verhältnissen in Elendsquartieren lebten. Aus diesen Zuständen entsprang die Zweite Generation der Menschenrechte mit dem Ziel, die Mindestvoraussetzungen für eine lebenswerte Existenz zu sichern. Finanzielle Absicherung bei Krankheit und Armut, ein fairer Lohn, möglicherweise ein Recht auf Arbeit sowie Chancengleichheit durch Zugang zu Schule und Ausbildung sind hier zu nennen.[17] All dies sollte in Form der Arbeiterbewegung Gestalt annehmen, wovon im nächsten Kapitel 11 noch die Rede sein wird.[18] An dieser Stelle geht es allein darum, inwiefern solche Forderungen Berücksichtigung fanden, als sich im Jahr 1848 die einmalige Möglichkeit ergab, sie in den Katalog der Grundrechte des deutschen Volkes aufzunehmen.

10.1.4.2 Stimmungslage im Vorparlament

10.1.4.2.1 Menschenrechtliche Argumentation

Bereits seit Ende der 1830er Jahre wurde die Frage diskutiert, ob der Staat allen Bürgern ohne Standesunterschied Bildung gewähren müsse. In Rottecks liberalem „Staatslexikon“, das ich im vorangegangenen Kapitel über den Vormärz erwähnte,

17 Am 18. Juni 1848 hatten in Berlin Abgeordnete deutscher Handwerker- und Arbeitervereine beschlossen, eine Adresse mit solchen Forderungen an die Frankfurter Nationalversammlung zu richten, Rudolf Singer, Das Recht auf Arbeit in geschichtlicher Darstellung, Jena 1895, S. 57–59.

18 S. o. Kap. 11.4.

wird diese Frage bejaht.[19] Ein Zentralkomitee der Arbeiterschaft hatte 1848 Koalitionsfreiheit, unentgeltlichen Unterricht, die Verbesserung der Ausbildung von Arbeitern, Beschäftigung der Arbeitslosen in staatlichen Anstalten sowie die Versorgung der Hilflosen und Invaliden gefordert. Die immer größer werdende Gruppe der Industriearbeiter sei in den Staat zu integrieren und von Gewalt abzuhalten.

Die Abgeordneten der Paulskirche waren sich der sozialen Probleme durchaus bewusst,[20] und an Stimmen, die entsprechende Forderungen in mehr oder weniger radikaler Form in die Grundrechtsdebatten einbrachten, mangelte es damals unter den Parlamentariern nicht. Einige von ihnen argumentierten dabei ausdrücklich unter Bezugnahme auf Menschenrechte. Andere griffen zumindest implizit die Idee der Menschenrechte auf. Sie alle jedoch begegneten erheblichen Zweifeln und konnten sich am Ende nicht durchsetzen. Während sich in den Beschlüssen des Vorparlaments einige auf die soziale Frage bezogene Forderungen durchaus wiederfanden,[21] spielten solche im Plenum der Nationalversammlung eine nur geringe Rolle.

Das Paulskirchenparlament spiegelte nicht die soziale Zusammensetzung der Bevölkerung wider. So fand sich unter den Abgeordneten nur ein einziger Handwerker – Ferdinand Nägele (1808–1879), ein Schlossermeister aus Württemberg – und kein einziger Arbeiter. Dennoch war die prekäre Situation der Arbeiterschaft und der ärmeren Bevölkerung manchen Abgeordneten durchaus präsent. So wurde im „Heppenheimer Programm“ der südwestdeutschen Liberalen vom 10. Oktober 1847 von Diskussionen über „Mittel gegen Verarmung und Not“ berichtet, welche „Zeit und Aufmerksamkeit der Versammlung“ beansprucht hätten.[22] Dabei waren die Schöpfer dieses Schriftstücks jedoch der Meinung, diese Aufgabe sei zu groß, um sie im Rahmen der Verfassungsgesetzgebung lösen zu können. Aus diesem Grund wollten die Liberalen sie an ein darauf spezialisiertes Gremium verweisen, das sich dann zukünftig damit beschäftigen sollte. Diese Neigung, die Lösung der sozialen Frage aufzuschieben, sollte auch in den späteren Diskussionen der Paulskirche immer wieder anzutreffen sein.

---

19 Fr. Kolb, Art. Schulwesen, Volksschulen, in: Karl v. Rotteck u. Karl Welcker (Hg.), Staats-Lexikon, Bd. 14, Altona 1843, S. 363 ff.

20 Meinerzhagen, Möglichkeiten und Grenzen sozialpolitischen Handelns, S. 132.

21 Beschlüsse des Vorparlaments v. 31. März u. 1.–4. April 1848, in: Huber (Hg.), Dokumente zur deutschen Verfassungsgeschichte I, S. 334 ff.

22 Heppenheimer Programm der südwestdeutschen Liberalen v. 10. Oktober 1847, in: Huber (Hg.), Dokumente zur deutschen Verfassungsgeschichte I, S. 324 ff. (326).

10.1.4.2.2 Struve'scher Antrag

Bemerkenswert ist der Antrag, den Gustav Struve (1805–1870) am 31. März 1848 im Vorparlament stellte (Struve'scher Antrag). Er forderte unter anderem die „Beseitigung des Nothstandes der arbeitenden Klassen und des Mittelstandes" und die „Ausgleichung des Mißverhältnisses zwischen Arbeit und Kapital vermittelst eines besonderen Arbeitsministeriums, welches dem Wucher steuert, die Arbeit schützt und derselben namentlich einen Antheil an dem Arbeitsgewinne sichert". Interessant ist der Struve'sche Antrag für die Geschichte der Menschenrechte, weil Struve selbst seine Forderungen auf Menschenrechte stützt:

> Deutsche Brüder in Ost und West, wir fordern Euch auf, uns in dem Bestreben zu unterstützen, Euch die einigen und unveräußerlichen Menschenrechte zu verschaffen.[23]

10.1.4.3 Die Diskussion um soziale Grundrechte in der Nationalversammlung

In der Nationalversammlung gab es durchaus Stimmen, die soziale Rechte in die Verfassung aufnehmen wollten. Wenn es darum gehe, Steuern einzuziehen, so sei „der Staat sogleich bei der Hand; wenn aber ein Versinkender den Staat als die letzte Aushilfe angeht, dann ist der Staat nicht zu finden, dann ist er verschlossen", argumentierte der Abgeordnete Ludewig Gottlieb Carl Nauwerck (1810–1891). Er forderte die anderen Parlamentarier auf, das Recht auf Unterhalt anzuerkennen, was nichts anderes sei als „das Recht, nicht zu verhungern".[24]

Die Forderungen nach einer Lösung der sozialen Frage richteten sich teilweise auf eine direkte Unterstützung der Bedürftigen durch den Staat, etwa durch die Versorgung von Arbeitsunfähigen und Arbeitslosen oder auch ein Recht auf Arbeit. Zur Diskussion standen aber auch etliche Instrumente, welche nur indirekt Abhilfe schaffen sollten, mitunter eine entsprechende Subventions- und Handelspolitik. Dabei ging es auch um etwas, das uns heute selbstverständlich erscheint, es damals jedoch keineswegs war, nämlich eine „gerechte Besteuerung" durch eine progressive

---

23 Struve'scher Antrag v. 31. März 1848, in: Huber (Hg.), Dokumente zur deutschen Verfassungsgeschichte I, S. 332 ff. (333 f.).

24 Carl Nauwerck, in: Wigard (Hg.), Stenographischer Bericht VII, S. 5105 ff. (5106 f.)

Einkommensteuer.[25] Manche Abgeordnete brachten dies mit der sozialen Frage in Verbindung.

10.1.4.4 Gerechte Einkommensteuer

Bis ins 19. Jahrhundert hinein dominierte die Vorstellung, der Staat habe sich in erster Linie durch eigene wirtschaftliche Betätigung und eigenes Grundeigentum zu finanzieren. Eine Besteuerung der Bürger sollte nur erfolgen, falls diese Einkünfte nicht genügten. Unter den meisten Abgeordneten galt dieses Verständnis 1848/1849 als überholt. Es dominierte die liberale Vorstellung, der Staat solle sich selbst so weit wie möglich aus dem Wirtschaftsleben heraushalten und lediglich Teile des Gewinns der Bürger zur eigenen Finanzierung abschöpfen.[26]

Die (progressive) Einkommensteuer wurde dabei als zentraler Teil dieses Modells kontrovers diskutiert. Vor 1848/1849 lassen sich aufgrund der Rechtszersplitterung kaum über die Grenzen der einzelnen deutschen Staaten hinausgehende einheitliche Aussagen treffen. Eine Einkommensteuer lässt sich in der ersten Hälfte des 19. Jahrhunderts allenfalls am Rande in einzelnen Territorien feststellen. Hervorzuheben ist Preußen, welches 1808 zur Tilgung einer französischen „Kriegs-Kontribution" vorübergehend und mit räumlich beschränkter Geltung eine als „Einkommensteuer" bezeichnete Abgabe verhängte.[27] Diese lässt sich als erste Einkommensteuer im modernen Sinne in einem deutschen Staat ansehen.[28]

Auf allgemeine Akzeptanz stieß die Einkommensteuer bei den Abgeordneten aber selbst 1848/1849 noch nicht, erst recht nicht eine progressive. So hielt der Abgeordnete Moriz Mohl (1802–1888) dem entgegen: Wer „durch Sparsamkeit, durch Fleiß und Intelligenz zu einem höheren Einkommen gelangt ist", werde dadurch „bestraft […] zu Gunsten Dessen, der es noch nicht so weit gebracht hat,

25 Offenburger Programm der südwestdeutschen Demokraten v. 12. September 1847, Art. 8, in: Huber (Hg.), Dokumente zur deutschen Verfassungsgeschichte I, S. 323 f. (324); Minoritätserachten der Abgeordneten Wigard, Blum, Ahrens und Simon sowie Antrag der Abgeordneten Ahrens, Simon, Wigard, Blum, Römer, Schüler, Scheller, Hergenhahn und Tellkampf, in: Wigard (Hg.), Stenographischer Bericht VII, S. 5141 f.

26 Kempny, Staatsfinanzierung nach der Paulskirchenverfassung, S. 293 f.

27 Reglement, das Kriegs-Schulden-Wesen der Provinz Ostpreußen und Litthauen und der Stadt Königsberg insbesondere betreffend. Vom 23sten Februar 1808, in: Sammlung der für die Königlichen Preußischen Staaten erschienenen Gesetze und Verordnungen von 1806 bis zum 27ten Oktober 1810, Berlin 1822, S. 193 ff.

28 Michael Jüngling, Staatseinnahmen in säkularer Sicht, Göttingen 1991, S. 143 f. So bemerkenswerterweise auch das BVerfG in einer Entscheidung 1991 („[d]as erste deutsche Einkommensteuergesetz"), BVerfGE 84, 239 (240).

oder nicht zu weit bringen wollte". Dem schloss sich bei Mohl die Frage an: „Wo ist denn hier die Gerechtigkeit?"

Im Anschluss an diese steuerrechtlichen Überlegungen behandelt Mohl das Thema eines klagbaren Grundrechts auf Unterhalt für Bedürftige. Hinsichtlich derartiger Vorschläge moniert er, dass diejenigen, „welche das Unglück gehabt haben, schlecht erzogen zu werden", ihrer Neigung nach „lieber nicht arbeiten, und sich durch Andere erhalten, als sich's sauer werden zu lassen, zu arbeiten". Noch ärger würden diese Umstände dazu führen, dass die Arbeitsscheuen die „rothe Fahne" aufstecken und die Arbeitswilligen „ermorden wollen".[29] Dabei bezieht er sich auf die Geschehnisse um die französischen Nationalwerkstätten, welche unter sozialistischen Einflüssen infolge der Februarrevolution (1848) geschaffen wurden, um Arbeitslosen eine Existenzsicherung zu gewähren. Deren Scheitern und Auflösung provozierte noch im selben Jahr den Pariser Juniaufstand, eine Erhebung der Arbeiterschaft gegen die bürgerlich geprägte Nationalversammlung. Diese Erfahrungen in Frankreich bildeten einen Referenzpunkt für die Debatten der Frankfurter Nationalversammlung in der Auseinandersetzung um die soziale Frage.[30]

Die Verknüpfung der sozialen Frage mit dem Steuerrecht, wie sie Mohl vollzieht, ist insofern für die Debatten zur sozialen Frage in der Paulskirche typisch, als dass sich diese größtenteils im Hinblick auf eine Bestimmung mit abgabenrechtlichem Bezug abspielten, nämlich den späteren § 173 FRV:[31] „Die Besteuerung soll so geordnet werden, daß die Bevorzugung einzelner Stände und Güter in Staat und Gemeinde aufhört." Die Vorschrift wurde als spezielle Ausprägung des allgemeinen Gleichheitssatzes in § 137 FRV verstanden. So äußerte Theodor Mommsen in seinem Kommentar zu den Grundrechten:

> Aus ist es ferner mit dem Vorrecht der hohen Herren, von ihrem Vermögen dem Staat keine Steuern oder geringere zu entrichten; gleich als ob sie ihre Güter nicht besäßen wie jeder andere Bürger kraft der Oberheit des Staates, und die Bürgerpflicht nur für den gemeinen Mann bestände. Die Deutschen sind vor dem Gesetze gleich und zahlen nach Verhältniß des Vermögens gleiche Abgaben.[32]

---

29 Moriz Mohl, in: Wigard (Hg.), Stenographischer Bericht VII, S. 5107 ff. (5108 f.).

30 Bohnert, Die Behandlung der Sozialen Frage, S. 47–49.

31 S. zum einschlägigen Entwurf Wigard (Hrsg.), Stenographischer Bericht VII, S. 5100.

32 Mommsen, Grundrechte des deutschen Volkes, S. 18.

Trotz des allgemeinen Gleichheitssatzes hatten die Abgeordneten angesichts bestehender Ungleichheiten im Steuerrecht – insbesondere durch Steuervorrechte für Adel und Klerus[33] – ein Bedürfnis nach Klarstellung. Dadurch erklärt sich die spezielle Vorschrift.[34] Ungleichbehandlungen im Steuerrecht sollten definitiv beendet werden. Möglicherweise hat die Vorstellung, bereits über steuerliche Mechanismen die sozialen Probleme der Zeit lösen zu können, auch dazu beigetragen, dass die Abgeordneten Menschenrechten der Zweiten Generation zurückhaltend gegenüberstanden.

10.1.4.5 Recht auf Arbeit

Ein weiterer vieldiskutierter Gegenstand, dessen Verbindung zur sozialen Frage aus heutiger Sicht weniger überrascht als das Steuerrecht, war das Recht auf Arbeit. Ein wichtiger Grund für die in diesem Punkt ablehnende Haltung vieler Abgeordneter lag darin, dass sie – ganz im Sinne des Wirtschaftsliberalismus – Eingriffe des Staates in die Wirtschaft ablehnten. Bedürfnisse nach Arbeit beziehungsweise diese selbst ließen sich nicht „durch Decrete schaffen". Es sei auch völlig falsch für den Staat, so etwas auch nur zu versuchen, weil es ein Signal in die verkehrte Richtung bedeute:

> Wollte der Staat jedem eine seinen Kräften angemessene Arbeit und dieser entsprechenden Lohn verbürgen, so würden die Arbeiter zur Unmündigkeit herab- und in gänzliche Erschlaffung versinken. – Jeder Sporn zur Thätigkeit, des Vorwärtsstrebens, jede Anstrengung zu Ueberwindung von Schwierigkeiten würde vermieden, der Trieb zur Selbsthülfe, Selbstsorge, die ganze Intelligenz würde vernichtet werden, die große Masse würde sich mit dem täglichen Brode begnügen, den Staat als Vormund betrachten und diesem die Sorge überlassen, es herbeizuschaffen.[35]

Demgegenüber argumentierte der Abgeordnete Jacob Bernhard Eisenstuck (1805–1871) menschenrechtlich wie folgt für ein Recht auf Arbeit:

> Ich bin für das Recht auf Arbeit aus dem einfachen Grunde, weil Niemand dagegen sein kann. Jeder Mensch hat das Recht auf Arbeit. Es ist ein Naturrecht, und ein Naturrecht,

33 S. etwa Art. 14 lit. b Deutsche Bundesakte, Art. 63 Wiener Schlussakte.

34 Kempny, Die Staatsfinanzierung nach der Paulskirchenverfassung, S. 176.

35 Carl Gottlob Degenkolb, in: Wigard (Hg.), Stenographischer Bericht VII, S. 5101 ff.

> das in dem Bedürfnisse des einzelnen Individuums liegt, steht fest, es ist unverrückbar, es kann durch menschliche Gesetze nicht quantificirt noch modificirt werden.[36]

Hiermit meinte er allerdings nicht ein staatliches Leistungsrecht, sondern ein Freiheitsrecht im Sinne dessen, was wir heute Berufsfreiheit nennen. Auf dieser Grundlage sprach Eisenstuck sich dafür aus, dass der Staat die Selbstorganisation der Arbeiter gegenüber dem Kapital unterstütze. Der Abgeordnete Friedrich Jacob Schütz (1813–1877) stellte weitreichendere Forderungen auf, was das „berüchtigte Recht auf Arbeit" – oder, wie er es auch nannte, „das heilige Recht auf Arbeit" – anbelangte, indem er sich deutlich für ein staatliches Leistungsrecht aussprach.[37] Ähnliche Forderungen kleidete der Abgeordnete Ludwig Gerhard Gustav Simon (1819–1872) in eine menschenrechtliche Terminologie und verband seinen Gedanken mit einer Art Widerstandsrecht („Recht der Revolution") im Sinne John Lockes:[38]

> Es ist eine Forderung der Vernunft, eine Forderung der Moral, daß den unfreiwillig Arbeitslosen von der Gemeinde, resp. vom Staate, die Mittel des Unterhaltes gewährt werden. […] Niemand ist verpflichtet zu verhungern. Ich erkenne, wie im Reiche der Vegetabilien und der Thiere, so auch bei den Menschen die Thatsache an, daß, was träg liegen könnte, verfaulen muß. Wer aber Kraft hat und arbeiten will, von Dem sage ich, er hat das Recht, nicht zu verhungern, und wenn Sie dieses Recht von Staatswegen nicht anerkennen, so sage ich, er hat das Recht der Revolution, entweder im Großen, wenn er Genossen findet, oder im Kleinen, indem er die Gesetze des Staates als Einzelner überschreitet.[39]

Mehrheitlich erachtete die Nationalversammlung Freiheitsrechte wie Freizügigkeit oder Gewerbe- und Wettbewerbsfreiheit als sozialpolitisch ausreichend. Die Arbeiter hätten damit alle Chancen für den gesellschaftlichen Aufstieg, die sie nur wahrnehmen müssten.[40] Deutlich zum Ausdruck bringt dies der Abgeordnete Wilhelm Adolph Lette (1799–1868), indem er ein Recht auf Arbeit mit der „Omnipotenz" des absolutistischen Polizeistaates und „allgemeine[r] Bevormundung" in

---

36 Jacob Bernhard Eisenstuck, in: Wigard (Hg.), Stenographischer Bericht VII, S. 5115.

37 Friedrich Jacob Schütz, in: Wigard (Hg.), Stenographischer Bericht VII, S. 5127 ff. (5129): „Wir verlangen in unserem Antrag, daß dem unfreiwillig Arbeitslosen von der Gemeinde und beziehungsweise vom Staat die Arbeit gesichert werde."

38 Zu Locke s. o. Kap. 5.5.2.

39 Ludwig Simon, in: Wigard (Hg.), Stenographischer Bericht VII, S. 5132 ff. (5135).

40 Bohnert, Behandlung der Sozialen Frage, S. 106 f.

Verbindung bringt. Gebe man jedem über die Freizügigkeit und Gewerbefreiheit die Möglichkeit, seinen eigenen Lebensunterhalt zu erwirtschaften, werde „alle Theorie wegen des Rechts auf Arbeit von selbst verurtheilt".[41]

Eine ähnliche Haltung nahm Theodor Mommsen in seinem Kommentar zu den Grundrechten für das deutsche Volk von 1849 ein, wenn er die Schaffung einer „Gleichheit schlechthin, der Klugen wie der Einfältigen, der Armen wie der Reichen, des Gesindels und der tüchtigen Bürger" zurückwies, da diese „alle natürlichen und nothwendigen Unterschiede zum Fenster" hinauswerfe und „eigentlich die schreiendste Ungleichheit" sei. Lediglich eine „Gleichheit vor dem Gesetze" dürfe Bestand haben.[42]

Auch der liberale Abgeordnete Georg Beseler war der Meinung, Bestimmungen über die soziale Frage hätten in der Verfassung nichts zu suchen:

> Weitere Bestimmungen aufzunehmen, davor sind wir zurückgeschreckt, und ich glaube, wir sind dabei im Rechte gewesen. Es wäre kein Ende abzusehen, wenn wir uns in die Wildnis begeben wollten, die uns eröffnet worden ist für allerlei Ansichten, sociale Projecte, Träumereien, die vielleicht später in irgend einer Form Realisirung bekommen werden, aber schon jetzt in der Verfassung etwas Allgemeines darüber festzustellen, das würde das ganze Staatswesen zerrütten […]. Aber, meine Herren, die Fragen die uns hier vorliegen, die lösen wir nicht durch einige Verfassungsbestimmungen, die wird das Leben, die wird die deutsche Nation in ihrer historischen Entwicklung lösen. Wir sind, meine Herren, mit diesen Verhältnissen, – wer will es bezweifeln? – in einem Uebergangszustande […]. Also, meine Herren, […] nehmen wir nicht zu viel hinein in die Verfassung und Grundrechte; erregen wir keine Hoffnungen, die wir nicht erfüllen können; legen wir nicht in die Verfassung den Keim eines Zwiespaltes, der ihre Wirksamkeit stören kann![43]

Die Paulskirchenversammlung entschied in Bezug auf „einen die Arbeit verbürgenden Paragraphen", diesen „in die Grundrechte nicht auf[zu]nehmen" und die Fragestellung an das Reichsministerium „zur genügenden Berücksichtigung [zu] überweisen".[44] Die konkreten Mehrheitsverhältnisse sind dabei zwar nicht mehr nachvollziehbar. Eine Gesamtheit ähnlich gelagerter Anträge von Minderheiten des Verfassungsausschusses, die etwa auch die „Vorsorge für Arbeitsunfähige" betrafen, wurde aber mit 317 gegen 114 Stimmen überhaupt nicht zur Abstimmung

41 Wilhelm Adolf Lette, in: Wigard (Hg.), Stenographischer Bericht I, S. 777.

42 Mommsen, Grundrechte des deutschen Volkes, S. 16 f.

43 Georg Beseler, in: Wigard (Hg.), Stenographischer Bericht VII, S. 5141 f.

44 Wigard (Hg.), Stenographischer Bericht VII, S. 5146.

zugelassen.[45] Vermutlich waren die Mehrheitsverhältnisse hinsichtlich des Rechts auf Arbeit ähnlich. Wie dem auch sei, ein Recht auf Arbeit war für die Frankfurter Reichsverfassung damit vom Tisch.

Die in § 157 statuierte Schulgeldfreiheit für Unbemittelte war letztendlich das einzige genuin soziale Grundrecht und somit das Einzige, was von den Forderungen der Arbeiterschaft übriggeblieben war.[46] Motiviert war dies jedoch weniger durch menschenrechtliche Erwägungen, sondern vielmehr durch politische Praktikabilität. Der Abgeordnete Johann Louis Tellkampf (1808–1876) betonte, „eine gute Volkserziehung" sei „das beste Sicherungsmittel gegen Anarchie", da durch diese „eine geschriebene Constitution zu einer im Volke lebenden" werde.[47]

10.1.4.6 Aufschieben der sozialen Frage und der Volkswirtschaftliche Ausschuss

Für soziale Angelegenheiten berief die Nationalversammlung einen speziellen Ausschuss ein, namentlich den Ausschuss für Arbeit-, Gewerbe- und Handelsverhältnisse[48] (kurz: Volkswirtschaftlicher Ausschuss), vielleicht weil die Versammlung sich mit der Schaffung eines Nationalstaates als große Frage der Zeit ausgelastet sah.[49] Dieser Ausschuss war viel beschäftigt. Im Jahr 1849 lagen ihm ungefähr 9000 Petitionen zu Erwerbs- und Arbeitsverhältnissen vor. Sofern diese Petitionen auf konkrete finanzielle Hilfen gerichtet waren, wies der Ausschuss sie zurück mit der Begründung, dass „dieselbe Noth [...] überall verbreitet ist",[50] so dass deren Linderung außerhalb der Möglichkeiten und Zuständigkeiten der Deutschen Nationalversammlung stehe.

---

45 Ibid., S. 5145.

46 Dass man dies auch als subjektives Recht des Kindes versteht, stellt Theodor Mommsen in seinem Kommentar zu den Grundrechten des deutschen Volkes von 1849 klar. S. Mommsen, Die Grundrechte des deutschen Volkes, S. 49 f.: „Das Recht auf den öffentlichen Unterricht der Volksschule hat jedes Kind und darf nicht einmal der Vater oder Vorgesetzte, wenn er pflichtvergessen genug sein sollte es zu wollen, dem Kinde diesen unentgeltlichen Unterricht entziehen."

47 Johann Louis Tellkampf, in: Wigard (Hg.), Stenographischer Bericht III, S. 2175.

48 So die Benennung nach Conze u. Zorn (Hg.), Die Protokolle des Volkswirtschaftlichen Ausschusses, S. 25.

49 Scholler, Die sozialen Grundrechte in der Paulskirche, S. 56 f.

50 Carl Gottlob Degenkolb, in: Wigard (Hg.), Stenographischer Bericht III, S. 1968.

10.1.4.7 Fazit

Forderungen nach Grundrechten der Zweiten Generation gab es in der Paulskirche durchaus, auch wenn diese Positionen im Kontext der Zeit radikal erschienen. Ganz überwiegend herrschte dabei die Auffassung, es sei weder ratsam noch überhaupt möglich, durch gesetzgeberische Schritte grundlegend in das Wirtschaftssystem einzugreifen. Zudem war die Überzeugung verbreitet, durch die Verfassung seien zunächst die zentralen Grundfesten einer zukünftigen Ordnung zu legen, zu welchen die Lösung, wenn auch drängender, gesellschaftlicher Probleme eben nicht gehörte. Diese habe vielmehr Spezialgesetzgebung zukünftig in Angriff zu nehmen. Möglicherweise ist diese Denk- und Argumentationsstruktur typisch für solche gesetzgeberischen Großprojekte. Als Gottlieb Planck etwa 40 Jahre später dem berühmten Kritikpunkt Gierkes, dem BGB fehle ein „Tropfen sozialistischen Öles", zu begegnen hatte, führte er eine nahezu identische Überlegung ins Feld. Eine Parteinahme des BGB zu Gunsten einer bestimmten gesellschaftlichen Gruppe sei nicht beabsichtigt. Die Aufgabe des BGB liege vielmehr darin, „das bestehende Recht zu codificiren, nicht […] umzugestalten. Umfassende sociale Neuerungen sind daher, soweit thunlich, der Specialgesetzgebung des Reiches oder der einzelnen Bundesstaaten zu überlassen".[51]

10.1.5 Enthält die Frankfurter Reichsverfassung Menschenrechte?

In Anbetracht der Überschrift, die der Grundrechteteil der Paulskirchenverfassung trägt („Die Grundrechte des deutschen Volkes") stellt sich die Frage, ob sich **überhaupt Menschenrechte** darunter finden. Enthält die Verfassung von 1849 überhaupt Rechte, die gleichermaßen allen Menschen unabhängig von ihrer Staatsbürgerschaft zukommen sollen, oder sind es ausschließlich Rechte für Deutsche?

Für die Charakterisierung als Staatsbürgerrechte spricht der Entstehungshintergrund einer nationalen Einheitsbewegung Deutschlands. So zeigt sich die nationale Ausrichtung der Grundrechte auch darin, dass sich viele Stimmen bei der Diskussion über die freie Religionsausübung im Verfassungsausschuss vehement dagegen aussprachen, dieses Recht auch Nichtdeutschen einzuräumen. Demgegenüber ist zu berücksichtigen, dass zwar manche Grundrechte explizit als Rechte allein für Deutsche ausgewiesen sind (wie die freie Meinungsäußerung in § 143), andere hingegen nicht (wie die Freiheit der Person in § 138). Vor Augen zu behalten ist

51 Gottlieb Planck, Zur Kritik des Entwurfes eines bürgerlichen Gesetzbuches, AcP 75 (1889), S. 327 ff. (405–407).

jedoch, dass der erste Paragraph des Grundrechtekatalogs besagt, die nachstehenden Grundrechte sollten „[d]em deutschen Volk" gewährleistet sein (§ 130). Das zieht eine wichtige Aussage vor die Klammer, nämlich diejenige, dass sämtliche nun folgenden Grundrechte, gleichgültig ob das in ihrem eigenen Text noch einmal explizit ausgesprochen ist, allein für deutsche Staatsbürger (nach damaliger Terminologie: Reichsbürger) und eben nicht für alle Menschen gelten sollten. Die Paulskirchenverfassung enthält demnach keine Menschenrechte im Sinne meines Arbeitsbegriffs.[52] Das bedeutet jedoch nicht, dass der Grundrechtekatalog dieser Verfassung in einer Geschichte der Menschenrechte nichts zu suchen hätte. Die Kodifizierung der Inhalte, die Philosophen ersannen und Revolutionäre des 18. Jahrhunderts erkämpften,[53] war ein wichtiger Schritt der Menschenrechte hin zu dem, was sie heute sind.

10.1.6 Soziale Grundrechte im germanistischen Zweig der Rechtswissenschaft

Trotz der abweisenden Haltung Beselers im Rahmen der Frankfurter Verhandlungen bestehen dennoch Zusammenhänge zwischen dem germanistischen Zweig der Historischen Rechtsschule und der Forderung nach sozialen Grundrechten. So war der Begriff des „Sozialrechts" der damaligen Zeit wesentlich durch das gemeinschaftsorientierte Gedankengut der Germanisten, insbesondere die Genossenschaftsidee, geprägt, auch wenn sich die Bedeutung dieses Begriffs mehrfach wandelte.[54] Germanisten hatten dabei auch einen erheblichen Einfluss auf die Paulskirchenverfassung, waren doch etliche Teilnehmer der Germanistentage 1846 und 1847 spätere Abgeordnete der Frankfurter Nationalversammlung.

10.1.6.1 Soziale Grundrechte auf den Germanistentagen

Zweck der Germanistentage 1846 und 1847 war laut Geschäftsordnung „die wissenschaftliche Förderung deutscher Geschichte, deutscher Sprache und deutschen Rechts".[55] Die „eigentliche Politik" sollte nach den Worten ihres Vorsitzenden Jacob Grimm den Zusammenkünften fremd bleiben, da diese ohnehin „nichts darüber zu beschließen haben".[56] Nichtsdestoweniger setze sich die Versammlung – mit-

52 Wolgast, Geschichte der Menschen- und Bürgerrechte (s. Lit.), S. 136.

53 Dazu oben Kap. 9.5, S. 303 f.

54 Michael Stolleis, Art. Sozialrecht, in: HRG IV, 1. Aufl., Berlin 1990, Sp. 1730 ff.

55 § 1 Geschäftsordnung, in: Verhandlungen der Germanisten zu Frankfurt, S. 143.

56 Jacob Grimm, in: Verhandlungen der Germanisten zu Frankfurt, S. 17.

unter zukunftsweisend – mit genuin politischen Angelegenheiten auseinander. So ging es um die Schleswig-Holstein-Frage, die Annäherung der deutschen Staaten durch eine Kodifikation des Zivilrechts oder die Schaffung eines deutschen Bürgerrechts. Nahezu kein einziges Wort jedoch wurde verloren über die soziale Frage oder gar die Forderung sozialer Grundrechte. Trotz der voranschreitenden Brisanz dieser Probleme in der damaligen Zeit bestand demnach jedenfalls kein genereller Zusammenhang zwischen der germanistischen Strömung der Historischen Rechtsschule und sozialen Grundrechten. Es finden sich allenfalls im Werk einzelner Germanisten dahingehende Fragmente, wie dies etwa bei Gierke der Fall ist.

10.1.6.2 Menschenrechte und soziale Grundrechte bei Otto von Gierke

Während im Werk Beselers kaum eine Auseinandersetzung mit sozialen Grundrechten stattfindet, stand dessen Schüler Otto von Gierke (1841–1921) derartigen Forderungen durchaus offener gegenüber. So bringt er seine Zuneigung zur Menschenrechtsidee als solcher deutlich zum Ausdruck:

> Von allen Lehren des Naturrechts hat die Lehre von den angebornen Menschenrechten am meisten gezündet. […] [D]ie Wirkungen dieser Doktrin wird man aus unserer Rechtsordnung nicht wegdenken können, ohne zugleich wegzudenken, was an ihr christlich und was an ihr germanisch ist. Denn wegdenken müsste man zugleich die absolute Verneinung jeder persönlichen Unfreiheit, die Glaubens- und Gewissensfreiheit, den gesammten Apparat der sogenannten Grundrechte und ihrer verfassungsmäßigen Garantien.[57]

Auch wenn Gierkes Lebenswerk zum „Deutschen Genossenschaftsrecht" sich überwiegend auf dessen geschichtliche Entwicklung beschränkt, finden sich auch dort menschenrechtliche Implikationen. So bezeichnet er „[d]ie Befreiung des Bauernstandes" als „eine der größten Thaten in der Geschichte", die „das Unrecht von Jahrtausenden sühnte" und auf diese Weise „zum ersten Male Staaten her[stellte], in denen es nur Freie gab". Die „Gleichheit der Untertanen" sei ein „wohlthätige[s] Resultat". Im Vordergrund steht dabei aber immer die Genossenschaftsidee. Einen übermäßigen Individualismus lehnt Gierke ab. So warnt er vor einer „absolute[n] Individualität". Wer nur die „Freiheit und Gleichheit von Unterthanen" mit „lediglich negativ[em]" Inhalt und „passive[r]" Betätigung – womit Freiheitsrechte in

57 Otto v. Gierke, Naturrecht und deutsches Recht, Frankfurt am Main 1883 [Rede, gehalten am 15.10.1882], S. 28.

einem heutigen Verständnis gemeint sein dürften – anerkenne, bereite damit „aller wahren Freiheit das Grab". Letzte Konsequenz sei die „Centralisation der Regierung und Atomisirung des Volkes".[58]

Die „Grundrechte" sieht Gierke darin begründet, dass ein nicht einzuebnender Unterschied zwischen der Sphäre des Einzelnen und der Sphäre des Staates bestehe.[59] Als Staatsbürger werde der Einzelne zwar vom Staat absorbiert. Der Einzelne habe aber „einen verfassungsmäßigen Anspruch darauf, daß ihn sein Staat in bestimmten Beziehungen als freies Individuum und nicht als Glied behandle". Die Grundrechte seien „eine konkrete und positivrechtliche Ausgestaltung des großen Gedankens, daß der Mensch nicht im Bürger aufgeht, daß der Staatsverband nur einen Theil der Persönlichkeit absorbirt, daß es ein auch für die höchste Allgemeinheit unantastbares Reich der Individualfreiheit gibt".[60]

Es finden sich auch Anhaltspunkte dafür, dass Gierke nicht nur Freiheitsrechten, sondern auch Menschenrechten der Zweiten Generation wohlwollend gegenübersteht. In diese Richtung deutet seine berühmte Einschätzung zum Entwurf des BGB aus einem Vortrag im Jahre 1889:

> Schroff ausgedrückt, in unserem öffentlichen Recht muß ein Hauch des naturrechtlichen Freiheitstraumes wehen und unser Privatrecht muß ein Tropfen sozialistischen Öles durchsickern.[61]

Eine „schrankenlose Vertragsfreiheit" weist er zurück. Als „[e]ine furchtbare Waffe in der Hand des Starken, ein stumpfes Werkzeug in der Hand des Schwachen" werde diese „zum Mittel der Unterdrückung des Einen durch den Anderen, der schonungslosen Ausbeutung geistiger und wirthschaftlicher Übermacht". Insofern habe das Privatrecht die Aufgabe, „den Schwachen gegen den Starken, das Wohl der Gesamtheit gegen die Selbstsucht der Einzelnen zu schützen".[62] Noch deutlicher formuliert er Folgendes:

> Doch ist mit der Garantie der Unveräußerlichkeit der formalen Freiheitsrechte noch wenig gethan. Eine Privatrechtsordnung, die ihres sozialen Berufes eingedenk ist, wird

---

58 Otto v. Gierke, Das Deutsche Genossenschaftsrecht, Bd. 1: Rechtsgeschichte der deutschen Genossenschaft, Graz 1954 (zuerst 1868), S. 645 f.

59 Dilcher, Genossenschaftstheorie und Sozialrecht, S. 343 f.

60 Otto v. Gierke, Labands Staatsrecht und die deutsche Rechtswissenschaft, Jahrbuch für Gesetzgebung, Verwaltung und Rechtspflege des Deutschen Reiches, Neue Folge 7 (1883), S. 1097 ff. (1133).

61 Gierke, Die soziale Aufgabe des Privatrechts, S. 13.

62 Ibid., S. 29.

> zugleich auf einen materiellen Schutz der durch die Vertragsfreiheit gefährdeten Gesellschaftsschichten gegen den Druck wirtschaftlicher Übermacht hinarbeiten müssen.[63]

Auch seiner Idee vom Genossenschaftsrecht lassen sich Andeutungen sozialer Grundrechte entnehmen. So sieht er in freiwilligen Zusammenschlüssen ein probates Mittel des sozialen Aufstiegs. „Wohlstand und Ansehen, Bildung und innere Tüchtigkeit, bürgerliche Tugenden" nennt er als Resultat der „genossenschaftliche[n] Vereinigung".[64] Auch ist Gierke wohlwollend eingestellt gegenüber betrieblicher Mitbestimmung und der Selbstorganisation der Arbeiterschaft in Gewerkschaften.[65]

Es wäre aber ein Fehlschluss, Gierkes Forderungen zum „sozialen Recht" oder zum „sozialistischen Öl" mit dem gleichzusetzen, was wir heute unter „Sozialrecht" oder „sozialen Grundrechten" verstehen. Diese sind nämlich nicht darauf gerichtet, dass der Einzelne Leistungsrechte dem Staat gegenüber hätte, also etwa im Bedürfnisfall Unterhalt fordern könnte. Prägend ist vielmehr ein schemenhafter Gemeinschaftssinn, den er auf „germanisches Rechtsdenken" und einen diffusen „Volksgeist" zurückführt.[66] Ausdruck dessen sind die Rechtsordnung durchziehende Mechanismen, welche reflexartig die soziale Stellung des Einzelnen verbessern. Das ist aber nur eine Aussage über die objektive Rechtsordnung, keine Einräumung von subjektiven Rechten für Einzelne.

Prägend dafür sind Gierkes Ausführungen zur Begrenzung der Eigentumsfreiheit: „[K]ein Recht ohne Pflicht. [...] Das pflichtenlose Eigenthum hat keine Zukunft!"[67] Das Grundeigentum sei „keine den Sachkörper absorbirende Alleinherrschaft, sondern in letzter Instanz nichts als ein begrenztes Nutzungsrecht an einem Theile des nationalen Gebietes". Recht, das derartige Maßgaben missachte, sei „nicht

---

63 Ibid., S. 29.

64 Gierke, Genossenschaftsrecht I, S. 358.

65 Dilcher, Genossenschaftstheorie und Sozialrecht, S. 338 f., 351 f.

66 Gierke, Die soziale Aufgabe des Privatrechts, S. 15: „An den germanischen Rechtsgeist also wenden wir uns, wenn wir vor einer Neuordnung unseres Privatrechtes stehen, und von ihm empfangen wir die Mahnung, der sozialen Aufgabe eingedenk zu sein, die das Privatrecht in der heutigen Gesellschaft zu lösen hat." In Bezug auf die von ihm beschworene Genossenschaftsidee deutet er diese Problematik auch selbst an: „Gegenüber den fest ausgeprägten Korporationsformen der Zwischenzeit hat die moderne Association so gut wie die mittelalterliche Einung etwas Fließendes an sich, das nothwendige Merkmal einer Zeit kräftigen Werdens. Sie ist daher reich an Uebergangsformen und Zwischengestaltungen, an kurzlebigen, nur eine vollendetere Rechtsbildung vorbereitenden Erscheinungen, an einer Fülle von Kreuzungen und Kombinationen, die sich schwer der Systematik fügen." Gierke, Genossenschaftsrecht I, S. 652.

67 Gierke, Die soziale Aufgabe des Privatrechts, S. 18.

blos unsoziales", sondern „antisoziales Recht".[68] Daraus folgt für ihn, dass der Eigentümer kein Recht zur „Chikane" habe.[69] Ferner träfen Grundstückseigentümer Duldungspflichten in Bezug auf den Raum unter (Erdreich) sowie über (Luftraum) ihren Grundstücken. Auch sei der – dem römischen Recht entstammende – Satz „Kauf bricht Miethe" entschieden zurückzuweisen.[70] Was Gierke jedoch keineswegs fordert, ist eine Umverteilung des Eigentums in welcher Form auch immer.

Gleichheit in einem freiheitsrechtlichen Sinne akzeptiert Gierke. Die Herstellung materieller, tatsächlicher Gleichheit begreift er jedoch nicht als Aufgabe des Staates.[71] Die sozialen Probleme seiner Zeit möchte er nicht durch individuelle Leistungsrechte des Einzelnen gegen den Staat gelöst wissen. Vielmehr hofft er auf eine „genossenschaftliche Selbstorganisation" der Arbeiterschaft. Diese könne mit seinen sonstigen objektiv-rechtlichen Ausgleichsmechanismen, seinem „sozialen Recht", von selbst zur Lösung der sozialen Frage beitragen. Sozialer Grundrechte einzelner bedürftiger Menschen bedarf es dafür nach der Konzeption Gierkes aber nicht.

10.1.7 Rezeption der Frankfurter Reichsverfassung

Obwohl weder die Verfassung des Norddeutschen Bundes von 1867 noch die Verfassung des Kaiserreichs von 1871 Grundrechtskataloge enthielten, blieben die Frankfurter Grundrechte Bezugspunkte einer Grundrechtsdebatte. So legte der demokratische Politiker Oskar von Reichenbach (1815–1893) im Jahr 1866 auf Bitte Bismarcks einen Entwurf für eine Verfassung des Norddeutschen Bundes vor. Dieser enthielt einen Grundrechtekatalog, der sich eng an den der Paulskirchenverfassung anlehnte. Realität wurde wie gesagt nichts davon, sieht man von einigen Grundrechtsmaterien ab, die Bismarck in den Entwurf für seine Bundesverfassung übernahm, dort jedoch dem einfachen Gesetzgeber zur Regelung anheimstellte. Sogar ehemalige Abgeordnete der Frankfurter Nationalversammlung standen einem Grundrechtekatalog damals mehr als skeptisch gegenüber, so der Abgeordnete Friedrich Wilhelm August Grumbrecht (1811–1883):

68 Ibid., S. 22.

69 Ibid., S. 18.

70 Ibid., S. 26 f.

71 Dilcher, Genossenschaftstheorie und Sozialrecht, S. 364.

> Ich bin Mitglied der Frankfurter National-Versammlung gewesen [...,] und ich weiß, daß daß [sic] das Verfassungswerk in Frankfurt wesentlich mit gescheitert ist durch die Berathungen über die Grundrechte. Meine Herren! Das bitte ich wohl zu beachten![72]

Anders war die Situation in Weimar, findet sich doch in der Weimarer Reichsverfassung, über die noch zu sprechen sein wird, ein ausführlicher Katalog von Grundrechten. Im Vorfeld eben dieser Verfassung griff der so benannte Unterausschuss für die Vorbereitung der Grundrechte auf die Frankfurter Grundrechte zurück.[73] Dies war auch in den Plenardebatten der Fall, wobei soziale Grundrechte, die wie gesagt in der Frankfurter Reichsverfassung fast gänzlich fehlten, hinzukamen. Unter dem Eindruck der gescheiterten Frankfurter Reichsverfassung drängten die Abgeordneten auf einen raschen Abschluss der Debatten über die Grundrechte.[74] Die Abgeordneten beschäftigte insbesondere die Frage, wie sich die neuen Grundrechte in die bisherige Rechtsordnung einfügen würden.[75] Kaum zur Diskussion standen – im Unterschied zu den Ereignissen 1848/49 – Debatten um die praktische Durchsetzbarkeit der Grundrechte. An der Aufnahme eines Grundrechtskataloges waren vor allem die SPD und die katholische Zentrumspartei interessiert, die sich beide auf ihre Weise etwas davon für ihre jeweiligen Interessen versprachen. Die liberalen Kräfte hingegen maßen den Grundrechten weniger Bedeutung bei.[76]

---

72 Stenographische Berichte über die Verhandlungen des Reichstages des Norddeutschen Bundes im Jahre 1867, Bd. 1, Berlin 1867, S. 247.

73 Kühne, Die Entstehung der Weimarer Reichsverfassung, S. 91, 711 ff.; Konrad Beyerle (1872–1933) als „spiritus rector der Grundrechte", der sich für seinen Entwurf an der Paulskirchenverfassung orientierte.

74 So Hugo Preuß, in: Verhandlungen der verfassunggebenden Deutschen Nationalversammlung, Steno-graphische Berichte, Bd. 328, Berlin 1920, S. 1503: „Jedenfalls bitte ich dringend, die organisatorischen Bestimmungen der Verfassung nicht durch nochmalige gründlichere Durchberatung der Grundrechte im Verfassungsausschuß oder wo sonst zu verschleppen. [...] je mehr Zeit Sie sich dazu nehmen, um so weniger werden Sie zu Ende kommen [...]. Lassen Sie darunter nicht die Vollendung der Organisation der deutschen Republik leiden! Wir sind gemahnt und gewarnt durch das Beispiel der Frankfurter Paulskirche."

75 Redebeitrag des Abgeordneten Dr. Heinze, Verhandlungen der verfassunggebenden Deutschen Nationalversammlung, Bd. 328, ab S. 1498.

76 Redebeitrag Erich Koch(-Wesers; diesen Namensteil trug er zum betreffenden Zeitpunkt noch nicht); Mitglied der DDP, Verhandlungen der verfassunggebenden Deutschen Nationalversammlungen, Bd. 328, ab S. 1500. S. auch Kühne, Reichsverfassung der Paulskirche, S. 135–142.

10.1.8 Stellenwert der Frankfurter Grundrechte für die Geschichte der Bürger- und Menschenrechte

Jeweils einzeln betrachtet sind die Frankfurter Grundrechte kein revolutionärer Durchbruch. Sie alle schlossen im Wesentlichen nur an bereits vorgefundene Rechtszustände an. Was sie jedoch in der Tat revolutionär erscheinen lässt, ist ihr Potential als Gesamtheit.[77] Es handelt sich um einen ersten gesamtdeutschen Grundrechtekatalog nach modernem Vorbild. „Aus philosophischen Forderungen" der Aufklärung waren nun auch in Deutschland konkrete „Rechtssätze" geworden.[78] Mit der geplanten Justiziabilität dieser Rechtssätze waren die Frankfurter Grundrechte früheren und späteren Rechteerklärungen voraus, so dass es sich um den ersten Versuch handelte, „Grundrechte als unmittelbar geltendes Recht zu kodifizieren und sie durch Verfassungsbeschwerden vor einem Staatsgerichtshof zu schützen."[79]

10.2 „Mother of Conventions" – Die Erste Genfer Konvention von 1864

10.2.1 Humanitäres Völkerrecht und Menschenrechte

Aus den zuvor in meiner Einleitung genannten Gründen[80] will ich auch auf Rechtsdokumente, die aus heutiger Sicht dem Bereich des humanitären Völkerrechts zuzuordnen sind, kurz eingehen. Zwar handelt es sich nach heutigem Verständnis um eine von den Menschenrechten zu trennende Materie. Doch ist diese Trennung für eine historische Betrachtung nicht zu halten. Auch das heutige Verhältnis der beiden Rechtsmaterien und – damit verbunden – ihre Abgrenzung sind nicht klar. Klar ist, dass es sich um zwei unterschiedliche Rechtsgebiete handelt. Aber wie genau sind sie zu unterscheiden? In einem angesehenen Kompendium zum Völkerrecht ist von zwei sich überlappenden Kreisen die Rede.[81] Der Internatio-

77 Kühne, Reichsverfassung der Paulskirche, S. 526.

78 Hans Hattenhauer, Die geistesgeschichtlichen Grundlagen des deutschen Rechts, 4. Aufl., Heidelberg 1996, S. 276.

79 Dietmar Willoweit et al., Deutsche Verfassungsgeschichte. Vom Frankenreich bis zur Europäischen Union, 9. Aufl., München 2024, S. 263 f.

80 S. o. Kap. 1.8.2.

81 Robert Kolb, Human Rights and Humanitarian Law, in: Rüdiger Wolfrum (Hg.), The Max Planck Encyclopedia of Public International Law, Bd. 4: Feminism, approach to international law to Human rights, treaties, extraterritorial application and effects, Oxford 2012, Rn. 2.

nale Gerichtshof geht hingegen davon aus, dass das humanitäre Völkerrecht „lex specialis" gegenüber den Menschenrechten sei.[82] Nach der ersten Auffassung gibt es demnach eine – wenn auch nicht näher definierte – Schnittmenge, was bei Spezialität aber gerade nicht der Fall wäre. Die Auffassungen sind also offensichtlich nicht einhellig. Genauer will ich es hier gar nicht wissen. Es genügt mir zu sehen, dass das so ist, denn wenn das Verhältnis schon im geltenden Recht nicht klar ist, hat es noch weniger Sinn, die Vergangenheit unter dieser Perspektive zum Zweck des Ausschlusses bestimmter Gegenstände zu kategorisieren.

Von großer Bedeutung für eine Geschichte der Menschenrechte ist, dass ein Schutz für Schwache und Hilflose unabhängig von ihrer Nationalität sowie davon, ob sie Freund oder Feind sind, in einer Kriegssituation mindestens 85 Jahre vor der AEMR durch ein berühmtes internationales Abkommen vertraglich vereinbart wurde, und zwar – anders als die AEMR – in für die Vertragsparteien rechtlich bindender Form. Die Rede ist von der Ersten Genfer Konvention aus dem Jahr 1864. Diese gilt als ein erster Baustein des heute gültigen humanitären Völkerrechts. Respektvoll bezeichnete der Schweizer Jurist Jean Pictet (1914–2002) – der als geistiger Schöpfer der Genfer Konvention von 1949 gilt und daher in diesem Punkt wissen sollte, wovon er spricht – die Erste Genfer Konvention von 1864 als „Mother of Conventions".[83] In den folgenden 150 Jahren wurde sie wegen Änderungen in der Waffentechnologie und den Methoden der Kriegsführung immer wieder an neue Gegebenheiten angepasst.

Dabei war die Erste Genfer Konvention nicht das allererste internationale Abkommen, durch das Menschenrechte – wenn auch nur im Kriegsfall – als geltendes zwischenstaatliches Recht Anerkennung fanden. „[S]chon Jahrhunderte vor Abschluss der Genfer Convention, in fast allen Kriegen, bei fast allen civilisierten Völkern" hätten „die kriegsführenden Mächte eingehende Sorgfalt dem Schicksale nicht nur der eigenen, sondern auch der in ihre Gewalt gerathenen feindlichen Verwundeten und Kranken vertragsmässig gewidmet".[84] „[E]ines grossen Irrthumes schuldig" mache sich, wer glaube,

82 „In order to answer the question put to it, the Court will have to take into consideration both these branches of international law, namely human rights law and, as lex specialis, international humanitarian law." Legal consequences of the Construction of a Wall in the Occupied Palestinian Territory, Advisory opinion, ICJ Reports 2004, S. 136, Abs. 106.

83 Pictet, Development and Principles of International Humanitarian Law, S. 30.

84 Ernst Julius Gurlt, Zur Geschichte der Internationalen und Freiwilligen Krankenpflege im Kriege, Leipzig 1873, Vorwort.

> dass die Grundsätze, auf welchen jene Convention beruht, in der selben zum ersten Male den Gegenstand eines internationalen Vertrages gebildet haben, und dass es unserer Zeit vorbehalten sei, dem durch die Convention vertretenen humanen Gedanken zuerst einen Ausdruck gegeben, oder ihn in's practische Leben eingeführt zu haben.

Diese Auffassung vertritt der deutsche Chirurg und Medizinhistoriker Ernst Julius Gurlt (1825–1899) in seiner Schrift „Zur Geschichte der Internationalen und Freiwilligen Krankenpflege im Kriege" aus dem Jahr 1873, wobei er jedoch anerkennt, dass

> der Umstand, dass sie als eine für alle Male gültige und dauernde, nicht erst für einen bestimmten Fall festzusetzende Norm dasteht, [sie] weit über alle früheren Abmachungen [erhebt][85]

10.2.2 Vorläufer der Ersten Genfer Konvention

Was kann Gurlt meinen, wenn bei ihm von internationalen Vertragswerken über die Behandlung Kriegsgefangener vor Unterzeichnung der Ersten Genfer Konvention die Rede ist? Vereinzelt existierten bereits vor 1864 zwischenstaatliche Abkommen, welche die gegenseitige Beachtung von Regeln für den Fall eines Krieges festlegten. Solche Abkommen enthielten üblicherweise Bestimmungen über den See- und Handelsverkehr. Ungewöhnlich für die Zeit war der „Freundschafts- und Handelsvertrag" zwischen Preußen und den Vereinigten Staaten von Amerika aus dem Jahr 1785, der über diesen Regelungsbereich hinausging und bereits zu Friedenszeiten die Behandlung von Gefangenen im Falle eines Krieges zwischen den beiden Staaten festlegte. Die Vertragsparteien schworen darin, „sich feierlich einander und der Welt gegenüber [...], die Vernichtung von Kriegsgefangenen, indem man sie in ferne und unwirtliche Länder schickt oder sie an enge und schädliche Orte sperrt" vermeiden zu wollen. Hierfür wurden Regelungen über die Art und Weise der Unterbringung und die Versorgung der Kriegsgefangenen getroffen, die gerade nicht durch den Kriegszustand aufgehoben sein sollten. Vielmehr gelte im Gegenteil, „dass der Kriegszustand gerade derjenige ist, für den sie vorgesehen

85 Gurlt, Geschichte der Krankenpflege, S. 3 f.

sind, und in dem sie so streng beachtet werden sollen, wie die anerkanntesten Bestimmungen des Rechts der Natur oder Völker".[86]

Aus der Zeit kurz vor 1864 sind als bedeutende Vorläufer der Ersten Genfer Konvention die Pariser Seerechtsdeklaration von 1856 und vor allem der Lieber Code zu nennen, den Abraham Lincoln im Jahr 1863 als „Instructions for the Government of Armies of the United States in the Field by Order of the Secretary General (General Order No. 100)" erlassen hatte. Die Pariser Seerechtsdeklaration war im Zuge des den Krimkrieg beendenden Pariser Friedens von 1856 entstanden und enthielt Regelungen über das Recht auf See in Kriegszeiten. Beim Lieber Code handelte es sich um ein unter Leitung des deutsch-amerikanischen Juristen Francis Lieber (1800–1872) ausgearbeitetes Regelwerk für die Truppen der Nordstaaten im Amerikanischen Bürgerkrieg. Der Lieber Code war für mehr als 50 Jahre Leitfaden für die US-amerikanische Armee und hatte großen Einfluss auf das spätere Kriegsvölkerrecht.

10.2.3 Internationale Dimension und Bedeutung der Ersten Genfer Konvention

Nichts davon aber reicht auch nur annähernd an die internationale Dimension der Ersten Genfer Konvention heran, die zwölf Vertreter europäischer Staaten am 22. August 1864 im Rahmen einer diplomatischen Konferenz unterzeichneten. Diese kamen aus Baden, Belgien, Dänemark, Frankreich, Hessen, Italien, den Niederladen, Portugal, Preußen, der Schweiz, Spanien und Württemberg. Bei der Ersten Genfer Konvention handelt es sich um einen völkerrechtlichen Vertrag, der die Aufnahme und den Schutz von verwundeten Soldaten und der sie Pflegenden im Falle eines Krieges regelt. Anders als heute durch die Charta der Vereinten Nationen (Art. 2 Nr. 4) war ein Angriffskrieg im 19. Jahrhundert keineswegs verboten. Ein Zitat aus dem bekannten Werk „Vom Kriege" des preußischen Generals Carl Philipp Gottlieb von Clausewitz (1780–1831) bringt es auf den Punkt: „Der Krieg ist eine bloße Fortsetzung der Politik mit anderen Mitteln."[87] Krieg war ein legitimes Mittel zur Lösung zwischenstaatlicher Konflikte. Das Recht eines Staates, autonom über Krieg und Frieden zu entscheiden, insbesondere Krieg zu führen („ius ad bellum")

---

86 Treaty of Amity and Commerce Between His Majesty the King of Prussia, and the United States of America; 10. September 1785, https://avalon.law.yale.edu/18th_century/prus1785.asp (Zugriff: 24.07.2024).

87 Carl von Clausewitz, Vom Kriege, Berlin 2016 (zuerst 1832), erstes Kap., Abschnitt 24.

war im damaligen Völkerrecht anerkannt,[88] woran auch die Genfer Konvention nichts änderte beziehungsweise ändern konnte.

10.2.4 Entstehungshintergrund

Die Initiative zur Unterzeichnung des völkerrechtlichen Vertrages geht auf den Schweizer Geschäftsmann Henry Dunant (1828–1910) zurück, der 1859 durch Zufall im Rahmen einer Geschäftsreise die Situation der Verwundeten bei der Schlacht von Solferino zu Gesicht bekam. Dunants unter diesem Eindruck entstandenes Buch „Eine Erinnerung an Solferino" (1862) führte den politischen Führern die Grausamkeit des Krieges vor Augen. Dunants Vorschläge fielen auf fruchtbaren Boden, möglicherweise weil eben diese politischen Führer mit verlustreichen Kriegen rechneten und ein gemeinsames Interesse daran hatten, das Unvermeidliche abzumildern. Die Erste Genfer Konvention enthält Regelungen für den Fall eines Krieges „betreffend die Linderung des Loses der im Felddienst verwundeten Militärpersonen". Verwundete Soldaten und ihre Pfleger sollten im Kriegsfall geschützt sein und Verletzte „ohne Unterschied der Nationalität" versorgt werden (Grundsatz der Unparteilichkeit, „Tutti fratelli"). Als Schutzzeichen wurde das rote Kreuz auf weißem Grund festgelegt. Die Erste Genfer Konvention wurde in den folgenden 150 Jahren wegen Änderungen in der Waffentechnologie und den Methoden der Kriegsführung immer wieder an neue Gegebenheiten angepasst.

10.2.5 Weiterentwicklung bis zum Zweiten Weltkrieg

So erfuhr die Erste Genfer Konvention bereits nach vier Jahren 1868 eine Ergänzung in Form der „Zusatzartikel betreffend des Loses der Verwundeten im Kriege", die insbesondere Erweiterungen hinsichtlich der Situation auf See enthielten. Obwohl 15 Vertreter von Staaten diese Zusatzartikel unterzeichneten, traten sie mangels Ratifizierung nie in Kraft. Im selben Jahr kam auf Einladung des Zaren in Sankt Petersburg eine Internationale Militärkommission zusammen. Diese erklärte im Hinblick auf die „technischen Grenzen, bei denen die Notwendigkeiten des Krieges den Erfordernissen der Menschlichkeit weichen müssen", ein Verbot bestimmter explosiver Geschosse. Die Präambel der so genannten Petersburger Erklärung vom 11. Dezember 1868 enthielt zudem zwei weitere Grundsätze des humanitären Völkerrechts: erstens, „dass der einzig legitime Zweck, den die Staaten im Krieg anstreben sollen, darin besteht, die militärischen Kräfte des Feindes zu schwächen",

88 So Kimminich, Der Gerechte Krieg im Spiegel des Völkerrechts, S. 212 f.

und zweitens, „dass dieser Zweck durch den Einsatz von Waffen überschritten würde, die die Leiden der außer Gefecht gesetzten Männer unnötig verschlimmern oder ihren Tod unvermeidlich machen".[89]

In den Jahren 1899 und 1907 fanden auf Einladung der Königin der Niederlande Wilhelma (1880–1962) zwei Friedenskonferenzen in Den Haag statt. Ziel der Treffen war, Abrüstung und Grundsätze für eine friedliche Regelung internationaler Konflikte herbeizuführen. An der Ersten Haager Friedenskonferenz 1899 nahmen Juristen und Politiker aus 26 Staaten teil, 1907 waren es Teilnehmer aus 44 Staaten. Die Konferenzen waren der erste Versuch der Staatengemeinschaft, das zuvor erwähnte und im 19. Jahrhundert als selbstverständlich geltende Recht eines Staates auf Kriegsführung abzuschaffen. An die Stelle des Waffengangs sollte ein verbindlicher Rechtsweg treten. Angeregt hatte die Konferenzen Zar Nikolaus II. (1868–1918) im Jahr 1898. Zur Begründung führte er an, es gelte, eine Katastrophe zu verhindern.[90]

Ein Ergebnis der beiden Haager Friedenskonferenzen ist die Haager Landkriegsordnung. Sie findet sich im Anhang des Zweiten Haager Abkommen von 1899 „betreffend die Gesetze und Gebräuche des Landkriegs". 1907 fand die Haager Landkriegsordnung in leicht abgewandelter Form Eingang in das Vierte Haager Abkommen. Sie basierte dabei auf der Deklaration über die Gesetze und Gebräuche des Krieges, die bei einer Konferenz in Brüssel im Jahr 1874 beschlossen, aber mangels Ratifizierung nie in Kraft getreten war, sowie auf dem so genannten „Oxford Manual", welches das Institut de Droit International 1880 unter dem Titel „The Laws of War on Land" veröffentlicht hatte. Diese beiden Texte bauten wiederum auf dem Lieber Code von 1863 auf.[91]

Die Erfolge der Haager Konferenzen hielten sich in Grenzen. Einigungen über Abrüstungsschritte und die Einführung einer obligatorischen Schiedsgerichtsbar-

---

89 „That the only legitimate object which States should endeavour to accomplish during war is to weaken the military forces of the enemy […]. That this object would be exceeded by the employment of arms which uselessly aggravate the sufferings of disabled men, or render their death inevitable", https://ihl-databases.icrc.org/en/ihl-treaties/st-petersburg-decl-1868/declaration?activeTab=undefined (Zugriff: 25.07.2024). Auch alle anderen hier angeführten Dokumente sind in dieser durch das Internationale Komitee des Roten Kreuzes zur Verfügung gestellten „International Humanitarian Law Database" zu finden.

90 Rundschreiben des russischen Außenministers zu den Zarenmanifesten vom 28. August 1898 und 11. Januar 1899, abgedruckt bei Ernst Reibstein, Völkerrecht. Eine Geschichte seiner Ideen in Lehre und Praxis, Bd. 2: Die letzten zweihundert Jahre, Freiburg/München 1963, S. 195 f.

91 Pictet, Development, S. 35 f. Exemplarisch sei verwiesen auf Art. 74 Satz 1 Lieber Code – Art. 23 Satz 2 Brüsseler Deklaration – Art. 61 Oxford Manual – Art. 4 Satz 1 LKO; Art. 9, 10 Brüsseler Deklaration – Art. 1, 2 Oxford Manual – Art. 1, 2 LKO.

keit gab es nicht. Dafür wäre Einstimmigkeit erforderlich gewesen, zu der es nicht kam. Deutschland stimmte dagegen, und Österreich-Ungarn, das Osmanische Reich und einige kleinere Staaten schlossen sich an. Ein Schiedsgerichtshof wurde in Den Haag dennoch errichtet, wobei die Einzelheiten einer späteren Konferenz vorbehalten bleiben sollten. Was 1907 allerdings verabschiedet wurde, waren ein umfassendes Programm zur Friedenssicherung, Verhaltensregeln im Konfliktfall und Normen für die Land- und Seekriegsführung. Der heutige Internationale Gerichtshof in Den Haag ist ein Nachfolger eben dieses 1907 eingerichteten Schiedsgerichtshofes. Deutschland, das maßgeblich für das Scheitern der Haager Friedenskonferenzen in Bezug auf die obligatorische Schiedsgerichtsbarkeit verantwortlich war, trat 1973 dem Statut des Internationalen Gerichtshofs bei.[92] Im Jahr 2008 unterwarf sich die Bundesrepublik Deutschland der Zuständigkeit des Haager Gerichtshofes gegenüber allen anderen Staaten, die ebenfalls eine solche Verpflichtung übernehmen.[93]

Im Jahr 1906 wurde eine neue Genfer Konvention verabschiedet, die sich allerdings nur redaktionell von der ursprünglichen Fassung unterschied. In Reaktion auf den breiten Einsatz chemischer Waffen im Ersten Weltkrieg unterzeichneten 36 Vertragsstaaten am 17. Juni 1925 das Genfer Protokoll „über das Verbot der Verwendung von erstickenden, giftigen, oder ähnlichen Gasen sowie von bakteriologischen Mitteln". Der Einsatz von Gift und giftigen Waffen sowie von Waffen, Projektilen oder Material, das unnötige Leiden hervorruft, war bereits durch die Haager Landkriegsordnungen von 1899 und 1907 verboten, jedoch breit missachtet worden.

1929 wurde – ebenfalls aufgrund der Erfahrungen des Ersten Weltkrieges – eine Konvention „über die Behandlung der Kriegsgefangenen" verabschiedet, welche die Regelungen über Kriegsgefangene der Haager Landkriegsordnung erweiterte, ohne diese jedoch zu ersetzen.

10.2.6 Die Genfer Konventionen in ihrer heutigen Fassung

1949 schließlich kam es zur Unterzeichnung der Genfer Konventionen in ihren aktuell gültigen Fassungen. Vor dem Hintergrund des Zweiten Weltkriegs entstanden vier Abkommen: eines zur Regelung der Situation von Verwundeten und Kranken der Landstreitkräfte, eines zur Regelung der Situation von Verwundeten, Kranken und Schiffbrüchigen der Seestreitkräfte, eines zur Regelung der Situation

92 BGBl. 1973 II, S. 430.

93 BT-Drucks. 16/9218 v. 05.05.2008.

von Kriegsgefangenen und erstmals eines zur Regelung der Situation der Zivilbevölkerung. Bislang sind 196 Staaten dem Genfer Abkommen von 1949 beigetreten. Mit dem Ersten Zusatzprotokoll von 1977 wurde das vormalige Haager Recht in das Genfer Recht integriert. Das Zweite Zusatzprotokoll aus dem gleichen Jahr beschäftigt sich mit innerstaatlichen Konflikten, die zuvor nur durch den gemeinsamen Art. 3 der vier Genfer Abkommen geregelt waren. Mit ihrer Anwendung auch auf innerstaatliche Konflikte reichen die Genfer Konventionen in eine Materie hinein, die herkömmlicherweise allein der Regelung durch das nationale Recht unterlag. Allgemeine Sätze beziehungsweise Grundsätze des Völkerrechts können damit anerkanntermaßen über dem nationalen Recht stehen, was mit dem Konzept der AEMR Hand in Hand geht. Nicht alle Vertragsstaaten der vier Genfer Konventionen von 1949 sind allerdings dieser Erweiterung beigetreten.

10.3 Die Weimarer Reichsverfassung von 1919

10.3.1 Entstehungshintergrund

Die WRV enthält einen Grundrechtekatalog von bemerkenswertem Umfang. Nach der Novemberrevolution von 1918 erhielt der Staatsrechtler und linksliberale Politiker Hugo Preuß (1860–1925) in seiner Funktion als Staatssekretär im Reichsamt des Inneren von Friedrich Ebert den Auftrag zum Entwurf einer Reichsverfassung. Für dieses Amt hatte der Rat der Volksbeauftragten zunächst den Soziologen Max Weber (1864–1920) in Erwägung gezogen, schließlich aber verworfen, weil dieser sich gegen die Revolution ausgesprochen hatte. In seinem zweiten Entwurf der Weimarer Reichsverfassung nahm Preuß auf Wunsch Friedrich Eberts zwölf Grundrechte auf. Darin waren auch Enteignungen ohne Entschädigungen vorgesehen, um die Möglichkeit zu einer Veränderung der Grundbesitzstruktur offenzuhalten. Dies ließ Preuß in seinem dritten Entwurf, welcher der Nationalversammlung zur Debatte und Abstimmung vorlag, wieder fallen, indem er eine Entschädigung vorsah. Der Katalog der Grundrechte ist in diesem dritten Entwurf wesentlich erweitert.

Dieser Katalog findet sich im zweiten Hauptteil („Grundrechte und Grundpflichten der Deutschen“) der Weimarer Reichsverfassung. Anders als das Bonner Grundgesetz, das die Grundrechte an den Anfang stellt, beginnt die Weimarer Reichsverfassung mit dem Staatsorganisationsrecht, das in unserer heutigen Verfassung an zweiter Stelle steht. Die Weimarer Grundrechte orientieren sich an dem Frankfurter Katalog von 1848, reichen jedoch im Hinblick auf die Einbeziehung des Individuums in die Gemeinschaft und die Regelungen zu Grundlagen des Gemeinschaftslebens darüber hinaus. Bei alledem ist die WRV ein Versuch, eines

Problems Herr zu werden, das sich in der Weimarer Zeit in vielerlei Hinsicht stellt. Es geht darum, die Ziele höchst unterschiedlicher oder sogar gegensätzlicher Strömungen miteinander zu vereinbaren. Im Hinblick auf die Verfassung sind dabei in erster Linie drei zu nennen: (1) der Liberalismus, der auf eine Hervorhebung von Eigeninitiative und Individualrechten abzielt, (2) der Sozialismus, dem an Akzentuierung des Kollektiven gelegen ist, und schließlich (3) die christliche Seite, die hauptsächlich in Form des politischen Katholizismus Präsenz zeigt.

10.3.2 Rechtlich bedeutungslose Programmsätze?

Der Kompromisscharakter mancher Vorschriften ist so stark ausgeprägt, dass sie sich – wie der Staatsrechtslehrer Hans Nawiasky (1880–1961) es ausdrückte – als „rechtlich bedeutungslose Programmsätze" ansehen lassen.[94] Nicht zutreffend ist allerdings, dieses Urteil auf alle Weimarer Grundrechte auszuweiten. Das wollte Nawiasky auch keineswegs sagen. Explizit als „rechtlich bedeutungslose Programmsätze" bezeichnete er allein

> Art. 151 I S. 1 über die Ordnung des Wirtschaftslebens nach den Grundsätzen der Gerechtigkeit mit dem Ziele der Gewährleistung eines menschenwürdigen Daseins für alle, 155 I über die Bodenverteilung mit der Aufgabe, jedem Deutschen eine entsprechende Wohnheimstätte zu sichern, 156 II über die Zwangssyndizierung unter Mitwirkung aller schaffenden Volksteile usw., 162 über das internationale Arbeitsrecht mit seinem allgemeinen Mindestmaß sozialer Rechte, 163, der nach einer Abschweifung in das hohe Reich der Ethik jedem Deutschen eine Art von Recht auf Arbeit oder als Ersatz ein Recht auf notwendigen Unterhalt verspricht.

Mit etwas Zurückhaltung erweitert Nawiasky dieses noch auf Grundrechte in Bezug auf das Familienleben, das „[z]um sozialen Gebiet im weiteren Sinn gehört". In diesem Zusammenhang nennt er

> die Gleichberechtigung der beiden Geschlechter (119 I S. 1) und die Schaffung gleicher Entwicklungsbedingungen für uneheliche und eheliche Kinder. Beides sind wohl Programmsätze, ihrem Inhalt nach ebenfalls auf persönliche Rechtsgleichheit gerichtet.

---

94 Hans Nawiasky, in: Die Gleichheit vor dem Gesetz im Sinne des Art. 109 der Reichsverfassung. Der Einfluss des Steuerrechts auf die Begriffsbildung des öffentlichen Rechts, Verhandlungen der Tagung der Deutschen Staatsrechtslehrer zu Münster i. W. am 29. und 30. März 1926, Berlin/Leipzig 1927, S. 25 ff. (32, 34).

Er meint also auf keinen Fall den gesamten Weimarer Grundrechtekatalog.

10.3.3 Die Weimarer Grundrechtsrepublik

Zwar kommt die Bedeutung der Grundrechte in Weimar der in der Bundesrepublik in keiner Weise gleich. Der Bundesrepublik war – ganz anders als dem Weimarer Staat – jahrzehntelang eine vergleichsweise ruhige, wirtschaftlich prosperierende und politisch stabile Entwicklung, damit ein guter Nährboden für eine Grundrechtsdogmatik sowie eine auf ihr fußende Gerichtsbarkeit beschieden. Vor Augen zu behalten ist aber, dass dem Grundrechteteil der WRV von Anfang an der ambitionierte Gedanke innewohnte, mehr zu bieten als nur liberale Freiheits- und Abwehrrechte. Die Weimarer Grundrechte nahmen vielmehr in innovative Weise die gesamtgesellschaftlichen Voraussetzungen und damit auch mögliche Gefährdungen der Freiheit durch tatsächlich existierende „soziale Gewalten" in den Blick. In diesem „höheren und anspruchsvolleren Sinne" mag es berechtigt sein, von Weimar als einer „Grundrechtsrepublik" zu sprechen.[95]

10.3.4 Die fünf Abschnitte des Grundrechteteils

10.3.4.1 Die Einzelperson

Der Grundrechteteil der Weimarer Reichsverfassung besteht aus fünf Abschnitten.[96] Im ersten („die Einzelperson") finden sich Menschen- und Bürgerrechte altliberaler Prägung wie etwa Gleichheit vor dem Gesetz, die Redefreiheit und Grundrechte vor Gericht, vor allen Dingen im Strafprozess wie etwa Habeas Corpus. Gleichheit für Männer und Frauen war ausdrücklich gewährt, wenn auch nur „grundsätzlich". Anders als in der Reichsverfassung von 1848 wurde der Adel nicht abgeschafft, es fand sich nur das Gebot, Ständeprivilegien „aufzuheben"; direkt aufgehoben hingegen wurden sie nicht, was einen Rückschritt im Vergleich zu 1848 darstellte. Der 1848 statuierte Minderheitenschutz hingegen wurde fast wörtlich übernommen.

---

95 Dreier, Grundrechtsrepublik Weimar, S. 192 f.

96 Der folgende Text basiert auf einem Vortrag, den ich an der Universität Szeged gehalten habe: Menschen- und Bürgerrechte in der Weimarer Reichsverfassung (1919), in: Elemér Balogh (Hg.), Centenaria. Ende des langen 19. Jahrhunderts, Szeged 2020, S. 103 ff.

10.3.4.2 Das Gemeinschaftsleben

Der zweite Abschnitt („Das Gemeinschaftsleben“) ist eine gänzliche Innovation. Dort ist die Gleichberechtigung von Mann und Frau in der Ehe statuiert, ebenso wie eine staatliche Förderung kinderreicher Familien. Schule und Erziehung sollen unter staatlicher Aufsicht stehen. Im Folgenden geht es um traditionelle Gemeinschaftsrechte wie die Versammlungsfreiheit. Dann allerdings folgt etwas komplett Neues, wenn auch Frauen das Wahlrecht sowie Zugang zu öffentlichen Ämtern erhalten. Völlig neu ist ebenfalls, dass auch Beamte ein Recht auf Freiheit ihrer politischen Gesinnung eingeräumt bekommen. Die in diesem Abschnitt enthaltenen und in nur zwei Artikeln behandelten Grundpflichten der Deutschen (Art. 132–134) fallen eher bescheiden aus. So sollen alle Deutschen zur Übernahme ehrenamtlicher Tätigkeiten und zur Zahlung von Steuern verpflichtet sein. Bemerkenswert ist, dass Art. 133 eine Wehrpflicht erwähnt und zu ihrer näheren Ausgestaltung auf ein Reichswehrgesetz Bezug nimmt, was in einem offensichtlichen Spannungsverhältnis zum Versailler Vertrag steht, der allerdings der Verfassung übergeordnet war.

10.3.4.3 Religion und Religionsgemeinschaften

Der dritte Abschnitt („Religion und Religionsgemeinschaften“) ist von seinem Kompromisscharakter gekennzeichnet. So sichert die Verfassung Bekenntnisfreiheit unabhängig vom christlichen Glauben oder gar von der Zugehörigkeit zu einer der Hauptkonfessionen zu. Ebenso soll Religion für den Zugang zu öffentlichen Ämtern keine Rolle spielen. Ferner ist anders als 1848 eine religiöse Bekräftigung des Eides („so wahr mir Gott helfe“, § 149 FRV) in der WRV nicht vorgesehen. Nach deren Art. 136 ist es vielmehr ausdrücklich verboten, jemanden zu einer religiösen Eidesform zu zwingen. Andererseits bleiben der Sonntag sowie die staatlich anerkannten Feiertage gesetzlich geschützt. Die Religionsgemeinschaften bekamen das Recht zuerkannt, ihre Angelegenheiten selbstständig zu verwalten und ihre Ämter ohne jede staatliche Kontrolle und Mitwirkung zu vergeben.

Kirchliches Eigentum wurde gewährleistet. Zwar sollte keine Staatskirche bestehen (Art. 137 Satz 1). Eine vollständige Trennung von Kirche und Staat gab es aber nicht. Einen Vorteil erhielten die beiden großen Kirchen, indem die Verfassung ihnen die Position von Körperschaften des öffentlichen Rechts zuerkannte (Art. 137 Abs. 3). Ein durchaus nennenswerter praktischer Vorteil hiervon lag darin, dass Religionsgemeinschaften nur auf diese Weise auf bürgerliche Steuerlisten zugreifen und auf dieser Grundlage Steuern erheben konnten. Kirchensteuern, um deren Einziehung und Verwaltung sich in der Regel die staatlichen Finanzämter zu kümmern hatten, konnten folglich allein von der katholischen und der evangelischen Kirche erhoben werden. Dies hat sich bekanntlich bis heute nicht geändert, denn die Art. 136, 137, 138, 139 und 141 der Weimarer Reichsverfassung gelten nach Art. 140 GG bis in unsere Tage fort. Die große zeitliche Reichweite der besagten Weimarer Bestimmungen zeigt sich darüber hinaus daran, dass sie nicht nur in der Bundesrepublik nach dem Grundgesetz, sondern im Wesentlichen auch in der DDR nach deren Verfassung fortgalten.[97]

10.3.4.4 Bildung und Schule

Der vierte Abschnitt des Weimarer Grundrechteteils („Bildung und Schule") hat ebenfalls Kompromisscharakter. Danach werden Konfessionsschulen und theologische Fakultäten an staatlichen Universitäten garantiert. In die Errichtungen des Schulwesens allerdings sollten weder die Kirchen noch die Eltern einbezogen sein, die Ausbildung der Lehrer dabei für das gesamte Deutsche Reich einheitlich geregelt werden. Es sollte Chancengleichheit durch freien Zugang zu Bildungseinrichtungen unabhängig von den wirtschaftlichen und gesellschaftlichen Verhältnissen oder der Religion bestehen, Bedürftige eine staatliche Förderung erhalten. Ein Zugeständnis der Verfassung an das katholische Zentrum lag darin, dass auf Antrag konfessionelle Schulen zulässig sein sollten. Ein Zugeständnis an die Gleichbehandlung wiederum lag darin, dass nicht nur religiös geprägte, sondern weltanschaulich geprägte Privatschulen jedweder Couleur zulässig sein sollten (Art. 147 Abs. 2).

Als Erziehungsziele sind für die Schulen hehre Ziele genannt, wozu auch die „Völkerversöhnung" zählt (Art. 148 Abs. 1). Dies ist im Hinblick auf die öffentliche Reaktion auf den Versailler Vertrag bemerkenswert und als ein Zugeständnis an die die sozialistische Seite zu betrachten. Die Verfassung benennt als Lehrfächer Religion (außer an bekenntnisfreien Schulen), daneben aber auch Staatsbürgerkunde und Arbeitsunterricht (Art. 148 Abs. 3). Eine Neuheit ist der in Art. 150 geregelte Kulturgüterschutz. Danach standen Kunstdenkmäler unter staatlichem Schutz und die Verhinderung ihres Abwanderns ins Ausland war eine staatliche Aufgabe.

97 Dabei findet sich allerdings nicht ein bloßer Verweis wie in Art. 140 GG. Vielmehr wiederholt Art. 43 Verfassung der DDR vom 7. Oktober 1949 einige der Weimarer Bestimmungen zum großen Teil wörtlich.

10.3.4.5 Das Wirtschaftsleben

Der fünfte Abschnitt des Weimarer Grundrechteteils („Das Wirtschaftsleben") ist ein Zugeständnis an die Sozialdemokratie. Die Leitlinie steht ganz am Anfang dieses Abschnittes: „Die Ordnung des Wirtschaftslebens muss den Grundsätzen der Gerechtigkeit mit dem Ziele der Gewährleistung eines menschenwürdigen Daseins für alle entsprechen" (Art. 151 Satz 1). Im Folgenden war die Sozialbindung des Eigentums und die Garantie gesunder Wohnung vorgesehen. Enteignungen zur Befriedung von Wohnbedürfnissen sollten möglich sein. Ebenso waren Grundbesitzer verpflichtet, ihren Boden auszunutzen und zu bearbeiten. Ferner durfte der Staat gegen Entschädigung „für die Vergesellschaftung geeignete private wirtschaftliche Unternehmungen in Gemeineigentum überführen" (Art. 156) . Gegenüber dieser programmatischen sozialistischen Forderung eröffnet Art. 155 Abs. 2 einen Blick in eine andersartige Realität: Fideikommisse seien aufzulösen. In diesem Bereich hatte sich mithin seit dem Aufstellen dieser Forderung im Jahre 1848 wenig getan.

Die Weimarer Reichsverfassung kennt zwar kein Recht auf Arbeit, wohl aber einen Unterhaltsanspruch für Personen, denen keine „angemessene Arbeitsgelegenheit" geboten werden kann (Art. 163 Abs. 2). Die Vereinigungsfreiheit für Werktätige zur Verbesserung ihrer Arbeitsbedingungen wurde in ihrer praktischen Ausführbarkeit gestärkt, weil der Arbeitgeber nunmehr verpflichtet war, die hierfür nötige Zeit zu gewähren. Das Arbeitsrecht war in der Weimarer Zeit ein wichtiger Punkt, und die Weimarer Epoche ist für die Geschichte des Arbeitsrechts von herausragender Bedeutung. Dies zeigt sich auch in Art. 157 der Verfassung, welcher vorsieht, dass ein reichseinheitliches Arbeitsrecht zu schaffen sei. Dazu ist es nicht gekommen, und ein Arbeitsgesetzbuch gibt es in Deutschland bis heute nicht, anders als in der DDR, wo ein solches seit 1977 galt. Hieran ist zu ersehen, dass die Zielsetzungen in der Gesetzgebung eines sozialistischen Staates erkennbar andere sind als in einem solchen, der sich den Sozialismus erklärtermaßen nicht auf die Fahnen geschrieben hat.

Im Weimarer Staat, der den Zielen des Sozialismus aufgeschlossener gegenüberstand als die Bundesrepublik, war ein in der Verfassung vorgesehenes Ziel, ein umfassendes Sozialversicherungssystem zu schaffen (Art. 161). Die wichtigste praktische Umsetzung dieses Ziels liegt in der Errichtung der Arbeitslosenversicherung durch das Gesetz über Arbeitsvermittlung und Arbeitslosenversicherung vom 16. Juli 1927. Ein abstrakt-programmatisches Ziel in die Richtung einer Sozialistischen Internationale formuliert die WRV, wenn es dort heißt, das Reich trete „für eine zwischenstaatliche Regelung der Rechtsverhältnisse der Arbeiter ein, die für die gesamte arbeitende Klasse der Menschheit ein allgemeines Mindestmaß der sozialen Rechte erstrebt" (Art. 162) . Abschließend finden sich Bestimmungen zur Räteverfassung als Alternative zur bürgerlichen Demokratie sowie über die Bildung eines Reichswirtschaftsrates (Art. 165). In der Praxis hatte dies allerdings wenig Bedeutung.

10.3.5 Vergleich mit der Frankfurter Reichsverfassung

10.3.5.1 Soziale Reformen und Gestaltung der Wirtschaft

Vergleichen wir die WRV mit der Frankfurter Verfassung von 1848, so fällt auf, dass in verschiedener Hinsicht eine Modernisierung stattfand. Zu nennen sind die vielfältigen sozialen Rechte. Weiterhin besteht ein grundlegender Unterschied darin, dass Frauen – die in der Frankfurter Reichsverfassung mit keinem Wort erwähnt sind – den Männern grundsätzlich rechtlich gleichgestellt und der Schutz von Mutterschaft und unehelichen Kindern vorgesehen ist. Schulpflicht und Volksbildungswesen sind kombiniert mit vorgegebenen Erziehungszielen. Neben die Vaterlandsliebe tritt die Völkerverständigung. Natur und Kultur stehen unter dem Schutz der Verfassung (Art. 150). Die in der Verfassung vorgesehenen staatlichen Eingriffsmöglichkeiten in die Wirtschaft entsprachen den gewandelten Vorstellungen von den Aufgaben des Staates zur Gestaltung des Gemeinwesens. In Einklang damit steht, dass die althergebrachten Individualrechte durch Gruppen- und Gemeinschaftsrechte Ergänzung fanden, ohne dass die Individualrechte dabei in irgendeiner Weise aufgegeben wurden.

10.3.5.2 Stellenwert und Abänderbarkeit von Grundrechten

Viele Formulierungen der WRV waren unverbindlich. So handelte es sich um bloße Ankündigungen oder Rechte, die nur unter Vorbehalten gewährt waren. Ferner waren die Grundrechte nicht unabänderlich. Eine Hürde für den Gesetzgeber bei der Abänderung von Grundrechten im Sinne einer qualifizierten Mehrheit wie nach unserer heutigen Verfassung (Art. 79 Abs. 2 GG) kannte die Weimarer Reichsverfassung ebenso, wenn auch mit dem nicht unwichtigen Unterschied, dass nicht eine Zweidrittelmehrheit unter allen Abgeordneten, sondern nur eine solche unter den anwesenden Abgeordneten erforderlich war („Doppelte Zweidrittelmehrheit", wie zuvor 1849).[98] Diese Bestimmung sollte bei der Abstimmung über das nationalsozialistische „Ermächtigungsgesetz" am 23. März 1933 eine fatale Rolle spielen. Eine Art Ewigkeitsgarantie, wie Art. 79 Abs. 3 GG sie vorsieht, kannte die Weimarer

98 Art. 76 WRV; § 196 FRV.

Verfassung hingegen nicht. In Weimar waren die Hürden für die Änderung von Grundrechten mithin deutlich niedriger als nach unserem heutigen Grundgesetz. Nach dem berühmt-berüchtigten Art. 48 war zudem im Falle einer Staatskrise eine Art vorübergehende Diktatur des Reichspräsidenten möglich, wobei wichtige Grundrechte außer Kraft gesetzt werden durften.[99] Dies gewann vor allen Dingen in der Spätphase der Weimarer Republik eine größere praktische Bedeutung, als der Weimarer Verfassungsgeber es geahnt oder gewünscht hätte. Diese Vorschrift sollte für die Errichtung der nationalsozialistischen Herrschaft und das Ende des Weimarer Staates eine entscheidende Rolle spielen.

10.3.5.3 Menschenrechte in der WRV

Stellen wir aber die Frage, inwiefern die Weimarer Reichsverfassung Menschenrechte enthält, so fällt die Antwort anders aus als bei der Paulskirchenverfassung. Zwar erweckt die Überschrift des zweiten Hauptteils („Grundrechte und Grundpflichten der Deutschen“) zunächst den Eindruck, es handele sich allein um Staatsbürgerrechte. Allerdings war der in der Paulskirche noch im Vordergrund stehende nationale Einheitsgedanke bei Entstehung der WRV in den Hintergrund gerückt. Das schuf Raum für menschenrechtliche Ansätze, was darin zum Ausdruck kommt, dass zahlreiche Rechte unabhängig von einer deutschen Staatsbürgerschaft gewährt wurden. Auch existiert in der Weimarer Reichsverfassung keine Bestimmung wie § 130 FRV, die den persönlichen Schutzbereich der Grundrechte auf Deutsche beschränken würde. Zentrale Grundrechte wie das auf die Freiheit der Person oder die Religionsfreiheit sind in Weimar als Rechte für alle Menschen unabhängig von der Staatsbürgerschaft formuliert. Auch wenn die WRV eine Reihe von Rechten nur Deutschen einräumt, ist in der Gesamtschau festzuhalten, dass die nur auf Deutsche bezugnehmende Überschrift des Grundrechteteils in die Irre führt und letztlich ein falsches Bild zeichnet. Der Grundrechtekatalog der WRV war so weitläufig wie

---

99 Art. 48 Abs. 2 WRV: „Der Reichspräsident kann, wenn im Deutschen Reiche die öffentliche Sicherheit und Ordnung erheblich gestört oder gefährdet wird, die zur Wiederherstellung der öffentlichen Sicherheit und Ordnung nötigen Maßnahmen treffen, erforderlichenfalls mit Hilfe der bewaffneten Macht einschreiten. Zu diesem Zwecke darf er vorübergehend die in den Artikeln 114, 115, 117, 118, 123, 124 und 153 festgesetzten Grundrechte ganz oder zum Teil außer Kraft setzen.“

kaum ein anderer aus dieser Zeit.[100] Bemerkenswert ist zudem, dass sich erstmalig in einer deutschen Verfassung Menschenrechte der Zweiten Generation finden.[101]

10.3.6 Inkubationszeit der Grundrechte

Allein der Umstand, dass der Grundrechtekatalog von 1919 einen nicht nur für die Verhältnisse der damaligen Zeit großen Umfang hatte, macht ihn aber selbstverständlich nicht zu einem ganz besonders veritablen Schutzinstrument. Möglicherweise ist sogar das Gegenteil der Fall. Vielleicht ist weniger hier mehr.[102] So beschränkt das Bonner Grundgesetz sich auf klassische Grundrechte in Form garantierter Individualrechte als justitiable Rechtspositionen. Führen wir uns die denkwürdigen Worte Carlo Schmids (1896–1979) im Parlamentarischen Rat vor Augen, so scheint einiges hierfür zu sprechen:

> Die Grundrechte müssen das Grundgesetz regieren; sie dürfen nicht nur ein Anhängsel des Grundgesetzes sein, wie der Grundrechtskatalog von Weimar ein Anhängsel der Verfassung gewesen ist. Diese Grundrechte sollen […] unmittelbar geltendes Bundesrecht [sein], auf Grund dessen jeder einzelne Deutsche, jeder einzelne Bewohner unseres Landes vor den Gerichten soll Klage erheben können.[103]

Richtig ist, dass die Weimarer Grundrechte nach dem Verständnis ihrer Zeit einen völlig anderen Stellenwert hatten als die nach Art. 1 Abs. 3 GG alle staatliche Gewalt bindenden heutigen Grundrechte. Dennoch wird die in der Äußerung Carlo Schmids – die einen klaren politischen Hintergrund hat – zum Ausdruck kommende Degradierung der Weimarer Grundrechte zur Bedeutungslosigkeit ihrem historischen Stellenwert keineswegs gerecht.

---

100 Wolgast, Geschichte der Menschen- und Bürgerrechte (s. Lit.), S. 190, geht davon aus, es sei der überhaupt umfassendste gewesen. Jedenfalls in Bezug auf die Menschenrechte trifft das nicht zu. Ein Gegenbeispiel ist die mexikanische Verfassung vom 5. Februar 1917. Danach stehen alle im ersten Kapitel des ersten Titels („De las garantias individuales") aufgeführten Individualrechte (Art. 1–29) Ausländern in gleicher Weise zu (Art. 33: „[Los extranjeros t]ienen derecho a las garantías que otorga el Capítulo I, Título Primero, de la presente Constitución […]").

101 Art. 119 Abs. 1, Abs. 2, 122 Satz 2, 142 Satz 2, 143 Abs. 1, 145 Satz 3, 146 Abs. 3, 150, 151 Satz 1, 155 Abs. 1, 161, 162, 163 Abs. 2 Satz 2.

102 Dieses Gedankenspiel stellt an Jestaedt, Inkubationszeit der Grundrechte, S. 222. In diesem Beitrag findet sich die Literatur zum Thema umfassend und pointiert nachgewiesen.

103 Parlamentarischer Rat, Plenum, 2. Sitzung v. 08.09.1948, in: Der Parlamentarische Rat IX, S. 37.

Die Weimarer Staatsrechtslehre betrat mit dem zweiten Hauptteil der Verfassung damals in vielerlei Hinsicht Neuland. Zwar hatte es die Frankfurter Grundrechte aus dem Jahr 1848 gegeben. Praxis hierzu und eine darauf aufbauende wissenschaftliche Literatur waren aber nicht vorhanden.[104] Darüber hinaus enthielt der zweite Teil der Weimarer Reichsverfassung gänzlich neue Elemente wie objektive Garantien, Ansätze zu einer Staatsethik, sozialistisches Gedankengut und Gesetzgebungsaufträge, um nur einige Punkte zu nennen. In dieser Hinsicht standen vorherige Erfahrungswerte in keiner Weise zur Verfügung.

Für ihre Behandlung in der Rechtswissenschaft lassen sich dabei drei Phasen unterscheiden: In der ersten Phase von 1919 bis etwa 1924 wurden die Grundrechte nicht allgemein als Rechtssätze, sondern eher als recht unsystematisch getroffene politische Aussagen verstanden. Das Krisenjahr 1923 und insbesondere dessen Überwindung läutete dann die zweite Phase ein. Hier gewann die Auffassung von Grundrechten als klassische subjektiv-öffentliche Rechte an Boden. Es wuchs die Einsicht, zwischen Grundrecht und dieses beschränkendem einfachen Recht müsse eine Wechselwirkung bestehen, die eine vollständige Aushöhlung des Grundrechts durch Gesetzgebung verhindere. Fragen nach dem Stellenwert einzelner Grundrechte, etwa ob es sich um Abwehr- oder Leistungsgrundrechte, institutionelle Garantien oder Gesetzgebungsaufträge handele, rückten in den Vordergrund. Die dritte Phase begann mit dem ersten Präsidialkabinett Brünings im Jahr 1930 und reichte bis zur Außerkraftsetzung der Grundrechte durch die von den Nationalsozialisten initiierten Notverordnungen. Nun waren Grundrechte Kampfmittel, um Notverordnungen außer Kraft zu setzen.

Wie so vieles in dieser Zeit war auch die Betrachtung der Grundrechte von Extrempositionen gekennzeichnet. In den Grundrechten – nicht in der Gesetzgebung – sahen die Anhänger der Republik deren letzte Bastion. Für ihre Gegner hingegen waren die Grundrechte nichts als ein lächerliches Überbleibsel aus einem verflossenen bürgerlichen Zeitalter, das es so bald wie möglich auszuradieren galt. So geschah es dann auch, und nach dem Ende der nationalsozialistischen Herrschaft waren die Erfahrungen von Weimar Ausgangspunkt für Verfassung und Grundrechte in der neu gegründeten Bundesrepublik. Matthias Jestaedt bezeichnet die Weimarer Zeit insoweit treffend als eine „Inkubationszeit der Grundrechte".[105]

---

104 Bei dem anonym erschienenen Kommentar von Theodor Mommsen zu den Grundrechten der Paulskirche handelt es sich nicht um wissenschaftliche Literatur, die auf irgendeine Art von Rechtsprechungs- oder Verwaltungspraxis hätte aufbauen können, sondern um eine abstrakte Abhandlung aus Sicht des Autors, Mommsen, Grundrechte der Paulskirche.

105 Jestaedt, Inkubationszeit der Grundrechte, S. 228.

Die Weimarer Zeit war nicht gekennzeichnet von der Angst vor dem Übergriff einer diktatorischen staatlichen Gewalt auf jede menschliche Freiheit mit der Folge von Barbarei und Massenmord, wie sie den Vätern und Müttern unseres Grundgesetzes so klar vor Augen stehen und dieses prägen sollte. Prominente Vertreter der Weimarer Staatsrechtslehre brachten mit der Forderung, den Gesetzgeber an Grundrechte binden zu wollen, vielmehr einen „tiefgehenden Zweifel an der Fähigkeit herrschender Parlamentsmehrheiten zur Objektivität“[106] in Verbindung. Das ambivalente Verhältnis von Demokratie und Volkssouveränität einerseits und unveräußerlichen Menschenrechten andererseits, das uns im Laufe dieser geschichtlichen Abhandlung schon mehrfach begegnet ist, tritt uns hier erneut entgegen. Die Einschränkung staatlicher in Form parlamentarischer Gewalt ist ein durchaus zweischneidiges Schwert, der sensible und wohldosierte Umgang damit vielleicht überhaupt das Patentrezept westlicher Demokratien.

10.4 Literatur

Heinrich Best u. Wilhelm Weege, Biographisches Handbuch der Abgeordneten der Frankfurter Nationalversammlung 1848/49, Düsseldorf 1996

Dieter Bohnert, Die Behandlung der Sozialen Frage in den Debatten der Frankfurter Nationalversammlung 1848/49, Heilbronn 1980

Manfred Brocker, Die Grundlegung des liberalen Verfassungsstaates. Von den Levellern zu John Locke, Freiburg im Breisgau/München 1995

Werner Conze u. Wolfgang Zorn (Hg.), Die Protokolle des Volkswirtschaftlichen Ausschusses der deutschen Nationalversammlung 1848/49. Mit ausgewählten Petitionen, bearb. v. Rüdiger Moldenhauer, Boppard am Rhein 1992

Deutscher Bundestag u. Bundesarchiv (Hg.), Der Parlamentarische Rat 1948–1949, Bd. 9: Plenum, München 1996

Gerhard Dilcher, Genossenschaftstheorie und Sozialrecht. Ein „Juristensozialismus“ Otto v. Gierkes?, Quaderni Fiorentini 3/4 (1974/1975), S. 319 ff.

Horst Dreier, Grundrechtsrepublik Weimar, in: ders. u. Christian Waldhoff (Hg.), Das Wagnis der Demokratie. Eine Anatomie der Weimarer Reichsverfassung, München 2018, S. 175 ff.

Georg Erler, Art. Minderheitenrecht, in: Karl Strupp – Hans-Jürgen Schlochauer, Wörterbuch des Völkerrechts, Bd. 2, 2. Aufl., Berlin 1961, S. 531 ff.

Bardo Fassbender, Der offene Bundesstaat, Tübingen 2007

106 Gerhard Anschütz, Die Verfassung des Deutschen Reiches vom 11. August 1919, 14. Aufl., Berlin 1933 (ND Darmstadt 1960), S. 528.

Leon Friedman, The Law of War: A Documentary History, Volume 1, New York 1972
Otto von Gierke, Die soziale Aufgabe des Privatrechts, Berlin 1889
Christoph Gusy, Die Grundrechte in der Weimarer Republik, ZNR 15 (1993), S. 163 ff.
Ernst Rudolf Huber (Hg.), Dokumente zur deutschen Verfassungsgeschichte, Bd. 1: Deutsche Verfassungsdokumente 1803–1850, 3. Aufl., Stuttgart et al. 1978
Matthias Jestaedt, Inkubationszeit der Grundrechte. Der Zweite Hauptteil der Weimarer Reichsverfassung zwischen Herausforderung und Überforderung, in: Horst Dreier u. Christian Waldhoff (Hg.), Weimars Verfassung. Eine Bilanz nach 100 Jahren, Göttingen 2020, S. 217 ff.
Simon Kempny, Die Staatsfinanzierung nach der Paulskirchenverfassung. Eine Untersuchung des Finanz- und Steuerverfassungsrechts der Verfassung des deutschen Reiches vom 28. März 1849, Tübingen 2011
Otto Kimminich, Der Gerechte Krieg im Spiegel des Völkerrechts, in: Reiner Steinweg (Hg.), Der gerechte Krieg: Christentum, Islam, Marxismus, Frankfurt am Main 1980, S. 206 ff.
Jörg-Detlef Kühne, Die Reichsverfassung der Paulskirche. Vorbild und Verwirklichung im späteren deutschen Rechtsleben, 2. Aufl., Neuwied/Kriftel/Berlin 1998
Ders., Von der bürgerlichen Revolution bis zum ersten Weltkrieg, in: Merten u. Papier (Hg.), Handbuch der Grundrechte I (s. Lit.), S. 97 ff.
Ders., Die Entstehung der Weimarer Reichsverfassung, Düsseldorf 2018
Ulrich Achille Meinerzhagen, Möglichkeiten und Grenzen sozialpolitischen Handelns in der Frankfurter Nationalversammlung. Die soziale Frage in den Verfassungsverhandlungen und Gesetzentwürfen der Paulskirche, Heidelberg 1987
Theodor Mommsen, Die Grundrechte des deutschen Volkes mit Belehrungen und Erläuterungen, hg. v. Lothar Wickert, Frankfurt am Main 1969 (anonyme Erstausgabe 1849)
Oda Müller, Die Verfassungsbeschwerde nach der Bayerischen Verfassung von 1818 (1818–1848), Frankfurt am Main et al. 2000
Jean Pictet, Development and Principles of International Humanitarian Law. Course given in July 1982 at the University of Strasbourg as a part of the courses organized by the International Institute of Human Rights, Dordrecht/Boston/Lancaster 1985
Heinrich Scholler, Die sozialen Grundrechte in der Paulskirche, Der Staat 13 (1974), S. 51 ff.
Steffen Seybold, Freiheit statt Knechtschaft. Jacob Grimms Antrag zur Paulskirchenverfassung, Der Staat 51 (2012), S. 215 ff.
Michael Stolleis, Geschichte des öffentlichen Rechts in Deutschland, Bd. 3: Staats- und Verwaltungsrechtswissenschaft in Republik und Diktatur 1914–1945, München 1999
Heinrich Triepel (Hg.), Quellensammlung zum Deutschen Reichsstaatsrecht, 5. Aufl., Tübingen 1931
Verhandlungen der Germanisten zu Frankfurt am Main am 24., 25. und 26. September 1846, Frankfurt am Main 1847

Verhandlungen der Germanisten zu Lübeck am 27., 28. und 30. September 1847, Lübeck 1848

Hedwig Wachenheim, Die deutsche Arbeiterbewegung 1844 bis 1914, Köln/Opladen 1967

Franz Wigard (Hg.), Stenographischer Bericht über die Verhandlungen der deutschen constituirenden Nationalversammlung zu Frankfurt am Main, 10 Bde., Frankfurt am Main 1848–1850

Rüdiger Wolfrum (Hg.), The Max Planck Encyclopedia of Public International Law, 11 Bde., Oxford 2012/2013

11. Geschichte der sozialen und sozialistischen Grundrechte sowie ihre Theorie und Praxis in der DDR

11.1 Einführung

Die Geschichte der Menschenrechte nach dem Zweiten Weltkrieg ist im Wesentlichen ein Spiegelbild des Ost-West-Konflikts, bei dem sich zwei zutiefst konträre und verfeindete politische Systeme gegenüberstanden. Es fand ein Wettbewerb darum statt, welches das bessere sei, letztlich die Herrschaft über die ganze Welt gewinnen und das andere dabei unweigerlich vernichten werde. Es war ein Wettlauf um alles: um den ersten Menschen im Weltall und auf dem Mond, wer am höchsten springt oder am schnellsten läuft (wobei die Blockzugehörigkeit entscheidend war), und natürlich auch, wer die effizientesten Waffen hat. Aus heutiger Sicht erscheint es so albern, dass man darüber lachen könnte, wenn es nicht so traurig wäre. Es erscheint verwunderlich, dass nicht noch mehr passiert ist, so aggressiv und unversöhnlich, wie die beiden Systeme einander gegenüberstanden.[1] Bei dieser Aussage geht es mir keineswegs darum, Stellvertreterkriege wie den Koreakrieg oder den Vietnamkrieg mit den vielen Opfern, die sie forderten, in irgendeiner Weise herunterzuspielen. Alles, was ich sagen will, ist, es ist im Nachhinein betrachtet überraschend und eine wirklich glückliche Fügung, dass die beiden Supermächte nicht doch mit all ihren Atomsprengköpfen aufeinander losgingen und die Welt vernichteten.

Die propagandistischen Fronten waren vor allem in der Ära des Stalinismus überaus verhärtet. So führt eine Darstellung aus der DDR von 1954 mehrfach niemand anderen als Josef Stalin (1878–1953) als Quelle von Recht und Gerechtigkeit an.[2] Besonders groteske Züge nimmt die Darstellung an, wenn es dort heißt, die Not

---

1 Nowack, Grundrechte und Grundpflichten, S. 9, 67: „Das zeigt deutlich die Situation in Westdeutschland. Hier wird durch die Aushöhlung und die Außerkraftsetzung der Grundrechte und Freiheiten bereits wieder Kurs auf die Konzentrations- und Vernichtungslager genommen, gelenkt von den gleichen verbrecherischen Kräften, die unser Volk in die Katastrophe des zweiten Weltkrieges führten." – „Adenauer geht den Weg Hitlers." – Auch die Bundesrepublik war „keineswegs ressentimentfrei, und auch sie hat, allerdings in erheblich geringerem Umfang, ‚Gesinnungen' verfolgt […]. In Westdeutschland ‚Kommunist' zu sein war in den ersten beiden Jahrzehnten der Bundesrepublik ‚unmöglich'", Stolleis, Sozialistische Gesetzlichkeit, S. 40.

2 Nowack, Grundrechte und Grundpflichten, S. 14 f., 41.

unter westlichen Studierenden sei so groß, dass der weibliche Anteil gezwungen sei, sich seinen Lebensunterhalt durch prostitutionsnahe Tätigkeiten („Animierdame“) zu verdienen, während dem männlichen keine andere Wahl bliebe, als sich als „Kinderwärter“ oder auch als „Teppichklopfer“[3] (was immer das sein mag) zu verdingen. Ein bejammernswertes Schicksal wie dieses sei damals das Los von nicht weniger als 90 Prozent (!) aller in Hamburg immatrikulierten Studierenden gewesen.[4]

Was hier zum Ausdruck kommt, und worauf ich zurückkommen werde, ist nichts anderes als eine von vielen Episoden beziehungsweise Erscheinungsformen eines markanten Stücks Weltgeschichte, nämlich des Sozialismus. Es gab über das 20. Jahrhundert hinweg keine Ideologie, Weltsicht, Quasireligion oder wie auch immer es in angemessener Weise zu bezeichnen sein mag, die das Schicksal der Welt mit ihren sozialen Reformen und Bewegungen, mit Krieg und Frieden auch nur annähernd so einschneidend geprägt hat wie der Sozialismus. Er wirkt sich aus auf die Sichtweise von allem, was im weitesten Sinne etwas mit dem Menschen und seiner Gesellschaft zu tun hat. Das gilt – wie kann es anders sein – auch für die Menschenrechte.

11.2 Kurze Geschichte der Menschenrechte im Sozialismus

Die Erste Generation der Menschenrechte ging aus dem Kampf des liberalen Bürgertums um Freiheit gegen die Obrigkeit (den Staat) hervor. Erstrebt war der Schutz einer staatsfreien Individualsphäre („Abwehrrechte“). Durch die Industrialisierung und das durch sie verursachte massenhafte soziale Elend mischte sich dann eine andere Klangfarbe in die Forderung nach Menschenrechten. Nun ging es um Schutzrechte für die wirtschaftlich Schwachen und den staatlichen Schutz der Arbeiter gegen Ausbeutung in einer kapitalistischen Wirtschaftsordnung.

11.2.1 Chartismus in England

Solche Bewegungen entstanden zuerst dort, wo die Folgen der Industrialisierung am frühestens und stärksten zu spüren waren. Zu nennen ist der Chartismus in England. Dabei handelt es sich um eine zu Beginn des 19. Jahrhunderts entstan-

3 In dem von mir verwendeten Exemplar (Universitätsbibliothek Köln, Fn3892) ist mit Bleistift in Bezug auf diese drei Berufsgruppen notiert: „Wo sind die?“

4 Nowack, Grundrechte und Grundpflichten, S. 53.

dene Reformbewegung, die unter anderem Gewerkschaften und bessere Arbeitsbedingungen erstrebte. Später stellten die Chartisten die Forderung nach einer Volkscharta für Gerechtigkeit und allgemeine Wohlfahrt auf (1838). Auch Arbeiter sollten an Wahlen beteiligt und im Parlament vertreten sein.

Der Frühsozialismus wird typischerweise mit der Forderung nach Menschenrechten in Verbindung gebracht.[5] Ich verweise auf die Internetseite der Bundeszentrale für politische Bildung unter dem Stichwort „Kampf um die Menschenrechte“:

> Der Weg von der Idee der Menschenrechte bis zu ihrer Formulierung, Verbreiterung und Ausgestaltung in der Praxis war lang und keineswegs gradlinig. Menschenrechte mussten immer gegen Widerstände erkämpft werden. […] So führte der Frühkapitalismus zu einem neuen Kampf um Freiheit und Menschenrechte, um die Anerkennung gesellschaftlicher Schutzrechte für die besitzlose Arbeiterschaft. Begonnen wurde er in England, wo die industrielle Revolution und damit die Ausbeutung der „Ware Mensch“ am weitesten fortgeschritten waren. Zum Schutz der Menschenwürde riefen die Chartisten, die erste englische Arbeiterbewegung, nach dem Staat, der freilich von ihnen mitbestimmt werden sollte. In der People's Charter (Volkscharta) legten sie 1839 ein Programm für einen evolutionären Sozialismus vor. Auf der Basis einer konsequenten Demokratisierung und sozialer Reformen sollte die naturrechtliche Gleichheit aller Menschen wieder erreicht werden […].[6]

Die Frühsozialisten (hier insbesondere die Chartisten in England) stellten also Forderungen etwa nach zumutbaren Arbeitszeiten. Das ist klar. Die Frage ist nur: Inwiefern hat das etwas mit einer Forderung nach Menschenrechten zu tun? Verwendeten die Chartisten wirklich das in dem Zitat angeführte Vokabular (Forderung nach Schutz der Menschenwürde, auf Naturrecht gestützte Forderung nach Gleichbehandlung), hatten sie wenigstens die Vorstellung, ihnen von Geburt an zustehende Rechte einzufordern, **oder** ging es ihnen vielmehr einfach nur darum, nicht mehr vierzehn Stunden am Tag zu arbeiten und genug Geld zu verdienen, damit sie sich ausreichend Essen kaufen und eine saubere, trockene Wohnung mit genug Heizmaterial für den Winter bezahlen konnten? Bedeutet Kampf für eine bessere Situation (für „Menschlichkeit“) Kampf für Menschenrechte? Ist jeder Philanthrop zugleich ein Menschenrechtler?

---

5 Ishay, History of Human Rights (s. Lit.), S. 123: „Yet these liberal victories [gemeint sind politische Erfolge des aufgestiegenen vermögenden Bürgertums über den landbesitzenden Adel] were accompanied by a new development in the history of human rights, for it was in Britain during this period that the material and political aspiration of the working class became politically salient.“

6 https://www.bpb.de/izpb/8325/kampf-um-die-menschenrechte?p=all (Zugriff: 26.07.2024).

Es ist das gleiche methodische Problem wie so oft in der Geschichte der Menschenrechte: Wenn Menschen in der Vergangenheit inhaltlich etwas forderten, das für uns heute inhaltlich ein Menschenrecht wäre – ist das dann Teil einer Geschichte der Menschenrechte? Das mag eine Möglichkeit sein, wie sich das Thema verstehen lässt.[7] Diese hat aber auch durchaus ihre Schwächen. Danach nämlich ändert sich die Geschichte der Menschenrechte je nachdem, was zukünftige Generationen jeweils darunter verstehen. Wenn wir beispielsweise sagen, es gibt ein Menschenrecht auf eine gesunde Umwelt, dann wäre damit die gesamte Geschichte des Umweltschutzes Teil der Geschichte der Menschenrechte. Wenn wir sagen, es gibt ein Recht auf sauberes Wasser und auf nicht kontaminierte Lebensmittel, dann würde jedenfalls in Teilen die Geschichte des Wasser- und Lebensmittelrechts im Nachhinein zur Geschichte der Menschenrechte zählen.

11.2.2 Robert Owen als Visionär und Wegbereiter sozialer Reformen

In einer frühen Phase der sozialen Reformbewegung spielte der walisische Unternehmer Robert Owen (1771–1858) eine entscheidende Rolle. Owen war einer der einflussreichsten utopischen Sozialisten des frühen 19. Jahrhunderts. Die in seinem politischen Programm enthaltenen Forderungen seien nach Gerhard Oestreich darauf gerichtet gewesen, „Klassengesetzgebung zu beseitigen und die Menschenrechte zu erlangen".[8] Das bedeutete für ihn staatlich getragene Erziehung und staatlich garantierte Arbeit für alle, Rede- und Schreibfreiheit in allen politischen Angelegenheiten sowie völlige Religionsfreiheit für alle Religionen der Welt.

Durch sein technisches und kaufmännisches Geschick hatte Owen es vom Lehrling eines Kleidermachers zum Oberinspektor einer großen Baumwollspinnerei in Manchester gebracht. Danach startete er ein Projekt für soziale Wohlfahrt unter den Industriearbeitern in der hinzuerworbenen Baumwollspinnerei von New Lanark. Dort verkürzte er die Arbeitszeit und stellte den Arbeitern im Fabrikdorf tragbare Unterkünfte zur Verfügung. Weiterhin eröffnete er einen Laden, der Waren von guter Qualität für wenig mehr als den Einkaufspreis anbot, wobei aber der Verkauf alkoholischer Getränke stark eingeschränkt war. Mit hohem persönlichem Einsatz versuchte Owen, die Menschen zu Sauberkeit und Sparsamkeit zu bewegen. Er war davon überzeugt, dass es die Lebensumstände seien, die den menschlichen Charakter von den frühesten Jahren an bestimmen und formen. Deshalb legte er größten Wert auf Erziehung und Ausbildung der Kinder. Im Jahr 1816 begründet er in New

7 So verstehe ich den Ansatz von Ishay, History of Human Rights (s. Lit.).

8 Oestreich, Geschichte der Menschenrechte (s. Lit.), S. 106.

Lanark die erste Vorschule Großbritanniens. Zunächst als Außenseiter belächelt, gewann Owen bald Vertrauen und einen ausgezeichneten Ruf. Der kommerzielle Erfolg seines Unternehmens erblühte. Zahlreiche Staatsmänner und Sozialreformer besuchten seine Fabrik mit ihren sozialen Programmen.

Prominente Besucher, die zum Teil von weither kamen, befanden die von Owen erzielten Ergebnisse als einzigartig, insbesondere was die in seinem System großgewordenen Kinder anbelangte. Owen war der Meinung, dass der Wettstreit zwischen menschlicher Arbeit und Maschine nur zu gewinnen sei, wenn die Menschen sich in Vereinigungen zusammenschlössen. Er wurde zu einem Vorreiter der Arbeiter- und Gewerkschaftsbewegung. Auch war Owen weiträumig politisch aktiv und forderte vom Parlament eine landesweite Verkürzung der Arbeitszeit sowie kostenlose Grundschulbildung für alle Kinder.

11.2.3 Die deutsche proletarische Bewegung im Inland und im Exil

Eng mit der Idee der Menschenrechte verbunden war die deutsche proletarische Bewegung, die nach der französischen Julirevolution von 1830 im französischen Exil entstanden war.[9] Eine ihrer radikalen Vereinigungen, die Eigentum umverteilen wollte und dabei selbst ihre Zielsetzung mit Menschenrechten in Verbindung brachte, war der Bund der Geächteten. Dabei handelte es sich um eine frühsozialistisch orientierte Vereinigung deutscher Emigranten in Paris, die wegen der damals auch in Frankreich rigoroseren staatlichen Kontrolle von Vereinsgründungen als Geheimbund organisiert und konspirativ tätig war.[10] Frankreich galt damals als freies Land und seine Hauptstadt Paris als Anziehungspunkt nicht nur für oppositionelle deutsche Intellektuelle, sondern auch für Handwerker, die sich wegen der günstigeren Arbeitsmarktsituation dort aufhielten.

Eine Kooperation der beiden unterschiedlichen Gruppen lag hierbei darin, dass die wanderfreudigen Handwerker für die räumliche Verbreitung von Schriftgut sorgten. Der Name Bund der Geächteten ist dabei recht treffend gewählt, weil es sich um Personen handelte, die in Staaten des Deutschen Bundes, wo Repression herrschte und die Karlsbader Beschlüsse in Kraft waren, politisch verfolgt wurden. Vereinszweck waren die „Befreiung und Wiedergeburt Deutschlands und

9 Ibid.

10 Statuten des Bundes der Geächteten, etwa 1834/1835, Art. 2, in: Institut für Marxismus-Leninismus beim ZK der SED u. Institut für Marxismus-Leninismus beim ZK der KPdSU (Hg.), Der Bund der Kommunisten. Dokumente und Materialien, Bd. 1: 1836–1849, Berlin 1970, S. 982 ff. (982): „Der deutsche Bund der Geächteten ist eine wesentlich geheime Verbindung“.

Verwirklichung der in der Erklärung der Menschen- und Bürgerrechte ausgesprochenen Grundsätze".[11] Diese Vision eines neuen Deutschlands sollte – wie es in einer mit „Glaubensbekenntnis eines Geächteten" betitelten Flugschrift aus dem Frühjahr 1834 heißt, auf „[a]nnähernde Gleichheit im Güterbesitz und öffentliche, auf Gleichheit aller Bürger gegründete Erziehung" gegründet sein. Auf den Grundsätzen „Freiheit, Gleichheit, Tugend und Nationaleinheit" sollte „Deutschlands zukünftige Verfassung" beruhen. Am Ende der Bundesstatuten kommt die Radikalität der Vereinigung klar zum Ausdruck: „Den Verräter am Bunde trifft der Tod."[12] 1836 zerbrach der Bund. Radikale Mitglieder fanden sich schließlich im Bund der Kommunisten wieder.

Der Bund der Geächteten veröffentlichte 1834 in Paris eine „Erklärung der Menschen- und Bürgerrechte",[13] anknüpfend an das französische Vorbild von 1789. Die 53 Artikel dieser Erklärung waren einem Text von Charles Antoine Teste, einem der Führer der Société des droits de l'homme entnommen, den Theodor Schuster, ein leitender Kopf im Bund der Geächteten, übersetzt hatte. Diese Erklärung der Menschen- und Bürgerrechte von 1834 weist sechs fundamentale Forderungen auf. Diese sind auf Rechte auf Sicherheit, Existenz, Entwicklung der menschlichen Fähigkeiten, Freiheit, Widerstand gegen Unterdrückung und Gleichheit gerichtet. Diese Ansprüche orientierten sich an Vorstellungen Robespierres, der 1793 ebenfalls die Forderung nach einem Recht auf Eigentum durch eine nach einem Recht auf Existenz ersetzt hatte.[14] So ging es dem Bund der Geächteten darum, weniger wohlhabende Bürger, die auf das Einkommen ihrer Arbeit zum Leben angewiesen waren, ebenfalls an der Führung des Staates teilnehmen zu lassen. Es ging um Ziele wie ein allgemeines Wahlrecht, Plebiszite, eine Rechenschaftspflicht der Regierung und die Besoldung der Abgeordneten. So erstrebte der Bund der Geächteten auch ein Recht auf Arbeit und sah dies als eine Voraussetzung für menschliche Würde. Es sollte eine gesellschaftliche Aufgabe sein, die Güter der Bürger (das heißt das Eigentum) möglichst gleich zu verteilen. Jedem Bürger sollte nur ein Recht zukommen „auf den Genuß desjenigen Güterteils, der ihm vom Gesetz zugesichert ist" (Art. 11). Die Schriften des Bundes der Geächteten wurden auch in Deutschland gedruckt und verbreitet.

---

11 Statuten des Bundes der Geächteten, Art. 3 (S. 982); Die Bezugnahme auf die Erklärung der Menschen- und Bürgerrechte ist nur vorhanden in Fassung B.

12 Statuten des Bundes der Geächteten, etwa 1834/1835, Art. 3 (S. 985 f.).

13 Abgedruckt im Anhang bei Klenner, Marxismus und Menschenrechte, S. 257–262.

14 Wörer, Der Bund der Geächteten, S. 70; Georges Labica, Robespierre. Eine Politik der Philosophie, aus dem Franz. übers. u. bearb. v. Thomas Laugstien, Hamburg 1994, S. 46, 49 f.; Peter McPhee, Robespierre. A revolutionary life, New Haven/London 2013, S. 150.

Die Verbindung von Menschenrechten mit Forderungen nach einschneidenden gesellschaftlichen Veränderungen war damals keineswegs eine deutsche Eigenart und vielmehr an französischen Vorbildern orientiert. Zu nennen ist in diesem Zusammenhang die bereits zuvor erwähnte Société des droits de l'homme, eine französische republikanische Vereinigung mit jakobinischen Wurzeln, gegründet während der Julirevolution 1830. Der deutsche politische Schriftsteller Georg Büchner (1813–1837) war während seines Studiums in Straßburg mit der Société des droits de l'homme in Berührung gekommen und möglicherweise ihr Mitglied geworden. Jedenfalls gründete er nach seiner Rückkehr nach Deutschland im Großherzogtum Hessen nach französischem Vorbild eine Geheimgesellschaft mit dem Namen Gesellschaft für Menschenrechte. Ziel dieser Gesellschaft, die dem Bund der Geächteten nahestand und nicht allein Akademiker wie Georg Büchner aufnahm, war nicht zuletzt eine Beseitigung der sozialen Unterschiede, insbesondere der Armut der Landbevölkerung, die Büchner für ein Grundproblem hielt.[15] So war Büchners Gesellschaft für Menschenrechte auf einen Umsturz der politischen Verhältnisse hin ausgerichtet.[16]

11.3 Menschenrechte bei Karl Marx und Ferdinand Lassalle

Im Werk des bedeutendsten sozialistischen Philosophen und Namensgeber seiner Theorie hingegen spielen Menschenrechte kaum eine Rolle. Das dürfte damit zusammenhängen, dass darin auch das Recht kaum eine, um nicht zu sagen, gar keine Rolle spielt.[17] Karl Marx (1818–1883) hatte in seiner Schrift „Zur Judenfrage“ – keineswegs frei von dem, was wir heute strukturellen Antisemitismus nennen würden – die „sogenannten Menschenrechte“ analysiert und als Rechte des auf sich selbst beschränkten Individuums der bürgerlichen Gesellschaft bezeichnet. Keines dieser Rechte nämlich gehe über den egoistischen Menschen hinaus.[18]

Diese Geringschätzung des Rechts liegt im Gesellschafts- und Menschenbild von Karl Marx begründet. In der bürgerlichen Gesellschaft existiere eine Trennung von Staat und Gesellschaft, weshalb die politische Sphäre in diesem Zustand vom

---

15 Dazu bereits oben Kap. 9.8.

16 Jan Christoph Hauschild, Georg Büchner, Königstein im Taunus 1985, S. 73; Michael Glebke, Die Philosophie Georg Büchners, Marburg 1995, S. 96.

17 Die Grundlagen marxistischer Rechtstheorie werde ich unten in Kap. 11.6.1 im Zusammenhang mit Menschenrechten in der DDR anhand dortiger juristischer Fachliteratur erläutern.

18 Oestreich, Geschichte der Menschenrechte (s. Lit.), S. 107.

Gemeinwesen unabhängig sei. Der egoistische Mensch, wie die bürgerliche Gesellschaft ihn hervorgebracht habe, könne dabei Abwehrrechte gegen den Staat einfordern. Diese egoistische Form des Menschen aber entspreche nicht seiner wahren Natur. Sie sei ein Ergebnis der Verfremdung, die der Kapitalismus hervorgebracht habe. Seiner wahren Natur nach sei der Mensch ein gesellschaftliches Wesen, das mit anderen verbunden sei und anderer bedürfte, nicht eine „Monade".[19] Die Forderung nach Menschenrechten in einem klassischen Sinne ist für Marx deshalb ein Irrweg:

> [E]rst wenn der Mensch seine ‚forces propres' [eigentlichen Kräfte] als **gesellschaftliche** Kräfte erkannt und organisiert hat und daher die gesellschaftliche Kraft nicht mehr in der Gestalt der **politischen** Kraft von sich trennt, erst dann ist die menschliche Emanzipation vollbracht.[20]

Für Marx beruht das bürgerliche Verständnis von Freiheit auf Absonderung, nicht auf einer Verbindung der Menschen. Das Privateigentum sei dafür ein gutes Beispiel. Auf diese Weise lasse sich Eigentum ungestört durch jede Gemeinschaft mit anderen egoistisch genießen. Da die Funktion des Staates in der bürgerlichen Welt sich auf den Schutz eben dieses Menschen beschränke, ist für Marx eben dieser Staat zu bekämpfen. Der Proletarier als „Gattungswesen" (das heißt als Mensch) könne sich nur in einer klassenlosen Gesellschaft entwickeln. Nur auf diese Weise lasse sich die bereits eingetretene Verfremdung des Menschen überwinden. Das Ende der Herrschaft des Kapitals aber sei – wie Marx in seinem „Kommunistischen Manifest" von 1848 ausführt[21] – allein durch eine Revolution zu erreichen.

Auf diesem marxistischen Menschenbild vom Gattungswesen als dem wahren Menschen, der die Isolierung des Individuums überwinden müsse, basieren das sozialistische Denken und die daraus stammenden sozialen Grundrechte. Hierin wiederum liegt der Ausgangspunkt für die sozialen Grundrechte, wie sie in den Verfassungen sozialer Rechtsstaaten seit dem 20. Jahrhundert zu finden sind.

Eine im Hinblick auf den Wert der Menschenrechte in einem liberalistischen Sinne ähnliche Auffassung vertrat Ferdinand Lassalle (1825–1864). In Bezug auf auf sein Bild von der Zukunft der Gesellschaft und der Rolle, welche das Recht in eben dieser Zukunft spielen werde, unterscheidet sich Lassalle in der Tat kaum von den durch Marx und Friedrich Engels (1820–1895) begründeten Vorstellungen

---

19 Marx, Zur Judenfrage, S. 364.

20 Ibid., S. 370 (Hervorhebungen im Original).

21 Marx u. Engels, Manifest der Kommunistischen Partei.

(„Marxismus"). Er ging ebenso davon aus, dass es in Zukunft eine ideale, klassenlose Gesellschaft geben werde, in der keine Unterschiede mehr zwischen den Menschen existieren würden. Auf dem Weg dorthin gab es für Lassalle – insofern wiederum ähnlich wie für Marx und Engels – weder Grundrechte noch ein Widerstandsrecht gegen den Staat. Dieser sei dann in den Händen der einstmals unterdrückten Arbeiterschaft und habe die Aufgabe, nach dem idealisierten Willen aller die gesellschaftliche Entwicklung voranzutreiben („Diktatur des Proletariats").

Der wesentliche Unterschied zu Marx und Engels liegt darin, dass Lassalle davon ausging, dieser Staat solle auch im paradiesischen Endzustand als Garant von Recht und Wohlstand weiterhin existieren. Ein „Arbeiterstaat zur Rechtsverwirklichung" war für Lassalle ein Durchgangsstadium und Kampfinstrument, das Endziel ein neuer Staat demokratisch organisierter Wohlfahrtsstaat ohne Besitz, Klassen und Eigentum, in dem es zwar durchaus eine Rechtsordnung, nicht aber Menschenrechte geben sollte, weil diese überflüssig seien.[22] Lassalle hoffte, durch ein allgemeines, gleiches und direktes Wahlrecht, welches das Dreiklassenwahlrecht in Preußen ersetzen sollte, der Arbeiterschaft dort politische Macht zu verschaffen und so den Staat zu reformieren. Ein „bürgerlich-liberaler Nachtwächterstaat des Rechtsschutzes"[23] ist hingegen etwas, das Lassalle gewiss nicht wollte. Es ging ihm vielmehr darum, den Staat zu reformieren. Er war mithin nicht gegen den Staat an sich, wenn sich auch dieser Unterschied in der Weltsicht im Hinblick auf die Bedeutung von Menschenrechten kaum als nennenswert erweist. Auch nach Lassalle haben Menschenrechte keinen naturrechtlich begründeten, vorstaatlichen Charakter. Sie seien Instrumente zur Ausübung staatlicher Gewalt bei der gerechten Verteilung vorhandener Ressourcen zur Schaffung einer besseren Welt. Als Abwehrrechte waren sie für ihn hingegen genauso wenig denkbar wie nach klassischer marxistischer Auffassung.

Das bürgerlich-liberale Credo, dass alle Menschen die gleichen Startvoraussetzungen hätten, „das ungetrübte Rosenrot vollkommenster gegenseitiger Gleichheit" war für Lassalle der blanke Hohn.[24] Die bürgerliche Freiheit bestehe darin, „daß es jedem ohne Unterschied gesetzlich erlaubt ist, Millionär zu sein", wovon aber niemand profitiere als allein „der entfesselte Riese ‚Kapital'".[25] Das aber könne für die Masse der Arbeiter, die kaum genug für ihre Grundbedürfnisse hätten, keine

22 Suppé, Grund- und Menschenrechte, S. 184; Ramm, Thilo, Lassalles Rechtsphilosophie: Das System der erworbenen Rechte, in: Peter Brandt u. Detlef Lehnert (Hg.), Ferdinand Lassalle und das Staatsverständnis der Sozialdemokratie, Baden-Baden 2014, S. 59.

23 Suppé, Grund- und Menschenrechte, 184.

24 Lassalle, Arbeiter-Programm, S. 195; Lassalle, Herr Bastiat-Schulze von Delitzsch, S. 203.

25 Lassalle, Herr Bastiat-Schulze von Delitzsch, S. 259.

Rolle spielen. Somit würden die bürgerlichen Freiheiten zu nichts anderem als einer Stärkung der Reichen zu Lasten der Armen führen, so dass sie auf diese Weise eine Grundlage für Ausbeutung und Unterdrückung bilden würden. Der nach Auffassung von Lassalle einzurichtende Arbeiterstaat war für ihn ein Instrument zur Verwirklichung materieller Gleichheit, die durch schrittweise Reformen herbeizuführen sei. Hierbei spielten Rechte auf soziale Absicherung und ein Recht auf Bildung als Leistungsrechte gegen den Staat eine tragende Rolle. Ebenso findet sich bei Lassalle – ähnlich wie nach marxistischem Verständnis – der Gedanke, dass eine Umformung des menschlichen Charakters durch staatlich verordnete Erziehung der egoistischen Menschen zu erreichen sei.

Lassalle hatte eine große Wirkung und verstand es offenbar, Menschen für sich und seine Positionen einzunehmen. Viele seiner Programmpunkte setzten sich in der deutschen Arbeiterschaft durch, und trotz seines frühen Todes mit nur 39 Jahren infolge eines Duells etablierte sich ein Kult um seine Person, der auch mit der Forderung nach Menschenrechten in Verbindung gebracht wurde. Deutlich wird das anhand eines Plakats von einem unbekannten Künstler, das um 1870 entstand. Es zeigt Lassalle als leidenschaftlichen Verfechter seiner zentralen politischen Thesen in allegorischer Form. Er erscheint als Zerstörer des Goldenen Kalbes aus dem Alten Testament,[26] wobei hier das Kapital der vom Sockel geworfene Götze ist. In seiner Rechten hält Lassalle ein Schwert, das für seine Wahlrechtsreform steht, in der Linken aber eine rote Fahne mit der Aufschrift „Social Demokratie Menschenrechte".[27]

Im Gegensatz zu Lassalle waren Marx und Engels – das ist wohl der größte und maßgebliche Unterschied – durchaus **gegen den Staat an sich**. Marx und Engels erwarten, dass der Staat ohnehin von allein verschwinden und absterben werde, sobald sich eine perfekte sozialistische Gesellschaft mit entsprechenden sozialistischen Persönlichkeiten entwickelt haben werde.[28] All das beruht auf dem Geschichtsdenken des Dialektischen Materialismus. Danach führten verschärfte Formen der materiellen Ungleichverteilung schließlich zu einer Revolution des Proletariats, auf die dann der Aufbau einer vollkommenen, klassenlosen Gesellschaft folgen werde. Dieser ideale Zustand sei der des Kommunismus, der Sozialismus dessen Aufbauphase in Form einer Diktatur des Proletariats. In dieser Phase spielten die Heranreifung und der Aufbau sozialistischer Persönlichkeiten eine entscheidende Rolle, weil der Mensch auf diesem Wege von seiner durch die bürgerlich-kapitalistische

---

26 Exodus 32, 20.

27 Deutsches Historisches Museum, Berlin, Inv.-Nr.: Gr 96/2, https://www.dhm.de/lemo/bestand/objekt/ferdinand-lassalle-um-1880.html (Zugriff: 26.07.2024).

28 Oestreich, Geschichte der Menschenrechte (s. Lit.), S. 109.

Abb. 22 Ferdinand Lassalle (1825–1864) als Kämpfer für Sozialdemokratie und Menschenrechte, 1870. Bezugspunkt der Darstellung ist die Zerstörung des goldenen Kalbes im Alten Testament. Moses verbrannte dieses Götzenbild und zerstampfte es zu Staub, nachdem die Israeliten durch seine Verführung von Gott abgefallen waren (Ex 32, 20). Solche Plakate mit Gleichnissen hingen in Versammlungslokalen und Wohnungen. Sie richteten sich vornehmlich an Parteimitglieder und in den entstehenden Gewerkschaften und Vereinen Organisierte.

Produktions- und Gesellschaftsordnung verursachte Entfremdung befreit werde. Sei diese Aufbauarbeit einmal vollbracht, so werde auch der Staat verschwinden. Dieser ist für Marx und Engels ein Hilfsvehikel der bürgerlichen Gesellschaft, das zusammen mit ihr vergehen werde.

Damit ist nicht nur der Staat, sondern auch das Recht ein solches Hilfsvehikel der bürgerlichen Gesellschaft, dessen es bei voller Ausbildung sozialistischer Persönlichkeiten nicht mehr bedürfe. Das Recht werde verwelken („withering away thesis", „Verwelkungsthese"). „Der Staat wird nicht ‚abgeschafft', er stirbt ab",[29] und mit ihm das Recht. Wenn solche sozialistischen Persönlichkeiten herangereift seien, würden sie im gesamtgesellschaftlichen Rahmen denken und alle Probleme im Sinne des Volkes lösen. Sei diese Einheit von gesellschaftlichem und persönlichem Leben hergestellt, würden Funktionen, die bisher staatliche Organisationen wahrgenommen hätten, in die Hände gesellschaftlicher Organisationen übertragen. Gerhard Haney bringt das in einem Aufsatz von 1962 für die Entwicklung in der DDR auf den Punkt, wenn er dort von einem „Nichtrecht" spricht, das Ergebnis

29 So das klassische Zitat von Friedrich Engels, s. Friedrich Engels, Herr Eugen Dührings Umwälzung der Wissenschaft („Anti-Dühring"), in: MEW 20, S. 3 ff. (262).

eben dieser Entwicklung zum Kommunismus hin sei und das er dem „Recht" der bürgerlichen Ära als Kontrast gegenüberstellt;[30] aber dazu später.[31]

Im Gegensatz zu Marx und Engels rief Lassalle die Arbeiterschaft auf, den Staat politisch zu erobern, zunächst insbesondere durch ein allgemeines Wahlrecht sowie Bildung für alle, später auch durch Schaffung kollektiven Eigentums. Während Marx die Arbeiter radikal von kapitalistischer Entfremdung befreien wollte glaubte Lassalle, dass sich durch Solidarität und Gemeinsamkeit aller Arbeiter Freiheit in einem positiven Sinne verwirklichen lasse. Gemeinsam war beiden aber ihre Ablehnung des liberalen Individualismus und seiner ökonomischen Grundlagen, worauf die Erste Generation der Menschenrechte beruht.[32]

11.4 Menschenrechte in der deutschen Arbeiterbewegung

Nicht alle Vertreter der Arbeiterbewegung standen Menschenrechten der Ersten Generation jedoch so ablehnend gegenüber wie Marx und Engels,[33] zeigte sich doch der Zwiespalt hinsichtlich ihrer Beurteilung schon bei Gründung der Ersten Internationale (Internationale Arbeiterassoziation) 1864. So bekennt sich die Organisation in der deutschen Sprachfassung der am 5. September 1866 beschlossenen Generalstatuten „zu Bürger- und Menschenrechte[n] […] für Jedweden, der seine Pflichten erfüllt".[34] Auch das „Eisenacher Programm" von 1869 (das Gründungsprogramm der Sozialdemokratischen Arbeiterpartei) verlangt nach allgemeinem, gleichen Wahlrecht, für alle Männer ab 20 Jahren, Trennung von Kirche und Staat sowie Kirche und Schule, unentgeltlichem Unterricht, Presse- und Koalitionsfreiheit, „Einschränkung der Frauen- und Verbot der Kinderarbeit" sowie staatlicher Förderung „des Genossenschaftswesens und Staatskredit für freie Produktivgenossenschaften unter demokratischen Garantien." Die politischen Ziele werden unmissverständlich offengelegt. So seien „[d]ie heutigen politischen und sozialen Zustände … im höchsten Grade ungerecht und daher mit der größten Energie zu bekämpfen." Es gehe um „die Errichtung des freien Volksstaates" unter „Abschaffung aller Klassenherrschaft".[35]

---

30 Haney, Recht der Bürger, S. 1076: „Das ist zugleich der Weg, der vom Recht zum Nichtrecht führt."

31 S. u. Kap. 11.6.1.

32 Oestreich, Geschichte der Menschenrechte (s. Lit.), S. 109.

33 Besonders deutlich wird dies anhand des unten bei Fn. 83 wiedergegebenen Marxzitats.

34 Generalstatuten der Internationalen Arbeiter-Assoziation v. 5. September 1866, in: MEGA^2 I/20.2, S. 1264 ff. (1264).

35 Peter Brandt u. Detlef Lehnert, Eine kurze Geschichte der Sozialdemokratie, Bonn 2023, S. 23.

Auch das „Gothaer Programm“ von 1875 und das „Erfurter Programm“ von 1891 führen Arbeiterforderungen nach Grundrechten an.[36] Nach Letzterem fordern die Arbeiter „Befreiung nicht bloß des Proletariats, sondern des gesamten Menschengeschlechts …“. Vor einem marxistischen Hintergrund sind dabei – auf Grundlage konsequenter Gleichberechtigung – Rechte und Pflichten miteinander verbunden: „Die Sozialdemokratische Partei Deutschlands kämpft … für gleiche Rechte und gleiche Pflichten aller ohne Unterschied des Geschlechts und der Abstammung … [Sie bekämpft] … jede Art der Ausbeutung und Unterdrückung, richte sie sich gegen eine Klasse, eine Partei, ein Geschlecht oder eine Rasse“.[37] In Parlamentsdebatten strebten die Sozialdemokraten immer wieder nach dem für den Erfolg im Arbeitskampf zentralen Recht auf Koalitionsfreiheit, was mit auf Menschen- und Grundrechten gestützter Argumentation verbunden sein mag.[38] Die Rechtslage war unbefriedigend für die Arbeiter. So gewährte die Gewerbeordnung des Norddeutschen Bundes von 1869 zwar Koalitionsfreiheit, doch war diese in dem großen Land Preußen für Gewerkschaften einschränkbar, [39] weil diese dort als politische Vereine galten.[40] Die Sozialgesetzgebung des Reiches, insbesondere die von Bismarck seit 1883 eingeführten Sozialversicherungen, entschärften dann die Lage. Zwar standen diese nicht in einem (damals nichtexistierenden) Grundrechtekatalog einer Verfassung. Vielmehr waren sie – wie wir heute sagen würden – „einfaches Recht“. Diese Unterscheidung ist allerdings für das Ende des 19. Jahrhunderts anachronistisch und sinnlos. Eine Grundrechtsdogmatik, nach

36 Ibid., S. 29, 41 f.

37 Ibid., S. 42.

38 So Oestreich, Geschichte der Menschenrechte (s. Lit.), S. 110.

39 Die grundsätzliche Koalitionsfreiheit ergab sich aus § 152 der Gewerbeordnung von 1869, dazu Klaus Tenfelde, Entstehung der deutschen Gewerkschaftsbewegung. Vom Vormärz bis zum Ende des Sozialistengesetzes, in: Ulrich Borsdorf et al. (Hg.), Geschichte der deutschen Gewerkschaften von den Anfängen bis 1945, Köln 1987, S. 15 ff. (110). Die Beschränkungen des Koalitionsrechts, insbesondere für politische Vereine, waren im Vereinsrecht der einzelnen Staaten festgelegt, so etwa für Preußen in Art. 30 Abs. 3 der Revidierten Verfassung für den Preußischen Staat von 1850: „Politische Vereine können Beschränkungen und vorübergehenden Verboten im Wege der Gesetzgebung unterworfen werden“.

40 Die in Preußen geltende Verordnung über die Verhütung eines die gesetzliche Freiheit und Ordnung gefährdenden Mißbrauchs des Versammlungs- und Vereinigungsrechtes v. 11. März 1850 definierte politische Vereine als solche Vereine, „welche eine Einwirkung auf öffentliche Angelegenheiten bezwecken“, so dass darunter auch Gewerkschaften fielen, Tenfelde, Entstehung der deutschen Gewerkschaftsbewegung, S. 106; Katrin Stein, Parteiverbote in der deutschen Verfassungsgeschichte vom Vormärz bis zum Ende der Weimarer Republik, Zeitschrift für Parlamentsfragen 32 (2001), S. 536 ff. (539).

welcher Vorschriften des so genannten einfachen Rechts am Verfassungsrecht zu messen sind wie wir sie heute haben, gab es damals nicht.

Nach Aufhebung der seit 1878 geltenden Sozialistengesetze im Jahre 1890 wurden die Schutzvorschriften für Frauen und Kinder erweitert und Sonntagsarbeit verboten.[41] Das von Seiten der SPD geforderte Recht auf Arbeit fand allerdings im Reichstag ebenso wenig eine Mehrheit wie die Arbeitslosenversicherung. Umgesetzt wurde diese erst in der Weimarer Zeit, als das Gesetz über Arbeitsvermittlung und Arbeitslosenversicherung im Jahr 1927 die Reichsanstalt für Arbeitsvermittlung und Arbeitslosenversicherung ins Leben rief.

11.5 Menschenrechte in der sowjetischen Verfassung von 1918

Einen wichtigen Umbruch in der Geschichte der Menschenrechte bedeutete die Russische Revolution von 1917.[42] Im Januar 1918 hatte ein Sowjetkongress die von Lenin (1870–1924) ausgearbeitete Deklaration der Rechte des werktätigen und ausgebeuteten Volkes bestätigt, die dann den ersten Abschnitt des am 10. Juli 1918 in Kraft getretenen Grundgesetzes der Russländischen Sozialistischen Sowjetrepublik bildete. Darin ist – ganz nach marxistischer Vorstellung – die Klasse der Werktätigen Träger der Rechte und Pflichten in der sozialistischen Ordnung. Privateigentum an Grund und Boden, Produktions- und Transportmitteln sowie Banken wurden abgeschafft, Kapitalismus und Imperialismus der Kampf angesagt.[43] Individuelle Freiheitsrechte wurden keineswegs im Sinne einer liberal-bürgerlichen Tradition jedermann zugestanden. Vielmehr waren sie klassenabhängig. Presse-, Vereins- und Versammlungsfreiheit standen nur Arbeitern und Bauern zu. Stets stand dabei – ganz im Sinne marxistischer Rechtsauffassung – nicht das Recht als abstrakte Forderung, sondern dessen tatsächliche Realisierung im Vordergrund. Was das bedeuten kann, wird besonders augenfällig, wenn wir Art. 15 betrachten, das das Versammlungsrecht regelt: „Um den Werktätigen wirkliche Versammlungsfreiheit

41 Gesetz, betreffend Abänderung der Gewerbeordnung v. 1. Juni 1891, RGBl. 1891, Nr. 18, S. 261–290.

42 Oestreich, Geschichte der Menschenrechte (s. Lit.), S. 112.

43 Art 4: „In unbeugsamer Entschlossenheit, die Menschheit aus den Krallen des Finanzkapitals und des Imperialismus, die in diesem verbrecherischsten aller Kriege die Erde mit Blut überschwemmt haben, zu befreien, schließt sich der 3. Allrussländische Sowjetkongress der von der Sowjetgewalt durchgeführten Politik der Beseitigung aller Geheimverträge, der Organisierung einer Verbrüderung der Arbeiter und Bauern der jetzt miteinander kriegführenden Heere im weitesten Umfange und der Erreichung eines demokratischen Friedens um jeden Preis ohne Annexionen und Kontributionen auf der Grundlage der Selbstbestimmung der Nationen voll und ganz an."

zu sichern", stellte der Staat „alle für die Abhaltung von Volksversammlungen tauglichen Räume einschließlich der Einrichtung, Beleuchtung und Beheizung in die Verfügungsgewalt der Arbeiterklasse und der armen Bauernschaft".

An die Stelle des zuvor von der Sozialdemokratie geforderten Rechts auf Arbeit trat in der sowjetischen Rechterklärung eine allgemeine Arbeitspflicht („Wer nicht arbeitet, soll auch nicht essen"; Art. 18). Rechte gegen den Staat, das Recht auf eine Individualsphäre, von der dieser sich fernzuhalten hat, existierten nicht, was ebenfalls ganz auf einer Linie mit der marxistischen Weltsicht lag. Eine Abgrenzung zwischen Einzelnem und Staat gab es nicht. Das Gemeinwesen könne nicht als übergriffig empfunden werden. Es könne nicht um einen menschenfeindlichen Staat gehen. Dieser gewähre vielmehr als Verkörperung des Gemeinwesens soziale Rechte wie ein solches auf Arbeit mit gerechter Bezahlung, auf Erholung, Bildung und materielle Sicherheit im Alter und bei Krankheit. Den Inhalt der sozialen Rechte füllte der Staat aus. Damit waren sämtliche sozialen Grundrechte allein vom Willen der Regierung (der „Diktatur des Proletariats") abhängig.[44] Weil die Zugehörigkeit zum Kreis der Berechtigten auch allen ausländischen Arbeitern und Bauern unproblematisch offenstehen sollte, verschwamm zugleich die Unterscheidung von Menschenrecht und Bürgerrecht im herkömmlichen Sinne. Klassenzugehörigkeit trat an die Stelle von Staatsangehörigkeit.

Das steht in Einklang mit einem wichtigen Ziel im Sozialismus, das sich auch in seinem Verständnis von Recht niederschlägt: der proletarische Internationalismus. Karl Marx und Friedrich Engels bringen diesen an einer prominenten Stelle des „Kommunistischen Manifests" von 1848 klar und knapp auf den Punkt. Bekannt ist das „Kommunistische Manifest" nicht zuletzt durch seinen ersten und seinen letzten Satz. Der erste Satz enthält eine ironische Feststellung: „Ein Gespenst geht um in Europa – das Gespenst des Kommunismus."[45] Der letzte Satz ist vermutlich noch bekannter, verleiht doch eben dieser dem proletarischen Internationalismus in einer knappen und unmissverständlichen Forderung Ausdruck: „Proletarier aller Länder, vereinigt Euch!"[46]

---

44 Art. 20: „Von der Solidarität der Werktätigen aller Nationen ausgehend, gewährt die RSFSR alle politischen Rechte der russländischen Bürger den Ausländern, die im Gebiet der Russländischen Republik wohnhaft sind, um einer Beschäftigung nachzugehen, und der Arbeiterklasse oder der Bauernschaft angehören, sofern sie sich nicht fremder Arbeitskraft bedienen, und sie gewährt den Ortsowjets das Recht, solchen Ausländern das russländische Bürgerrecht ohne alle Formalitäten zu verleihen."

45 Marx u. Engels, Manifest der Kommunistischen Partei, S. 461.

46 Ibid., S. 493.

11.6 Menschenrechte in der DDR

11.6.1 Theorie

Aus der Sicht der von der Sowjetunion dominierten sozialistischen Länder waren westliche Länder weder demokratisch noch existierten dort Menschenrechte. Die Menschenrechte, die sie möglicherweise doch hätten, seien historisch überholt. Ich kann dies nicht für sämtliche sozialistische Länder, die es jemals gab, darstellen. Ich beschränke mich daher auf die Deutsche Demokratische Republik und die dort vertretenen Sichtweisen.

Das Erste, was aus westlicher Sicht verwundert haben mag, ist der Standpunkt, dass nicht westliche politische Systeme, wohl aber das der DDR – die dies in ihrer Namensgebung im Gegensatz zum westdeutschen Staat ja bewusst betonte – demokratisch sei. Diese Auffassung ist eng verbunden mit den marxistischen Grundannahmen, dass alle Geschichte eine Geschichte von Klassenkämpfen und das letztlich Bestimmende das Eigentum an den Produktionsmitteln seien. Nachdem das Eigentum an den Produktionsmitteln in westlichen Systemen in den Händen einiger weniger liege und eben nicht wie in der DDR in denen des staatlichen Kollektivs, hätten eben diese wenigen Beherrscher der Produktionsmittel („Kapitalisten") die Herrschaft im Staat inne und gerade nicht das Volk (wie angeblich in der DDR).

Um den Stellenwert, den Menschenrechte in einem sozialistischen System einnehmen, zu verstehen ist es erforderlich, sich das Weltbild des Sozialismus zu vergegenwärtigen. Danach haben alle gesellschaftlichen Kräfte einem Phänomen zu dienen, dass sich „Aufbau des Sozialismus" nennt, verlaufe die Geschichte der Menschheit doch nach einer ihr innewohnenden zwingenden Gesetzlichkeit. Alle Gesellschaftskonstellationen der Geschichte seien von Klassen geprägt gewesen, die sich in einem gegensätzlichen (in sozialistischer Terminologie „dialektischen") Verhältnis gegenübergestanden hätten (wie arm – reich oder mächtig – unterdrückt). Die Gegensätze zwischen diesen Klassen hätten sich regelmäßig immer mehr verschärft, bis sie in einer Revolution eskaliert seien, die dann eine neue gesellschaftliche Konstellation mit neuen Klassengegensätzen mit sich gebracht habe. Ein Verdienst des Sozialismus liege nun zunächst darin, diese die Geschichte prägenden Gesetzmäßigkeiten erstmalig überhaupt erkannt zu haben. Insofern sieht der Sozialismus seine Sichtweise von gesellschaftlichen Phänomenen als „wissenschaftlich" an,[47] was er der bürgerlichen (in sozialistischer Terminologie „kapitalistischen“ oder auch „imperialistischen“) Welt abspricht.[48]

Menschenrechte in einem bürgerlich-liberalen Sinne – schlagwortartig eingefangen durch die Formel „Freiheit, Gleichheit, Brüderlichkeit“ – gehörten aus sozialistischer Sicht einer vergangenen Geschichtsepoche an und hätten in der aktuellen gesellschaftlichen Entwicklung beziehungsweise in der derzeitigen Phase des Klassenkampfes ihre Berechtigung verloren. Die aus einem liberal-bürgerlichen Verständnis hervorgegangenen Menschenrechte des Westens entstammten – so die (Rechts-)Wissenschaft der DDR – der geschichtlichen Epoche des Feudalismus beziehungsweise des Kampfes gegen eben diesen und mochten damals auch ihre historische Berechtigung gehabt haben. Damals hätten die Unterdrückten unter der Führung des Bürgertums die Feudalherren niedergekämpft und eine neue Gesellschaftsordnung errichtet, was die Geschichte hin zum Sozialismus auch durchaus vorangebracht habe. Allein auf diesen siegreichen Klassenkampf hin sei wieder eine neue ungerechte Klassengesellschaft erstanden, weil das Bürgertum nun die Macht erlangt habe, woraufhin es schnell zum kapitalistischen Großbürgertum (auf Französisch „Bourgeoisie“) pervertiert sei. Dieses habe sich dann die Fabriken – die an die Stelle von Land im Feudalismus als neues bestimmendes Produktionsmittel getreten seien – angeeignet und damit seinerseits Unterdrückung ausgeübt, nun eben über die Industriearbeiterschaft oder, in sozialistischer Terminologie, über das Proletariat.

Diesem könne ein Recht auf Eigentumsfreiheit niemals etwas nützen, weil es eben kein Eigentum habe („besitzlose Volksklassen“). Das so genannte Menschenrecht auf Eigentum sei dann unter diesen Bedingungen nichts weiter als eine leere Worthülse, der es gewährende Verfassungstext das Papier nicht wert, auf dem er geschrieben steht.[49] Menschenrechte, die ihren Namen wert sind, kann es nach

---

47 Riege, Bürger im sozialistischen Staat, S. 87: „wissenschaftlich begründete Politik der sozialistischen Staaten“.

48 „Für echte Wissenschaft ist den kapitalistischen Staaten kein Platz, denn echte wissenschaftliche Forschung bedeutet ein immer tieferes Eindringen in die Bewegungsgesetze der Natur und der Gesellschaft. So notwendig die Imperialisten die naturwissenschaftliche Forschung brauchen, um sie für ihre Aggressionsvorbereitungen zu missbrauchen, so gefährlich ist ihnen jede wissenschaftliche Einsicht in die historische Bedingtheit ihrer eigenen Herrschaft.“ Nowack, Grundrechte und Grundpflichten, S. 74 (Zitat), 69. Dazu BVerfG, Urt. v. 17.08.1956 – 1 BvB 2/51 („Verfassungswidrigkeit der KPD“), BVerfGE 5, 85 = NJW 1956, 1393, wo sich auch eine kurze Darstellung der marxistischen Weltauffassung sowie der darauf beruhenden Ziele und den daraus folgenden Standpunkten zum Bonner Grundgesetz finden.

49 Riege, Bürger im sozialistischen Staat, S. 21.

sozialistischer Auffassung somit nur bei einem kompletten Umkrempeln der Eigentumsordnung mit radikalen, massenhaften Enteignungen geben, wie eine bürgerliche Gesellschaft sie selbstverständlich niemals akzeptieren würde. Aus sozialistischer Perspektive hingegen ist konsequent, dass der Staat Privateigentum allenfalls in begrenztem Umfang anerkennen und schützen kann. Ein großes finanzielles Vermögen bedeutet – wie ja das Wort schon sagt –, dass dessen Inhaber de facto viel vermag. Wenn es also um die Praxis von Rechten gehe und nicht um etwas, das nur auf dem Papier stehe, könne Gleichheit nicht gegeben sein, solange manche viel mehr hätten als andere. Vor allen Dingen sei das der Fall, wenn sie Macht über Produktionsmittel ausübten, welche die gesellschaftliche Entwicklung bestimme. Deshalb bestehe „[p]ersönliches Eigentum [...] grundsätzlich **nur an Konsumtionsmitteln**", nicht an Produktionsmitteln.[50]

Die letzte Phase der Geschichte ist nach sozialistischer Auffassung gekennzeichnet durch den oben erwähnten Aufbau des Sozialismus. Zuvor habe in einer Revolution die Arbeiterschaft (in sozialistischer Terminologie das Proletariat) über die sie ausbeutenden Fabrikbesitzer (die Bourgeoisie oder die Kapitalisten) gesiegt (zuerst in der Oktoberrevolution, im Anschluss daran auch anderswo), womit der Weg zu einer klassenlosen Gesellschaft geebnet worden sei. Dieser paradiesische Zustand werde – sei er einmal erreicht – als Kommunismus bezeichnet. Das Erreichen eben dieses allein erstrebenswerten Zustandes aber sei nicht möglich, solange die Menschen noch in ihrem Charakter von der überkommenen bürgerlichen Gesellschaft verderbt seien. Somit gelte es nach der Revolution nicht nur, ein Gemeinwesen aufzubauen, bei dem ein Widerspruch zwischen den Interessen der Führung und denen der Menschen nicht mehr gegeben sei. Es gelte auch oder sogar vor allem, dazu geeignete und fähige Charaktere (in sozialistischer Terminologie „sozialistische Persönlichkeiten") heranzubilden. So herrscht im sozialistischen Staat auch die Auffassung, jedenfalls im Kommunismus werde Kriminalität wegen der dann herangereiften „sozialistischen Persönlichkeiten" gänzlich verschwinden. Erste Anzeichen dieses paradiesischen Vorganges hätten sich in der DDR bereits gezeigt: „Die DDR kann stolz darauf sein, daß sie viele Erscheinungen der Kriminalität, die dem Alltag imperialistischer Länder ihr abstoßendes, schandbares Mal aufdrücken, den gesellschaftlichen Boden entzogen hat."[51]

Damit ist etwas, das dem liberal-bürgerlichen Staat fremd ist, ein erklärtes Ziel des sozialistischen: Es geht ihm um Erziehung, und zwar nicht nur um Erziehung

---

50 Mampel, Verfassung der DDR, S. 327 (Hervorhebung im Original), zu Art. 11 Abs. 1 Verfassung DDR 1968: „Das persönliche Eigentum der Bürger und das Erbrecht sind gewährleistet. Das persönliche Eigentum dient der Befriedigung der materiellen und kulturellen Bedürfnisse der Bürger."

51 Riege, Bürger im sozialistischen Staat, S. 116.

von Kindern und Jugendlichen, sondern auch von allen Erwachsenen. All das erinnert an den aufgeklärten Absolutismus mit der paternalistischen Fürsorge des allmächtigen Herrschers gegenüber seinen Untertanen. Für die Erziehung der Bürger jedenfalls wird erklärtermaßen ein Mittel akzeptiert, das in einem liberal-bürgerlichen Staat gewiss nicht – jedenfalls nicht unter dieser Bezeichnung – auf Gegenliebe stoßen würde: Es geht um Propaganda.[52] Damit wird klar, dass zwei für die liberalen Menschenrechte der Ersten Generation zentralen Werte im Sozialismus eine geringere Rolle spielen müssen: die Wertschätzung jedes Menschen als Individuum und das Recht zur freien Meinungsäußerung.

Der sozialistische Staat lehnt diese Menschenrechte ab, sofern es sich um „lediglich bürgerlich menschliche Rechte, Rechte der Bourgeoisie" aus der „Verfallsperiode der kapitalistischen Gesellschaft" handele.[53] Der Mensch als Individuum hat im Sozialismus einen viel geringeren Stellenwert als in der bürgerlichen Gesellschaft. Das Kollektiv sei vielmehr das, was im Vordergrund stehe,[54] nicht der Einzelne als „Monade", wie Karl Marx das ausgedrückt hat.[55] Hierin scheint etwas zu liegen, das totalitäre Systeme gemeinsam haben können: Es ist verblüffend, wie ähnlich bis auf konkrete Formulierungen hin sozialistische und nationalsozialistische Autoren in diesem Punkt sind.[56]

---

52 „Schließlich darf bei allen Bemühungen um eine erfolgreiche Rechtspropaganda nicht übersehen werden, daß damit die Totalität der Rechtsverwirklichung noch nicht erfaßt ist." Riege, Bürger im sozialistischen Staat, S. 120; Autorenkollektiv, Staats- und Rechtsgeschichte der DDR, S. 88.

53 Nowack, Grundrechte und Grundpflichten, S. 9.

54 „Alle in diesem Zusammenhang [gemeint ist die Stellung des Bürgers im sozialistischen Staat] zu klärenden Fragen dürfen nicht nur den einzelnen Bürger betreffen, denn er ist vor allen Dingen ein gesellschaftliches Wesen." Riege, Bürger im sozialistischen Staat, S. 11.

55 Dazu oben Kap.11.3, S. 374.

56 Zum Vergleich Ernst Rudolf Huber, Verfassung, Hamburg 1937, S. 213: „Erst der politische Durchbruch der völkischen Weltanschauung hat die liberalen Grundrechte wirklich überwinden können. Insbesondere die Freiheitsrechte des Individuums gegenüber der Staatsgewalt mussten verschwinden; sie sind mit dem Prinzip des völkischen Rechts nicht vereinbar. Es gibt keine persönliche, vorstaatliche und außerstaatliche Freiheit des Einzelnen, die vom Staat zu respektieren wäre. An die Stelle des isolierten Individuums ist der in der Gemeinschaft gliedhaft eingeordnete Volksgenosse getreten, der von der Totalität des politischen Volkes erfaßt und in das Gesamtwirken einbezogen ist. Es kann hier keine private staatsfreie Sphäre mehr bestehen, die der politischen Einheit gegenüber unantastbar und heilig wäre. Die Verfassung des völkischen Reiches baut sich daher nicht auf einem System von angeborenen und unveräußerlichen Rechten der Einzelpersonen auf. Nun sind bekanntlich die wichtigsten Freiheitsrechte der Weimarer Verfassung durch die Verordnung des Reichspräsidenten vom 28. Februar 1933 suspendiert worden. Aber die Einwirkung der nationalsozialistischen Revolution auf das Weimarer Grundrechtssystem erschöpft sich nicht in der ‚Suspension', da diese immer nur die vorübergehende Außerkraftsetzung der Freiheitsrechte während einer außergewöhnlichen Notlage bedeuten würde […]. In Wahrheit sind die Freiheitsrechte

Sofern altbürgerliche Rechte somit nicht allein als Dekadenzphänomen zu begreifen seien und überhaupt noch irgendwie weiterexistierten, sei ihr Stellenwert verschwindend gering, wie sich am Beispiel der Meinungsfreiheit bereits in der Theorie – auf die Praxis werde ich später noch zu sprechen kommen – zeigt.[57] Was von den Ergebnissen der Pressefreiheit in einem bürgerlichen Staat zu halten sei, wird in einem Zitat deutlich, das zugleich die Überlegenheit der bereits herangebildeten „sozialistischen Persönlichkeiten“ unterstreicht: „In unseren Zeitungen beispielsweise haben die Meldungen über Affären, Kriminalsensationen und Histörchen, Sex und Porno, von denen die bürgerliche Massenpresse zu einem nicht geringen Teil lebt, keinen Platz.“[58] Im „Pluralismus der Meinungen“, wie der „Klassengegner“ ihn einfordere, liege „nichts anderes als der Versuch, die führende Rolle der marxistisch-leninistischen Partei in allen Bereichen der Gesellschaft abzubauen und den Marxismus-Leninismus als die Wissenschaft zur Erkenntnis und Gestaltung der sozialistischen Gesellschaft zu negieren“.[59] Darin liege gezielte Demagogie der „imperialistischen Staaten“ im Kampf gegen den „realen Sozialismus“.[60]

In Darstellungen über Rechte und Staatlichkeit in der DDR werden liberale Grundrechte kaum jemals erwähnt. Ist das doch der Fall, so heißt es, sie seien im Sozialismus verwirklicht.[61] Das ist im Sozialismus ein entscheidender, wenn nicht überhaupt der entscheidende Punkt: Es gehe – wie schon Stalin betont hat[62] –

---

der Weimarer Reichsverfassung nicht nur vorübergehend außer Kraft gesetzt, sondern sie sind als Verfassungsbestandteile endgültig beseitigt worden, weil sie mit den Grundsätzen der völkischen Weltanschauung nicht vereinbar sind. Beschränkungen der persönlichen Betätigung, der Meinungsäußerung, des Vereins- und Versammlungslebens, des Eigentums sind dann nicht nur im Rahmen der Verordnung vom 28. Februar 1933, insbesondere nicht nur zur Abwehr kommunistischer staatsgefährdender Gewaltakte zulässig. Sondern solche Beschränkungen des einzelnen Volksgenossen sind statthaft als Abwehr eines Mißbrauchs, die notwendig ist, um die Gemeinschaft zu erhalten und zu entwickeln und ihre Lebensnotwendigkeiten zu sichern.“

57 „Für die Feinde unserer Nation aber gibt es in unserer Republik keine Persönlichkeitsrechte. Der deutsche Staat der Arbeiter und Bauern gewährt keine Rede-, Presse- und Versammlungsfreiheit zur Propaganda des Faschismus, des Menschenhasses, der Rassenfeindschaft und des Nationalismus.“ Nowack, Grundrechte und Grundpflichten, S. 66.

58 Riege, Bürger im sozialistischen Staat, S. 50.

59 Ibid., S. 39 f.

60 Ibid., S. 40.

61 Autorenkollektiv, Staats- und Rechtsgeschichte der DDR, S. 207, unter Bezugnahme auf die beiden UN-Konventionen von 1966; Riege, Bürger im sozialistischen Staat, S. 39, führt dazu aus, Meinungs- und Pressefreiheit hätten in der sozialistischen Gesellschaft ihren festen Platz und seien „für die Werktätigen und ihre Organisationen hier erstmals wirklich real“.

62 „Die bürgerlichen Verfassungen beschränken sich gewöhnlich darauf, die formalen Rechte der Staatsbürger zu fixieren, ohne sich um die Bedingungen der Verwirklichung dieser Rechte, die Mög-

darum, dass Rechte **verwirklicht** würden,[63] nicht darum, dass sie nur auf dem Papier stünden, wie es in kapitalistischen Systemen der Fall sei. Was sich gar nicht findet, ist die klassische liberale Formulierung der Grundrechte als Abwehrrechte gegen den Staat.[64] Diese ergibt im Sozialismus auch keinen Sinn, setzt sie doch von der Konstruktion her eine Gegensätzlichkeit von Bürger und Staat zumindest als Möglichkeit voraus. Ein wichtiger Unterschied zwischen dem sozialistischen und dem bürgerlichen Staat aber liege darin, dass das Verhältnis von Staatsführung und Bevölkerung sehr viel enger sei: „Zwischen dem einzelnen Bürger und der sozialistischen Gesellschaft [...] besteht kein Verhältnis der Über -und Unterordnung, sondern eine Beziehung realer Gleichberechtigung, die das Ergebnis der Ablösung der unfreien Arbeit ist."[65]

Damit könne das Recht als Sicherungsmittel gegen einen potentiell übergriffigen und gefährlichen Staat keine oder jedenfalls kaum eine Rolle spielen. Der Staat soll auch gar nicht einer Kontrolle durch das Recht unterliegen.[66] Die Kontrolle staatlicher Macht durch Recht im Sinne einer Rule of Law ist dem sozialistischen Verständnis fremd. Der Staat sei ein „Machtinstrument der Arbeiter und werktätigen Bauern",[67] die unter der Führung der marxistisch-leninistischen Partei – wie es

---

lichkeit ihrer Verwirklichung, um die Mittel zu ihrer Verwirklichung zu kümmern. Man spricht von Gleichheit der Staatsbürger, vergisst aber, dass es keine wirkliche Gleichheit zwischen Unternehmer und Arbeiter, zwischen Gutsbesitzer und Bauer geben kann, wenn die ersteren den Reichtum und das politische Gewicht in der Gesellschaft besitzen, die anderen aber beides entbehren, wenn die ersteren die Ausbeuter und die anderen die Ausgebeuteten sind." Stalin, Fragen des Leninismus, S. 625 f.

63 „Wer sich um die Grundrechte sorgt, muss vor allem auch ihre Realität, das heißt um die Erweiterung ihrer materiellen und politischen Grundlagen, bemüht sein." Riege, Bürger im sozialistischen Staat, S. 38.

64 So ist auch nicht die Rede von Rechtsmitteln gegen obrigkeitliche Maßnahmen, sondern von „Kritik am Leiter, Beschwerde beim übergeordneten Organ", Riege, Bürger im sozialistischen Staat, S. 60; Autorenkollektiv, Staats- und Rechtsgeschichte der DDR, S. 160.

65 Haney, Recht der Bürger, S. 1067.

66 „In den Bestimmungen der Landesverfassungen fanden konsequent antifaschistisch-demokratische Auffassungen ihren Niederschlag: [...] die Einheit der Staatsmacht in einer einheitlichen deutschen demokratischen Republik, die zugleich eine Ablehnung des Föderalismus bedeutet [...] keine Sonderprivilegien für die Justiz, kein Verfassungsgerichtshof, kein richterliches Nachprüfungsrecht der Gesetze und Beschlüsse des Landtages auf ihre Verfassungsmäßigkeit." – „Es [das Volk] muß Verwaltung, Justiz und Wirtschaft in den Dienst seine eigenen Interessen und Bedürfnisse stellen und sie so gestalten, wie sie es braucht." Autorenkollektiv, Staats- und Rechtsgeschichte der DDR, S. 62, 88.

67 Nowack, Die Grundrechte und Grundpflichten, S. 18.

so oft heißt[68] – einzig und allein das Ziel hätten, den Aufbau des Sozialismus voranzutreiben und den Zeitpunkt des Kommunismus näher zu bringen. Einem solchen Staat, der sich in voller Fahrt in Richtung einer besseren Welt befinde, ein Hindernis in den Weg zu stellen, das der im Absterben befindlichen bürgerlichen Gesellschaft angehöre (gemeint ist das Recht), sei kontraproduktiv und töricht. Subjektive Rechte könnten somit allenfalls noch eine Funktion haben, solange der Kommunismus noch nicht erreicht sei, so dass Reste des ungeliebten, zu überwindenden Staates – einem Relikt in spe – noch fortexistierten.

Somit spielt Recht überhaupt im Sozialismus eine nur untergeordnete Rolle. Recht gilt als ein restauratives Element der bürgerlichen Gesellschaft, das Neuerungen im Wege stehe:[69]

> Deshalb setzten sich ihre [bezogen auf die „fortschrittlichste Gesellschaftsklasse"] besten Vertreter wissentlich über bestimmte Normen der kapitalistischen Ordnung hinweg, missachteten sie, wenn es die Erfordernisse des revolutionären Kampfes geboten. Gerade dadurch handelten sie gerecht, redlich, moralisch […]. Der Boden des Rechts, auf denen sich die restaurativen Kräfte auf dem Gebiet der BRD zurückzogen, war nichts anderes als der Boden des Imperialismus; ihr Eintreten für die Kontinuität des Rechts war ihr Kampf gegen die antifaschistisch-demokratische Umgestaltung der Gesellschaft.[70]

Der Stellenwert des Rechts schmälere sich darüber hinaus noch weiter, wenn es als ein Katalog abstrakter Forderungen verstanden werde. Als Beispiel dafür, dass sich das in bürgerlichen Systemen so verhalte, lasse sich die in der Verfassung der Bundesrepublik vorgeschriebene Gleichberechtigung der Frau nennen,[71] die – und damit hat der Autor für die Zeit, über die er schreibt, völlig Recht – nicht mehr als reine Theorie sei.

So existierten keine „staatsbürgerlichen Rechte an sich, die eine abstrakte Existenz führen, sondern stets nur die im sozialistischen Vorwärtsschreiten von den Werktätigen unter Führung der Partei der Arbeiterklasse und der sozialistischen Staatsmacht geschaffenen und inhaltlich ausgebauten Bürgerrechte". Diese seien in

---

68 Statt aller Riege, Bürger im sozialistischen Staat, S. 8 und immer wieder.

69 Klassisch das Zitat von Karl Marx aus dem „Kommunistischen Manifest" (1848): „Eure Ideen selbst sind Erzeugnisse der bürgerlichen Produktions- und Eigentumsverhältnisse, wie euer Recht nur der zum Gesetz erhobene Wille eurer Klasse ist, ein Wille, dessen Inhalt gegeben ist in den materiellen Lebensbedingungen eurer Klasse", Marx u. Engels, Manifest der Kommunistischen Partei, S. 477.

70 Riege, Bürger im sozialistischen Staat, S. 105.

71 Ibid., S. 26–28. Klassisch dazu Bebel, Die Frau und der Sozialismus.

Begriffen der überkommenen bürgerlichen Welt nicht zu fassen, so dass ihre Verwendung in die Irre gehen müsse. Die Formulierung „dass die Werktätigen in der DDR völlig neue Rechte erhielten, oder dass die bürgerlich-demokratischen Grund- und Freiheitsrechte im Sozialismus endlich realisiert worden wären" sei geprägt von einem „Nachwirken überwindungsbedürftiger bürgerlicher Rechtsideologie" und habe – wenn auch unbewusst verwendet – „anachronistischen Charakter".[72] So spricht der sozialistische Rechtswissenschaftler Gerhard Riege (1930–1992)[73] in seiner Darstellung von 1974 grundsätzlich nicht von Grund-, Bürger- oder Menschenrechten, sondern von „Persönlichkeitsrechten" oder – gemäß einem von Walter Ulbricht geprägten Begriff – „sozialistischen Persönlichkeitsrechten",[74] wobei sozialistische Juristen eine unscharfe Terminologie in diesem Punkt in Kauf nehmen. Offenbar will Riege damit die Andersartigkeit dieser grundlegenden, den Bürgern in einem sozialistischen System zustehenden Rechte gegenüber denen in einem bürgerlichen System betonen. Riege ist insoweit kein Einzelfall. Im Stichwortverzeichnis der von staatlicher Seite herausgegebenen „Staats- und Rechtsgeschichte der DDR" suchen wir nach den Stichwörtern „Grundrechte", „Bürgerrechte" und „Menschenrechte" vergebens. Fündig wird man allein unter S wie „staatsbürgerliche Grundrechte".[75]

Bei der Andersartigkeit dieser Rechte und des Rechts überhaupt im Sozialismus sowie dem Bruch mit bürgerlichen Traditionen – worauf all das ja hinausläuft – spielt die so oft betonte Einheit von Rechten und Pflichten sowie von Bürger und Staat im Sozialismus eine entscheidende Rolle. Nachdem der Staat allein in der bewussten Gestaltung seiner Bürger existiere, könne es durch den Staat verliehene Rechte gar nicht geben. Die Wahrnehmung der inhaltlich ausgebauten Bürgerrechte sei dann eine „juristische Pflicht",[76] was wiederum der Vorstellung von Abwehr-

---

72 Riege, Bürger im sozialistischen Staat, S. 15 f.

73 Seit 1965 Professor für öffentliches Recht an der Universität Jena, seit 1946 Mitglied der SED, 1990 als Mitglied der PDS im Deutschen Bundestag. Nachdem seine Partei ihm wegen – vergleichsweise harmloser – verschwiegener Stasi-Mitarbeit Unaufrichtigkeit vorwarf und sein Landesverband sich von ihm distanzierte, nahm Riege sich das Leben. In seinem Abschiedsbrief an seine Frau gab er an, er fürchte den Hass, der ihm im Bundestag entgegenschlage. Sein Suizid löste parteiübergreifende Betroffenheit und eine Diskussion darüber aus, wie mit der aufzuarbeitenden DDR-Vergangenheit und ihrem Unrecht angemessen umzugehen sei.

74 Riege, Bürger im sozialistischen Staat, S. 88. Die (sozialistische) Persönlichkeit als Schutzgut spielt in der DDR-Verfassung von 1968 eine wichtige Rolle. Der Begriff erscheint dort sechsmal (Art. 9 Abs. 2, 19 Abs. 2, Abs. 3, 25 Abs. 3, 30 Abs. 1 und Abs. 3), im Grundgesetz hingegen nur einmal (in Art. 2 Abs. 1).

75 Autorenkollektiv, Staats- und Rechtsgeschichte der DDR, S. 254.

76 Riege, Bürger im sozialistischen Staat, S. 15.

rechten dem Staat gegenüber diametral entgegensteht. Allerdings dreht sich all das im Kreis und kommt nicht ohne logische Brüche aus. So binde das sozialistische Recht, das ja keine Existenz an sich habe, dennoch die staatliche Gewalt. Kein Staatsfunktionär dürfe darüber entscheiden, ob „das Recht der Arbeiter-und-Bauern-Macht für ihn bindend ist oder nicht". Nach den Regeln der Verfassung liege die Kompetenz zur Gesetzgebung allein bei den verfassungsmäßig dafür vorgesehenen staatlichen Organen: „Andernfalls würde die sozialistische Rechtsordnung dem Subjektivismus preisgegeben [...,] würde die einheitliche sozialistische Gesetzlichkeit untergraben."[77]

Vermutlich heißt das, gutes Recht (solches der Arbeiter-und-Bauern-Macht) binde, schlechtes (überkommenes bürgerliches) hingegen nicht. Aussagen dazu, wie sich das eine vom anderen unterscheide, sind entweder bis zur Unbrauchbarkeit nebulös oder gar nicht zu finden. Klar sein dürfte aber, dass es nach sozialistischer Vorstellung keine vorstaatlichen, sich aus Naturrecht ergebenden Menschenrechte gibt.[78] Die vom Staat beziehungsweise von der mit diesem identischen Arbeiter-und-Bauern-Macht gewährten Rechte seien immer Ausdruck einer bestimmten Entwicklungsstufe der Gesellschaft. Damit erklärt sich auch, wieso die Verfassung – auf Grundlage dieses Weltbildes letztlich zwingend – von Zeit zu Zeit komplett aufgehoben und durch eine neue mit neuen Grundrechten ersetzt wird, wie es in der DDR ja geschah. Das sei, wie eine Darstellung des Staatsverlags nicht ohne Stolz verkündet,

> Ausdruck der grundlegenden sozialökonomischen und gesellschaftspolitischen Veränderungen, die mit dem Sieg der sozialistischen Produktionsverhältnisse und bei der Herausbildung der entwickelten sozialistischen Gesellschaft erreicht worden waren.[79]

Nachdem in der sozialistischen Weltauffassung die realen, materiellen Verhältnisse und nicht irgendwelche Gedankengebäude das Entscheidende sind, hatten sozialistische Länder möglicherweise aus genau diesem Grund auch keine großen Probleme damit, Menschenrechte der Ersten Generation, wie sie etwa in der Allgemeinen Erklärung der Menschenrechte von 1948 gewährt sind, zu akzeptieren.[80] Aus ihrer Sicht waren das einfach lachhafte Glaubenssätze, die einer vergangenen Zeit angehörten und denen vielleicht noch ein paar Verirrte hinterherliefen, die den

77 Ibid., S. 111.

78 Klenner, Marxismus und Menschenrechte, S. 108.

79 Autorenkollektiv, Staats- und Rechtsgeschichte der DDR, S. 206.

80 Dazu unten Kap. 12.5.11.

wissenschaftlichen Sozialismus einfach nicht begriffen hatten. Zwar galt der sozialistischen Seite das nicht als völlig ungefährlich. Diese „in der Aufstiegsperiode der Bourgeoisie proklamierten Grundrechte und Grundpflichten" seien „betrügerische Machenschaften, dazu bestimmt, in den Köpfen der werktätigen Massen Verwirrung zu schaffen".[81] Immerhin aber ging es nicht um mehr als die Verwirrtaktik eines sterbenden Regimes in seinen letzten Todeszuckungen. Das erwies sich aus sozialistischer Sicht doch als vergleichsweise ungefährlich, so dass Worte an dieser Stelle billig waren.[82]

Das befindet sich durchaus in Einklang mit der Auffassung von Karl Marx darüber, wie mit Forderungen nach solchen Menschenrechten der Ersten Generation umzugehen sei. Zwar gab es wie gesagt zu Beginn der sozialistischen Bewegung durchaus Kräfte, die Menschenrechte begrifflich nicht aus ihrer Ideologie ausschließen wollten. Doch gehörte Marx bestimmt nicht dazu. Für ihn war all das ein nervtötendes, wenn auch vielleicht vergleichsweise harmloses Geschwafel. Markant ist eine Äußerung von ihm über ein Bekenntnis zu Menschenrechten in seinem Entwurf für die Statuten der Ersten Internationale:

> [I]n der Einleitung der Statuten, habe ich aus Höflichkeit gegen Franzosen und Italiener, die immer grosse Phrasen brauchen, ein paar nutzlose Redensarten aufnehmen müssen.[83]

Wenn es im sozialistischen Rechtssystem nicht um solche abstrakten Forderungskataloge – über die sich wie gesagt bereits Altmeister Marx despektierlich geäußert hatte – geht, worum geht es dann? Es geht wie gesagt eben um den Aufbau des Sozialismus. Und dieser kann nach Auffassung seiner Anhänger nur funktionieren, wenn sich die Gesellschaft mit ihren Einrichtungen (das heißt der nach sozialistischer Vorstellung hiermit identische Staat) konkret verändert. Ein Grundrecht müsse mithin stets „gleichzeitig Instrument zur Entwicklung" sein, „[j]edes einzelne Recht [...] als Äußerungsform der sozialistischen Demokratie und Hebel der weiteren Entwicklung aufgefaßt werden",[84] ganz im Sinne von Marx' berühmter These: „Die Philosophen haben die Welt nur verschieden interpretiert, es kömmt drauf an,

81 Nowack, Grundrechte und Grundpflichten, S. 9. Ähnlich Riege, Bürger im sozialistischen Staat, S. 39.

82 Jedenfalls für die spätere Zeit der DDR und die Einschätzung der Stasi trifft dies – wie anhand des Stichwortes „imperialistische Menschenrechtsdemagogie" aus ihrem Handbuch eindrucksvoll zum Ausdruck kommt – freilich nicht mehr zu (ausführlich dazu unten Kap. 11.6.2).

83 Marx, Brief an seinen Onkel Lion Philips v. 29. November 1864, in: MEGA^2 III/13.1, S. 90.

84 Haney, Recht der Bürger, S. 1074 f.

sie zu verändern".[85] Der Staat müsse etwas für seine Bürger tun und ihnen etwas geben. Deswegen seien sozialistische Menschenrechte solche der Zweiten Generation, also Leistungsrechte gegen den Staat im sozialen Bereich. Diese sollten dazu dienen, die gesellschaftliche Entwicklung – das ist der Aufbau des Sozialismus – voranzutreiben und für das Wohl der Menschen zu sorgen.[86]

Dieses Thema behandeln Darstellungen über Staat und Recht aus der DDR ausführlich. Als solche sozialökonomischen Rechte sind in einer kurzen Darstellung zum Thema Grundrechte und Grundpflichten der DDR-Bürger aus dem Jahr 1954 das Recht auf Arbeit, das auf Erholung, das Recht auf materielle Versorgung im Alter, im Falle von Krankheit und Invalidität sowie das Recht auf Bildung genannt und detailliert besprochen. Dieser Abschnitt nimmt über 70 Prozent des gesamten Textes ein,[87] wodurch seine zentrale Bedeutung anschaulich hervortritt.

Das ist ein Inbegriff der Einheit von Bürger und Staat, mit der auch einhergeht, dass ein Recht dem Staat gegenüber immer mit Pflichten ihm gegenüber zusammenhängt.[88] Anders als bei einem bürgerlichen Staat solle sich die Mitwirkung der Bürger nicht allein auf Wahlen beschränken, die alle paar Jahre einmal stattfänden. Nach sozialistischer Vorstellung entsteht jede Entscheidung im Staat durch die sich ständig im Gang befindende Diskussion der Bürger, ausgehend von der Ebene der Betriebe immer weiter nach oben in einem immerwährenden, lebendigen Prozess (Rätesystem, demokratischer Zentralismus).

11.6.2 Praxis

Nach Aussagen zu den „Grundlagen der Staatsgewalt" in Art. 1–5 findet sich in der ersten Verfassung der DDR vom 7. Oktober 1949 in Art. 6–48 ein Grundrechteteil. Dieser orientiert sich an der Allgemeinen Erklärung der Menschenrechte vom 10. Dezember 1948, über die noch zu sprechen sein wird. Insofern ähnelt diese Verfassung dem Bonner Grundgesetz vom 23. Mai 1949, nimmt dieses doch ebenfalls die besagte Erklärung der Vereinten Nationen zum Modell. Ein augenfälliger Unterschied liegt jedoch darin, dass die Praxis der Grundrechte in den beiden Teilen Deutschlands durchaus unterschiedlich war. Die Realität hatte sich in der DDR seit der Ära des Stalinismus vom Wortlaut der Verfassung mehr oder weniger weit entfernt.

---

85 Marx, Thesen über Feuerbach, in: MEW 3, S. 5 ff. (S. 7, 11. These).

86 Klenner, Marxismus und Menschenrechte, S. 108 f.

87 Nowack, Grundrechte und Grundpflichten, S. 17–75 (58 von 82 Seiten).

88 Mampel, Verfassung der DDR. Text und Kommentar, S. 497.

Die Menschenwürde spielte im Wortlaut der Verfassung der DDR von 1949 keine zentrale Rolle. Sie findet nur zweimal im Rahmen der Formulierung „menschenwürdiges Dasein" Erwähnung. Damit in Verbindung gebracht werden einmal Aspekte der Wirtschaftsordnung, einmal die Ordnung des Wirtschaftslebens insgesamt (Art. 19 Abs. 1). Eine herausragende Position nimmt die Menschenwürde dann allerdings in der DDR-Verfassungsnovelle von 1968 ein. Hier heißt es gleich zu Beginn des Grundrechteteils in Art. 19 Abs. 2: „Achtung und Schutz der Würde und Freiheit der Persönlichkeit sind Gebot für alle staatlichen Organe, alle gesellschaftlichen Kräfte und jeden einzelnen Bürger."

Daran allerdings ging die Realität vorbei. Dies lag in erster Linie an der großen Bedeutung und dem weiten Machtbereich der Staatssicherheit.[89] Zwar lässt sich der nationalsozialistische Führerstaat nicht mit der DDR und ihrem Regime gleichsetzen. Ein Unterschied liegt nicht zuletzt darin, dass

> es in der DDR keine Doktrin [gab], nach der der bloße Wille der Inhaber tatsächlicher Macht Recht zu schaffen vermochte. Gesetze waren verbindlich […]; sie konnten allein von der Volkskammer erlassen werden.[90]

Dennoch erinnert all das, was nun folgen wird, auf eine unangenehme Art an das, was Ernst Fraenkel (1898–1975) für den Nationalsozialismus als „Doppelstaat" beschrieben hat.[91] Neben einen „Normenstaat" habe ein „Maßnahmenstaat" existiert, für den das Recht nicht gegolten und der sich ausschließlich an Überlegungen der situativ-politischen Zweckmäßigkeit orientiert habe.[92]

Das Schlimmste am praktizierten Sozialismus sind die von Anfang an mitschwingende Angst vor der Konterrevolution und die Skrupellosigkeit, wenn es darum geht, dieser Gefahr – und sei es nur eine vermeintliche – zu begegnen. Ein Zitat, das Feliks Dzierżyński (1877–1926), dem Gründer und ersten Kommandeur der Tscheka zugeschrieben wird, verdeutlicht, was gemeint ist:

---

89 Die folgenden Ausführungen zur Tätigkeit der Staatssicherheit orientieren sich an den Informationen des Bundesbeauftragten für die Stasi-Unterlagen, https://www.demokratie-statt-diktatur.de/stasi-und-die-menschenrechte/ (Zugriff: 05.02.2025).

90 BGH, Urt. v. 03.11.1992 („Mauerschützenurteil") – 5 StR 370/92, BGHSt 39, 1 ff. = NJW 1993, 141 ff. (146 f.).

91 So auch Stolleis, Sozialistische Gesetzlichkeit, S. 38 f.

92 Fraenkel, The Dual State.

> Wir können mit Gerechtigkeit nichts anfangen. Wir befinden uns im Krieg, und zwar an der grausamsten aller Fronten, der inneren Front, und der Feind ist auf dem Vormarsch, und es ist ein Kampf um Leben und Tod!

Figuren wie ihn nahm sich die DDR mit ihrer zwanghaften Angst vor dem imperialistischen Klassenfeind zum Vorbild, wenn ein Regiment der Stasi, das bis zum Ende der DDR existierte, seit 1967 zu seinen Ehren den Namen „Wachregiment Feliks Dzierzynski" trug.

Hier existierte buchstäblich ein Paralleluniversum, in dem ein dauerhafter imaginärer, beziehungsweise auch realer Krieg – ich erinnere an meine Einleitung zum Thema Wettstreit[93] – herrschte. Und dieses Paralleluniversum hatte auch eine eigene Fachsprache. Diese war so feinsinnig-differenziert, dass das Ministerium für Staatssicherheit seit 1970 ein eigenes Wörterbuch dafür herausgab.[94] Dieses „Wörterbuch der politisch-operativen Arbeit" wurde immer wieder aktualisiert und erschien in der letzten (der 27.) Ausfertigung im April 1985. Es handelte sich um ein Typoskript, das im Buchhandel (selbstverständlich) nicht erhältlich war. Vielmehr war es so geheim, dass in der Regel nur die Leiter der Diensteinheiten Zugriff darauf hatten und deren Mitarbeiter nicht ohne Genehmigung Einsicht nehmen konnten. Die begrifflichen Unterschiede waren so feingliedrig, dass sogar der Minister für Staatssicherheit Erich Mielke (1907–2000) Schwierigkeiten hatte, sich in offiziellen Äußerungen an den strengen Sprachkodex zu halten.[95] Es ist der reine Wahnsinn, und es fällt schwer zu glauben, dass all das vor noch nicht allzu langer Zeit tatsächlich real existiert hat. Es war wirklich so, wie der Bundesgerichtshof es in seiner Mauerschützen-Entscheidung ausgesprochen hat: Es gab ein Regime und die ihm eigene Gedankenwelt, nach der es völlig in Ordnung, wenn nicht gar eine Heldentat war, jemanden lieber zu erschießen als zuzulassen, dass er eine Mauer überklettert, um aus dem Land zu fliehen.[96] Um quellennah aufzuzeigen, von welchen Dimensionen wir hier sprechen, möchte ich auf dieses Stasi-Handbuch Bezug nehmen und ein paar Stellen daraus zitieren.

Das Handbuch richtet sich an Tschekisten. Das ist ein Begriff aus der Sprache der DDR und stammt aus dem Russischen. Er geht zurück auf die drei kyrillischen Buchstaben ВЧК („We Tsche Ka"), die eine Abkürzung für den Namen des nach der

---

93 S. o. Kap. 11.1.

94 Bundesbeauftragter für die Unterlagen des Staatssicherheitsdienstes (Hg.), Wörterbuch.

95 Hubertus Knabe, Vorbemerkung zum Wörterbuch der Staatssicherheit, in: Bundesbeauftragter für die Unterlagen des Staatssicherheitsdienstes (Hg.), Das Wörterbuch der Staatssicherheit, S. V ff. (V–VII).

96 BGH, Urt. v. 03.11.1992 („Mauerschützenurteil") – 5 StR 370/92, BGHSt 39, 1 ff. = NJW 1993, 141 ff.

Oktoberrevolution gegründeten Staatssicherheitsdienstes der Sowjetunion waren. Danach nannten sich nicht nur in der DDR, sondern auch in anderen ehemals sozialistischen Ländern die Mitarbeiter des Staatssicherheitsdienstes.

Ein solcher Tschekist sei eine eigene Sorte Mensch mit eigenen „tschekistischen Gefühle[n]“, zu deren wesentlichen Bestandteilen Hass in der Sonderform des „Klassenhass[es]“ zähle.[97] Er sei so etwas wie ein elitemäßig ausgebildeter Einzelkämpfer mit einer „tschekistischen Persönlichkeit“. Um diese zur vollen Entfaltung zu bringen und um das Verblassen ihrer Strahlkraft zu verhindern, sei es notwendig, Hass als ein starkes und in casu edles Gefühl zu kultivieren und ständig frisch zu halten. Ich zitiere aus dem Artikel „Hass“:

> [Hass ist ein] intensives und tiefes Gefühl, das wesentlich das Handeln von Menschen mitbestimmen kann. Er widerspiegelt immer gegensätzliche zwischenmenschliche Beziehungen und ist im gesellschaftlichen Leben der emotionale Ausdruck der unversöhnlichen Klassen- und Interessengegensätze zwischen der Arbeiterklasse und der Bourgeoisie (Klassenhass). Der moralische Inhalt des Hasses ist abhängig vom Gegenstand, auf den er gerichtet ist und kann von daher wertvoll und erhaben oder kleinlich und niedrig sein. Hass zielt immer auf die aktive Auseinandersetzung mit dem gehassten Gegner, begnügt sich nicht mit Abscheu und Meidung, sondern ist oft mit dem Bedürfnis verbunden, ihn zu vernichten oder zu schädigen. H.[ass] ist ein wesentlicher, bestimmender Bestandteil der tschekistischen Gefühle, eine der entscheidenden Grundlagen für den leidenschaftlichen und unversöhnlichen Kampf gegen den Feind. Seine Stärkung und Vertiefung in der Praxis des Klassenkampfes und an einem konkreten und realen Feindbild ist Aufgabe und Ziel der klassenmäßigen Erziehung.[98]

Ich zitiere weiterhin aus dem Artikel über das „tschekistische Feindbild“:

> Als immanenter Bestandteil der Ideologie und des moralischen Wertsystems gehört das wissenschaftlich begründete, reale und aktuelle tschekistische Feindbild zu den wesentlich [sic] charakteristischen Merkmalen der tschekistischen Persönlichkeit [...]. Konkrete und gesicherte Erkenntnisse über den Feind und die auf ihn beruhenden tiefen Gefühle des Hasses, des Abscheus, der Abneigung und Unerbittlichkeit gegenüber den Feind sind außerordentlich bedeutsame Voraussetzungen für den erfolgreichen Kampf gegen den Feind. Je intensiver und eindringlicher die entsprechenden Kenntnisse über den Feind mit ihrem emotionalen Gewicht in der klassenmäßigen Erziehung in den Diensteinheiten

97 Dazu sogleich das Zitat.

98 Bundesbeauftragter für die Unterlagen des Staatssicherheitsdienstes (Hg.), Wörterbuch, S. 163 f.

> und in der Zusammenarbeit mit inoffiziellen Mitarbeitern nahegebracht werden, umso mehr erhöht sich die Fähigkeit, feindliche Angriffe rechtzeitig zu erkennen, aufzuklären und zu verhindern sowie die Bereitschaft und die Motive zur aktiven Bekämpfung des Feindes.[99]

Das ist Kriegsterminologie, die in einem scharfen Gegensatz zu der Behauptung steht, der Sozialismus sei friedliebend. Um einen Eindruck von der alltäglichen Arbeit der Tschekisten zu geben, möchte ich noch aus dem Artikel über „operative Zersetzung" zitieren:

> Mit der operativen Zersetzung wird durch verschiedene politisch-operative Aktivitäten Einfluss auf feindlich-negative Personen, insbesondere auf ihre feindlich-negativen Einstellungen und Überzeugungen in der Weise genommen, dass diese erschüttert oder allmählich verändert werden bzw. Widersprüche sowie Differenzen zwischen feindlich-negativen Kräften hervorgerufen, ausgenutzt oder verstärkt werden [...]. Ziel der operativen Zersetzung ist die Zersplitterung, Lähmung, Desorganisierung und Isolierung feindlich-negativer Kräfte [...]. Hauptkräfte der Durchführung der operativen Zersetzung sind die inoffiziellen Mitarbeiter [...]. Die Durchführung der operativen Zersetzung ist einheitlich und straff zu leiten, ihre Ergebnisse sind zu dokumentieren. Die politische Brisanz der operativen Zersetzung stellt hohe Anforderungen hinsichtlich der Wahrung der Konspiration.[100]

Hinter diesen Worten verbirgt sich gezielter Psychoterror gegen dem System unliebsame Personen. Es geht darum, Menschen bewusst in den Wahnsinn zu treiben (zu „zersetzen"). Dabei ist klar, dass das höchst illegal (wörtlich: „politisch brisant") ist. Aber wie der große Tschekist Feliks Dzierżyński – nach dem dieses Elitewachregiment benannt war – ja einmal sagte: Im Krieg gebe es eben keine Gerechtigkeit. Im Krieg sei vielmehr alles erlaubt.

Weil es sich bei meinem Thema geradezu aufdrängt und offenlegt, was das sozialistische System der DDR – jedenfalls in Gestalt der Stasi – von Menschenrechten hielt, will ich als Letztes noch einen Artikel wiedergeben, der sich explizit mit diesem Thema beschäftigt. Er heißt „imperialistische Menschenrechtsdemagogie". Ich zitiere ihn seiner Einschlägigkeit wegen in voller Länge:

---

99 Ibid., S. 111.

100 Ibid., S. 464.

[Die imperialistische Menschenrechtsdemagogie ist] wesentlicher Bestandteil des politisch-ideologischen Kampfes, mit dem die Politiker und Ideologen der imperialistischen Bourgeoisie durch die Verwirrung, Einstellung und Verfälschung der Frage der Menschenrechte diese als Mittel

der weltweiten Diskriminierung des Sozialismus und der Einmischung in seine inneren Angelegenheiten,

der Ausübung von Druck und Erpressung,

Inspirieren, Organisierung und Unterstützung feindlich-negativer Kräfte als antisozialistische ideologische, personelle und organisatorische Basis in der sozialistischen Gesellschaft,

der Störung und des Missbrauches des Entspannungsprozesses und

der Verschleierung des Wesens der imperialistischen Herrschaftsverhältnisse einsetzen.

Mittels der imperialistischen Menschenrechtsdemagogie führt der Gegner massive Angriffe auf die Machtverhältnisse, den Staat, die Demokratie, die Freiheit und das Recht im Sozialismus. Nach den gegnerischen Plänen soll die imperialistische Menschenrechtsdemagogie vor allem die Zersetzung, Lähmung und Zerstörung der sozialistischen Gesellschaft „von innen her" durch die Irreführung ihrer Bevölkerung, die Erzeugung künstlicher Konflikte, die Inspirierung und Organisierung politischer Untergrundtätigkeit in Gestalt einer „Menschen -und Bürgerrechtsbewegung", die Organisierung des staatsfeindlichen Menschenhandels und rechtswidriger Ersuchen zur Übersiedelung in das kapitalistische Ausland sowie staatsfeindliche Hetze bewirken. Die imperialistische Menschenrechtsdemagogie trägt innerhalb der politisch-ideologischen Diversion und der psychologischen Kriegsführung des Gegners einen ausgeprägt subversiven Charakter. Zugleich ist sie strategisch und langfristig angelegter Bestandteil der offiziellen Regierungspolitik der imperialistischen Mächte, Grundlage der subversiven Tätigkeit einer Vielzahl feindlicher Organisationen und ist kombiniert mit feindlichen Aktivitäten des Imperialismus auf dem Gebiet Außenpolitik, Militär- und Rüstungspolitik, Außenhandelspolitik, mit der Forcierung materieller Kriegsvorbereitungen, mit politischem und ökonomischem Boykott und Störmaßnahmen. Der offensive, vorbeugende, schadensverhütende Kampf des Ministeriums für Staatssicherheit gegen die imperialistische Menschenrechtsdemagogie besitzt große und wachsende Bedeutung. Als Bestandteil ihres Feindbildes müssen unsere Mitarbeiter und inoffiziellen Mitarbeiter daher genaue Kenntnis über die Rolle der imperialistischen Menschenrechtsdemagogie in der Klassenauseinandersetzung haben.[101]

101 Ibid., S. 253 f.

Wenn sich die Nebelwolke aus Gehirnwäsche durch fachchinesische Kampfterminologie einmal gelichtet hat, bleibt stehen, dass das DDR-Regime wie es sich hier offenbart die Menschen- und Bürgerrechtsbewegung als vom Westen gelenkte kriminelle Vereinigung zu ihrer Vernichtung ansah. Schlimmer noch: Aus Sicht dieses Systems verbarg sich hinter dem Begriff eine perfide Verschwörung feindlicher Staaten, die sich in allen erdenklichen Gebieten der großen Politik und internationalen Zusammenarbeit bemerkbar mache. Wenn wir das vor Augen haben, kann das für die alltägliche Praxis der Menschenrechte natürlich nichts Gutes bedeuten. Und das bedeutete es tatsächlich nicht.

Auch wenn die fixe Idee einer westlichen Verschwörung in Form der Menschen- und Bürgerrechtsbewegung ein reines Hirngespinst darstellt, ist an dem seinerseits demagogischen Gedankengang des zuvor zitierten Artikels aus diesem Wörterbuch doch eines richtig: Eben diese Bewegung sollte sich am Ende tatsächlich als gefährlich erweisen und zum Ende der DDR nicht unwesentlich beitragen. Das heißt erstens, dass das DDR-Regime offenbar ein gutes Gespür dafür hatte, was ihm gefährlich werden konnte. Das heißt zweitens, dass eben diese Bewegung und mit ihr die Idee der Menschenrechte sich auch hier als wegweisend für die Überwindung einer Diktatur und Gewaltherrschaft erwiesen.

Zur Versammlungsfreiheit ist zu sagen, dass freie Versammlungen und Vereinigungen jenseits der Ziele der SED in der Praxis nicht möglich beziehungsweise illegal waren. Wer sich widersetzte, machte sich strafbar, etwa wegen eines „verfassungsfeindlichen Zusammenschlusses" oder eines „Zusammenschlusses zur Verfolgung gesetzeswidriger Ziele" (§§ 107, 218 StGB DDR). Meinungsfreiheit existierte de facto nicht. Kritische Äußerungen über den Lebensalltag oder das politische Regime führten schnell zum Vorwurf, ein Staatsfeind zu sein. Die Medien waren staatlich gelenkt und von Stasi-Spitzeln durchsetzt, konnten also keine Kontrollfunktion erfüllen. In der Rechtswissenschaft der DDR herrschte hingegen die gegenteilige Auffassung, Manipulation und Demagogie seien Kennzeichen des westlichen Systems: „Der enorme funktionserprobte Apparat zur Manipulierung der öffentlichen Meinung wird Tag für Tag eingesetzt [gemeint ist: in der Bundesrepublik], um die Werktätigen zu Denk -und Verhaltensweisen zu führen, die ihren eigenen objektiven Interessen entgegengesetzt sind."[102] Kunst- und Kulturfreiheit waren seit 1968 schon nach dem Wortlaut der Verfassung (Art. 18 Abs. 1) nicht gegeben:

102 Riege, Bürger im sozialistischen Staat, S. 46.

> Die sozialistischen Nationalkultur gehört zu den Grundlagen der sozialistischen Gesellschaft. Die Deutsche Demokratische Republik fördert und schützt die sozialistische Kultur, die dem Frieden, dem Humanismus und der Entwicklung der sozialistischen Gesellschaft dient. Sie bekämpft die imperialistische Unkultur, die der psychologischen Kriegsführung und der Herabwürdigung des Menschen dient.

Offene Proteste von Bürgern wurden durch die Staatssicherheit verfolgt. Was in der Realität allerdings existierte, war ein so genanntes Eingaberecht.[103] Von solchen Eingaben, die nach dem Gesetz grundsätzlich innerhalb von vier Wochen zu beantworten waren (§ 7 Abs. 2, Abs. 3 Eingabengesetz), gab es viele, rund eine Million waren es jährlich, zum Teil in einem schroffen Ton verfasst. Manche davon wurden an das Ministerium für Staatssicherheit weitergeleitet, so dass sie Konsequenzen für den Absender haben konnten.

Das Brief- und Fernmeldegeheimnis war garantiert in Art. 31 der Verfassung von 1949. Auch diese Rechte fielen allerdings der kompletten Überwachung zum Opfer, welche die Staatssicherheit praktizierte. So waren im Jahr 1989 – also kurz vor dem Mauerfall – etwa 1000 hauptamtliche Mitarbeiter der Staatssicherheit damit beschäftigt, den Postverkehr zu überwachen oder Telefongespräche abzuhören. In Anbetracht dieser Personalausgaben erscheint es wenig verwunderlich, dass die finanzielle Situation des Staates nicht gut und daher Devisenbeschaffung ein zentraler Punkt war. Standen in den 1950er Jahren hauptsächlich systemfeindliche Schriften aus dem Westen im Mittelpunkt der Postüberwachung, geriet später mehr und mehr die eigene Bevölkerung unter Verdacht. Der Postverkehr unterlag flächendeckender Kontrolle. Später wurden die Arbeitsschritte automatisiert.

Die Überwachung von Telefonaten erfolgte mit Hilfe moderner Technik. So wurden allein im Jahr 1986 Hunderttausende von Telefongesprächen abgehört. Diese Abhörmaßnahmen fanden allerdings – im Gegensatz zur Postkontrolle, die nahezu umfassend war – wegen des hohen Aufwands nur punktuell und auf besondere Anordnung hin statt. Auf die Anzahl der in Betracht kommenden Telefonate wirkte sich zudem vermindernd aus, dass in der DDR im Gegensatz zur Bundesrepublik nur etwa jeder sechste Haushalt über ein Telefon verfügte. Die Ziele all dieser Überwachungsmaßnahmen lagen einerseits darin, einen Informations- und Gedankenaustausch zwischen Ost- und Westdeutschland zu unterbinden, andererseits

---

103 Verfassungsrechtlich garantiert in Art. 103 der DDR-Verfassung von 1968, gesetzlich geregelt im Gesetz über die Bearbeitung der Eingaben der Bürger („Eingabengesetz"), Gesetzblatt der Deutschen Demokratischen Republik 1975 Teil I, S. 461.

darin, die Gedanken der eigenen Bevölkerung zu kontrollieren, um die Verfolgung Andersdenkender zu ermöglichen.

Auch die in der Verfassung garantierte Unverletzlichkeit der Wohnung ignoriert die Staatssicherheit fortwährend. Zwar gab es in der DDR legale Durchsuchungen unter Beteiligung eines Richters. Unabhängig davon allerdings war es eine gängige Maßnahme der Staatssicherheit, dass ihre Mitarbeiter Wohnungen geheim und ohne Durchsuchungsbeschluss betraten. Bei den im Vergleich zu Postkontrollen erheblich selteneren geheimen Wohnungsdurchsuchungen inspizierten Mitarbeiter der Staatssicherheit Einrichtungen und mögliche Verstecke und dokumentierten dabei ihr Vorgehen mit Fotografien oder Filmaufzeichnungen.

Diese Vorgehensweise und die sich dabei zeigende Rechtsauffassung sind symptomatisch für die Geringschätzung von Recht und Rechtsstaat im Sozialismus und passen zu dem Stellenwert, den der Marxismus dem Recht als verwelkendes Relikt einer bürgerlichen Gesellschaft beimaß. Geheime Wohnungsdurchsuchungen waren selbstverständlich illegal und sogar verfassungswidrig. Das war jedem und auch der Staatssicherheit bekannt. Sie kümmerte sich aber nicht darum. Aufgrund ihrer sorgfältig durchgeführten illegalen Durchsuchungen gewannen alle am Vorgang beteiligten Personen einen umfassenden Eindruck vom privaten oder auch intimen Bereich der überwachten Person. Bei Wohnungsdurchsuchungen wurden auch verdeckte Abhöranlagen („Wanzen“) in den Wohnungen angebracht. Neben der Informationsbeschaffung waren ferner auch andere Motive für das Eindringen in die Privatsphäre möglich, insbesondere „Zersetzungsmaßnahmen“. So bedrohte die Staatssicherheit die Bewohner durch Wohnungseinbrüche und zu deren gezielter psychischer Belastung. Die Mitarbeiter der Staatssicherheit hinterließen in den Wohnungen der Opfer etwa Gegenstände und lieferten somit Anzeichen ihrer Anwesenheit. Auf diese Weise konnte die Staatssicherheit anstelle strafrechtlicher Verfolgung gegen Regimekritiker vorgehen, ohne negative Reaktionen der internationalen Bühne oder der Medien hervorzurufen. Oppositionelle, Regimekritiker und Ausreisewillige waren vor allem in der zweiten Hälfte der 1980er Jahre typische Ziele solcher „Zersetzungsmaßnahmen“.

Auch die im Sozialismus so wichtigen Rechte auf staatliche Leistungen standen nicht allen im gleichen Umfang zu. Zwar hatten nach Art. 35 Abs. 1 der Verfassung von 1949 alle Bürger das gleiche Recht auf Bildung und freie Berufswahl. In der Praxis war das aber anders. Je nach politischem Engagement in die richtige

Richtung, etwa in der Partei oder einer Jugendorganisation, gestalteten sich die Auswahlmöglichkeiten durchaus unterschiedlich.[104]

Die Verfassungsnovelle von 1968 entfernte sich dann im Vergleich zu ihrer Vorgängerin auch auf dem Papier weiter von den internationalen Menschenrechtsstandards. So schreibt sie die Führungsrolle der SED fest: „Die Deutsche Demokratische Republik ist ein sozialistischer Staat deutscher Nationen. Sie ist die politische Organisation der Werktätigen in Stadt und Land, die gemeinsam unter Führung der Arbeiterklasse und ihrer marxistisch-leninistischen Partei den Sozialismus verwirklichen" (Art. 1 Satz 1 und 2). Der zuvor bereits erwähnte sozialistische Internationalismus ist in Art. 6 Abs. 2 manifestiert: „Die Deutsche Demokratische Republik pflegt und entwickelt entsprechend den Prinzipien des sozialistischen Internationalismus die allseitige Zusammenarbeit und Freundschaft mit der Union der sozialistischen Sowjetrepubliken und den anderen sozialistischen Staaten."

11.7 Fazit

Wenn wir Menschenrechte nach meinem Arbeitsbegriff als etwas in irgendeiner Form naturrechtlich Verankertes begreifen, so ist zu konstatieren, dass Menschenrechte in diesem Sinne nach sozialistischem Verständnis überhaupt nicht existieren. Das kann letztlich schon deshalb nicht sein, weil bereits das Recht als Metaebene und somit Teil des „Überbaus" gar nicht wirklich existiert.[105] Es steht keine ewige, alles beherrschende Ordnung über der Materie, unabhängig davon, ob das irgendetwas mit Gott zu tun hat oder nicht. Der Staat, der mit der Gesamtheit seiner Bürger identisch ist, billigt diesen – wenn überhaupt – durch Gesetzgebung Rechte zu, die jeweils für den aktuellen Stand der gesellschaftlichen Entwicklung passend sind. Das sind Bürgerrechte, nicht aber Menschenrechte, und spätestens mit dem Übergang in die kommunistische Idealwelt würden selbst diese ihre Existenzberechtigung verlieren. Die frühe sowjetische Idee einer allein auf Klassenzugehörigkeit gestützten Staatsangehörigkeit hat sich als Utopie erwiesen. Jedenfalls in der Endphase galten Menschenrechte nach bürgerlichem Verständnis und die für sie streitenden

---

104 Bundesministerium für gesamtdeutsche Fragen, Unrecht als System. Dokumente über planmäßige Rechtsverletzungen in der Sowjetzone Deutschlands, Bd. 3: 1954–1958, Bonn 1958, Dokumente 81, 82.

105 So auch Klenner, Marxismus und Menschenrechte, S. 200 f., der in seinen Ansichten insgesamt durchaus gemäßigt ist: „Das Recht kämpft keine Kämpfe [...]. Ideelles Bild dieser Welt und zugleich ein normatives Medium dieses Veränderungsprozesses nach vorn – das sind Menschenrechte. Mehr nicht."

Bewegungen als Demagogie. Sie waren Gift für den Sozialismus. Dabei hatte die DDR ebenso wie die Bundesrepublik die beiden internationalen Verträge über Menschenrechte der Vereinten Nationen von 1966 ratifiziert. Was es damit auf sich hat, werde ich im nächsten und letzten Kapitel behandeln.

11.8 Literatur

Aufruf eines Geächteten an die deutschen Volksfreunde. Gedruckt zum Vortheile geflüchteter deutscher Volksfreunde, Anfang 1834, in: Hans-Joachim Ruckhäberle (Hg.), Frühproletarische Literatur. Die Flugschriften der deutschen Handwerkergesellenvereine in Paris 1832–1839, Berlin/Düsseldorf/Mannheim 1977, S. 109 ff.

August Bebel, Die Frau und der Sozialismus, Zürich-Hottingen 1879

Autorenkollektiv, Staats- und Rechtsgeschichte der DDR, Ost-Berlin 1983

Giandomenico Bonanni, Neues zur sozialistischen DDR-Verfassung von 1968. Entstehungsgeschichte und das Problem der Grundrechte, Jahrbuch für Historische Kommunismusforschung (JHK) 2005, S. 189 ff.

W. Beatrix Bouvier, Französische Revolution und deutsche Arbeiterbewegung, Bonn 1982

Bundesbeauftragter für die Unterlagen des Staatssicherheitsdienstes der ehemaligen Deutschen demokratischen Republik (Hg.), Das Wörterbuch der Staatssicherheit. Definitionen des MfS zur „politisch-operativen Arbeit“, 2. Aufl., Berlin 1993 (zu beziehen über den Bundesbeauftragten, im Buchhandel nicht erhältlich)

Ders. (Hg.), MfS-Handbuch „Anatomie der Staatssicherheit“, mehrere Bde., abrufbar unter https://www.bundesarchiv.de/stasi-unterlagen-archiv/publikationen/publikationsreihen/mfs-handbuch/ (Zugriff: 03.09.2024)

Ernst Fraenkel, The Dual State. A Contribution to the Theory of Dictatorship, New York/London/Toronto 1941, in deutscher Übers.: Der Doppelstaat. Recht und Justiz im „Dritten Reich“, rückübers. v. Manuela Schöps, Frankfurt am Main/Köln 1974

Jens Gieseke, Das Ministerium für Staatssicherheit 1950 bis 1989/90. Ein kurzer historischer Abriß, Berlin 1998 (zu beziehen über den Bundesbeauftragen für die Unterlagen des Staatsicherheitsdienstes der ehemaligen Deutschen Demokratischen Republik, nicht im Buchhandel erhältlich)

Gerhard Haney, Das Recht der Bürger und die Entfaltung der sozialistischen Persönlichkeit, Staat und Recht 11 (1962), S. 1063 ff.

Joachim Höppner u. Waltraud Seidel-Höppner, Der Bund der Geächteten und der Bund der Gerechtigkeit, in: Helmut Reinalter (Hg.), Politische Vereine, Gesellschaften und Parteien in Zentraleuropa 1815–1848/49, Frankfurt am Main/Wien 2005, S. 89 ff.

Hermann Klenner, Marxismus und Menschenrechte. Studien zur Rechtsphilosophie, Ost-Berlin 1982

Hagen Koch u. Peter Joachim Lapp, Die Garde des Erich Mielke. Der militärisch-operative Arm des MfS. Das Berliner Wachregiment „Feliks Dzierzynski", Aachen 2008

Werner Kowalski, Art. Der Bund der Geächteten (BdG), 1834–1840/41, in: Dieter Fricke et al. (Hg.), Lexikon zur Parteiengeschichte. Die bürgerlichen und kleinbürgerlichen Parteien und Verbände in Deutschland (1789–1945), Bd. 1, Köln 1983, S. 210 ff.

Ferdinand Lassalle, Arbeiter-Programm. Über den besonderen Zusammenhang der gegenwärtigen Geschichtsperiode mit der Idee des Arbeiterstandes, in: Eduard Bernstein (Hg.), Ferdinand Lassalle. Gesammelte Reden und Schriften, Bd. 2: Die Verfassungsreden. Das Arbeiterprogramm und die anschliessenden Verteidigungsreden, Berlin 1919 (zuerst Berlin 1862), S. 147 ff.

Ders., Herr Bastiat-Schulze von Delitzsch. Der ökonomische Julian oder Kapital und Arbeit, in: Eduard Bernstein (Hg.), Ferdinand Lassalle. Gesammelte Reden und Schriften, Bd. 5: Lassalles ökonomisches Hauptwerk, Berlin 1919 (zuerst Berlin 1864), S. 19 ff.

Siegfried Mampel, Die sozialistische Verfassung der Deutschen Demokratischen Republik. Text und Kommentar, 3. Aufl., Frankfurt am Main 1972

Karl Marx, Rede zum siebenten Jubiläum der Internationalen Arbeiter-Assoziation, Wiedergabe bei The Seventh Anniversary of the International Working Men's Association. Account of the celebrations held in London September 25, 1871, in: MEGA^2 I/22.1, S. 477 ff. (478f.)

Ders., Zur Judenfrage, in: MEW 1 (zuerst 1844), S. 347 ff.

Karl Marx u. Friedrich Engels, Manifest der Kommunistischen Partei, in: MEW 4, S. 461 ff.

Franz Nowack, Die Grundrechte und Grundpflichten der Bürger der deutschen demokratischen Republik, Leipzig/Jena 1954

Gerhard Riege, Der Bürger im sozialistischen Staat, Frankfurt am Main 1974

Wolfgang Schieder, Anfänge der deutschen Arbeiterbewegung. Die Auslandsvereine im Jahrzehnt nach der Julirevolution von 1830, Stuttgart 1963

Hans-Walter Schmuhl, Arbeitsmarktpolitik und Arbeitsverwaltung in Deutschland 1871–2002. Zwischen Fürsorge, Hoheit und Markt, Nürnberg 2003

Helene Simon, Robert Owen. Sein Leben und seine Bedeutung für die Gegenwart, 2. Aufl., Jena 1925

Josef W. Stalin, Fragen des Leninismus, 5. Aufl., Ost-Berlin 1952

Michael Stolleis, Sozialistische Gesetzlichkeit. Staats- und Verwaltungsrechtswissenschaft in der DDR, München 2009

Rüdiger Suppé, Die Grund- und Menschenrechte in der deutschen Staatslehre des 19. Jahrhunderts, Berlin 2004

Stefanie Wörer, Der Bund der Geächteten. Über den konspirativen Charakter des Bundes und dessen politisch-sozialen Ziele im Kampf um ein geeinigtes bürgerliches Deutschland, historia.scribere 2 (2010), S. 59 ff.

12. Vereinte Nationen (UN) und Allgemeine Erklärungen der Menschenrechte (1948)

12.1 Internationalisierung der Menschenrechte

Die in Staatsverfassungen des 19. Jahrhunderts niedergelegten Individualrechte bezogen sich in erster Linie oder gar ausschließlich auf die jeweiligen Untertanen. Das Schlagwort „Nationalisierung von Menschenrechten" lässt sich hierfür nur mit der Einschränkung gebrauchen, dass die entsprechenden Rechte gar nicht allen Menschen zustehen sollten. Es handelte sich somit um Grund- oder Bürgerrechte, nicht um Menschenrechte. Eine Internationalisierung der Menschenrechte trat erst mit der Allgemeinen Erklärung der Menschenrechte durch die Vereinten Nationen vom 10. Dezember 1948 ein. Dies war solch ein einschneidender Umbruch in der Geschichte der Menschenrechte, dass vor allen Dingen viele Vertreter des geltenden Völkerrechts die Geschichte der Menschenrechte (International Human Rights) erst hier beginnen lassen und davon ausgehen, Menschenrechte habe es zuvor gar nicht gegeben. In der Tat lässt sich die genannte Erklärung in ihrer Bedeutung kaum überschätzen. Der italienische Rechtsphilosoph Norberto Bobbio (1909–2004) hat sich eingehend mit Menschenrechten und ihrer Geschichte beschäftigt. Er bringt es sehr schön auf den Punkt:

> Ich weiß nicht, inwieweit man sich darüber klar ist, daß diese Erklärung etwas völlig Neues in der Geschichte der Menschheit darstellt, denn hier wurde zum ersten Mal ein System von grundlegenden Prinzipien des menschlichen Zusammenlebens in freier Entscheidung angenommen, explizit von der Mehrheit der auf der Erde lebenden Menschen, vertreten durch ihre jeweiligen Regierungen. Mit dieser Erklärung wird ein Wertesystem (wiederum zum ersten Mal in der Geschichte) universal, und zwar nicht im Prinzip, sondern faktisch, denn der Konsens wurde als Regelung für das Zusammenleben der künftigen Gemeinschaft aller Menschen und Staaten formuliert. (Die Werte, die die Religionen und Kirchen repräsentieren, auch die der christlichen Religion als der am weitesten verbreiteten, haben faktisch, d. h. realgeschichtlich, bis heute immer nur für einen Teil der Menschheit Geltung besessen.) Erst nach der Erklärung der UNO können wir historisch gesehen sicher sein, daß die Menschheit einige Werte teilt, und endlich die Überzeugung hegen, daß diese Werte in der Tat universell sind, und zwar in dem

Sinne, daß die Universalität nicht nur ein objektiver, historisch legitimierter Tatbestand ist, sondern auch subjektiv von der Menschheit akzeptiert wurde.[1]

12.2 Mögliche Ursprünge völkerrechtlicher Individualrechte

12.2.1 Übersicht

Stellen wir die Frage, in welchen Bereichen vor der Allgemeinen Erklärung der Menschenrechte Ansätze zur Anerkennung grundlegender Individualrechte auf völkerrechtlicher Ebene zu finden sind, die für alle Menschen – also gerade nicht nur für die eigenen Staatsbürger – gelten sollen, so ist – bei einem weiten Begriff von „Völkerrecht“ – eine fünfgliedrige Antwort denkbar:

- Erstens ist an das humanitäre Völkerrecht zu denken, wie es in der Ersten Genfer Konvention von 1864 einen wichtigen Ausgangspunkt gefunden hat. Darüber habe ich bereits gesprochen.
- Zweitens lässt sich der Schutz von Minderheiten in Betracht ziehen, wie er als Bürgerrecht bereits in § 188 der Paulskirchenverfassung Anerkennung gefunden hat und dann unabhängig von Staatsangehörigkeit in Art. 22 der Völkerbundsatzung von 1919 für Völker, „die noch nicht imstande sind, sich unter den besonders schwierigen Bedingungen der heutigen Welt selbst zu leiten“, zu finden ist.
- Drittens sind Gesetzgebungen zur Abschaffung der Sklaverei in Erwägung zu ziehen wie die Deklaration gegen den Sklavenhandel des Wiener Kongresses aus dem Jahr 1815, der 13. Zusatzartikel zur US-amerikanischen Verfassung von 1865 oder die Brüsseler Antisklavereiakte von 1890.
- Viertens ist die Internationale Arbeitsorganisation (International Labour Organisation, ILO) zu nennen, gegründet auf der Friedenskonferenz in Versailles am 11. April 1919 als ständige Einrichtung des Völkerbundes. Ihre Verbindung zur völkerrechtlichen Anerkennung von Menschenrechten wird deutlich bei einem Blick in die Verfassung der ILO. Ganz zu Anfang steht darin, dass der Weltfriede auf die Dauer nur auf sozialer Gerechtigkeit aufgebaut werden könne. Die beiden erklärten und miteinander verbundenen Ziele der Organisation – die sich auch als ein einziges einheitliches Ziel ansehen lassen – sind also Sicherung des Weltfriedens und Herstellung sozialer Gerechtigkeit.

---

1 Bobbio, Das Zeitalter der Menschenrechte, S. 9 f. Die hier zitierte Passage stammt aus einem Aufsatz, der zuerst im Jahr 1968 auf Italienisch erschien.

- Fünftens schließlich ist an das völkerrechtliche Fremdenrecht zu denken. Danach hat der Heimatstaat einen Anspruch darauf, dass seine Staatsangehörigen nach bestimmten Mindeststandards behandelt werden, und er kann im Verletzungsfall Wiedergutmachung nach Regeln des diplomatischen Schutzes einfordern. Denkbar ist, dass eine zunehmende Mobilität, wie insbesondere die Eisenbahn sie im 19. Jahrhundert ermöglichte, dem Fremdenrecht in dieser Zeit immer stärkere praktische Bedeutung verlieh.

12.2.2 Fremdenrecht

Die enge Verbindung menschenrechtlicher Ideen mit dem Fremdenrecht zeigt sich bei einem Blick in ein Werk des Schweizer Juristen Johann Caspar Bluntschli (1808–1881). In seinem vielbeachteten Buch über das moderne Völkerrecht sieht er die früher übliche Rechtlosigkeit von Ausländern („Fremden") „unter dem Schutze des humaner gewordenen Rechtes der civilisirten Völker" als überwunden an und argumentiert zugleich, dass eine andere Sichtweise den Vorstellungen von Gerechtigkeit und Gleichheit (aller Menschen, nicht nur der Staatsbürger) zuwiderlaufe. Im Hinblick auf die Frage nach dem Ursprung von Menschenrechten ist dabei auch hervorzuheben, dass Bluntschli hier das Verhältnis von Staaten zueinander vor Augen hat. Damit bemüht er sich um eine völkerrechtliche Verankerung seiner Überlegungen zu allen Menschen gleichermaßen zustehenden Mindestrechtspositionen. Bemerkenswert ist dabei auch, dass Bluntschli – auch wenn er Verhältnisse von Staaten zueinander vor Augen hat und von „Reclamationen der Staten" spricht – Individuen („die Fremden") als Rechtsinhaber (damit als Rechtssubjekte) nennt:

> Die Fremden haben einen rechtmäßigen Anspruch auf den gesetzlichen und landesüblichen Rechtsschutz ihrer Persönlichkeit, ihrer Familien= und Vermögensrechte. Im Alterthum und im Mittelalter verstand sich dieses Recht der Fremden keineswegs. Vielmehr wurden sie als rechtlose Leute betrachtet, wenn sie nicht unter den besondern Schutz eines Gastfreundes oder Patrones oder eines Grundherrn oder angesehenen Bürgers gestellt waren. Die Fremden von heute dagegen stehen unter dem Schutze des humaner gewordenen Rechtes der civilisirten Völker. Auch der früher beliebte Vorzug der Einheimischen vor den Ausländern in der Geltendmachung von Forderungen und insbesondere im Concurse wird immer mehr als ungerecht und der heutigen auf Gleichheit gegründeten Rechtsbildung zuwiderlaufend allmählich überall beseitigt. Zunächst freilich entscheidet die Landesgesetzgebung über die Bedingungen und die Ausdehnung des den Fremden zukommenden Rechtsschutzes. Aber offenbare Unbill, welche der Stat gegen die

> Fremden üben wollte, würde Reclamationen der Staten rechtfertigen, welchen dieselben angehören.[2]

Bei alledem galt der Schutz von Menschenrechten – sofern diese wie gesagt überhaupt anerkannt waren – stets als eine innerstaatliche Angelegenheit, und eine Rechtsschutzebene über der Gewalt der Nationalstaaten existierte nicht. Sie wäre auch mit dem Staatsverständnis der damaligen Zeit nicht zu vereinbaren gewesen. Der Staat galt als Verkörperung einer nationalen Wertegemeinschaft und stand über dem Individuum. Mit welcher Selbstverständlichkeit Verletzungen von Nationalstolz noch zu Zeiten des Ersten Weltkrieges in der Bevölkerung ohne Weiteres als Grund für das Führen eines Krieges akzeptiert wurde, ist für uns heute – zum Glück – nicht mehr nachvollziehbar. Eine Änderung der Auffassung, dass der Staat als Verkörperung der sittlichen Idee seinen Auftrag, für Frieden und Gerechtigkeit zu sorgen, gar nicht habe verfehlen können, trat erst nach den grauenhaften Verbrechen im Zweiten Weltkrieg ein.

12.3 Der Zweite Weltkrieg als Umbruch

Nach der Katastrophe des Zweiten Weltkrieges und den großen Umwälzungen von 1945 fand eine intensive Beschäftigung mit Fundamentalrechten statt. Die globalen Interdependenzen zwischen den Völkern rückten in den Fokus, auch die wirtschaftlichen Abhängigkeiten reicher und armer Staaten voneinander. Hinzu kam das zunehmende Bewusstsein der Gefahr durch Atomwaffen und die dadurch drohende Massenzerstörung. Auf dem humanitären Sektor gab es drei Tendenzen: (1) politische und individuelle Vorstellungen von Grundfreiheiten und Menschenrechten (klassische Rechte), (2) soziale und materielle Vorstellungen von Grundfreiheiten und Menschenrechten (soziale Rechte) und schließlich (3) ein Verlangen nach rechtsverbindlichen Übereinkommen zur Stärkung und Sicherung des Individuums (zwischen- beziehungsweise überstaatliche Rechte). Die Menschenrechte zu schützen sollte damit nicht mehr allein Aufgabe einzelner Staaten, sondern einer Staatengemeinschaft sein.[3] Damit konnte – im Gegensatz zur klassischen Lehre im Völkerrecht – der Mensch selbst zum Träger von Rechten und damit zum Völkerrechtssubjekt werden.

---

2 Johann Caspar Bluntschli, Das moderne Völkerrecht der civilisirten Staaten: als Rechtsbuch dargestellt, Nördlingen 1868, S. 222 (Merksatz S. 386).

3 Oestreich, Geschichte der Menschenrechte (s. Lit.), S. 118.

12.4 Die Gründung der Vereinten Nationen

Die Idee, durch internationale Kooperation und Zusammenschlüsse für Frieden und eine gerechtere Welt zu sorgen, war bei Gründung der Vereinten Nationen nicht neu. Als Vorläufer ist der im Rahmen der Pariser Friedensverhandlungen nach dem Ersten Weltkrieg gegründete Völkerbund zu nennen, der jedoch damals auf nur begrenztes Interesse stieß und sich infolgedessen als nur begrenzt effektiv erwies. So wurden die Vereinigten Staaten von Amerika nie Mitglied des Völkerbundes. Umso mehr war es dann allerdings ihr politischer Führer Präsident Franklin Delano Roosevelt (1882–1945), der bereits während des Zweiten Weltkrieges supranationale Kooperation vorantrieb. Nach einem geheimen Treffen auf einem britischen Kriegsschiff schlug er gemeinsam mit dem britischen Premierminister Winston Churchill (1874–1965) in der Atlantik-Charta Grundsätze für eine zukünftige internationale Zusammenarbeit zur Wahrung von Frieden und Sicherheit vor.

Am 1. Januar 1942 bekundeten in Washington D.C. Vertreter von 26 gegen Deutschland und seine Verbündeten alliierten Nationen mit der „Declaration by United Nations" ihre Unterstützung für die Atlantik-Charta. Ein weiterer Meilenstein war die Moskauer Deklaration, welche die Vereinigten Staaten, Großbritannien, China und die Sowjetunion am 30. Oktober 1943 unterzeichneten. Diese zielte darauf ab, eine internationale Organisation zur Wahrung von Frieden und Sicherheit auf Grundlage des Prinzips von Gleichheit und Souveränität der Mitgliedsstaaten ins Leben zu rufen. Nachdem auf der Konferenz von Jalta im Februar 1945 noch offene Punkte geklärt werden konnten, trafen sich ab 25. April 1945 die Delegierten von 50 Nationen in San Francisco zur „United Nations Conference on International Organisation". Am 25. Juni wurde dort die Charta der Vereinten Nationen einstimmig angenommen, die am 24. Oktober 1945 in Kraft trat. Bis 1960 gehörten den Vereinten Nationen 91, bis 1990 154 Staaten an. Heute (2025) sind es 193.

12.5 Die Allgemeine Erklärung der Menschenrechte vom 10. Dezember 1948

Die AEMR gewährt Rechte „ohne irgendeinen Unterschied, etwa nach Rasse, Hautfarbe, Geschlecht, Sprache, Religion, politischer oder sonstiger Überzeugung, nationaler oder sozialer Herkunft, Vermögen, Geburt oder sonstigem Stand" (Art. 2).

Mit Übersetzungen in 576 Sprachen[4] ist die AEMR einer der am meisten übersetzten Texte überhaupt. In ihrer Präambel ist die Rede von „Freiheit, Gerechtigkeit und Frieden in der Welt“ als grundsätzliche Werte und von dem Glauben an die grundlegenden Menschenrechte, an „die Würde und den Wert der menschlichen Person und an die Gleichberechtigung von Mann und Frau“.

Die AEMR ist keine verbindliche Quelle des Völkerrechts und somit auch nicht justitiabel. Sie wurde nicht durch einen völkerrechtlichen Vertrag eingeführt, sondern durch eine Resolution der UN-Vollversammlung. Einer solchen Resolution kommt keine rechtlich bindende Wirkung zu, denn nach der UN-Charta haben einen solchen Status nur Resolutionen des Sicherheitsrates (Art. 25). Anders ist dies nur für diejenigen Artikel der AEMR, die in den Internationalen Pakt über Bürgerliche und Politische Rechte (Zivilpakt) oder in den Internationalen Pakt über Wirtschaftliche, Soziale und Kulturelle Rechte (Sozialpakt) übernommen wurden. Beide Vertragswerke wurden 1966 unterzeichnet und traten 1976 in Kraft. Sowohl beim Zivilpakt wie auch beim Sozialpakt handelt es sich um bindende internationale Abkommen.

Im Hinblick auf individuelle Verantwortlichkeit sind Prozesse gegen Kriegsverbrecher und nationalsozialistisches Unrecht zu nennen, von denen der Nürnberger Hauptkriegsverbrecherprozess (häufig kurz „Nürnberger Prozess“) als derjenige, an dem alle vier Siegermächte teilnahmen, die größte Bekanntheit erlangt hat. Der Gedanke von über allem staatlichen Recht stehenden, unverletzlichen Grundregeln hatte hier eine wichtige Rolle gespielt. Bei der AEMR geht es nicht um individuelle Verantwortlichkeit, sondern um die Anerkennung grundlegender Rechte des einzelnen Menschen als Grundlage einer neuen Weltordnung. Einen Anlass dafür, sich damit zu beschäftigen, mochte auch der Abwurf von US-amerikanischen Atombomben auf zwei japanische Städte gespielt haben. Das beendete nicht nur den Zweiten Weltkrieg mit schneller Wirkung. Es zeigte auch aller Welt auf grauenvolle Art, in welchen Dimensionen Vernichtung von nun an möglich war. Gerade in Anbetracht der Spannungen, die von dem längst präsenten Ost-West-Konflikt ausgingen und die die folgenden vier Dekaden prägen sollten, war es von existentieller Bedeutung, ein Gesprächsforum und einen Grundkonsens zu finden.

Nach Art. 68 UN-Charta war eine Menschenrechtskommission zu gründen, was 1946 auch geschah. Das Erste, das die neu gegründete Kommission unternehmen sollte, war, einen internationalen Menschenrechtskodex (International Bill of Rights) zu erarbeiten. In diesem Bereich nämlich – dem konkreten Inhalt von

4 https://www.ohchr.org/en/human-rights/universal-declaration/universal-declaration-human-rights/about-universal-declaration-human-rights-translation-project (Zugriff: 06.12.2024).

Menschenrechten – waren die (weltanschaulichen) Kontroversen und (damit) auch die Fragezeichen groß.

Bei der AEMR dürfte es sich um das bekannteste und bedeutendste menschenrechtliche Dokument aller Zeiten handeln. Deshalb werde ich dieses in seiner Entstehung und seinen Hintergründen am ausführlichsten von allen in diesem Buch behandelten Dokumenten darstellen.

12.5.1 Entstehung und Hintergründe

Ein – wie wir heute wissen – nur knapp bemessenes Zeitfenster stand bis zum Ausbruch des Kalten Krieges für eine wegweisende Erklärung zur Verfügung, die den Menschenrechten endgültig ihren überstaatlichen Charakter geben sollte. Es verhält sich ähnlich wie mit dem zuvor erwähnten Nürnberger Prozess gegen die Hauptkriegsverbrecher: In der kurzen Zeit zwischen dem Ende des Zweiten Weltkrieges und dem offenen Aufbrechen unüberwindlicher Gegensätze zwischen den beiden Machtblöcken wurde die Ausgangsbasis für ein internationales Strafrecht begründet.

12.5.2 Vorgeschichte

Unter dem Eindruck des Zweiten Weltkrieges entstanden Forderungen nach Menschenrechten, zum einen sicherlich als Reaktion auf die erlebten Schrecken, zum anderen bewusst durch Lenkung der Alliierten. Eine prägnante Passage aus der „Four-Freedoms-Rede" Präsident Roosevelts von 1941 lautet:

> In the future days, which we seek to make secure, we look forward to a world founded upon four essential human freedoms.

Diese „Four Freedoms" sind: Redefreiheit, Glaubensfreiheit, Freiheit von Not und Freiheit von Angst,[5] eindrücklich zeitgenössisch ins Bild gesetzt durch den US-amerikanischen Maler Norman Percevel Rockwell (1894–1978) in seinem Bilderzyklus „Four freedoms" (1943), der sich damals großer Popularität erfreute.[6]

Auch für Churchill war die Situation klar:

---

5 Rede Franklin D. Roosevelts im Kongress am 06.01.1941, in: Congressional Record, Bd. 87, Teil 1, S. 44 ff., https://www.congress.gov/bound-congressional-record/1941/01/06/house-section (Zugriff: 05.09.2024).

6 https://en.wikipedia.org/wiki/Four_Freedoms_(Rockwell) (Zugriff: 12.09.2024).

> It is for the life and liberty of the individual, for the fundamental rights of man, now menaced and precarious in so many lands, that peoples tremble.[7]

Ähnliche Überzeugungen waren bei den Autoren der AEMR vorherrschend: Charles Malik (1906–1987), der als Berichterstatter der Menschenrechtskommission maßgeblichen Einfluss auf die AEMR nahm, sah ihren Hintergrund in der Opposition gegen das Gedankengut Nazideutschlands und der „Vier-Freiheiten-Rede" Roosevelts. René Cassin (1887–1976), der ebenfalls bei der Entstehung der Erklärung eine Schlüsselrolle spielte,[8] schilderte in seinen 1968 veröffentlichten Erinnerungen die Situation der Nachkriegszeit.[9] Cassin war ein französischer Professor für Zivilrecht und Internationales Privatrecht jüdischer Herkunft, der schon als Vertreter Frankreichs im Völkerbund einige Erfahrungen mit einer internationalen Organisation gesammelt hatte. Ihm gelang im Zweiten Weltkrieg die Flucht nach England, wo er Chefjurist des freien Frankreichs war, während ein großer Teil seiner Familie in Konzentrationslagern ums Leben kam.

12.5.3 Die Entwicklung der AEMR

Schon bei Schaffung der UN-Charta gab es Bestrebungen, einen Menschenrechtskatalog aufzunehmen. So reichten Kuba, Chile und Panama während der UN-Konferenz 1945 Vorschläge für Menschenrechtsbestimmungen ein. Für die Alliierten des Zweiten Weltkriegs allerdings stand zu diesem Zeitpunkt die Institutionalisierung der Nachkriegsordnung im Vordergrund, was vorerst zu einer Verschiebung der Menschenrechteerklärung führte. Anlässlich der Unterzeichnung der UN-Charta kündigte Truman jedoch eine solche an:

---

7 Rede Winston Churchills im Unterhaus am 16.08.1945, in: Hansard Bd. 413, Sp. 76 ff., https://hansard.parliament.uk/Commons/1945-08-16/debates/abb06368-c553-467a-85be-9e83ecbb4105/DebateOnTheAddress?highlight=life%20liberty%20individual%20fundamental%20rights%20man%20menaced%20precarious%20many%20lands%20that%20peoples%20tremble#contribution-f159ca8a-4ba9-4993-b3d7-d8b27af2e9f6 (Zugriff: 05.09.2024).

8 Wouters u. Cassin, The Foot Soldier of Human Rights, S. 105 ff.

9 Cassin, Historique de la Declaration Universelle, S. 103.

> Under this document we have good reason to expect an international bill of rights, acceptable to all the nations involved. That bill of rights will be as much part of international life as our own Bill of Rights is a part of our Constitution.[10]

Die Idee der Menschenrechte war bereits an einigen Stellen in der UN-Charta verankert.[11] Zentral für die Schaffung einer Menschenrechteerklärung waren die Vorschriften mit Menschenrechtsbezug, die dem Wirtschafts- und Sozialrat die Aufgabe des Menschenrechtsschutzes (Art. 62 Abs. 2) und die der Schaffung einer Menschenrechtskommission (Art. 68) übertrugen. Die Entwicklung der AEMR im neu geschaffenen institutionellen Rahmen der Vereinten Nationen war dabei keine alleinige Arbeit des Wirtschafts- und Sozialrates und seiner Unterorgane, sondern durch eine übergreifende Zusammenarbeit innerhalb der Vereinten Nationen und darüber hinaus geprägt.

12.5.4 Vorkommission

In seiner ersten Sitzung schuf der Wirtschafts- und Sozialrat am 15. Februar 1946 eine Vorkommission (Nuclear Commission) mit der Aufgabe, die Arbeit einer Menschenrechtskommission vorzubereiten. Diese bestand aus neun Mitgliedern aus neun Ländern und tagte vom 29. April bis 30. Mai 1946 im Hunter College, New York. Den Vorsitz übernahm Eleanor Roosevelt (1884–1962), die Witwe Franklin D. Roosevelts,[12] die schon einige Erfahrungen als politische Aktivistin besaß. Den stellvertretenden Vorsitz hatte René Cassin inne. Eleanor Roosevelt sollte für die gesamte Entstehungsgeschichte der AEMR eine wichtige Rolle einnehmen. Ihr Verdienst bestand dabei weniger darin, das philosophische Konstrukt oder den rechtlichen Inhalt der Erklärung geprägt zu haben. Vielmehr vermittelte sie als Vorsitzende bei den vielen Differenzen der Teilnehmer und sicherte zugleich die notwendige Rückendeckung der US-Regierung für das Projekt der Menschenrechteerklärung.

Der Wirtschafts- und Sozialrat entschied sich mit Resolution vom 21. Juni 1946 für eine ständige Menschenrechtskommission. Der Empfehlung des Vorkomitees,

---

10 Verbatim Minutes of the Closing plenary session, 26.06.1945, UN Doc. 1209 P/19, S. 26, in: Documents of the United Nations Conference on International Organizations, Bd. 1, San Francisco 1945, S. 658 ff. (683), https://digitallibrary.un.org/record/1300969 (Zugriff: 05.09.2024).

11 Präambel, Art. 1 Nr. 3, 13 Abs. 1 lit. b), 55 lit. c), 62 Abs. 2, 68, 76 lit. c).

12 Ausführlich zur Rolle von Eleanor Roosevelt bei der Entstehung der AEMR mit großer Bewunderung für sie Glendon, A World Made New.

das Sekretariat der Vereinten Nationen um eine Materialsammlung zu bitten, wurde entsprochen. Dieses richtete daraufhin seine Menschenrechtsabteilung unter Führung des kanadischen Juristen John Peters Humphrey (1905–1995) ein. Die Vorkommission hatte ferner empfohlen, die Menschenrechtskommission nicht aus Regierungsvertretern bestehen zu lassen. Dem folgte der Wirtschafts- und Sozialrat nicht.

12.5.5 Erste Sitzung der Menschenrechtskommission

Die erste Sitzung der Menschenrechtskommission fand vom 27. Januar bis 10. Februar 1947 in Lake Success bei New York statt. Die Kommission diskutierte dort etwa die Ausgestaltung der Verfahrensordnung, die allgemeine Herangehensweise und den Umgang mit den Eingaben von einzelnen Personen und internationalen Organisationen. Ergebnis der Verhandlungen war die Einrichtung eines Redaktionsausschusses, bestehend aus Eleanor Roosevelt als Vorsitzende der Menschenrechtskommission, deren stellvertretendem Vorsitzenden Peng Chun Chang (P. C. Chang, 1892–1957) und dem libanesischen Vertreter Charles Malik als Berichterstatter. Malik besaß auf internationalem Parkett reiche Erfahrungen. Er sprach Englisch, Französisch, Arabisch und Deutsch fließend. Er hatte 1932 eine philosophische Dissertation bei Martin Heidegger in Freiburg im Breisgau begonnen, die er dann nach der nationalsozialistischen Machtübernahme abbrechen musste. Malik begab sich sodann in die Vereinigten Staaten von Amerika , wo er seine Studien schließlich 1934 in Harvard als Doktor der Philosophie abschloss. Er nahm eine Philosophieprofessor in Beirut an, die er später für seine Arbeit bei den Vereinten Nationen unterbrach.

Diese Dreiergruppe traf sich mit John P. Humphrey am 17. Februar 1947 in der Wohnung von Eleanor Roosevelt zum Tee. Bei diesem Treffen wurde Humphrey beauftragt, einen Entwurf anzufertigen. Die kleine Besetzung des Redaktionsausschusses stieß schnell auf die Bedenken der im Menschenrechtskomitee vertretenen Staaten, die damit ihre Mitsprache gefährdet sahen. Eine Erweiterung des Redaktionsausschusses auf acht Personen wurde beschlossen, die das Mandat Humphreys allerdings bestätigten.

12.5.6 John P. Humphrey und sein Entwurf einer Menschenrechteerklärung

Humphrey entwarf nun drei Dokumente: einen Entwurf eines Menschenrechtekatalogs mit 48 Artikeln, eine umfangreiche Dokumentensammlung, um diesen zu stützen, sowie eine Erörterung der Systematik, die dem Entwurf zugrunde lag. Dabei bewegte sich Humphrey am Rande seines Mandats. Er sollte eigentlich nur eine grobe Skizze („documented outline") und keinen Entwurf („draft") abliefern. Um seine Arbeit zu legitimieren, charakterisierte Humphrey seinen Entwurf in der Folge als „draft outline". John Humphrey stützte sich bei seiner Dokumentensammlung auf die zum Zeitpunkt vorhandenen Grundrechtekataloge in den einzelstaatlichen Verfassungen, aber auch auf die Verhandlungen des Menschenrechtskomitees und einen Entwurf der American Federation of Labor.

12.5.7 Erste Sitzung des Redaktionsausschusses

Die drei von Humphrey erstellten Dokumente und ein Entwurf des Vereinigten Königreichs lagen dem Redaktionsausschuss in seiner ersten Sitzung vom 9. bis 25. Juni 1947 in Lake Success vor. Schon in diesem Stadium drängte der sowjetische Vertreter darauf, dass der zu schaffende Text keinesfalls überstaatlichen Charakter haben möge. Weder ein zu detaillierter Text noch ein internationales Gericht dürften entstehen. Den Entwurf Humphreys überarbeiteten Émile Giraud und René Cassin. Cassins Verdienst lag insbesondere in einer Systematisierung der von Humphrey erarbeiteten Materialien. Einige Jahrzehnte nach der Entstehung der AEMR kam es zwischen Cassin und John Humphrey zu einem Streit darüber, wer ihren ersten Entwurf gefertigt habe.

12.5.8 Parallel UNESCO Survey

Eine weitere Organisation, die sich Menschenrechte nach dem Zweiten Weltkrieg auf die Fahnen geschrieben hatte, war die von dem britischen Zoologen Julius Huxley geprägte UNESCO in Paris mit ihrer durch den französischen Philosophen Jacques Havet geleiteten Philosophieabteilung. Ursprünglich plante die UNESCO eine Konferenz, auf der gemeinsame Grundlagen der Menschenrechte gesucht werden sollten. Die Idee einer Konferenz wurde jedoch verworfen, weil dafür, wollte die UNESCO die Entstehung der AEMR beeinflussen, keine Zeit blieb. Stattdessen entschied sich die UNESCO, eine weltweite Umfrage durchzuführen. Sie versendete etwa 150 Aufforderungen, zu der Idee eines weltweiten Menschenrechtskatalogs Stellung zu nehmen, wobei kein bestimmtes System für die Auswahl der Adressaten erkennbar ist. Die Antworten wurden vom 26. Juni bis 2. Juli 1947, also nach der ersten Sitzung des Redaktionsausschusses, ausgewertet, die Ergebnisse schließlich am 1. August weitergeleitet. John Humphrey, der in Genf die zweite Sitzung des Menschenrechtskomitees vorbereitete, erhielt dabei 50 Exemplare, die er an die Mitglieder des Komitees verteilte. Dieses stand der eigenmächtig durchgeführten Umfrage kritisch gegenüber und beschloss, die UNESCO-Umfrage nicht als

Grundlage der AEMR anzunehmen. Mit dem Hinweis, sie biete eine umfangreiche Erfassung von Positionen zu Menschenrechten nach dem Zweiten Weltkrieg, wurde die besagte Umfrage dennoch als Argument für die Universalität der AEMR angeführt.[13] Hiergegen spricht allerdings, dass sie im Wesentlichen in westlichen Ländern[14] und in einer noch kolonialen Situation stattgefunden hatte.

12.5.9 Der weitere Verlauf der Diskussion

Bei der zweiten Sitzung der Menschenrechtskommission in Genf vom 2. bis 17. Dezember 1947 galt der größte Teil der Diskussion neben dem Inhalt der International Bill of Rights ihrer Form. Sollte sie eine rechtlich unverbindliche Erklärung oder ein bindender Vertrag sein? Es gab drei Arbeitsgruppen. Eine beschäftigte sich mit einer Erklärung, eine weitere mit einem bindenden Vertrag, eine dritte schließlich sich mit der Umsetzung. Am Ende der Sitzung stand ein Entwurf für eine Menschenrechteerklärung (Geneva draft).

Im Rahmen der zweiten Sitzung des Redaktionsausschusses in Lake Success vom 3. bis 21. Mai 1948 äußerte sich der Vertreter der Sowjetunion Alexej Pawlow – wie bereits im Laufe des ersten Treffens – kritisch. Die Erklärung der Menschenrechte falle allzu einseitig zu Gunsten der Rechte des Einzelnen aus, zu kurz kämen hingegen die Grundpflichten gegenüber dem Staat. Auch das Verbot der gesetzlichen Diskriminierung „because of race, sex or religion“ fehle, was etwa im Hinblick auf „the situation of coloured people in the United States or of Indians in South Africa” große Besorgnis errege. Wegen der fehlenden antifaschistischen Orientierung sei aus sowjetischer Sicht der bisherige Entwurf keine angemessene Grundlage für eine Diskussion.[15]

In der dritten Sitzung des Menschenrechtskomitees vom 24. Mai bis 18. Juni 1948 in Lake Success wurden die Präambel und die Pflichten des Individuums sowie die Einschränkbarkeit der Rechte einer eingehenden Überprüfung unterzogen. Der dabei entstandene Entwurf einer „Internationalen Erklärung der Menschenrech-

---

13 Glendon, A world made new, S. 226; Lauren, The Evolution of International Human Rights, S. 210 f.

14 45 Prozent der Antworten kamen aus den USA und Großbritannien, 40 Prozent aus Westeuropa, Südafrika, Australien und Kanada, 15 Prozent aus Osteuropa, Indien, Lateinamerika und China, Goodale, Letters to the Contrary, S. 21.

15 21. Treffen am 04.05.1948, Az. E/CN.4/AC.1/SR.21, S. 2 ff., https://undocs.org/E/CN.4/AC.1/SR.21 (Zugriff: 05.09.2024).

te“[16] wurde dem Wirtschafts- und Sozialrat vorgelegt, welcher den Entwurf an die Generalversammlung weitergab.[17]

12.5.10 Drittes Komitee der Vereinten Nationen

Die Generalversammlung leitete den Entwurf schließlich am 24. September 1948 an ihr drittes Komitee weiter. Das dritte Komitee war eines von sieben Unterorganen der Generalversammlung. Es beriet den Entwurf vom 30. September bis 7. Dezember 1948. Bemerkenswert ist, dass die zentralen Akteure der Menschenrechtskommission auch an den weiteren Beratungen in der Generalversammlung teilnahmen. Charles Malik, neben seiner Tätigkeit in der Menschenrechtskommission auch Präsident des Wirtschafts- und Sozialrates sowie Vorsitzender des dritten Komitees, und die anderen Protagonisten blieben in der Debatte präsent. Eleanor Roosevelt, Chang, Cassin und auch John Humphrey begleitete das Projekt bis in die Generalversammlung.

Dabei arbeitete diese Gruppe inzwischen oft als Team, das die weiteren Staatenvertreter gemeinsam von der Erklärung der Menschenrechte zu überzeugen suchte. In der Beratung des dritten Komitees kamen nun auch neue inhaltliche Diskussionen zum Vorschein. Saudi-Arabien kritisierte die Gleichberechtigung von Mann und Frau in der Ehe und die Freiheit, die eigene Religion zu wechseln. Damit fand Saudi-Arabien aber keineswegs überall in der muslimischen Welt Unterstützung. Pakistan, der damals größte islamische Mitgliedsstaat der Vereinten Nationen, stimmte der Gleichberechtigung von Mann und Frau in der Ehe zu. Südafrika, im Begriff, das Apartheid-Regime rechtlich zu kodifizieren, störte sich am Grundsatz der Nichtdiskriminierung. Gegenwind kam auch in dieser Phase wieder von der Sowjetunion, deren Vertreter kritisierte, dass die Pflichten des Einzelnen seinem Staat gegenüber nicht hinreichend festgelegt und die staatliche Souveränität nicht berücksichtigt seien. Trotz vieler Änderungsanträge und langer Diskussionen wurden jedoch kaum Änderungen an dem Entwurf vorgenommen, was auch auf die Überzeugungsarbeit des Protagonistenteams zurückzuführen sein mag.

---

16 Für den Wortlaut des Entwurfs siehe Report of the 3rd Session of the Commission on Human Rights, Lake Success, 24 May to 18 June 1948, Az. E/800, Annex A, S. 10 ff., https://undocs.org/en/E/800 (Zugriff: 18.09.2024).

17 Resolution 151(VII) vom 26.08.1948, Az. E/RES/151(VII), https://undocs.org/en/E/RES/151(VII) (Zugriff: 18.09.2024).

12.5.11 Generalversammlung

Die Generalversammlung begann ihre Beratungen am 9. Dezember 1948 in Paris und verabschiedete die Allgemeine Erklärung der Menschenrechte am darauffolgenden Tag. Zum Gedenken daran wird jedes Jahr am 10. Dezember der „Tag der Menschenrechte" begangen.

Das Verhandlungsklima war stark geprägt vom Ost-West-Konflikt, der sich bald zu einem globalen Phänomen auswachsen und in der Folgezeit die Ursache zahlreicher Kriege sein sollte. Ein gemeinsamer, bindender Vertrag über Menschenrechte, wie noch in der zweiten Sitzung der Menschenrechtskommission in Genf ins Auge gefasst, war in weite Ferne gerückt. In dieser Situation verwarf Eleanor Roosevelt den Plan eines völkerrechtlich bindenden Vertrags über Menschenrechte. Die Arbeit der Kommission konzentrierte sich nun auf eine unverbindliche Erklärung. Es galt, eine konsensfähige Auffassung herauszuarbeiten im Hinblick darauf, was Menschenrechte eigentlich sind und was genau ihr Inhalt ist. Einfach war auch das nicht. Die westlichen Staaten waren an politischen und bürgerlichen Freiheitsrechten interessiert, während sozialistische Staaten, allen voran die Sowjetunion, auf eine größere Bedeutung wirtschaftlicher und sozialer Rechte drängten. So verabschiedete die Kommission am 10. Dezember 1948 einen schwierigen Kompromiss. Dieser war so allgemein gehalten, dass er aus Sicht all der höchst kontroversen Auffassungen akzeptabel erschien.

Ein Beispiel dafür, wie sich trotz systembedingt konträrer Sichtweisen in heiklen Punkten ein einheitlicher, konsensfähiger Artikel finden ließ, ist das Recht auf Arbeit und gleichen Lohn sowie die Koalitionsfreiheit in Art. 23 AEMR. Dem Westen galt (beziehungsweise gilt) dieser Artikel lediglich als Programmsatz. Nicht der Staat, sondern private Unternehmen haben nach seinem Verständnis Arbeitsplätze zu schaffen. Das Prinzip der freien Marktwirtschaft verbiete dem Staat grundsätzlich, in die Wirtschaftsordnung einzugreifen. Dieser habe vielmehr allein die Rahmenbedingungen zu schaffen, die zu einer Vollbeschäftigung führen könnten. Nach sowjetischer Auffassung hingegen war der Staat verpflichtet, Arbeitsplätze zu schaffen, was unter einer sozialistischen Wirtschaftsordnung ja auch ohne Weiteres möglich ist. Private Unternehmen gibt es in einer Planwirtschaft grundsätzlich nicht. Nach sozialistischer und vor allem sowjetischer Anschauung war das Recht auf Arbeit das zentrale Recht des Individuums. Wie in einem Brennglas findet das Nebeneinander der verfeindeten Blöcke ferner Ausdruck in Art. 17 Abs. 1 AEMR: „Jeder Mensch hat allein oder in der Gemeinschaft mit anderen Recht auf Eigentum." In der ersten Alternative wird das den Westen prägende Individualeigentum geschützt, in der zweiten das Kollektiveigentum des Ostens.

Abb. 23 Eleanor Roosevelt mit der Allgemeinen Erklärung der Menschenrechte (spanische Fassung), Foto vom 11.1.1949.

Die Generalversammlung verabschiedete schließlich die AEMR mit 48 Ja-Stimmen, 0 Gegenstimmen und 8 Enthaltungen (Sowjetunion, Ukraine, Weißrussland, Polen, ČSSR, Jugoslawien, Saudi-Arabien und Südafrika[18]). Die Welt und mit ihr die Vereinten Nationen haben sich seither erheblich gewandelt, nicht zuletzt deshalb, weil sich die Anzahl der Staaten und damit die der stimmberechtigten Mitglieder in der UN-Vollversammlung erheblich erhöht hat. 1919 gab es weltweit 32 anerkannte souveräne Staaten, 1957 waren es 82, heute (2025) haben die Vereinten Nationen 193 Mitglieder. Die politische Landkarte Asiens, Afrikas und Ozeaniens hat sich mit der Dekolonialisierung dieser Regionen nach dem Zweiten Weltkrieg gänzlich verändert.

Die AEMR ist wie gesagt so wie jede Resolution der UN-Vollversammlung rechtlich vollkommen unverbindlich. Ähnlich verhält es sich etwa mit der Resolution der UN-Vollversammlung für ein „Recht auf Zugang zu sauberem Wasser" vom 28. Juli 2010. Durch eine solche Resolution allein wird selbstverständlich niemand gerettet,

18 In Südafrika hatte 1948 die Nasionale Party, die die Einführung der Apartheid zum Ziel hatte, die Parlamentswahlen gewonnen. Das Land enthielt sich deshalb bei der Abstimmung zur AEMR, deren Art. 2 Ungleichbehandlung aufgrund der Rasse verbietet. In der Folgezeit traten in Südafrika Gesetze wie der Prohibition of Mixed Marriages Act von 1949 und der Population Registration Act von 1950 in Kraft, die ausdrücklich aufgrund ethnischer Zugehörigkeit diskriminierten.

zumal es sich nicht um ein klagbares Recht handelt. Solche UN-Resolutionen können aber durchaus – und in diesem Bereich liegt in erster Linie ihre Bedeutung – politische Auswirkungen haben.

Zwar sollte die Idee bindender Menschenrechtsverträge durch die Vereinten Nationen in Zukunft noch erfüllt werden, doch umfassten die beiden Menschenrechtspakte der 1960er Jahre nur Teilbereiche der Menschenrechte. Größere Bedeutung sollten regionale Menschenrechtssysteme erhalten.

12.6 Entwicklung des Menschenrechtsschutzes im Rahmen der Vereinten Nationen

Die Geschichte des Menschenrechtsschutzes nach der AEMR lässt sich im Hinblick auf die beiden Weltmenschenrechtskonferenzen, die es seither gab, in drei Abschnitte aufteilen. Abschnitt eins reicht bis zur ersten Weltmenschenrechtskonferenz im Jahr 1968.

12.6.1 Die Konferenz von Teheran 1968

Im Hinblick auf das autoritäre iranische Schah-Regime – das somit eine Bühne hatte, um sich als Verteidiger der Menschenrechte zu präsentieren – ist Teheran ein bizarrer Ort für eine Weltmenschenrechtskonferenz. 83 Staatenvertreter nahmen daran teil, um Bilanz über den weltweiten Status quo der Menschenrechte zu ziehen, wobei sich Unzufriedenheit zeigte. Die Konferenz von Teheran brachte einen Wandel vom individuellen Menschenrechtsverständnis der 1940er Jahre hin zu Interpretationen, die sich auf die nationale Entwicklung konzentrierten.[19]

Das findet Ausdruck in einer Erklärung der UN-Generalversammlung. Sozialer Fortschritt und Entwicklung, wie sie auf Achtung der Würde und des Wertes der menschlichen Person beruhten, gewährleisteten die Förderung von Menschenrechten und sozialer Gerechtigkeit. Das erfordere die sofortige und endgültige Beseitigung aller Formen der Ungleichheit und Ausbeutung von Völkern und Individuen. Als konkrete Ziele sind die Beseitigung von Armut, Hunger und Unterernährung sowie auch die Bekämpfung von Analphabetentum genannt.[20] Die Forderungen nach wirtschaftlicher Entwicklung und wirtschaftlichen Rechten gegenüber den

19 Burke, From Individual Rights to National Development, S. 276.

20 Declaration on social progress and development der UN Generalversammlung vom 11. November 1969 (2542), Art. 2, 10 (b), (c), (e).

politischen und bürgerlichen Rechten gewannen hier an Raum. Das ermöglichte es postkolonialen autoritären Regimen, die Menschenrechtsagenda zu übernehmen und ihre Mehrheit in der UN-Generalversammlung zu nutzen, ohne sich auf eine politische Liberalisierung in ihren eigenen Ländern festlegen zu müssen.[21]

Die Teilnehmer der Konferenz von Teheran hielten die Überbevölkerung für ein ernsthaftes Problem. Vor diesem Hintergrund erging am 12. Mai 1968 die Resolution über Menschenrechtsaspekte der Familienplanung („Human rights aspects of family planning"). Darin heißt es, das rapide Bevölkerungswachstum in einigen Regionen der Welt erschwere den Kampf gegen Hunger und Armut und behindere damit die volle Verwirklichung der Menschenrechte. Auf dieser Grundlage erklärte das Dokument Verhütung zu einem Menschenrecht.

In der Phase, in der die Konferenz von Teheran stattfand, wurden neben der Allgemeinen Erklärung der Menschenrechte wichtige verbindliche Konventionen geschlossen, ebenso kam es zu freiheitlich-demokratischen Umbrüchen wie dem Prager Frühling im Jahr 1968. Andererseits war diese Zeit gekennzeichnet von dem Standpunkt, dass eine Einmischung in innerstaatliche Angelegenheiten zu vermeiden sei, und insbesondere vom Ost-West-Konflikt. Dieser wirkte sich hemmend auf verbindliche Regelungen aus. Im Hinblick auf die unterschiedlichen Zielrichtungen der beiden Machtblöcke entschied die UN-Generalversammlung im Jahr 1952, dass zwei getrennte Menschenrechtskonventionen auszuarbeiten seien. Die Erstellung und Beratung der beiden Entwürfe sollte dann 14 Jahre in Anspruch nehmen. Erst am 16. Dezember 1966 verabschiedete die UN-Generalversammlung einstimmig den Zivilpakt und den Sozialpakt, wobei die zwei Vertragswerke durch eine gemeinsame Präambel verbunden waren. Nach den beiden Abkommen waren allerdings 35 Ratifizierungen für ihr Inkrafttreten erforderlich, was weitere zehn Jahre dauerte und somit erst 1976 vonstattenging.

12.6.2 Die Konferenz von Wien 1993

Eine zweite Phase des internationalen Menschenrechtsschutzes ist der Zeitraum von 1968 bis 1993, der mit der zweiten Weltmenschenrechtskonferenz 1993 in Wien seinen Abschluss fand. In diese Periode weitete die Menschenrechtskommission ihr Tätigkeitsfeld aus etwa durch Entsendung von Delegationen zur Tatsachenermittlung in Krisengebiete oder die Einrichtung eines vertraulichen Verfahrens zur Untersuchung schwerer Menschenrechtsverletzungen. Auch traten mehrere wichtige völkerrechtliche Verträge in Kraft. Neben dem Zivilpakt und dem Sozialpakt

---

21 Burke, Decolonization and the Evolution of International Human Rights, S. 100 f., 109–111.

sind das internationale Abkommen zur Beseitigung jeder Form von Rassendiskriminierung (verabschiedet 1965, in Kraft getreten 1969) sowie die Konvention gegen Folter (verabschiedet 1984, in Kraft getreten 1987) zu nennen. Eine Errungenschaft der zweiten Weltmenschenrechtskonferenz liegt in dem einhelligen Bekenntnis der teilnehmenden Staaten zur Universalität der Menschenrechte. Dieses wurde jedoch erst durch einen Kompromiss möglich, da wirtschaftlich schwächere Staaten ihre Zustimmung davon abhängig machten, dass westliche Industrieländer das Recht auf Entwicklung als individuelles Menschenrecht anerkannten. Auch zählt eine Stärkung der wirtschaftlichen, sozialen und kulturellen Rechte sowie der Menschenrechte der Frau, darüber hinaus die Errichtung eines Hochkommissariats für Menschenrechte, zu den Ergebnissen von Wien.

12.7 Die Europäische Menschenrechtskonvention (EMRK) vom 4. November 1950

12.7.1 Gründung des Europarats

Die Allgemeine Erklärung der Menschenrechte war ein Startschuss, der in dem vom Krieg zerstörten Europa nicht ungehört blieb. Zwar hatte es Schutz von Menschenrechten als Thema schon vor dem Zweiten Weltkrieg gegeben, nur wurde dieses nicht als einheitlicher Gegenstand, sondern unter Sparten wie Kriegsrecht beziehungsweise humanitäres Völkerrecht, Minderheitenschutz oder Recht der Internationalen Arbeitsorganisation diskutiert.[22] Nach den Verheerungen des Krieges wollten die westeuropäischen Staaten durch die Gründung des Europarats Mechanismen für den internationalen Schutz von Menschenrechten schaffen. Der unverbindliche Charakter der AEMR war Anlass für die Suche nach stärkerem Rechtsschutz auf europäischer Ebene. Regionale Menschenrechteerklärungen, wie es sie außer in Europa auch in Amerika, Asien und Afrika gibt, sollen keineswegs den Schutz der AEMR konterkarieren, sondern diesen vielmehr regionalen Besonderheiten anpassen und somit stärken.[23] Die Vereinten Nationen standen solchen regionalen Menschenrechteerklärungen anfänglich reserviert gegenüber, haben diese Position aber zwischenzeitlich aufgegeben.

---

22 André Nicolayévitch Mandelstam, La protection internationale des droits de l'Homme, in: Académie de Droit International (Hg.), Recueil des cours Paris, Bd. 38: 1931.4, Paris 1932, S. 129 ff.

23 Bernd Kannowski, Foreword, in: ders. u. Steiner (Hg.), Regional Human Rights, S. 5 ff. (9).

Es verhielt sich in Europa ähnlich wie auf globaler Ebene bei der Schaffung der AEMR. Zunächst kam es zur Gründung einer Organisation, unter deren Schirm dann zu einer Erklärung der Menschenrechte, dies allerdings mit dem Unterschied, dass es sich bei Letzterer in Europa um einen bindenden völkerrechtlichen Vertrag handelt. Dieser ist zugleich der erste seiner Art, also der erste völkerrechtliche Vertrag zum Schutz von Menschenrechten.

Bereits mit diesem Ziel wurde der Europarat gegründet, wie sich aus Art. 3 seiner Satzung ergibt:

> Jedes Mitglied des Europarats erkennt den Grundsatz vom Vorrange des Rechts und den Grundsatz an, wonach jeder, der seiner Jurisdiktion unterliegt, der Menschenrechte und Grundfreiheiten teilhaftig werden solle [...].[24]

12.7.2 Ausarbeitung der EMRK

Zeitgleich mit der Gründung des Europarats begannen die Gründungsstaaten, die Europäische Menschenrechtskonvention (EMRK) auszuarbeiten. Diese wurde am 4. November 1950 in Rom unterzeichnet und trat am 3. September 1953 in Kraft. Heute hat die EMRK 46 Vertragsstaaten.[25]

Der ursprüngliche Text der EMRK erfuhr seit seinem Inkrafttreten Ergänzungen durch verschiedene Protokolle, was den Umfang der geschützten Rechte erheblich erweiterte. Vor allem wurden von Anfang an die Europäische Menschenrechtskommission und der Europäische Gerichtshof für Menschenrechte (EGMR) in Straßburg eingerichtet, um die Wirksamkeit der EMRK zu gewährleisten. Die Europäische Menschenrechtskommission wurde 1998 aufgelöst, übrig blieb der Gerichtshof mit seiner umfangreichen und konstruktiven Rechtsprechung. Nach dem Zusammenbruch der Sowjetunion und des von ihr dominierten Staatenblocks traten die Staaten Mittel-, Osteuropas und des Kaukasus dem Europarat bei und ratifizierten die EMRK. Auch wenn die Europäische Union der EMRK noch nicht beigetreten ist, sind die Grund- und Menschenrechte der EMRK nach Art. 6 Abs. 3 Vertrag über die Europäische Union (EUV) bereits heute Teil des Unionsrechts. Damit sind eben diese Grund- und Menschenrechte eine Basis für die Bestrebungen nach einer gemeinsamen Verfassung der EU.

---

24 Amtliche Übersetzung, https://rm.coe.int/1680306051 (Zugriff: 27.07.2024), englische Fassung: „Every member of the Council of Europe must accept the principles of the rule of law and of the enjoyment by all persons within its jurisdiction of human rights and fundamental freedoms".

25 Bis zum Ausscheiden Russlands im März 2022 waren es 47.

Mit der Gründung der Europäischen Gemeinschaft für Kohle und Stahl (EGKS, auch Montanunion) im Jahr 1951 und der Europäischen Wirtschaftsgemeinschaft (EWG) im Jahr 1957 wurden nationale und internationale Garantien des Menschenrechtsschutzes miteinander verbunden. Die EGKS, die EWG und jetzt die EU sind internationale Integrationsorganisationen. Ihr Ziel ist die Schaffung einer politischen Gesellschaft, die den Staaten übergeordnet ist. Die Europäische Union, ausgestattet mit einem institutionellen System, das eine reichhaltige Normenproduktion ermöglicht, wird zunehmend mit Zuständigkeiten betraut, die sie anstelle der Staaten ausüben soll. Dabei haben die Organe der EGKS, dann der EWG und schließlich die Mitgliedsstaaten selbst die Frage nach der Achtung der Menschenrechte aufgeworfen. Dank des Gerichtshofs der Europäischen Union (EuGH) hat sich ein Schutz der Menschenrechte herausgebildet, der heute in der EU-Grundrechtecharta verankert ist. In den 27 Mitgliedsstaaten der EU wird dieser Schutz somit auf interner Ebene, auf der Ebene der EU und auf der Ebene der EMRK gewährleistet. Die Verknüpfung dieser drei Schutzebenen ist allerdings nicht unproblematisch.

Im Rahmen des Europarats wurden mehr als 200 internationale Verträge in den verschiedensten Bereichen ausgearbeitet, das „Juwel in der Krone des Europarats“[26] ist dabei die Europäische Menschenrechtskonvention. Die durch sie garantierte dynamische Auslegung durch den Europäischen Gerichtshof für Menschenrechte führt zu einer Harmonisierung der Rechte der Vertragsstaaten. Hier finden sich „zum ersten Mal effektive Durchsetzungsmechanismen für den Menschenrechtsschutz auf internationaler Ebene im Rahmen eines justizförmig geordneten Verfahrens“.[27] Das bewog Gerald Stourzh gar zu der Formulierung, mit der Überschreitung der nationalen Grenzen habe der in seinen Anfängen 240 Jahre zurückreichende besondere Schutz der Menschenrechte zumindest in Europa ein Niveau erreicht, „which has never before existed in human history“.[28]

---

26 „[J]ewel in the Council of Europe crown“, David Harris, A fresh impetus for the European Social Charter, ICLQ 41 (1992), S. 659 ff. (659).

27 Matthias Herdegen, Europarecht, 24. Aufl., München 2023, § 3 Rn. 3.

28 Gerald Stourzh, The Development of Constitutional Precedence and the Constitutionalization of Individual Rights, in: Ulrike Müßig (Hg.), Reconsidering Constitutional Formation, Bd. 2: Decisive Constitutional Normativity. From Old Liberties to New Precedence, Cham (Schweiz) 2018, S. 99 ff. (111).

12.7.3 Rechtsschutz und Rechtsbehelfe nach der EMRK

Die Zulassung von Individualbeschwerden vor dem EGMR lag zunächst im Ermessen der einzelnen Mitgliedsstaaten: die Bundesrepublik Deutschland machte von dieser Möglichkeit 1955, Großbritannien 1966 und Frankreich erst 1981 Gebrauch. Bei einer Verletzung der Konventionsrechte steht seit 1998 jedem Einzelnen unmittelbar die Anrufung des Straßburger Gerichtshofs zu. Diese Individualbeschwerde („Individual application") weist Ähnlichkeiten zu unserer nationalen Verfassungsbeschwerde auf.

Nach Art. 46 Abs. 1 EMRK sind sämtliche Unterzeichnerstaaten verpflichtet, „das endgültige Urteil des Gerichtshofs zu befolgen". Da dieser jedoch nicht mit Vollstreckungsmöglichkeiten ausgestattet ist, kann er lediglich eine Entschädigungszahlung gegen den handelnden Staat verhängen (Art. 41 EMRK). So beanspruchen die Entscheidungen des EGMR aus völkerrechtlicher Sicht Verbindlichkeit. Die tatsächliche Bindungskraft hängt jedoch maßgeblich von der Umsetzung im nationalen Recht der einzelnen Konventionsstaaten ab.

12.7.4 Stellenwert der EMRK in Deutschland

In Deutschland steht die EMRK nicht auf der Ebene des Grundgesetzes, sondern auf der des einfachen Bundesrechts, womit sie also theoretisch durch (neue) gesetzliche Bestimmungen abänderbar wäre, ohne dass die besonderen Voraussetzungen für Verfassungsänderungen (Art. 79 Abs. 2 GG) zu beachten wären. Da jedoch die Grundrechte der EMRK denen des Grundgesetzes in einem großen Umfang gleichen vertritt das Bundesverfassungsgericht die Auffassung, andere Bestimmungen des einfachen Rechts (wie die Strafprozessordnung) seien im Lichte der EMRK auszulegen.[29] Besondere Beachtung verdient in diesem Zusammenhang die Entscheidung Görgülü vom 14. Oktober 2004.[30] Danach sind alle staatlichen Organe der Bundesrepublik Deutschland an die Konvention und die für Deutschland in Kraft getretenen Zusatzprotokolle im Rahmen ihrer Zuständigkeit kraft Gesetzes gebunden. Sie haben die Rechtsprechung des EGMR bei der Auslegung von Grundrechten zu beachten. Will ein deutsches Gericht anders als der EGMR entscheiden, erfordert diese Abweichung zur Rechtsprechung des EGMR eine besondere Begründung.[31]

---

29 BVerfGE 74, S. 358 (370).

30 BVerfGE 111, S. 307.

31 Thomas Haug, Die Pflicht deutscher Gerichte zur Berücksichtigung der Rechtsprechung des EGMR, NJW 2018, S. 2674 ff. (2674–2677).

12.8 Die Konferenz über Sicherheit und Zusammenarbeit in Europa (KSZE)

12.8.1 Entstehungshintergrund

Der Name „Konferenz über Sicherheit und Zusammenarbeit in Europa" (KSZE) täuscht. Es handelt sich nicht um eine einzige Konferenz, sondern um eine ganze Reihe davon. Zu besprechen waren heikle Themen in einer politisch und militärisch angespannten Zeit. Es galt, Vertreter der beiden sich feindlich gegenüberstehenden Blöcke in der Zeit des Kalten Krieges dazu zu bringen, sich an einen Tisch zu setzen und miteinander zu sprechen. Nur so konnte Entspannung überhaupt eintreten und eine mögliche Eskalation verhindert werden. Vorverhandlungen zu der ersten Konferenz, die vor allem auf Initiative des Warschauer Paktes stattfand, begannen 1972 in Helsinki. Es nahmen 35 Staaten teil: die USA, Kanada, die Sowjetunion sowie alle europäischen Staaten außer Albanien und Andorra, die später hinzutraten.

12.8.2 Die Schlussakte von Helsinki vom 1. August 1975

12.8.2.1 Bedeutung von Menschenrechten als Inhalte

Am Ende der ersten KSZE-Konferenz stand die am 1. August 1975 in Helsinki unterzeichnete Schlussakte. Darin gaben die beteiligten Staaten eine Absichtserklärung ab zur Unverletzlichkeit der Grenzen, zur friedlichen Regelung von Streitfällen und zum Verzicht auf Einmischung in die inneren Angelegenheiten anderer Staaten. Darüber hinaus vereinbarten die Unterzeichnerstaaten Zusammenarbeit in den Bereichen Wirtschaft, Wissenschaft, Technik und Umwelt. Weiterhin bekannten sie sich zu einer „Achtung der Menschenrechte und Grundfreiheiten". Dabei ist die Schlussakte von Helsinki ebenso wenig wie die AEMR ein völkerrechtlicher Vertrag. Es handelt sich lediglich um eine selbstverpflichtende Aussage der beteiligten Staaten. Ziel war es, den sich verfeindet gegenüberstehenden Blöcken zu einem geregelten Miteinander in Europa zu verhelfen.

Die Schlussakte von Helsinki besteht aus vier Abschnitten. In Abschnitt 1 („Fragen der Sicherheit in Europa") sind zehn Leitprinzipien für die Beziehungen der Teilnehmerstaaten aufgestellt. In Abschnitt 1 findet sich ferner – und das war damals von zentraler Bedeutung – ein Dokument über so genannte vertrauensbildende Maßnahmen im militärischen Bereich. Die besagten zehn Prinzipen sind die folgenden:

(1) souveräne Gleichheit und Achtung der der Souveränität innewohnenden Rechte

(2) Enthaltung von der Androhung oder Anwendung von Gewalt
(3) Unverletzlichkeit der Grenzen
(4) territoriale Integrität der Staaten
(5) friedliche Regelung von Streitfällen
(6) Nichteinmischung in innere Angelegenheiten
(7) Achtung der Menschenrechte und Grundfreiheiten
(8) Gleichberechtigung und Selbstbestimmungsrecht der Völker
(9) Zusammenarbeit zwischen den Staaten
(10) Erfüllung völkerrechtlicher Verpflichtungen nach Treu und Glauben

Die Menschenrechte werden also in der Schlussakte von Helsinki behandelt, eine tragende Rolle spielen sie jedoch nicht. In der Liste stehen sie auf Platz sieben. Im Rahmen dieses siebten Prinzips ist die Würde des Menschen als Grundlage der Menschenrechte genannt. Was genau unter „Menschenrechte" zu verstehen sein soll, bleibt jedoch unklar. Als konkrete Punkte sind allerdings Gedanken-, Gewissens-, Religions- und Überzeugungsfreiheit sowie Minderheitenschutz angeführt. Ferner erklärten die Teilnehmerstaaten die Absicht, in Übereinstimmung mit den Zielen und Grundsätzen der Charta der Vereinten Nationen und der AEMR zu handeln.

Abschnitt 2 der Schlussakte von Helsinki behandelt die Zusammenarbeit in Wirtschaft, Wissenschaft, Technik und Umwelt, Abschnitt 3 Fragen der Sicherheit und Zusammenarbeit im Mittelmeerraum und schließlich Abschnitt 4 die Grundsätze für eine Zusammenarbeit im humanitären und kulturellen Bereich. Am Ende von Abschnitt 1 findet sich wie gesagt ein Dokument für so genannte vertrauensbildende Maßnahmen, die als Grundlage für eine Entspannungspolitik im Ost-West-Konflikt dienten. Danach waren Manöver ab einer Größenordnung von 25.000 beteiligten Soldaten mindestens 21 Tage im Voraus anzukündigen. Ferner waren Beobachter zu diesen Manövern zu laden. Über Abrüstungsmaßnahmen allerdings wurde im Rahmen der KSZE-Verhandlungen nicht gesprochen. Zu diesem Thema fanden zeitgleich Verhandlungen in Wien statt („Mutual and Balanced Force Reductions"). Diese wurden im Jahr 1989 nach 16 Jahren ergebnislos abgebrochen.

12.8.2.2 Politische Folgen

Die Schlussakte von Helsinki sollte auf den Niedergang des sozialistischen Ostblocks, insbesondere der Sowjetunion, aber auch der DDR, nicht ohne Einfluss bleiben. In der Sowjetunion und anderswo entstand in Form so genannter Helsinki-Gruppen eine Bürgerrechtsbewegung, welche die Verbreitung der Grundsätze aus der Schlussakte zum Ziel hatte und die Regierungen immer wieder an die darin

Abb. 24 Erich Honecker und Helmut Schmidt auf der KSZE-Konferenz in Helsinki am 30. Juli 1975.

eingegangenen Verpflichtungen erinnerte.[32] Eine besondere Rolle spielte dabei die Verwirklichung der Menschenrechte.[33]

32 Tilman Berger, Menschenrechte und Menschenrechtsverletzungen im Übergang von der Diktatur zur Demokratie. Perspektiven aus Osteuropa, in: Amnesty International (Hg.), Menschenrechte im Umbruch. 50 Jahre Allgemeine Erklärung der Menschenrechte, Neuwied 1998, S. 65 ff. (66 f.).

33 Dazu oben Kap. 11.6.2.

12.9 Menschenrechte der Dritten Generation in der Banjul-Charta vom 28. Juni 1981

12.9.1 Menschenrechtsverständnis in Afrika

In westlichen Ländern entstandene bürgerliche Freiheiten können negativ als Ausdruck von ideologischem Kolonialismus und Zerstörung traditioneller Werte aufgefasst werden. Trotz solcher Vorbehalte allerdings lehnt kein Land des Globalen Südens die Menschenrechte, wie sie in der AEMR niedergelegt sind, ab. Diese Staaten sind den Vereinten Nationen beigetreten und haben die AEMR ratifiziert. Eine Sonderrolle spielte hier Südafrika, auch wenn sich die Situation dort mit der Apartheid in eine andere Richtung entwickelte. Die 1943 durch den African National Congress (ANC) verabschiedete Erklärung „Africans' Claims in South Africa" war einer der ersten Versuche, den Gültigkeitsanspruch der Menschenrechte über Europa und Amerika hinaus auszuweiten. In seinem dritten Abschnitt enthält das Dokument eine umfassende Bill of Rights.

Typisch für Afrika ist die Forderung nach einer Dritten Generation von Menschenrechten über Individual- und Sozialrechte hinaus. Dabei handelt es sich um Gruppen-, Kollektiv- und Solidarrechte. Ein prominentes Beispiel ist die am 28. Juni 1981 in Nairobi (Kenia) durch die Staatschefs der Organisation für Afrikanische Einheit (Organisation of African Unity, OAU) beschlossene Banjul-Charta (Afrikanische Charta der Menschenrechte und der Rechte der Völker). Diese ragt dadurch heraus, dass sie kollektive Rechte (Menschenrechte der Dritten Generation) enthält. Zwar werden auch in der ASEAN-Menschenrechteerklärung vom 19. November 2012 solche kollektiven Rechte (Rechte der Völker) genannt, doch ist dieses Dokument weniger verbindlich, nicht zuletzt, weil es der Vereinbarkeit mit dem nationalen Recht unterliegt. Weiterhin gibt es kein Gericht, das die asiatische Erklärung durchsetzen und ihre Anwendung kontrollieren könnte, wie es heute für die Banjul-Charta in Afrika der Fall ist. Damit ist die Banjul-Charta „die Menschenrechtskonvention mit dem stärksten Fokus auf kollektive Rechte weltweit",[34] dabei auch die bedeutendste regionale Menschenrechteerklärung auf globaler Ebene, sowohl, was ihren geografischen Geltungsbereich als auch, was die Anzahl der Staaten betrifft, die sie ratifiziert haben.

Die Banjul-Charta enthält nicht nur Kollektivrechte, sondern ebenso Individualrechte. Ich werde mich in diesem Kapitel jedoch allein mit Ersteren – den Menschenrechten der Dritten Generation – befassen. Diese Kollektivrechte, die

34 Rösch, Indigenität und Rechte der Völker im afrikanischen Menschenrechtssystem, S. 247.

für eine neue Sichtweise der Menschenrechte stehen, sind in den Art. 20–24 der Banjul-Charta niedergelegt, wobei der entscheidende Begriff „Völker" („peoples") bereits in Art. 19 genannt und das darin enthaltene Gleichheitspostulat somit auch auf die Ebene der Völker ausgeweitet ist. In den folgenden Artikeln geht es um ein Recht auf Existenz und Selbstbestimmung (Art. 20), eines auf Ressourcen und Bodenschätze (Art. 21), ein Recht auf Entwicklung (Art. 22) und schließlich ein solches auf eine zufriedenstellende und der Entwicklung günstige Umwelt (Art. 24). Dem Recht auf Entwicklung soll dabei eine vorrangige Bedeutung als Grundlage eines übergreifenden Konzepts für ein neues Verständnis von Menschenrechten zukommen.[35]

Zwar passen Kollektivrechte nicht ohne Weiteres unter meinen Arbeitsbegriff von Menschenrechten, wie ich ihn in Kapitel 1 entwickelt habe. Danach ist ein Begriffsmerkmal, dass Menschenrechte gleichermaßen allen Menschen – also allen Individuen – zustehen sollen. Eine Ähnlichkeit liegt jedoch im Aspekt der Gleichheit, da die Kollektivrechte der Banjul-Charta unterschiedslos jedem Volk („people") zugutekommen sollen. Mit den beiden anderen Kriterien gibt es keine Probleme. Es handelt sich um zentrale, ja existentielle Rechte. Diese haben einen naturrechtlichen Hintergrund, der in der afrikanischen Philosophie begründet liegt. Im Vordergrund steht hierbei gerade nicht das Individuum, sondern eine alles umfassende, große Gemeinschaft, zu der nicht nur die Lebenden, sondern auch die Seelen der Verstorbenen und möglicherweise auch die Natur beziehungsweise in ihr verkörperte Geister gehören. Zugespitzt formuliert: In Afrika zu leben bedeutet aufzugeben, ein Individuum zu sein.[36] Daraus entspringen kollektivistische Ideen, die Ähnlichkeiten mit sozialistischen aufweisen („socialist twist"),[37] aber keineswegs mit solchen identisch sind. Der afrikanische Rechtsgelehrte Étienne-Richard Mbaya, der jahrzehntelang im Exil an einer deutschen Universität lehrte, spricht von einem afrikanischen Humanismus, auf welchem afrikanische Menschenrechte basierten. Danach kann Eigentum möglicherweise nur mit der Zustimmung der erweiterten Familie übertragen werden. Erziehung von Kindern sei nicht allein ein Elternrecht. Vielmehr habe die Gemeinschaft als Ganze ihre Weisheit, auch die in ihr verkörperte Weisheit der Verstorbenen, auf die jüngere Generation zu

---

35 Mbaye, Le droit au développement comme un droit de l'homme, S. 505–534; Léopold Sédar Senghor, Address delivered at the opening of the Meeting of African Experts preparing the draft African Charter in Dakar, Senegal 28 November to 8 December 1979, in: Christof Heyns (Hg.), Human Rights Law in Africa, Bd. 4: 1999, Den Haag/London/New York 2002, S. 78–80 (79).

36 Senghor, Opening address, S. 80 („To live in Africa is to give up being an individual").

37 Rubner, The African Charter, Bd. 2, S. 232.

übertragen. Eine Heirat sei nicht allein eine Angelegenheit der Ehegatten, begründe sie doch familiäre Verbindungen weit über die Paarbeziehung hinaus.

12.9.2 Entstehungshintergrund der Banjul-Charta

Über die Diskussionen, die zur Banjul-Charta führten, wissen wir nicht viel. Zugrunde lag ihnen ein Entwurf, den der senegalesische Jurist Kéba Mbaye (1924–2007) gefertigt hatte. Er war Präsident des höchsten Gerichtshofs seines Landes und später Richter am Internationalen Gerichtshof in Den Haag. Nach seinem Entwurf sollten Beschneidung von Mädchen und Kinderehen verboten sein. Auch enthielt er ein Recht auf freie Wahl des Ehepartners.[38] Nachdem nichts davon in die endgültige Fassung gelangt ist, scheinen traditionelle Vorstellungen durchaus eine Rolle gespielt zu haben. Ein Indiz für auf das Kollektiv gestützte Ideen ist die Bestimmung, dass Bestrafung persönlich sei und nur gegenüber dem Täter erfolgen dürfe (Art. 7 Abs. 2 Satz 3: „Punishment is personal and can be imposed only on the offender"). Dies setzt voraus, dass offensichtlich die gegenläufige Vorstellung von einer Haftung des gesamten Kollektivs im Raum stand.

Forderungen nach einer afrikanischen Menschenrechteerklärung gab es nicht erst seit Anfang der 1980er Jahre. Die Idee von einer solchen geht auf die African Conference on the Rule of Law in Lagos (Nigeria) im Januar 1961 zurück. Erst im Jahr 1978, als der Außenminister von Togo, Edem Kodjo (1938–2020), zum Generalsekretär der OAU gewählt wurde, sollte dieser Plan jedoch konkrete Formen annehmen. Eine Expertenkommission – deren Legitimität jedoch keineswegs alle Staaten anerkannten – erhielt den Auftrag, einen Entwurf auszuarbeiten. In den Debatten der Kommission tauchten immer wieder zwei Hindernisse auf: die sich damals verfeindet gegenüberstehenden Blöcke der Weltpolitik und die Staatschefs, die keine Einmischung in innere Angelegenheiten wollten.

Um zu ermessen, wieso die Banjul-Charta genau zu dieser Zeit – über 17 Jahre nach der Konferenz von Lagos – entstehen konnte, müssen wir uns drei historische Hintergründe vor Augen halten, die einer Menschenrechteerklärung zuwiderliefen. Diese konnten zu Beginn der 1980er Jahre entkräftet werden oder wirkten zumindest erheblich weniger stark, was die Entstehung der Banjul-Charta begünstigte.

Erstens ist die koloniale Vergangenheit Afrikas zu nennen, die zu einem tiefgreifenden Misstrauen dem Westen gegenüber geführt hatte. Die Verbindung von

---

38 Art. 8 II, VII 2 a. E. „Marriage shall be entered into with a free content of the intending spouses." – „[C]hild marriage and female circumcision […] shall be abolished."

Menschenrechten mit westlicher Politik mochte mit ihrer großen Bedeutung in der amerikanischen Außenpolitik während der Präsidentschaft von Jimmy Carter (1924–2024, Präsident 1977–1981) zusammenhängen. Dieser hatte Menschenrechte zur Chefsache erklärt. Manche afrikanischen Stimmen hielten Menschenrechte damals gar für „Handlanger des Neokolonialismus".[39] Groß war die Zurückhaltung, wenn es um die Frage gerichtlicher Kontrolle oder gar zwangsweiser Durchsetzung von Menschenrechten ging.

Ein zweiter Punkt war der Ost-West-Konflikt, der die globale Situation prägte. Die Spaltung in Bezug auf die unterschiedlichen Positionen zur Menschenrechtsfrage war dort auszumachen, wo die Verbindung afrikanischer Staaten zu einem der beiden Blöcke verlief.[40]

Ein dritter Aspekt betraf die diktatorischen politischen Verhältnisse in manchen afrikanischen Staaten, die Menschenrechten alles andere als zuträglich waren. Zu erwähnen ist Muammar al-Gaddafi in Libyen, der meinte, Demokratie sei ein Luxus für Afrika. Anzuführen ist ferner die Militärdiktatur in Äthiopien, die den vorherigen Kaiser Haile Selassie inhaftierte und schließlich 1975 ermordete. Vor allem aber zu nennen ist Idi Amin in Uganda, dessen Schreckensherrschaft mindestens 300.000 Menschen zum Opfer fielen. Er war ein glühender Antisemit und Hitler-Bewunderer. Trotzdem konnte Idi Amin im Jahr 1975 den Vorsitz der OAU übernehmen aufgrund des Prinzips der Nichteinmischung in innerstaatliche Angelegenheiten, wie es in Art. 3 Abs. 2 der Satzung der OAU festgelegt war.

Wie konnten vor diesem Hintergrund und in einer so kontroversen Situation Verhandlungen über eine afrikanische Menschenrechteerklärung überhaupt beginnen und schließlich sogar zu einem erfolgreichen Abschluss gelangen? Ein Grund mag darin liegen, dass Forderungen nach afrikanischen – in Abgrenzung zu westlichen – Werten teilweise erfolgreich waren. Diese afrikanischen Werte fanden Ausdruck gerade in den hier besprochenen Kollektivrechten, die dem westlichen Individualismus fremd sind. Eben diese Kollektivrechte schlugen sich schließlich sogar nieder im offiziellen Namen des Dokuments, das danach auch zum Schutz der Völker gemacht ist. Hinzu kam der Sturz Idi Amins im Jahr 1979. In Anbetracht seiner unbeschreiblichen Verbrechen war die Menschenrechtesituation nun ein Thema, so auch der Kampf gegen die Apartheid in Südafrika. Zu berücksichtigen ist auch das politische Schicksal Jimmy Carters, der 1981 die US-Präsidentschaftswahl gegen Ronald Reagan verlor. Der US-amerikanische Kreuzzug für Menschenrechte

---

39 Rubner, The African Charter, Bd. 2, S. 231 („stooges of neo-colonialism").

40 Ibid., S. 233.

war somit zu Ende, und in Großbritannien, wo Margaret Thatcher die Regierungsgeschäfte übernommen hatte, sah es nicht wesentlich anders aus. Dem Argument, Menschenrechte seien ein Vehikel westlicher Werte, war damit der Boden entzogen.

12.9.3 Zielvorstellungen

Ziel einer afrikanischen Erklärung sollte die Schaffung eines eigenständigen Menschenrechtskonzepts unter Berücksichtigung der Werte und Bedürfnisse Afrikas sein („Africanness“),[41] was in der Präambel der Banjul-Charta auch klar zum Ausdruck kommen sollte.[42] Zu schaffen sei ein „Homo Africanus“ von morgen, der sich vom „Homo Europeus“ mit seinem westlich-individualistischen Horizont in seinen Bedürfnissen und Denkweisen unterscheide.[43] Davon sprach der einflussreiche senegalesische Präsident Léopold Sédar Senghor (1906–2001) 1979 in Dakar in seiner Eröffnungsrede zum Treffen der Rechtsexperten, die die Banjul-Charta entwerfen sollten.[44] Die Erwartungen an eine afrikanische Menschenrechteerklärung waren dabei aber verhalten. Für die noch jungen Staaten standen andere Dinge im Vordergrund. So vertrat Senghor die Auffassung, es sollten sich keinerlei utopische Ideen in einer afrikanischen Rechteerklärung finden. Auch sprach er die nebulöse Empfehlung aus, die Afrikaner sollten weder etwas einfach nachmachen noch allein um der Originalität willen nach einem Sonderweg suchen; sie sollten sich vielmehr annähern ohne angeglichen zu werden.[45] Das Verhältnis zwischen politischer Stabilität und Menschenrechten war jedenfalls ein wiederkehrendes Thema. Nicht nur Senghor war der Meinung, afrikanische Staaten müssten sich zunächst politisch und finanziell stabilisieren, um sich sodann auf Menschenrechte konzentrieren zu können. Das zukünftige Dokument sollte realistische Erwartungen verkörpern. Der nigerianische Jurist Taslim Olawale Elias (1914–1991), der innerhalb wie auch außerhalb seines Landes viele wichtige Ämter bekleidete, sprach für die Expertenkommission, die die Banjul-Charta entwerfen sollte, in fragwürdiger Bildsprache folgende – nicht weniger nebulöse – Empfehlung aus:

41 Plagis u. Riemer, From Context to Content, S. 19–23.

42 „Taking into consideration the virtues of their historical tradition and the values of African civilization which should inspire and characterize their reflection on the concept of human and peoples' rights“.

43 Senghor, Opening address, S. 78, 80.

44 Ibid.

45 Ibid, S. 79 f.

> This document [The African Charter on Human and Peoples' Rights, B. K.] should be like a lady's skirt. Long enough to cover the subject matter; but short enough to be interesting.[46]

12.9.4 Verabschiedung

Die Resolution, die schließlich zur Verabschiedung der Banjul-Charta führen sollte, war zunächst nichts als eine reine Absichtserklärung. Die afrikanischen Staaten mögen ermutigt werden, eine afrikanische Menschenrechteerklärung in Betracht zu ziehen. Die Resolution war insofern nur ein erster Schritt auf einem steinigen Pfad. Im Jahr 1979 wurde die bereits erwähnte Kommission von Rechtsexperten einberufen. Auf einer Tagung der OAU in Monrovia (Liberia) noch im gleichen Jahr wurde die Entwicklung einer Menschenrechtskommission eingeleitet, im Rahmen einer weiteren Tagung in Banjul (Gambia) 1981 der Text der Charta zwar im Wesentlichen fertiggestellt, jedoch keine abschließende Einigkeit erzielt. Manche Staaten waren noch reserviert, so dass die endgültige Entscheidung auf ein Treffen in Nairobi verschoben wurde. Dort kam der kontroverse Tagesordnungspunkt der Banjul-Charta erst zu später Stunde zur Sprache. Offensichtlich waren zu dieser vorgerückten Zeit nicht mehr alle Staatschefs zugegen. Die Teilnehmer waren müde, und so wurde die Banjul-Charta in den frühen Morgenstunden des 28. Juni 1981[47] zur Abstimmung gestellt. Soweit bekannt, erfolgte ihre Annahme einstimmig per Akklamation.

In Anbetracht des Umstandes, dass es sich bei der Banjul-Charta um ein so wichtiges Dokument für Menschenrechte handelt, ist einigermaßen verwunderlich, dass in Bezug auf ihre Verabschiedung einiges im Dunkeln liegt. So herrschte damals in der britischen Botschaft in Addis Abeba für einige Wochen Unklarheit darüber, was in Nairobi eigentlich beschlossen worden war. Seltsam ist auch, dass gegenüber Generalsekretär Kodjo Delegierte davon ausgingen, die Banjul-Charta sei noch gar nicht verabschiedet, so dass ihr Inhalt nach wie vor Gegenstand von Diskussionen hätte sein können.[48]

12.9.5 Praktische Wirksamkeit und Durchsetzbarkeit

Die undurchsichtigen Zustände bei ihrem Beschluss, die wie eine Nacht-und-Nebel-Aktion anmuten, lassen kaum hohe Erwartungen für die praktische Wirksamkeit

---

46 Zitiert in Peter, Human Rights in Africa, S. 1.

47 Üblicherweise wird als Datum der Verabschiedung der 27.06.1981 angegeben.

48 Rubner, The African Charter, Bd. 2, S. 275.

und Durchsetzbarkeit der Banjul-Charta aufkommen. Dieses Bild bestätigt sich bei einem Blick auf die Rechtsprechung. Zwar hat der Afrikanische Gerichtshof für Menschenrechte und Rechte der Völker (African Court on Human and Peoples' Rights) in seiner vielbeachteten Entscheidung über das indigene Volk der Ogiek auch kollektive Rechte in der Begründung angeführt, die Entscheidung allerdings vorrangig auf Individualrechte gestützt, so dass den Kollektivrechten keine tragende Bedeutung zukommt.[49]

Zu nennen ist weiter eine Entscheidung des ECOWAS-Gerichts über eine Schadensersatzforderung des indigenen Volkes der Ogoni für eine gravierende Zerstörung ihres Lebensraums durch eine ausgelaufene Ölpipeline, für die unter anderem der nigerianische Staat als Vertragspartei der Banjul-Charta Verantwortung trägt.[50] Das Gericht befand, dass die Forderung der Ogoni von 1 Milliarde US-Dollar auf Grundlage von Art. 24 Banjul-Charta – dem Recht auf eine saubere Umwelt – der Höhe nach gerechtfertigt sei. Hier aber begannen die typischen Probleme von Kollektivrechten in der Praxis. Das Gericht wies die Forderung zurück, weil die klagende Partei nicht spezifizieren konnte, an wen genau der Geldbetrag zu zahlen sei. Wir würden dazu sagen, das ist ein Problem der Aktivlegitimation. Ein eigenständiges Ergebnis aus der Anwendung von Art. 22 Banjul-Charta – dem Recht auf Entwicklung – zog der Afrikanische Gerichtshof für Menschenrechte und Rechte der Völker dann allerdings in einer Entscheidung über die Schadensersatzhöhe im Fall der Ogiek vom 23. Juni 2022. Danach sollen indigene Völker ein Recht auf volle Konsultationen und Beteiligung im Einklang mit ihren Traditionen und Bräuchen haben.[51] Neben Art. 22 Banjul-Charta als Grundlage für ein solches Recht auf effektive Konsultation und Dialog gibt das Gericht Art. 32 Abs. 2 UN-Deklaration über indigene Völker an. Das Gericht nimmt in seiner Argumentation mehrfach Bezug auf Entscheidungen des Interamerikanischen Gerichtshofs, was darauf hindeutet, dass das afrikanische Gericht von einer einheitlichen Linie in der Rechtsprechung zu kollektiven Menschenrechten ausgeht.

---

49 Kannowski, African Collective Human Rights in the Light of their Historical Background, unter „Collective Rights in court practice".

50 SERAP v. Nigeria, Judgment N° ECW/CCJ/JUD/18/12 (ECOWAS, Dec. 14, 2012). Zu dieser Entscheidung Kannowski, Collective Human Rights in the Context of Decolonisation.

51 The matter of African Commission on Human and Peoples' Rights v. Republic of Kenya, Application No. 006/2012, Jugdment (Reparations), Nrn. 135, 142, 144, Bezug nehmend auf das Urteil über die Gründe (on merits) in der gleichen Rechtssache vom 26.05.2017 (dort Nr. 210).

12.9.6 Fazit

Zweifel in Bezug auf Menschenrechte der Dritten Generation sind nicht neu. Manche bezweifeln gar, dass sie überhaupt als Recht anzusehen seien.[52] In Bezug auf Inhalt, Berechtigte und Anspruchsgegner gibt es große Unsicherheiten. Einige meinen sogar, solche Menschenrechte der Dritten Generation seien eher ein Hindernis als ein Vorteil für die weltweite Förderung von Menschenrechtsstandards.[53]

Diesen radikalen Auffassungen ist zuzubilligen, dass die Delegierten, die die Banjul-Charta ausarbeiteten, in der konkreten Situation kaum hohe Erwartungen an ihre Rechtsverbindlichkeit gestellt und sie für ein vornehmlich politisches Dokument gehalten haben dürften. Dennoch ist es verfehlt, die Banjul-Charta und insbesondere ihre Kollektivrechte nicht als Recht anzusehen. Die Symbolkraft gerade von Dokumenten, die in heiklen und kontroversen Situationen entstehen, kann – das haben wir anhand der Geschichte der Menschenrechte nachvollziehen können – groß sein. Weder bei der Magna Charta Libertatum von 1215 noch bei der Virginia Bill of Rights von 1776 dürften die Beteiligten mit großer rechtlicher Bedeutsamkeit, geschweige denn einer historischen Wirkung über die Jahrhunderte hinweg gerechnet haben.[54] Aber Rechtstexte können sich verselbstständigen und unabhängig von ihren historischen Entstehungsbedingungen wirken. Ein Rechtstext kann heute eine völlig andere Bedeutung haben als vor 250, 800 oder auch nur 40 Jahren. Neuere Entwicklungen in der Rechtsprechung des Afrikanischen Gerichtshofs für Menschenrechte und Rechte der Völker mögen das hoffen lassen.

---

52 Peter Fischer / Heribert Franz Köck, Völkerrecht. Das Recht der universellen Staatengemeinschaft, Wien 2004, S. 249 f.; Riedel, Menschenrechte der dritten Dimension, S. 18 f., 21; Stern, Idee der Menschen- und Grundrechte (Lit. Kap. 1), S. 39–41.

53 Peter Fischer u. Heribert Franz Köck, Völkerrecht. Das Recht der universellen Staatengemeinschaft, Wien 2004, S. 249 f.; Riedel, Menschenrechte der dritten Dimension, S. 17, 21; Matthias Herdegen, Völkerrecht, 22. Aufl., München 2023, S. 413; Stephan Hobe, Einführung in das Völkerrecht, 10. Aufl., Tübingen 2014, S. 405; Torsten Stein et al., Völkerrecht, 14. Aufl., München 2017, S. 377 f.

54 Kannowski, African Collective Human Rights in the Light of their Historical Background. Zu den hinter solchen Dokumenten stehenden Zielvorstellungen Fassbender, Idee und Anspruch der universalen Menschenrechte, S. 27.

12.10 Menschenrechtsverständnis der christlichen Kirchen

12.10.1 Ablehnende Haltungen seit der Französischen Revolution

Die christlichen Kirchen standen Menschenrechten bis ins 20. Jahrhundert überwiegend ablehnend gegenüber. Das erscheint bei einem Blick auf die Umstände, unter denen Menschenrechte entstanden, wenig verwunderlich. Die französische Erklärung der Menschen- und Bürgerrechte von 1789 erfolgte „in Gegenwart des höchsten Wesens" als eine Art Zivilreligion, generiert aus einer laizistisch-antiklerikalen Gesinnung heraus.[55]

Der eigentliche Bruch mit Rom wurde mit der Zivilkonstitution des Klerus vom 12. Juli 1790 heraufbeschworen.[56] Diese sah vor, dass Bistümer und Pfarreien durch Wahlen politischer Körperschaften zu besetzen waren. Das Amt des Papstes als Oberhaupt der katholischen Kirche wurde nur noch für Repräsentationszwecke anerkannt. Gewählte Bischöfe mussten einen Eid auf die Nation, das Gesetz, den König und die Verfassung leisten. Somit drohte ein Schisma zwischen der französischen Nationalkirche und dem Rest der katholischen Kirche.

Der damalige Papst Pius VI. (1717–1799, Papst seit 1775) zögerte zunächst mit einer öffentlichen Reaktion auf die Französische Revolution. Nachdem aber etliche Bischöfe, welche den Eid verweigert hatten, ihres Amtes enthoben und die vakanten Stellen ohne Beteiligung des Papstes neu besetzt worden waren, ließ die Antwort des Vatikans schließlich an Deutlichkeit nicht vermissen.[57] Es sei kein Platz für „jene angeborene Gleichheit und Freiheit unter den Menschen", welche „sinnlos" seien, und diese „absurde[...] Freiheitslehre",[58] die der Papst mit Ketzerei in eine Reihe stellte. In Deutschland standen auch die Protestanten, die naturgemäß keine einheitliche Linie wie die Katholiken zeigten, der Revolution, spätestens seit die Jakobiner dort an der Macht waren, ablehnend gegenüber. So spricht der protestantische Pfarrer Gottfried Menken (1768–1831) von einem „Geist des Irrthums", der

---

55 S. o. Kap. 8.4.6.

56 Décret sur la constutution civile du clergé du 12 juillet 1790, in: Jérôme Mavidal u. Émile Laurent (Hg.), Archives Parlementaires de 1787 à 1860, Serie 1, Bd. XVII: 9. Juli bis 12. August 1790, Paris 1884, S. 55–60.

57 Roger Aubert, Die Katholische Kirche und die Revolution, in: Hubert Jedin (Hg.), Handbuch der Kirchenge-schichte, Bd. VI/1: Die Kirche zwischen Revolution und Restauration, Freiburg/Basel/Wien 1971, S. 1 ff. (30–32).

58 Pius VI., Quod aliquantum, in: Arthur Utz u. Brigitta von Galen (Hg.), Die katholische Sozialdoktrin in ihrer geschichtlichen Entfaltung. Eine Sammlung päpstlicher Dokumente vom 15. Jahrhundert bis in die Gegenwart, Bd. 3, Aachen 1976 (lateinisch-deutsch), S. 2652 ff. (2665).

das Zeitalter ergriffen habe und nun „der Hölle Macht“ lasse. Man strebe „einem selbsterwählten falschen Ideale von Menschenwerth nach“. Man habe „alle Freiheit“ erdrückt, „nur nicht die, schlecht und schändlich zu seyn“. Für Menken gibt es keine „Freiheit, als Gehorsam gegen die Wahrheit“. Dem revolutionären Frankreich prophezeit er, früher oder später „hinweggetilgt“ und „als eine giftige Eiterbeule am Körper der Menschheit weggeschnitten“ zu werden, „damit nicht der ganze Leib in Fäulniß gerathe“.[59]

In der katholischen Kirche wurde die ablehnende Haltung im Jahr 1864 durch eine Auflistung von 80 Irrtümern in der Moderne nochmals deutlich. Menschenrechte im Bereich der Meinungs- und Religionsfreiheit lehnte das Kirchenoberhaupt ab und stellte einen Absolutheitsanspruch für den Katholizismus. Ein etwas anderes Bild in Bezug auf die Sichtweise von Menschenrechten zeigte sich bei dem „Arbeiterpapst“ Leo XIII. (1810–1903, Papst seit 1878) im Jahr 1891, als dieser im Hinblick auf die Würde des Menschen sagte, in dieser Hinsicht seien „alle Menschen gleich“, und es bestehe „kein Unterschied [...] zwischen reich und arm, Herr und Diener, Fürsten und Untertan“. – „Arbeiter dürften nicht wie Sklaven angesehen und behandelt werden, ihre persönliche Würde [...] werde stets heilig gehalten“.[60] Auch Leo XIII. aber bezeichnete die Menschenrechte als die „neueren, zügellosen Freiheitslehren“.[61] Keineswegs bestehe ein Recht, dass jeder Gott so verehren dürfe, wie es ihm gefalle. Die Verbreitung solcher Auffassungen bedeute vielmehr „eine grenzenlose Denkwillkür und Zügellosigkeit“. Ungleichheiten zwischen den Menschen in der bürgerlichen Gesellschaft hielt Leo für unausweichlich. Versuche einer Änderung führten zu einem „klägliche[n] Zustand der Entwürdigung für alle“.[62]

12.10.2 Die Enzyklika „Pacem in terris“

Eine grundlegende Wende in Bezug auf die Auffassung zu Menschenrechten bezeichnete in der Tat die am 11. April 1963 veröffentlichte Enzyklika „Pacem in terris“ Papst Johannes' XXIII. (1881–1963, Papst seit 1958), die im Rahmen des

---

59 Gottfried Menken, Ueber Glück und Sieg der Gottlosen, neu hg. v. K. Goebel, Nürnberg 1849 (zuerst 1795), S. 9, 45 f., 31.

60 Leo XIII., Rerum novarum, in: Katholische Arbeitnehmer-Bewegung Deutschlands e. V. (Hg.), Texte zur katholischen Soziallehre. Die sozialen Rundschreiben der Päpste und andere kirchliche Dokumente, Köln/Kevelaer 2007, S. 1–38 (24, 11).

61 Leo XIII., Immortale Dei, in: Ernst Rudolf Huber/Wolfgang Huber (Hg.), Staat und Kirche im 19. und 20. Jahrhundert. Dokumente zur Geschichte des deutschen Staatskirchenrechts, Bd. 3, Berlin 1983, S. 336 ff. (339).

62 Leo XIII., Rerum novarum, S. 9.

Zweiten Vatikanischen Konzils entstand. Die globale Rezeption dieser Enzyklika war groß („katholische Menschenrechtserklärung“)[63]. Der Papst begründete die Menschenrechte dabei ohne Bezugnahme auf ihre säkularen Ursprünge rein religiös. Ausgangspunkt war die Gottesebenbildlichkeit des Menschen als Grundlage seiner Menschenwürde und eines religiös geprägten Freiheitsbegriffs. Daneben thematisierte der Papst auch Menschenrechte der Zweiten Generation, wobei er im Konflikt zwischen Sozialismus und Marktwirtschaft eine vermittelnde Position einnahm. Besondere Beachtung schenkte er der Arbeiterschaft, es fanden sich Andeutungen auf ein Recht auf Arbeit. Implikationen an Menschenrechte der Dritten Generation sind ebenfalls erkennbar, wenn Dekolonialisierung und die Leistung von Entwicklungshilfe im Raum stehen. Der Papst führte aus, auch für kleinere Staaten müsse „das Recht auf die Achtung vor ihrer politischen Freiheit, auf die wirksame Wahrung jener Neutralität, die ihnen nach Natur- und Völkerrecht bei politischen Verwicklungen zusteht“, unbestritten bleiben, ebenso wie das Recht „auf den Schutz ihrer wirtschaftlichen Entwicklung“.[64]

Zwar lassen sich schon vor „Pacem in terris“ Anklänge an die Menschenrechtsidee in der katholischen Kirche finden. So sagte Papst Pius XII. (1876–1958, Papst seit 1939) in seiner Weihnachtsansprache im Jahr 1942, jedem Menschen stehe Würde zu, aus der „grundlegende[…] Rechte der Person“ abzuleiten seien, als welche er eines auf Bildung und Erziehung, eines auf privaten und öffentlichen Gottesdienst sowie eines auf Ehe nennt. Die von Johannes XXIII. in „Pacem in terris“ ausgesprochenen Ideen schlagen jedoch einen gänzlich neuen Kurs ein. Bemerkenswert ist dabei erstens die Außenwirkung, die der Enzyklika zuteilwurde. In den höchsten Tönen lobend, erwähnten sie so unterschiedliche und bedeutende Persönlichkeiten wie der katholische US-amerikanische Präsident John F. Kennedy, der buddhistische Generalsekretär der Vereinten Nationen U Thant sowie der atheistische Generalsekretär der Kommunistischen Partei der Sowjetunion Nikita Chruschtschow. Bemerkenswert ist zweitens, dass der Papst sich nicht auf die katholische Theologie beschränkte, sondern vielmehr Brückenschläge zu politischen Führern und insbesondere den Vereinten Nationen unternahm. So war er der erste Papst, der die AEMR überhaupt erwähnte und in irgendeiner Weise würdigte.

Der Enzyklika „Pacem in terris“ folgten weitere Stellungnahmen zu Menschenrechten innerhalb der katholischen Kirche. Diese betrafen die Religionsfreiheit und auch andere klassische Freiheitsrechte wie das Recht auf Leben, auf körperliche

---

63 Wolgast, Geschichte der Menschen- und Bürgerrechte (s. Lit.), S. 247.

64 Johannes XXIII., Pacem in terris, in: Katholische Arbeitnehmer-Bewegung Deutschlands e. V. (Hg.), Texte zur katholischen Soziallehre. Die sozialen Rundschreiben der Päpste und andere kirchliche Dokumente, Köln/Kevelaer 2007, S. 241 ff. (275).

Unversehrtheit sowie auf persönliche Freiheit. Der Heilige Stuhl beteiligte sich 1975 an der weiter oben behandelten Konferenz der KSZE und unterzeichnete die Schlussakte von Helsinki. Vertragspartei der EMRK wurde der Vatikan hingegen nie.

Über Gründe dafür, weshalb diese Kehrtwendung in der katholischen Kirche gerade damals eintrat, lässt sich nur spekulieren. Die angespannte Situation im Kalten Krieg – die Kubakrise war gerade einmal ein paar Monate her – und die damit allgegenwärtige Gefahr eines Atomkrieges mochten eine Rolle gespielt haben. Von zentraler Bedeutung allerdings dürfte die Persönlichkeit Johannes' gewesen sein, der sogleich nach seiner Wahl durchgreifende Reformen ins Auge fasste und dabei durchaus bereit war, unkonventionelle Wege zu gehen, die keineswegs jedem gefielen. Dazu zählten seine engen Kontakte zu Politikern der sozialistischen Staatenwelt. Auch war die Gewährung von Religionsfreiheit in konservativen Kreisen des Vatikan ein so heikles Thema, dass bei den Diskussionen zunächst noch nicht einmal vorläufige Namen für die Reformentwürfe gefunden werden konnten.

12.10.3 Die Theologie der Befreiung

12.10.3.1 Grundlagen

Von all den vielen Beispielen, die es für die Rezeption von „Pacem in terris" überall auf der Welt gab, sticht eines ganz besonders hervor: die Befreiungstheologie, wie sie im Lateinamerika der 1960er Jahren mit Militärdiktaturen und einer immer weiter auseinandergehenden Schere zwischen Arm und Reich entstand. Ihr Begründer und zugleich prominentester Vertreter ist Gustavo Gutiérrez (1928–2024) mit seinem namensgebenden Werk „Theologie der Befreiung" aus dem Jahr 1971. Im Mittelpunkt der Befreiungstheologie steht „der Arme" im Sinne materieller Armut, aber auch im Sinne eines Zustands der Unterdrückung. Dieser Zustand lasse sich nicht durch Fürsorge, sondern allein durch eine Selbstorganisation der Armen überwinden, was eine basisorientierte Neustrukturierung der Kirche von unten erfordere.

Damit einher geht die Forderung nach einer dynamischen Bibelauslegung, die losgelöst vom historischen Kontext jüngere Ereignisse zu berücksichtigen habe. Die Heilige Schrift wird dabei als ein Werk angesehen, das unter Bedingungen von Unterdrückung entstanden sei, so dass wiederum die Armen es am besten zu verstehen vermögen. Gutiérrez weist unter Berufung auf die Gottesebenbildlichkeit des Menschen Ausbeutung und Unterdrückung zurück. Er will die Gesellschaft, die ihrer Struktur nach wenige bevorzuge, die sich die Arbeit anderer aneigneten, von Grund auf verändern. Theologie dient bei ihm keineswegs allein zur Wahrheitsfindung, sondern vielmehr in erster Linie dazu, die diesseitige Welt zu verbessern. Er spricht von einem Kampf der ausgebeuteten sozialen Klassen gegen ihre Unterdrücker: „Es gibt keinen anderen Weg zu Befreiung von jeder Form der Ausbeutung, zur Chance eines menschlicheren und würdigeren Lebens und zur Schaffung eines neuen Menschen als eben diesen Kampf."[65] All das bringt Gutiérrez mit Menschenrechten in Verbindung. Es geht ihm um einem „Protest [...] gegen mißachtete Menschenrechte". Es sei nicht hinnehmbar, dass „die elementarsten Menschenrechte verletzt werden", erforderlich sei vielmehr „aktiv für die Sache der Gerechtigkeit ein[zu]treten".[66] Das führt Gutiérrez zu einer durchgreifenden Schlussfolgerung:

> Ein Suchen nach Verbesserungen innerhalb der derzeitigen Ordnungen hat sich als unzweckmäßig erwiesen. [...] Nur ein radikales Zerbrechen des gegenwärtigen Standes der Dinge, eine tiefgreifende Umgestaltung in den Eigentumsverhältnissen, ein Ergreifen der Macht von seiten der ausgebeuteten Klassen und eine soziale Revolution, die die bestehende Abhängigkeit zerbricht, ermöglicht den Schritt in eine anders geartete, sozialistische Gesellschaft oder bewirkt wenigstens, daß diese möglich wird.[67]

Auch die lateinamerikanischen Bischöfe schlugen in ihrer Generalversammlung im Jahr 1968 beim Thema Armutsbekämpfung einen menschenrechtlichen Ton an. Dabei gingen sie durchaus davon aus, in der Tradition von Papst Johannes XXIII. und seiner Enzyklika „Pacem in terris" zu stehen:

> Die Geduld eines Volkes, das jahrelang Bedingungen erträgt, die schwerlich von denjenigen akzeptiert würden, die ein besseres Bewußtsein der Menschenrechte haben, darf nicht mißbraucht werden. Angesichts einer Situation, die so schwerwiegend gegen die Würde des Menschen und damit gegen den Frieden verstößt, wenden wir uns als Hirten an alle Mitglieder des christlichen Volkes, damit sie ihre schwere Verantwortung in der Förderung des Friedens in Lateinamerika übernehmen.[68]

---

65 Gutiérrez, Theologie der Befreiung, S. 362

66 Ibid., S. 275, 339.

67 Ibid., S. 91.

68 Geschäftsstelle der Bischöflichen Aktion Adveniat (Hg. u. Übers.), Sämtliche Beschlüsse der II. Generalversammlung des Lateinamerikanischen Episkopates. Medellin 24.8.–6.9.1968, Essen 1972, S. 35.

12.10.3.2 Reaktionen des Vatikan

Der Vatikan reagierte auf wichtige Teile der Befreiungstheologie – deren Protagonist Gutiérrez aus seiner Nähe zum Sozialismus keineswegs einen Hehl machte – ablehnend. Die Befreiungstheologen brächten „den Armen der Heiligen Schrift und das Proletariat von Karl Marx heillos durcheinander".[69] So distanzierte sich der Heilige Stuhl von einer Vermischung des Eintretens für die Rechte der Armen mit Klassenkampf im marxistischen Sinne. Er verhängte Sanktionen gegen einzelne Befreiungstheologen und ermittelte gegen Gutiérrez wegen des Verdachts der Häresie.

12.10.3.3 Vereinnahmung von Bartolomé de Las Casas

12.10.3.3.1 Vereinnahmung durch Gutiérrez

Gutiérrez sieht sich in seiner Befreiungstheologie in der Tradition des spanischen Dominikanermönchs Bartolomé de Las Casas aus dem 16. Jahrhundert. So gründete Gutiérrez in Lima ein nach Las Casas benanntes Institut zur Unterstützung der Befreiungstheologie.[70] Vor allem aber rückt Gutiérrez in seinem Buch mit dem bezeichnenden Titel „Gott oder das Gold" das Leben und Wirken von Las Casas in ein revolutionäres und antimaterialistisches Licht. So liege dessen wesentliches Verdienst darin, den Conquistadores „die Maske der Idolatrie abgerissen" zu haben.[71] Die Missionierung der Indios sei allein ein Vorwand gewesen, um sich rücksichtslos bereichern zu können:

> In biblischer Begrifflichkeit stehen sich Gold, sprich: Mammon, und Gott gegenüber. Las Casas nun baut seine Theologie gerade auf der Überzeugung auf, daß man nicht zwei Herren dienen kann. An der Wahl kommt keiner vorbei. Die Alternative hat – wenn auch in subtileren Formen – bis heute ihre Gültigkeit nicht verloren. Auch heute stehen wir vor der Wahl.[72]

Bei den Projektionen seiner sozialistischen Denkweise in das 16. Jahrhundert bringt Gutiérrez wiederum Menschenrechte ins Spiel:

---

69 Instruktion der Glaubenskongregation „Libertatis nuntius" v. 06.08.1984, in: Denzinger u. Hünermann (Hg.), Kompendium der Glaubensbekenntnisse und kirchlichen Lehrentscheidungen, Rn. 4738.

70 https://bcasas.org.pe/ (Zugriff: 05.08.2024).

71 Gutiérrez, Gott oder das Gold, S. 194.

72 Ibid., S. 24.

> Mit ihrem Protest und ihrem Engagement bringen die Dominikanerbrüder ohne Zweifel die fundamentale Gleichheit aller Menschen zum Ausdruck. So wissen wir uns befugt, ihre Haltung und ihren Einsatz als Forderung nach einem Menschen- und Naturrecht[73] zu verstehen. [...] Mit einem Wort gesagt: Menschenrechte – gewiß, aber Menschenrechte nicht im liberalen Sinn einer formellen Gleichheit, sondern auf der Linie des Rechtes der Armen, die zum Tod und zur Zerstörung durch den Unterdrücker, dem es nur um Gold geht, verurteilt sind.[74]

Die eschatologische Sichtweise Las Casas', die ich zuvor behandelt habe,[75] tritt bei Gutiérrez vollständig in den Hintergrund. Damit kann Gutiérrez ebenso wenig anfangen, wie umgekehrt Las Casas mit einer sozialen Revolution, einer Neustrukturierung der Kirche von unten oder Menschenrechten in einem heutigen Sinne etwas hätte anfangen können. Gutiérrez geht es um die Lösung konkreter, aktueller, diesseitiger Konflikte, nicht wie Las Casas um die Ewigkeit.[76]

12.10.3.3.2 Sozialistische Tradition als Hintergrund

Gutiérrez ist dabei keineswegs der Einzige aus einem sozialistischen Umfeld, der Las Casas als frühen Parteigänger und Bruder im Geiste für sich in Anspruch nahm, wobei regelmäßig auch Menschenrechte – in einem sozialistischen Verständnis – zur Sprache kamen. So empfahl ein DDR-Geschichtslehrbuch für die siebte Klasse einen aus dem Russischen übersetzten Jugendroman („Las Casas, Bruder der Indianer") als „außerunterrichtliche Lektüre".[77] Darin erscheint Las Casas als leidenschaftlicher Kämpfer für die Indios, der auch vor Gewalt nicht zurückschreckt, wenn er als Reaktion auf ein Massaker an Indios einen spanischen Soldaten tötet.[78] Das kämpferische Wirken Las Casas' soll dabei in einem engen Zusammenhang mit der Menschenwürde stehen:

---

73 Spanisches Original: „como la postulación de un derecho humano y natural", Gustavo Gutiérrez, Dios o el oro en las Indias siglo XVI, Lima (Peru) 1990, S. 54.

74 Gutiérrez, Gott oder das Gold, S. 63 f.

75 S. o. Kap. 4.8.3.

76 Gutiérrez, Theologie der Befreiung, S. 194 f.

77 Autorenkollektiv unter der Leitung v. Hans Hübner u. Horst Diere, Geschichte. Lehrbuch für Klasse 7, 15. Aufl., Berlin 1982, S. 206.

78 Jekaterina Melent'eva, Las Casas, Bruder der Indianer, aus dem Russ. übers. v. Max Hummeltenberg, Berlin 1974, S. 236.

> Es ist nicht schlimm, wenn ein Mensch stirbt oder all sein Hab und Gut einbüßt, beklagenswert allein ist es, wenn er seine menschliche Würde verliert.[79]

Ein aus dem Tschechischen übersetztes Buch über Las Casas bringt ihn in Verbindung mit modernen völkerrechtlichen Errungenschaften wie Grundsätzen der Haager und Genfer Konventionen. Er habe unterdrückte Völker zum Kampf gegen Kolonialherrschaft für nationale und soziale Freiheit und staatliche Unabhängigkeit geführt. Eine solche Erhebung sei bis in die heutige Zeit eine „historische Notwendigkeit", wobei an deren Spitze heute eben nicht mehr Las Casas, sondern vielmehr „die unüberwindliche Sowjetunion" stehe. Das Handeln der USA in Korea hingegen unterscheide sich von dem der Spanier in der Neuen Welt

> nur dadurch, daß die Pistole den Dolch, das Maschinengewehr das Schwert, Geschütze die Muskete und der schwere Tank die gepanzerte Reiterei ersetzen.

Mithin seien die Schriften Las Casas'

> eine wirkungsvolle [...] Waffe im gegenwärtigen Kampf um den Frieden und die Sicherheit der Welt, im Ringen um die Freiheit und Unabhängigkeit der unterdrückten Kolonialvölker.[80]

All das steht für den Autor (wiederum) in einem menschenrechtlichen Kontext, wobei der Dialektische Materialismus als dahinter stehendes Geschichtsbild deutlich zum Ausdruck kommt. Auch schimmert eine Vorstellung von Menschenrechten der Dritten Generation im Sinne einer Sozialistischen Internationale hindurch:

> Las Casas, der große Christ und Humanist des 16. Jahrhunderts, hat den Krieg gehaßt und ihn als das größte Übel angesehen, aber er billigte das Recht der angegriffenen und unterdrückten Völker auf Widerstand gegen den Eroberer; denn der Krieg um Freiheit und Gerechtigkeit ist ein heiliger Kampf um die Grundrechte eines jeden Volkes, den die geschichtliche Gerechtigkeit am Ende mit dem Siege krönt.[81]

---

79 Melent'eva, Las Casas, Bruder der Indianer, S. 238.

80 J. Plojhar, Nachwort, in: Frantisek Gel u. J. Plojhar, Las Casas. Leben und Werk, übers. v. G. Thomas, Leipzig 1958 (tschechisches Original Prag 1954), S. 261–271 (266, 270).

81 Plojhar, Nachwort, S. 267.

12.10.4 Die Ökumenische Bewegung

Auf protestantischer Seite ist in punkto Menschenrechte die Ökumenische Bewegung hervorzuheben: ein Zusammenschluss von ursprünglich etwa 150 christlichen Kirchen, die im Schwerpunkt dem angelsächsischen Raum entstammen. Die katholische Kirche hat hier einen bloßen Beobachterstatus inne und ist dieser Bewegung nie beigetreten. Zu aussagekräftigen Beschlüssen in Bezug auf Menschenrechte kam es bei der ersten Vollversammlung des Ökumenischen Rates der Kirchen vom 22. August bis 4. September 1948. Wegweisend ist das Konzept der „verantwortlichen Gesellschaft", das Mitbestimmungsrechte des Einzelnen im Staat und Gesellschaft fordert. Die Menschenrechte erkennt die Versammlung ausdrücklich an, wobei sie diese – ähnlich wie später Johannes XXIII. in „Pacem in terris" – von ihrer ursprünglichen Entstehungsgeschichte entkoppelt und ausschließlich religiös begründet:

> Die Kirche hat zu allen Zeiten die Freiheit gefordert, Gott mehr zu gehorchen als den Menschen. Wir stellen fest, daß die Rechte der Menschen unmittelbar auf ihre Gotteskindschaft zurückgehen. Der Staat maßt sich etwas an, das ihm nicht zusteht, wenn er glaubt, er könne die Grundrechte verleihen oder versagen. Es ist Sache des Staates, diese Rechte in sein eigenes Rechtssystem einzubauen und ihre tatsächliche Beachtung zu sichern.[82]

Der Bericht drängt ferner auf eine verbindliche völkerrechtliche Anerkennung der Menschenrechte. „[E]ine Erklärung der Menschenrechte, die weder bindend noch erzwingbar ist, [betrachtet sie] als unzulänglich, so wertvoll sie dadurch sein mag, daß sie für alle Völker und Nationen einen gemeinsamen Maßstab dessen aufrichtet, was erreicht werden muß. [...] Die Vollversammlung fordert ihre Mitglieder zum Einsatz für die Annahme eines internationalen Gesetzes über die Menschenrechte auf, das die Anerkennung wie die Durchsetzung aller wesentlichen Freiheiten, der persönlichen, politischen oder sozialen, im nationalen und internationalen Rahmen vorsieht."[83] Zu einer solchen verbindlichen Erklärung vermochten die Vereinten Nationen durch ihre einige Monate später beschlossene AEMR bekanntlich nicht zu gelangen. Das entsprach keineswegs den Wünschen der Ökumenischen Bewegung:

---

82 Bericht der IV. Sektion. Die Kirche und die internationale Unordnung, in: Visser't Hooft (Hg.), Die erste Vollversammlung des Oekumenischen Rates der Kirchen, S. 116 ff. (124).

83 Resolution der ersten Vollversammlung des Ökumenischen Rates der Kirchen, abgedruckt im Anhang zu Bericht der IV. Sektion, S. 128 f.

> Gegenwärtig müssen die Kirchen alle Bemühungen unterstützen, die darauf hinausgehen, im Rahmen einer internationalen Freiheitsurkunde (Bill of Rights) ausreichende Sicherungen der Religions- und Gewissensfreiheit zu schaffen, unter Einschluß des Rechts aller Menschen, einen Glauben zu haben oder zu wechseln, ihm im Gottesdient wie in der Lebensgestaltung Ausdruck zu geben, ihn andere zu lehren und sie dafür zu gewinnen, und über die religiöse Erziehung ihrer Kinder zu entscheiden. Sie müssen sich für die Freiheit der Meinungsäußerung, der Vereinigung und Versammlung, für die Rechte der Familie, für die Freiheit gegenüber willkürlicher Verhaftung, und in gleicher Weise für alle anderen Rechte einsetzen, die die wahre Freiheit der Menschen fordert.[84]

Besondere Beachtung fand die Religionsfreiheit, zu der die Vollversammlung eine eigenständige Erklärung abgab. Danach gilt diese „für alle Menschen ohne Ansehen der Rasse, der Farbe, des Geschlechts, der Sprache oder der Religion“ und sei nicht nur „irgendein Vorrecht für Christen, das anderen verweigert wird“.[85] Die Gleichberechtigung von Mann und Frau fand nur am Rande Erwähnung, und die Stellungnahmen zu Leben und Arbeit von Frauen in der Kirche fielen vage aus. In der Folgezeit hielt die Ökumenische Bewegung an ihren menschenrechtlichen Grundsätzen fest, wenn auch die Äußerungen hierzu häufig wenig konkret waren. Immer wieder jedoch gab es Stellungnahmen gegen das Apartheid-Regime in Südafrika. So ist in einer Erklärung, die auf einer Konferenz in Johannesburg im Jahr 1960 abgegeben wurde, die Rede von „unjust discrimination“ und „human dignity“ der schwarzen Bevölkerung.

12.10.5 Fazit

Stellungnahmen beziehungsweise Erklärungen von Menschenrechten gibt es allenfalls auf konfessionelle Ebene. Eine „christliche Menschenrechteerklärung“ existiert nicht.

---

84 Bericht der IV. Sektion, S. 124 f.

85 Eine Erklärung über die religiöse Freiheit. Resolution der ersten Vollversammlung des Ökumenischen Rates der Kirchen, abgedruckt im Anhang zu Bericht der IV. Sektion, S. 129–133 (129 f.).

12.11 Menschenrechtsverständnis im Islam

Das Verhältnis von Islam und Menschenrechten wird seit langem kontrovers diskutiert. Dabei gestaltet sich die Diskussion vielschichtig, weil weder das Verständnis von „Islam" noch das von „Menschenrechten" einheitlich ist.

12.11.1 Kontext des islamischen Rechts

Islamisches Recht ist kein staatliches Recht und in den islamischen Ländern unterschiedlich ausgestaltet. Häufig wird „islamisches Recht" mit dem arabischen Wort „Scharia" (wörtlich „Weg"/„Straße [zur Tränke/Wasserquelle]") gleichgesetzt, welcher jedoch vieldeutig ist. In einem weiten Verständnis umfasst der Begriff die Gesamtheit aller religiösen und rechtlichen Normen, Mechanismen zur Normfindung und Interpretationsvorschriften des Islam, also Vorschriften über Gebete, Fasten, Verbote bestimmter Speisen und Getränke und die Pilgerfahrt nach Mekka, ebenso wie Vertrags-, Familien- und Erbrecht. Eine Übersetzung des Begriffs Scharia nach diesem Verständnis mit „islamisches Recht" wäre verkürzt.[86] Von einem engeren Verständnis der Scharia erfasst sind hingegen nur deren rechtliche Anteile, wobei oft nur die traditionellen Vorschriften aus dem Familien- und Erbrecht, des koranischen Strafrechts und teilweise des Stiftungsrechts erfasst werden.[87] Die Scharia ist aber keine Gesetzessammlung, sondern vielmehr eine Methode zur Rechtsschöpfung.[88] Dabei ist sie Gegenstand der Fiqh, der islamischen Rechtswissenschaft:

> Der Fiqh ist die Kenntnis der Bestimmungen Gottes des Erhabenen zur Einordnung der Handlungen derjenigen, die diesen Bestimmungen jeweils unterworfen sind, als geboten, verboten, empfohlen, missbilligt und schlicht erlaubt, die aus dem Koran, der Sunna und dem, was der Gesetzgeber (Gott) als weitere Quellen und Instrumente bereitgestellt hat, entnommen werden, und wenn die Bestimmungen durch diese Quellen und Auslegungsinstrumente herausgefunden werden, so nennt man sie Fiqh.[89]

Die Hauptquelle der Scharia ist der Koran. Dieser besteht aus 114 Suren, die nicht chronologisch, sondern nach ihrer Textlänge geordnet sind. Der Koran gilt als

---

86 Rohe, Das islamische Recht. Geschichte und Gegenwart, S. 9.

87 Ibid., S. 15.

88 Halm, Der Islam, S. 77.

89 Ibn Chaldun (1332–1406) in „al-Muqaddima" (Vorwort), zitiert in: Mathias Rohe, Das Islamische Recht. Eine Einführung, S. 10.

das unmittelbare Wort Gottes. Eine weitere Quelle der Scharia ist die Sunna, eine Sammlung der Handlungsweisen des Propheten Mohammed. Die beiden Hauptzweige der islamischen Überlieferung – Sunniten und Schiiten – haben jeweils ihre eigene Sunna.

12.11.2 Konservative und liberal-säkulare Sichtweisen

In seinen Anfängen trat der Islam gegen stammesmäßig bedingte Blutfehden an. Es sollte unter der gemeinsamen Religion keine ethnischen oder sprachlich-kulturellen Unterschiede geben, vielmehr alle Gläubigen gleichberechtigt sein. Das kann eine historische Grundlage für die Akzeptanz von Menschenrechten bieten.[90]

Der Diskurs über das Verhältnis von Menschenrechten und islamischem Recht ist heute allerdings vielschichtig.[91] Das ist ein großes Thema, das ich anspreche, weil es heikel und wichtig ist. Ich halte mich dabei dennoch kurz, weil meine Sachkunde und Fähigkeit, mich in diesen Bereich hineinzudenken, überaus begrenzt sind.

Ein Ausgangspunkt dabei ist, ob der Islam mit Menschenrechten überhaupt zu vereinbaren sei. Die Meinungen darüber gehen weit auseinander.[92] So werden die Menschenrechte teilweise als ein im Grunde westliches Konzept angesehen. Die von westlichem Individualismus, Anthropozentrismus und Säkularismus geprägten Menschenrechtsdokumente seien nicht mit dem aus dem Islam und der Scharia abgeleiteten Menschenrechtsverständnis vereinbar.[93] Dabei sind die Vertreter des konservativen und des liberalen Islamverständnisses – anders als im Folgenden simplifizierend dargestellt – keineswegs homogene Gruppen.

Aus konservativer Perspektive ist der Islam Religion und Staat zugleich, woraus sich die Notwendigkeit islamisch legitimierter Rechtsvorschriften ergibt. Falls eine solche Sichtweise Menschenrechte überhaupt anerkennt, dann nur, wenn diese im Koran verankert sind. So sind nach Auffassung mancher Autoren die Menschenwürde und damit die Menschenrechte durch den Islam in der „vollständigsten Weise“,[94] „umfassend und tiefgründig festgelegt“,[95] die Menschenrechte mit dem Islam „be-

90 Rohe, Das Islamische Recht. Eine Einführung, S. 83.

91 Duncker, Menschenrechte im Islam, S. 19 ff.; Mayer, Islam and Human Rights, S. 33 ff.

92 Mayer, Islam and Human Rights, S. 2, 35.

93 Dunker, Menschenrechte im Islam, S. 20.

94 So Äli Abd al-Wahid Wafi, Huquq al-insan fi dar al-islam (Die Menschenrechte in der Welt des Islam), Beirut 1988, S. 3, zitiert bei Müller, Islam und Menschenrechte. Sunnitische Muslime, S. 125.

95 So die Präambel der Menschenrechtserklärung des Islamrats für Europa in der Übersetzung von Martin Förster, Islam und Menschenrechte, CIBEDO-Texte, Nr. 15/16 (Juni/September 1982).

reits vor 14 Jahrhunderten erklärt“ worden.[96] Demnach ist bei der Auslegung aller international geltenden Menschenrechte die Scharia vorrangig:

> Human Rights are invented by man, whereas Islamic Law has been given Divine Origin and, thus, enjoys primacy.[97]

Der Koran wird dabei auf eine buchstäbliche Art interpretiert, die konservative Sichtweise betrachtet die Scharia nicht in ihrem historischen Kontext (das wäre einer des frühen 7. Jahrhunderts nach Christus). Eine historische Interpretation lehnen die Anhänger dieser Auffassung ab. Im konservativen Spektrum gibt es mannigfaltige Schattierungen, von einer klassisch-orthodoxen über eine fundamentalistische Sichtweise bis hin zum politischen Islamismus.

Liberale und säkulare Sichtweisen gelangen hingegen zu einem mit der Menschenrechtsidee zu vereinbarenden Verständnis des Islam. Grundlegende Texte des Islam werden neu gelesen und ihr Entstehungskontext bei der Interpretation berücksichtigt.[98] Teilweise wird zwischen solchen Koranversen, die objektiv und absolut gültig seien, und solchen, die lediglich subjektive Geltung hätten, unterschieden. Dabei könne der Koran vom Menschen nur relativ verstanden werden, das jeweilige Verständnis einer bestimmten Zeit auch nur für diese Zeit gelten.[99] Eine Interpretation im historischen, sozioökonomischen und politischen Kontext ist nach liberalen Auffassungen erlaubt. Diese erkennen auch eine Vereinbarkeit von internationalen Menschenrechten mit dem Islam an. Noch einen entscheidenden Schritt weiter gehen säkulare Positionen, wonach der Glaube eine rein persönliche Angelegenheit sei. Die Scharia habe ursprünglich, ihrer Bedeutung entsprechend, lediglich „einen Weg weisen“ wollen. Sie habe demnach einen moralisch-ethischen Charakter, keinen politisch-rechtlichen. Eine Feststellung und Durchsetzung des Willen Gottes durch politische Machthaber widerspreche dem Charakter des Islam. Diese Positionen vertreten insofern ein Islamverständnis, nach welchem dessen

96 So ’Abd as-Salam at-Tarmanini, Huquq al-insan fi nazr ashshari’a al-islamiyya (Die Menschenrechte in der Theorie des islamischen Rechts), zitiert bei Müller, Islam und Menschenrechte. Sunnitische Muslime, S. 125.

97 Abd al-Halīm Mahmūd (Scheich der Azhar, einer bedeutenden islamischen wissenschaftlichen Institution), zitiert von: Edward Mortimer, Islam and Human Rights, in: Index on Censorship 12.05 (Oktober 1983), S. 5, https://journals.sagepub.com/doi/pdf/10.1080/03064228308533586 (Zugriff: 31.07.2024).

98 Etwa der evolutionäre Ansatz, Abdullahi An-Na’ims, Toward an Islamic Reformation, S. 52 ff.

99 So die Positionen von Muhammad Shahrur, geschildert bei Lorenz Müller, Islam und Menschenrechte. Sunnitische Muslime, S. 277 ff.

Rechtsquellen kein Hindernis für die Geltung der Menschenrechte darstellten.[100] In der gesellschaftlichen Realität sind die reformerischen muslimischen Kräfte heute allerdings durch das Erstarken von Fundamentalisten zunehmend in die Defensive geraten.

12.11.3 Islamische Menschenrechteerklärungen

Islamische Menschenrechteerklärungen entstanden vornehmlich aus der Kritik muslimischer Organisationen an der Allgemeingültigkeit der AEMR, wobei die Gegenentwürfe meist auf der AEMR und in UN-Konventionen enthaltenen Menschenrechten basieren, in einzelnen Punkten jedoch mehr oder weniger stark davon abweichen. Dies kann insbesondere dadurch bedingt sein, dass dem islamischen Recht der Vorrang oder Kollektivrechten ein höherer Stellenwert eingeräumt wird. So hat der Islamrat für Europa – eine private Institution mit Sitz in London – im Jahr 1981 eine allgemeine Erklärung der Menschenrechte im Islam verabschiedet. Diese ist von einer konservativen islamischen Auffassung geprägt, enthält stark religiöse Bezüge und bleibt in vielen Aspekten hinter dem Schutz der AEMR zurück.[101] Die Organisation der Islamischen Konferenz (Organisation of the Islamic Conference), ein Zusammenschluss von 57 muslimisch geprägten Staaten, verabschiedete 1990 die Kairoer Erklärung der Menschenrechte. Diese weicht erheblich von der AEMR ab. Die Frau sei dem Mann nur in Bezug auf die Menschenwürde gleichgestellt (Art. 6), was auch immer das in der Praxis bedeuten soll. Eine vollständige Gleichberechtigung von Mann und Frau jedenfalls gebe es nicht. In der Erklärung wird die große Bedeutung der Familie betont und ein Schutz von Kindern ab dem Moment ihrer Geburt statuiert, ebenso wie für das ungeborene Leben, Art. 7 (a) Satz 2. Von einer freien Wahl des Ehepartners ist allerdings nicht die Rede.

Sämtliche Bestrebungen zur Förderung und zum Schutz von Menschenrechten haben nach der Präambel „in accordance with the Islamic Shari'ah" zu erfolgen. Nach Art. 2 ist das Leben zu schützen und nicht zu nehmen, „except for a Shari'a prescribed reason". Ferner enthält die Erklärung eine Bestimmung, die wir im humanitären Völkerrecht und nicht bei den Menschenrechten verorten würden (Art. 3). In der Erklärung finden sich auch Teilhaberechte, wenn der Staat dazu verpflichtet wird, Mittel und Wege zum Erwerb von Bildung zur Verfügung zu stellen und Bildungsvielfalt zu ermöglichen, die dem Zweck dienen soll, „sich

100 Müller, Islam und Menschenrechte. Sunnitische Muslime, S. 218, 220 ff., 234.

101 Dazu umfassend Dunker, Menschenrechte im Islam, S. 40–62.

zum Nutzen der Menschheit mit der Religion des Islam und den Tatsachen des Universums vertraut zu machen".[102] Ferner wird in der Erklärung ein Recht auf eine „saubere Umwelt" gewährt, was auch moralisch gemeint ist.[103] Auch zeigt sich in den Verboten von Kolonialismus, Ausbeutung und Wucher ein Weltbild, das ungebremstem Kapitalismus eine deutliche Absage erteilt.

Am Ende könnte die herausragende Position der Scharia für die Kairoer Erklärung kaum deutlicher werden. Alle niedergelegten Rechte existierten nur, soweit die Scharia es zulasse, und diese sei die einzige Quelle, auf die für die Erläuterung oder Einstufung der einzelnen Artikel Bezug genommen werden dürfe (Art. 24, 25).

Die Kairoer Erklärung der Menschenrechte ist allerdings weder völkerrechtlich bindend noch von den Vereinten Nationen als regionales Menschenrechtsinstrument anerkannt. Ihre Bedeutung ist mithin weitgehend symbolisch, markiert sie doch einen islamischen Gegenentwurf zur AEMR. Im Jahr 2020 wurde die Kairoer Erklärung umfassend überarbeitet. Sie beruft sich nun nicht mehr durchgängig auf die Scharia und geht inhaltlich erheblich über den Text von 1990 hinaus.

Von den Vereinten Nationen als regionales Menschenrechtsinstrument anerkannt, aber in der Praxis bedeutungslos war die Arabische Charta der Menschenrechte in der Fassung, in welcher die Arabische Liga sie am 15. September 1994 verabschiedet hatte. Dieses Dokument wurde allein vom Irak unterzeichnet und von keinem weiterem Mitgliedsstaat ratifiziert. Am 23. Mai 2004 verabschiedete die Arabische Liga eine neue Version ihrer Menschenrechtscharta in Tunis. Dieses Dokument haben zwölf Mitglieder der Arabischen Liga ratifiziert.[104] Das Dokument enthält Individualrechte, Justizrechte sowie zivile und politische Rechte. Auch soziale und kulturelle Rechte finden sich darin, so das Recht auf Arbeit, auf sozialen Schutz, auf Bildung sowie auf Teilnahme am kulturellen Leben. Die neue Version bestätigt ferner die Gleichheit von Mann und Frau in der arabischen Welt und garantiert Kinderrechte sowie Rechte für Menschen mit Behinderungen. Dennoch

102 „[...] to be acquainted with the religion of Islam and the facts of the Universe for the benefit of mankind", Art. 9 (a).

103 „Everyone shall have the right to live in a clean environment, away from vice and moral corruption", Art. 17 (a).

104 https://www.humanrights.ch/de/ipf/grundlagen/rechtsquellen-instrumente/regionale/arabische-liga/arabische-charta/ (Zugriff: 31.07.2024)

wird auch die Arabische Charta der Menschenrechte dahingehend kritisiert, dass diese nicht durchgängig in Einklang mit dem Völkerrecht stehe.[105]

12.12 Literatur

Dokumente zur Entstehung der AEMR finden sich durch eine Suche nach der Dokumentennummer unter https://documents.un.org/ (Zugriff: 05.09.2024).

Die in diesem Kapitel behandelten Dokumente des Heiligen Stuhls (Enzykliken etc.) sind (in lateinischer Sprache) zusammengestellt in den amtlichen vatikanischen Sammlungen Acta Apostolicae Sedis (AAS) und Acta Sanctae Sedis (ASS).

Giuseppe Alberigo u. Klaus Wittstadt (Hg.), Geschichte des Zweiten Vatikanischen Konzils (1959–1965), 5 Bde., Mainz/Leuven 1997–2008

Abdullahi An-Na'ims, Toward an Islamic Reformation, Syracuse (New York) 2005

Armin Barthel, Die Menschenrechte der dritten Generation, Aachen 1991

Norberto Bobbio, Das Zeitalter der Menschenrechte. Ist Toleranz durchsetzbar?, Berlin 1998

Bénézet Bujo, Afrikanische Anfrage an das europäische Menschenrechtsdenken, in: Johannes Hoffmann (Hg.), Begründung von Menschenrechten aus der Sicht unterschiedlicher Kulturen, Frankfurt am Main 1991, S. 211 ff.

Roland Burke, From Individual Rights to National Development. The First UN International Conference on Human Rights, Tehran, 1968, Journal of World History 19 (2008), S. 275 ff.

Ders., Decolonization and the Evolution of International Human Rights, Philadelphia 2010

René Cassin, Historique de la déclaration universelle de 1948, in: René Cassin (Hg.), La pensée et l'action, Boulogne-sur-Seine 1972, S. 103 ff.

Heinrich Denzinger u. Peter Hünermann (Hg.), Kompendium der Glaubensbekenntnisse und kirchlichen Lehrentscheidungen, 45. Aufl., Freiburg/Basel/Wien 2017

Anne Duncker, Menschenrechte im Islam, Berlin 2006

Erklärung über die Religionsfreiheit „Dignitatis humanae", in: Heinrich Denzinger u. Peter Hünermann (Hg.), Kompendium der Glaubensbekenntnisse und kirchlichen Lehrentscheidungen, 45. Aufl., Freiburg/Basel/Wien 2017, Rn. 4240 ff.

Erklärung von Cottesloe, in: Cottesloe Consultation. The Report of the Consultation among South African Member Churches of the World Council of Churches 7–14 December 1960 at Cottesloe, Johannesburg, Johannesburg 1961, S. 73 ff.

105 Mervat Rishmawi, The Arab Charter on Human Rights and the League of Arab States. An Update, HRLR 10 (2010), S. 169 (170 f.); siehe zur Arabischen Charta der Menschenrechte auch Hans-Joachim Heintze, in: Knut Ipsen, Völkerrecht, 8. Aufl., München 2024, § 33 Rn. 35 f.

Bardo Fassbender, Idee und Anspruch der universalen Menschenrechte im Völkerrecht der Gegenwart, in: Josef Isensee (Hg.), Menschenrechte als Weltmission, Berlin 2009, S. 11 ff.

General-Akte der Brüsseler Antisklaverei-Konferenz nebst Deklaration vom 2. Juli 1890, Bekanntmachung am 14. Mai 1892 (RGBl. 1892, Nr. 29, 605–660, BArch R 1001/7361)

Mary Ann Glendon, A World Made New. Eleanor Roosevelt and the Universal Declaration of Human Rights, New York 2002

Mark Goodale (Hg.), Letters to the Contrary. A Curated History of the UNESCO Human Rights Survey, Stanford 2018

Gustavo Gutiérrez, Auf der Suche nach den Armen Jesu Christi. Evangelisierung und Theologie im 16. Jahrhundert, in: Giancarlo Collet (Hg.), Der Christus der Armen. Das Christuszeugnis der lateinamerikanischen Befreiungstheologen, übers. v. Giancarlo Collet, Freiburg im Breisgau 1988, S. 37 ff.

Ders., Gott oder das Gold. Der befreiende Weg des Bartolomé de Las Casas, übers. v. Horst Goldstein, Freiburg/Basel/Wien 1990 (zuerst 1989)

Ders., Theologie der Befreiung, hg. v. Johann Baptist Metz, übers. v. Horst Goldstein, Mainz 1992 (zuerst 1971)

Judith Hahn, Menschenrechte in der Kirche. Zur Aktualität historischer Konflikte, in: Martin Baumeister et al. (Hrsg.), Menschenrechte in der katholischen Kirche. Historische, systematische und praktische Perspektiven, Paderborn 2018, S. 79 ff.

Heinz Halm, Der Islam. Geschichte und Gegenwart, 11. Aufl., München 2018

J. Bryan Hehir, The modern Catholic Church and human rights. The impact of the Second Vatican Council, in: John Witte u. Frank S. Alexander (Hg.), Christianity and Human Rights. An Introduction, Cambridge 2010, S. 113 ff.

Bettina Heintz, Die Weltgesellschaft und ihre Menschenrechte. Eine Herausforderung für die Soziologie, in: Bettina Heintz u. Britta Leisering (Hg.), Menschenrechte in der Weltgesellschaft, Deutungswandel und Wirkungsweise eines globalen Leitwerts, Frankfurt/New York, 2015, S. 21 ff.

Konrad Hilpert, Die Menschenrechte. Geschichte, Theologie, Aktualität, Düsseldorf 1991

John Peters Humphrey, The universal declaration of human rights. Its history, impact and judicial character, in: Bertrand Ramcharan (Hg.), Human Rights. Thirty Years after the Universal Declaration, Den Haag/Boston/London 1979, S. 21 ff.

Obiora Ike, Entwicklungspotentiale innerhalb traditionaler, sozialer und ökonomischer Strukturen in West-Afrika, in: Johannes Hoffmann (Hg.), Die Vernunft in den Kulturen. Das Menschenrecht auf kultureigene Entwicklung, Frankfurt am Main 1995, S. 161 ff.

Johannes XXIII., Pacem in terris, in: Katholische Arbeitnehmer-Bewegung Deutschlands e. V. (Hg.), Texte zur katholischen Soziallehre. Die sozialen Rundschreiben der Päpste und andere kirchliche Dokumente, Köln/Kevelaer 2007, S. 241 ff.

Bernd Kannowski, African Collective Human Rights in the Light of their Historical Background, erscheint demnächst in B. Kannowski et al. (Hg.), Multiple Approaches to Corporate Social Responsibility, (Collective) Human and Environmental Rights in Africa, Leiden ca. 2026

Ders., Collective Human Rights in the Context of Decolonisation, https://africanlegalstudies.blog/2021/07/09/collective-human-rights-in-the-context-of-decolonisation/ (Zugriff: 05.09.2024), Blog-Post v. 09.07.2021

Ders. u. Kerstin Steiner (Hg.), Regional Human Rights – International and Regional Human Rights. Friends or Foe?, Baden-Baden 2021

Bruno Kern, Theologie der Befreiung, Tübingen/Basel 2013

Paul Gordon Lauren, The Evolution of International Human Rights. Visions seen, 3. Aufl., Philadelphia 2011

Anya Luscombe u. Barbara Oomen, Eleanor Roosevelt (1884–1962). Driver of the Universal Declaration of Human Rights, in: Kasy McCall-Smith et al. (Hg.), The Faces of Human Rights, Oxford/Chicago 2019, S. 95 ff.

Jenny S. Martinez, The Slave Trade and the Origins of International Human Rights Law, Oxford 2012

Ann Elizabeth Mayer, Islam and Human Rights, 4. Aufl., Boulder (Colorado) 2007

Etienne-Richard Mbaya, Demokratie und Menschenrechte im afrikanischen Kontext, in: Hauke Brunkhorst et al. (Hg.), Recht auf Menschenrechte. Menschenrechte, Demokratie und internationale Politik, Frankfurt am Main 1999, S. 314 ff.

Kéba Mbaye, Le droit au développement comme un droit de l'homme, Revue des droits de l'homme 1972, S. 505 ff.

Robert McAfee Brown, Gustavo Gutiérrez. An Introduction to Liberation Theology, New York 1990

Daniele Menozzi, Katholische Kirche und Menschenrechte. Von der Französischen Revolution bis zur Gegenwart, in: Martin Baumeister et al. (Hg.), Menschenrechte in der katholischen Kirche. Historische, systematische und praktische Perspektiven, Paderborn 2018, S. 89 ff.

Johannes Morsink, The Universal Declaration of Human Rights. Origins, Drafting and Intent, Philadelphia 1999

Lorenz Müller, Islam und Menschenrechte. Sunnitische Muslime zwischen Islamismus, Säkularismus und Modernismus, Hamburg 1996

Ders., Islam und Menschenrechte. Das Bild im Westen und die arabisch-sunnitische Diskussion, APuZ 28 (1997), S. 21 ff.

Nikodim, Johannes XXIII. Papst einer Kirche im Aufbruch, hg. v. Hans-Dieter Döpmann, übers. v. Gisela Schröder, Berlin 1984

Chris Maina Peter, Human Rights in Africa. A Comparative Study of the African Human and Peoples' Charter and the New Tanzanian Bill of Rights. New York/Westport (Connecticut)/London 1990

Misha Ariana Plagis u. Lena Riemer, From Context to Content of Human Rights. The Drafting History of the African Charter on Human and Peoples' Rights and the Enigma of Article 7, Journal of the history of International Law (2020), S. 1 ff.

Eibe Riedel, Menschenrechte der dritten Dimension, EuGRZ 1989, S. 9 ff.

Nehemiah Robinson, The Universal Declaration of Human Rights. Its Origin, Significance, Application and Interpretation, New York 1958

Mathias Rohe, Das Islamische Recht. Eine Einführung, München 2013

Ders., Das islamische Recht. Geschichte und Gegenwart, 4. Aufl., München 2022

Ricarda Rösch, Indigenität und Rechte der Völker im afrikanischen Menschenrechtssystem. Situierung des Ogiek-Urteils des Afrikanischen Gerichtshofs für Menschenrechte und Rechte der Völker, Verfassung und Recht in Übersee 50 (2017), S. 242 ff.

Erin Roth u. John Peters Humphrey, Canadian Nationalist and World Government Advocate, The Canadian Yearbook of International Law 45 (2008), S. 305 ff.

Nat Rubner, The African Charter on Human and Peoples' Rights, Bd. 2: The Political Process, New York 2023

Boris Tchechko, The Conception of the Rights of Man in the USSR based on official Documents, in: Mark Goodale (Hg.), Letters to the Contrary. A Curated History of the UNESCO Human Rights Survey, Stanford 2018, S. 161 ff.

Andreas Thier, Menschenrechte und Naturrechtstradition in der römisch-katholischen Amtskirche im Übergang vom späten 18. Jahrhundert zum frühen 20. Jahrhundert, in: Martin Baumeister et al. (Hg.), Menschenrechte in der katholischen Kirche. Historische, systematische und praktische Perspektiven, Paderborn 2018, S. 55 ff.

Uwe Tonndorf, Menschenrechte in Afrika. Konzeption, Verletzung und Rechtsschutz im Rahmen der OAU, Freiburg im Breisgau 1997

United Nations Department of Public Information (Hg.), Yearbook of the United Nations 1946–47, New York 1947

Dasselbe (Hg.), Yearbook of the United Nations 1948–49, New York 1949

Willem Adolf Visser't Hooft (Hg.), Die erste Vollversammlung des Oekumenischen Rates der Kirchen in Amsterdam vom 22. August bis 4. September 1948, Zürich 1948

John Mary Waliggo, Die Rolle von Kultur und Religion in der authentischen Entwicklung Afrikas, in: Johannes Hoffmann (Hg.), Die Vernunft in den Kulturen. Das Menschenrecht auf kultureigene Entwicklung, Frankfurt am Main 1995, S. 107 ff.

Jan Wouters u. René Cassin, The Foot Soldier of Human Rights, in: Kasy McCall-Smith et al. (Hg.), The Faces of Human Rights, Oxford/Chicago 2019, S. 104 ff.

Literaturauswahl

Tom Bingham, The Rule of Law, London 2011

Peter Blickle, Von der Leibeigenschaft zu den Menschenrechten. Eine Geschichte der Freiheit in Deutschland, 2. Aufl., München 2006

Günter Birtsch (Hg.), Grund- und Freiheitsrechte im Wandel von Gesellschaft und Geschichte. Beiträge zur Geschichte der Grund- und Freiheitsrechte vom Ausgang des Mittelalters bis zur Revolution von 1848, Göttingen 1981

Günter Birtsch (Hg.), Grund- und Freiheitsrechte von der ständischen zur spätbürgerlichen Gesellschaft, Göttingen 1987

Michael-Lysander Fremuth, Menschenrechte. Grundlagen und Dokumente, Bonn 2019

Andreas Haratsch, Die Geschichte der Menschenrechte, 5. Aufl., Potsdam 2020

Ernst Rudolf Huber, Deutsche Verfassungsgeschichte seit 1789, Bd. 2: Der Kampf um Einheit und Freiheit 1830–1850, 3. Aufl., Stuttgart et al. 1988

Micheline Ishay, The History of Human Rights. From Ancient Times to the Globalization Era, Berkeley/Los Angeles/London 2004

Detlef Merten u. Hans-Jürgen Papier (Hg.), Handbuch der Grundrechte in Deutschland und Europa, Bd. 1: Entwicklung und Grundlagen, Heidelberg 2004

Gerhard Oestreich, Geschichte der Menschenrechte und Grundfreiheiten im Umriß, 2. Aufl., Berlin 1978

Dietmar von der Pfordten, Menschenwürde, 2. Aufl. München 2023

Roman Schnur (Hg.), Zur Geschichte der Erklärung der Menschenrechte, Darmstadt 1974

Eike Wolgast, Geschichte der Menschen- und Bürgerrechte, Stuttgart 2009

Abbildungsverzeichnis

Abb. 1: Britisches Museum, London, ID 00262857001, Beschreibung des Museums: Cyrus Cylinder recounting Cyrus', king of Persia (559–530 BC), conquest of Babylon in 539 BC and capture of Nabonidus, Achämenidenreich. Amran, Irak. ca. 539 v. Chr.

Abb. 2: Magna Charta mit dem Siegel von Kardinal Guala, November 1217, Bodleian Library, Oxford, Ch. Oxon, Oseney 142c, 142c.

Abb. 3: Hinweisschild auf Runnymede. © Foto: Peter Hambrook.

Abb. 4: Siegel von Massachusetts aus dem Jahr 1775, gestochen von Paul Revere (1735–1818) nach einem Konzept von Mitgliedern des Provisional Massachusetts Provincial Congress. Abgebildet ist ein kriegsfreiwilliger Siedler (minuteman) mit einem Säbel in der Rechten und der Magna Charta in der Linken. Das Motto „Ense petit placidam sub libertate quietem" („Sie [diese Hand] erstrebt mit dem Schwert friedliche Ruhe in Freiheit") ziert bis heute das Siegel des Commonwealth of Massachusetts. Es geht auf den englischen Politiker und republikanischen Theoretiker Algernon Sidney (1623–1683) zurück.

Abb. 5: Cristofano dell'Altissimo (1525–1605), Porträt von Giovanni Pico della Mirandola, datiert 1552–1568, Öl auf Holz, Galleria degli Uffizi (Florenz), Inventarnummer 193 / 1890.

Abb. 6a Titelblatt der Flugschrift „Handlung Artickel vnnd Jnstruction so fürgeno[m]men worden sein vonn allen Rottenn vnnd hauffen der Pauren so sich zesamen verpflicht haben: M:D:XXV (Augsburg [Steiner] 1525)", die nicht die berühmten zwölf Memminger Artikel enthält, sondern die so genannte Bundesordnung der Bauern in einer Kurzfassung. Diese hat – was leicht zu einer Verwechslung führen kann – ebenfalls zwölf Artikel.

Abb. 6b Dye Grundtlichen Vnd rechten haupt Artickl aller Baurschafft vnd Hyndersessen der Gaistlichen vnd Weltlichen oberkayte[n], von wölchen sy sich beschwert vermainen, s.l. [1525], Deckblatt.

Abb. 7: Godfrey Kneller (1646–1723), Porträt von John Locke (1697), Eremitage, Winterpalast, St. Petersburg (Russland).

Abb. 8: Frontispiz von John Lilburne, The Christian Man's Trial, London (William Larnar) 1641.

Abb. 9: Peaceable Kingdom, Ölgemälde von Edward Hicks, ca. 1834, National Gallery of Art, Washington D.C.

Abb. 10: Um 1778 fertigte George Mason diese Kopie seines ersten Entwurfs der Virginia Bill of Rights aus dem Gedächtnis an, um zu zeigen, was er ursprünglich vorgeschlagen hatte. Personal Papers Collection, Library of Virginia, Richmond, Virginia, mit freundlicher Genehmigung der Library of Virginia.

Abb. 11: Große, offizielle Fassung mit 57 Unterschriften, unterzeichnet am 2. August und bei späteren Gelegenheiten. © akg-images. Washington, National Archives.

Abb. 12: Porträt von Thomas Jefferson (1800), Rembrandt Peale (1778–1860), Öl auf Leinwand, Weißes Haus, Washington D.C., USA.

Abb. 13: Lavierte Federzeichnung von Jacques-Louis David (1748–1825) aus dem Jahr 1791. Château de Versailles, Dist. RMN / Jean-Marc Manaï.

Abb. 14: Ölgemälde von Charles Willson Peale (1741–1827), Sammlung des Independence National Historical Park, Philadelphia (Pennsylvania, USA).

Abb. 15: Jean-Jacques-François Lebarbier (1738–1826), Öl auf Holz, Sammlung des Musée Carnavalet, Paris.

Abb. 16: Alexander Kucharsky (1741–1819), spätes 18. Jahrhundert, Pastell auf Leinwand. Private Sammlung.

Abb. 17: Jean Baptiste Isabey (Künstler), Jean Godefroy (Kupferstecher), Der Wiener Kongreß, 1819, Wien Museum Inv.-Nr. 88745/1, CC0 (https://sammlung.wienmuseum.at/objekt/157367/).

Abb. 18: Abbildung (Holzschnitt auf Velin) auf einem 1835 erschienenen Flugblatt mit dem Gedicht „Our Countryman in Chains" von John Greenleaf Whittier (1807–1892). Das Motiv des knienden Sklaven stammt aus der Manufaktur von Josiah Wedgwood (1730–1795) in England. Der Schöpfer des Bildes ist unbekannt, doch wird sein Entwurf William Hackwood oder Henry Webber zugeschrieben, die beide als Modelleure für Wedgwood arbeiteten. Library of Congress Rare Book and Special Collections Division, Washington D.C.

Abb. 19: Ereignisblatt aus den revolutionären Märztagen 18./19. März 1848 mit einer Barrikadenszene aus der Breiten Straße, Berlin, aus „Erinnerung an den Befreiungskampf in der verhängnisvollen Nacht 18.–19. März 1848", Kreidelithographie, koloriert, gedruckt im Verlag Winckelmann, Eigenth. v. C. Glück, Berlin, Signatur rechts unten nicht lesbar, wohl Blatt II, post-1848 und zeitgenössisch (genaues Datum unbekannt), Heinrich-Heine-Institut (Düsseldorf), HHI.Rkult.vormaerz8.

Abb. 20: Kolorierte Lithographie (Lithographische Anstalt von J. Lehnhardt) von Adolf Schroedter (1805–1875) aus dem Jahr 1848, Historisches Museum Frankfurt, Inventarnummer C00964. – Die Darstellung des durch die Frankfurter Nationalversammlung gewährten Grundrechtekatalogs von 1848 auf zwei Steintafeln rückt diesen in einen christlich konnotierten Kontext und erinnert an die Zehn Gebote. Das hebt die Grundrechte auf eine höhere, unantastbare Ebene.

Abb. 21: Grimm-Sammlung der Stadt Kassel, Autogr. 361. – In seinem Verbesserungsantrag benennt Jacob Grimm genau, dass er seine ergänzende Formulierung an oberster Stelle platziert sehen wollte. Ihm kam es also darauf an, dass am Anfang der „Grundrechte des deutschen Volkes" ein emphatischer Passus und nicht eine nüchtern-formaljuristische Feststellung steht.

Abb. 22: Plakat (56,1 x 40,3 cm, Farblithographie), unbekannter Künstler, Deutschland, um 1870. – Bezugspunkt der Darstellung ist die Zerstörung des goldenen Kalbes im Alten Testament. Moses verbrannte dieses Götzenbild und zerstampfte es zu Staub, nachdem die Israeliten durch seine Verführung von Gott abgefallen waren (Ex 32, 20). Solche Plakate mit Gleichnissen hingen in Versammlungslokalen und Wohnungen. Sie richteten sich vornehmlich an Parteimitglieder und in den entstehenden Gewerkschaften und Vereinen Organisierte. – © bpk / Deutsches Historisches Museum, Berlin, Inv.-Nr.: Gr 96/2. Fotograf: Arne Psille.

Abb. 23: Genaues Datum unbekannt, entwickelt wurde das Foto am 11. Januar 1949. © UN Photo, New York, Unique Identifier UN7742213.

Abb. 24: Bundesarchiv, Bild 183-P0730-033, Fotograf: Dieter Demme.

Register

Personenregister

Sachregister

S

T

U